四川省繁荣发展哲学社会科学2004年重点课题
重修《四川通史》编委会

名誉主任：
  陶武先 王少雄 黄新初
顾 问：
  杨析综 何郝炬 章玉钧 陈 文 殷建中 贾松青
主 任：
  侯水平 郑晓幸 张邦凯
副 主 任：
  孙成民 罗 鸣 贾大泉 陈世松 罗韵希
委 员：（以姓氏笔画为序）
  王 炎 王 素 王庭科 向宝云 孙成民 吴康零
  张邦凯 李绍明 李敬洵 陈世松 林 向 罗 鸣
  罗开玉 罗韵希 郑晓幸 侯水平 段 渝 胡昭曦
  贾大泉 隗瀛涛 温贤美 解 伟 谭继和

主 编：
  贾大泉 陈世松
副 主 编：
  吴康零

卷一	先秦	段 渝	著
卷二	秦汉三国	罗开玉	著
卷三	两晋南北朝隋唐	李敬洵	著
卷四	五代两宋	贾大泉	主编
卷五	元明	陈世松	主编
卷六	清	吴康零	主编
卷七	民国	贾大泉	主编

主编 贾大泉
副主编 陈世松
　　　吴康零

卷二 秦汉 三国

罗开玉 著

四川通史
SICHUAN TONG SHI

四川人民出版社

图书在版编目（CIP）数据

四川通史.卷二，秦汉三国 / 贾大泉，陈世松主编；
罗开玉著. —2版. —成都：四川人民出版社，2018.12
ISBN 978-7-220-11028-3

Ⅰ.①四… Ⅱ.①贾… ②陈… ③罗… Ⅲ.①四川－
地方史－秦汉时代 ②四川－地方史－三国时代
Ⅳ.①K297.1

中国版本图书馆 CIP 数据核字（2018）第 232062 号

SICHUAN TONGSHI

四川通史（卷二　秦汉三国）
罗开玉　著

责任编辑	吴焕姣　杨雨霏　蒋科兰
封面设计	敬人书籍设计
技术设计	杨　潮
责任校对	袁晓红
责任印制	祝　健
部分图片	罗韵希　帅初阳　武　韵
摄影作者	黄晓帆　帅黎明　胡翠兰
出版发行	四川人民出版社（成都市槐树街2号）
网　　址	http://www.scpph.com
E-mail	scrmcbs@sina.com
新浪微博	@四川人民出版社
微信公众号	四川人民出版社
发行部业务电话	（028）86259624　86259453
防盗版举报电话	（028）86259624
照　　排	四川胜翔数码印务设计有限公司
印　　刷	成都东江印务有限公司
成品尺寸	170mm×230mm
印　　张	34.5
字　　数	563 千
插　　页	8
版　　次	2018 年 12 月第 2 版
印　　次	2018 年 12 月第 1 次印刷
书　　号	ISBN 978-7-220-11028-3
定　　价	1280.00 元（全套共七卷）

■版权所有・侵权必究

本书若出现印装质量问题，请与我社发行部联系调换
电话：（028）86259453

什邡船棺出土战国晚期"十方"铜印章

昭化宝轮院出土秦铜带钩

荥经出土"成都"铭文铜矛

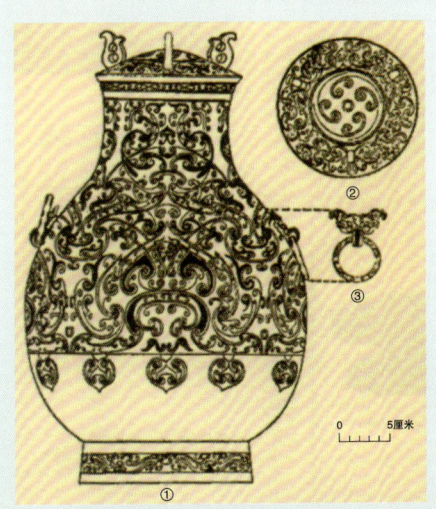

涪陵小田溪 M3 出土秦错银铜壶

绵阳双包山出土西汉漆马俑

绵阳双包山出土骑马木俑

广汉出土汉代玉璧、玉剑珌

绵阳双包山出土西汉漆人

广汉出土汉代错金格铜剑

成都出土东汉说唱俑

成都出土观舞画像砖

都江堰出土东汉刻李冰石像

成都出土东汉釉陶狗俑

范曾画诸葛亮

东吴朱然墓出土蜀郡造"贵族生活漆盘"

成都汉昭烈庙大门

目 录

前　言 ……………………………………………………………（1）
第一章　秦治巴蜀 ………………………………………………（1）
　第一节　分封与郡县制 ………………………………………（2）
　　一、早期在蜀的分封制度 …………………………………（2）
　　二、郡县制的推行 …………………………………………（4）
　第二节　秦在蜀的早期统治 …………………………………（12）
　　一、蜀王族南迁 ……………………………………………（12）
　　二、首批城邑的改建 ………………………………………（14）
　　三、攻取黔中 ………………………………………………（16）
　第三节　李冰治蜀 ……………………………………………（18）
　　一、李冰治蜀概说 …………………………………………（18）
　　二、湔氐道的设立 …………………………………………（19）
　　三、李冰建三祠 ……………………………………………（22）
　第四节　秦在巴蜀的民族政策 ………………………………（25）
　　一、县道并行制的创立 ……………………………………（25）
　　二、民族分封制的广泛推行 ………………………………（27）
　　三、刑罚从轻 ………………………………………………（28）
　　四、赋税从轻 ………………………………………………（28）
　第五节　移民、徙徒与迁虏 …………………………………（29）
　　一、历史背景 ………………………………………………（29）

目录

  二、向巴蜀的移民、徙徒、迁房运动 …………………………………（30）
  三、制度与措施 ……………………………………………………………（34）

第二章 西汉及王莽时期 ……………………………………………………（38）

第一节 西汉早期 ………………………………………………………（38）
  一、刘邦入汉中、收巴蜀 …………………………………………………（38）
  二、汉王出定天下 …………………………………………………………（41）
  三、西汉早期事略 …………………………………………………………（43）

第二节 西汉中期 ………………………………………………………（46）
  一、武帝首次发兵"西南夷"地区 …………………………………………（46）
  二、武帝再次进兵"西南夷"地区 …………………………………………（49）
  三、武帝经济政策在巴蜀的影响 …………………………………………（53）

第三节 西汉后期 ………………………………………………………（55）
  一、民族矛盾的激化 ………………………………………………………（55）
  二、郑躬起义 ………………………………………………………………（56）
  三、豪族势力的初兴 ………………………………………………………（57）

第四节 王莽时期 ………………………………………………………（58）
  一、王莽篡位与巴蜀 ………………………………………………………（58）
  二、王莽改革与巴蜀 ………………………………………………………（59）
  三、民族战争及其他 ………………………………………………………（59）

第三章 公孙述"成家"政权 ………………………………………………（62）

第一节 "成家"的建立 …………………………………………………（62）
  一、公孙述称帝 ……………………………………………………………（62）
  二、典章制度 ………………………………………………………………（65）
  三、益州各地对"成家"的态度 ……………………………………………（68）

第二节 公孙述外拓 ……………………………………………………（70）
  一、北取汉中 ………………………………………………………………（71）
  二、刘秀以陇制蜀的战略 …………………………………………………（71）
  三、北取三辅之败 …………………………………………………………（72）
  四、隗嚣藩蜀 ………………………………………………………………（73）
  五、东出之役 ………………………………………………………………（75）

第三节 汉军克蜀 ………………………………………（76）
  一、双方形势及其战略 …………………………………（76）
  二、荆门失守 ……………………………………………（78）
  三、北门失守 ……………………………………………（79）
  四、涪水、江州之战 ……………………………………（80）
  五、成都之战 ……………………………………………（81）

第四章 东 汉 ……………………………………………（85）
第一节 东汉早期 …………………………………………（85）
  一、平蜀后的措施 ………………………………………（85）
  二、史歆之乱 ……………………………………………（88）
  三、稳定社会、恢复生产的几条措施 …………………（90）
  四、加强集权与以能臣治理巴蜀 ………………………（93）
  五、豪族势力的发展 ……………………………………（95）

第二节 东汉中、晚期 ……………………………………（97）
  一、户口状况 ……………………………………………（97）
  二、吏治腐败 ……………………………………………（99）
  三、巴郡分郡之议 ………………………………………（101）
  四、豪族势力的高度发展 ………………………………（101）
  五、郫县犀浦残碑与东汉"资簿" ……………………（108）
  六、农民起义 ……………………………………………（109）
  七、民族地区统治的加强 ………………………………（111）

第三节 刘焉、刘璋割据益州 ……………………………（114）
  一、刘焉入蜀 ……………………………………………（114）
  二、刘焉与土著豪族的关系 ……………………………（115）
  三、刘焉做"天子"美梦的幻灭 ………………………（120）
  四、刘璋接任州牧与赵韪之乱 …………………………（123）

第五章 蜀汉（上） ………………………………………（127）
第一节 刘备夺取益州 ……………………………………（129）
  一、刘备入蜀 ……………………………………………（129）
  二、诸葛亮率赵云、张飞等入蜀 ………………………（132）

目录

　　三、刘备取成都 …………………………………………………（135）
　　四、平蜀后初期事略 ……………………………………………（136）
　　五、吴、蜀平分荆州 ……………………………………………（139）
　　六、北取汉中 ……………………………………………………（140）
　　七、益州豪族的武装反抗 ………………………………………（143）
　　八、关羽失荆州 …………………………………………………（143）
第二节　刘备称帝及其主要活动 ……………………………………（145）
　　一、刘备称帝 ……………………………………………………（145）
　　二、刘备的籍田活动 ……………………………………………（149）
　　三、猇亭之战 ……………………………………………………（149）
第三节　诸葛亮营成都南北郊与刘备托孤、入葬 …………………（153）
　　一、诸葛亮营成都南北郊 ………………………………………（153）
　　二、刘备托孤 ……………………………………………………（155）
　　三、刘备入葬惠陵 ………………………………………………（156）
第四节　诸葛亮的东和、南抚与北伐 ………………………………（160）
　　一、刘禅继位 ……………………………………………………（160）
　　二、恢复察举制度 ………………………………………………（161）
　　三、恢复与东吴的外交关系 ……………………………………（162）
　　四、平定"南中"与民族政策 …………………………………（163）
　　五、诸葛亮的北伐 ………………………………………………（170）
　　六、诸葛亮与李严的权争 ………………………………………（176）
　　七、诸葛亮治蜀的楷模力量 ……………………………………（180）
第五节　蜀汉中、晚期 ………………………………………………（183）
　　一、蒋琬执政 ……………………………………………………（183）
　　二、费祎执政 ……………………………………………………（187）
　　三、蜀汉的猝亡 …………………………………………………（190）

第六章　蜀汉（下）……………………………………………………（201）
第一节　政权建置 ……………………………………………………（201）
第二节　蜀汉职官制度 ………………………………………………（203）
　　一、刘备称帝前的职官构架 ……………………………………（203）

二、蜀汉王朝朝廷职官系列 …………………………………… (206)
三、蜀汉王朝地方职官系列 …………………………………… (212)
四、蜀汉职官制度概述 ………………………………………… (214)

第三节 法制 ……………………………………………………… (221)
一、蜀汉法制基本情况 ………………………………………… (221)
二、蜀汉对待土著豪族的政策 ………………………………… (223)

第七章 民 族 ……………………………………………………… (230)

第一节 百濮系统 ………………………………………………… (230)
一、巴人 ………………………………………………………… (231)
二、僰人 ………………………………………………………… (234)
三、邛人 ………………………………………………………… (236)

第二节 "西戎"系统 …………………………………………… (237)
一、夷人 ………………………………………………………… (238)
二、氐人 ………………………………………………………… (242)
三、羌 …………………………………………………………… (243)

第八章 经济发展及其管理 ………………………………………… (245)

第一节 巴蜀的地理位置及经济分区 …………………………… (246)
一、成都平原农业经济亚区 …………………………………… (247)
二、川西高原牧业经济亚区 …………………………………… (248)
三、盆地南部农牧园并重亚区 ………………………………… (250)
四、川中丘陵农业经济亚区 …………………………………… (251)
五、川东北、川东渔猎农并重亚区 …………………………… (252)

第二节 主要交通路线及其建设 ………………………………… (253)
一、汉代治路活动与治路碑 …………………………………… (253)
二、嘉陵道（周道、故道、陈仓道） ………………………… (256)
三、褒斜道 ……………………………………………………… (257)
四、子午道 ……………………………………………………… (258)
五、傥骆道 ……………………………………………………… (259)
六、剑阁道（金牛道、石牛道） ……………………………… (259)
七、阴平道（左担道） ………………………………………… (260)

八、米仓道 …………………………………………………………（261）
　　九、旄牛道（青衣道、南路、会同路）…………………………（261）
　　十、越嶲道（中路）………………………………………………（262）
　　十一、僰道（五尺道、北路、牂柯道）…………………………（262）
　　十二、"南方丝绸之路" ……………………………………………（264）
　　十三、长江上游水系水路 ………………………………………（266）
第三节　农、牧、饲养、园植、渔业、狩猎业 ……………………（268）
　　一、农业 …………………………………………………………（268）
　　二、牧业与饲养业 ………………………………………………（275）
　　三、园植业 ………………………………………………………（277）
　　四、渔业 …………………………………………………………（278）
　　五、狩猎 …………………………………………………………（280）
第四节　手工业生产及其管理 ………………………………………（281）
　　一、工室、工官 …………………………………………………（281）
　　二、冶铁业 ………………………………………………………（285）
　　三、盐业 …………………………………………………………（290）
　　四、冶铜业 ………………………………………………………（293）
　　五、纺织与编织 …………………………………………………（299）
　　六、林业、木工与竹工 …………………………………………（302）
　　七、漆器 …………………………………………………………（305）
　　八、金银 …………………………………………………………（309）
　　九、陶瓷 …………………………………………………………（311）
　　十、玻璃 …………………………………………………………（318）
　　十一、玉器 ………………………………………………………（319）
　　十二、茶 …………………………………………………………（320）
　　十三、酒 …………………………………………………………（321）
第五节　建　筑 ………………………………………………………（324）
　　一、城邑 …………………………………………………………（324）
　　二、道路桥梁 ……………………………………………………（326）
　　三、房屋 …………………………………………………………（331）

四、阙 ………………………………………………………… (334)
第六节 商　业 ……………………………………………… (336)
　一、商业概说 ……………………………………………… (336)
　二、货币 …………………………………………………… (342)
　三、度量衡 ………………………………………………… (348)

第九章　水利建设与管理 …………………………………… (350)
　第一节　李冰创建都江堰 ………………………………… (350)
　　一、渠首位置的选择 …………………………………… (352)
　　二、渠首枢纽设计的指导思想 ………………………… (355)
　　三、渠首主要工程 ……………………………………… (357)
　第二节　成都"二江"工程 ……………………………… (366)
　　一、成都"二江"工程的兴起与释名 ………………… (366)
　　二、李冰"穿二江" …………………………………… (371)
　　三、李冰"穿石犀溪" ………………………………… (373)
　第三节　文井江工程 ……………………………………… (374)
　　一、工程源起与环境 …………………………………… (375)
　　二、李冰治筰道文井江 ………………………………… (376)
　　三、李冰"穿羊摩江" ………………………………… (377)
　第四节　李冰导洛、治绵 ………………………………… (381)
　第五节　汉代的水利建设 ………………………………… (384)
　　一、文翁穿湔江口 ……………………………………… (384)
　　二、蒲江大堰——六水门的创建 ……………………… (386)
　　三、成都"二江"水系的发展 ………………………… (388)
　　四、文井江常氏堤 ……………………………………… (389)
　　五、望川原 ……………………………………………… (389)
　　六、冯颢开稻田 ………………………………………… (391)
　　七、沈子琚建绵竹江堰 ………………………………… (391)
　　八、建安四年（199）大修北江堋（都江堰） ………… (392)
　第六节　三国时期的水利建设 …………………………… (394)
　　一、诸葛亮筑九里堤 …………………………………… (394)

二、新都卫湖 …………………………………………………（396）
　三、李严大修"六水门" ………………………………………（396）

第七节　水利管理 ……………………………………………（397）
　一、行政管理 …………………………………………………（397）
　二、治水经验总结 ……………………………………………（402）
　三、水利科学技术 ……………………………………………（406）

第八节　水利宏效——"天府之国"基本建成 ……………（414）
　一、"天府"让百姓劳动轻松、生活休闲 …………………（416）
　二、"天府"为统治者的调粮宝库 …………………………（424）
　三、"天府"使富人更能享乐 ………………………………（425）

第十章　文化与民俗 …………………………………………（427）

第一节　传统"巴蜀文化"的转变 …………………………（427）
　一、典型器物与符号 …………………………………………（428）
　二、传统墓葬 …………………………………………………（432）

第二节　姓氏的兴起与发展 …………………………………（434）
　一、姓氏发展概况 ……………………………………………（434）
　二、姓氏发展的基本特点 ……………………………………（439）

第三节　宗教与民俗 …………………………………………（440）
　一、巫术与祭祀 ………………………………………………（441）
　二、风水术流行 ………………………………………………（443）
　三、道教 ………………………………………………………（445）
　四、佛教 ………………………………………………………（449）
　五、"分家"习俗 ……………………………………………（450）
　六、丧葬 ………………………………………………………（452）

第四节　政治思想与伦理道德 ………………………………（458）
　一、政治思想 …………………………………………………（458）
　二、阴阳五行学说的广泛应用 ………………………………（462）
　三、谶纬学说的广泛应用 ……………………………………（469）
　四、儒家伦理道德观的兴起和流行 …………………………（472）
　五、人物品题之风盛行 ………………………………………（479）

第五节　文学与音乐 …………………………………………… (484)
　　一、辞赋 ……………………………………………………… (484)
　　二、散文、歌、诗、刺、谚、谥 …………………………… (487)
　　三、音乐 ……………………………………………………… (489)
第六节　教育、史学、医学、天文学等 ……………………… (492)
　　一、教育 ……………………………………………………… (492)
　　二、史学 ……………………………………………………… (496)
　　三、语言文字 ………………………………………………… (497)
　　四、医学 ……………………………………………………… (498)
　　五、天文学 …………………………………………………… (500)
第七节　艺　术 ………………………………………………… (502)
　　一、器物纹饰与造型 ………………………………………… (502)
　　二、雕塑 ……………………………………………………… (505)
　　三、漆画 ……………………………………………………… (509)
　　四、绘画 ……………………………………………………… (511)
　　五、画像砖 …………………………………………………… (511)
　　六、书法 ……………………………………………………… (512)

大事年表 …………………………………………………………… (515)
后　记 ……………………………………………………………… (525)

前　言

一

公元前316年，秦攻占巴蜀。秦在全国的统治只有15年（前221～前206），在巴蜀地区却有110年，仅此足见四川秦史地位之重要。秦从此有了一个地大物博、经济富饶的大后方，从实力上改变了秦、楚、齐三强并驾齐驱的局面，在经济、军事实力上都远抛齐、楚于身后，为秦统一六国奠定了坚实基础。故司马迁在《史记》卷70《张仪列传》中说：蜀既属秦，秦以益强，富厚，轻诸侯。同时，这也使巴蜀地区在不太长的时间内，在政治、经济、文化诸方面都赶上并达到了全国先进水平。

秦入蜀后的前40年，其统治主要是围绕着军事展开的。秦先后在成都、郫、临邛、江州（今重庆）、阆中、武阳（今彭山）等地修筑了城墙，驻军防守；又利用巴蜀地处长江上游的优势，向下游楚地发动攻击。当时的主要目标是夺取黔中。公元前285年，蜀郡守张若率军攻下笮地（今凉山州部分地区）后，又乘胜夺得了楚在金沙江以南地区；公元前280年，秦司马错率陇西与蜀的军队，"因蜀攻楚黔中，拔之"。秦统治巴蜀的后70年，主要围绕经济建设展开，其中以李冰时期最为突出。李冰约从公元前277年起任蜀郡守，下限在公元前238年之前，其功绩涉及经济建设的众多领域。

综观秦在巴蜀的统治，有三大特点：一是移民规模极大、涉及面宽；二是民族政策灵活、影响深远；三是水利建设成效特大。

秦汉时期向巴蜀的大移民，起于公元前316年秦入巴蜀，迄于西汉晚期，长达300年，为我国历史上第一次大规模移民运动。又细分为移民、徙徒、迁虏三种不同类型的迁徙。周赧王元年（前314），秦惠文王封子通国为蜀侯……戎伯尚强，乃移秦民万家实之。若以一家五口计，仅这一次就五万人。徙徒指秦政府流放罪人，包括本人犯罪者、受连坐者、父母等亲属出面要求将其流放者。如嫪毐事件后，夺爵迁蜀4000余家。吕不韦事件后，其家属也被迁徙于蜀。虏，指俘虏，产生于敌方。秦在征战山东六国时，在剪灭各国后，不断地将俘虏、六国的统治者、宗室及其政治、经济基础的基本骨干队伍，如富商大贾、豪强地主、手工业实业家等迁离故土，大部迁往巴蜀。《华阳国志·蜀志》说：秦惠文、始皇克定六国，辄徙其豪侠于蜀，资我丰土。公元前229年，秦军攻赵，次年生俘赵王迁，迁其于房陵。卓文君的前辈卓氏，也是在秦破赵时被迁入蜀。公元前222年，秦灭楚，楚王宗室被迁到蜀地严道。秦移民、徙徒、迁虏的管理制度包括：政府指定迁徙地；大批迁徙时，由官吏、军队押送，如卓氏一行；一般的个别迁徙者，"以县次传"；家属同往；没收徙徒的所有财产、没收迁虏的绝大多数财产；"终身不得去迁所"，全家迁去者，皆在迁地安家落户，单身者亦娶妻落户，不仅本人，子孙后代也扎根于此；在迁徙地，只要不外逃，通常是自由的，可自择职业等，如卓氏、程郑原擅冶铁，入蜀后短期内跻身巨富；移民等原则上实行聚居，或按族聚居；禁止携带、拥有武器等。

秦治巴蜀的民族政策多为新创，颇具特色，多为后世所承。秦在蜀地实行了分封与郡县并行的制度，先后分封蜀侯三人，通过30余年的过渡，才实行单独的郡县制，还曾分封巴人君长、夔侯、夔王、笮侯、青衣王等。秦还在民族地区创立了与县同级、但又有重大区别的"道"制，先后设立了蜀郡严道、湔氐道、青衣道、夔道等。汉代县道并行，唐代羁縻州，明清土司制度，莫不滥觞于此。"道"之下，一般不再设"乡"、"里"这些基层组织，仍利用民族原有的氏族、部落等进行管理。此外，秦对西蜀土著民族还采取了刑罚从轻、赋税从轻等政策。

在经济建设方面，以李冰为代表。李冰"能知天文地理"，"识察水脉"，是我国古代科学家从政的典范。其事迹包括创建都江堰、疏通成都"二江"、开凿羊摩江、完善成都城、作石犀、开凿石犀溪、凿平南安溷崖、平掉雷垣险滩、平掉盐溉险滩、凿平僰道崖滩、通笮道文井江、疏通洛水、开掘广都盐井、大搞农田建设等。在领导艺术上，李冰多借助蜀地阴阳五行、原始巫术来统治蜀人、来治理水利等。如他在上马都江堰工程前，为调动蜀人建堰的积极性，先建渎山祠、江水祠等三祠，大祭蜀神。

二

西汉的巴蜀历史，有三大特征：一是为汉王朝的建立和早期的稳定发展作出了重大贡献；二是担任了汉武帝开发"西南夷"的战略基地、桥头堡角色；三是在以蜀锦、井盐、漆器、蜀刀为代表的手工业生产方面，在以郡学、汉赋为代表的文化教育方面，在全国处于领先地位。

秦末义军并起。秦二世元年（前209）九月，刘邦起兵于沛，数月间发展成一支强军，不久首先入关中。项羽因兵众势大，背约不尊刘邦为关中王，却自立为西楚霸王，封刘邦为汉王。当时人普遍视刘邦入汉中为"入蜀"。刘邦为汉中王时，统治的区域共有41县，其中汉中郡12县，其余29县分属巴、蜀二郡。活动在川北部的賨民，又称板楯人、板楯蛮，古来以骁勇善战著称。賨人主动随高祖出击三秦。刘邦留萧何镇守汉中、巴蜀，部署诸将，以賨人为前锋，于高祖元年（前206）八月从汉中出兵，经故道（县名，属武都），首先攻击章邯统辖的咸阳以西地区。在这一战役中，賨人各部渠（渠，部落）分外骁勇，冲锋陷阵，为平定三秦立下大功。刘邦封其首领范目为长安建章乡侯。但賨人世居巴地，多不愿远行，在刘邦欲出击关东之时，部分賨人要求还巴。刘邦知道不能勉强这支部落军，嘉其功而难违其意，遂同意其返乡。他对范目说："富贵不归故乡，如衣绣夜行耳"。于是徙封范目为阆中慈乡侯。范目固辞，刘邦又封他为渡沔侯。范目接连三次封侯，人称"三秦亡，范三侯"。刘邦还复除参战賨民罗、朴、昝、鄂、度、夕、龚七姓不供租赋，以资奖赏。賨人七姓并非全回了巴土，部分賨人随刘邦转战南北，战后留居于关中。巴蜀内地大量汉人，也曾随刘邦出征。高帝六年（前201），割巴郡、蜀郡各一部，另置一新郡，名广汉。这郡名本身就包含着刘邦对巴蜀人民在汉王朝建立过程中所作贡献的赞许和希望。汉初分封，有"王国"和"侯国"两级。大者为王（王国），其行政级别名义上相当于郡，实际上远大于郡，大体相当古之诸侯。小者为侯，其行政级别相当于县。汉初两次大封诸侯王。第一次封了八个异姓功臣为王，封地占全国之半，但关中与巴蜀、汉中之地却未封他人。铲平异姓王后，刘邦又大封同姓王，当时全国54郡，封于王国者39郡，而关中、巴蜀汉中之地亦未分封他人，由中央政府直辖（仅有食邑性的县一级的"侯"，约当秦之彻侯）。刘邦不愿把关中、巴蜀、汉中之地分封出去，盖因此区域是他打天下的基地，战略地位重要，必须自己控制。

西汉早期，巴蜀地区是汉朝廷经常用以赈济各地饥民的大粮仓。《华阳国志·蜀志》说："五城县，汉时置五仓，发五县民，尉部主之，后因以为县。"其地在今中江县北部。其他各县也建有一些大型粮仓。高帝二年（前205），即刘邦由汉中出击三秦的第二年，关中大饥，米一斛一万钱，人相食。为解决粮荒，刘邦一面下令从巴蜀汉中大量运粮前往救济，一面令关中百姓"就食蜀、汉"，号召他们前往巴蜀、汉中逃荒。在战胜项羽后，关中、关东因长期战争，民失作业，常遇饥馑，一石米卖5000钱，四处都见饿死者。高祖再次下令：允许百姓卖子求生，到巴、蜀、汉中逃荒。

秦汉制度，每年秋后要在内地一些郡训练步卒，称材官。巴、蜀是汉政府首先训练材官的地区之一。巴、蜀的材官，战斗力较强，受到汉政府的高度重视。高帝十一年（前196）秋，淮南王英布（黥布）反。高帝征调上郡、北地、陇西的骑兵和巴、蜀的材官、中尉（执金吾）率3万人保护皇太子，驻军灞上。接着，刘邦又带这支部队前往击破英布。西汉早期，巴、蜀地方长官中以文帝末年的蜀郡守文翁最为杰出。其事迹主要有：在全国首先带头兴办郡学，大搞农田水利建设，带领蜀地人民开凿湔江口，引湔江水灌溉郫县、繁等地农田1700余顷。

巴、蜀地区在西汉中期（即汉武帝时期）的历史，主要是围绕武帝以巴、蜀为基地，开发西南夷的历史展开的。武帝时期，西汉进入极盛阶段，继秦始皇之后，再次掀起了开发边疆的高潮。武帝曾两次进军"西南夷"地区，完成了在该地初步设立郡县的历史大业。

武帝时期，是巴蜀政治、经济、文化的一个重要转折时期，影响极大。元狩二年（前121），武帝为增加军费开支，实行盐铁官营和算缗、告缗等打击富商大贾的崇本抑末政策。"敢私铸铁器、煮盐者，钛左趾，没入其器。"又统一货币，禁止郡国和私人铸钱。蜀中临邛卓氏、程氏皆因冶铁致富。文帝赐邓通铜山铸钱，邓转包给卓氏。邓氏钱遍天下，卓氏也成为巨富。但他们在武帝中、晚期已经衰落。当时的算缗、告缗运动使全国中等以上的商贾之家，大都破产，何况程氏、卓氏"富侔公室，豪过田文"。且其以冶铁、铸钱致富，为当时政策所严禁，为重点打击对象。武帝时期，巴蜀地区长期发展起来的私营工商业受到沉重打击。许多重要行业，如盐、铁的产销，全被收为官营；长期实行的地方政府和私人铸钱，则被取消。过去，巴蜀私营工商业者生产的陶、铜、铁器，在造型、纹饰等方面都有着许多"巴蜀文化"特征。随着这些私营工商业的被取缔，陶、铜、铁器上的"巴蜀文化"特征也随之消失，故现代考古学把"巴蜀文化"的下限定在西汉中期。武帝打击私营工商业经济，迫使工商业者把钱财转往农村，加速了农村土地兼并。巴蜀地区的豪族势力正是在武帝中、后期开始初兴，以后逐步成为巴蜀地区政治、经济、文化的一股重要力量。

西汉后期（昭帝、平帝时期），巴蜀地方历史主要是围绕着民族矛盾和阶级矛盾展开的。武帝开发西南夷，广设郡县，多驻军队，为维持其统治，必加重土著民族的负担。武帝时期，在边地还较注意民族政策，吏治较清廉，也由于政府实力强大，威霸四方，民族矛盾尚未激化。武帝之后，吏治逐渐污秽，赋税徭役日益加重。再加上政府实力日见衰弱，民族矛盾日益激化。

王莽称帝后，开始全面改革。其中，与巴蜀地区关联较多的有更改地名、"五均"政策及币制改革三事。王莽的思想，集中体现了古代中央王朝统治者的传统观念：重名尚义、轻实薄利。王莽称帝后，不顾内地烽火四起，先后下令改阴平道为摧虏道，改氐为豨，又贬汉朝封的鉤町王为侯。鉤町王邯为此十分怨恨，牂柯大尹（太守）周钦奉命设计杀了邯。邯弟承率领族人攻杀了周钦，又攻城略地，民族起义烽火迅速燎原益州三边。益州郡的僰人首领栋蚕、若豆也起兵攻杀大尹程隆。

公元25~36年，为"成家"政权时期。王莽新朝末年，全国战乱。导江卒正（王莽改蜀郡为导江，改郡守为卒正）公孙述（字子阳），趁乱起兵，于25年（建武元年）4月，在成都自立为天子，国号"成家"，后被光武帝击败。

东汉时期，巴蜀历史特征有四：一是豪族大姓空前发展，他们垄断经济、武断乡曲、干预政治，广大农民逐渐丧失土地，沦为部曲；二是政府取消了对巴蜀土著民族的传统优待政策，改变了过去在少数民族聚居区一般不设乡、里，一般不征或少征赋税的做法，一些民族迅速汉化，一些民族则频频起义反抗；三是以成都平原为核心的"天府之国"基本建成，并为世所公认；四是在意识形态领域中，儒家观念日益深入，占据统治地位，但在广大下层人士及少数民族中，以道教为代表的宗教迅速发展，它们构成了一个对立统一体。

东汉早期，涌现一大批能臣。广汉太守蔡茂，西汉末年以儒学闻名，曾任朝廷议郎、侍中等职；王莽居摄，自免不仕。东汉平蜀后，出仕广汉太守。此前朝廷贵戚阴氏的宾客，在广汉多次犯法，无人敢管。蔡茂初到，阴氏宾客犯法如旧，蔡茂每次都立刻派人收捕，从重处罚，境内逐渐清静。蜀郡太守第五伦，曾为巴郡宕渠县令，知人善任，将乡佐玄贺推荐于朝廷。玄贺后任九江、沛二郡守，政绩著称，晚年任大司农。永平十一年（68）至十八年（75），第五伦任蜀守。当时蜀中盛行贿赂，官僚富实，衙门中的小吏家产也多至千万，出入皆鲜车肥马。第五伦即将行贿受贿之辈、家产殷实的官吏，一律罢免遣还，另选孤贫志行之人替之。第五伦自己带头节俭，常穿普通布衣上街巡视，亲自饲养车马，其妻则自己动手煮饭，领俸禄时带头领取红米。蜀中吏风迅速好转，贿赂之风大敛。第五伦还经常向朝廷推荐人才，所荐者多官至九卿、二千石，在全国以知人善荐闻名。永平十八年十一月，被调往朝廷任司空。廉范，章帝建初年间（76~84）为蜀郡太守。当时蜀中公文重修辞，同事尚攻讦，遇事争论不休。廉范采取措施，消除朋党势力，提倡淳厚之风，提高效率。成都城内，由于楼宇密集，为防火灾，旧制禁止百姓在夜间作业，但仍不时发生火灾。廉范了解情况后，撤销了夜禁令，唯令百姓多储水防火而已。百姓普遍感到方便，歌颂道："廉叔度，来何暮？不禁火，民安作。平生无襦今五绔。"杨仁，章帝时蜀郡什邡县令，宽惠为政，对掾吏子弟严加要求，令入校学习，凡能努力通明经术者，即向郡府或朝廷推荐出仕，于是该县义学大兴。又开垦荒田千余顷。

进入东汉后，豪族势力大发展。东汉早期，巴蜀各地区统治者，多以豪族及其子弟为骨干，他们普遍利用职权，大捞特捞。东汉中晚期，巴蜀豪族成为一股重要的政治、经济力量，拥有大量钱财、田地、山林、湖泽、奴婢等。他们控制、参与各级统治，并基本垄断教育。在乡村兼并大量土地，形成豪族庄园共同体。又以宗族为纽带役属大量部曲，并奴婢成群。他们普遍掌握大量武装，拥兵自重，并彼此联姻，形成宗亲、姻亲纵横交错的政治、经济关系网。与此同时，城镇中工商业豪族普遍兴起，生活骄奢淫逸。

东汉时代,巴蜀地区爆发了多起农民起义,其中有几起对巴蜀历史产生了较大影响。影响最大的是由早期道教即五斗米教组织的黄巾起义。

东汉末年,巴蜀的政治主要是围绕着刘焉父子据蜀展开的。刘焉为刘氏宗室之后,曾任洛阳令、冀州刺史、南阳太守、宗正、太常等职。灵帝时期,他感到刘氏天下不保,开始自谋,建议灵帝改州刺史为州牧,选任清名重臣,以居其任,实际上是他欲躲避朝廷中的尖锐权力斗争。正在他加紧活动时,巴蜀黄巾军捕杀了益州刺史郄俭。星象家、侍中董扶(广汉人)早有避乱之心,对刘焉说:首都京城将出现大乱,益州分野之中有天子气。刘焉一听这话,便放弃了出任交趾牧的打算,力争出任益州牧。刘焉入蜀后,为达到割据目的,采用一切手段,调动各种可以利用的力量和因素。当时汉中太守苏固对刘焉的割据行动有所抵制,刘焉即命五斗米道去袭取汉中,又贼喊捉贼,上书朝廷,说"米贼"断绝了交通,今后难与朝廷联系,公开发出了割据一方的宣言书。刘焉镇压了任岐、贾龙等地方豪族势力后,在益州站稳了脚跟,明目张胆地做登基称帝的准备,仿京城之制筑阙门。正在这时,绵竹失火,烧掉了城府车重、馆邑,并延及民家。刘焉不得不移居成都,不久就发背疽而死。

兴平元年(194),朝廷任颍川人扈瑁为益州刺史。扈瑁行至汉中,因川北起兵战乱,滞留不行。刘焉旧部明确表示不欢迎扈瑁。他们认为刘璋温仁而易控制,上表朝廷,要求刘璋接替父职。这时朝廷在董卓旧将李傕、郭汜的控制下,对益州鞭长莫及,又慑于全国大乱形势,只好诏任刘璋为监军使者,领益州牧。刘璋执政期间,政令多阙,法制不严,人心背离。建安十三年(208),曹操打下荆州后,刘璋怕其西征益州,派张松去见曹操,表示服从调遣。曹操对张松礼貌不周,仅任命他为越巂郡苏示县令。张松十分气愤,返蜀后大肆诋毁曹操,极力劝刘璋与其断绝关系,建议请刘备入蜀,助攻汉中。刘璋采纳了其建议,派法正去荆州请刘备。

三

蜀汉政权是一个与魏、吴鼎立,以巴蜀地区为核心,包括今陕西南部、甘肃东南部、湖北西南部、云南和贵州大部分地区在内的,在我国历史文化中具有极重要地位的政权。它在我国历史上和四川历史上的突出特征是：儒家文化与兵家文化结合得极好，计谋诡诈中辨慈惠宽严，刀光剑影下见忠义仁孝。

刘备早年历经波折。建安十二年（207），在荆州投靠刘表时，"三顾茅庐"，请出诸葛亮为辅佐。次年七月，曹操大军南攻荆州。刘备撤退，派诸葛亮去联络孙权。十一月，孙、刘联军在赤壁大破曹军。次年，刘琦病死，刘备任荆州牧。此后不久，刘璋派法正来请。法正见刘璋难成大器，一到荆州，就"阴献策于刘备"，约定里应外合夺取益州。建安十六年（211），刘备留诸葛亮、关羽据守荆州，自率步骑一两万人，逆江上至涪城（今绵阳）。早已在此等候的刘璋率吏民出城相迎。

刘璋又给刘备增加了一些兵马，把白水关（在当时的广汉郡白水县，今四川广元昭化西北）驻军的指挥权给了刘备。刘备在葭萌驻扎一年，未北上与张鲁打一仗，在益州引起了议论。刘璋返成都后，军师庞统向刘备献了三计，刘备采纳了中计，派人回荆州让诸葛亮率军入蜀增援，遣使者去要求刘璋再支持1万兵马及粮草，准备东行。刘璋不想公开得罪刘备，同意给其4000兵马，其他资产物资也都按半数拨给。张松误以为刘备真要走，忙写书给刘备，以为现在唾手可取益州，为何要丢弃而去？张松兄张肃是刘璋的广汉太守，知情后怕遭连累，向刘璋告密。刘璋捕杀张松，与刘备的矛盾公开化。刘备斩杀刘璋派来的白水军督杨怀，带兵北进白水关，很快进围雒城。这时，军师庞统中流矢而死。

诸葛亮分兵三路入蜀：亲率一军向成都，张飞率一军北行逆垫江向巴西（治今阆中），赵云率一军逆长江攻江阳（今泸州）。他们很快攻下川东、川北、川南各郡县。建安十九年（214）夏，刘备攻下雒城，与诸葛亮、张飞、赵云等合围成都。当时，成都城中还有精兵3万，府中粮谷布帛可供一年之需，但刘璋却不战而降。

刘备政权初建后，军用不足，物价暴涨，社会波动。刘巴建议铸造"值百钱"，1个钱的购买力相当于过去100个"五铢钱"。数月之间，府库充实。

建安二十年（215），孙权遣诸葛瑾为使来益州，欲索回荆州。刘备答道：须得凉州（今甘肃、青海、宁夏部分地区）后，才能还荆州。孙权认为这是借地不还，即委派长沙、零陵、桂阳三郡长吏，命去赴任。关羽令各地驻军将其逐出。孙权恼怒，派吕蒙率兵2万袭取长沙、零陵、桂阳三郡。这年五、六月间,刘备率兵5万,从成都出发,顺江而下,直抵公安,命关羽进军益阳(今湖南益阳县东)。孙权进驻陆口,亲到前线坐镇。吴、蜀大战,一触即发。正在这时,曹操攻破了汉中。为避免两面受敌,刘备与孙权以湘水为界,平分荆州,引军还蜀。

建安二十三年(218)春,刘备按法正之策,分兵两路攻汉中。经过约17个月的征战,蜀军遂攻占汉中,刘备次年自立为汉中王。

建安二十四年(219)七月,关羽率军进攻樊城,水淹七军,生擒于禁,威震华夏。曹操联合孙权,以分割江南之地为条件,要他出兵袭取关羽。孙权诱降了关羽的一些部将,出兵配合曹军,前后掩击,斩杀关羽父子,占领荆州。

建安二十五年(220)二月,曹操病逝,曹丕继立,十月取代汉室,称皇帝。为对抗曹魏,次年(221)四月,刘备在成都称帝,国号"汉",年号章武,史称"蜀汉"。七月,即出兵伐吴。在准备期间,张飞被部将张达、范彊杀害。刘备拒绝了东吴的一再请和,亲率大军4万人,沿江而下。第一战,收复了巫县、秭归。次年二月,推进到夷陵(今湖北宜昌市东),前遇孙吴大军。吴军坚守不战。蜀军从建平(巫峡东南)到猇亭(今湖北长阳县南)一线五六百里,沿江南岸,依山宿营。至五六月,满山树木茂盛,盛夏干燥,宜于火攻;加之夏季东风灌峡而进,速快势猛,更有利于由东向西进攻。六月,陆逊试攻了一次后,即命全军将士5万多人各执一把茅火,全线出击。蜀军40余营,俱遭火攻,大将张南、冯习及"五溪蛮"首领沙摩柯皆被斩首。刘备突围逃回鱼复。黄权带领的江北军,在前后遭夹击的情况下,投奔了曹军。蜀军死者数万,舟船器械,水陆军资,一时略尽。尸骸漂流,塞江而下。赵云及时把增援部队带上前线,吴军被迫退兵。章武二年(222)六月,刘备退回鱼复,住白帝城。冬十月,诏丞相亮"营南北郊于成都",包括修建九里堤水利护崖、漂木、捞木工程,扩修皇宫,修建惠陵、昭烈庙。章武二年冬,刘备因长期拉痢,复发他病,自感"殆不自济",召诸葛亮、李严等交代后事。次年四月,刘备死于永安宫,时年63岁。五月,梓宫自永安还成都,谥曰昭烈皇帝。秋八月,葬惠陵。

章武三年(223)五月,17岁的刘禅在成都继位,史称"后主",改元建兴,封诸葛亮为武乡侯,设立丞相府,又令他兼领益州牧,全国大小事体,皆由其决定。诸葛亮执政以后,内政上致力于务农殖谷,闭关息民,大力发展生产;外交上,努力恢复与东吴的外交。

刘备死后，越巂地区（大致相当于今四川西昌地区、攀枝花市和云南相邻的部分地区）的"叟帅"高定首先起兵，攻夺郡城，杀郡将军焦璜，称王叛乱。接着，益州郡（今云南东北部）的大姓雍闿也借故杀了益州太守正昂，又捉益州太守张裔送东吴。叛乱威胁着蜀汉的后庭。

建兴三年（225）三月，诸葛亮率大军南征，以"攻心"为这次战略的指导思想。蜀军渡泸后，在弄栋县一带与孟获交锋，大败其部众，生擒孟获，七纵七擒，孟获心服，表示"南人不复反矣"。到这年秋季，南中叛乱被完全平息。此后，诸葛亮妥善处理了善后事宜，包括：把南中大郡分割为小郡、大量起用土著大姓、鼓励大姓役属少数民族、征调南中兵壮入蜀等。

建兴五年（227），诸葛亮上《出师表》于后主，率军到达汉中。练兵约一年，达到"戎阵整齐，进退如风，止如山"的境地后，举兵北向。当时，魏文帝曹丕已死，明帝曹叡继位不久。南安（治今甘肃陇西）、天水（治今天水甘谷）、安定（治今甘肃济川）三郡当即降蜀。曹叡西赴长安督战。蜀军扬言要由斜谷道攻取郿县（今陕西眉县），并使赵云、邓芝率一军据箕谷（今陕西褒城西北）为疑军，诸葛亮率主力西攻祁山，参军马谡领一军为先锋，驻守街亭。马谡违令，举动失宜，10余日便大败。蜀军只好退还汉中。诸葛亮挥泪斩马谡，上书自贬三等。此后，诸葛亮又四次北伐，皆未能成功。建兴十二年（234）八月，诸葛亮病逝于前线，时年54岁。

其后，蒋琬、费祎、姜维先后执政。姜维在蜀中的事迹，多是围绕出军西凉展开的。在蒋琬执政期间，他"数率偏军西入"。从费祎到蜀汉灭亡的前一年（262），短短10年间，他五次西征。正是在这些"进攻"中，蜀汉国势急剧逆转，日虚月衰，丧失了正常的御外能力。

炎兴元年（263）八月，魏军攻蜀。姜维拒守剑阁，阻挡住了钟会大军。钟会军因粮食供应困难，已准备撤军。但邓艾却从阴平直攻蜀郡腹心。刘禅投降，并派人通知姜维等就地投降。姜维军接到通知时，"将士咸怒，拔刀砍石"，但也只好听命投降。姜维还试图挽救蜀汉。他发现钟会与邓艾之间矛盾很深，认为可以利用。钟会本有割据蜀地的野心，受降姜维军后，厚待姜维，还其印号，与其出则同车、坐则同席。钟会诬告邓艾成功后，带姜维到成都。钟会在策动魏军叛魏时，引起斗杀。钟会、姜维等被杀。"蜀汉"灭亡。

四

从秦人入主巴蜀，至蜀汉灭亡的580年间，沧海桑田，巴蜀经济发生了若干重要变化，有质的飞跃，也有量的积累。

以经济性质而论：在秦统治期间，土著民族仍呈部落经济特征，在外来移民中则具有家族经济特征；秦末汉初，是巴蜀内地部落经济解体，家族经济、个体家庭经济同时发展的时期，至西汉中期，后者已居于主导地位；西汉晚期至东汉初期，个体家庭经济退居次要地位，一般小家庭经济受到种种挑战，大家族经济则逐步向豪族经济转化；至东汉中、晚期，豪族经济居于统治地位；蜀汉时期，在工商业方面，包括豪族经济在内的私营经济遭到压抑、排挤，战时官营、官控经济特征极浓。

从经济区域发展而论：秦入巴蜀，随着秦对西南边地的开拓，巴蜀内地经济对周围边地的影响空前强烈，开始孕育以成都为核心、巴蜀盆地为内圈，辐射整个西南地区的巴蜀经济区。西汉中、晚期，全国形成十大经济区，巴蜀地区是其中一个单独的经济区，已初步形成"天府之国"的框架，到东汉时期正式建成世所公认的"天府之国"。成都在西汉中期发展为全国六大都市之一，临邛、广汉为当时全国著名的工业城市。

以经济文化演进而论：在秦统治期间秦、中原文化为巴蜀经济带来了新鲜血液，刺激了该地经济的大发展，一方面兴起了许多新的领域，如农业方面的水利、牛耕、铁农具，交通方面的马车制造、桥梁建设等；另一方面，许多传统工艺如冶铜、制玉、制陶、漆器、丹砂等，在外来因素的刺激下，以空前的速度大发展。约在秦入主巴蜀的前50年，该地经济仍以土著文化特征为主，其后60年及西汉初期，该地经济的土著文化特征与外来文化特征势均力敌；至西汉中、晚期，外来特征高度加强，在许多领域已占主要地位；东汉至蜀汉时期，巴蜀内地经济已基本中原化，地方特征（包括经过改造的地方特征）只占很次要的地位。

秦汉三国时期，是古代巴蜀地区水、陆交通大发展，并形成基本格局的时期。交通路线由先秦时期的自然形成，民办民管，转为干道官营为主。在陆路

前言

交通上，最大的变化是，相当一部分道路，由过去只能供人、畜行走的窄道，转为可通马车的大道。农业有质的飞跃发展：在平原浅丘地区由粗放型向精耕型发展；牧业、饲养业、园植业、渔业也有大发展。大量巴蜀水果外运，并产生了一大批园植专业户。渔业开始了人工饲养，在很大程度上发展为一种商品。在全国首先创造了稻田养鱼。

这一时期，许多新的手工业部门，如冶铁系统、井盐系统、以马车为代表的新的交通工具系统，迅速出现，迅速发展；一些传统的手工业生产部门如冶铜、陶瓷、木工、造船、竹工、漆器、纺织等，也有了空前发展。这一阶段，巴蜀地区的手工业生产，虽在少数部门曾以官营为主，但总体上仍以私营、分散为其生产的基本特征。秦汉时期，西蜀铁器多输出到西南民族地区，为巴蜀外贸大宗。这一时期也是井盐大发展的第一阶段，其产品除自供本区外，还大量输出到周边广大地区，亦为外贸大宗。以蜀锦为代表的纺织业，在全国占有重要地位。秦汉三国时期，西蜀是全国最重要、最大的以官办为主的漆器生产基地。巴蜀是我国最早栽茶和饮茶的地区之一。秦人伐蜀以后，巴蜀的种茶技术开始外传。

这一时期，建筑有质的飞跃，这主要与大量移民的进入，铁器的普及和砖瓦术的应用有关。民居出现了砖瓦建筑，城邑普及了城墙，木桥取代了筏桥。阙是秦汉三国时期的典型建筑之一。至今，在四川境内还保存着20余处汉阙实物，大体可分为城阙、里间阙、庙阙、墓阙、棺阙五类。

这一时期，巴蜀商业迅速发展。特征是具有明显的区域性，与周围民族联系紧密，远距离跨国贸易发达。

秦汉三国是巴蜀文化产生巨变的时代。传统文化与外来文化相融合，在宗教、伦理、建筑、衣食住行、姓氏、文学艺术、神话传说、教育、史学等领域都较以前有了质的变化、划时代的飞跃。过去巴蜀地区被中原人视为蛮夷之地，现在则演为先进的文化之邦。在姓氏方面，秦灭巴蜀前，巴蜀民族中有"氏"而无姓。秦汉时期，是巴蜀民族"氏"向"姓"发展的高潮。原有之"氏"纷纷向"姓"过渡，又新产生了一些"氏"和"姓"，大量的外来移民也带进了许多"姓"。三者异流同归，推动了巴蜀"姓"的发展。在宗教方面，佛教传入、道教产生，又在巴蜀文化中激起了狂澜。东汉时期，在西蜀诞生了我国最重要的土著宗教——道教；当时它自称"正一盟威之道"，简称"正一道"，又称

"天师道",是我国早期道教的一个大派。它曾为外地道教的发展树立了榜样,奠定了教义,输送了骨干。这一时期,丧葬习俗五彩缤纷,一些传统葬俗,如盆地内的船棺葬,峡江地区的崖葬,川西高原的石棺葬,川西南地区的大石墓等,在这一时期又继续流行了相当长一段时间后,才逐渐消失。许多新的丧葬制度、墓葬类型又迅速兴起,如土坑墓、木椁墓、砖墓(包括画像石墓、画像砖墓)、崖墓等。

秦至蜀汉,是巴蜀政治思想、伦理道德巨变的时代。产生了一大批著名的政治思想家,如司马相如、严君平、扬雄、王阜、诸葛亮。秦汉三国时期巴蜀地区流行阴阳五行学说,在秦至西汉早期,它甚至成了统治者借助的统治思想。李冰借助阴阳五行学说统治蜀人的意图,在都江堰工程中反映得尤为明显。汉武帝独尊儒术后,巴蜀儒学大兴。"三纲五常"对稳定社会,发展经济,调整人与人之间的关系,起了一定作用。汉代长期实行的"察举"用人制度,促进了东汉后期至三国时期蜀中人物品题之风的盛行。秦至蜀汉间,巴蜀文学由过去土著民族的口头文学发展为汉文化系统的文学,并主要依靠文字记录传播,培育出司马相如、扬雄一代文豪。在音乐方面,主要以地方民族乐舞闻名于世,秦统治期间主要是军乐,入汉以后主要是民乐。东汉豪族经济刺激了民乐的发展。辞赋为汉代文学的典型代表。汉赋最杰出的代表当推司马相如和扬雄。如果汉赋的发展演变分为从形成到全盛、从模拟到转变两大阶段,司马相如为全盛期的代表,扬雄则为模拟期的大家。这一时期,对教育贡献最大者是文翁。他率先在全国修建郡学(成都),武帝时诏令各郡国皆仿蜀郡办校。汉武帝时,阆中人落下闳负责新历《太初历》的运算工作,造浑天象(天球仪),标上星象位置。他首次采用连分数推算历法,较西欧早1600余年,反映出当时巴蜀的数学水平极高。《太初历》是我国历法史上第一部较系统、成体系的历法。医学方面,针灸术在全国处于领先水平。1993年,在绵阳双包山2号墓中,出土了一件髹黑漆小形木质人形,高28.1厘米,身上有红漆线的针灸经脉循行径路,遍布全身,是我国乃至世界上所发现最早的标有经脉流注的木质人体模型。东汉一代,巴蜀的方术在全国占有极重要的地位。《后汉书·方术列传》等多载有巴蜀方士,如:新都杨春卿、杨统、杨厚、段翳,犍为周循,广汉郑伯山,阆中任文公,成都杨由,雒人折象、郭玉,绵竹董扶等,皆为全国著名大师,名震一时。

前 言

这一时期的艺术作品极为丰富，主要有铜、铁、陶、漆、玉、木、石等质料的器物（艺术造型与纹饰），漆画、瓦当、画像石、画像砖、花边砖、陶俑、石俑、铜俑、木俑及模型，各种雕刻等，仅保存至今的便数以万计。

第一章　秦治巴蜀

（前 316 年～前 206 年）

秦在全国的统治只有 15 年（前 221～前 206），在巴蜀地区的统治却多达 110 年，仅这一点，足见四川秦史地位之重要。

秦攻占巴蜀，是四川古史上最重要的事件之一，也是战国、秦史中影响最为深远的事件之一。一方面，它使得巴蜀地区在不太长的时间内，在政治、经济、文化诸方面都赶上并达到了全国先进水平。另一方面，它也使得秦从此有了一个地大物博、经济富饶的大后方，从实力上改变了秦、楚、齐三强并驾齐驱的局面，在经济、军事实力上都远抛齐、楚于身后，从而为秦统一天下奠定了基础。故司马迁说，"蜀既属秦，秦以益强，富厚，轻诸侯"①。唐人虞世南引《风俗通》说："秦昭王以李冰为蜀守，开成都两江，造兴溉田万顷以上，始皇得其利，以并天下。"② 宋人郭允蹈说："秦于是灭六国而一天下，岂偶然哉，由得蜀故也。"③ 这类说法并不夸张。秦治巴蜀，政策多为新创，秦后来一统六国，多所借鉴。以后历代治蜀，亦多蹈袭。

---

① 《史记》卷 70《张仪列传》。
② 《北堂书钞》卷 74《太守上》。
③ 郭允蹈：《蜀鉴》卷 1，《四库全书·史部·纪事本末类》。

第一章 秦治巴蜀

第一节 分封与郡县制

秦占领巴蜀后，根据巴蜀的具体情况，逐步制定并完善了一套特殊政策。它不同于秦在本土的政策，也不完全同于以后统一六国之后的政策。

一、早期在蜀的分封制度

分封制是一种按宗法血缘关系进行等级分配的制度。秦在商鞅变法时废分封（保留食邑性的分封，封君只食邑而不临地治民），但对新占领的民族地区例外，往往让其首领继续统治一段时间，以便过渡。秦入蜀之初，曾让率军伐蜀的司马错兼任蜀郡第一任郡守。当巴蜀完全平定后，秦政府鉴于巴蜀的不同情况，在巴地置郡，在蜀地分封。扬雄《蜀都赋》曰："王基既夷，蜀侯尚丛。"秦先后分封蜀侯三人。

司马错当了两三年蜀郡守后，又回咸阳。据朝廷旨意，他离蜀前物色了蜀王的一个儿子"通"（又称繇通、通国），由朝廷封为蜀侯。《秦本纪》说在惠文王更元十一年（前314）：公子通封于蜀。《华阳国志·蜀志》说：周赧王元年，秦惠王文封子通国为蜀侯，以陈壮为相。第一任蜀侯为公子通①。秦同时在蜀大量驻军，并大量移民，以控制蜀地。蜀侯通显然不满这种处境。《水经·叶榆水注》说：后蜀王子将兵三万来讨雠王、雠侯，服诸雠将。可见蜀王族在亡国后，仍然控制着自己的部落和大量军队。他们与秦派来的蜀相陈壮发生了冲突。这时，活动在今荥经、汉源、雅安一带的丹、犁部落来投奔蜀侯。蜀侯实力陡增，与陈壮矛盾更加尖锐。《华阳国志·蜀志》说：（周赧王）六年（前309），陈壮反，杀蜀侯通国，秦遣庶长甘茂、张仪、司马错复伐蜀，诛陈壮。

近年在四川青川县秦墓中发现一块木牍，上面书写着主要针对巴蜀地区，在秦国原《田律》的基础上修改而成的《为田律》，其曰：

---

① 蒙文通先生首先在《巴蜀史的问题》一文中提出秦三封蜀侯皆为蜀王之子，见《蒙文通文集》第二卷，巴蜀书社1993年版。本文从其说，结合考古资料进一步证之。

二年十一月己酉朔日，王命丞相戊（茂）内史匽，
□□取觷更修《为田律》，田广一步，袤八则为畛。亩
二畛，一百（陌）道。百亩为顷，一千（阡）道，道广
三步。封，高四尺，大称其高。埒，高尺，下厚二尺。
以秋八月，修封埒，正彊畔，及芟阡陌之大草，九月，
大除道及除浍。十月为桥，修坡堤，利津隥。鲜草，虽
非除道之时，而有陷败不可行，辄为之①。

图1—1
青川秦牍摹本

田律中的"二年"，按《历代长术辑要》推算，为秦武
王二年（前309），这年十一月为己酉朔。戊与茂通，丞相
戊即丞相甘茂。时间上，《田律》与《华阳国志·蜀志》吻
合。秦制，郡府可制定地方法律②。甘茂入蜀时，蜀相已
叛，修律权由甘茂暂代。《为田律》的发现，确证甘茂曾入
蜀地。陈壮杀了蜀侯，背叛朝廷，大举造反，试图割据。秦
王廷派即将任相的甘茂率重兵，很快平息叛乱，押陈壮回咸
阳，于秦武王元年（前310）将其诛杀。

公元前308年，秦王廷又封蜀王（或蜀侯通）另一名叫
"恽"的儿子为蜀侯。这时，秦政府进一步加强了对蜀的控
制，先后在成都平原修建了成都、郫、临邛三城，并继续往
这里移民。秦政府监视着蜀侯（此间当有蜀相，佚名）的一举一动。后来秦政
府果真得知蜀侯恽要造反的消息，派大将司马错入蜀杀恽③。《蜀王本纪》说：
秦王诛蜀侯恽，后迎葬咸阳。天雨，三月不通，因葬成都。故蜀人求雨，祠蜀
侯，必雨④。为什么秦王诛蜀侯恽后，欲把其尸迎葬咸阳呢？

《华阳国志·蜀志》说：

---

① 《青川县出土秦更修田律木牍》，《文物》1982年第1期；罗开玉：《青川秦牍〈为田律〉所规定的"为田"制》，《考古》1988年第3期；罗开玉：《青川秦牍〈为田律〉再研究》，《四川文物》1992年第3期。

② 如近年发现的睡虎地秦墓竹简中，南郡守腾在一篇给各县吏发布的《语书》中就说："故腾为是而修法律令，田令及为间私方而下之"。见《睡虎地秦墓竹简》第15页，文物出版社1978年版。

③ 《史记》卷5《秦本纪》。

④ 宋《太平御览》卷11引。

第一章 秦治巴蜀

赧王十四年（前301），蜀侯恽祭山川，献馈于秦孝文王。恽后母害其宠，加毒以进王。王将尝之。后母曰："馈从二千里来，当试之。"王与近臣，近臣即毙。文王大怒，遣司马错赐恽剑，使自裁。恽惧，夫妇自杀。秦诛其臣郎中令婴等二十七人。蜀人葬恽郭外……十七年（前298），闻恽无罪冤死，使使迎丧，入葬之郭内。初则炎旱，三月，后又霖雨；七月，车溺不得行。丧车至城北门，忽陷入地中。蜀人因名北门曰"咸阳门"，为蜀侯恽立祠。其神有灵，能兴云致雨，水旱祷之。

常璩等蜀儒认为这是一件冤假错案。这段记载也有矛盾，如把昭王误为孝文王（该事发生在昭王六年），把蜀侯写成秦人等，迎丧时旱灾、水灾的描写，更属神话。常璩的记载，也含有许多真实的成分。蜀侯虽为蜀人，祭山川后也应献馈于王，这合乎旧礼制，是臣属的表示。

第三任蜀侯公子绾。《华阳国志·蜀志》曰："赧王十五年（前300、秦昭王七年），王封其子绾为蜀侯……三十年（前285、秦昭王二十二年），疑蜀侯绾反，王复诛之。但置蜀守。"第三任蜀侯在位时间最长，也仅15年。结局是在无任何根据的情况下，因"疑"被杀。经过30余年的过渡，在蜀土具备了设郡县的条件。为避免变生肘腋，铲除蜀土兵连祸结之根，取消蜀侯这个傀儡的时机业已成熟。

二、郡县制的推行

秦在巴蜀故地共设置了巴、汉中、蜀三郡。秦先后设置了46郡。最先置上郡（前328），接着就是巴、蜀二郡。《华阳国志》两处说到秦时巴蜀三郡共31县，但《汉书·高祖本纪》却说是41县。或系初置31县，以后不断新置，秦末达41县。另外，从刘邦统治汉中、巴、蜀的实际区域看，这41县中还不包括在滇、黔设置的几县，即秦时巴蜀三郡至少有46县（估计在50县左右）。三郡所辖县名已不可尽考，马非百《秦集史·郡县志》已指出25县，本文又增考13县，共38县①。

---

① 限于现行政区域，秦汉中郡所辖南郑、房陵、上庸、成固、褒、沔、故道七县，本书略。

1. 巴郡

巴郡在巴蜀三郡中最先设立。《华阳国志·蜀志》说周赧王元年（前314）"置巴郡"。巴郡初期的治所可能在阆中。《水经·江水注》说张仪等"置巴郡，治江州"，另外还有张仪筑江州城的传说。《史记·张仪列传》载，张仪攻下阆中后不久，至迟在公元前314年内便返回了咸阳。次年，他便由秦入楚，去离间齐楚联盟，哪还顾得上来攻打并筑江州城呢？秦昭王二十七年（前280），司马错攻楚黔中；三年后蜀守张若又伐楚，取巫郡及江南为黔中郡。这两次进攻，夺回了楚占领的巴国故地。大概此后不久，巴郡的郡治便迁到了江州（今重庆）。与蜀郡相比较，巴郡在建置上有一个特点：没设立一个"道"。究其原因，或因当时在少数民族地区设"道"的制度还未创立。不过，巴郡的部分县下不再设乡、里，仍保留着部落、氏族组织，当时称为"渠"。县吏通过"渠帅"治事。秦政府还放巴王归巴地，让其充当"蛮夷君长"，统率各族。这种通过氏族、部落统治各族百姓的特殊郡县制，终秦之世而未有改变。刘邦出击三秦时，他们仍是以"姓"即以部落为单位。

秦统治巴郡近110年，却没有留下任何一任郡守或一名秦吏的姓名。现仅据资料所及，知道巴郡有属县12，如下表：

表1-1　秦巴郡辖县简表

秦县	今　地	备　考
江州	重庆市、巴南区、江津、綦江、南川、江北、铜梁（部分）、璧山（部分）、荣昌、永川等地。	《江水注》：张仪置巴郡，治江州。巴郡治所在公元前280年后迁江州。
阆中	阆中、仪陇、苍溪、南充、南部、西充、巴中（部分）、遂宁（部分）、蓬溪。	《元和郡县志·山南道》：阆中，秦为巴郡阆中一县。最初当为巴郡治所。
垫江	合川、武胜、铜梁（部分）、安岳（部分）、岳池、大足。	《华阳国志·巴志》：巴王或治垫江；《汉书·地理志》：为县。从各方面综合考察，当为秦县。
鱼复	奉节、巫山、巫溪、开县（部分）及邻省部分接境地区。	《方舆纪要》：秦置鱼复县，属巴郡。
朐忍	万县、云阳、开县（部分）、梁平、开江（部分）、达县（部分）。	《太平寰宇记》卷137：开州，秦汉之代为巴郡朐忍县。

第一章 秦治巴蜀

续表

秦县	今 地	备 考
枳	涪陵、长寿、丰都、武隆、彭水、酉阳、秀山、黔江、石柱及贵州沿河、务川、德江、邱江、黑南等县地。	《史记·苏秦列传·正义》：今涪州城，在(乃)秦枳县，在江南。又见于《元和郡县志》卷30、《太平寰宇记》卷120等。
宕渠	宣汉、渠县、营山、大竹、邻县、开江（部分）、达县（部分）、巴中、通江、南江、万源、城口等地。	《蜀王本纪》：秦襄王时，宕渠郡（县）献长人二十五丈六尺。此事又见《华阳国志·巴志》。
江阳	泸州、纳溪、叙永、古蔺、富顺、威远、隆昌（部分）。	《蜀王本纪》卷8：秦为巴郡，汉为犍为郡之江阳、符二县。
符	合江、隆昌（部分）、贵州赤水、习水部分地区。	同上。武帝开发西南夷之前，已有符关，为秦旧关，汉初闭关，见《史记·西南夷列传》。
夜郎	贵州石阡县以东地区。	《史记·西南夷列传》：秦时常頞略通五尺道，诸此国颇置吏焉，十余岁秦灭，及汉兴弃此国而关蜀故徼。设黔中郡后可能划入黔中郡。
鳖	贵州遵义一带。	同上。《华阳国志·南中志》说鳖为犍为故郡城。
且兰	贵州黄平、福泉、贵定一带。	同夜郎条。

巴郡的版图小于鼎盛时期的巴国。秦灭巴国之后，巴之东界日益东移，大体在司马错攻取楚黔中（前280）、蜀郡守张若取楚巫郡（前277）时才夺回鱼复，设鱼复县，归巴郡，其东界大体限于瞿塘峡，西汉时曾在这里设江关都尉。其紧邻的巫县，秦时隶属南郡[1]。施州隶属黔中郡[2]。三峡地区地理位置重要，秦时分别划给了巴、南中、黔中三郡。西界，据《汉书·地理志》等，僰道在秦时属蜀郡，江阳、符属巴郡。大体可将巴、蜀二郡的界线划在江阳（今泸州市）与僰道（今宜宾市）之间。北界，巴郡、汉中郡，大体以大巴山为分水岭。南界，枳县即今重庆市涪陵和贵州邻区属巴郡。涪，即涪水（今乌江）边的涪陵，秦时隶属于枳县。黔，即黔中，包括今重庆川东南部分地区、贵州东北部分地区和湖南西部部分地区。巴郡包括贵州东北部分地区。另外，巴蜀二郡的

---

① 《水经·江水注》。
② 《元和郡县志》卷30。

分界大体是这样：梓潼、葭萌属蜀，阆中、安汉（今南充市）属巴；广汉（今射洪县）以下经今遂宁、潼南到合川一段，大体以涪江为界水，江西属蜀郡，江东属巴郡；合川的青石山为巴、蜀二郡的分界。《太平寰宇记》卷136引李膺《益州记》说："昔巴、蜀争界，久而不决。汉高帝八年，一朝密雾，山为之裂，自上及下，破处直若引绳，于是州界始判。"今荣昌、隆昌、自贡同属蜀，铜梁、大足、永川属巴。

2. 蜀郡

秦蜀郡的设置似有反复。《史记·太史公自序》说："在秦者，名错，与张仪争论，于是惠王使错将伐蜀，遂拔，因而守之。"《集解》苏林释"守"："郡守也。"司马错入蜀后曾任蜀郡守。据此，蜀郡始建于惠文王更元九年（前316）甚明。然两年后又在蜀分封，历时约30年，其后"但置蜀守"，废除分封。这30年，是郡国并行还是只行封国而未置郡县①？笔者认为还缺乏郡国并行的史料，"国"有证，而"郡"无据。且司马错初任郡守，乃是非常时期的临时军事管制，不可视为常制。若郡、国并行，则蜀侯必无任何权力，哪还有力量叛秦？即使叛，也无需秦政府从本土调兵，郡守足以对付。奇怪的是在三次镇压蜀侯的军事行动中，始终未见蜀郡守的任何行动，甚至连他们的名字也无觅处。蜀郡初置时间，当如《华阳国志·蜀志》所载，即周赧王三十年（前285）诛蜀侯绾时②。

张若是继司马错之后的第二任蜀郡守，李冰为第三任。1987年在青川发现始皇九年戈，铭曰："九年相邦吕不韦造，蜀守金，东工守文居，戈三，成都。"③由此知道有一位名"金"的人，在始皇九年（前238）担任过蜀郡守。1972年在涪陵秦墓中曾出土过一柄铜戈，铭曰："武。二十六年蜀守武造，东工师宦，臣业，工□。"④可见有一位名"武"的人，在始皇二十六年（前221）担任蜀郡守。蜀郡的最后一任郡守，是章邯率领骊山刑徒、奴产子与陈胜、吴

---

① 马非百《秦集史》认为是郡国并行，即封国与郡县制同时存在，可为一说。
② 《水经·江水注》云："秦惠王二十七年（前311），遣张仪与司马错等灭蜀，遂置蜀郡焉。"此为孤证，且成书晚于《战国策》、《史记》、《汉书》，甚至晚于《华阳国志》，故史家多不采此说。
③ 尹显德：《四川青川出土九年吕不韦戟》，《考古》1991年第1期第16页。
④ 童恩正、龚廷万：《从四川两件铜戈铭文看秦灭巴蜀后统一文化的进步措施》，《文物》1976年第7期第82页。

第一章　秦治巴蜀

广起义军交战时才委任的，已佚失姓名。看来他对秦朝廷忠心耿耿。秦王朝垮台后，章邯已降项羽，这位蜀郡守还带兵前去抵抗欲入蜀境的刘邦军队。他被刘邦部将林挚斩杀。林挚因此被封为棘懿侯①。

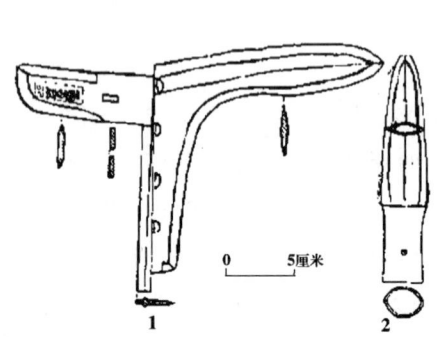

图1-2　四川青川出土始皇九年吕不韦戟

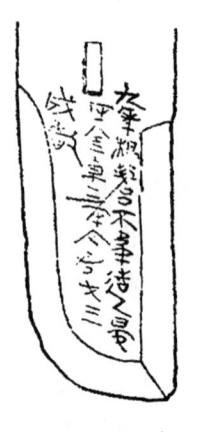

图1-3　四川青川出土始皇九年吕不韦戟铭文摹本

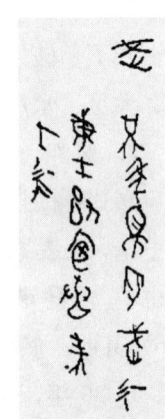

图1-4　涪陵小田溪3号墓出土铜戈铭文摹本

表1-2　秦蜀郡、国长官简表

姓　名	职　务	时　间
司马错	郡守（兼）	惠文王更元九年（前316）
通（繇通、通国）	蜀侯	惠文王更元十一年（前314）～更元十四年（前311）
陈壮	相	同上
恽	蜀侯	武王三年（前308）～昭王六年（前301）
绾	蜀侯	昭王七年（前300）～昭王二十二年（前285）
张若	郡守	昭王二十二年（前285）（?）～昭王三十年（前277）
李冰	郡守	昭王三十年（前277）～?
金	郡守	始皇九年（前238）（?）～?

---

① 《汉书》卷16《高惠高后文功臣表》。

续表

姓　名	职　务	时　间
武	郡守	始皇二十六年（前221）～？
章邯部将	郡守	？～二世二年（前208）

表1-3　秦蜀郡辖县表

秦县	今　地	主要资料
成都	成都市、郊，简阳部分。	《华阳国志·蜀志》：成都县本治赤里街，张若置少城内。
郫	郫县、温江、崇庆（部分），李冰设湔氐道前还辖今都江堰市、彭县（部分）及其以西地区。	蜀国故都所在地之一。《华阳国志·蜀志》：张若等修筑郫县城。
临邛	邛崃、大邑、崇州（部分）、蒲江、丹棱、洪雅。	《华阳国志·蜀志》：张若等修筑临邛城。《史记·货殖列传》：卓氏致之临邛，大喜，即铁山鼓铸……
广都	双流、仁寿（部分）、崇州（部分）、新津。	蜀国故都所在地之一。《华阳国志·蜀志》记李冰穿广都盐井。
新都	新都、金堂。	蜀故都之一。李冰时仍有新都县。《华阳国志·蜀志》说李冰"导洛"，"经什邡、郫、别江会新都大渡"。新都大渡，即今金堂县赵家渡，秦汉时此属新都县辖。
繁	彭县（部分）、新繁、广汉（部分）。	《宋书》卷38："繁县令汉旧县"。《方舆纪要》：彭县，秦为蜀郡繁县地。《记纂渊海》卷16：九陇本汉蜀郡繁县地。
沮	甘肃成县、武都、文县、康县、略阳、徽县（嘉陵江西）。	《华阳国志》卷2《汉中志》：沮县河池水所出东狼谷也；《元和郡县志》卷25：兴州，《禹贡》梁州之域，战国时为白马氏之东境，秦并天下属蜀郡，汉武帝元鼎六年以白马氏置武都郡。今州即汉武都郡之沮县也。
葭萌	广元、剑阁（部分）、青川、旺苍、南江（部分）、江油（部分）。	蜀国故邑。《史记·货殖列传》："诸迁虏少有余财，争与吏，求近处，处葭萌。"

续表

秦 县	今 地	主要资料
湔氐道	灌县、彭县（部分）及其以西地区。	《华阳国志·蜀志》说：李冰至湔氐县。唐卢求《成都记》说：湔山（氏）县治在导江县。此县治设于李冰建都江堰时（详下）。
武阳	彭山、眉山、仁寿（部分）、井研。	《蜀王本纪》：蜀王开明氏退走武阳，被秦军追获。《方舆纪要》：秦因置武阳县，属蜀郡。
严道	荥经、汉源、名山、芦山、天全、石棉及阿坝、甘孜州部分地区。	《史记·樗里子列传》：秦封樗里子，号为严君。《索引》案：当是封之严道。《元和郡县志》卷33：严道县，本秦旧县，属蜀郡，汉迁淮南王长于严道邛邮。百丈县本秦严道县地；名山县本秦严道县地；芦山县本秦严道县地；荥经县本秦汉严道县地。《太平寰宇记》卷7：雅州即秦严道县之地。
僰道	宜宾、高县、珙县、筠连、长宁、江安、兴文、荣县（部分）、犍为（部分）、南溪、屏山及凉山部分地区。	秦五尺道起点。《华阳国志·蜀志》：《秦纪》言僰僮之富；李冰烧崖以通江道。《元和郡县志》卷32：戎州，《禹贡》梁州之域，古僰国也，初，秦军破滇，通五尺道。僰道县城筑于高后六年。
南安	乐山、峨眉、夹江、青神、犍为（部分）、凉山州部分地区。	《华阳国志·蜀志》：李冰平南安溷崖。《史记·高祖功臣年表》：高祖六年，封宣虎为南安侯，证明在此之前早有南安县。
汁方（什邡）	什邡、广汉（部分）。	《华阳国志·蜀志》：李冰导洛水时经什邡、郫、别江，会新都大渡。高祖六年，封雍齿为什邡侯，当为秦旧县。什邡，据秦汉封泥印章资料，当时写作"汁方"或"汁邡"。
青衣（道）	名山、芦山、天全、宝兴及其以西地区。	《史记·彭越列传》：刘邦欲流放彭越于蜀青衣。当时汉朝初建，来不及新置县，当为秦旧县。《太平寰宇记》卷74：龙游县本汉青衣道。
郪	三台、射洪、中江、盐亭（部分）、蓬溪（部分）。	高帝六年分置广汉郡时辖县有郪县（《太平寰宇记》卷82），当时广汉辖县皆取秦旧县。
资中	资阳、内江、威远、乐至、遂宁（部分）、安岳（部分）。	《太平寰宇记》卷76《资州》：秦为蜀郡，汉为犍为郡之资中县也。

续表

秦县	今地	主要资料
梓潼	梓潼、剑阁（部分）、江油（部分）、绵阳、德阳（部分）、盐亭（部分）、北川、安县。	《华阳国志·蜀志》：蜀王遣五丁迎五女，还经梓潼，见一大蛇入穴中……《元和郡县志》卷34：梓州，秦并天下是为蜀郡。《太平寰宇记》卷84：秦之蜀郡、汉广汉郡之梓潼县。此地处秦蜀交通要道，蜀国时已是重镇，秦置以为县。
汉阳	贵州大方、水城、威宁、毕节、织金、云南昭通等地。	《史记·西南夷列传》：秦时常頞略通五尺道，诸此国颇置吏焉。《史记·司马相如列传》：邛、笮、冉駹者近蜀，道亦易通，秦时尝通为郡县，至汉兴而罢。《山海经·海内东经》：蒙水出汉阳西，入江，聂阳西。

蜀、巴二郡的分界，见前。蜀郡北界兼有汉武都郡的南部。秦何以划沮县入蜀？（1）该地曾被蜀国长期控制，《华阳国志·蜀志》说蜀地"北与秦分"；（2）秦汉中原人皆视沮地的白马人为西南夷，即广义的"蜀"地之人。西北边界，一些人认为到达了松潘，误。实际上秦人势力大体限于灌县、彭县西部。西南和南界，尚难论定。司马相如曾说：邛、笮、冉駹者近蜀，道亦易通，秦时尝通为郡县，至汉兴而罢①。《汉书·地理志》也说：秦地南有巴蜀、广汉、犍为、武都，又西南有牂柯、越巂、益州之地，秦时必曾在此设县。在今四川西昌地区，张若"取笮及江南地"后，秦人就占领了这里，估计曾一度设置笮道。

3. 基层建置

秦统一巴蜀后即在此建立了乡、里、亭、邮等基层组织，其统属关系可表述如下：

　　　　郡—县—乡—里—伍—亭—邮
　　　　郡—道—民族原有组织系统
　　　　郡—亭—邮

县辖乡，吏称"部佐"等；乡辖里，吏称"里典"等。里下有伍，设"伍老"。他们逐级负责，协助上级官吏派役征赋等。亭是治安机关，兼管市场和传

---

① 《史记》卷117《司马相如列传》。

递公文，亭吏为校长，求盗，所在亭楼还供行旅住宿。邮是亭的下属机构①。城邑内，工商业者聚居一区，又按性质各居一里，如成都"锦里"为织锦手工业者聚居。不同民族，各自聚居。成都"夷里"是夷族所居，在城南一带，后来还在南河上架设了颇具民族风情的"夷里桥"，即笮桥。

道，是秦在巴蜀创立的、设于少数民族聚居地区的与县同级的地方政府。道一般只在城邑中设立乡、里等基层组织，城邑外则直接依靠少数民族中的部落、氏族等血缘组织行使统治。

秦在巴蜀建立基层行政组织的资料，绝大部分都未能保存下来，仅剩一点蛛丝马迹。如：

乡——广都县樊乡②、阆中县慈凫乡③。

里——成都赤里④、锦里、夷里、犀牛里⑤。

亭——成都县成亭。

邮——湔氐道白沙邮⑥。

第二节　秦在蜀的早期统治

秦入蜀后的前 40 年，秦在巴蜀的统治主要是围绕着军事展开的。李冰时期的统治则主要围绕经济建设展开。前者为后者奠定了必要的基础。

一、蜀王族南迁

秦攻蜀国时，蜀王曾亲自率军到葭萌抵抗，失败。《华阳国志·蜀志》说："蜀王遯走至武阳，为秦军所害。"遯，即遁，遯走，即微服轻行，欲入南中图

---

① 关于这些关系的全面研究，详见罗开玉《秦国乡、里、亭新考》，《考古与文物》1982 年第 5 期；罗开玉：《秦在巴蜀的经济管理制度试析——说青川秦牍成亭漆器印文和蜀戈铭文》，《四川师范学院学报》1982 年第 4 期；罗开玉：《秦国"什伍、伍人"考》，《四川大学学报》1981 年第 2 期。
② 《蜀王本纪》。
③ 《风俗通》；常璩《华阳国志》卷 1《巴志》。
④ 《蜀王本纪》。
⑤ 常璩《华阳国志》卷 3《蜀志》。
⑥ 常璩《华阳国志》卷 3《蜀志》。

再起。他逃到武阳（今彭山）后，为秦兵追上，被杀。蜀王的傅、相、太子一行则逃到逢乡（今彭县），死于白鹿山（一说以为即彭县海窝子）。

蜀王的另一个儿子则率领大队人马南迁。

《水经注》卷37引《交州外域记》说：

交趾昔未有郡县之时，土地有雒田。其田从潮水上下。民垦食其田，因名为雒民。设雒王、雒侯，主诸郡县。县多为（有）雒将。雒将铜印、青绶。后，蜀王子将兵三万来讨雒王、雒侯，服诸雒将。蜀王子因称为安阳王。后南越王佗举众攻安阳王。安阳王有神人名皋通，下辅佐，为安阳王治神弩一张，一发杀三百人。南越王知不可战，却军住武宁县。按晋《太康记》，县属交趾。越遣太子名始，降服安阳王，称臣事之。安阳王不知（皋）通神人，遇之无道。通便去，语王曰："能持此弩者王天下，不能持此弩者亡天下。"通去。安阳王有女名曰媚珠，见始端正，珠与始交通。始问珠，令取父弩视之。始见弩，便盗，以锯截弩。讫便逃归，报南越王。南越进兵攻之。安阳王发弩，弩折，遂败。安阳王下船，径出于海。今平道县后王宫城，见有故处。晋《太康地记》县属交趾。越遂服诸雒将。

《史记·南越列传第五十三》《索隐》姚氏案：《广州记》云：

交趾有骆田，仰潮水上下，人食其田，名为"骆人"。有骆王、骆侯。诸县自名为"骆将"，铜印青绶，即今之令长也。后蜀王子将兵讨骆侯，自称为安阳王，治封溪县。后南越王尉他攻破安阳王，令二使典主交趾、九真二郡人。

南越王佗为高后主政时（前187~前180）人，其时距蜀国亡国已129年之后。这表明蜀亡国后，蜀王族的一支（该支人数较多，仅能参战的军队便有3万人），经蜀南地区入滇，逐步南迁，经漫长的岁月，在100多年后到达交州，曾在当地称雄一时。

第一章　秦治巴蜀

二、首批城邑的改建

古文献中有关秦蜀守张若的记载颇有疑点。《史记·秦本纪》说：昭王三十年（前277），蜀守若伐楚，取巫及江南为黔中郡。《华阳国志·蜀志》说秦惠文王更元十一年（前314），命陈壮为蜀相的同时，"以张若为蜀国守"；三年后，他与张仪一道改建了成都、郫、临邛三城；公元前285年诛蜀侯绾后，唯置蜀守，直到周灭时秦孝文王（前250）以李冰为蜀守为止。据此，张若任蜀土最高长官共达65年；后来还担任了黔中郡守。在严格执行耕战政策的秦国，一个人无论如何也不可能连任六七十年的郡国首长。这些记载必然有误。又据《华阳国志》记载，在张若任蜀"国守"的30年间，蜀中先后发生了甘茂诛蜀相陈壮、司马错赐剑蜀侯恽使自裁并诛杀郎中令婴等27人两件大事，都不见张若踪影。这二事中，掌握蜀中军政实权的"国守"张若理应露面，但既不见他在蜀中平乱，也不见他带兵外讨。秦国历史上，"国守"之职，再无他例，列国亦无此职，很可能是错简误记。按照云梦秦简《语书》之例，郡守应制订或参与制订有关本郡的法律，但在"更修"专门针对蜀中的《为田律》时，却不知张若何在。有此诸疑，张若在蜀的年代确有重新探讨之必要。秦诛杀蜀侯绾，《华阳国志》未提到具体执行者，但在下文中紧接着就是蜀守张若取笮及江南地。看来诛绾的执行者就是张若。故疑张若是在这时（前285）才第一次入蜀，入蜀后就任蜀郡守，此前秦未在蜀中设"国守"之职。这样设想，以上诸疑皆能迎刃而解。又《地记》载张若为白起部将。白起在秦昭王时才入秦，昭王十三年（前294）始任左庶长，其部将又怎么可能在20年前便担任了"蜀国守"？此亦可为佐证。

"西南夷"文化系统中的"城"，与中原文化有一定差异。这里的"城"，有的是在险峻的山上，有的不用土墙，主要是依靠易守难攻的地势进行防范；平原或坝子中的"城"，或有非常厚的土墙，或用木栅荆棘相围，或依凭江水环绕为防护屏障。

秦灭巴蜀后所筑之城，均为夯土城墙，且在规模、布局上都照搬了中原传统。

成都城形成于商周时期，开明九世时期再次成为蜀都，时无土墙。相传秦惠文王更元十四年（前311）张仪、张若筑成都等城，当系附会。该年张仪已奔魏，次年死于魏。首批城市的改建，与首批移民入蜀大体同时，其领导人当是陈壮和第二、三任蜀相。但在张若前，颇有反复，即古籍所说，"屡皆倾侧"、"累筑不立"。秦人不悉成都气候、土壤，最初几次夯筑的土墙大概没经几年就毁于暴雨、洪水。张若入蜀后又重筑成都城。据说，他还入乡随俗，请蜀土著巫师用龟壳祭祀和重选城墙址①。巫师舞弄着龟壳，顺墙址跳舞一周，以后讹传为神龟绕城。改建之城，在旧城东边，更大，俗称太（大）城，主供郡府、作坊、移民、军队等外来者住。后来又补筑旧城之墙。二城相连，大城西墙即是少城东墙，周长共12里。城高7丈，墙下筑仓库、上建房屋，有观楼和射阙。城内修建街道，"里"、"市"等，皆照咸阳规模、形制。因此成都城在秦汉时期，又俗称龟城②。

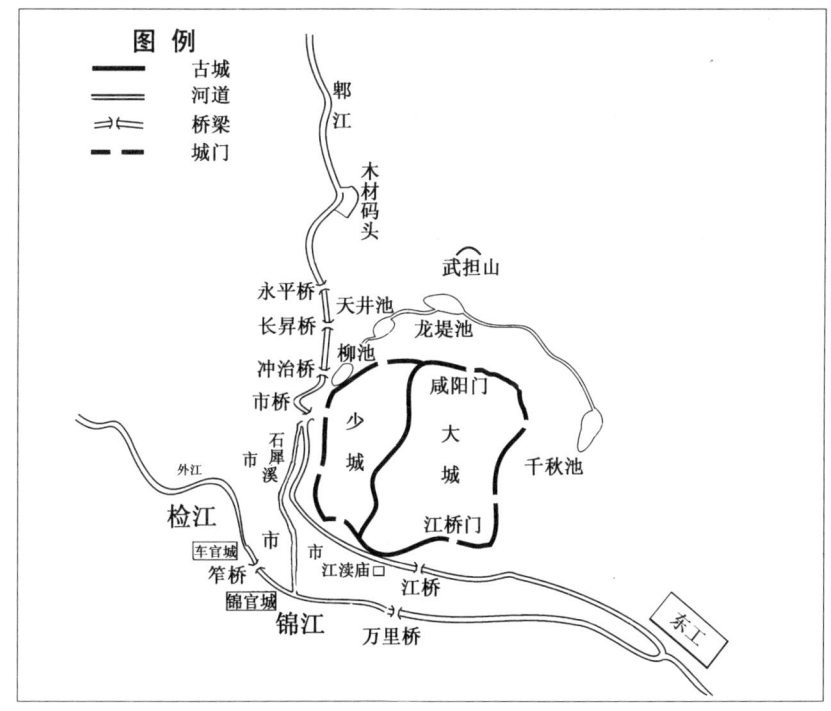

图1-5　秦筑成都城及"二江""七桥"略图

---

① 《蜀典》卷8引《孔氏六帖》说此龟壳唐代犹存。
② 明董说撰《七国考》卷14《龟城》："《寰宇记》：初，张仪筑成都城，城屡坏不能立，忽有大龟周旋行走，巫言依龟行处筑之，城乃得立，遂名。"

江州（今重庆南）城，昔无土墙，唯利用地形和临江面水的地理为御。《蜀中广记》卷 53 说张仪灭巴时"遂城江州"，误。此城当筑于张若攻楚黔中、巫郡之时，即公元前 277 年或稍后。秦筑城时筑了土墙，其中心在今小什字至朝天门之间，即南城。

郫城旧无土墙，以木栅荆棘相围。秦城周长 7 里，墙高 6 丈，上建观楼、射阑，下建粮仓。

新建临邛城周长六里，土墙高五丈，下建仓、上建屋、置楼、立射阑。

阆中城，传为张仪筑①，然张仪攻下阆中后即返咸阳，顾不上亲自领导修建一座县城。不过，视其为秦城是可以的。秦城址约在白沙镇一带。该城原利用三面环阆水为屏障，新筑城不一定四面皆土墙，亦有部分利用阆水为屏障。

武阳城，亦传张仪筑。《太平寰宇记》卷 74 说：武阳城，在县东北 15 里，相传秦惠文王时张仪所筑。秦攻蜀时，蜀王军曾退守于此，在此曾有一番战事。此城在当时具有较重要的战略地位，张仪有可能在此筑一简单的城，后又增筑，形成秦城。

三、攻取黔中

秦入蜀后，即向楚发动了两大战役，一是夺取汉中东部，二是夺取黔中。从楚威王（前 339～前 329）到楚襄王（前 298～前 263）初期，楚国至少控制着今合川、铜梁以东地区。这一广大地区分属楚的巫郡和黔中郡，属巫郡者大体限于三峡地区，其余广大地区属黔中，称"巴黔中"。秦夺得汉中后，就曾要挟楚国，"欲得黔中地"②，但未成功。

公元前 285 年，蜀郡守张若带军攻下筰人之地（此当指今川南凉山州部分地区），又乘胜进军，夺得了楚在金沙江以南占领的部分地区，揭开了秦以武力夺取楚黔中的序幕。

公元前 280 年，秦司马错率领陇西与蜀的军队，"因蜀攻楚黔中，拔之"③。《华阳国志·蜀志》误系此事于秦武王三年（前 308）。如果按秦统一六国后的

---

① 《舆地纪胜》卷 185 引《九域志》。
② 《史记》卷 70《张仪列传》。
③ 《史记》卷 5《秦本纪》。

版图看,紧接黔中郡的是巴郡,不是蜀郡。奇怪的是这次进攻是"因蜀"而不是"因巴",这就表明当时的版图与后来大不相同,是秦的蜀郡和楚的黔中(即"巴黔中")直接接壤。司马错军在蜀又补充了"众十万,大舶船万艘,米六百万斛",浮岷江而下,首先夺回"黔中"中的巴地,下江州(今重庆),收枳城(涪陵)①。从紧接着楚国被迫割让上庸、汉北地给秦的情况看,司马错这次似未出三峡。然后逆巴涪水(乌江下游)而上,夺取了楚黔中的临沅等地②。不久,楚大规模反攻,一度大败秦军③。《战国策·燕策》说"楚得枳而国亡",就指这次战事("国亡"指失去国都郢)。大概司马错这次痛遭惨败,以后再也不见他带兵出战了。但这只是战术上的失败而已,秦并不因此改变夺取楚黔中的战略计划。为了专力对楚,秦昭王与赵惠王在渑池(今河南渑池)达成了停战协议(前279),接着派大将白起由秦本土攻楚,夺取楚都郢(前279年底)及竟陵、洞庭湖地区。巴蜀地区的任务,是从侧翼配合,牵制楚军。《史记·秦本纪》说:秦昭王三十年(前277),蜀郡守张若伐楚,取巫郡及江南为黔中郡。这次进攻较顺利,蜀郡守仅以巴蜀的兵力(当时或为张若兼管巴郡事务;或新恢复的江州等地,作为战争前线由张若临时管辖)就打下了楚的巫郡、黔中,设立秦的黔中郡。宋人郭允蹈说:"置守张若而定黔中,继用李冰而始平水患,蜀自是安宁。"④《读史方舆纪要》卷80武陵县说:临沅城在常德府治东,一名张若城;《地纪》说,秦昭王三十年(前277)使白起伐楚,平定黔中,留其将张若守之,张若因筑此城以拒楚。守,即郡守。张若调任黔中郡守后,蜀郡守职移交李冰。次年,楚又集兵10余万大举反攻,夺回了江东15邑⑤,即夺回楚黔中部分故地。

---

① 《华阳国志》卷3《蜀志》说司马错这次浮江伐楚,取商於之地为黔中郡,似误。商於,又名於中,在今河南淅川县西南;另一说是把商於二字分开讲,商指商邑,今陕西商县东南,於指於邑,今河南西峡县地,商於之地指两邑及两邑之间,即今丹江中下游一带。故司马错不可能从巴蜀"浮江"取楚商於之地。
② 《华阳国志》卷1《巴志》。
③ 《史记》卷40《楚世家》。
④ 《蜀鉴》。
⑤ 《史记》卷40《楚世家》。

第三节　李冰治蜀

李冰是继司马错、张若之后的第三任蜀郡守，是古代巴蜀，甚至古代中国最有作为、最有贡献、最具影响的地方官之一。他的事迹，涉及经济建设的许多领域如水利、交通、盐业等。

一、李冰治蜀概说

《华阳国志·蜀志》说"秦孝文王以李冰为蜀守"。孝文王即位于公元前250年，"十月己亥接位，三日辛丑卒，子庄襄王立"①，在位仅三天，父亡的后事，即位的大典，郊祭庙祀犹顾不暇，再加本人重病，哪还顾得上任命一个郡守？

比《华阳国志》早100多年成书的《风俗通》，又有另一说法："秦昭王听田贵之议，遣李冰为蜀郡太守。"②《水经·江水注》也说"秦昭王以李冰为蜀守"。这一说法与张若在秦昭王三十年（前277）离蜀担任南郡守说法相吻合。李冰从公元前277年起任蜀郡守，下限时间肯定在"金"任蜀郡守（始皇九年，前238）之前。

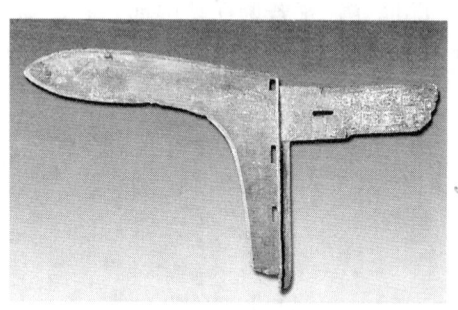

图1-6　荥经同心村出土
战国晚期铭文铜戈

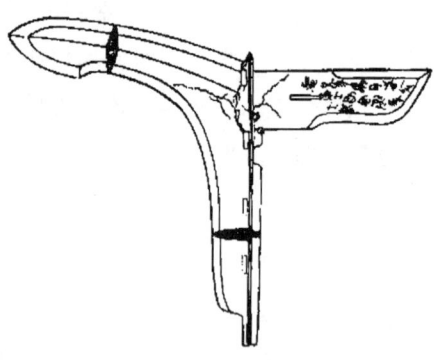

图1-7　涪陵小田溪M3出土
蜀守武造铜戈

---

①　《史记》卷5《秦本纪》。
②　《北堂书钞》卷74。

李冰任蜀郡太守的时间较长，这为他在蜀中大干一番事业提供了必要条件，也因他在蜀中政绩卓著，故秦政府才有意让他长期治蜀。

李冰入蜀之时，秦国战事正多。从秦对全国的总体战略看，巴蜀地区是一重要的战略后方，日益发展的统一战争，向蜀郡提出了种种需要。从秦对楚的战事看，巴蜀地区又是前沿阵地，人力、物力、财力的需要量日增。这都要求在巴蜀地区开展大规模的经济建设。秦人入主巴蜀40年来，为了平息旧的分裂势力和戎伯势力的反叛活动，必然注重军事活动，以武力征服为先。但当秦在巴蜀的统治得到初步稳固后，势必要转入经济建设的阶段。李冰入蜀之时，正处于这种转折点上，即处于经济建设百业待兴之时。他满足了历史发展的需要，顺应了社会潮流。

李冰治蜀事迹甚多，涉及面广，据古籍记载，至少有创建都江堰、疏通成都"二江"、开凿羊摩江、完善成都城、作石犀、开凿石犀溪、凿平南安溷崖、平掉雷垣险滩、平掉盐溉险滩、凿平僰道崖滩、通筰道文井江、疏通洛水、创挖广都盐井、大搞农田建设等。李冰的功绩皆是建立在前人长期努力的基础上。其活动，多是围绕建设成都经济区展开。该经济区在战国秦汉期间有两次飞跃，一是由普通经济区发展为在巴蜀起领导作用的经济区，时在战国早中期；二是由地区性先进经济区，跃居全国性先进经济区，时在秦汉。李冰业绩从根本上推动了第二次跃进。汉代在此基础上，把川西平原建设成了"天府之国"。

李冰以治水功绩最著，为我国古代杰出的水利科学家之一。史载李冰"能知天文地理"，"识察水脉"。他领导修建的都江堰，在古代中国、古代世界皆是杰作和典范。他大搞水利的特征是综合利用。如都江堰具有防洪、灌溉、运输、工农副业加工用水和漂木等效益。"二江"、洛水、羊摩江、石犀溪、文井江等，亦都具有运输、灌溉和防洪的功能。李冰是位实干家。创建都江堰时，他多次"至湔"解决实际问题，至今当地还流传着他骑马勘测岷江、巡视工地的种种传说。他的事业和他的作风息息相关。他的治水方案都是到现场反复勘测、调查后才制定出的。总之，他的事业着眼于长远，造福于后代子孙。

二、湔氐道的设立

李冰担任蜀郡太守后，在决定上马都江堰这个大型项目后，曾做了种种准备工作，其中包括在今都江堰渠首所在地及其附近地区，新设置了一个县级政

第一章 秦治巴蜀

府——湔氐道，它既是一级政府，同时也是秦时都江堰的行政管理部门。

《华阳国志·蜀志》说：

> 冰能知天文、地理，谓汶山为天彭门，乃至湔氐县，见两山对如阙，因号天彭阙……①

秦、西汉、东汉在蜀郡西部置有一湔氐道，属蜀郡②。湔氐道的辖境包括今都江堰市城区在内，这是汉代至明代文献的一致记载。秦汉制度，在民族地区设置的县级政府称道，道与一般的县有诸多不同，主要是：一般县设有乡、里这些基层机构，道一般不设这些机构，主要依靠原民族中的部落或部落联盟进行管理。

湔氐道辖地内以土著氐人为主，其境内多见带"湔"的地名，如"湔水"、"湔江"。《华阳国志·蜀志》说李冰乃壅江作堋，穿郫江、检江，别支流，双过郡下……这"检江"乃是"湔江"的同音异写，有的文献中直接写作"湔江"。《华阳国志·蜀志》又说：孝文帝末年，以庐江文翁为蜀守，穿湔江口溉灌繁田千七百顷。《元和郡县志》卷31《山南道上》导江县说：灌口山，在县西北26里，汉文翁穿湔江溉灌，故以灌口名山。西汉宣帝时资中人王褒曾到湔氐买一僮奴，并立下了一份《僮约》，流传于世。《僮约》中说，"舍后有树，当裁作船，下至江州，上到湔主，为府掾求出入……"③"湔主"，指该奴僮在湔氐的主人。王褒为资中人，时在郡府为掾吏（故自称"府掾"）。能从成都或资中乘船上溯而至的湔，只能在今都江堰市境内。《水经·江水注》说：江水又历（湔）氐道县北……又有湔水入焉。此"湔水"即今白沙河。《汉书·地理志》说：玉垒山，湔水所出，东南至江阳（今泸州）入江……《说文解字》说：湔，湔水，出蜀郡绵虒玉垒山，东南入江。《汉书·方术列传》说"湔水涌起十余丈"。梁李膺在《益州记》中说：湔水路西七里灌口山，古所谓天彭阙也。灌口山，即今都江堰市县城西边的山。段玉裁注《说文》曰：湔水入江，有湔堋、

---

① 任乃强：《华阳国志校补图注》，上海古籍出版社1987年版，第132页。
② 《汉书·地理志》、《后汉书·郡国志》等。
③ 宋《太平御览》卷598引，歙鲍崇城重校本。

湔堰诸称。湔山：《蜀王本纪》说蜀王鱼凫田于湔山，得仙，今庙祀之于湔①。《华阳国志·蜀志》说：鱼凫王田于湔山，忽得仙道，蜀人思之，为立祠。晋郭璞《尔雅注》说：沱水自蜀郡都水县湔山，与江别而东流。鱼凫打猎的湔山，是蜀人的早期活动地。湔，应是夷人语言。唐《成都记》说"湔山（县）治在导江县"，即今都江堰市。湔山在今都江堰市城西（山脉由彭县延伸来）。唐太宗贞观（627~649）初年，因此地是"番人往来之冲"，乃建"玉垒关"，又名"七盘关"②，后以关名山，湔山（魏晋时又叫灌口山）遂改称玉垒山。现玉垒山为茶坪山的一部分。茶坪山古亦名湔山。《史记·汉兴以来将相名臣表》说孝惠三年（前192）"蜀湔氐反，击之"，说明到汉初该地仍是以氐人为主体的地区。

李冰置湔氐道，西汉、东汉沿袭不变。据《古刻丛钞》记载，宋孝宗乾道二年（1166）在都江堰市紫坪道旁发现了一通西汉治道碑，其曰："建平五年六月，郫五官掾范功平、史石、工击、徒本，长廿五丈、贾二万五千。"清代以来不少人因此以为紫坪铺在汉代属郫县，至今有较大影响。实际上，古之治道，有三种情况，即本地官役、外地支持官役、自愿捐款者。后二者皆不限本县外县，不限籍贯、身份，往往立碑以褒奖之。如著名的褒斜道石门一地的治道石刻便有：右扶风丞犍为武阳李季士、褒中典阁主簿王颐、汉中郡道阁县掾马甫、汉中郡北部邮督迥通都匠中郎将王胡等，郡县差别甚大。五官掾，是范功平的官职，他和史石等共捐款二万五千钱，修治了廿五丈路，刻碑以纪念。西汉时这里属湔氐县而非郫县。

直到蜀汉早中期，该地县名仍冠"湔"字。《三国志》卷33《蜀书·后主传》说："（建兴）十四年夏四月，后主至湔，登观阪，看汶水之流，旬日还成都。"观阪即都江堰离堆。《三国志》作者陈寿与后主同时，曾为其属吏，所著显然值得特别重视。南朝宋时著名史学家裴松之（372~451）案曰："湔，县名也，属蜀郡，音翦。"《资治通鉴》卷73胡三省注："湔，即汉之湔氐道，属蜀郡。汶水，即岷江水也。"此确证今都江堰市城区一带至三国蜀汉时仍为湔县

---

① 宋《太平御览》卷166、913引。
② 《蜀中名胜记》卷6《都江堰市》、《读史方舆纪要》卷67。

第一章 秦治巴蜀

辖地①。

李冰置湔氐道的同时，还专门在都江堰渠首设置了白沙邮。白沙邮由湔氐道管辖，位置在今都江堰城西8里，白沙河汇入岷江口岸上，即当时的鱼嘴上面。一般来说，亭、邮为秦汉时期基层治安管理机构。白沙邮在当时显然担负了维持大堰渠首周围治安，保护大堰的重任。另外，白沙邮位于三石人上面，可能还承担了观察水位、记录水位并随时向有关部门通报水位的职责。

三、李冰建三祠

李冰生活的时代，原始巫术、方术还极有影响，阴阳五行正逐步盛行。阴阳五行学说能对政治产生影响并表现出来。有关李冰的资料少而零散，且主要是实事，看不出他在理论上的系统建树。李冰不是理论家，是有政治头脑、有科学知识、有士人风范的实干家，是我国古代科学家从政的杰出代表。在李冰的各种实践活动中，明显地反映出他欲借助阴阳五行及原始巫教方术来统治蜀人，并治水的意图。

李冰决定上马都江堰工程后，为调动蜀人的积极性，建堰前先建三祠，大祭蜀神。《华阳国志·蜀志》说："冰能知天文地理，谓汶山为天彭门，乃至湔氐县，见两山对如阙，因号天彭阙。仿佛若见神，遂从水上立祀三所，祭用三牲，珪璧沉濆。汉兴，数使使者祭之。"李冰在勘察堰址时，首先宣称他"仿佛若见神"，接着再建立庙祀三所，隆重祭祀蜀人信奉的有关神灵。

《史记·封禅书》载秦并天下之后，令负责祭祀的官员，将各地所信奉所祭祀的并有利于秦统一的名山、大川之鬼神编排为序，上奏朝廷，统一规定祭祀级别和祭礼。当时全国46郡，经朝廷议定通过的，只有18座，蜀郡就占了两座："渎山，汶山；江水，祠蜀"。

古代蜀文化属"西南夷"文化范畴。大量考古、民族资料证明，早期西南夷文化中的祭祀，都是野祭（即设祭神于野外丛林之中、坟墓之旁、山洞之中），而不庙祭。蜀王开明九世吸取了秦文化的因素，设"青、赤、黑、黄、白帝"五庙，仅限于宗庙，未及山川鬼神。《封禅书》所载渎山、江水二祠，显为

---

① 罗开玉：《秦汉三国湔氐道、湔氐县——兼论川西北的开发序列及其氐人诸题》，《四川师范学院学报》1985年第3期。

秦入蜀后新立；并从它们能顺利地得到中央政府承认这一点看，当为官府所立。从文献记载看，在秦统治蜀地期间，仅李冰时立祀三所，可进一步认为《封禅书》所载蜀中渎山、江水二祠皆系李冰所立。

渎山祠：祭汶山，即岷山山神。从当时的形势看，应在都江堰渠首附近不远的岷山山脉上，即当时的"湔山"上；很可能就在现青城山上（以后在此基础上发展为道教名山）。《华阳国志·蜀志》说："江原县……有青城山，称江祠"①。

过去学术界因江祠应在江边，不会在山上，且江渎祠在成都，历代无二说，忽视了《华阳国志》这一记载。实际上，这一记载表明，青城山在汉末成为道教名山之前，早有一座古老祠宇。从《华阳国志》"称江祠"的记载看，这一祠庙应与《封禅书》所载"渎山，汶山；江水，祠蜀"有关，再结合江渎祠已建在成都江边，而这座祠庙却在山上，且汉末之前西蜀见诸记载的著名祠庙基本上都能查清楚的背景看，有理由确定，这座青城山上的祠庙只可能是渎山祠，而不会是其他。即《华阳国志》在这里所说的江祠当是渎山祠之误。

岷山，古代泛指成都平原西部边缘地区的山脉。《汉书·扬雄传》说扬氏"处岷山之阳曰郫"，《汉书·货殖传》载："岷山之下沃野，而致临邛"，这里涉及的郫和临邛，已跨地上百里。岷山又写作渎山。《水经注》卷6《禹贡山水泽地所在》称："岷山在蜀郡湔氐道西，《汉书》以为渎山者也。"又，《江水注》中说："岷山，即渎山也，水曰渎水矣，又谓之汶。"《山海经·中山经》"文山"郝懿行云："此上无文山，盖即岷山也；《史记》又作汶山，并古字通用。"这里，岷=渎=汶，在古巴蜀方言中读音一样，内容一样，而汉字写法不同。蜀，在古巴蜀方言中也读 du。扬雄《方言》卷12说："……蜀也。南楚谓之独。"扬雄祖上曾居楚地，后移居郫，楚、蜀两地方言皆熟悉，值得重视。郭璞注曰："蜀犹独耳。"独，繁体写作"獨"，与蜀字形、音俱近，可通。蜀与岷的方言古

---

① 任乃强《华阳国志校补图注》第159页注："'称江祠'三字难解。钱写本下有空格，函海本下空至行末，相当七字。盖旧有脱文。或是李某曾有校注，发镌后又复削去。兹设三解：（一）谓山有祠祀江渎，故曰称江祠。李冰作江祠在湔堰上，唐以来江渎神祠在成都郭外。或是李时曾祠江神于青城上，以崇范长生。常不以然而云称邪？（二）抑称当读 chen，谓李雄时祠青城山为五岳丈人，祀典与江祠等称耶？（三）抑称字为稻字伪……李冰穿羊摩江开江西稻田，或曾有稻江之名，后人为之立祠曰'稻江神'耶？若然，则祠与山为江源两名胜也。"似未得要领。

第一章 秦治巴蜀

音都读 du，故可互通。《水经·桓水》说："桓水出蜀郡岷山。"但郦道元却注引《汉书·地理志》说："桓水出蜀郡蜀山。"岷山、蜀山都是同一条河的发源地，当然也就指同一座山。换一句话说，即《史记·封禅书》所说的渎山祠、汶山祠，即岷山祠、即蜀山祠，它是秦汉时期蜀地山神祠的总象征、总代表。

江渎庙（江水祠）：李冰所建江渎庙的具体位置，以在成都的可能性为大。《风俗通》说"江神岁取童女二人为妇。冰以女与神为婚。经至神祠……"从这个记载看，在成都的可能性较大。隋开皇二年（582），文帝曾令成都重修江渎庙，南临江。唐李泰《括地志》等文献记载江渎庙，在成都县南八里，具体位置在当时的流江（检江）岸边。李冰所立江神，本是男身，这从他岁取民女二人和李冰欲嫁女与他的传说，便可看出；但到后来，江神竟变成了女身，亦是趣话。

望帝祠（？）：李冰立的另一祠，具体祠名还难最后确定，但祭祀对象为蜀王鱼凫、杜宇，系今都江堰渠首二王庙之前身。《蜀王本纪》说蜀王鱼凫田于湔山，得仙，今庙祀之于湔。时蜀民稀少①。《华阳国志·蜀志》说：鱼凫王田于湔山，忽得仙道，蜀人思之，为立祠。《都江堰市乡土志》说：西路古有望帝祠，旧址在今崇德庙（即今二王庙）；齐建武时（494~497）益州刺史刘季连移望帝祠于郫，原祠改祀李公，相传至今。《岷阳古帝墓祠后志》也说：蜀人祀李冰，考其遗迹，灌口之李冰庙即杜宇之故址，齐建武中自灌徙郫。

李冰祭三祠，用中原祭礼的最高级别，祭用三牲（羊猪牛）。珪璧沉渍，渍为古蜀方言，指大漩涡。巫师在祭祀仪式和舞蹈后，将手中的神器珪璧投入大漩涡之中。据《风俗通》记载，李冰在祭祀时，还举杯邀神，与神对话等。《说文》："灵，巫也，以玉事神。"近年在广汉三星堆、成都金沙遗址发现的商周时期的祭祀坑中，皆出土大量玉器、青铜器、象牙等，可证李冰时期，蜀人仍保留了在大型祭祀时将神器丢入水中的习俗，也表明李冰是按蜀人的传统行事。

李冰立三祠祭蜀神，规模、气魄、影响都很大。李冰这些做法，有何目的、有何功能呢？首先，这是欲向蜀人说明他与神有特殊关系，他能"仿佛若见"他们，甚至欲说明他就是神（这在他与水神相斗的传说中表现得更清楚）。其显示功能，是说明他尊重蜀人的山神、水神、祖宗，并试图争取这些神灵对他的

---

① 宋《太平御览》卷166、913引。

支持。其潜隐功能，则是向人表现他与蜀神之间的谐和，说明建堰已得到了蜀神的许可；已与蜀神取得妥协，一般百姓就更应支持。这种仪式，具有在蜀人心目中改变李冰身份的功能。本来，李冰是一个外来统治者，是秦国势力统治蜀土、秦文化统治蜀文化的代表；通过大祭蜀神，使蜀人意识到李冰已接受了蜀文化，由秦国派来的统治者，转变成了自己认可的首领。单独看，是否要设这么多蜀祠，是否要举行这么隆重的祭礼，是否要采用这么高的级别，似乎都是小问题；然而把它放在秦在西蜀的统治大业中看，把它放在建堰大业中看，就会发现它具有协调科学与土著宗教的关系，借神力统治蜀人，借神力号召、组织土著蜀人共同建堰的整合功能。李冰这些带有巫术性质的做法，与蜀人的传统巫术、原始宗教都相符，易为蜀人接受。

第四节　秦在巴蜀的民族政策

秦在巴蜀统治的 110 年中，始终执行着不同于秦本土的民族政策。其早期处于摸索阶段，晚期较稳定。在巴土的民族政策成功一些；在蜀土初期失利多一些，但从整个秦统治期间看，也获得了很大成功。它与秦在六国的政策迥然不同。它是一个处于上升、进取阶段的统治集团励精图治、反复探求的硕果。

秦在巴蜀的民族政策，首先是时代的产物，其次与不同地区的不同民族文化有关。惠文王入主巴蜀后，立志"霸天下"，欲利用这里的人力、物力以服务于统一事业，达到得地广国、取财富民的战略目的，这就要求制定一种崭新的民族政策。巴蜀民族有两大特征：成分极为复杂，在这块土地上生活着数十个民族和部族；绝大多数都过着定居的半农半牧或农猎牧并重的生活，都各占有险山恶岭为寨，易守难攻。对他们，不可能尽驱他乡，也不可能全掳以为奴。正是在这种特定时代环境下，产生了秦在巴蜀的民族政策。唐太子李贤认为秦对巴蜀部分民族"优宠之"。这些以"优宠"为基本倾向的怀柔政策，是秦在巴蜀政策中最富特色的部分。

一、县道并行制的创立

秦在巴蜀推行分封与郡县制并行的同时，还在该地少数民族聚居地区创立了与县同级，但又与县制有若干区别的"道"制。

秦汉时期，在少数民族聚居地区设立的县级政府称道。"县有蛮夷曰道。内郡为县，三边为道。"① 目前可考的秦最先设立的道是蜀郡严道。《史记·孝文本纪·集解》引《括地志》云：严道今为县，即邛州所理县也。严道设于何时？《史记·樗里子列传》说秦惠文王二十六年（前312）"秦封樗里子，号为严君"。《索隐》按：严君是爵邑之号，当是封之严道。严道在蜀之西南今雅安地区。近年在严道故地发现了许多明显带战国秦人文化特征的墓葬，并出土了有"王邦"铭文的漆器②。"邦"是秦人方言③，"王邦"是秦王室所封列侯某食县之称。从器物的时间和出土地看，当与樗里子的封地有联系。次为湔氐道（前277年略后）。《水经注·江水》岷山，说秦昭王以李冰为蜀守。李冰见氐道县（湔氐道）有天彭阙，两山相对……湔氐道是李冰修都江堰之时，从郫县、什邡等县中分出另置的。这些都表明秦在入主巴蜀后不久便创立了道制，然后推行于全国。目前已知秦在西蜀设立的道，至少有：

严道：主要为"西戎"系统的夷系、羌系民族所聚居。

湔氐道：主要为"西戎"系统的氐系民族所聚居。

青衣道：主要为"西戎"系统的夷系、羌系民族所聚居。东汉安帝永初二年（108），青衣道夷邑长令田，与徼外三种夷31万口，赍黄金、旄牛，举土内属④。青衣在秦为道，在汉代为县。

僰道：主要为濮僚系统的僰人所聚居。

道制是郡县制在特定的，即在民族区域的特殊表现形式，也是国家机器管理少数民族中存在的氏族、部落、酋邦并与其相结合的表现。此制一直为后世所承（汉代县道并行，唐代的羁縻州，明清土司制度，莫不滥觞于此），其行政建置、经济、法律及其他诸方面的管理都远松弛于县。秦在巴蜀创立的道，除道治所在的城邑外，在广大民族聚居区不再设乡、里这些基层组织，仍利用少

---

① 《后汉书·南蛮西南夷列传》注。
② 《四川荥经秦汉墓发掘简报》，《文物资料丛刊》第4辑。
③ 《后汉书》卷85《东夷传》曰："辰韩耆老自言秦之亡人……其名国为邦、为弧，贼为寇……有似秦语。"云梦秦简的大量文字资料以及出土的大量秦"相邦"戈，也证明了这段记载的正确性。义与国同。《汉书·百官公卿表》说："列侯所食县曰国。"称"国"是汉制（避刘邦讳），秦制称"邦"。
④ 《后汉书》卷116《南蛮西南夷列传·筰都夷传》。

数民族原有的氏族、部落、部落联盟，假手酋首进行管理。但仍执行全国统一的驿传制度，在交通要道旁，每隔一定距离设置亭①、邮，如湔氐道有白沙邮，僰道的"五尺道"上也有许多亭。秦开"五尺道"，不能不设若干亭来管理交通。亭、邮主要负责交通管理、市场管理（个别地区）和供行旅住宿、传递文书等，一般不介入地方行政事务②。道制多不同于县制，如秦制以"户"或"口"为基本单位交纳田租口赋服徭役等，在道就只能以氏族、部落，甚至酋邦为基层单位。

二、民族分封制的广泛推行

秦统治期间，巴蜀地区至少有以下民族（部族）首领被封为"侯"或"君长"等：

蜀侯：详前。

巴人君长：即文献贬称的"蛮夷君长"，任"君长"者不止一代。近年在涪陵小田溪发掘的秦土坑墓，或系巴"君长"的家族墓地③。

僰侯、僰王：在汉武帝前曾被封侯，当是在秦张若、李冰之时。

筰侯：武帝开发筰地时曾杀了一个筰侯，当系秦封，以后代代相承。

青衣：在秦汉时一直有"王子"之称，秦时在其聚居地曾置道，当封青衣王为侯。

当时巴蜀各民族（部族）内部的结构形式是：王、侯（部族首领）、渠帅（部落联盟首领，联盟多以"姓"的形式出现）、酋首（部落首领）。

民族分封与"食邑"性封君有本质之别。前者控制着本族武装。如板楯人助政府北御来犯西羌，南平益州叛乱，僰人在西汉末至东汉，多次攻打郡县。土著墓中多随葬兵器。其次，他们对本部成员握有生杀予夺，决定婚丧嫁娶的传统特权。秦汉政府对这些民族的统治，必通过这些侯、渠帅、酋首来实现，否则就寸步难行。如有徭役，就摊给部落。当时筑城修堰、修"五尺道"，皆有部落派出的劳力。张若取筰及其江南地，司马错浮江伐楚，多系巴蜀部落兵。

---

① 《华阳国志》卷4《南中志》说"南广有八亭道"。
② 罗开玉：《论秦汉道制》，《民族研究》1987年第5期；罗开玉：《秦国乡、里、亭新考》，《考古与文物》1982年第5期。
③ 《四川涪陵地区小田溪战国土坑墓清理简报》，《文物》1974年第5期第61页。

三、刑罚从轻

秦从商鞅起，以法治国。史载"始皇兼吞战国，遂毁先王之法，灭礼仪之官，专任刑罚"。但秦在巴蜀，却例外地对一些民族实行刑罚从轻的政策。《后汉书·南蛮西南夷列传》说："及秦惠王并巴中，以巴氏为蛮夷君长，世尚秦女，其民爵比不更，有罪得以爵除。"无功而赐民爵不更（秦二十等爵中的第四级），在秦史上再无他例。通过比较研究后，可知秦对巴族给予的优待：（1）从爵位等级看，秦王室的"内公孙"所受优待仅相当于公士，一般少数民族部落首领所受的优待也才相当于上造，而巴族的百姓却享受相当于不更的待遇，比"内公孙"高三级，比其他少数民族部落首领高两级。（2）秦政府给少数民族的刑罚分等级从轻优待，对一般少数民族部落首领的儿子，比对一般百姓宽一等，可赎"耐罪"以上刑，对

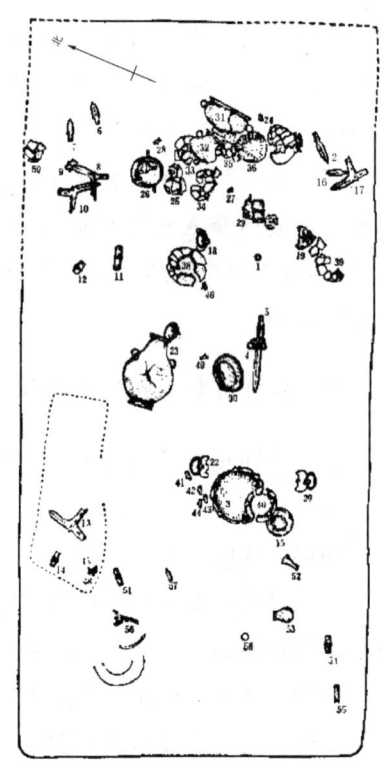

图 1-8　涪陵小田溪 M1 巴侯墓葬之一

一般少数民族部落首领又宽了一大等，可将"斩左止为城旦"的刑减处为"赎鬼薪鋈足"，还可"赎宫"，而对巴族百姓还宽一等，享受"有罪得以爵除"的待遇。巴蜀地区其他民族的部落首领及其儿子，则分别享受与一般少数民族一样的优待。另外，秦对巴郡的板楯蛮人特殊优待，规定："伤人者论，杀人者得以倓钱赎死。盟曰：秦犯夷，输黄龙一双，夷犯秦，输清酒一钟。夷人安之"①。

四、赋税从轻

《后汉书·南蛮西南夷列传》载，秦规定巴人："其君长岁出赋二千一十六

---

① 《后汉书》卷 86《南蛮西南夷列传》。

钱，三岁一出义赋千八百钱。其民户出賨布八丈二尺，鸡羽三十镞。汉兴，南郡太守靳强请一依秦时故事。"巴族君长的岁赋及义赋实际上是一种封君的朝贡，平均一年才2700多钱，不过是承认秦政府统治的一种形式罢了。按《秦律》计算，8丈2尺賨布约兑换113钱。30镞鸡羽即30支用作箭尾的野鸡翎。这对于生活在山区且狩猎业的民族来说，是易事。因此，巴民的户赋比之其他地区的"岁率户二百"，一年要少交七八十钱，约五分之二。

秦对巴郡板楯人还采取了田赋从轻的政策。《后汉书·南蛮西南夷列传》载秦昭王与板楯人刻石为盟："复夷人顷田不租，十妻不算。"《七国考》引《通典》注云："一户免其一顷田之租，虽有十妻，不输口算之钱。"但秦在本土及其新占领区域实行的政策却不同。《汉书·食货志上》曰："至秦则不然……一岁力役，三十倍于古；田租、口赋、盐铁之利，二十倍于古。"始皇"收泰半（三分之二）之赋，发间左之戍，男子力耕不足粮饷，女子纺绩不足衣服"。相比之下，板楯人确够幸运了。

第五节　移民、徙徒与迁虏

秦汉向巴蜀的移徙运动，起于秦入巴蜀（前316），迄于西汉晚期，长达300年，为我国历史上最早、持续时间最长、规模最大的移民运动，对巴蜀古史产生了极为深远的影响。

一、历史背景

《史记·项羽本纪》载，项羽对范增说："巴蜀道险，秦之迁人皆居蜀。"巴蜀系秦在统一六国前的主要移徙地。这与该地的客观条件和秦的战略有关。

首先，在交通上，此乃一封闭性盆地，被迁入者难以外逃，故项羽认为秦迁民于此盖由"道险"。其次，从历史和民族关系看，入战国后，山东各国与秦关系紧张，若在六国地盘内互迁，无异于纵虎归山。广大巴蜀人民于秦，无仇可言，且当地土著文化，各有体系，外人难与其接触，很难煽其叛乱。故在当时，巴蜀是最令秦政府放心的流放地。

再者，土著势力强大，需移民削之。为了对付"戎伯"，必须在巴蜀驻一支以秦人为主的军队,军队来源及其将领家属,多从移民中解决。另外,开发巴蜀,需有一大批技术骨干和管理人才,文化交流也需要移民。

从秦本土看,以移民之法削弱秦本土大家族势力,较易见效。近年发现的云梦秦简中记载一案,说有一人(士伍甲)押亲子(居同一里的士伍丙,已成亲分家)到官府,要求对其施以足刑,迁至蜀郡边县,令终身不得擅离。政府未作任何调查,就满足了其父要求,并推广此处理法于全国[①]。

当然,这也是解决原六国割据势力的一种途径。在当时人口稀少的背景下,流放刑既处理了一般轻罪者,儆戒了他人,又借他们之手开发边疆,保持了人口繁衍。这也是政府获得财产,解决土地兼并等问题的一种手段。被迁徙者的不动产如山林田池房屋等,自然不能带走,即使动产,也只能精选少数值高易携之物。

二、向巴蜀的移民、徙徒、迁虏运动

秦入主巴蜀后,为建设巴蜀,为更好地处理和更有效地改造、利用各种犯罪分子,在统一六国的过程中,为处理、改造、利用各种分裂分子或者说潜在的分裂分子,开展了一场大规模的、长达百余年的实边运动,将大量罪犯、分裂分子及潜在的分裂分子及一般秦民等强行迁徙至巴蜀。这是巴蜀历史上、也是我国历史上第一次大规模移民运动,影响大,功效显,是当时秦国朝野、六国人士普遍关注的热门话题。毫无疑问,被迁徙者为巴蜀地区的开发建设付出了惨重代价,作出了辉煌贡献。

移民、徙徒、迁虏为三种不同类型的迁徙。

1. 移民

移民,包括移居一般百姓和豪户。被迁者并非完全自愿,政府采取了种种强制措施,同时配以若干优惠政策。在巴蜀,他们是政府的基本依靠力量。秦的移民主要来自本土和统治时间较长的占领地。

周赧王元年(前314),秦惠文王封子通国为蜀侯……戎伯尚强,乃移秦民万家实之[②],这是秦向巴蜀的第一次大移民。若以一家5口计,仅这一次就5万

---

① 《睡虎地秦墓竹简》,文物出版社1978年版。
② 《华阳国志》卷3《蜀志》。

人。从当时的秦版图看，这批移民只可能来自秦本土。当时尚未修筑栈道，这支移民队伍由关中而巴蜀，跋涉在崎岖陡峭的山道上，规模甚宏。移往巴蜀的具体地点未交代，但从分封蜀侯同时移民，并旨在对付"戎伯"看，应是移往蜀郡，再考虑到秦政府很快就在成都平原兴建成都、郫、临邛三个城市的情况看，推测这批移民大部分移居在这三角形地带内。

另外，还把一部分秦人移至川西南。《太平寰宇记》卷74《嘉州罗目县》说：秦水，在县西120里，昔秦惠文王伐蜀，移秦人万家以实蜀中；秦人思秦之泾水，乃呼此水为泾水，唐天宝六年（747）改为秦水。这支秦人移此最初与开明部族一支在亡蜀后向西南逃窜有关。唐代改这里的泾水为秦水，盖因其后裔仍然居此。《华阳国志·蜀志》又说：临邛县，郡西南200里，本有邛民，秦始皇徙上郡民实之。上郡，辖今陕北和内蒙鄂托克前旗等地，春秋时属白翟所居，战国初属魏，公元前328年归于秦[①]。当年设郡。始皇于公元前246年即位，故知这次移民时，秦在上郡至少已统治了80余载，基础当已奠定，该地居民已被秦作为基本依靠对象。可见秦向巴蜀的移民，从秦惠文王到秦始皇，持续百余年。

2. 徙徒

徒，罪犯。徙徒指秦政府流放罪人。这至少包括三类：本人犯罪者、受连坐者、父母等亲属出面要求将其流放者。

《史记·秦始皇本纪》说："及其（嫪毐）舍人，轻者为鬼薪，及夺爵迁蜀四千余家，家房陵。"《正义》引《括地志》云："房陵，今房州房陵县，古楚汉中郡地也，是巴蜀之境。"以一家5口计，仅此一举就有2万人迁入房陵县。

《史记·吕不韦传》说秦王政（始皇）赐文信侯书："其（吕不韦）与家属徙处蜀！"吕不韦自杀后，其家属仍不免此刑。迁徙蜀地边县，是当时最轻的刑罚。

《秦律》规定：本应指挥军队作战的大夫，丢下军队不管，自去冲锋斩敌首者；在职官吏，利用政府马匹和勤杂人员经商牟利者；百姓不到免老年龄（60岁）而诈老，里典、伍老、伍人知情不报者；作案团伙在5人以下，窃物价值在220钱至1钱者；啬夫（秦的基层官吏）沉迷于女色，"以奸为事"者；有时

[①] 《史记》卷5《秦本纪》。

说了不合时宜的话，犯"毒言"罪者。以上皆判迁徙①。表明当时极易被判迁徙刑。这主要是出于开发巴蜀等边地的需要。

3. 迁虏

虏，初指俘虏，产生于敌方、对立国。秦在征战山东六国时，在剪灭各国后，不断地将俘虏、六国的统治者及其宗室、富商大贾、豪强地主、手工业实业家等迁离故土，大部迁往巴蜀。《华阳国志·蜀志》说：秦惠文、始皇克定六国，辄徙其豪侠于蜀，资我丰土。

公元前229年，秦军攻赵，次年生俘赵王迁。《淮南子·泰族》说：赵王迁被放于房陵，思故乡，作《山木之讴》，闻者莫不陨涕。北齐刘昼撰《刘子》卷2也说："赵王迁于房陵，心怀故乡，作《山木之讴》。"②蔺相如的子孙，也在秦破赵后被迁入蜀③。《史记》卷129《货殖列传》说：蜀卓氏之先，赵人也。用铁冶富。秦破赵，迁卓氏。卓氏见房略，独夫妻推辇行诣迁处。诸迁虏少有余财，争与吏，求近处，处葭萌。可见秦破赵后，迁虏入蜀，规模浩大。被迁者不仅有赵王、王族、官吏，甚至包括工商业者。这些工商业者被视为潜在的分裂分子。这一支又一支的迁虏队伍，由北而南，纵越数千里。在吏卒刀枪、皮鞭威胁下，被迁者夫妻小孩结伴相依，挑担推辇而行，白天头顶烈日暴雨，夜晚露宿山林……

公元前222年，秦灭楚，楚宗室亦被迁蜀。《太平寰宇记》卷77：严道县，秦始皇二十五年灭楚，徙严王之族以实此地，故曰严道；汉为县，属蜀郡，至文帝，又徙淮南王之族于此。近年，在荥经（古严道地）曾家沟发掘了一批带有浓厚楚文化风格的墓葬④，表现出了楚移民的怀祖思乡之情⑤。

《史记·货殖列传》又说：程郑，山东迁虏也，亦冶铸，贾椎髻之民，富埒卓氏，俱居临邛。"山东"盖指六国。

上述被强徙者，脱离了原来的基础土壤，失去了过去的社会关系，在迁徙

---

① 分别见《睡虎地秦墓竹简》第131、132、143、150、177、276页。
② 《四库全书·子部·杂家类·杂学之属》。
③ 《蜀典》卷12引《氏族略》说："蔺氏，姬姓，韩厥元孙，曰康，仕赵，食采于蔺，因氏焉；康裔孙相如，为赵上卿，子孙仕秦，随司马错伐蜀，因家成都。"误。蔺相如仕赵惠文王，公元前279年在渑池会上强令秦昭王击缶，司马错伐蜀在公元前316年，早渑池之会37年，焉能反说其子孙参加伐蜀？
④ 《四川荥经曾家沟战国墓群第一、二次发掘》，《考古》1984年第12期。
⑤ 罗开玉：《论秦汉政府向巴蜀的移民、徙徒与迁虏》，《巴蜀新论》1990年第3期。

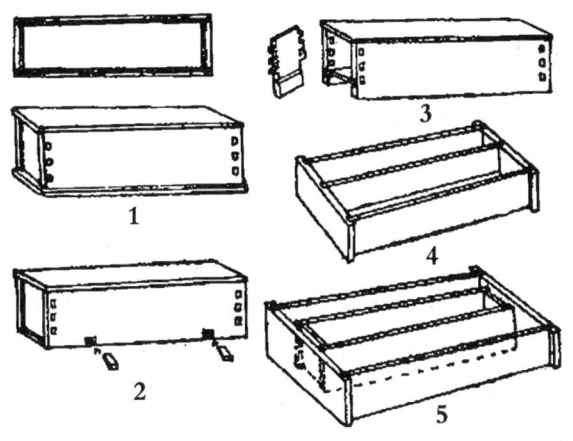

木棺分类示意图
1.A型木棺 2.B型木棺 3.C型木棺
4.D型木棺 5.E型木棺

图1—9 青川秦移民木棺五型

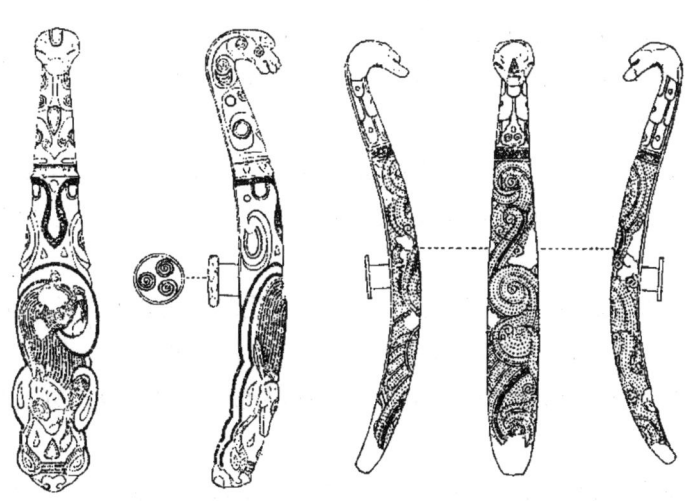

带钩（172:58、172:104）

图1—10 成都羊子山172号墓出土秦铜带钩

地人地生疏，势单力薄，即便在乡、里小吏面前，也只有唯唯诺诺而已，很难再大搞分裂活动。此所谓牵蛟龙出水、驱猛虎下山之策。

三、制度与措施

秦向巴蜀的移民、徙徒、迁虏运动，持续一个多世纪，为保证其进行，制定了许多制度和辅助措施。

1. 政府指定迁徙地

《史记·货殖列传》说卓氏夫妻"行诣迁处"，即他们早知迁往之地，而"诸迁虏少有余财，争与吏，求近处"，他们也明晓会被徙往何处，唯嫌其远，才行贿求近处。可见迁徙目的地，由政府预定。分两种情况：一是直接由朝廷定。朝廷根据巴蜀各地的开发情况，确定大批集体迁徙人员，少数重要流放人员的迁徙地，前者如卓氏一行，后者如嫪毐舍人、吕不韦舍人之流。汉代承袭此制，如在迁徙彭越、淮南王、刘勃、河间王刘元等人时都事先定好了迁徙地。然执行时难免偏差，如卓氏一行中的"吏"，受贿后便敢上下其手，改变部分人的迁徙地。二是单个的、一般的迁徙人员，具体徙地由地方政府，即郡府定。这些人原本是被地方政府迁徙，并不惊动朝廷，具体迁到哪里，原地政府并不过问，但巴蜀政府定下迁地后应回告他们。如云梦秦简《迁子》，所以要"上恒书太守处"，就是要由蜀郡太守来确定他究竟迁往哪一个"边县"。

2. 押解制度

大批迁徙时，政府派官吏、军队负责押送，如卓氏一行。重要人物迁徙，也派官吏、军队解送，如嫪毐舍人、吕不韦舍人、赵王、楚宗室及汉代的若干重要犯人等。

一般的个别迁徙者，"以县次传"。"传"为当时交通要道上的邮传机构，传递书信，供行人食宿，保护交通，盘查路人，为公事者提供交通工具，替官府押解各类人犯，皆为其责。"以县次传"，按县的顺序，由"传"转交押解。

3. 家属同往

前面谈到的秦始皇与吕不韦书，令"其与家属徙处蜀"。汉迁淮南王于严道，"遣其子，子母从居，县为筑盖家室"。这是当时的制度。《秦律》规定：被判迁刑者，其妻虽曾事先自首，但仍应随同到流放地点①。未曾自首的当然就更应前往。《秦律》还规定：被判迁刑者，在未执行前死亡或逃跑，按规定应受

---

① 《睡虎地秦墓竹简》第178页。

4. 没收财产

政府没收徙徒的所有财产、没收迁虏的绝大多数财产（见前）。

5. "终身不得去迁所"

秦汉政府移民、徙徒、迁虏的目的甚为明确，不为改造这些人，而是要使其远离故乡，用其开发边疆。此便决定了被迁徙者的前途：终身刑，即"令终身不得去迁所"②。全家迁去者，皆在被迁地安家落户，单身往前者，亦娶妻落户，不仅本人不得擅离此地，子孙后代也扎根于此。

6. 经济待遇与职业选择

一般的徙徒、迁虏者，到迁徙地后，只要不外逃，就基本是自由的，享受与当地百姓一样的权利，也承担与其同样的赋税徭役义务。然也有少数例外。《史记·秦始皇本纪》载，始皇十一年（前236）"秋，复嫪毐舍人迁蜀者"③。即免除其赋税徭役。秦汉之制，男性年满56岁后便可复除。对嫪毐舍人不管年龄，一概复免，可见政府对他们在经济上宽于常人。

在迁徙地，被迁徙者可自择职业。卓氏、程郑原擅冶铁，入蜀后皆能重操旧业。有人认为秦迁卓氏、程郑，盖为执行"抑末"政策，实为误解，此不可不辩。若他们因此被迁，何以在迁徙地仍能继续从事"末业"？且货倾西南各地，僮仆以百计，财产逾万，短期内跻身巨富？其所以被迁，盖因其为"虏"，为六国统治者的经济基础。卓氏、程郑的发家史表明，对他们的产业，当地政府极力支持，大力保护，甚至提供了许多优惠条件。这与政府的实边愿望是吻合的。

秦时迁蜀的赵王、庄王宗室等，皆由政府供给衣食。迁徙这些上层人物，主要着眼于政治，经济上卡得不紧。有些被迁徙者，仍保留原爵位。《史记·秦始皇本纪》说："文信侯不韦死，窃葬。其舍人临者，晋人也，逐出之，秦人：

---

① 《睡虎地秦墓竹简》第177页。
② 《秦简·迁子》。
③ 《史记》卷15《六国年表》说在始皇十二年。

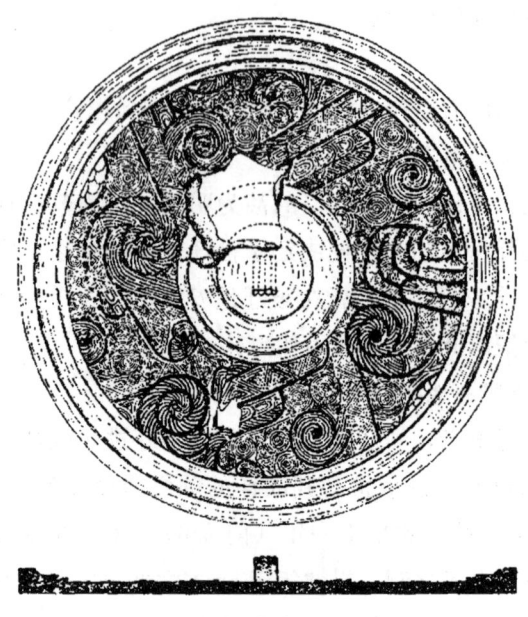

铜镜(172:76)

图1-11 成都羊子山出土秦铜镜

六百石以上夺爵，迁，五百石以下、不临，迁，勿夺爵。"① 这些未夺爵者，在迁地显然仍然能按爵级享受一些优待。

7. 移民等聚居

《后汉书·南蛮西南夷列传》载西汉武帝天汉四年（前97），置蜀郡西部两都尉，一居旄牛，主徼外夷，一居青衣，主汉人。该地汉人乃秦汉间陆续迁来。武帝置一都尉专主其事，说明该地汉人已人数众多，并单独聚居。《华阳国志·蜀志》说：临邛县本有邛民，秦始皇从上郡实之；僰道县本有僰人，汉已渐斥徙之。秦人主巴蜀之初，特别强调筑城，早期外迁来的人们主要聚居在城邑中。

---

① 此段资料，中华书局标点本断为："文信侯不韦死，窃葬。其舍人临者，晋人也逐出之；秦人六百石以上夺爵，迁；五百石以下不临，迁，勿夺爵。"按此标点，吕不韦舍人中，五百石以下，但又去了"窃葬"现场的，未被提及。既然"五百石以下不临"的都未漏掉，"临"者显然不会无罪；又六百石以上，未临者也未提到，但"五百石以下不临"者也要被迁，六百石以上不临者又焉能漏脱？此标点显然有误。若按本文标点，则诸项皆通，文中"不临"者，包括吕不韦所有的舍人，即包括六百石以上和五百石以下者，而文中出现的"五百石以下"则指临者。

从近年在青川发现的大批秦迁虏墓群的情况看①,即使迁到农村的移民,也单独聚居,并主要是按族聚居。

8. 禁止携带、拥有武器

在青川、荥经等地发现的秦徙徒、迁虏墓葬中②皆未发现兵器,同期巴蜀地区的其他墓葬,则或多或少地拥有兵器。这表明秦政府曾独禁徙徒、迁虏等拥有兵器。

---

① 《青川县出土秦更修田律木牍》,《文物》1982年第1期。
② 《四川荥经曾家沟战国墓群第一、二次发掘》,《考古》1984年第12期;《四川荥经古城坪秦汉墓葬》,《文物资料丛刊》第4集等。

第二章 西汉及王莽时期

（前206年～24年）

如果说秦人对巴蜀的开发是奠基、播种的话，那么西汉时期对巴蜀的开发建设则是成大厦、收硕果之时。西汉及王莽时期的230年间，巴蜀地区在经济、文化诸领域都有了长足发展。经济方面，蜀地首先在农业方面跃居全国首位；手工业生产的许多领域，也名列全国前茅。文化方面，已由昔日的"夷翟"之地，跃居先进的文化之邦。

第一节 西汉早期

西汉早期，巴蜀地区为汉王朝的建立和巩固作出了巨大贡献。它既表现在刘邦以汉中、巴蜀为基地打天下的历程中，也表现在西汉政权建立初期，屡次征调巴蜀粮食赈济灾区，从而稳定了全国形势等方面。

一、刘邦入汉中、收巴蜀

秦末继陈胜、吴广之后，义军并起。前209年（秦二世元年）9月，刘邦起兵于沛，数月间发展成一支强军。义军欲攻关中，诸军相约：先入定关中者为关中王。前207年（二世三年）9月，刘邦先入关中。项羽因兵众势大，背

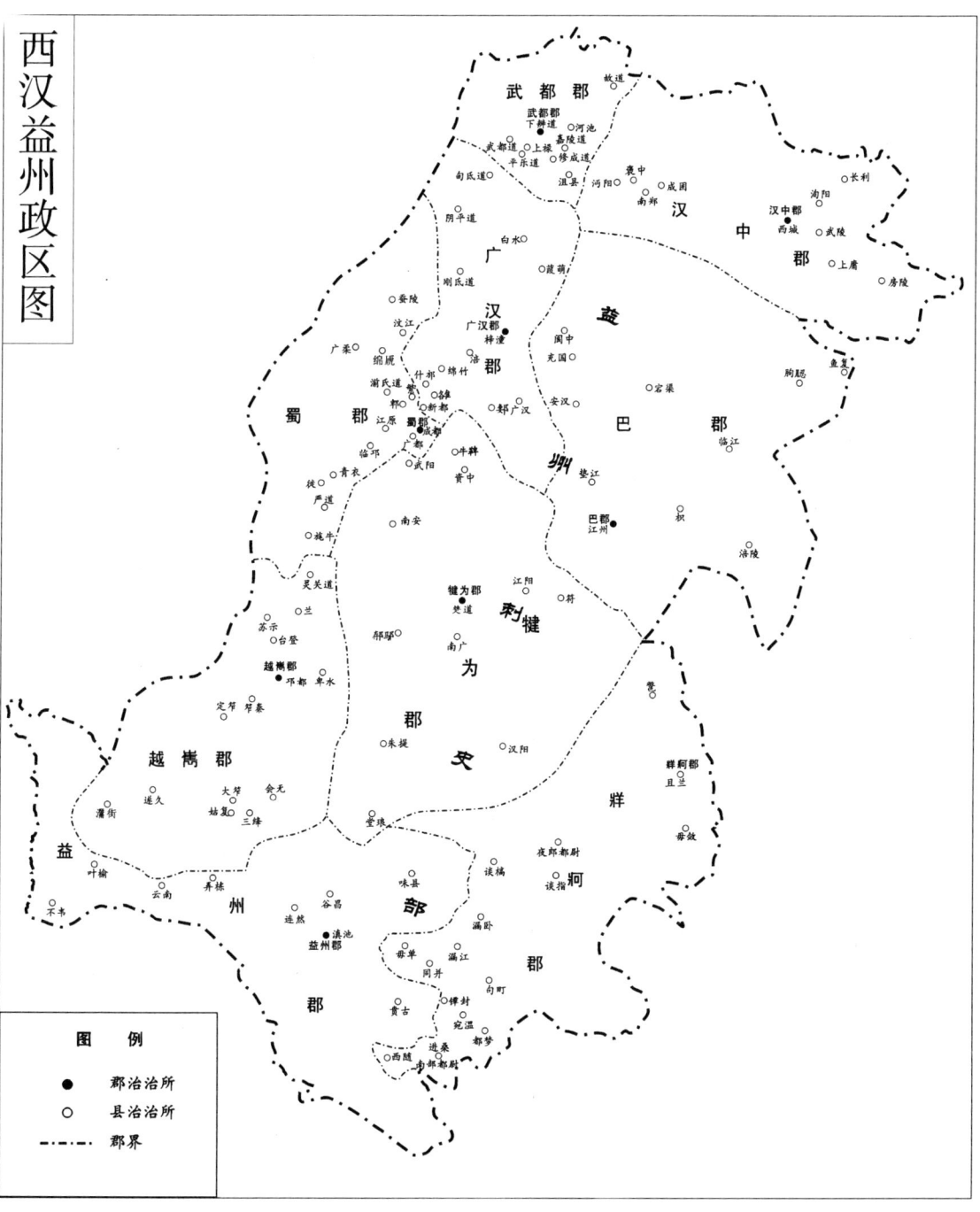

第二章 西汉及王莽时期

约不尊刘邦为关中王,却自立为西楚霸王,封刘邦为汉王,统治巴蜀汉中41县①。

项羽为何把巴蜀、汉中封给刘邦呢?大概有两个因素:一是"巴蜀亦关中地",这样做可以搪塞"先入定关中者王之"之约,这是公开讲的体面话;二是"巴蜀道险,秦之迁民皆居之"②,置之"道险"之厄地,含有惩罚、流放性质,还便于控制,这才是实质。为了防范刘邦,阻塞其外出之道,项羽还三分关中:封秦降将章邯为雍王,统辖咸阳以西地区;封秦故长史司马欣为塞王,统辖咸阳以东地区;封秦故都尉董翳为翟王,统辖上郡之地。史称其为"三秦"。

刘邦十分气愤项羽的背约行径,欲起兵相攻。谋臣萧何劝道:今兵力不如项羽,与其相战,百战百败,只有死路一条;《周书》说"天予不取,反受其咎"。俗语称汉中为"天汉",其称甚美;夫能诎于一人之下,而信(伸)于万乘之上者,汤武是也。臣希望大王去当汉中王,养其民以致贤人,收巴蜀之地,用巴蜀之民,还军攻定"三秦",天下可图也③!刘邦这才接受了封号,于公元前206年4月,带3万军队进入汉中。出发时,许多人慕义相从。张良送刘邦至褒中,并献计烧绝栈道,一可防备诸侯盗兵,二可向项羽表示没有东击之意。刘邦从计。项羽听说刘邦烧了栈道后,也放心大胆地离开关中,当"西楚霸王"去了。

当时人普遍视刘邦入汉中为"入蜀"。如《韩信传》说"汉王之入蜀"、"(汉)王失职之蜀"。另外,刘邦为汉中王时,其统治地区确实包括今日的四川,即狭义的巴蜀在内,且无论从哪方面看,四川地区所起的作用,都不亚于汉中地区。刘邦进入汉中后,即派将军林挚带领一军来进攻蜀郡和巴郡。

当时的蜀郡守(佚名)是章邯在二世元年(前209)委任的。看来他是一名非常忠于秦王朝的武将。在他执蜀的这三年,虽然关中地区义军并起,刀光剑影,战火不断,但巴蜀地区却不见任何有关义军的记载,且他还稳稳地控制着蜀地的局面。当林挚率汉军前来攻蜀时,虽然当时秦王朝早已垮台,他仍亲率军队前去抵抗。他在战争中被林挚斩首。

---

① 《汉书》卷1《高帝纪》。
② 《汉书》卷31《项羽传》。
③ 《汉书》卷39《萧何传》。

林挚因此被封为平棘懿侯①。汉军很顺利地占领了巴蜀地区。

当时刘邦统治的区域共有41县，其中汉中郡12县。《华阳国志》卷2《汉中志》说：萧何镇关中，资其众，卒平天下；以田叔为汉中守，属县12。其余29县分属巴、蜀二郡。这时，刘邦还来不及占领秦时巴、蜀二郡的全部，在蜀郡的统治，大体南迄成都平原南缘，在巴郡的统治，也主要在北部地区。

刘邦以南郑为都，在那里大兴土木，兴建城市，再次作出一副满足现状、不欲东出的姿态。但将士多思东归，有的甚至逃跑而去。当时韩信在汉军做治粟都尉，深感怀才不遇，也当了逃兵。萧何知道后，来不及报告刘邦，便亲自骑马去追，两天后才追回韩信。刘邦当汉中王的一大收获，便是获得了韩信这个辅佐。刘邦设坛拜韩信为大将。韩信劝刘邦出击"三秦"。刘邦初入巴蜀、汉中之时，虽满腹牢骚，但并未打算短期内出击"三秦"。现在听了韩信的一番分析，即着手准备，立刻派人到巴蜀各地广泛招兵买马，准备粮草。

二、汉王出定天下

活动在川北部的賨民，又称板楯人、板楯蛮，古来以骁勇善战著称。賨人的部族联盟首领范目，主动表示愿率族人协助汉军出击三秦。

《华阳国志·巴志》说："汉高帝灭秦，为汉王，王巴、蜀。阆中人范目，有恩信方略，知帝必定天下，说帝，为募发賨民，要与共定秦……阆中有渝水，賨民多居水左右。天性劲勇，初为汉前锋，陷阵，锐气喜舞。帝善之，曰：'此武王伐纣之歌声也。'"

高祖元年（前206），刘邦留萧何镇守汉中、巴蜀，部署诸将，以賨人为前锋，于这年八月从汉中出兵，经故道，首先攻击章邯统辖的咸阳以西地区。章邯出兵迎击，双方会战于陈仓（今宝鸡）。章邯大败，退走。两军再战于好畤（县名，属右扶风，今乾县），章邯再败。刘邦军入咸阳。刘军又于八月定雍；塞王司马欣、翟王董翳皆望风而降，遂定关中。在这一战役中，賨人各部渠（渠，部落）分外骁勇，冲锋陷阵，为平定三秦立下大功。刘邦封其首领范目为长安建章乡侯。但賨人世居巴地，多不愿远行，在刘邦欲出击关东之时，部分賨人要求还巴。刘邦知道不能勉强这支部落军，嘉其功而难违其意，遂同意其

---

① 《汉书》卷16《高惠高后文功臣表》。

返回。他对范目说："富贵不归故乡，如衣绣夜行耳"。于是徙封范目为阆中慈乡侯。范目固辞，刘邦又封他为渡沔侯。范目接连三次封侯，人称"三秦亡，范三侯"。刘邦还复除参战賨民罗、朴、昝、鄂、度、夕、龚七姓租赋，以资奖赏。

賨人七姓并非全回了巴土，部分賨人随刘邦转战南北，战后留居于关中。《隋书》卷30《地理志》中说："上洛、弘农本与三辅同俗，自汉高发巴蜀之人定三秦，迁巴之渠率（帅）七姓居于商洛之地，由是风俗不改其壤。其人自巴来者，风俗犹同巴郡。"不过，此说巴人七姓尽留上洛、弘农，亦有可疑。一部分则协助汉政府驻守汉中。

1986年曾在陕西汉中紫阳白马石村的一山坡上发现属于巴蜀文化系统的墓葬8座①。这批墓葬，除随葬兵器外，基本上无其他葬品，墓葬分布密集而无打破关系，死者应是在同一时期下葬的军人。综合各种因素看，这批墓葬当为秦末汉初随刘邦出战的賨民之墓②。

巴蜀内地大量汉人，也曾随刘邦出征。刘向《新序》卷10《善谋下》：汉王起蜀汉之兵击三秦……夫汉王发蜀汉，定三秦，涉西河之外……这一部分军人随刘邦南征北战，中途未返回。刘邦从汉中出击三秦时，留萧何镇守汉中，"收巴蜀租，给军粮食"，《汉书》卷1《高帝纪》、卷39《萧何传》说："何以丞相留守巴蜀，镇抚谕告，使给军食"，并源源不断向前线输送兵员。《华阳国志》卷2《汉中志》说"高帝东伐，萧何常居守汉中，足食足兵"。"足兵"便是大量地、源源不断地向前线输送巴蜀兵员。

刘邦打下三秦出兵关东后，萧何又由汉中移镇关中，仍继续向前线输送兵士粮草。巴蜀仍是其主要基地。正因萧何镇守汉中、关中，在汉统一事业中占着特殊地位，后来刘邦封赏功臣时，力排众议，"（以萧）何功最盛"，先封为侯，有人不服，认为他未上前线，不宜居首功。关内侯鄂千秋却认为萧何为"万世之功"、"当第一"。刘邦又赐萧何带剑履上殿，入朝不趋。封萧何父子兄弟10余人，皆食邑③。

---

① 《考古与文物》1987年第5期。
② 罗开玉：《晚期巴蜀文化墓葬研究》，《成都文物》1991年第3期。
③ 《汉书》卷39《萧何传》。

萧何移镇关中后，以田叔镇汉中。田叔为汉中太守约 20 年①。这期间不仅供给汉军大量粮饷，还把汉中巴蜀的大量名贵木材运至关中以建宫室。

三、西汉早期事略

高帝六年（前 201），割巴郡、蜀郡各一部，另置一新郡，名广汉②。这郡名本身就包含着刘邦对巴蜀人民在汉王朝建立过程中所作贡献的赞许和希望。

汉初分封，有"王国"和"侯国"两级。大者为王（王国），其行政级别名义上相当于郡，实际上远大于郡，大体相当古之诸侯。小者为侯，其行政级别相当于县。汉初两次大封诸侯王。第一次封了 8 个异姓功臣为王，封地占全国之半，但关中与巴蜀、汉中之地却未封他人。铲平异姓王后，刘邦又大封同姓王，当时全国 54 郡，封于王国者 39 郡③，而关中、巴蜀、汉中之地亦未分封他人，由中央政府直辖（仅有食邑性的县一级的"侯"，约当秦之彻侯）。刘邦不愿把关中、巴蜀、汉中之地分封出去，盖因此区域是他打天下的基地，战略地位重要，必须自己控制。

高帝十一年（前 196）六月下诏：士卒从入蜀、汉、关中者皆复免终身租赋徭役。十二年（前 195）三月，也就是他临死前一月，高帝再次下诏："入蜀汉定三秦者，皆世世复。吾于天下贤士功臣，可谓亡负矣。其有不义背天子擅起兵者，与天下共伐诛之。"④ 此正表明了巴蜀在汉王朝建立过程中所起的作用。

汉代早期在巴蜀的统治区域，大体限于盆地内。西边，今日的文县、平武、茂汶、汶川、天全、荥经、汉源这南北一线及其以西地区，皆为土著民族控制，不在其内。南边，以僰道为中心的僰侯国，在秦吏撤走后便归顺了夜郎，到高后执政期间才逐渐收复；其南，峨边、美姑、盐津、威信一线及其以南，皆为土著民族控制。汉政府的统治大体限于南安（乐山）、僰道（宜宾安边）、江阳

---

① 《汉书》卷 37《田叔传》说田叔为汉中守 10 余年。按之史实，田叔始为汉中守在高祖九年（前 198），直到文帝即位（前 179），约 20 年。
② 《华阳国志》卷 3《蜀志》。
③ 王国维：《汉郡考》上、下，《观堂集林》卷 12；钱大昕：《汉兴以来诸侯王年表》，《廿二史考异》卷 2。
④ 《汉书》卷 1《高帝纪》。

第二章 西汉及王莽时期

（泸州）、符县符关（合江）。秦人开发西南，凿通五尺道，在滇、黔之地置吏设县。汉朝初兴，中央朝廷与诸侯之间矛盾重重，无暇顾及西南，放弃了在滇、黔之地的统治，下令关掉蜀地故徼。为巩固边地统治，汉政府还承秦制，继续向巴蜀大规模移民、徙徒，并在民族聚居地区兴建城邑。如高后六年（前182）修建了僰道县城①，近年在高县发现了西汉初期的半两钱石范母②，都反映了当时对边区的开发。

西汉早期，巴蜀地区又是政府经常用以赈济饥民的大粮仓。《华阳国志·蜀志》说："五城县，汉时置五仓，发五县民，尉部主之，后因以为县"。其地在今中江县北半部。其他各县也建有一些大型粮仓。高帝二年（前205），即刘邦由汉中出击三秦的第二年，关中大饥，米一斛一万钱，人相食。为解决粮荒，刘邦一面下令从巴蜀汉中大量运粮前往救济，一面令关中百姓"就食蜀、汉"③，号召他们前往巴蜀、汉中逃荒。在战败项羽之初，关中、关东因长期战争，民失作业，常遇饥馑，一石米卖5000钱，四处都见饿死者。高祖再次下令：允许百姓卖子求生，到巴、蜀、汉中逃荒④。

秦汉制度，每年秋后要在内地一些郡训练步卒，称材官。巴、蜀是汉政府首先训练材官的地区之一。巴、蜀的材官，战斗力较强，受到汉政府的高度重视。高帝十一年（前196）秋，淮南王英布（黥布）反。高帝征调上郡、北地、陇西的骑兵和巴、蜀的材官、中尉（执金吾）率3万人保护皇太子，驻军灞上。接着，刘邦又带这支部队前往击破英布⑤。

西汉早期，巴蜀地区仍是朝廷流放犯人的重要地区。文帝六年（前174），淮南王事败后，众吏在讨论应怎么样处

图2—1 蹶张画像砖拓片

---

① 《华阳国志》卷3《蜀志》。
② 《考古》1982年第1期第105页。
③ 《汉书》卷1《高帝纪》。
④ 《汉书》卷24《食货志》。
⑤ 《汉书》卷1《高帝纪》。

治他时，提的方案便是："臣请处蜀郡严道邛邮，遣其子母从居，县为筑盖家室，皆禀食给薪菜盐豉炊食器席蓐。臣等昧死请，请布告天下。"制曰："计食长给肉日五斤，酒二斗。令故美人才人得幸者十人从居。他可。"后淮南王在入蜀途中死于雍①。

1958年在成都市崇义桥东北约3~4公里处出土汉墓两石枋。枋系红砂石雕刻，高195厘米，宽27厘米，厚15厘米。两石侧面分别浮雕青龙白虎，铭文镌刻在石枋正面，隶书竖行，右枋64字，左枋40字：

"（右枋）唯吕氏之先，本丰沛吕□子孙。吕禄，周吕侯。禄见征过，徙蜀汶山□□□□□□□建成侯怠征过，徙蜀汶山□□东杜（社），造墓藏丘冢。作冢以劝后生。工匠杨顺，子孙

（左枋）兄弟兴盛，进□□官，拜爵二千石、令、长、丞。继浦（建）左师门卫阙作冢，以劝后生者。工师杨顺，子孝，寿如金石。"

铭文中的"吕禄"、"周吕侯"、"建成侯怠"，皆是西汉吕后（雉）家族诸吕的姓名和封号。墓主是吕后家族后裔。它记录了吕侯族人周吕侯、建成侯两支系获罪迁徙之事，是东汉时吕禄、吕台子孙追叙先人世系、封爵、名字等所立。本铭文与文献记载互证，还可弥补其某些不足。高后八年（前180），吕后死，诸吕欲叛，为周勃、陈平所诛灭②。《史记》、《汉书》未提及诸吕家

图2-2 成都出土的汉代传经讲学画像砖

---

① 《史记》卷118《淮南衡山列传》。

② 关于诸吕生前爵号，文献记载多歧异，或有抵牾。如《史记·高祖功臣侯者年表》、《史记·吕太后本纪》、《汉书·外戚传上》、《汉书·外戚恩泽侯表》等文载的吕后家族世系的主要两个支派，均称：周吕侯吕泽，吕后长兄吕泽子吕台，高帝九年嗣封为周吕侯。建成侯吕释之，吕后次兄，释之子吕则，惠帝三年嗣为建成侯，吕则以罪废，弟吕禄"续康侯"。唯《史记·留侯世家》与《汉书·张良传》称"建成侯吕泽"，文献记载于周吕侯建成侯姓名、侯名、族支世系、兄弟长幼等方面有较多歧异。石刻铭文直接称"吕禄，周吕侯"、"建成侯怠"，可修订周吕侯和建成侯两大支派世系。周吕侯吕释之，后由释之子吕则袭封，吕禄因兄吕则于惠帝七年罪废而袭封周吕侯；建成侯吕泽，后由泽子吕怠袭封。本铭文证明《史记·留侯世家》和《汉书·张良传》关于建成侯吕泽的记载是完全正确的。

第二章 西汉及王莽时期

族的下落。石刻铭刻中"禄见征过,徙蜀汶山"、"建成侯怠征过,徙蜀汶山"的记述,补充了文献记载的缺失。以上两条资料表明:汉初仍在继续执行从秦入巴蜀后开始执行的"徙徒"和"迁虏"入蜀的政策①。

西汉早期,巴、蜀地方长官中以文帝末年的蜀郡守文翁最为杰出。其事迹主要有:在全国首先带头兴办郡学;大搞农田水利建设,带领蜀地人民开凿湔江口,引湔江水灌溉郫县、繁等地农田1700余顷。

第二节 西汉中期

武帝时期,西汉进入极盛阶段,继秦始皇之后,再次掀起了开发边疆的高潮。武帝曾两次进军,完成了在该地初步设立郡县的历史大业。

一、武帝首次发兵"西南夷"地区

武帝第一次进兵西南,是因进兵南粤的需要而引起。建元六年(前135),武帝发兵击东粤,东粤人杀王归顺,汉命番阳县(今江西波阳)令唐蒙出使南粤。南粤人用蜀枸酱招待唐蒙。唐蒙了解到这是由蜀,通过牂柯江,运到番禺(今广州)城下的,便建议武帝借夜郎兵力,从牂柯江出奇兵攻打南粤:"窃闻夜郎所有精兵可得十万,浮船牂柯,出不意,此制粤一奇也。诚以汉之强,巴、蜀之饶,通夜郎道,为置吏,甚易"。这里提出了借用夜郎军队和在夜郎地区"置吏",即开发该地的问题。

武帝接受了这个建议,拜唐蒙为郎中将,带兵士千人,并征调万余人运送粮草衣物及礼品等,从巴郡符县(今合江)符关出奇兵②,直入夜郎腹地,拜见夜郎侯多同。唐蒙一方面向夜郎侯"厚赐"财物,一方面谕以威德。夜郎侯对中原王朝并不了解,这从他像滇王一样,问使者"汉孰与我大"便可看出。

---

① 《四川省文物志》(上册)巴蜀书社2005年版,第210页。石枋现藏四川省博物馆。
② 今本《史记》卷116《西南夷列传》作"巴蜀笮关",《汉书》卷95《西南夷传》作"巴符关"。从地理位置看,当以《汉书》为是。《汉书》此载亦本《史记》。《史记》此载为后世学者转抄笔误。"笮"、符二字形近,难免笔误。泷川资言《史记会注考证》:"《汉书》巴下无蜀字。王念孙曰:笮关本作巴符关。"

但看在丰厚礼品的面子上,夜郎侯也同意置吏,不过须以他的儿子为其令。夜郎国旁边的其他部落,看见夜郎侯突然得到许多礼物,都很眼红,又认为汉王朝距他们道路险远,终不能有其地,都愿设郡置吏。建元六年(前135),汉武帝以今川南部分地区,加上夜郎地区,设立了犍为郡。《华阳国志》卷3《蜀志》:建元六年,分广汉置犍为郡。(由于犍为郡包括夜郎地区在内,一些学者便把犍为辖地全视为夜郎故地,误。)又征调巴蜀军队千人,转漕万余人,一边作战,一边修治道路,从僰道通牂柯江,即牂柯道,又称夜郎道。《汉书·食货志下》说:"唐蒙、司马相如始开西南夷,凿山通道千余里。"

武帝在"南夷"地区设郡置吏,对"西夷"地区也很有影响。汉代统称西南地区的土著民族为"西南夷"。其中,大体而言,今凉山、甘孜、阿坝地区的土著民族为"西夷",今云南、贵州、广西等地土著民族属"南夷"。《史记·司马相如列传》说:"是时邛、筰之君闻南夷与汉通,得赏赐多,多欲愿为内臣妾,请吏,比南夷。"邛人主要分布在今川南,包括今凉山州、西昌、攀枝花等地。筰人则主要分布在今甘孜、阿坝地区。他们的酋首主动向汉政府表示,愿意像"南夷"那样设郡置吏。

武帝征求蜀人司马相如的意见,相如说:邛、筰、冉駹者与蜀邻近,道路也容易通,秦时尝通为郡县,到汉兴才罢;现在如果再置郡县,条件优于南夷①。武帝即拜相如为中郎将,持节回蜀主办其事,并慰问蜀中父老。又命王然于、壶充国、吕越人为副使,乘四乘传车,"因巴蜀吏币物以赂西夷",即这一行人的所有开支,包括给"西夷"的礼品等,皆出于巴蜀。

开发"西夷"的工作刚开始不久,蜀中又掀风波。一些被征派的官吏军士或逃亡,或自残肢体。相如即发檄文谕告曰:

"告巴蜀太守:蛮夷自擅,不讨之日久矣,时侵犯边境,劳士大夫。陛下即位,存抚天下,集安中国,然后兴师出兵,北征匈奴,单于怖骇,交臂受事,屈膝请和。康居西域,重译纳贡,稽首来享。移师东指,闽越相诛。右吊番禺,太子入朝。南夷之君,西僰之长,常效贡职,不敢惰怠,延颈举踵,喁喁然,皆乡风慕义,欲为臣妾,道里辽远,山川阻深,不能自致。夫不顺者已诛,而为善者未赏,故遣中郎将往宾之,发巴蜀之士各五百人以奉币,卫使者不然,

---

① 《华阳国志》卷3《蜀志》。又见《史记》卷116《西南夷列传》。

第二章 西汉及王莽时期

靡有兵革之事,战斗之患。今闻其乃发军兴制,惊惧子弟,忧患长老,郡又擅为转粟运输,皆非陛下之意也。当行者或亡逃自贼杀,亦非人臣之节也。

"夫边郡之士,闻烽举燧燔,皆摄弓而驰,荷兵而走,流汗相属,惟恐居后,触白刃,冒流矢,议不反顾,计不旋踵,人怀怒心,如报私仇。彼岂乐死恶生,非编列之民,而与巴蜀异主哉?计深虑远,急国家之难,而乐尽人臣之道也。故有剖符之封,析圭而爵,位为通侯,居列东第。终则遗显号于后世,传土地于子孙。事行甚忠敬,居位甚安佚,名声施于无穷,功烈著而不灭。是以贤人君子,肝脑涂中原,膏液润野草而不辞也。今奉币使至南夷,即自贼杀,或亡逃抵诛,身死无名,谥为至愚,耻及父母,为天下笑。人之度量相越,岂不远哉。然此非独行者之罪也,父兄之教不先,子弟之率不谨,寡廉鲜耻,而俗不长厚也。其被刑戮,不亦宜乎。

"陛下患使者有司之若彼,悼不肖愚民之如此,故遣信使,晓谕百姓以发卒之事,因数之以不忠死亡之罪,让三老孝弟以不教诲之过。方今田时,重烦百姓,已亲见近县,恐远所溪谷山泽之民不遍闻,檄到,亟下道县,咸喻陛下意,毋忽!"①

这道檄文从侧面反映了当时巴蜀一般百姓对周边民族的认识、对开发西南夷的态度,也反映出巴蜀地区在开发西南夷中所付出的历史代价。

相如先后进入邛人、笮人、冉駹、斯榆等蜀郡西边、西南的兄弟民族部落中,与其首领谈判、协商,宣传汉王朝的威德。当时许多部落的首领皆愿做汉王朝的内臣。"愿得受号者以亿计。"②过去,这些民族彼此械斗,互为仇敌,各族各部落之间皆构筑有关塞。现在,在相如的奔走活动下,大家团结在汉政府的周围,也撤掉了关塞路障等。西边,汉政府的统治以沫水(今青衣江)、若水(今雅砻江)为界,即深入今天川西甘孜地区、西昌地区的西部,在这里设置了一个都尉,领十余县,属蜀郡。南边,汉政府的统治与新开发的牂柯相连接,并建立了关塞,还修建了一些道路桥梁,沟通边疆与内地的联系③。司马相如这次出使,功成而返。

---

① 《汉书》卷57《司马相如传》(下)。
② 《汉书》卷57《司马相如传》(下)。
③ 《史记》卷117《司马相如列传》,《史记》卷116《西南夷列传》。

武帝开发西南,在很大程度上可说是重义轻利,重名轻实。当时,汉政府动员了数万民力、兵力,在巴蜀四郡(蜀、巴、广汉、犍为)大修通往周边民族的道路,"费以亿万计",有些路线虽经三年修建,仍不通,兵士疲饿,露宿山林,不服水土,疾病流传,死亡者众多。各地民族又经常造反骚扰,政府调兵前往镇压,耗费了巨资却不起什么作用。为此,武帝也略感不安,派公孙弘到西南各地考察。公孙弘回京后,大讲开发西南边地的困难,后来他担任御史大夫,又主张放弃开发西南边地。当时北方战事正紧,为集中力量对付匈奴,武帝采纳了公孙弘的主张,从"西夷"地区撤回官吏,放弃了"南夷"许多地区,只保留了两县一都尉,并令犍为郡伺机而行,自己保护其郡县①。

二、武帝再次进兵"西南夷"地区

第二次进兵西南,是由寻找通身毒、大夏的道路而引起。元狩二年(前121),博望侯张骞对武帝说,他在出使大夏时,曾见那儿有蜀布和邛竹杖,了解到是经东南身毒国(古印度)而来,大约有数千里路程,在那里能得到蜀贾的东西。张骞又大讲,大夏国在汉王朝的西南,慕中国,唯因匈奴隔其道而不能与汉交往;如果由蜀通身毒国,道路近便,又无危险,这样就能建立与身毒、大夏夹击匈奴的联盟。于是,武帝命王然于、柏始昌、吕越人等10余人,前往蜀地,寻求通往身毒国的道路。

王然于、柏始昌、吕越人等分成数路,分别从蜀郡、犍为郡出发。一路出冉駹,取道今阿坝而西;一路出筰,取道今雅安、甘孜而西;一路出徙、邛,取道今攀枝花市而西;一路出僰,取道今宜宾而南。各队使者前进了一两千里后都先后遇到了麻烦。滇王截住一路汉使者,要求为滇探寻通往西边的路。其他各路,北面阻于汶山氏人、羌人,南边闭于嶲、昆明诸部。昆明(活动在今滇西

图2-3 绵阳双包山M2出土武帝时期的骑俑

---

① 《汉书》卷57《司马相如传》(下)。

地区的昆明部族）诸部为了夺取财币，往往杀掠汉使。

武帝极为震怒，征发三辅地区的罪人、巴蜀军队数万人，遣两将军郭昌、卫广等，前往攻打昆明诸部中曾捕杀汉使者的部落，大获全胜，斩首数万而归。其后曾再次遣使探路，但昆明诸部仍抢掠捕杀汉使，探路计划终未完成①。这次探路任务虽未完成，汉政府却再次接触、了解到西南边地各族的情况。元狩三年（前120），武帝征调有罪官吏，在长安县西南开凿昆明池，周回40里，以演习水战，并在池畔刻玉石作鲸鱼形，以象征滇地的鲸鱼山（晋宁石寨山），决心开发西南夷地区。

元鼎五年（前112），南粤造反，武帝派驰义侯从犍为到南夷地区征调民族部落兵，准备攻打南粤。且兰君害怕部落的青壮远行后，附近部落掳其老弱为奴，首先造反，杀了汉使者和犍为郡太守。叛乱声浪由南夷波及西夷，就连在蜀西南的邛、筰部落也参加进来了。武帝征发巴蜀罪人和曾参加过打南越的八校尉出兵平叛，很快诛杀了且兰君、邛君和筰侯，斩首数万。在武力攻占的基础上，于元鼎六年（前111）在这些地区设郡置吏。

图2-4　汉代越巂太守印封泥

在今贵州东部地区（即且兰活动区域），设立了牂柯郡。夜郎侯初倚南粤，南粤已灭，助汉诛且兰，并能主动入朝，被封为夜郎王。在邛人活动地区，设置了越巂郡。在筰都人活动地区，设立了沈黎郡②。

武帝杀筰侯，杀一儆百，冉駹之君得知此事后，十分惊恐，主动向汉政府请求置吏，汉政府便在那里设置了汶山郡。在广汉西部白马氏人活动地区，设置了武都郡。

图2-5　汉越巂都尉章封泥

武帝又命王然于去会见滇王，宣讲汉朝之威，胁迫

---

① 《史记》卷123《大宛列传》，《史记》卷116《西南夷列传》，《汉书·张骞传》。

② 关于沈黎郡的辖县，有两种说法，分歧较大。《续汉书·郡国》载蜀郡属国辖汉嘉（故青衣，阳嘉二年改）、严道、徙、旄牛四道县，一般多据此认为沈黎郡只辖此四县，如龚煦春《四川郡县志》卷1。但《汉书·武帝纪》注引《茂陵书》曰，沈黎治筰都，去长安三千三百三十五里，领县二十一，与前说差别很大。

滇王入朝。滇国东北部有劳深、靡莫等部落，曾多次攻击过汉使和军队。元封二年（前109），武帝征调巴蜀军队攻打、消灭了劳深、靡莫部，兵临滇国。滇国这才表示愿意接受汉王朝的统治，举国降汉，同意在滇地设立郡县，置官吏，滇王入朝。汉王朝在滇国故地设立了益州郡，又赐滇王王印，让他仍统治当地各部。从益州郡置县的情况看，当时汉王朝曾在益州屯集了较大数量的兵力。《华阳国志》卷4《南中志》说：孝武时通博南山，渡兰沧水、清溪，置嶲唐、不韦二县，徙南越相吕嘉子孙宗族实之，因名不韦，以彰其先人恶，行人歌之曰："汉德广，开不宾；渡博南，越兰津，渡兰沧，为他人"。渡兰沧水以取哀牢地，哀牢转衰。嶲唐、不韦在今保山地区，已远超出了滇王的治区。武帝要征服这里的各种民族势力，要在这里设县置吏，单靠"厚赐"、"财赂"是不行的，必须以强大的兵力为后盾。

武帝在今滇西地区设县后，即向这里大量移民①。当时，朝廷的许多官员曾亲到西南边疆各地，或率兵征伐，或设府为官。当时担任郎中的司马迁，也曾奉朝廷使命，西征巴蜀以南地区，深入邛、笮、昆明诸民族之中，宣传汉德，调查风土人情，以后又在此基础上写出了《史记·西南夷列传》等有关西南边疆的历史。

元封五年（前106），武帝又在全国设13州（部）刺史，每秋督巡郡国。刺史制度当时是加强中央集权的重要措施。武帝在巴蜀故地设立了益州，据说是希望"州之疆壤益广，故称益云"②。益州辖巴、蜀、广汉、犍为、牂柯、益州、越嶲、沈黎、汶山、汉中、武都等郡，正相当于广义的"蜀"地，也正好是秦汉间巴蜀及"西南夷"地区。益州初治广汉郡雒县，东汉后期徙治成都，

---

① 关于不韦县的设置和移吕氏于此，《水经·叶榆水注》曰："永昌郡。治不韦县，盖秦始皇徙吕不韦子孙于此，故以不韦名县。"按此记载，不韦县置于秦而不是武帝之时，迁徙的吕氏是吕不韦的直接子孙，而非吕嘉宗族（吕嘉为吕不韦后裔）。我认为《南中志》对，《水经·叶榆水注》误。秦在南中曾"颇置吏焉"，但所辖县皆不可考，若确设不韦县，应辖于蜀郡。但蜀郡最南的南安、僰道或汉阳，皆距不韦数千里，中间广大地区尚未设县，焉能跨越联系？《三国志》卷43《蜀书·吕凯传》裴注引东晋人孙盛《蜀世谱》云："初，秦徙吕不韦子弟宗族于蜀汉，汉武帝时开西南夷，置郡县，徙吕氏以充之，因曰不韦县。"此说在设县问题上与《南中志》同，在所徙吕氏上别于以上二说，可备一说。

② 《水经·江水注》曰："汉武帝元朔二年（前127），改梁曰益州，以新启犍为、牂柯、越嶲，州之疆壤益广，故称益云。"按：《汉书》卷6《武帝纪》明言元封五年初置刺史部13州，晚于《水经·江水注》之说21年，当以《汉书》为是；武帝置牂柯、越嶲郡在元鼎六年（前111），《水经·江水注》既云新启，当在其后，反出其前，自相矛盾，亦不可信。

这就再次从法律上确认了成都平原在西南地区的领导地位,也从法律上承认了西南地区的整体关系,这对西南地区以后的历史,产生了极为深远的影响。

秦汉制度,"县有蛮夷曰道",即在民族聚居区的县级政府称道。道制在许多方面都不同于县制,如一般不设乡、里等。"西南夷"地区,皆系民族聚居区,但这次武帝新置7郡中,只在极少数地区设道,多数地区仍是设县。武帝在西南新置七郡中设道,情况如下:

犍为郡:僰道(秦置);

汶山郡:湔氐道(秦置)、汶江道、绵虒道;

沈黎郡:青衣道(秦置)、严道(秦置);

武都郡:故道、平乐道、嘉陵道、循成道、下辨道。

图2-6 汉代僰道右尉印封泥

在牂柯、益州、越嶲三郡都曾设道①。但在西南民族地区,即使设县,其统治制度仍有别于内地的县。从有关资料看,在这些县仍像置道地区一样,只在交通要道旁设邮、亭,一般不设乡、里,假手原民族组织系统和民族首领进行管理。在这些地区,一般不征收赋税,或只以部落、氏族为单位征派少量徭役,一般不征收赋税。这些地区的民族封君仍保留传统的神权、司法权、经济权和兵权。内地的法律、礼制规定等,在这些地区或有较大修改,或不执行等,当时称这种制度为"羁縻"。

武帝还承袭秦人的做法。在西南地区分封民族首领为王、为侯。如活动在今凉山州一带的邛人首领,被封为邛谷王。

武帝开发西南夷,以成都为中心。为适应新的需要,武帝元鼎三年(前114),曾下令重筑成都城。新成都城比老城大数倍,多达十八城门。《汉书·地理志》载西汉中期成都县有人口76256户,仅次于首都长安80800户,跃升为全国第二大城邑。

武帝晚年,经济不支,停止了拓边活动,甚至从一些已占领的边地撤回了部分官吏军队,这在西南也有表现。天汉四年(前97),武帝撤销了设在筰人地区的沈黎郡,改置为两部都尉,一治旄牛,负责处理民族事务,一治青衣,

---

① 《汉印文字征》有"汉建伶道宰印",表明王莽时曾把益州的建伶县改为道。

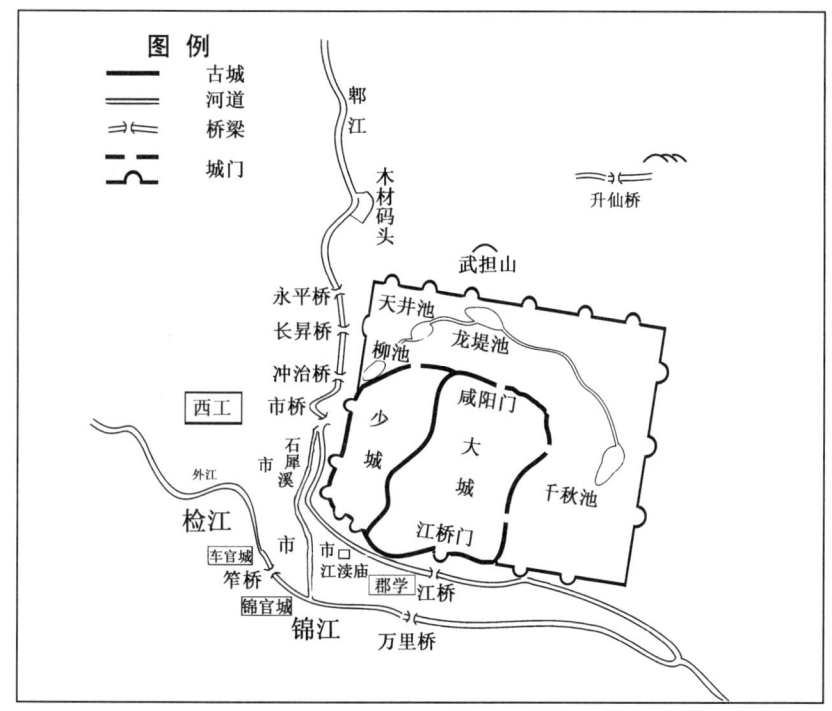

图2-7 汉武帝时扩建成都城后略图

负责处理汉移民事务。

三、武帝经济政策在巴蜀的影响

武帝时期,是巴蜀政治、经济、文化的一个重要转折时期,其影响极大、极深刻。元狩四年(前119),也就是武帝开始第二次开发"西南夷"的两年之后,武帝为了增加军费开支,曾实行盐铁官营和算缗、告缗等打击富商大贾的崇本抑末政策。"敢私铸铁器、煮盐者,钛左趾,没入其器。"① 又统一货币,禁止郡国和私人铸钱。

蜀中临邛卓氏、程氏皆因冶铁致富。文帝赐邓通铜山铸钱,邓转包给卓氏。邓氏钱遍天下,卓氏也成为巨富。武帝初期还因司马相如与卓文君事见诸记载。但《汉书·货殖传》说:"程、卓既衰,至成、哀间,成都罗裒訾至钜万。"他们在成帝之前已经衰落。其衰落的具体时间、经过,语焉不详,结合历史分析,

---

① 《史记》卷30《平准书》。

第二章　西汉及王莽时期

当在武帝中、晚期。当时的算缗、告缗运动使全国中等以上的商贾之家，大都破产，何况程氏、卓氏"富侔公室，豪过田文"①。且其以冶铁、铸钱致富，为当时政策所严禁，必为重点打击对象，断无漏网之理。顺便交代一句，司马相如于元狩五年（前118）卒于茂陵，武帝开始盐铁官营时，即开始打击西蜀卓氏时，对他的影响应该不是很大。

武帝时期，巴蜀地区长期发展起来的私营工商业受到沉重打击。许多重要行业，如盐、铁的产销，全被收为官营；长期实行的地方政府和私人铸钱，则被取消。过去，巴蜀私营工商业者生产的陶、铜、铁器，在造型、纹饰等方面都有着许多巴蜀文化特征。随着这些私营工商业的被取缔，陶、铜、铁器上的巴蜀文化特征也随之消失，故现代考古学把巴蜀文化的下限定在西汉中期。另外，过去蜀郡内地的冶铁产品，"倾滇、蜀之民"，"贾椎髻之民"，影响很大。其产品在云南、贵州及四川的阿坝、甘孜、凉山州、攀枝花市，甚至两广地区的考古发掘中屡有出土。当时蜀郡的私营冶铁者，曾千方百计地从器物的品类、造型、纹饰、心理状态、价格各方面去适应滇、黔等地的少数民族，有许多器物甚至是专门为少数民族买主制造的。但西汉中期以降，蜀产铁器在滇、黔大幅度减少，一些过去曾用铁制造的器类又转而用铜。这反映了武帝时期，代之而起的官营冶铁业不再把少数民族作为经营对象。

武帝打击私营工商业经济，迫使工商业者把钱财转往农业与农村，直接加速了农村的土地兼并。巴蜀地区的豪族势力正是在武帝中、后期开始初兴。以后逐步成为巴蜀地区政治、经济、文化中的一股重要力量。

随着武帝两次对西南地区大规模进兵，西南各族相互掠奴又有了大发展。西蜀在过去的基础上，迅速发展成当时全国最大的畜奴区、最大的奴僮买卖市场。司马迁在《史记》、班固在《汉书》中皆把贩卖奴僮作为巴蜀因此"殷富"的重要原因之一。

武帝时期，巴蜀地区仍是政府经常用以赈济饥民的粮仓。当时，山东受黄河水灾，祸及方圆两三千里，粮荒数年，人或相食。武帝令饥民就食于江、淮之间，并急运巴蜀之粟前往赈济②。

---

① 《华阳国志》卷3《蜀志》。
② 《汉书》卷24《食货志》。

元鼎三年（前114），关东再遭水灾，饿死者以千数，至秋季，水涝又移于江南，危害甚大。武帝再次征调巴蜀粮食，从水路运至江陵，命博士等分数路送往灾区。武帝开发西南夷后，西南各地驻军及官吏队伍猛增，其军饷粮食多仰赖巴蜀供给。

第三节　西汉后期

西汉后期（昭帝、平帝时期），见诸记载的巴蜀地方史，主要是围绕着民族矛盾和阶级矛盾展开的。

一、民族矛盾的激化

武帝开发西南夷，广设郡县，多驻军队，为维持其统治，必加重土著民族的负担。武帝时期，在边地还较注意民族政策，吏治较清廉，也由于政府实力强大，威霸四方，民族矛盾尚未激化。武帝之后，吏治逐渐腐败，赋税徭役日益加重。再加上政府实力日见衰弱，民族矛盾日益激化。

就在武帝去世次年（前86），西南地区爆发了大规模的民族起义。益州郡（今云南）廉头、姑缯地区的百姓首先造反，攻杀官吏。紧接着，牂柯郡的谈指（今贵州贞丰）、同并（今云南弥勒）等地的24个土著民族部落3万多人举兵造反。朝廷急调蜀郡、犍为郡的材官精勇组成"奔命"，一举大破之。

三年后，即昭帝始元四年（前83），益州姑缯、叶榆民族再次造反。朝廷派遣水衡都尉吕辟胡带领益州郡的驻军前往进讨。

吕辟胡畏难不敢进军。造反民众遂攻杀益州太守，并乘胜进攻吕辟胡军。吕辟胡军大败，被杀死、溺死者多达4000余人。次年，朝廷再次遣军正王平与与大鸿胪田广明各率一军，两路并进，并请活动在今云、贵、桂交界一带的鉤町侯亡波率领族人协助朝廷军作战，结果大破益州造反民众，斩首捕虏5万余级，获畜产10余万。确实是一次空前的大屠杀。鉤町侯亡波因作战有功，被晋封为鉤町王。始元六年（前81），武都氐人又举兵造反，朝廷急派大军前往镇

第二章 西汉及王莽时期

压讨平①。

昭帝时的连年战争，向汉政府敲响了警钟。宣帝即位后，对西南民族采取了让步政策。川西北汶山地区，武帝时置汶山郡。昭帝时期，围绕着赋税徭役，民族矛盾已趋激化。宣帝地节三年（前67），武都白马羌人造反，朝廷派使者骆武镇压了起义。其后，骆武入汶山郡慰劳察访，当地官吏百姓多反映："一岁再度，更赋至重，边人贫苦，无以供给，求省郡。"当时，汶山建郡已45年，骆武把这些情况上奏朝廷。朝廷鉴于武都等地的民族造反教训，撤除了汶山郡，将其辖地省并为蜀郡北部都尉②。这并非简单的改名问题，由郡改为都尉，原驻在汶山地区的大量郡、县官吏、军队基本上都要撤出；都尉统治远比设郡更为松散，近似让民族自治。从有关记载看，宣、元时期（前73～前33），西南民族与政府的关系还比较稳定。

成帝时（前22～前7），民族关系再趋紧张。当时，夜郎王兴与鉤町王禹、漏卧侯俞等相互械斗。牂柯太守请朝廷发兵前来镇压，有人认为道远不可击，便遣使前往和解。但夜郎王等不从命，甚至还用木材刻出汉使者像，立于道旁，以箭射之。于是，朝廷另调蜀郡临邛人、金城司马陈立为牂柯太守。陈立上任后，曾谕告夜郎王兴，兴不听命。陈立上奏请诛兴等，朝廷还未回示，陈立便率吏卒数十人出巡，至夜郎王兴辖地的且同亭，派人去召兴。兴带数千人到亭来，然后又带数十酋首入亭内来见陈立。陈立义正词严责问兴，并趁势将其斩首。入亭内的其他酋首素与夜郎王兴有矛盾，此时见其被斩首，有的便公开支持陈立，说："将军诛无状，为民除害，愿出晓士众。"陈立命将兴头挂出示众，亭外数千人皆放下兵器投降。鉤町王禹、漏卧侯俞等十分震恐，赶忙送来粟千斛和大量牛羊犒劳吏士，表示臣服。但兴的岳父翁指与兴的儿子邪务，却胁迫22邑再次造反，举兵攻郡。陈立奏请朝廷派都尉带兵前来，又募请一些土著民族部落出兵，很快讨平了这次叛乱。

二、郑躬起义

成帝时期，阶级矛盾也日趋尖锐，许多地区爆发了武装起义。在牂柯郡镇

---

① 以上见《汉书》卷95《西南夷传》。
② 《汉书》卷8《宣帝纪》，《华阳国志》卷3《蜀志》，《后汉书》卷86《南蛮西南夷列传》。

压夜郎部族有功的陈立，就因"巴郡有盗贼"，又被调去担任巴郡太守，以事镇压。大概因陈立的谋略武功出众，这里的起义很快就被镇压下去了①。

与此同时，广汉郡又爆发了大规模的武装起义。当时广汉太守扈商，是大司马车骑将军王音姐姐的儿子。他仗着王音势力，在地方上横行霸道，滥施刑威②，加之当时连年歉收，仓廪空虚，百姓饥馑，流离失所，疾疫死者以万数，人至相食，"盗贼"并起，群职旷废③，起义之火，一点就燃。广汉是汉代著名的手工业城市之一，汉政府曾在这里设置工官，主要从事漆器、铜器和金银器等生产。在工官作坊中，有大量服役的刑徒，被称为"钳子"。刑徒郑躬，素有威望，因事被关进牢里，判了死罪。

鸿嘉三年（前18）冬十一月，刑徒聚众打下监牢，救出郑躬，推其为首领，公开起义④。郑躬率众攻打官府，声势日振。郑躬自称"山君"，以一种在当地百姓中普遍流行的原始宗教为纽带来联系大家，势力发展很快，鸿嘉四年（前17）波及附近4县，兵众万人⑤。广汉太守扈商平时骄横跋扈，在起义军面前却一筹莫展。起义军以山为营，据险而守，持续了一年。成帝十分恼怒，罢免了丞相薛宣⑥，又以孙宝为益州刺史，拜河东都尉赵护为广汉太守，征调广汉郡、蜀郡材官共3万多人前往镇压。孙宝亲入山谷，游说义军出降；赵护则带大军围剿。一文一武，大约一月时间就把义军镇压下去了⑦。赵护因镇压起义有功，获赐黄金百斤，升为执金吾。

三、豪族势力的初兴

西汉武帝实施抑商政策后，工商业者被迫将经济的重点转向农村，加速了土地兼并，促进了豪族势力的发展。到西汉晚期，蜀中豪族已成为一股引人注

---

① 《汉书》卷95《西南夷传》。
② 《汉书》卷77《孙宝传》。
③ 《汉书》卷83《薛宣传》。
④ 《汉书》卷27《五行志》（上）。
⑤ 《汉书》卷10《成帝纪》。
⑥ 《汉书》卷83《薛宣传》、卷84《翟方进传》。
⑦ 《汉书》卷77《孙宝传》、卷10《成帝纪》。《汉书·梅福传》说梅福上书成帝：……方今布衣乃窥国家之隙，见间而起者，蜀郡是也。孟康注此语曰：成帝鸿嘉中广汉男子郑躬等反是也。此把"广汉"理解为蜀郡，大概主要是过去未置广汉郡时的概念。另外，当时广义的"蜀"亦包括广汉在内。

意的势力。扬雄《蜀都赋》的写作时间，当在他40岁进京之前，该赋用大量篇幅描写了当时成都豪族的生活，是了解、研究当时成都豪族的主要史料。该赋说："百金之家，千金之公，干池泄澳，观鱼于江。若其吉日嘉会，期于送春之阴，迎夏之阳，侯、罗、司马、郭、范、畾、杨，置酒乎荣川之间宅，设坐乎华都之高堂。延帷扬幕，接帐连岗。众器雕琢，藻刻将星，朱绿之画，邠盼丽光。龙蛇蜿蜷错其中，禽兽奇伟髦山林。"这里的侯、罗、司马、郭、范、畾、杨，皆为西汉晚期成都的豪族大姓。

第四节　王莽时期

西汉末年，外戚专权，成帝母后王政君一家独擅朝政。王莽是王政君的侄儿，绥和元年（前8）继叔父王根之后为大司马、大将军，辅政一年多。哀帝执政间，王莽失权，元寿二年（前1）哀帝死，莽立平帝，操纵了朝纲。

一、王莽篡位与巴蜀

在王莽篡位过程中，与巴蜀也多少有一点联系。王莽执政后，以周公自比。传说周公摄政时，曾有越裳氏献白雉，王莽便讽喻益州，令塞外民族自称越裳氏后裔，献白雉于朝。元始元年（1）正月，莽请太后下诏，以白雉荐宗庙，于是赐莽号"安汉公"。元始五年（5）秋，莽以皇后有子孙瑞，根据图谶之学，大修子午道，从杜陵直通南山，经汉中①。在王莽的所有施政中，只有这一条客观上对改善巴蜀的交通条件有一点好处。不久，平帝死，莽立两岁的孺子婴为帝，莽居摄为"假皇帝"。

居摄三年（8），又发生了一件与巴蜀地区有关的怪事。梓潼人哀章在长安学习，志大才疏，无所作为，见莽居摄，即作铜匮，为两检，其一铭曰"天帝行玺金匮图"，其一铭曰"赤帝行玺某传予黄帝金策书"。赤帝指刘邦，黄帝指王莽，言莽当为真天子。图中又写有王莽当时的大臣8人，3个一般人物，其

---

① 《汉书》卷99《王莽传》注：张晏曰："子，水；午，火也。水以天一为牡，火以地二为牝，故火为水妃，今通子午以协之。"师古曰："子，北方也；午，南方也。言通南北道相当，故谓之子午耳。"

中包括哀章自己在内，此11人皆为"天子"辅佐，并写上了官爵。哀章将此匮献与王莽。于是王莽即真天子，国号新，改正朔，易服色。哀章也因此被任为国将，封美新公，位上公，成为王莽四辅之一①。

二、王莽改革与巴蜀

王莽称帝后，即开始全面改革。其中，与巴蜀地区关联较多的有更改地名、"五均"政策及币制改革三事（后二事详后）。

王莽按照《周官》、《王制》更改职官名和郡县地名，"郡县以亭为名者三百六十，以应符命文也"。据《汉书·地理志》，益州地区至少有39个郡、县名称被改动：益州——庸部、汉中——新城、锡——锡治、广汉郡——就都、梓潼——子同、什邡——美倍、涪——统睦、雒——吾雒、广汉——广信、甸氏道——致治、阴平道——摧虏、蜀郡——导江、广都——就都亭、临邛——

图2—8 四川三台出土的莽币大泉五十

监邛、江原——邛原、严道——严治、蚕陵——步昌、犍为——西顺②、僰道——僰治、武阳——戢成、符——符信、汉阳——新通、郁邬——屠邬、越嶲——集嶲、益州（郡）——就新、毋掇——有掇、胜休——胜僰、牂柯——同亭、毋敛——有敛、句町——从化、临江——监江、安汉——安新、涪陵——巴亭、武都郡——乐平、武都县——循虏、故道——善治、河池——乐平亭、下辨道——扬德。以上地名改动，大体有一些原则。王莽国号新，过去地名带"汉"的，多改为"新"；少数民族地区的地名，多改为带有教化、贬低或宣扬新室武功的地名等。

三、民族战争及其他

王莽的思想，集中体现了古代中央王朝统治者的传统观念：重名尚义、轻实薄利。王莽称帝后，不顾内地烽火四起，先后下令改阴平道为摧虏道，改氐

---

① 《汉书》卷99《王莽传》。
② 此仅见于《华阳国志》。1962年四川省博物馆收到一枚铜板，正中铸正文"西顺郡口符则车山官"，另还有标明序号和重量的文字。见《四川彭山县出土新莽西顺郡铜板》，《文物》1979年第11期。

第二章 西汉及王莽时期

为氓,又贬汉朝封的鉤町王为侯。鉤町王邯为此十分怨恨,牂柯大尹(太守)周钦奉命设计杀了邯。邯弟承率领族人攻杀了周钦,又攻城略地,益州三边的民族起义烽火迅速燎原。益州郡的僰人首领栋蚕、若豆也起兵攻杀大尹程隆。

王莽派遣平乐将军冯茂负责进讨。冯茂征发巴、蜀、犍为的官吏军队,并从当地百姓中搜刮了大量赋敛,《汉书》卷99《王莽传》:"赋敛民财什取伍",即取民财的十分之五,然后率兵南击益州。经过三年时间,冯茂的军队多次出入蜀地,不仅没战胜益州郡的民族起义军,被征官吏、军士死于疾疫者竟高达60%~70%。这在巴蜀引起了骚动。

王莽征召回冯茂,将其诛杀,又另派宁始将军廉丹、庸部(改益州名)牧史熊,征发天水、陇西骑士及广汉、巴、蜀、犍为吏民10万人,加上运输粮草者20万人,南击益州。这次最初也打了几个胜仗,杀获当地百姓数千,后来就因军粮供应不上,士卒饥疫,三年间死了数万人①。王莽又召廉丹、史熊回长安;廉丹、史熊怕落得冯茂的下场,上书请求重新调动军队,必获大胜后才回长安。王莽准其奏。他们又大肆赋敛。就都(广汉)大尹冯英拒绝上贡,并上书王莽说:自越嶲遂久仇牛、同亭邪豆之属反叛以来,积且十年,郡县距击不已;续用冯茂,苟施一切之政。僰道以南,山险高深,茂多驱众远居,费以亿计,吏士遭毒气死者十分之七。今丹、熊惧于自诡期会,调发诸郡兵谷,又按百姓的财,"取其十分之四",空破梁州,功终不遂;宜罢兵屯田,明设购赏。王莽怒,免冯英官职,但后来他又感到冯英"亦未可厚非",改任冯英为长沙连率②。

王莽也意识到了战争给益州百姓带来的灾难。不久,他又把廉丹等召还,重新派遣大司马护军郭兴、新任庸部牧李晔第三次率军南击③。这时越嶲少数民族首领任贵又率领族人起义,攻下郡治邛都(今西昌),杀太守枚根;任贵自立为邛谷王。郭兴、李晔未南至益州便宣告失败。王莽临亡前,大赦天下,但却下诏说:"北狄胡虏逆泊,南僰虏若豆、孟迁,不用此书"④,即不在大赦范围内,可见他心里的仇恨。这也反映出西南民族起义对王莽政权的打击程度。

---

① 《汉书》卷95《西南夷传》。
② 《汉书》卷99《王莽传》。
③ 《汉书》卷99《王莽传》。
④ 《汉书》卷99《王莽传》。

王莽称帝，不仅遭到益州各民族的普遍反对，也遭到了益州儒士的抵制。巴郡谯玄，为成、哀间谏议大夫，王莽擅权后即避世回乡①。蜀郡新繁人章明，为太中大夫，莽篡位后，他叹曰："不以一身事二主！"遂自杀。新繁人侯纲为郎，见莽篡位，佯狂，负木斗守阙而哭。莽使人问之，侯纲说："汉祚无穷，吾宁死之，不忍事非主也。"莽遣人杀之。蜀郡江原人王皓，为美阳县令，江原人王嘉，为郎，王莽执政后，他们即弃官归蜀。僰道人任永，长于历数，王莽时佯装青盲②。王莽更名牂柯为同亭，郡人多不服③。他们认为王莽非刘氏而篡天下，违反了社会伦理道德观念。他们的行动，反映出儒家思想在巴蜀的影响。

---

① 《后汉书》卷 81《独行列传》。
② 《华阳国志》卷 10《先贤士女总赞》。
③ 《华阳国志》卷 4《南中志》。

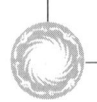

第三章 公孙述"成家"政权
(25年~36年)

王莽新朝末年，全国战乱。绿林、赤眉起义，波及全国，各地军阀，称王称帝，或保境自全，坐观虎斗，或兼并不已，征战不息。在这种历史背景下，"成家"政权揭开了古代四川历史上新的一页。

第一节 "成家"的建立

一、公孙述称帝

公孙述，字子阳，扶风茂陵人（今陕西茂陵附近）。父公孙仁，成帝末年为侍御史。据当时的任郎制度，公孙仁保任公孙述为太子舍人，哀帝即位后，又增秩为郎。不久，公孙仁调任河南都尉，公孙述外任为天水郡清水县长。公孙仁见儿子年幼，有些不放心，派门下老掾随公孙述一道诣官。但仅一个多月，门下老掾辞别了公孙述，回告公孙仁道："述非待教者也。"公孙述不愿接受其指教，自行一套。天水郡守很赏识公孙述，又命他兼管五县。对一个小县的县长来说，这真是破格提拔、大胆使用了。据说，由于公孙述明于执事，所辖五县政事修理，奸盗不发，远近闻名，后又调入京城，为中散大夫。王莽即位后，于天凤年间（14~19）提升公孙述为导江卒正（王莽改蜀郡为导江，改郡守为卒正），治临邛（今邛崃）。公孙述任卒正期间，仍以才能而著名。以后在很长一段历史时期内，蜀人仍俗称临邛城为公孙述城①。

王莽上台不久，天下大乱，赤眉、绿林先后起兵。不久，王莽被杀。公元23年，汉朝宗室刘玄在南阳称帝（更始帝），复称汉。

图3-1 东汉临邛长印

全国大乱之初，巴蜀还很安静，但更始复汉的消息传来，蜀中豪杰便纷纷起兵响应。南阳人宗成，被更始帝命为"虎牙将军"，带兵攻打汉中各县，又领兵入蜀。这时，商（商雒县）人王岑以拥立宗室刘辟为号召，起兵于广汉雒县，自称"定汉将军"，旬月间发展到数万人，攻杀了王莽任命的庸部牧（即益州刺史）宋遵，响应宗成。

公孙述得知消息后，即派人前往迎接宗成等至成都。他的目的是欲借宗成的力量抵消王岑、刘辟。宗成入蜀后，很快战胜了王岑、刘辟军。但宗成军到成都后，掳掠暴横，根本不把公孙述放在眼里。公孙述眼见自己迎接之功不显，且还以身伴虎，时刻遭受威胁，为预备不测，他决意先下手。他召集临邛县中豪杰，对他们说："天下同苦新室，思刘氏久矣，故闻汉将军到，驰迎道路。今百姓无辜，而妇子系获，室屋烧燔。此寇贼，非义兵也。吾欲保郡自守，以待真主。诸卿欲并力者即留，不欲者便去"。

豪杰们眼见自己的利益受到外来乱兵的威胁，当然愿奋力以拒，皆表示："愿效死"。公孙述又秘密派人诈称汉朝使者，从东方而来，

图3-2 成都出土的执兵者与兵器架画像砖

----

① 宋《太平寰宇记》卷75：临邛故城俗名公孙述城。《明一统志》卷67：公孙述城，在新津县西三十里，汉公孙述所筑。

第三章 公孙述"成家"政权

授述辅汉将军、蜀郡太守兼益州牧的印绶。通过这种仪式，公孙述从王莽旧臣摇身变为汉臣，并在百姓心目中获得了征讨乱臣贼子的名正言顺的权力。于是，公孙述挑选精兵千余人，西攻宗成。快至成都时，沿途百姓丁勇多附从参战，仅一两天时间队伍扩展到数千人。公孙述与宗成交战，大破其军。宗成部将垣副杀掉宗成，率众投降。公孙述占领成都后，即遣兵略地，很快攻占了广汉、巴郡。

公孙述已有自立为帝之意，封锁了益州与外面的交通。更始二年（24）秋，更始帝派遣柱功侯李宝和他任命的益州刺史张忠，带兵万余人来攻打。公孙述派其弟公孙恢迎战于绵竹，大破来军，迫其仓皇外逃。这更加强了公孙述在益州的威望。这时，功曹蜀郡人李熊劝他道："方今四海波荡，匹夫横议。将军割据千里，地什汤、武，若奋威德以投天隙，霸王之业成矣。宜改名号，以镇百姓。"

公孙述正有此意，但鉴于当时形势，尚不敢贸然称帝，便自立为蜀王，都成都，迈出了割据的第一步。公孙述称王后，影响很大，很多外地文臣武将前来投奔。一些少数民族如川西高原的邛人、笮人首领也亲到成都祝贺。一般巴蜀人士，对此新生政权，多持拥护态度①。当时，天下纷争，割据者甚多。豪杰拥兵自保，势力较大而又较有影响者便有铜马、大肜、高湖、重连、铁胫、大抢、尤来、上江、青犊、五校、檀乡、五幡、五楼、富平、获索等部，各领部曲，势大者多达数百万人，彼此厮杀，所在寇掠；而称王称帝，割据一方者则有齐地的张步、天水的隗嚣、秦郡黎丘的秦丰、河西的窦融、渔阳的彭宠、梁地的刘永、庐江的李宪、东海的董宪、五原的卢芳等。更始帝遣部将刘秀为破虏将军行大司马事，带兵征讨河北。刘秀在河北站稳脚跟后，也反叛更始，并于建武元年（25）元月在鄗县（今河北柏乡县北）称帝。这时，许多英雄都想称帝一试。正如刘秀所说，"仓卒时人皆欲为君事耳"。这至少有三方面的原因：一是帝王至尊的吸引力；二是部将臣属欲加官晋爵，劝主，有时甚至是逼主称帝；三是称帝后名正言顺，有利于安定一方，也有利于出兵外征，拓展地盘。正是在这样的背景下，李熊又再次劝说公孙述："今山东饥馑，人庶相食，兵所屠灭，城邑丘墟。蜀地沃野千里，土壤膏腴，果实所生，无谷而饱。女工

---

① 《后汉书》卷13《公孙述传》。

之业，覆衣天下。名材竹干，器械之饶，不可胜用。又有鱼盐铜银之利，浮水转漕之便。北据汉中，杜褒斜之险；东守巴郡，拒扞关之口；地方数千里，战士不下百万。见利则出兵而略地，无利则坚守而力农。东下汉水以窥秦地，南顺江流以震荆、扬。所谓用天因地，成功之资。今君王之声，闻于天下，而名号未定，志士狐疑，宜即大位，使远人有所依归"①。李熊分析了割据巴蜀的可能性和必要性。从经济上看，蜀地（从"战士不下百万"看，此当指广义的"蜀"，即今西南和部分邻近地区）农木果实，名材竹干，皆富有而自给有余；手工业方面，女工纺织、器械之饶，盐铁铜银之利，足供所需；交通方面，陆路且不说，数十条纵横的大小江河，大体都可行船漕运，足以满足沟通蜀地内部联系之需。在地理上，蜀地有险可凭，仅有二途与外交通。一是北方的褒斜之道，二是长江三峡，但皆为险塞，是闭门割据的天然屏障。以蜀为根据地，外拓又占不少地利。以上都是可能性。必要性在于，称帝有利于抓住"狐疑"的志士，使其死心塌地跟着走，也有利于吸引、招募"远人"；有利于在天下战乱中巩固内部统治和抵抗外侵，保护蜀中经济文化的重建②。公孙述可能虑及自己非刘氏正宗，还有些犹豫："帝王有命，吾何足以当之？"李熊引经据典，进一步指出："天命无常，百姓与能。能者当之，王何疑焉！"公孙述接受了建议，准备称帝。于是，他放出风声，称有神人说他有天命，可为天子，说有龙到他府殿中，夜有光耀，因刻其掌，文曰"公孙帝"。他在做了诸如此类的思想和舆论准备后，于建武元年（25）四月，自立为天子，国号"成家"③。

二、典章制度

公孙述由郎官入仕，有文才，悉知前汉典章。"成家"建立后，多袭汉制，典章齐备。这在当时，甚为突出。

1. 职官

"成家"遍设百官，皆授印绶、节杖④。朝廷置三公九卿，不设丞相：大司

---

① 《后汉书》卷13《公孙述传》。
② 《后汉书》卷13《公孙述传》、卷21《耿纯传》、卷13《隗嚣传》、卷1《光武帝纪》等。
③ 一说国号"大成"，见《华阳国志》卷5；一说国号"成"，见《三国志》卷4注。本文从《后汉书》。唐章怀太子李贤等注："以起成都，故号成家。"
④ 汉军灭蜀时，臧宫一军便"前后收得节五、印绶一千八百"。

第三章 公孙述"成家"政权

徒,掌教化、礼仪,李熊、谢丰、任满曾任此职;大司空,掌监督百官,任满、公孙恢曾任此职;太尉,主管军队,公孙恢曾任此职;大司马,主要是一种品级名号,掌某一支军队,公孙晃、延岑、任满、谢丰先后曾获此号。以上为"三公"。大司马与太尉在名称上重复,略异于汉制。

太常,掌宗庙礼仪,常少曾任此职。

光禄勋,掌宫殿、掖廷门户,张隆曾任此职。

卫尉,掌宫门屯兵保卫,公孙永曾任此职。

太仆,负责朝廷舆马。

廷尉,掌刑辟,成家宫中设有"暴室"。

大鸿胪,掌民族、外交事务,尹融曾任此职。

宗正,掌皇室宗族事务。

大司农,掌谷货等经济事务。

少府,掌山海池泽之税,以供皇族;负责皇族供给等;属官之中有尚书,解文卿曾任此职。

以上共"九卿"。其他官职甚多,较重要的有:

大夫,郑文伯曾任此职;

将军,任满、程焉、程乌、吕鲔、张邯、蒋震、李育、田弇、王元、赵匡、程汎、冯骏、侯丹、魏觉、环安、史兴、王政等曾受此号;

大将军,公孙晃曾受此号;

骑都尉,荆邯曾任此职;

主簿,李隆曾任此职;

博士,吴柱曾任此职;

执金吾,袁吉曾任此职;

铁官,掌铸铁钱,隶属于大司农。

2. 分封

公孙述的分封,主要是封王,不见封侯。《后汉书·南蛮西南夷列传》载:公孔述曾对益州太守文齐"许以封侯",诱其降服,不果。称帝不久,他便分封两个儿子为王,分别以犍为、广汉(梓潼)各数县为其封地。他们在封地"淫恣过度",引起官吏百姓的普遍不满。以后,公孙述又分封了几个外地割据首领投奔者为王:

建武五年（29），封田戎为翼江王，封延岑为汝宁王；

建武七年（31），封隗嚣为朔宁王。建武九年（33）正月，隗嚣病死，其部将又立其子隗纯为朔宁王。

另外，邛人长贵在更始二年（24）杀郡守，自立为邛谷王，后降于公孙述，从当时的各种因素看，公孙述可能仍封其为邛谷王。

3. 行政区划

西汉行政区划的旧制为：中央朝廷—州—郡（国）—县（邑、道、侯国）。公孙述称帝后，由于地域有限，改益州为司隶校尉①。实仅有虚名，一般不过问各郡行政等事务，朝廷直辖各郡。另外，还"多刻天下牧守印章"，还设了一些州牧，皆为虚职。"成家"的政府建制为：朝廷—郡—县。从现有资料看，"成家"至少设有以下8郡：

成都尹：公孙述称帝后，改蜀郡为成都尹（西汉旧制，京都所在的郡为京兆尹，此仿汉制。又《元和郡县志》说：公孙述改蜀郡为成都郡），辖地约当西汉后期蜀郡地。梓潼郡：辖地约当西汉后期广汉郡地。《水经·梓潼水注》：故广汉郡也，公孙述改为梓潼郡。犍为郡：辖地相当西汉后期犍为郡地。越嶲郡：辖地相当西汉后期越嶲郡地。巴郡：辖地与西汉中晚期相当。南郡：辖汉南郡的部分地区。此郡实际存在的时间不长（程汛曾为"成家"的南郡太守）。武都郡：辖汉武都郡的部分地区。汉中郡：辖地约当汉代汉中郡的全部。

以上各郡辖县，大体与西汉各郡辖县相同，此不备述。

4. 礼仪制度

宗庙：公孙述即位后，即在成都立宗庙，并曾在宗庙中会见百官。

御船：公孙述称帝后，造一艘十层赤楼帛兰船，即以锦帛装饰、建有十层高楼的大船，作为他个人专用的御船。次年北征汉中时，又造了一艘此类型的御船。

出行：凡公孙述出入宫中，皆法驾，即属车三十六乘，公卿车在外，侍中车三乘，奉车都尉亲御，前驱九斿云罕，凤凰闟戟，鸾旗旄骑，后有金钲黄钺，陈置陛卫，然后出入。

宫室：公孙述称帝后，即按西汉规模，在成都建筑宫室。吴汉灭公孙述后，

---

① 西汉以京都所在的州为司隶校尉部，此仿汉制。

第三章 公孙述"成家"政权

焚烧宫室。

客馆：成家朝廷设有客馆，接待外国使者及四边民族使者。

冢墓：公孙述女儿之冢在临邛县东13里，冢高3丈，坟墓边长20步。故老相传，此冢下用铜作绞络5里，历代盗墓者皆不知具体位置。

接待使节礼：公孙述称帝后，隗嚣派马援出使成都。马援过去与公孙述同乡里，旧交。公孙述盛陈陛卫，迎接马援而入，双方互行交拜礼，礼毕即请来使出宫，入客馆。公孙述又为马援制都布单衣、交让冠，请马援到宗庙中与他的百官相见，并在宗庙会客殿立旧交之位。然后，置鸾旗、旄骑，陈置陛戟，警戒清道后出门就车，曲身而入。在整个接待中，礼仪官吏属从队伍甚为庞大。

成家朝廷中还有专职的瞽师，主要在祭祀时演乐，在宗庙、郊庙中按西汉朝廷规格备置礼乐器，并按汉制作了只有皇帝才能使用的葆车辇车。《后汉书·光武帝纪下》说：益州传送公孙述瞽师，郊庙乐器，葆车舆辇，于是法物始备。

西汉典章，本以统一安定的社会条件为背景。公孙述之时，割据一方，生死竞争。公孙述不审大势，生搬旧制，大误。正如马援所说："天下雄雌未定，公孙不吐哺走迎国士，与图成败，反修饰边幅，如偶人形。此子何足久稽天下士乎！"①

三、益州各地对"成家"的态度

公孙述以一卒正（郡守）称帝，在益州各地反应甚大。西汉末年，益州设置有武都、汉中、广汉、巴、蜀、犍为、越嶲、益州、牂柯9郡。蜀郡与其他各郡并无统辖关系，公孙述也不能像后来割据益州的刘焉、刘备那样以州刺史、州牧的身份管辖各郡。公孙述称帝后，各地有两种态度，一是拥护，接受其统治，二是反抗，坚决抵制。大体说来，由少数民族控制的地区，一般持拥护态度，由汉族土著控制的各郡，一般都采取了抵制和反抗。

公孙述占领成都后，尚在称帝之前，蜀西南的邛人、筰人诸部便主动派人到成都朝贺、贡献。公孙述称帝并夺得汉中后，蜀西北和武都郡的氐人分别附属于隗嚣和公孙述，直到隗嚣势力瓦解（建武九年，公元33年），氐人才转向归顺刘秀。越嶲郡（今西昌地区）邛人首领长贵，王莽时曾率族人攻杀郡太守

---

① 《后汉书》卷24《马援传》。

枚根，又自立为邛谷王，领太守事，当公孙述的势力南下后，即主动降蜀。四边少数民族的这种态度，并非偶然：一方面，他们自身势力有限，不得不臣服于外来强大势力；另一方面，公孙述崇尚阴阳五行思想，以此治国，这正是益州少数民族中较流行的思想。思想上合拍，行动上便易趋一致。

但在汉族士大夫控制的地区，公孙述却处处碰壁。公孙述称帝之初，实际上只控制有广汉、巴、蜀三郡。在南面，遇到的抵制最烈。

西汉末年，犍为郡治武阳（今彭山），离成都仅150里。公孙述据蜀后，犍为郡却闭城据守不从。公孙述派军攻城，犍为郡功曹朱遵迎战，寡不敌众，朱遵战死。犍为郡遂为述所并。用武力征服犍为后，公孙述继续南拓。在益州郡（今云南），又遇到了强硬的抵抗："以广汉文齐为太守，造起陂池，开通灌溉，垦田二千余顷。率厉兵马，修障塞，降集群夷，甚得其和。及公孙述据益土，齐固守拒险，述拘其妻子，许以封侯，齐遂不降。闻光武即位，乃间道遣使自闻。蜀平，征为镇远将军，封成义侯"①。

文齐以文治完成了"十余万"兵马没能完成的事业，他不仅在王莽乱政之时"降集群夷，甚得其和"，在公孙述据蜀时也能"固守拒险"，直到平蜀，不失为一个胆识皆备、才略俱全的杰出地方官。公孙述遇上了这样一位对手，始终没能拿下益州郡。

在牂柯郡，公孙述也遇到了同样坚决的抵抗："公孙述时，大姓龙、傅、尹、董氏，与郡功曹谢暹保境为汉，乃遣使从番禺江奉贡。光武嘉之，并加褒赏。"② 这些大姓，是秦、西汉间逐步迁徙到边地的汉族，经过几百年的发展，有的已有能力主宰一方命运。

即使在公孙述统治区域内，许多有识之士也不愿为其效力，巴郡阆中人谯玄，平帝时曾为议郎、中散大夫，公孙述多次派人去请他出山，皆不应：

"述乃遣使者备礼征之，若玄不肯起，便赐以毒药。太守乃赍玺书至玄庐，曰：'君高节已著，朝廷垂意，诚不宜复辞，自招凶祸。'玄仰天叹曰：'唐尧大圣，许由耻仕；周武至德，伯夷守饿。彼独何人，我亦何人？保志全高，死亦奚恨！'遂受毒药。玄子瑛泣血叩头于太守曰：'方今国家东有严敌，兵师

---

① 《后汉书》卷86《南蛮西南夷列传》。
② 《后汉书》卷86《南蛮西南夷列传》。

第三章 公孙述"成家"政权

四出，国用军资，或不常充足，愿奉家钱千万，以赎父死。'太守为请，述听许之。玄遂隐藏田野，终述之世。"① 宁死不愿出仕，愿以钱千万赎免出仕，可见他对这个政权的极度蔑视。这样的人还多：犍为费贻，不肯仕公孙述，漆身伪装疠病，装疯以避之，隐藏山薮十余年，平蜀后，官至合浦太守。广汉郡梓潼人李业，元始年间曾为郎，公孙述欲用为博士，李业装病不起，公孙述极为羞怒，命大鸿胪尹融持毒酒相劫，李业甘愿饮毒酒而死。蜀郡人王嘉曾为郎，王莽篡位，弃官西归。公孙述遣使征其出仕，恐不至，遂先扣押其妻子，王嘉坚辞不出，自刎身死。犍为任永、冯信，为逃避公孙述的征命，伪装青盲多年②。他们认为天下姓刘，公孙述非刘氏正统，不应称帝。另一方面，他们都信奉儒家思想，而公孙述主要利用阴阳五行和谶纬学说为其统治服务，信仰上的分歧，也致使他们宁死不仕。

在公孙述统治之初，一些儒士也作了不同程度的反抗。对此，公孙述多实行残酷镇压。《华阳国志》载其"政治严刻，民不为非"，《后汉书》说"述性苛细，察于小事，敢诛杀，而不见大体"。以武力镇压为主，缺乏必要的诱导、利用，完全忽视了儒士阶层在社会中的作用，以致民心丧尽。此也是成家政权迅速灭亡的重要原因之一。

第二节 公孙述外拓

历代史家多视公孙述为坐守之君。其实，他并不满足于割据巴蜀一隅。他自视以代王莽而起的正序自居，应以夺天下为目标。为此，他做了很大努力。骑都尉荆邯曾为他分析：昔日成汤以七十里之地而称王天下，文王以方圆百里之地使天下诸侯称臣，汉高祖败而复征，伤愈复战，故能擒秦亡楚，转弱为强，蜀地纵横数千里，杖戟百万，天下之心，未有所归；若不东出荆门，北陵关中、陇西，与之进取，则王业不全，子孙不能久安③，今光武帝刘秀正集中精力经

---

① 《后汉书》卷81《独行列传》。
② 以上见《后汉书》卷81《独行列传》,《华阳国志》卷3《蜀志》等。
③ 《华阳国志》卷5《公孙述刘二牧志》。

营东方，四分天下已有其三，一年之后，兵且西向。必须在刘秀抽不出大军之前外拓。正是在此战略思想的支配下，公孙述有些急躁，不下工夫经营后方，夺取益州郡、牂柯郡以扩展根据地，却忙于北出秦岭、东出三峡。此或因为他不屑于争夺少数民族地区，反映出汉文化"正统"观念对他的影响，也表现出他战略眼光的局限性。

一、北取汉中

建武二年（26），更始帝的大将军刘嘉出击汉中，与当地军阀延岑征战不息，屡有反复。不久，延岑击败刘嘉，控制汉中，刘嘉败走武都。延岑又进军武都，被更始帝部将李宝战败，逃跑被阻，被迫西逃天水。公孙述得此情报后，抓紧战机，派将军侯丹领一军，趁机占南郑，夺得汉中之地，获得了北伐的前沿阵地，控制了割据巴蜀的北庭门户。刘嘉在武都收编散卒，又得数万人，再次从武都南攻汉中，被侯丹击败，退回河池、下辨。本来刘嘉还有实力再攻汉中，但延岑又引军北入散关（宝鸡南），至陈仓（今宝鸡），刘嘉不得不抽出兵力追击延岑①，这就为公孙述补充汉中兵力、巩固汉中前沿阵地提供了时间。当年底，公孙述亲率数10万大军进驻汉中，大作营垒，布阵车骑，演习战射，广积粮草，在南郑修筑宫室，造了一艘十层赤楼帛兰船，准备御驾亲征，北取三辅②。

二、刘秀以陇制蜀的战略

隗嚣，字季孟，天水成纪人。少仕州郡，曾为王莽国师刘歆的属官，后归乡里。其叔崔等起兵反莽，推嚣为首领，自称上将军。嚣很快占有天水、安定、北地等郡，并一度占领陇西、武都、金城、武威、张掖、酒泉、敦煌广大地区，曾拥戴更始帝，被任为御史大夫。建武元年（25），刘秀在河北称帝，公孙述在蜀中称帝，隗嚣曾劝更始归政，让位于刘秀的叔父刘良（曾为国三老），更始不听。隗嚣等图谋劫持更始东归，事败，逃回天水，自称西州上将军。在刘秀与公孙述之间，他一时犹豫不决，便派绥德将军马援首先出使于蜀，以观虚实。

---

① 《后汉书》卷14《宗室四王三侯列传》。
② 《后汉书》卷13《公孙述传》。

第三章 公孙述"成家"政权

马援与公孙述为同乡，同住一里间，自幼相善。公孙述完全按西汉旧制中皇帝接待外使的礼节接待马援。马援为此十分气愤，回陇后，他即对隗嚣说：公孙氏实为井底之蛙，妄自尊大，不如专意东方（指刘秀）[1]。隗嚣便放弃了藩属于蜀的念头。建武二年（26），刘秀属将冯愔等叛主，西逃天水，隗嚣发兵迎击有功，被刘秀命为西州大将军。当时，刘秀军在中原等地战事正隆，无暇西顾，欲借隗嚣"南拒公孙之兵，北御羌胡之乱"。建武三年（27），隗嚣遣使对刘秀上书诣阙。刘秀用国与国之间的礼仪接待使者，处处表现出对隗嚣的敬重，多予慰抚。刘秀以陇制蜀的战略，从根本上遏制了公孙述的北拓趋势，致使公孙述始终未能夺取关中。

三、北取三辅之败

公孙述取得汉中后，即把三辅（指西汉的京兆尹、左冯翊、右扶风，今陕西中部地区）作为下一个目标。三辅地区乃西汉京畿所在，西周、秦、西汉都以此为基地，夺取并统治了全国，具有重要的战略地位。能否夺取三辅，攻占全关中，决定着公孙述日后能否夺取天下。与此同时，刘秀也极为关注这一地区。此前，他曾派大司徒邓禹出击关中，然战绩不佳。公孙述占领汉中后，刘秀意识到形势的严重性，甚感不安，同时关东战事又紧，难以抽调大军西征，只好另派擅长征战的阳夏侯冯异出兵关中，取代邓禹。

当时，关中豪杰甚多，往往拥兵成千上万，割据一地，自称将军，互相攻击。如延岑拥兵蓝田（蓝田西），王歆割据下邽（渭南北），芳丹占据新丰（临潼东北），张邯守长安（西安），蒋震控制霸陵（临潼西），公孙守拥有长陵（泾阳南），杨周据谷口（礼泉县东北），吕鲔霸陈仓（宝鸡），角闳据汧（汧源县南），骆延据盩厔，任良据鄠，汝章据槐里等，另外还有一些地区被赤眉义军控制。冯异的任务，是要抢在公孙述之前占领关中。他很注意拉陇隗嚣，联军作战，很快战胜赤眉军主力，荡平众多山头，关中豪杰往往归顺；只有吕鲔、张邯、蒋震遣使降蜀，公孙述拜他们为将军。

建武三年（27），公孙述派大将程焉，率数万军队由汉中出发，前往陈仓，欲与吕鲔合兵北进。冯异即派大军迎击，大败蜀军。程焉被迫撤军。冯异又追

---

[1] 《后汉书》卷24《马援传》。

战至箕谷，再次大破蜀军。此后，公孙述又多次派兵与吕鲔合兵，出击三辅，但都遭到冯异与隗嚣联军的阻击，始终未能如愿。甚至吕鲔控制的陈仓之地也被隗嚣占领①。

这时，公孙述才意识到争取隗嚣的必要性，即派使者捧大司空扶安王印绶授隗嚣。此时隗嚣与冯异联系正紧，再加屡获胜利，又自以为他控制的地区与蜀相当，耻为其臣，乃斩杀来使，出兵攻蜀，连破蜀军。从此蜀军不再北出，北取三辅战略宣告失败。刘秀无西顾之忧，才能集中主要兵力专心扫灭关东群雄。

四、隗嚣藩蜀

隗嚣也并不是甘为人下之人。他认为当时形势颇似战国并争，纵横之术复起于今，承运迭兴，不在一姓；昔秦失其鹿，刘季逐而羁之；现汉失其鹿，谁逐而羁之，尚难料定！并认为"汉家复兴"乃是愚人之见，粗疏之说②。当初受刘秀官爵封号，概因自己无力铲平关中群雄，怕公孙述北取关中，威胁陇地，再者是因刘秀主力在东，对自己并无威胁。刘秀部将来歙、马援多次奉命来陇，劝隗嚣入朝。隗嚣怎么也不东去。他明白，刘秀是最容不下他的。建武五年（29），刘秀一统天下的大势已基本确立，又遣来歙入陇，要隗嚣派遣一个儿子入侍洛阳。隗嚣不愿与刘秀弄得太僵，只好派长子隗恂入洛阳为人质。隗嚣的部将王元、王捷却认为天下成败尚未可知，可能还有反复，不宜专心归顺，并认为陇地士马最强，若能北收西河、上郡，东收三辅之地，可再现当年秦国霸业，进可取天下，退可据隘自守，以待四方之变。隗嚣接受了这一战略思想，派遣军队进取险要，欲控秦地。

建武六年（30），刘秀已扫平关东群雄。当时，公开割据称帝，与刘秀分庭的，只有在北方九原称帝的卢芳和蜀中的公孙述。另外，窦融（占据今甘肃北部地区）和隗嚣虽表面臣属于汉，实际上仍控制一地。以上四个地区，隗嚣占地距刘秀占地最近，直接威胁关中，又控制着汉军北击窦融、南伐巴蜀的主要

---

① 《后汉书》卷17《冯异传》，卷13《隗嚣公孙述传》。
② 《后汉书》卷40《班彪传》：嚣曰："生言周、汉之势可也。至于但见愚人习识刘氏姓号之故，而谓汉家复兴，疏矣。昔秦失其鹿，刘季逐而羁之，时人复知汉乎？"

第三章 公孙述"成家"政权

通道。故首先讨伐陇军，已成势之必然。这种形势，隗嚣亦有所察觉，忙遣使节周游入洛阳诣阙朝贺。不料周游在冯异兵营之中，为仇家所杀。

刘秀得知此事后，又遣使节携珍宝缯帛赐嚣，但在半路上又遭强盗。这些加重了隗嚣的疑虑。此时，恰逢公孙述兵出荆门，进攻南郡。刘秀本欲伐隗嚣，但因他拒蜀有功，找不到一个适当的借口，便以主子身份，于这年二月诏隗嚣从天水伐蜀。若隗嚣伐蜀，必两虎俱伤；若不从命，也有了讨伐他的理由。隗嚣深知唇亡齿寒，便回书以"白水险阻，栈阁绝败"为由，婉言拒绝，派兵于交通要道上多设支柱障碍。刘秀立刻发布诏令，亲率大军西向征讨，于这年五月二十一日至长安。

刘秀此次西征的战略，是先扫平陇西，打开取蜀的北大门，稳扎稳打，步步深入。他在长安稍事休整后，即调兵遣将，派耿弇等七将军以借陇道伐蜀为由，出兵向陇。隗嚣令大将王元率一军，守陇坻，居高临下，以逸待劳。汉军仰攻先败，只好撤下陇来。陇军猛追，乘胜进取三辅，汉军拼死阻击，又挫败陇军。不久窦融降汉，隗嚣见势不妙，又想缓和形势，但刘秀已不打算让步。隗嚣深感兵力有限，进退维谷，犹豫不决。这时有说客申屠刚，力劝隗嚣降汉。隗嚣经过反复考虑后，却决定联蜀[1]。他遣使入蜀，称臣于公孙述，并要求出兵支持。这时，刘秀为了孤立隗嚣，在给公孙述的公文中，也恭称"公孙皇帝"；同时还派使者去拉拢窦融，封官许愿，要他出兵夹击隗嚣。

公孙述明知隗嚣臣属，乃是形势所迫。但他同样明白唇亡齿寒的道理，懂得若无陇右屏障，蜀地将面临怎样的形势。他对刘秀的拉拢手法，毫不理睬。建武七年（31）三月，公孙述遣使封隗嚣为"朔宁王"（唐李贤注：欲其宁静北边也）并多次遣军助嚣，一时刘秀也无决胜之策。双方相持约10个月。

建武八年（32）正月，来歙率2000余人伐山开道，袭取了略阳城（今庄浪西南），直捣隗嚣心腹。隗嚣亲率大军围来歙。公孙述派将军李育、田弇带军助攻略阳。然连月攻城不下。这时，刘秀利用部将中一些陇军将领的旧友，展开了攻心战，隗嚣大将13人，所辖16县，军队10余万皆降，形势急转直下。隗嚣派王元入蜀求救，自己带妻子逃奔西城（今天水市西南），蜀将李育、田弇则替其死守上邽（今天水）。刘秀以大军围攻二城。这时，颍川战事又起，河东守

---

[1] 《后汉书》卷29《申屠刚传》。

兵亦叛，刘秀不得不东归洛阳，留大军继续攻城。临行前敕大将岑彭书，布置方略道：若拿下此二城，便可带兵南击蜀虏，人苦不知足，既平陇，复望蜀；每一发兵，头发和胡须为之增白！汉军攻城，数月不下。后来岑彭采用水攻，用缣盛土为堤，壅谷水，灌西城，城中有些地区水深丈余，形势十分危急。

正在这时，王元带蜀救兵5000余人，乘高而下，突然出现，一路大呼："百万大军来啦！"汉军大惊，蜀兵遂冲破重围。这时汉军粮草又尽，被迫撤退，功亏一篑。陇军乘胜追击，汉军大败溃逃，陇军重新夺回安定、北地、天水、陇西等地。

建武九年（33）春，隗嚣病饿而死。王元等立其次子隗纯为王。次年，汉军再次发起攻势，公孙述又派大将赵匡率军前往援救。双方相持近一年。建武十年（34）七月，赵匡、田弇兵败于天水，被杀，隗纯及绝大多数部将投降，唯王元一军投蜀①。

五、东出之役

公孙述北拓受阻，便寄希望于东出。蜀军顺江道东出，较大的战役有两次，建武二年（26），占据夷陵（今宜昌）的田戎，遭到汉军攻击。田戎弃城，仅与数十骑逃入蜀；其妻与数万大军被俘。田戎，西平（河南舞阳南）人，客居夷陵时，逢乱起兵。更始元年（22），与同乡陈义率兵攻陷夷陵，自称扫地大将军，号周成王。又转攻附近郡县，发展到数万兵马。曾与另一军阀秦丰合军，娶秦丰之女，一度威震南郡。汉军攻城时，秦丰本打算投降，灼龟占卜，兆从中间开坼，才弃城投蜀②。田戎入蜀后，被封为翼江王。建武六年（30）三月，公孙述派田戎与将军任满一道率兵出江关（今奉节），攻至临沮（今远安北）、夷陵之间，招集旧部，重振旗鼓。又发兵攻打荆州诸郡，一时影响很大，刘秀曾因此诏隗嚣攻蜀。但蜀军在荆州各地受到顽强抵抗，最终败归。

建武七年（31），骑都尉荆邯再次对公孙述分析形势，认为此时若不出兵外拓，待刘秀巩固阵脚后，蜀地"将有上氏（莽）自溃之变"。并建议派田戎据江陵，临江南之会，倚巫山之固，筑垒坚守，传檄吴、楚，长沙以南必随风而靡，

---

① 《后汉书》卷13《隗嚣传》，卷17《冯异传》、《岑彭传》。
② 《后汉书》卷17《岑彭传》、《东观汉记》。

第三章 公孙述"成家"政权

派延岑北出汉中，平定三辅，天水、陇西必拱手自服。公孙述犹豫不决，拿不定主意。

建武九年（33）春，隗嚣病饿而死，公孙述受到震动，怕重蹈其辙，决心再次东出。这一次，公孙述派翼江王田戎、大司空任满及南郡太守程汎，带数万大军，分别乘舫船和竹筏，顺江而下。大军出江关后，先后击败汉军守将冯骏、田鸿、李玄等部，攻占夷道（宜都）、夷陵，控制荆门、虎牙二山，在荆门江上架起浮桥、斗楼，又在江中竖立攒柱，阻绝水道，在大江两边山上结营建寨，以拒汉军。汉大将岑彭多次率军攻击蜀军，欲夺回失地，皆告失败。于是汉军建造直进楼船和冒突露桡数千艘①，但多次反攻，仍未获利②。

第三节 汉军克蜀

一、双方形势及其战略

刘秀扫平陇地后，即开始做伐蜀的准备。当时来歙曾上书刘秀：公孙述以陇西、天水为藩蔽，故得延命假息；今二郡平荡，则公孙述智计穷矣；宜益选兵马，储积资粮，今西州新破，兵已疲惫，若招以财谷，则其众可集。刘秀很快批准。来歙在陇地征兵买马，大转粮运，做好了伐蜀准备。在东线，自建武九年（33）蜀军东拓得手后，汉军便在南郡一带大造战船，训练水兵，同时调大将岑彭迅速从陇地至南郡前线，为最高军事长官，做好了反攻的准备。

从全国形势看，在刘秀攻打隗嚣的过程中，占据今甘肃北部地区的窦融，已归附汉政府，并多次出军助汉；其实力较小，所控地区经济、文化较落后，刘秀并不把他放在眼中。北方卢芳，眼见形势不利，便勾结匈奴以自保。汉军进，他则北退大漠，汉军退，他则进兵骚扰，短期内尚无制策。巴蜀虽远在西南，但北连关中，南控滇黔，任其长期割据，必会影响此二地区；又该地自秦

---

① 直进楼船，船上有楼，是一种较高大的木战船；冒突露桡，是一种近似封闭的小船，人在船中，露桡于外。冒突，谓其触冒而唐突；桡，读饶。

② 《后汉书》卷13《公孙述传》，卷17《岑彭传》。

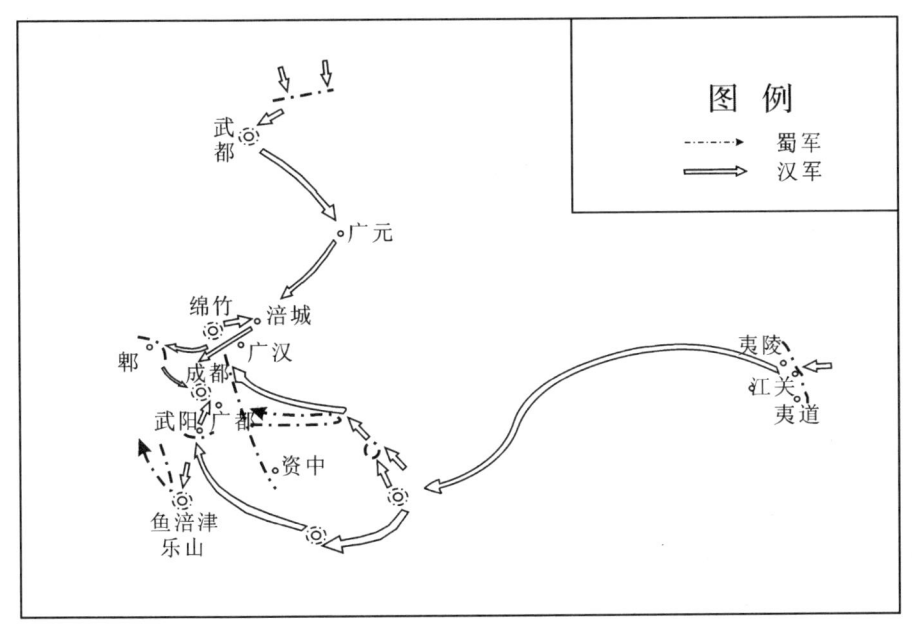

图3-3 东汉征蜀进军简示图

以来,发展迅速,已成为全国经济、文化最发达的地区之一,收复该地,有利可图;再从我国传统文化中的大一统观念和重名轻利的观念看,东汉王朝若不收复巴蜀,则国土不全,对中兴皇帝刘秀,声誉有损;巴蜀的割据地区虽小,但一遇朝廷内乱,便可能影响全国,不利长治久安。刘秀平蜀,势之必然。再者,陇地平后,西蜀的北庭大门已被控制,而益州郡(今云南)、牂柯郡(今贵州)早已遣使降汉;南方广大地区,亦已降服,此时以大军攻蜀,在路线上可数路而发,稳操胜券。

建武十年(34)冬,刘秀在洛阳布置方略,以水陆两军攻蜀:岑彭、吴汉率军从南郡出击,由长江水道攻蜀;中郎将来歙率大军从陇道攻蜀;水路先攻,待蜀军主力抽到东边后,北路再攻;两军互相配合,取钳击之势。至于兵员、粮草问题,鉴于交通运输的高度困难,汉军则准备沿途就地解决,变敌有为己有。值得注意的是,刘秀克蜀的战略中,始终未征调早已归顺的益州郡、牂柯郡兵力从南攻蜀,反映出他的自信,也说明他对这些地区尚不十分放心。

公孙述的战略部署是:他坐镇成都,居中指挥。第一道防线:命熟悉陇地的王元、环安分别驻守河池(今甘肃徽县)、下辨(今成县北),保卫北大门;由熟悉南郡的田戎、任满、程汛等,凭险坚守荆门(今湖北宜昌东)一线,保

第三章 公孙述"成家"政权

卫东大门。若第一道防线失守,即退至广汉(今射洪)、资中(今资阳)一线构筑,保卫成都的第二道防线,在江州(今重庆)一带构筑控制长江水道的第二防线。同时在成都及附近广积粮草,准备长期坚守城池,以待天下之变,为第三道防线。总之,在大军压境的情况下,既不打算投降也不打算朝川西高原民族地区撤退。

二、荆门失守

建武十年(34)冬,刘秀布置妥当后,各路大军开始向南郡汇集。大司马吴汉于十二月,征调南阳军士3万人,乘船溯江而上,直抵荆门①,又征调桂阳、零陵、长沙等地熟悉水性的"委输棹卒"②及武陵、南郡兵士共6万余人,战马5000余匹,汇于荆门,其中包括许多"百越"民族的士兵,稍事训练后,即发动攻击。开始几次进攻,皆失败而归。汉军士气一度很低落,"百越"部落军甚至密谋叛汉降蜀,被辅威将军臧宫用计制止③。征蜀将领吴汉与岑彭之间,本有一些矛盾,这时,汉军军粮运输发生困难,为节约粮草,吴汉欲遣归三郡棹卒,但善水战的岑彭却不同意。二人争执不下,告到刘秀那里。刘秀只好撤下吴汉,由岑彭一人全权负责水路攻蜀。

建武十一年(35),闰三月,岑彭在营中招募"敢死队":"先登上浮桥者,受上等奖赏!"偏将军鲁奇应募而出。当时,正值东风狂急,鲁奇指挥战船逆流而上,直冲蜀军浮桥。浮桥前的攒柱上多有铁钩。铁钩钩住鲁奇船。鲁奇欲退不能,只好拼死一战,并向浮桥上抛投火把,发射带火的飞箭。风怒火盛,不一会儿就烧垮桥楼。岑彭马上命令所有军队顺风前进,所向无敌。蜀军大乱,被溺死者多达数千人。蜀军将领王政斩任满头降汉④,南郡太守程汛被俘,唯有田戎带一军退保江州。

岑彭挥军直入江关(今奉节),又发布军令,严禁兵士骚扰百姓。汉军一路

---

① 《后汉书·天文志》。
② 委输,运输;棹卒,持棹划船。
③ 《后汉书》卷18《臧宫传》载:光武十一年,臧宫带兵至中卢(南郡县名),屯骆越,"是时公孙述将田戎、任满与征南大将军岑彭相拒于荆门。彭数战不利,越人谋叛从蜀。(臧)宫兵少,力不能制。会属县送委输车数百乘至,宫夜使锯断城门限,令车声回转出入至旦。越人候伺者闻车声不绝,而门限断,相告以汉兵至。其渠帅乃奉羊酒以劳军营……越人由是遂安。"
④ 《后汉书》卷1下《光武帝纪下》曰:"获任满"与此稍异。

所过，百姓多宰牛奉酒慰劳。岑彭沿途宣传汉政府的威德，并严令军中不许接受百姓的慰劳等，一路秋毫无犯。沿途山寨都欢迎汉军到来，争先恐后地开门投降。

光武帝刘秀看到了让岑彭独掌兵权的好处，又诏令他代理益州牧；他下到郡，便兼太守，若离开郡，就把太守职移交后面的将军。这一措施给了岑彭极大方便，避免了一般事务的辗转请示，抓住了战机。岑彭率军追田戎至江州，了解到江州城内粮草储备甚多，一时难以攻克，便派冯骏带一军继续佯攻江州，他自己却带大军乘胜取垫江（今忠县），破平曲（今合川县南），收取粮草数十万石。公孙述忙令延岑、吕鲔、王元、公孙恢率大军集结在广汉（今射洪）、资中（今资阳）二地，以防汉军逆沈水、湔水（今沱江）而上。又令将军侯丹，率2万余人守黄石。《后汉书·光武帝纪下》说："八月，岑彭破公孙述将侯丹于黄石。"① 岑彭又多张疑兵，命护军杨翕、偏将军臧宫带兵拖住延岑等，他自己则带大军顺江而下，回到江州，逆江上至棘道，再逆都江（今岷江）而上。《后汉书》卷17《岑彭传·李贤注》：都江，成都江也。八月，军至黄石，袭取侯丹，再败蜀军。然后弃舟登岸，挥军奇袭成都平原。

三、北门失守

汉军占据陇右后，即利用各种老关系，做当地氐人的工作。隗嚣割据时，氐人皆附隗嚣，以后与蜀又有往来。隗嚣初败时，氐人多倾向于蜀。刘秀派较熟悉陇右情况的马援负责此项工作。当时武都的几个重要县城还在蜀军控制下，但山寨的氐人却已纷纷降汉，凡来降者，马援皆上书朝廷，恢复其过去的侯王君长封号，赐给印绶②。

自岑彭袭取荆门得手后，光武帝刘秀即命来歙在北路发动攻击。来歙在当地氐人的配合下，于建武十一年（35）元月，先后攻下河池、下辨（今成县北）。蜀守将王元、环安被迫率军突围。汉军又乘胜追击。环安突围后，连夜选派一名刺客，于深夜去刺杀来歙。来歙被飞刀刺中胸部要害，即命快骑召来盖

---

① 《后汉书》卷1下《光武帝纪下》注："即黄石滩也。《水经注》曰：'江水自涪陵东出百里而届于黄石。'在今涪州涪陵县。"

② 《后汉书》卷24《马援传》。

延嘱托军事，拔刀而死①。刘秀闻知来歙遇刺身亡，亲到长安，坐镇指挥。汉军继续攻击，沿途县城守将多降，王元等很快败至平阳乡（今三台西北）一带。

四、涪水、江州之战

汉军攻下平曲后，延岑便带一军守在涪水中游。他把大军驻在涪水支流沈水（今射洪羊溪河）两岸，以控涪水江道。

岑彭令臧宫等留在涪水下游，与蜀军相持，他自己则率主力绕道都江攻成都。岑彭留给臧宫的部队，是5万刚投降的蜀军。

臧宫率降卒从涪水上至平曲，两军对峙。当时臧宫手下军队甚多，降军日增，但粮食却日益减少，运输不至，出现危急。蜀降军中开小差逃跑甚多，并正在酝酿重新叛汉归蜀。早已开门出降的附近县城、山寨又重新关门自守，观望时局。

臧宫欲退兵，又怕降卒半途反叛。正在这时，刘秀派遣使者给岑彭送来援军，有700匹战马。臧宫以这支骑兵为先锋，晨夜进兵，多竖旗帜，派降卒登山鼓噪，以助声威；涪江两岸，右步左骑，挟船而上，呐喊声声，震动山谷。

延岑没料到汉军突至，登山一望，只见沿江两岸，漫江遍野都是敌军，甚感惊恐。

臧宫挥军进击，大破蜀军。此一战，蜀军被斩首、淹死者多达万余人，涪水竟成红色。延岑丢下大军，逃奔成都，其部下全部投降，汉军又获得大量兵员和物质补充。

王元从武都败退后，带军驻守平阳。延岑败逃后，汉军乘胜追击，水军逆涪水而上，直逼平阳。王元见大势已去，只好举城投降。

臧宫派人把王元押送长安，自己又挥师进军，拔涪城（今绵阳），斩杀公孙述弟公孙恢。公孙述忙派妹夫延牙前往绵竹（今德阳黄许镇），抵挡臧宫。不料延牙"连战辄北"，被汉军攻破绵竹。汉军又乘胜攻下繁县（今彭县东南）、郫县（今郫县北），逼近离成都城40余里的地方。臧宫沿途收缴公孙述政府发给的5个节、1800多颗印绶，沿途官吏、军队、望风而降②。

---

① 《后汉书》卷15《来歙传》。
② 《后汉书》卷18《臧宫传》。

田戎于建武十一年（35）三月退守江州。汉威虏将军冯骏率部分汉军和大量降军围攻江州①，在长达17个月的时间里，汉军主要训练降卒，几乎没有大规模地攻城。城内守将斗志渐懈。建武十二年（36）七月，冯骏终于攻下江州，生俘田戎，不久斩之。这就完全扫除了蜀中汉军与外面水路联系的障碍。

五、成都之战

建武十一年（35）八月，岑彭大破侯丹之后，率军昼夜兼程，急行军2000余里，沿途守将不战而降，直到武阳（今彭山）城下。武阳守将公孙永是公孙述的从弟，官至卫尉②，官位虽高，却不懂守城之术。武阳被岑彭一举拿下。接着，岑彭又命轻骑部队，直取广都（今双流）。与此同时，刘秀又展开了攻心战术：修书一封，陈言祸福，劝述投降。公孙述看书后忍不住叹息。太常常少、光禄勋张隆劝述投降，公孙述却说：兴废乃是天命，岂有降天子哉！常少、张隆二人愤慨忧死。

公孙述得知武阳失守、广都被攻的消息后，甚为惊恐，以杖击地："是何神也！"慌忙派出一名刺客。刺客诈称为逃亡奴隶，归降汉军，当夜刺杀了岑彭。《后汉书》卷17《岑彭传》说：岑彭驻营地名叫"彭亡"（相传彭祖死于此）。岑彭"闻而恶之，欲徙，会日暮，蜀刺客诈为亡奴降，夜刺杀彭"。蜀军趁此机会，迅速组织反攻，夺回武阳、南安等县城。岑彭被刺，刘秀命吴汉接替其职。当初，岑彭率军攻进荆门入蜀后，吴汉留在夷陵（今宜昌），负责外线造船转运等事务。接着，他又带兵3万，逆江而上，入蜀增援。十二月，他接到诏令后，便星夜兼程，在僰道附近遇上撤下来的汉军。他立刻重整军队，组织反攻。

建武十二年（36）春，吴汉率军与蜀军争夺南安（今乐山）鱼涪津。津，即渡口。大败蜀将魏觉、公孙永，接着又攻取南安，兵围武阳。

公孙述派女婿史兴带兵5000前来救援。吴汉即命一军前去迎击。双方在广都（今双流）遭遇。一场厮杀，史兴被斩于马下。蜀军大部被杀，余者作鸟兽散。汉军乘胜复下广都，又遣轻骑骚扰成都，烧毁成都城少城南门外郫江上的

---

① 《后汉书》卷17《岑彭传》：于建武五年"留威虏将军冯骏军江州"（中华书局标点本第659页）显系衍文。当时汉军还无力攻蜀。

② 《后汉书·天文志》。

第三章 公孙述"成家"政权

市桥。这时，武阳以东的县城、乡镇、村寨争先恐后地开门降汉。成都城内，百姓惊慌，将帅恐惧，时有逾城出降者。公孙述诛灭降者家属，降风依然不止。

刘秀仍希望公孙述出降，再次给公孙述书：往年给你的诏书很多，都是为了开示恩信。你不必因刺杀了来歙、岑彭，怕受连累，有所疑虑；你现在抓紧时机出降，家族尚可保全；若继续迷惑不喻，委肉虎口，我虽感痛哉，亦莫奈何！将帅疲倦，吏士思归，不乐久相屯守；诏书手记，不可多得；朕不食言！公孙述仍无降意。九月，刘秀又发诏书给吴汉：成都尚有10余万军队，不可轻敌；你要坚守广都，待其来攻，不与争锋；若蜀军不敢来攻，你应移营诱迫之，待其力疲，方可击之。但在诏书未到之前，吴汉早已自带步骑2万余人，进逼成都，在成都城西门外10余里检江（今锦江）北岸驻营（今苏坡桥至黄田坝一带）。令人在检江上建浮桥，以沟通与广都的联系。又令副将武威将军刘尚带万余人驻兵检江南岸（成都城南门外），相距20余里。刘秀得知此部署后，十分着急，命其火速撤回广都。但诏书未至，战事已发。

公孙述派大司徒谢丰、执金吾袁吉带兵10余万，分为20多营，一起从城里杀出，从不同方向猛攻吴汉；又别派1万多人攻刘尚，使其相互不能救援。吴汉率军与蜀军混战一日，大败回营。谢丰率军围住吴汉。吴汉感到形势危急，忙召集诸将动员道："成败之机，在此一举。"又飨士秣马，闭营三日不出。然后在营中多竖幡旗，烟火不绝，于半夜率兵渡河，与刘尚合营。

谢丰等竟未察觉，天亮后仍分一支军队去江北阻击，他自己带兵去江南攻刘尚。汉军齐出迎战。从早晨一直杀到黄昏。蜀军大败，被杀者5000余人，谢丰、袁吉皆被斩首。然后吴汉率军退回广都，留刘尚坚守江南，监视成都。九、十月间，蜀、汉两军又先后八次大战于成都至广都之间，蜀军皆败。吴汉再次驻营成都城下。公孙述又采用延牙建议，广散金帛，招募敢死队5000多人交给延牙。延牙与汉军下战书，约定时间交战。届时，蜀军以部分人马擂鼓吹角，手举各种旗帜出市桥，宛若演戏。接着，蜀军又以大队奇兵出击，汉军一时大乱。吴汉在混战之中也掉进水里，全靠拖住马尾，从盎底探（成都西门外郫江渡口）逃出①。这次汉军损失不少，加之军粮供应不上，只剩七日粮草。另外，

---

① 任乃强《华阳国志校补图注》认为延牙即延岑，似误。延岑为秦丰女婿，延牙却为公孙述妹夫。又《后汉书》、《华阳国志》皆同述二人，二人史事不同。

自吴汉攻下广都后,原岑彭的部将臧宫一直驻兵郫县,按兵不动,有坐山观虎斗的趋势。吴汉显然也有些气恼,开始准备船只,打算撤军。这时,刘秀委派的蜀郡太守张堪前来劝说吴汉,认为不宜退师。吴汉这才决心最后一战[①]。他只好硬着头皮去通知臧宫,共攻成都。

十一月,臧宫驻军成都北门,对成都城形成南北夹攻之势。在此形势下,公孙述仍寄希望于天命。他让人占卜抽签,占书曰:"虏死城下"。他竟"大喜",认为吴汉等当死。他亲自带数万人出城南攻吴汉,令延岑带军出城北拒臧宫。延岑在城北三战三胜,士气高昂。城南吴汉亲自擂鼓指挥,从早晨一直战到中午。双方士兵饥不得食,倦不得息。到下午,吴汉突然调预备队突击,蜀军一时大乱。汉护军高午刺公孙述下马。公孙述身受重伤,被左右救回。当晚,公孙述把兵权交给延岑,然后死去。次日天亮,延岑开城出降。

东汉大军通过约23个月的艰苦征战,终于灭亡了这个存在了12年的"成家"政权。

成家政权是自秦入巴蜀后的第一个割据政权。在王莽末年,全国大乱,军阀相战,烽火遍地的历史条件下,公孙述首先站出来,铲除了外来战争势力,统一了巴蜀内部,建立起了这个北到汉中、武都,东迄三峡,南迄越嶲(今西昌、攀枝花一带)的割据政权。这个政权在建立之初,曾推行了一些有利于保护经济、文化的政策,故在当时,能获得境内各阶层人士和各族民众的拥戴。但当刘秀铲平全国割据势力、特别是铲平陇右隗嚣势力后,公孙述仍然坚持分裂割据,致使巴蜀人民饱受战火之苦,10余万人民死于非命,经济、文化遭到严重破坏,对蜀中人民来说,这个政权是过大于功。

成家政权的建立,与巴蜀的地理条件也有关系。巴蜀北有秦岭,东有三峡,天下一统,中央政权强大时,这些自然屏障并不足道,但每当天下混乱,中央政权衰弱时,这些险恶的隧道,"一夫守关,万夫莫开",便能在防卫中起很大作用。而汉中、巴蜀一体,从公孙述开始遂成惯例。以后历代割据政权,多北控秦岭,东扼三峡。

公孙述失败的原因甚多,从主观上看,任人唯亲,不重视人才,是一突出的弊病。"唯公孙氏得任事,由此大臣皆怨",结果导致众叛亲离。他的弟弟公

---

① 《后汉书》卷31《张堪传》。

第三章 公孙述"成家"政权

孙恢,被任为太尉大司空,从弟公孙永任卫尉,两个儿子也无功封王,女婿史兴,手握重兵,妹夫延牙,掌握禁军。对他们的话,公孙述言听计从;对他们的错,公孙述视而不见。但到关键时刻,他们却一个个都"连战辄北",与此相反,谋士李熊,极有政治头脑,是劝导公孙述称帝的主要人物,后虽官至大司徒,却受到猜疑、排挤,再不能发挥才能。骑都尉荆邯,在蜀将中最有战略头脑,是劝导公孙述取汉中、进关中的关键性人物,但他以后的建议却再也得不到采纳,且官品很低,人微言轻,始终不被重用。故亡成家者非汉,实为公孙述自己。

第四章 东 汉

（37年～214年）

东汉时期在巴蜀古史上的主要特征有三：一是豪族大姓空前发展，他们垄断经济、干预政治、武断乡曲，广大农民逐渐丧失土地，沦为部曲，失去自由；二是政府取消了对部分土著民族的优待政策，改变了过去在少数民族聚居区一般不设置乡、里，一般不征或少征赋税的做法，一些民族迅速汉化，一些民族则频频起义反抗；三是在意识形态领域中，在统治阶级、官吏士大夫等中上层人士中，儒家观念日益深入，并占据统治地位，但在广大被统治阶级、下层人士及少数民族之中，以道教为代表的宗教迅速发展，它们共同稳定构成了一个对立统一体。

第一节 东汉早期

东汉早期（光武帝、明帝、章帝时期），由于西汉旧制多已过时，东汉政府在全国的政策，处于摸索和逐步完善时期，在巴蜀则显得更为突出。

一、平蜀后的措施

吴汉率军入成都后，便大举屠城。凡公孙氏及其大将，官吏府中的人，不论妇孺、奴婢，一概诛杀，其宫室、房屋多予焚烧。三日之内，诛杀数万人。

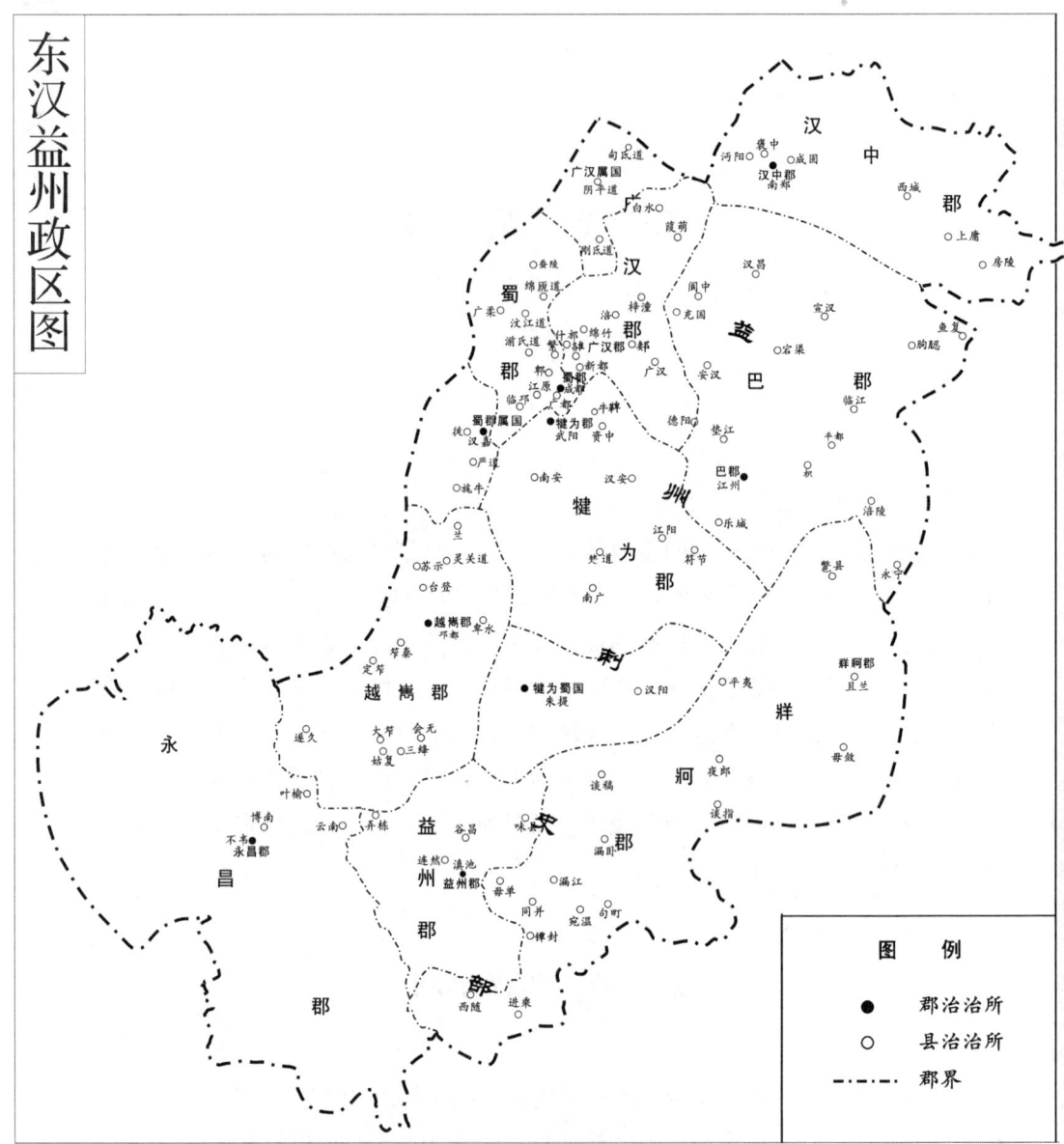

又放兵在城内外大掠，肆意抢劫、强奸、纵火滥杀。一时间，成都平原尸横遍野，蜀中百姓极度愤慨。光武帝刘秀闻此，十分恼怒，曾谴责吴汉及其副将刘尚；为缓和蜀中民愤，令他们即刻离蜀回京。吴汉等于建武十三年（37）正月离蜀，浮江而下①。蜀中军务交岑彭护军史歆主持。蜀郡守张堪负责行政事务。

张堪，字君游，南阳宛人，大姓出身，16岁学于长安，被诸儒称为"圣童"。刘秀即位后，即拜张堪为郎中，三迁为谒者。伐蜀时，命张堪负责运送缣帛等，并带领7000骑兵，到大司马吴汉处报到；在半路上，朝廷又追拜张堪为蜀郡太守。攻下成都后，吴汉部大肆屠杀，而张堪部却纪律严明，抚慰吏民，受到普遍称颂。当时，公孙述府中珍宝山积，张堪检阅库藏，登记造册，奏送朝廷，秋毫无私。时人对其评价是：仁以惠下，威能讨奸②。

史歆、张堪等根据光武帝的旨意，在蜀中采取了一些安抚措施，主要内容是搜求隐逸，旌表忠义：

公孙述的旧臣太常常少、光禄勋李隆，曾因劝谏公孙述放弃称帝，藩属光武帝，被公孙述押于暴室（宫中监狱）6年，二人愤病而死。史歆、张堪等上表请求为他们迁葬、封官。光武帝又封他们为汉王朝的太常、光禄勋。

蜀郡王皓、王嘉、广汉李业不愿做公孙述官，刎首死节或服毒自杀，朝廷旌表其门闾。

犍为郡朱遵，拒不服从公孙述，绊马死战③，朝廷追赠"复汉将军"封号，为之立祠祭祀。

犍为人费贻，公孙述时佯疯不仕，犍为人任永，广汉人冯信，公孙述时皆托青盲不仕，闭门隐居，朝廷皆"公车特征"，用官车送到京城为官。

图4—1 李业阙铭

---

① 《后汉书》卷13《公孙述传》，卷18《吴汉传》。
② 《后汉书》卷31《张堪传》。
③ 绊马死战：将马缰固定在某处（如城门口、辕门口）迎敌与战，以明以死相抗之志。我国古史上仅此一例。

第四章 东汉

梓潼人文齐，王莽时任益州（今云南）太守，公孙述时据郡不服，保境自安，使公孙述始终未能占领益州，朝廷封他为列侯。

资中人董钧，习《庆氏礼》，举为孝廉，以后又为博士；程乌、李育，公孙述的两名将军，较有才干，皆提拔用之。

于是蜀中民情，稍转为安。

东汉政府还利用国家机器的力量，在蜀中大量释放奴婢。建武十二年（36）春三月，汉军尚未最后攻下成都，刘秀便在洛阳发布诏书：陇、蜀百姓被略为奴婢，现又提出自讼者，以及狱官未报告者，全部免为庶民。十三年（37）十二月，再次下诏，益州百姓在公孙述时被略为奴婢者，皆一切免为庶民；或依托人下被迫为妻，欲去者，听任自去；谁敢拘留，按青、徐二州《略人法》论处①。但这些政策遭到了地方豪族、大姓的一致抵抗。如在释放奴隶时，主人要求退还买奴隶的身价钱等。结果，释奴措施在许多地区不能落实。朝廷了解情况后，又采取了更强硬的措施，于建武十四年（38）十二月再次下诏：益、凉二州奴婢，自八年（32）以来自讼在所官，一切免为庶人，买者无还值。即规定凡从建武八年以来曾向所在地官府提出自讼的奴婢，皆释放为庶人，不准追索奴婢身价等。这个政策在蜀中贯彻较好。从考古资料看，东汉初期，巴蜀地区的奴婢数一度比西汉晚期、王莽时期明显减少，但奴婢及其买卖仍广泛存在。

陇西武都，位于西蜀北出要冲，对巴蜀来说，具有重要战略地位。武都郡在西汉时属益州，东汉王朝鉴于这次陇西与巴蜀联兵造反的教训，将陇西划出益州，归入凉州。这一政区变革，对以后巴蜀历史的影响，极为深远。

二、史歆之乱

在安抚蜀人的过程中，蜀中守将史歆名望陡增，较得人心。史歆与郡守张堪亦能配合，共同担负着镇守巴蜀的任务。至建武十五年（39），朝廷征拜张堪为骑都尉，参与北击匈奴，由张穆接任蜀郡守。张穆在王莽时曾为庸部（即益州）牧廉丹的属吏②，对蜀中情况较熟悉。

---

① 《后汉书》卷1下《光武帝纪下》。
② 《后汉书》卷31《张堪传》。

从王莽末年战乱至东汉初期平蜀，蜀中广大农民通过各种手段，获得了不少土地；不少奴婢仆从还冲出了豪族地主庄园，获得人身自由。至建武十五年（39）秋，为建立一套完整的赋税徭役制度，政府开始在全国"度田"，即检查耕地面积、登记户口年纪等。基层官吏趁机敲诈，上下其手。加之当时蜀中币制极乱，仍流行王莽、公孙述旧币及西汉五铢，并杂用布帛、金粟，为官吏等勒索百姓提供了方便。《后汉书》卷1《光武帝纪》：东汉政府至建武十六年（40）才重铸五铢钱，正式废除莽币及各地方货币。这些都触犯了豪族大姓的利益。至次年秋，各地豪族纷纷起兵，攻官府、杀长吏，朝廷对此犹豫不决，未采取果断措施。蜀中史歆、张穆多次派兵外出镇压。大军杀至，叛者一哄而散；大军撤走，叛者又聚。正是在这种背景下，蜀中守将史歆突然起兵叛乱。

史歆为何反叛？史籍中无正面记载。从有关材料分析，当与平蜀汉军内部的矛盾斗争有关。汉军在进攻公孙述前，岑彭、吴汉两大将领之间发生纠纷，矛盾白热化，闹到光武帝刘秀那里。光武帝把兵权交给岑彭，却留吴汉带军驻扎南郡，含有让吴汉监视岑彭的隐衷。岑彭在入蜀征战中，已很注意扩充实力，大量吸收降卒。如攻下巴郡时，一次便接受降军5万，在破成都前，又接受降者"以十万数"①。岑彭被刺，吴汉率军入蜀，路过江州。当时岑彭部将冯骏长期攻江州不下，吴汉却扬长而去，不予支持。吴汉攻克广都后，与公孙述在成都与广都之间征战八九个月，其中有许多次重要战斗都是在成都西郊进行的，战场距郫县仅10余公里。而早已拿下郫县的岑彭部将臧宫对眼前的大战，也一直熟视无睹，按兵不动。这期间，吴汉既不要求臧宫支持，兵败后也不往郫城避乱。只是到最后一战，臧宫才出兵夹击。可见两支汉军矛盾尖锐。平蜀后，吴汉及其副将刘尚屠成都，岑彭旧部却较注意安抚蜀人。光武帝调吴汉部离蜀，留岑彭部镇守。吴汉回朝后受奖甚多，而真正立下头功的岑彭旧部却受奖较少。加之以后吴汉等在朝中掌权，多排挤岑彭旧部。这些是激起岑彭旧部怨懑，以致叛乱的主要原因之一。史歆是岑彭旧部的主要代表人物。另外，史歆与蜀郡守张穆有矛盾，不能配合，亦是因素之一。

建武十八年（42）春二月，史歆自称大司马，派军队攻打太守府。太守张穆越墙逃出成都，躲进广都城。史歆又给益州各郡县发出檄文，督促各地起兵。

---

① 《后汉书》卷18《臧宫传》。

响应者主要是少数民族，如有巴郡宕渠杨伟、朐忍徐容等各起兵数千人。益州郡土著部落首领栋蚕与姑复、楪榆、桥栋、连然、滇池、建伶、昆明等部也攻县城，杀长吏①，与史歆遥相呼应。

此事震动了朝廷。光武帝因史歆晓习兵事，特调正在北方与匈奴交战，又熟悉蜀情的吴汉再次率军平蜀。光武帝像当年讨平公孙述那样，再次督战长安。吴汉率其副将刘尚等万余人，取道武都入蜀，又征调广汉、巴、蜀三郡兵力，分数路进攻。至四月，汉军顺利入蜀后，光武帝才退回洛阳。在汉军的进攻下，史歆部逐渐退缩于成都，做坚守之态。吴汉率军围成都，又赦免益州各地除死刑以外的囚徒，征调其作战，围城百余日，至秋七月破城，诛杀史歆等。平蜀后，又分兵两路：吴汉率一军沿江东下，诛杀杨伟、徐容等渠帅200余人，徙其党羽数百家于南郡长沙后，班师回朝；刘尚率一军，又征调广汉、犍为、蜀郡士兵取道越嶲，诛杀邛人首领长贵，又征调朱提少数民族部落兵，渡泸水，入益州，攻打各叛乱民族。至建武二十一年（45）正月，追至不韦（今保山），大胜而归。鉴于史歆造反的教训，光武帝于建武十八年（42）废除了拥重兵、兼行政的州牧制度，恢复只负责监察地方官的刺史制度。

三、稳定社会、恢复生产的几条措施

东汉早期，为医治战争创伤，稳定社会，发展生产，政府采取了一系列措施。这些措施，虽多系针对全国的，但在巴蜀地区同样执行。

1. 赐爵

王莽废西汉二十级爵制，另创五级爵制。东汉建立，就恢复了西汉爵制。建武三年（27），光武帝首次为"天下长子当为父后者"即欲接替父亲为户主的长子赐爵，每人一级。但当时光武帝统治地有限，在全国影响不大。建武二十九年至三十一年（53～55），三次赐全国有户籍的户主爵，每次二级②。明帝统治十八年间（58～75），六次赐全国有户籍的户主爵，每次二级或三级，三老、孝悌、力田则赐三级③。章帝统治十三年间（76～88），五次赐爵，全国有户籍

---

① 《后汉书》卷86《西南夷列传》。
② 《后汉书》卷1《光武帝纪》。
③ 《后汉书》卷2《明帝纪》。

的户主每次赐二级,三老、孝悌、力田或赐三级①。在我国古代,数东汉早期赐爵最多、最频繁。

东汉早期的赐爵,全系民爵。为保证赋税收入,明帝时期规定"爵过公乘,得移与子若同产、同产子",即规定民爵不得超过八级(西汉旧制,爵位超过八级者,可免除"更赋"徭役),已达到八级的户主,须将爵位移与兄弟或子、侄。当时民爵的用处,主要表明身份、等级、从政的条件,以及判刑时可以抵罪。东汉早期赐爵频繁,对普通百姓的实际用处却不大,人们对此并不重视。赐之不喜,夺之不惧。它实际上只是统治者玩弄统治权术的一种方法。但无论如何,在当时对稳定民心,也能起一定的作用。

2. 优待三老、孝悌、力田

三老、孝悌、力田,皆为乡吏。三老一般以经验丰富、德高望重的当地老年人任之,孝悌则以当地以孝顺为名的后生任之,力田则在精于稼穑、生产经验丰富、产量高的农户中选择。在光武帝统治期间,战事犹多,尚无力大倡礼教。明帝即位年30、章帝即位年19,为了赢得朝中老臣的支持,都曾推行尊老教化等。在明帝、章帝时期,共11次赐民爵,其中有7次给三老、孝悌、力田多赐一级。永平二年(59)又规定,对三老以二千石级的俸禄(相当于郡守)养终生,并赐三老每人酒1石、肉40斤。永平三年(60),明帝率领百官亲到辟雍(国学和祭祀之所),举行隆重的养老礼,再次掀起尊老高潮。章帝亦多次奖赐三老。在四川成都、荥经、新津等地发现的东汉画像石或画像砖上,都发现了"养老"图,表明巴蜀地区在当时亦曾掀起尊老热。

3. 安抚老弱病残孤寡及减免刑惩

东汉早期,政府较注重抚养老弱病残孤寡等。建武二十九年(53)、三十年(54)、三十一(55)年,连续三年向全国的鳏、寡、孤、独、笃癃(病残)以及贫穷不能自存者,每人每次赐粮5斛或6斛。明帝即位,即赐全国鳏、寡、孤、独、笃癃者粟,每人10斛。永平九年(66)诏令各郡、国将公田赐予贫者;十二年(69)、十七年(74)、十八年(75)仍多次赐鳏、寡、孤、独、笃癃者粟,每人3斛。章帝建初年间多次赐全国鳏、寡、孤、独、笃癃者粟,每人5斛。章和年间,各地多次为衰老者统一发几杖及粮食补助、赐给布帛等。

---

① 《后汉书》卷3《章帝纪》。

第四章 东汉

东汉早期，鉴于王莽法律残酷，滥杀无辜，乃至覆灭的教训，采取了一些减免刑罚的措施。建武十八年（42），首先废除了边郡人士盗谷50斛，就从重处以死刑的律令，改为与内地一样。巴蜀地区正是当时的边郡。建武二十八年（52），将全国狱中死囚改处宫刑。建武二十九年（55）二月，又向全国各地派遣使者，纠正冤狱，减轻刑惩；四月，

图 4-2 六博画像砖

又将全国刑徒减罪一等，允许多数刑徒以金钱赎罪。建武三十一年（55）秋刑之前，再次将全国死罪改处宫刑，中元元年（56）四月，大赦天下。明帝即位，就对部分犯人"悉免其刑"，十二月，又下诏允许犯人赎罪。永平十年（67）、十五年（72）大赦天下；十五年、十八年（75），允许全国犯人以丝缣等赎罪，自首者半赎；十六年（73），又诏全国死罪犯人不斩，诣军营，赴西北屯边。章帝在建初三年（78）大赦天下，建初七年（82）、元和元年（84）、章和元年（87）等多次令囚犯戍边，死罪减一等，自首者半赎罪。

4. 吸引流民定居

丧失土地、兵荒、严重的自然灾害，是造成东汉流民的主要因素。流民泛滥，少则影响税收、徭役、治安，大则酝酿暴动，威胁整个社会。王莽时期，战火四起，大批流民涌入巴蜀。东汉政权建立后，中原、关中等地豪族兼并较巴蜀发展为快，大批失去土地的流民涌入巴蜀。与此同时，一些少数民族或主动内属，或被掳为奴婢。故巴蜀的流民较外地更多。

东汉政府曾采取一些措施，使流民定居。如明帝即位时就颁诏天下：流民无名数欲自占者赐爵一级。自占即定居。永平三年（60）、十二年（69）、十七年（74）、十八年（75）又多次规定流民欲定居者赐爵一级。永平元年（58）、建初元年（76）、元和元年（84），中原、关中等地都发生了严重的自然灾害和瘟疫，特别是牛疫流行，大批牲畜死亡，垦田减少，谷价昂贵，灾区贫穷者被迫流亡。与此同时，巴蜀地区却大获丰收，又吸引进了不少流民。元和元年（84），诏令各郡国"募人无田欲徙它界就肥田者，恣听之"，即允许贫穷无田者

流动，同时又规定这些人所到的郡国，应赐给公田，借给粮种，贳与农具，五年免租，三年免交人头税，若无公田则应设法尽量雇以耕佣。这样，进入巴蜀的流民除一部分参加边地开发（"赐以公田"）外，一部分则转变为豪族大姓的仆从耕佣、家丁部曲。流民的产生，与豪族兼并有关，流民向部曲的转化，又加速了豪族兼并。这种恶性循环，在东汉早期，甚至整个东汉时期，从未停止。

四、加强集权与以能臣治理巴蜀

东汉建立后，刘秀等鉴于西汉末年教训，采取了多种措施，努力加强中央集权。其中一些内容涉及巴蜀地区，概述如下：

削减地方军和设立属国都尉。刘秀在位时，废除了秦、西汉时期一直实行的郡都尉制，基本取消了内地的地方军队。仅保留少数维持地方治安的兵丁，由郡太守、县令长兼领。在边地，鉴于民族关系复杂，时有战事，设立属国都尉，拥有较多的军队。其军权较大，政权较小（辖地少），且属国都尉与郡多为交错设置，形成相互牵制。如：

割蜀郡西部设立蜀郡属国都尉；

割广汉郡西北部置广汉属国都尉；

割犍为郡南部置犍为属国。

新设立的属国，级别为准郡级，与原属郡脱离行政关系，直属州刺史和朝廷领导。变州刺史为地方长官。西汉州刺史，职为监察地方政情，俸禄级别低于郡太守，不专设办事机构。刘秀时将州刺史改为正式的地方长官，专设衙门，成为高于郡、属国都尉的地方政府。西南地区的巴、蜀、广汉、犍为、越巂、牂柯、益、永昌等郡，皆隶属益州。益州州治，东汉一代主要设在地处州中心的广汉郡内：东汉早、中期主要在绵竹，刘焉时一度移治雒城，接着移治成都。为加强最高集权，刘秀还采取各种措施削弱三公权力，扩大尚书台，将尚书台变成皇帝发号施令的执行机构。州刺史处理地方政务，不再通过三公，而通过尚书台直接上奏皇帝。

自史歆之乱后，朝廷于巴蜀太守，注重品德、能力，而不再注重资历。东汉早期，出现一大批能臣。

广汉太守蔡茂，在西汉末年以儒学闻名，曾任朝廷议郎、侍中等职；王莽居摄，自免不仕；东汉平蜀后，出仕广汉太守。此前朝廷贵戚阴氏的宾客，在

第四章 东汉

广汉多次犯法，无人敢管。蔡茂初到，阴氏宾客犯法如旧，蔡茂每次都立刻派人收捕，从重处罚，境内逐渐清静。后因上书劝谏光武帝限制贵戚，于69岁时被调到朝廷任司徒①。

蜀郡太守第五伦，永平七年（64）至十年（67）曾为巴郡宕渠县令，知人善任，将乡佐玄贺推荐于朝廷。玄贺后任九江、沛二郡守，政绩著称，晚年任大司农。永平十一年（68）至十八年（75），第五伦任蜀守。当时蜀中盛行贿赂，官僚富实，衙门中的掾史小吏家产也多至千万，出入皆乘鲜车肥马。第五伦上任后，将贿赂之辈，以及家产殷实的官吏，一律罢免遣还，另选孤贫志行之人替之。第五伦自己带头节俭，常穿普通布衣上街巡视，并亲自饲养车马，其妻则自己动手煮饭等，领俸禄时带头领取红米②。蜀中吏风迅速好转，行贿受贿之风大敛。第五伦还经常向朝廷推荐人才，所荐者多官至九卿、二千石，在全国以知人善荐闻名。永平十八年（75）十一月，被调往朝廷任司空。

廉范，章帝建初年间（76～83）为蜀郡太守。当时蜀中官吏，承西汉之风，公文重修辞，同事常攻讦，遇事争论不休。廉范采取措施，消除朋党势力，提倡淳厚之风，提高效率。成都城内，由于楼宇密集，为防火灾，旧制禁止百姓在夜间作业，但仍不时发生火灾。廉范了解情况后，撤销了夜禁令，唯令百姓多储水防火而已。百姓普遍感到方便，歌颂道："廉叔度，来何暮？不禁火，民安作。平生无襦今五绔。"③

杨仁，章帝时为蜀郡什邡县令，宽惠为政，对掾吏子弟严加要求，令入校学习，凡能努力通明经术者，即向郡府或朝廷推荐出仕，于是该县义学大兴。又开垦荒田千余顷④。

自东汉平蜀及平史歆之乱后，蜀中形势日益稳定。当时政府把主要精力用于礼教、德政，大倡忠孝，注意对边地少数民族的教化。至章帝之时，蜀中风气为之一转，儒家礼教空前盛行，经济形势逐步发展。明帝永平十二年（69），全国多数地区已"天下安平，人无徭役，岁比登稔，百姓殷富，粟斛三十，牛

---

① 《后汉书》卷1下《光武帝下》、卷26《蔡茂传》。
② 宋《太平御览》卷431引《东观汉纪》。
③ 《后汉书》卷31《廉范传》。
④ 《后汉书》卷79《儒林列传》。

羊被野","蜀地肥饶,民多富实"①,成都平原处于全国领先地位。

五、豪族势力的发展

豪族,古籍中或称豪强、豪宗、豪家、豪右、奸豪、豪滑、强族、大族、大姓、宗强、右姓、旧族、大家等。

进入东汉后,豪族势力更加快了发展速度。光武帝刘秀本是豪族。东汉政权,亦是依靠南阳、颖川、河北等地的豪强地主集团支持,才得以建立。其所谓"云台二十八将"、"三百六十五功臣",绝大多数系豪强地主。东汉初期,为扩大赋税来源,巩固中央集权,刘秀曾试图用"度田"措施限制豪族的发展。但此举立刻遭到了豪强地主的普遍反抗,同时也遭到各层官僚的消极抵制,朝廷也就不了了之。综观两汉政治、经济,西汉对豪族的基本态度是抑制,东汉则是放任。东汉的各种政治、经济制度,大体都有利于豪族地主的发展。

东汉早期,除短时间的个别地区外,巴蜀地区的各级统治者,基本上都以各层豪族地主及其子弟为骨干。如蜀郡守张堪,系南阳豪族子弟,年轻时以将先父遗产数百万钱让与侄子而闻名②。蜀郡守第五伦,在西汉末年战乱时,率族人筑碉堡等坚守,铜马、赤眉义军前往攻打数十回,皆不能下③,可见其抵抗能力之强,势力之大。蜀郡守陈宠,沛国豪族,世代为朝廷命官。蜀郡守廉范,战国赵将廉颇之后,祖父廉褒,西汉成帝、哀帝时期为右将军,父廉丹,王莽时期为大司马庸部(益州)牧,家里田地财产极多,为杜陵豪族④。南阳西鄂人王子稚,曾任蜀郡太守,家累千金,无子,死后由三女各出钱500万筑墓并修墓楼等。仅这一笔费用便相当于当时50个"中产"之家的总值。东汉制度,郡掾、县吏主要由当地人担任,这些人大体都是当地豪族子弟。乡里统治,则由豪族直接担任。这样便形成了以各层豪族为中心的豪族共同体。该共同体与政府虽也有许多矛盾,但在本质上是一致的。

东汉早期,蜀中地方官是否得民心,一个重要的标志便是他能否抑制豪族。如广汉太守蔡茂,对豪族阴氏宾客能坚决从重、从快处罚,官声大起,在69岁

---

① 《后汉书》卷2《明帝纪》,袁宏《后汉纪·明帝纪》。
② 《后汉书》卷31《张堪传》。
③ 《后汉书》卷41《第五伦传》。
④ 《后汉书》卷31《廉范传》。

第四章 东 汉

时被征调升朝廷司徒。蜀郡太守第五伦任蜀守时，将豪族子弟为掾吏者一律罢免遣还，另选孤贫志行之人替之，甚得民心，最后被调升朝廷司空。

在考古资料中，可以看到东汉早期，巴蜀地区豪族大姓的若干特征。这一时期较重要的有：旺苍洪江镇券顶砖墓（M1）、西昌的部分砖墓、金堂焦山、内江魏家冲、三台、荥经水井坎崖墓、新都马家山崖墓M5、成都天回山大湾砖墓[①]。这一时期的主要特征是：文化面貌多承西汉遗风，墓葬规模较小，随葬陶俑类型少、数量少。多系拱手而立的男女俑；体型小（高20厘米左右）、表情呆滞。从陶俑看，这时家丁、部曲、奴仆内部分工不细，奴婢一般直接来于农家，未经过专业技艺训练。这些表现了经济恢复之初，豪族大姓处于初步发展阶段的特征。这一时期，失去土地的农民还不太多，一般豪富之家也还未达到奴仆成群。

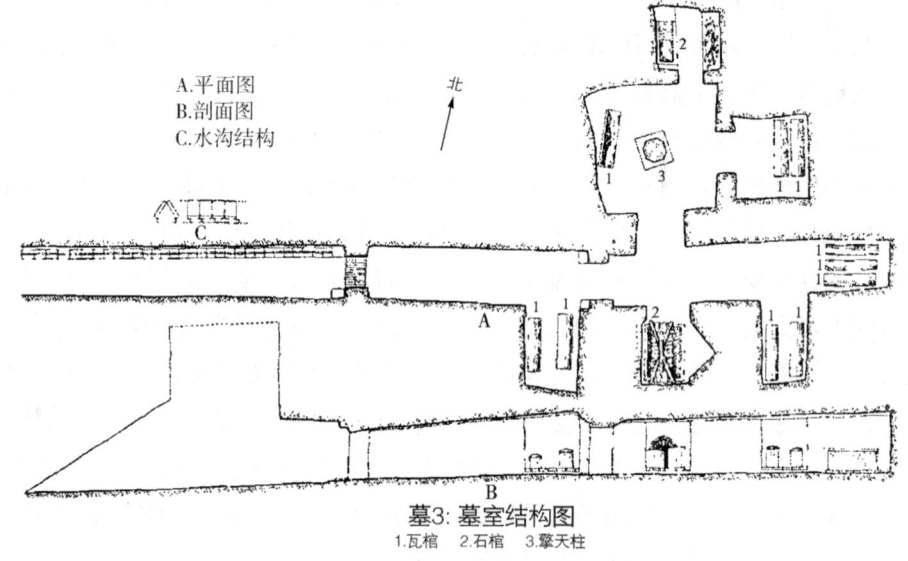

图4—3 成都天回山的东汉豪族崖墓

---

① 以上见《旺苍县洪江镇汉墓清理简报》，《四川文物》1987年第4期；《西昌东汉、魏晋时期砖室墓葬调查》，《考古与文化》1983年第1期；《四川三台县东汉崖墓内发现新莽铜钱》，《文物》1982年第6期；《四川荥经水井坎崖墓》，《文物》1985年第5期等。

首先富起来的人以官吏为多。史载永平年间，蜀地"人吏富贵，掾吏家赀多至千万，皆鲜车怒马，以财货自达"①。官吏们主要是依靠不正当手段获取巨资。如巴郡谯君黄，西汉成、哀时曾任谏议大夫，回乡后触怒公孙述，被赐毒酒，其子交出800万钱才获免②。800万，相当于当时80户中家之产。

王莽战乱时，外地流民涌入巴蜀。东汉早期，中原、关中等地豪族兼并较快，大批失去土地的流民又涌入巴蜀。同时，一些少数民族或主动内属，或被掳为奴婢。故巴蜀的流民、奴婢一度较外地更多。平蜀后，光武帝虽曾多次诏令释放奴婢，但未堵住产生奴婢的主要来源，即未解决土地兼并、财产集中等问题。建武十五年（39）"度田"事件后，政府对豪族买卖、使用、虐待奴婢之事，基本上采取姑息态度。至明帝、章帝时，奴婢在数量上超过了西汉末期，被豪族大姓控制的部曲、家丁大幅度增加，带来许多新的社会问题。

第二节　东汉中、晚期

巴蜀地区在东汉中、晚期（指和帝至刘焉据蜀以前的历史，即公元89~188年）③，值得注意的问题主要有：吏治日益腐败，豪族势力日益强大；它们共同导致了多次人民群众的武装起义和兄弟民族的造反。思想意识方面，则割据意识日益浓厚。

一、户口状况

西汉元始元年（1），全国有民户1223万余，人口5919万余，经西汉末年战乱，至光武帝中元二年（57），全国仅存民户427万余，人口2100余万，约减少三分之二。故东汉法律，鼓励生育，自光武时便规定，妇女每生一子女，可免交三年的算赋（人头税）。至章帝元和二年（85），又补充规定：凡怀孕者，赐胎养谷三斛，其夫免算赋一年。元和三年（86），诏令全国：对无父母的婴幼

---

① 《后汉书》卷41《第五伦传》。
② 《华阳国志》卷3《巴志》。
③ 刘焉父子据蜀也属东汉范畴，然陈寿将《二牧志》列入《三国志》，是视其为三国史一部分。本书将其视为东汉向蜀汉的过渡阶段，专立一节。

第四章 东 汉

儿，以及生子后父母无力抚养者，政府须按法律给予粮食。在这些政策的鼓励下，东汉时期巴蜀地区的人口有了较大发展。

表 4-1　汉代巴蜀户数人口统计表

郡及属国	户 数			人口数		
	西汉元始元年(1)	东汉永和三年(138)	东汉增减比例	西汉元始元年(1)	东汉永和三年(138)	东汉增减比例
蜀郡及属国	268279	300452；111568	54%	1245925	1350476；475627	47%
广汉及属国	167499	139865；37110	6%	66224	509438；205652	8%
犍为及属国	109419	137713；7938	33%	489436	411378；37187	-9%
越巂郡	61208	130120	113%	408405	623418	53%
巴郡	158643	310691	96%	708148	1086049	53%
总计	765048	1175457	54%	3514218	4701225	34%

从上表可以看出：巴蜀地区，西汉元始元年(1)76万余户，350余万人口；东汉永和三年(138)，为117万余户，470余万人口，增幅为34%。可见东汉巴蜀地区经济较西汉有较大发展。另外也应看到，当时大量存在的奴隶、依附民及边地相当多的少数民族部落，因种种原因尚未进入这个统计范围。上表中，犍为地区在其他地区人口大幅增加的背景下，人口不增反降，值得注意。当地两汉之交，为僰人集中地区。王莽时期，官府曾调大军多次对僰人进行征讨，人口锐减。东汉早中期，巴蜀人口发展的总趋势，户数增加比例，远大于人口增加比例，当时的家庭，在向"小家庭"的方向发展。西汉元始年间，巴蜀地区平均每家有4.6人，而东汉时期平均每个家庭不足4人。地区发展极不平衡。越巂郡的户口数增幅最大，为113%。这有两方面的原因：(1)西汉时期该地开发尚不够深入，相当多的民族地区或部落（家支）未纳入统计范畴，东汉时期，政府对该地的统治已深入昭觉这样的山区，统计范围扩大。(2)东汉时期，先后在越巂郡的邛都南山、台登、会无等地开采铜、铁矿，又设置长利、高望、始昌三处大型军马场等，大量外来人口进入越巂。

二、吏治腐败

东汉时期，巴蜀地区一般衡量吏治的标准大概有这么几条：（1）敢于与豪族大姓作坚决斗争，维护治安，不畏强暴，大胆果断，能出奇策。（2）轻徭薄赋，不误农时；奖励农耕。（3）经常向上级部门直至朝廷推荐人才，被荐者多位至高官。（4）注重礼教。（5）能增加户口。

综观东汉中、晚期巴蜀地区的吏治，总的是日趋腐败，相比之下，东汉中期稍好一点，东汉晚期则不可救药。

东汉巴蜀的各级政权，基本上为豪族大姓所控制，但偶尔也能出现少数敢于与豪族大姓作斗争者。永元初（约89~95），广汉太守陈宠执法不避豪右，不畏权势，一时威名大振。东汉末年，郫县豪族杨伯侯生活奢侈，所造冢墓超过规定，县令刘宠强行予以限制。杨伯侯为避刘宠之威，举家迁到成都。不久，刘宠又调任成都县令，继续执行限制豪族的政策。当时成都的豪族大姓极为恣纵，特别是诸赵，倚仗赵戒、赵谦、赵温、赵典等三公九卿的权势，目无法纪，横行市里，其中又以赵子真（曾任濮阳太守）父子最为典型。刘宠大胆治其罪，狠刹其威风，诸赵震肃[①]。顺帝末年，冯颢为成都县令，其上司蜀郡太守刘宣不尊奉法律，冯颢敢于向朝廷揭露其事，致使朝廷罢免刘宣之职。他这种不畏权势之举，在当时受到高度赞扬[②]。

东汉巴蜀官吏，多贪财受贿，利用职权，抓紧在任的几年时间大发横财，搞得民不聊生。如桓帝时（147~167）李盛任巴郡太守，贪财重赋，贿赂公行。邑人作诗诉苦，揭露出当时贪官污吏夜晚上门逼钱，巧取豪夺之态：

> 狗吠何喧喧，有吏来在门；
> 披衣出门应，府记欲得钱；
> 语穷乞请期，吏怒反见尤；
> 旋步顾家中，家中无可与；
> 思往从邻贷，邻人已言匮；

---

① 《华阳国志》卷3《蜀志》。
② 《华阳国志》卷3《蜀志》。

第四章 东汉

钱钱何难得，令我独憔悴①。

桓帝时益州刺史侯参，仗着弟为宦官的势力，在益州横行霸道。侯参为发财，竟诬许多豪富犯"大逆"，诛其全家后夺其家产。他用此手段获得的财产，累计竟达数亿之多。后来他被捕时，仅金银锦帛珍玩之物，便装运300多辆马车②。

当然也有少数官吏较为清廉，受到赞扬。永建年间，第五访为蜀郡新都县令，轻徭薄赋，鼓励耕荒，奖励农耕，邻县农民，多迁往其地。三年之间，新都户口竟增加约为十倍③。同一时期，吴资为巴郡郡守，不误农时，奖励农耕，加之风调雨顺，连年丰收，受到百姓颂扬④：

习习晨风动，澍雨润乎苗。
我后恤时务，我民以优饶。

吴资离职后，巴郡百姓思慕他，又歌：

望远忽不见，惆怅尝徘徊。
恩泽实难忘，悠悠心永怀。

东汉中晚期，巴蜀官吏多为无能、无为、腐败之辈。安帝时期（107~125），先后几任巴郡太守皆以腐败无能著称，邑人以诗讽之："明明上天，下土是观。帝选远后，求定民安。孰可不念，祸福由人。顾君奉诏，惟德曰亲。"⑤安帝时期的蜀郡太守李根，老年昏乱，乱发号令，法纪废弛，吏治不修，上下一片怨声⑥。也有少数官吏以有能力、有魄力著称。永建初（约126~129），黄

---

① 《华阳国志》卷1《巴志》。
② 《东汉文纪》卷16《劾益州刺史侯参奏》。
③ 《后汉书》卷76《第五访传》。
④ 《华阳国志》卷1《巴志》。
⑤ 《华阳国志》卷1《巴志》。
⑥ 《后汉书》卷77《酷吏列传》。

昌为蜀郡太守，敢于纠正前任太守李根的失误，大胆改正冤假错案；又对当时危害社会较严重的偷盗者，采用先捕"盗帅"，然后全面出击的方法，将其一网打尽，使社会秩序为之一转①。顺帝末年（142年前后），种暠任益州刺史，多遣使者深入蜀郡西部高原诸民族之中，向他们宣讲汉政府的威德。当地的白狼、槃木、唐丛、邛、僰等部落在汉使者的鼓励下，先后内属汉政府。成都县令冯颢用县府的力量开设学校，有学生800人，吸引外来户口1.8万余人，开稻田百顷②。

东汉时期，巴蜀各级政府普遍压制人才。也有少数官吏例外，乐于向朝廷举荐优秀人才。安帝时期，王堂为巴郡太守，多次向朝廷推荐本郡人才，被荐者多位至高官，被视为识才，留名青史。

三、巴郡分郡之议

东汉晚期，发生了巴郡分郡之议。此事从安帝、顺帝时期，巴郡郡掾们首议开始，至建安元年（201）刘璋确定"三巴"郡名，前后经半个多世纪。安、顺时期，巴郡郡掾百余人次，先后向历任郡守提出分郡建议。孝桓帝时，泰山人但望任巴郡郡守。郡守掾吏赵芬等近20人，再次要求分郡。理由是：巴郡辖地太宽，有事下县，往往冬季去夏季才能返回，夏季去冬季才能返回，百姓到郡府服役等，往返时间太长；郡吏家中发生吉、凶各类事件，难及时相见，水陆交通艰难，山有野兽猛禽，赶路者常殒身江河，投身虎口。永兴二年（154），但望上书朝廷，要求分郡。朝廷置之不理。

四、豪族势力的高度发展

东汉中晚期，巴蜀豪族空前发展，成为一股重要的政治、经济力量。大姓豪族的发展，通常需几代人的积累。他们拥有大量钱财、田地、山林、湖泽、奴婢等。可分三大类：一般地主，拥有数百亩土地，家产总值在4万～100万之间；一般豪族，有土地1000亩以上，家产总值100万～1000万之间，在一个县中属大族之一；中、大型豪族，土地少则数千亩，多则上万亩，家产在1000万

---

① 《后汉书》卷77《黄昌传》。
② 《华阳国志》卷3《蜀志》。

以上，为几个邻县或一郡中的大族望门。下面试讨论二、三类豪族的基本特征。

1. 兼并大量土地

豪族皆掌握大量钱财，兼并大量田地山林湖泽，占有土地最少在1000亩以上，多者以万计。其中以郡县官吏家庭较为突出。在地区分布上，以居川西平原者最富，川东南、川北山地豪族经济力量稍次，但其掌握的部曲、家丁等武装实力，则可能大于居川西平原者。川西高原等少数民族聚居地区，传统的部落制度仍占统治地位，土地私有观念不浓，甚至尚未兴起；富者家不足百金，谈不上豪族。

2. 形成豪族庄园共同体

各豪族庄园，或几个庄园共同体内，农林牧副渔及手工业相结合，形成了相对独立的、在一定程度上自给自足的经济体系。西汉王褒，仅系当时资中的一般名门，但在《僮约》一文中要求奴仆要做的劳作，便有农作、水利、畜牧、打猎、打鱼，以及木业如制船，商业则北到洛阳南达益州、西到武都，经手各种买卖，手工业如自做刀矛，园林业如种植桑树、果树，副业如织席、编绳等。迄至东汉中晚期，自给自足的体系更趋完善。巴蜀东汉豪族，往往"家有盐井"、酒坊、冶炼作坊等。

图4—4 豪族庄园内的庖厨画像砖

3. 宗族纽带

以宗族关系为纽带，掌握大量依附农民——徒附。当时一般以"家"、"族"、"姓"、"宗"为纽带，少则几十户，多则几百户、几千户聚族而居。豪族地主凭借经济力量，兼任族长；也有的族长靠宗族的力量，发展为豪族地主。大的活动，如械斗、服役、迁徙等，不仅宗族自身，即

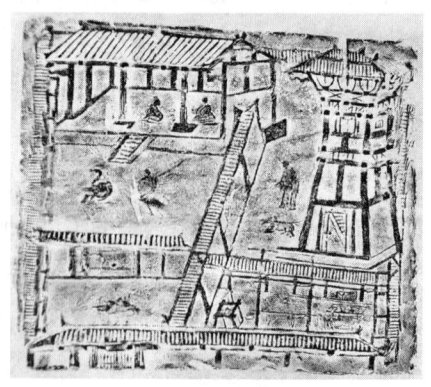

图4—5 豪族庭院画像砖

使社会、国家也多以"姓""族"为单位征调、摊派。

如东汉末年,南郡枝江人董和西迁入蜀,便是"率宗族"而行。正因他有一支基本队伍,刘璋才先后委任他为牛鞞(今简阳)县长、江原(今崇庆)县长、成都县令等。宗族中一般成员与族长的关系,外表上是同宗关系,实质上是依附关系,是徒附。他们租种族长的土地,也得给族长交租、服役。他们的政治态度、经济活动,甚至家庭生活,都必须取决于族长的态度,服从宗族的利益。同宗青壮年,为豪族的核心部曲。当时豪族纷纷在家族墓地前建立祠堂,用"上墓"、"祭祖"、"杀祭"(一般用牲口,有时也以俘虏)等手段,来统帅大家;对外械斗动员、处理违犯"家规"、"族规"者,一般也在祠堂举行。东汉时期家族纽带的加强,有着深刻的历史背景。

当时战乱频繁、官吏腐败、匪贼祸多,迫使人们靠家族的集体力量来抵抗外侵、扩展势力。但仅仅依靠家族力量亦感不足。于是,大豪族(家族)征服小豪族(家族),小豪族(家族)依附大豪族(家族)。故到东汉中、晚期,大豪族可一呼百应,与地方政府、与起义军队相抗衡。在大家族的庄园内,除同宗外,还拥有大量外姓徒附。依附民与奴婢不同,它不是通过买卖或抢掳而来,通常是迫于生计,不得不依附。在法律上,依附民是自由的,可以选择豪族地主;但由于经济上、宗族上千丝万缕的关系,依附民实际上受着种种人身限制。所谓"父子低首,奴事富人,躬率妻子,为之服役"①,正是其形象写照。

图4-6 豪族渔猎画像砖

4. 奴婢成群

拥有数量众多的奴婢,供其日常生活驱使。一般来说,西汉奴婢用于生产,东汉奴婢多用于生活。东汉豪族通常不使用同宗奴婢。除部分边远地区豪族使用部分抢夺、掳掠来的奴婢外,

---

① 崔实:《四民月令》。

第四章 东汉

绝大多数系买来，或抵债而来。如雒人折象，有奴婢800人[①]。一般地主和较富裕的农户，也有数量不等的奴婢。如犀浦簿书碑载当地农户普遍拥有5~7名奴婢。当时对奴婢可买卖、打骂，不能擅杀。时人以奴婢为重要的财富标志之一，嫁女多以奴婢为陪奁，分家须均分奴婢。象征奴婢身份的俑，在这一时期的墓葬中出土甚多，不仅陶俑数量增多，还出现成组的石俑，流行铜俑。其体型普遍加大（50~100厘米高），造型优美，写实，夸张，神韵谐和。陶俑种类新出现执镜女俑、提鞋女俑、执筛男俑、执刀俑、执刀挎盾俑、执盾俑、执棒俑、庖厨俑、说唱俑等，体型加大，表情丰富。这些资料表明：这一时期豪族大姓势力有了较大发展，其院宅楼房普遍加大、配套，男女仆从显著增多，仆人中已有较明确、较细的分工。很多男仆手握武器、木棒，不仅护卫主人、宅院，还催租逼粮，横行乡里；其中很多人可能从小便受专门的武术训练，相当多的仆从至少在年轻时已专攻音乐舞蹈、杂技等娱乐性活动，供主人赏乐，其中多数人受过专职训练。这些从事技艺性或担任"内侍""细活"的奴婢，主要来于"世袭"的奴婢家庭。大量直接来自农村的奴婢，则主要干"粗活"。从出土画像砖的情况看，当时大庄园内的各种奴仆，往往有统一的服饰着装。

图4-7 成都出土的东汉晚期抚琴陶俑

图4-8 成都出土的东汉晚期陶舞俑1

图4-9 成都出土的东汉晚期陶舞俑2

5. 控制、参与各级统治

豪族亲自出任或推荐子弟出任郡、县掾吏等公职，有的还通过读书等途径，进入朝廷或郡、县的上层统治。汉代规定，"中产"之家以上，才有做官的资

[①] 《华阳国志》卷10中。

格,一般百姓由此失去了从政的机会。东汉乡里设三老、里典、伍老等,担任者须有一定家产(这只是起码要求,实际上多系首户担任)、"老年"并"德高望重"(一般原系族长)等,结果便只有豪族地主才有资格参与乡、里统治,而里的统治者,绝大多数为族长。东汉时期选举的孝悌、孝廉、秀才、力田等,除极少数由郡府指定外,主要由乡里推举,自然是豪族们依照权势、财产轮流被举,郡、县掾吏一般就在这些被举者中选拔。

东汉巴蜀豪族,多世代为官者。如郪县大姓王氏,在东汉中期的代表人物王堂,先后任巴郡太守、将作大匠、汝南太守等职;其幼子王稚,官府15次欲征辟出仕,并授以二千石、太常等要职,其曾孙王商,在东汉末期曾为益州牧刘璋的治中从事和蜀郡太守,王士先后任宕渠太守、犍为太守、益州太守等职,王甫为绵竹县令、荆州议曹从事等。郪县的另一大族李氏,与王氏世代联姻,亦多为官为吏者。

赵氏为成都的豪姓大族之一①,见于记载的人并不多,权势却不小。第一代赵定为游侠。其后人赵戒,在顺帝时先后任太仆、司空、司徒录尚书事、太尉等职,封厨亭侯。赵家从此发迹。其子赵典,先后任议郎、侍中,在赵戒死后袭封厨亭侯,先后任弘农太守、右扶风、大鸿胪、太仆、太常等。再下一代,赵谦、赵温,为赵典哥哥之子。前者曾任汝南太守、光禄卿、太尉、司徒、车骑将军、司隶校尉、前将军,封郫侯,又任尚书令等;后者先后任京兆丞、侍中、太常、司空、司徒等职,封江南亭侯。赵典之侄赵子真,东汉末年为濮阳太守。赵氏三代四公,权倾朝野,族人在成都横行霸道。《华阳国志·蜀志》说:"诸赵倚公,故多,犯法","赵子真父子强横"。一般地方官对其敬而远之。迄东汉末年,赵

图4—10 豪族庄园内的农耕画像砖

---

① 《华阳国志》卷10上。

第四章 东汉

氏势力正炽，如果不是遇上大规模的农民起义和改朝换代，其势力可能还会延续几代。

郫县大姓何氏，兴于西汉。何武先后任雩县令、谏议大夫、扬州刺史、丞相司直、清河太守、兖州刺史、司隶校尉、京兆尹、御史大夫、司空等职。其子何况，一度嗣为侯。何武兄弟五人，皆为郡吏①。其兄何霸后为属国都尉、中郎将；何显，曾为颍川太守。王莽时期，何氏势力受到打击，东汉时期又有所恢复，一直是郫县的望族。

临邛大姓陈氏，代表人物为陈立，先后任巴郡、牂柯、天水郡太守，名噪一时。巴郡宕渠人冯绲，父为幽州刺史，他便"家富……为州里所归爱"。南安人费贻，东汉初期出任合浦郡太守，其后代便跃居南安大族。

6. 基本垄断教育

东汉巴蜀民间教育相当发达，但教育者和受教育者都以豪族地主为主。如宕渠人、幽州刺史冯焕，"家富好施"，其子冯绲，少耽学问，习父业，治《公羊春秋》《韩诗》《仓氏》《司马兵法》等，子弟冯允，能理《尚书》，善推步之术。东汉蜀中豪族大姓，普遍把教书育人视为立身扬名的主要途径之一，把教育视为发展家族势力，兼并他人，乃至出仕做官的重要途径之一。

7. 掌握武装，拥兵自重

大量的汉代画像砖、画像石资料表明，东汉巴蜀豪族一般都拥有一定的私人武装力量，特别是边远山区，其武装数目更为庞大。这些武装，平时充当豪

图4—11 豪族庄园内的酿酒、纺织、兵器图

---

① 《汉书》卷86《何武传》。

族爪牙，欺压百姓，横行乡里，战时则可与其他豪族械斗，甚至与政府军抗衡，与起义军较量。如郪县的高、马二家，世掌部曲，建安二十三年（218），二家起事于郪，合聚部伍数万人，直打到资中县后被李严平定。有的豪族武装甚至能镇压大规模的农民起义。如中平五年（188），以马相、赵祗为首的"黄巾"起义，曾攻占广汉、蜀郡、巴郡的大多数地区，攻下包括成都、江州在内的大多数城市，却被犍为豪族贾龙以部曲打败①。又如巴郡临江人甘宁，去投靠刘表时，便带着"僮客八百人"②。

8. 工商业豪族兴起

如果说西汉巴蜀豪族以官僚、地主为主的话，那么东汉中晚期至蜀汉，工商豪族则大量涌现，异军突起。其特征是攀比心理强。《华阳国志·蜀志》说：蜀地"家有盐铜之利，户专山川之材，居给人足，以富相尚。故工商致结驷连骑，豪族服王侯美衣，娶嫁设太牢之厨膳，归女有百辆之从车，送葬必高坟瓦椁，祭奠而羊豕牲，赠襚兼加，赗赙过礼，此其所失"③。

9. 彼此联姻

彼此联姻，形成宗亲、姻亲纵横交错的政治、经济关系网。东汉巴蜀豪族婚姻，已很讲究门当户对。各地大姓，彼此相互联姻，婚姻成了巩固、发展政治、经济势力的一种手段。对于豪族大姓，各种人士自有不同的看法。如当时巴蜀当地土著民族中流行一首诗曰："惟德实宝，富贵何常。我思古人，令问令望。"④

东汉时期，反对豪族大姓势力的斗争持续开展。第五伦任蜀郡太守时，将豪族大姓出身的掾吏等尽皆免职遣还，使吏风一时清静。东汉末年，广汉人刘宠任成都令时，大姓恣纵，赵谦、赵温之族多犯法，濮阳太守赵子真父子强横市里，刘宠皆治其罪，一时震肃。郫县大姓杨伯侯过于奢侈，大造冢茔，亦被惩处⑤。

---

① 《华阳国志》卷3《蜀志》，《三国志》卷40《蜀书·李严传》。
② 《三国志》卷55《吴书·甘宁传》。这正是对当时蜀地工、商豪族的形象写照。
③ 《华阳国志》卷3《蜀志》。
④ 《华阳国志》卷1《巴志》。
⑤ 《华阳国志》卷3《蜀志》。

五、郫县犀浦残碑与东汉"赀簿"

1966年4月,四川省郫县犀浦发现汉末三国时期的残碑,铭曰:

"田八亩,质四千。上君迁王岑鞠田……"

"舍六区,直四十四万三千。属叔长……"

"田四十亩,质六万。下君迁故……"

"五人,直廿万。牛一头,直万五千,田□顷……"

"五亩买口十五万;康眇楼舍,质五千。王奉坚楼舍……"

"王岑田□□,直□□万五千;奴田、婢□、奴多、奴白、奴鼠、并五人……"

"田顷五十亩,直三十万。何广周田八十亩,质……"

"五千;奴□、□□、□生、婢小、奴生,并五人,直廿万,牛一头,万五千。"

"元始田八□□,质八万。故王汶田,顷九十亩,贾四十一万。故杨汉……"

"奴立、奴□、□鼠,并五人直廿万;牛一头,万五千;田二顷六十……"

"田顷三十亩,□□□万;中亭后楼,贾四万。苏伯翔谒舍,贾十七万。"

"张王田三十□亩,质三万;奴俾、婢意、婢最、奴宜、婢营、奴调。婢利,并……"[①]

这正是对当时蜀地工、商豪族的形象写照。

关于此碑的性质,有学者认为是家庭分财产的记录。但此碑拥有田地房宅的主人包括王岑鞠、康眇、王奉坚、王岑、何广周、元始、王汶、杨汉、苏伯翔谒、张王等不同姓氏者,显非一家人,应是

图4—12 郫县东汉残碑

---

① 谢雁翔:《四川郫县犀浦出土的东汉残碑》,《文物》1974年第4期第67~71页。

一个"里"之内的乡民（其为残碑，不全）。此碑应为汉代官府记录臣民资产的"资簿"。《续汉书·百官志》记载当时乡有秩、啬夫的职责是"知民贫富，为赋多少，平其差品"。汉景帝时曾规定"赀算十"，后来又改为"赀算四"，即资产在10万或4万以上者才能出仕为官吏。当时规定：赀万钱，纳算钱120钱。

东汉大体继承了西汉制度。《后汉书》卷39《刘平传》载刘平在建武年间任全椒县长时，"政有恩惠，百姓怀感，人或增赀就赋，或减年从役"。《后汉书》卷41《第五伦传》："蜀地肥饶，人吏富实，掾史家赀多至千万，皆鲜车怒马，以财货自达。"和帝永元五年（93）二月丁未诏曰："往者郡国上贫民，以衣履釜鬵为赀，而豪右得其饶利。"李贤注：贫人既计釜甑以为资财，惧于役重，多即卖之，以避科税。豪富之家乘贱买，故得其饶利。顺帝永和六年（141）秋七月甲午，"诏假民有赀者户钱一千"[1]。可见东汉仍要统计百姓的资产，并征收资产税[2]。但究竟怎么执行的，文献缺载。犀浦碑说明东汉计算赀产，包括土地、宅舍、奴隶、牛马、船、车等在内，官府统计后要以刻碑等形式公之于众。

六、农民起义

东汉时代，巴蜀地区爆发了多起农民起义，其中有几起对巴蜀历史产生了较大影响。东汉初期，川北部分地区仍活动有赤眉军余部。《后汉书·列女传·姜诗妻传》说"赤眉散贼"曾经过姜诗的乡里（广汉雒县），"驰兵而过"，并送米肉与姜诗。《华阳国志》卷10中称这股义军为"东精"，并说其时在"公孙述平后"。赤眉军余部在巴蜀地区的活动，从公孙述称帝前，持续到其被扫平后，延续了10余年。东汉中、晚期，巴蜀地区的多次农民起义，差不多都与宗教有关，并主要与早期道教有关。顺帝时期，巴郡曾出现一种所谓"女服贼"，即利用宗教为掩护，信徒着装略似女装的农民起义军。其信徒发展到上千人，并到各地传播，然最后终未成功[3]。阳嘉三年（134），益州起义军攻县城、捕令长、杀列侯，声势浩大[4]。顺帝末年（144年前后），巴郡人服直，利用宗教，以数

---

① 《后汉书》卷4《孝和帝纪》、卷6《孝顺帝纪》。
② 参蒙默：《犀浦出土东汉残碑是勒石"资簿"说》，《文物》1980年第4期第68~72页。
③ 《华阳国志》卷1《巴志》。
④ 《后汉书》卷6《孝顺帝纪》。

百人为基本骨干，聚众起义。服直自称"天王"，影响较大。当时的益州太守种暠和巴郡太守应承都亲率大军前往镇压，被义军打得大败。整个起义持续约一年，攻占巴郡数县。从服直自称"天王"的情况看，这次起义与早期道教有关。桓帝永兴二年（154），蜀郡李伯山在山区自称老子后裔，组织一批农民欲武装起义，被政府捕杀①。从其自称老子后裔的情况看，也应与早期道教有关。

影响最大的是黄巾起义。巴蜀地区的黄巾起义，由早期道教即五斗米教组织。中平元年（184）七月，巴郡教区的张修率众起义。义军一度攻占郡治江州及一些县城，大杀贪官污吏。中平五年（188）三月，马相、赵祗在绵竹起义，自称"黄巾"军，攻下绵竹县城，擒杀县令李升，在县城立杆树旗，招兵买马。长期以来被奴役、盘剥的人民，闻风而起，纷纷投身义军。义军在一两日中竟招收数千兵马。紧接着，义军直接进攻益州刺史部所在地雒县，破之，捕杀州刺史郗俭，又继续南下，攻下蜀郡治成都、犍为郡治武阳（今彭山），势如破竹，旬月间控制了整个成都平原。"黄巾"军在短期内发展到10余万人，马相自称"天子"，建立了农民政权。他们杀豪族，铲恶霸，分钱帛，深受人民拥护。义军又分兵一支东进，迅速攻破巴郡治江州（今重庆），杀巴郡太守赵部。又分兵一支北进，由赵蕃率领，攻下阆中等城②。起义之初，社会长期积存的各种反抗力量，如深受压榨的农、工、商及部分中、下层官吏，部分军队，都纷纷投身起义队伍，即使豪族势力，最初也多持观望态度。

有的还想借助义军力量，消灭异己，兼并其他豪族。所谓"米巫凶疟，奸狡并起，谄附者众"③，从侧面反映出了当时热火朝天的形势。

益州从事、犍为豪族贾龙在起义爆发后，即率家兵，召集溃散的官吏、军队，又请来川南少数民族"青衣"军，首先向义军反扑。在他的带动下，各地豪族也纷纷向义军发起进攻。义军虽声势浩大，但多为参加起义不久的农民，缺乏严格训练，纪律性差，战斗力不强。马相自称"天子"，违背了教义，将自己置于其他几个教区首领之上，加深了义军内部矛盾。当时巴郡教区、汉中郡教区、犍为郡教区都由共同起义转为隔岸观火，坐山观虎斗。马相、赵祗陷入

---

① 《后汉书》卷56《种暠传》、卷7《孝桓帝纪》。
② 《三国志》卷31《蜀书·二牧传》、《华阳国志》卷5《公孙述刘二牧志》、《资治通鉴》卷59、宋《太平御览》卷441。《华阳国志》系此事于中平元年，或系错简。
③ 《金石录》卷18《汉巴郡太守樊君碑》。

孤军作战境地。在短短的几个月内，义军主力遭到毁灭性打击，又失去所有城市，被迫转到山区，转入地下。

刘焉入蜀后，为与土著豪族势力相对抗，对蜀中道教势力采取安抚利用政策。刘焉命巴郡教区首领张修为别部司马，汉中郡教区首领张鲁为督义司马，让他们率领教徒去夺取汉中郡。张鲁占据汉中及巴郡部分地区后，用五斗米道教统治人民。张鲁吸取了马相失败的教训，不称天子，不任命官员，而是用一整套教职来取而代之。张鲁自称"师君"，其下为治头大祭酒，再下为祭酒、鬼卒。他们废除旧有法律，以廉耻、诚信教育、管理人民。对犯法者，令其修路补过，三次不改则杀之，祭酒等在为人治病时，也令其自首其过。张鲁等还建立了一种"义舍"制度。道民每年交纳一定的米肉实物，大部分供各级教职人员使用，一小部分则分别悬挂于"义舍"，即亭传之中，行路者可根据自己实际需要自取。

七、民族地区统治的加强

1983年2月，在凉山彝族自治州昭觉县好吞乡发现石表1座。石表正面有文字9行，侧面有文字3行，皆隶书。石表文字记载了光和四年（181），越嶲太守任命苏示县有秩冯佑为邛都县安斯乡有秩，并"复除"上诸、安斯二乡赋役，当地乡民14里丁众立石表以记此事。石构件上有"官匠所造"题字，可见这是郡府派官匠所造。该石表为东汉民族地区行政、职官、赋税徭役制度等方面的重要文物资料。石表铭文说[①]：

（正面）领方右户曹史张湛白：前换

图4—13 昭觉石表铭文

[①] 吉布布初、关荣华：《四川昭觉县发现东汉石表和石阙残石》，《考古》1987年第5期第435页。

第四章 东汉

苏示有秩冯佑转为安斯有秩，庚子诏书"听转"示郡，为安斯乡有秩如书。与五官掾」司马□议，请属功曹定人应书时簿下。督邮李仁邛都奉行，言到日见草○行丞事常如掾○主簿司马追省」府君教诺○正月十二日乙巳，书□昌延□○光和四年正月甲午朔十三日丙午，越嶲太守张勃，知丞事大张□，使者益州治所下，三年十一月六日庚子○长常叩头死罪，敢言之」诏书听郡，则上诸、安斯二乡复除□齐□乡及安斯有秩，诏书即日□□□，劝农都邮书掾李仁邛都奉行」勃诏□诏州郡□□□死罪，敢盲之○□□□□下庚子诏书，即日理判也」三月十四日丙午诏书，太守勃行于东。大官守长常叩头死罪，敢言之○」使者益州□□□□治□□□言□○高官□□诏书即日始，君迁里□□□□」□□□等十四里○将十四里丁众受诏，高米立石表，师齐驱，宇彦新。

（侧面）越嶲太守丞掾奉书言，□□常□都□□□□□，光和四年正月甲午朔十三日□□□，□□□□」□□大官守长常□部曲，部劝农督邮书掾李仁邛都□□□于诏书，书到奉行。务□□□□□□诏书□」□□真□湛书佐延主。

领方右户曹史，"领方"，《后汉书·杜笃传》有"并域属国，一郡领方"之语，当为执掌地方事务的一种官员，户曹史为郡府户曹小吏。庚子诏书，指光和三年（180）十一月六日庚子日所下诏书。《史记·秦始皇本纪》："命为'制'，令为'诏'"。《集解》蔡邕曰："制书，帝者制度之命也，其文曰'制'。诏，诏书。诏，告也。"冯佑转为安斯有秩事，郡府上奏了朝廷，得到批示认可。五官掾、功曹、劝农督邮书掾、太守丞掾、书佐，皆郡县属吏。

从汉武帝进入越嶲地区开始，到东汉，政府对该地的统治已大大加强，其直接统治区域，已深入昭觉好呑乡这样的山区。《后汉书·郡国志》载东汉时期，官府统计的越嶲郡的户数比西汉时增加113%，人口增加53%，主要是其直接统治区域较西汉时期大大拓宽了。这首先是该地的地理资源吸引了东汉政府。据《后汉书·郡国五》越嶲郡：邛都南山出铜，台登出铁，会无出铁。到东汉时期，蜀郡内地的铜、铁矿开采时间已长，有后继乏力之感。

从考古发现的资料看，从西汉中、晚期开始至东汉，官府在川西南设立了多处较大型的官营作坊。1976年在西昌石嘉乡曾发现一铜器窖藏，出土王莽时的铜钱范、铜锤、铜镜等近 2000 斤，显然这是一个官营作坊的遗址。建初元年至建宁年间（76~168），该区朱提堂狼生产的铜洗，远销各地，闻名全国，成为汉代全国最大的铜洗生产基地。近年在西昌市东坪村又发现一处炼铜遗址①。其时代上起西汉末年、下迄东汉，现仍保存的遗址分布范围达 18 万平方米。另在该遗址以东约 20 公里的标水堰下，调查发现了主要是汉代的铜矿矿硐 46 个。当时该地实为一个冶铜城。这是当时一个较完整的官营冶铜机构。其次，该地为养马的极佳基地。《后汉书·孝安帝纪》：永初六年（112）春正月庚申，诏越嶲置长利、高望、始昌三苑，又令益州郡置万岁苑，犍为置汉平苑。朝廷一次便在越嶲设置三处大型军马场，可见朝廷对该地马匹的高度重视。正是由于该地养马业的发展，蜀中养马业一度在全国占有较重要的地位。

东汉政府改变了秦时及西汉早、中期在少数民族聚居区一般不直接设置乡、里的政策。《后汉书·南蛮西南夷列传》说："板楯蛮夷者……长吏乡亭，更赋至重，仆役棰楚，过于奴虏，亦有嫁妻卖子，或乃至自刭割。虽陈冤州郡，而牧守不为通理。"在巴蜀北部的板楯人地区设置了乡里，此铭文又证明在越嶲民族地区像昭觉这样比较偏僻的地区，也置了乡里。铭文中"苏示有秩冯佑转为安斯有秩"，苏示，《汉书·地理志》与《后汉书·郡国五》越嶲条皆有苏示县。有秩，《后汉书·百官志五》县乡条：乡置有秩、三老、游徼。本注曰：有秩，郡所署，秩百石。掌一乡人。其乡小者，县置啬夫一人。皆主知民善恶，为役先后，知民贫富，为赋多少，平其差品。三老掌教化。凡有孝子顺孙，贞女义妇，让财救患，及学士为民法式者，皆扁表其门，以兴善行。游徼掌徼循，禁司奸盗。又有乡佐，属乡，主民收赋税。《风俗通》曰："国家制度，大率十里一乡。"李贤注引《汉官》曰："乡户五千，则置有秩。"安斯为邛都县下的乡，这一石表说明昭觉在东汉时为邛都安斯乡。一个乡有秩的调换任命，竟要由郡府上报朝廷，得到朝廷的认可诏书后才能执行，可见东汉对越嶲民族地区的政策不同于外地，也表明东汉政府对这里高度关注。另外，冯佑先在苏示县某乡任有秩，现在又转为邛都县安斯有秩，说明他是外来官员，不是当地民族首领。当地民族首领或其子女出任地方官者，一般都不外调。"君迁里□□□□"□□□等十四里。将十四里丁众受诏"，上诸、安斯两乡共辖 14 里。此称当地

---

① 《四川西昌发现货泉钱范和铜锭》，《考古》1977 年第 4 期。

民族为"丁众"，已改变了过去称"蛮夷"、"夷民"等说法，可见在政府眼里，当地民族与外地百姓无异。"丁众"，意味着要承担徭役赋税。东汉官府统治的有效区域较西汉明显扩大，东汉越巂户数较西汉增加113%，人口增加53%，也就不偶然了。

东汉政府取消了对部分土著民族的优待政策，改变了秦时及西汉早、中期在少数民族聚居区一般不征或少征赋税的做法，东汉时期，对巴蜀少数民族也征收田租市税，并令其服徭役。如对川北板楯"更赋至重"，遇有特殊情况，并报经郡府同意，才可暂免某乡的徭役，如这里便免除了邛都县上诸、安斯二乡的徭役。

第三节 刘焉、刘璋割据益州

东汉末年，巴蜀的政治主要是围绕着刘焉父子据蜀展开的。刘焉父子据蜀，是刘备父子据蜀的先声和过渡形态，在古代四川史上占有重要地位。

一、刘焉入蜀

刘焉，字君郎，出生于江夏竟陵大族之家，属西汉景帝之子、鲁恭王的后裔。父亲讳名刘长沙，母亲是江夏豪门黄氏之女。刘焉年轻时，因系宗室，更系豪富之家，先后任州郡之吏，并很快被拜为郎中。至延熹三年（160）六月，因老师司徒祝恬丧事去官，赴阳城山（河南省登封县）讲学。约在延熹八年（165），被"选"为贤良方正，接着就提升为洛阳令、冀州刺史、南阳太守、宗正、太常等职。

灵帝时期，政治衰败，四方兵起。太常刘焉认为当时州刺史的权力过轻，无力禁止暴乱，一旦用非其人，反增祸乱，便建议灵帝改州刺史为州牧，选任清名重臣，以居其任。这个建议，表面好像是为朝廷着想，实际上是他自有打算。为躲避朝廷中的尖锐权争，他打算到离京师最远、最荒僻的今两广地区去出任交趾牧。此建议提出不久，传来了益州刺史郄俭在益州施政烦扰，四方骚动、谣言迭起的消息，是刺史用非其人的例证；同时还传来了并州刺史张懿、凉州刺史耿鄙被起义军队所杀的消息，是刺史权轻的结果。这就促使朝廷采纳了刘焉的建议，用州牧之制代替刺史之制。这一变化在东汉历史中具有重要意义。以此为转折，中央朝廷集权土崩，地方州牧位高权重，四方割据自此肇端。

正在刘焉加紧活动时，巴蜀地区的"黄巾"起义声势浩大，起义军捕杀了益州刺史郗俭。星象家、侍中董扶（广汉人）早有避乱之心，对刘焉说：首都京城将出现大乱；益州分野之中有天子气。刘焉本有割据之欲，一听这话，便放弃了出任交趾牧的打算，力争出任益州牧。中平五年（188）夏，刘焉被任命为益州牧。朝廷对刘焉寄予厚望，临行前，灵帝要他"牧摄行法"，"使痛疽决溃，为国生梗"①。道路不通，刘焉暂住荆州东界。

益州从事、犍为豪族贾龙镇压了义军后，即派官吏、军队前往欢迎州牧刘焉。中平五年（188）秋，刘焉入蜀，即命贾龙为校尉，把州治从雒县徙居绵竹。

二、刘焉与土著豪族的关系

刘焉本是怀着当"天子"的野心而来，入蜀后，一切行动也围绕这个总目标展开。刘焉在益州的用人政策，大体可分为三类：（1）鉴于东汉中、晚期以来益州地区各种矛盾日益激化，时有起义的可能，对民族首领和一般百姓、士大夫"务行小惠"②。（2）重用和发展外来势力，当时全国各地的官僚、百姓纷纷避乱入蜀，特别是从南阳（刘焉曾任该地太守）、三辅地区避乱入蜀而来的"数万家"官民，号称"东州士"。为壮大势力，广集人才，刘焉还大事招纳各地叛离者；对"东州士"更给予种种优惠，引为党羽，从中招募青壮，组成军队，号称"东州兵"，为嫡系武装。（3）对当地的汉族大姓、豪族势力，俯首听命的，则提拔重用，企图捣乱的，则坚决镇压。刘焉及其后的刘璋政权的统治基础，一边是以"东州士"为代表的外来势力，更重要的一边是益州豪族，从下面这个职官表可看出一个大略。

---

① 《后汉书》卷75《刘焉传》、卷7《孝桓帝纪》、卷8《孝灵帝纪》，《三国志》卷31《蜀书·二牧传》及其注，《华阳国志》卷5《公孙述刘二牧志》。

② 《华阳国志》卷5《公孙述刘二牧志》。《三国志》卷31、《后汉书》卷75作"务行宽惠"。从历史史实考察，《华阳国志》的记载，似更确切。

第四章 东汉

表 4－2　刘焉、刘璋割据政权职官简表

姓名	官　职	籍贯及来历	备　考
赵韪	司马、中郎将（比二千石）	巴西安汉，随刘焉入蜀，拥立刘焉为州牧	《三国志》卷31《蜀书·刘二牧传》
吴壹	司马、中郎将	陈留、随刘焉入蜀，刘焉姻亲	《三国志》卷32《蜀书·先主传》
贾龙	校尉（比二千石）	蜀人，以家兵迎刘焉入蜀	《三国志》卷31《蜀书·刘二牧传》
法正	新都县令、军议校尉	右扶风名族	《三国志》卷37《蜀书·法正传》
张裔	州从事、鱼复县长；州帐下司马	成都	《三国志》卷41《蜀书·张裔传》
王累	州从事	蜀人（寒门），拒刘备，不降而死	《三国志》卷31《蜀书·刘二牧传》
张任	州从事	蜀人（寒门）拒刘备，不降而死	《三国志》卷32《蜀书·先主传》
郑度	州从事	广汉绵竹	《三国志》卷37《蜀书·法正传》
杜微	州从事	梓潼涪人	《三国志》卷42《蜀书·杜微传》
杜琼	州从事	成都人（大姓）	《三国志》卷42《蜀书·杜琼传》
张裕	州从事	蜀郡	《三国志》卷42《蜀书·周群传》
王商	从事、蜀郡太守	广汉郪人	《三国志》卷38《蜀书·秦宓传》
王谋	巴郡太守、州治中从事	汉嘉人	《三国志》卷32《蜀书·先主传》
张肃	州别驾从事、广汉太守	成都人、大姓	《三国志》卷31《蜀书·刘二牧传》
张松	别驾从事	成都人、大姓、张肃兄	《三国志》卷32《蜀书·先主传》
陈实	别驾从事	巴西安汉人、大姓	《华阳国志》卷12

续表

姓名	官职	籍贯及来历	备考
周群	师友从事	阆中人、大姓	《三国志》卷42《蜀书·周群传》
杨洪	从事	犍为武阳、大姓	《三国志》卷41《蜀书·杨洪传》
黄权	主簿、广汉县长	巴西阆中人、大姓	《三国志》卷42《蜀书·黄权传》
王甫	州书佐	广汉郪人、大姓	《三国志》卷15《蜀书·杨戏传》
马勋	州书佐	巴西阆中人、大姓	《三国志》卷45《蜀书·杨戏传》
王咸	巴郡太守	大姓，被刘焉杀	《三国志》卷31《蜀书·刘二牧传》、《华阳国志》卷5
任岐	犍为太守	蜀郡人、被刘焉杀	《三国志》卷31《蜀书·刘二牧传》
庞义	巴西太守	河南人	《三国志》卷31《蜀书·刘二牧传》
樊敏	巴郡太守	蜀郡芦山人	《隶释》卷11《巴郡太守樊敏碑》
严颜	巴郡太守		《三国志》卷36《蜀书·张飞传》
许靖	巴、广汉、蜀郡太守	汝南平舆	《三国志》卷38《蜀书·许靖传》
董和	牛鞞、江原县长、成都令、益州太守	南郡枝江人、豪族	《三国志》卷39《蜀书·董和传》
何宗	犍为太守	郫人、大姓	《三国志》卷45《蜀书·杨戏传》
程畿	汉昌长、江阳太守	巴西阆中人	《三国志》卷45《蜀书·杨戏传》
高朕	益州太守	初平五年（即兴平元年，194）任职，当为刘焉任派	《隶释》卷1
高颐	广汉属国都尉、益州太守		《隶释》卷11、13

第四章 东 汉

续表

姓名	官　职	籍贯及来历	备　考
李权	临邛县长	梓潼涪人、大姓	《三国志》卷31《蜀书·刘二牧传》
李严	成都令、护军、督军	南阳人、大姓	《三国志》卷40《蜀书·李严传》
王连	梓潼令	南阳人、刘璋时入蜀	《三国志》卷41《蜀书·王连传》
费诗	绵竹令	犍为南安人、大姓	《三国志》卷41《蜀书·费诗传》
爨习	健伶令、护军、督军	南中人、大姓	《三国志》卷43《蜀书·李恢传》
李邈	牛鞞长	广汉郪人、大姓	《三国志》卷43《蜀书·黄权传》
董扶	蜀郡西部属国都尉	绵竹人、随刘焉入蜀	《三国志》卷31《蜀书·刘二牧传》
李恢	建宁郡督邮	建宁俞元人、大姓	《三国志》卷43《蜀书·李恢传》
朱叔贤	督邮	广汉人	《华阳国志》卷10
程郁	巴西郡吏	巴西阆中人	《三国志》卷45《蜀书·杨戏传》
刘璝	刘璋部将		《三国志》卷32《蜀书·先主传》
冷苞	刘璋部将		《三国志》卷32《蜀书·先主传》
邓贤	刘璋部将		《三国志》卷32《蜀书·先主传》
杨怀	白水军督		《三国志》卷32《蜀书·先主传》
高沛	刘璋名将		《三国志》卷37《蜀书·庞统传》
彭羕	书佐	广汉人	《三国志》卷40《蜀书·彭羕传》

续表

姓名	官　职	籍贯及来历	备　考
邓芝	依附巴西太守庞义	南阳新野人	《三国志》卷45《蜀书·邓芝传》
郭择	蜀郡太守守史	广都人	《建安四年正月中旬故监北江堋太守守史郭择、赵汜碑》
赵汜	蜀郡太守守史	郫县人	同上
郭荀	掾史、都水		同上
任南	掾史、都水		同上
杜斯	掾史、都水		同上
李安	北江堋（都江堰）吏		同上
傅阳	北江堋（都江堰）吏		同上
王晖	郡上计吏		建安十六年王晖石棺铭文

上表所列，是见于文献记载的刘焉政权的主要职官。过去不少学者注意强调刘焉依靠外来势力，坚决打击、抑制了土著豪族。实际上，土著豪族同样是刘焉政权的主要支柱之一，是其基础的重要构成部分。上表中，益州土著人士占十分之八，大姓豪族又占其中的三分之二。正因为土著势力渗透了他的政权的各个方面，威胁了他的统治，他才感到要协调他的统治机器，必须抑制土著势力。这也是对土著势力杀一儆百的必要性所在。史称：刘焉"枉诛大姓巴郡太守王咸、李权等十余人以立威刑"①。从全局看，这正是刘焉巩固政权，协调力量对比的措施。刘焉入蜀后，很快察觉到五斗米道与当地豪族对立，为争取抑制豪族的力量，便躬身自奉其教，将其首领张衡的妻子迎于府中，率妻女师事之，又称五斗米教徒为义民等，从而获得了五斗米教的支持②。他徙州治所在地，也是为了摆脱豪族权贵的干扰。

---

① 《华阳国志》卷5《公孙述刘二牧志》。
② 任乃强：《华阳国志校补图注》，上海古籍出版社1987年版，第344页。

第四章 东汉

图4-14 汉代汁(什)
邡长印封泥

图4-15 汉代汁(什)
邡丞印封泥

图4-16 汉代汁(什)
邡右尉印封泥

为达到割据目的，刘焉采用一切手段，调动各种可以利用的力量和因素。当时汉中太守苏固忠于朝廷，对刘焉的割据行动有所察觉和抵制，刘焉即命五斗米道去袭取汉中。张鲁、张修也欲谋取一个根据地，便率领教徒，里应外合，很快袭取了汉中南郑等城市，并捕捉苏固，将其杀之。刘焉又令二张断绝斜谷，捉杀过往使者，中断了朝廷与益州的联系。这一切办妥后，刘焉又贼喊捉贼，上书朝廷，说"米贼"断绝了交通，今后难与朝廷联系，公开发出了割据一方的宣言书。

汉献帝初平二年（191），犍为郡太守任岐、从事陈超、校尉贾龙，以刘焉不参与讨董卓，名义上保州自守，实际上阴图异谋、企图割据一方为理由，发兵进攻刘焉。实际上，这是外来势力与地方豪族矛盾尖锐化的结果。任、贾兵马一举攻到成都城下。刘焉亲自率兵守城抵抗，并请来大量青羌少数民族兵助战。为了自身利益，"东州士"也全力以赴，支持刘焉。结果大破任岐、贾龙兵。任岐、贾龙率军北撤。这时，董卓命司徒赵谦率军进入益州，赵谦说服任岐、贾龙引兵回攻刘焉。刘焉命青羌军出城与其相战，杀任岐、贾龙等。土著豪族势力遭受重挫①。

三、刘焉做"天子"美梦的幻灭

刘焉镇压了任岐、贾龙等地方豪族势力后，在益州站稳了脚跟。他意气渐盛，无所顾忌，一步步朝做"天子"的目标走去。刘焉首先在州牧府设置前、后、左、右部司马，各统一军，共四军，品秩皆二千石②。东汉时期，朝廷才

---

① 《三国志》卷31《蜀书·刘焉传》及注引《英雄记》。
② 《华阳国志》卷5《公孙述刘二牧志》。

第四章 东汉

有权设置前后左右将军，而司马之职只设于朝廷大将军部属中，负责军务，品秩千石；出征作战之时，将军所统各部又可置军司马（可简称司马），负责行军等军务，品秩又低一级，比千石①。刘焉擅自设置四军司马，并把其品秩提高到二千石，这就将自己置于大司马之上，把他的州牧府拟于朝廷。汉代制度，二千石官吏由皇帝任命、处置。刘焉自任司马为二千石。另外还擅诛杀、任命二千石郡守，也是自拟于皇帝的僭越行为。当时刘焉任命的二千石官员，前面往往加"领校"二字，如《樊敏碑》中樊敏称"领校巴郡太守"，表示这不是由朝廷，而是由刘焉、刘璋任命的②。这些毕竟不够名正言顺。西汉末年，全国大乱，公孙述控制巴蜀后即行称帝，现在再次天下大乱，又出现了控制巴蜀称帝的形势。公孙述时，北有强陇（隗嚣），南有牂柯（今贵州）、益州（今云南）二郡，二郡割境自保。现在刘焉则控制着北起汉中，南达牂柯、益州的整个西南。形势比当年公孙述时更有利。汉朝制度，非刘姓宗室不封王，经过官府数百年的灌输，这种制度逐渐变为许多人的习惯思想、自然心理。当"非刘姓宗室"的公孙述称帝之时，益州儒士多羞为其仕。刘焉的情况恰与其相反，他作为刘姓宗室称王称帝，人们较易接受，"非刘姓宗室不王"的传统制度，正好可被他利用来铲除其他割据者。他在绵竹兴造只有皇帝才能使用的乘舆车服千余套，明目张胆地做登基称帝的准备，又一度移治雒县，筑阙门，亦是模仿京城之制。

刘焉的行为，立刻被紧邻的荆州牧刘表上奏告到了朝廷，说他有似"子夏在西河拟圣人"③。即告他在蜀中自拟皇帝。这立刻引起了朝廷的高度重视，献帝即派刘焉子刘璋入蜀晓谕，欲申明大义。刘焉留下刘璋不返。当时刘焉的长子刘范任左中郎将、次子刘诞为治书御史，皆在长安。征西将军马腾发兵谋取长安，刘焉立即派校尉孙肇带领蜀军5000人前往助战，企图里应外合夺取政权。马腾、刘焉军队打到长安，兵败退回，在长安搞内应的刘范、刘诞即被诛杀。

---

① 《东汉会要》卷19《职官一·将军》。
② 《隶释》卷11《巴郡太守樊敏碑》。
③ 这是一个隐喻典故。圣人指孔子。子夏为孔子门徒，后来在西河教学。子夏因儿子死而气得双目失明。曾子前往吊丧。子夏说：上天啊，我是无罪的！曾子却怒斥道：你过去事夫子洙、泗之间，后来才回到西河之上，你却让西河人民把你比作孔子，这就是你的一罪。见《礼记·檀弓》。

第四章 东汉

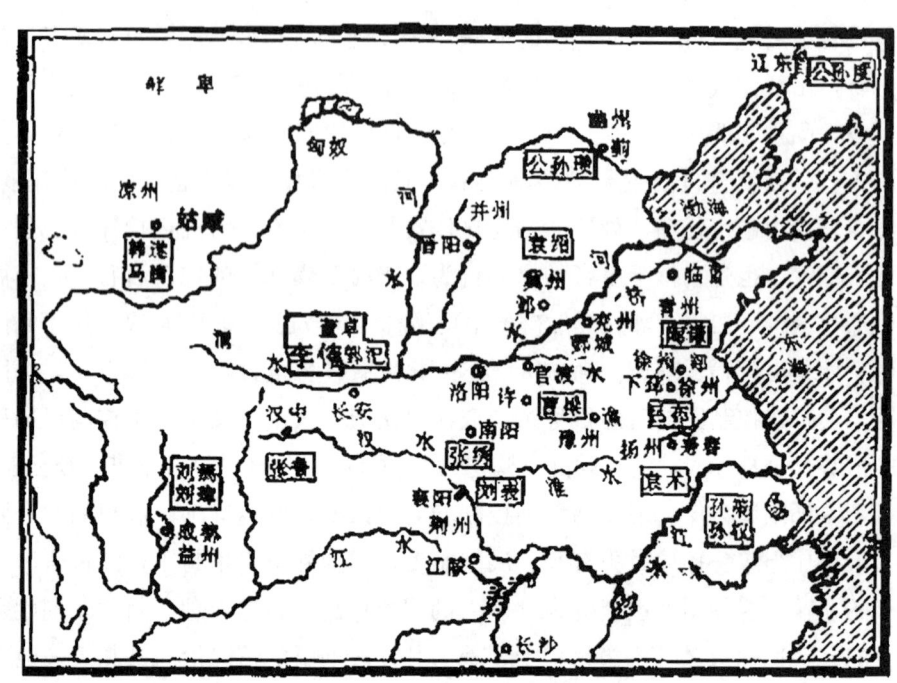

图4-17 汉末军阀割据形势图

马腾、刘焉、刘范合谋袭取长安,是否采取了军事行动,古籍中说法不一。《华阳国志》卷5《公孙述刘二牧志》说:初平四年(193),征西将军马腾自郿(今陕西眉县东北)与刘焉、刘范合谋袭长安,谋泄,范、诞受诛。此似没来得及起兵,就暴露失败了。又《后汉书·献帝纪》说兴平元年(194)三月,"左中郎将刘范,前益(凉)州刺史种劭战殁"。唐李贤等注曰:"(刘)焉遣子(刘)范将兵就(马)腾。"这个记载与同样是《后汉书》的《刘焉传》又略有出入①。

刘范被诛,对刘焉是一沉重打击。正在这时,绵竹失火,烧掉了城府车重,馆邑无余,并延及民家,刘焉不得不移居成都。二事并发,刘焉再也承受不了这个打击,到成都不久就发背疽而死。

---

① 本文主要采用《后汉书·刘焉传》,《三国志》卷6《魏书·董卓传》,《三国志》卷31《蜀书·刘焉传》注引《英雄记》。

四、刘璋接任州牧与赵韪之乱

兴平元年（194），刘焉死后，朝廷即派颍川人扈瑁为益州刺史。扈瑁行至汉中，因益州旧将沈弥、娄发、甘宁从川北起兵造反，滞留不行。刘焉旧部明确表示出不欢迎扈瑁。刘焉还有两子：第三子刘瑁，第四子刘璋①。跟随刘焉入蜀的州帐下司马赵韪，在这关键时刻，联合以王商为代表的土著豪族势力，控制了益州局面。他们认为刘璋温仁而易控制，上表朝廷，要求刘璋接替父职。这时朝廷在董卓旧将李傕、郭汜的控制下，对益州鞭长莫及，又慑于全国大乱形势，只好诏任刘璋为监军使者，领益州牧。他们还以朝廷的名义，任赵韪为征东中郎将，要他带兵去攻打荆州刘表。以朝廷的名义直接任命赵韪，目的是欲把赵韪的地位提高到接近州牧，给他兵权以削弱州牧势力，挑起他与刘璋间的矛盾。赵韪则另有图谋。他接到诏书后，就带兵东向，屯兵于紧临荆州的朐䏰（今四川万县与云阳之间）。

这时，益州境内，"东州士"与土著势力的矛盾再次激化。自从刘焉打败任岐、贾龙后，"东州士"无所顾忌，专横跋扈，侵暴人民，欺辱土著。刘璋政令多阙，势不能制，力不能禁。益州各地，民心鼎沸，怨声四起。在巴郡，首先爆发了沈弥、娄发、甘宁等土著豪族的武装暴乱。暴乱被平定后，甘宁等人率众顺江而下，投奔了东吴。赵韪本为巴西安汉人，随刘焉入蜀后，注意与土著豪族的关系，人缘极好。现在，他认为取代刘璋的时机到了。首先，他厚赂荆州请和，免去了后顾之忧；接着又串联益州各地大姓豪族，相约共同起兵。

建安五年（200），赵韪起兵回攻刘璋。蜀、广汉、犍为三郡皆有土豪起兵响应。赵韪很快打到成都城下。刘璋死守成都。各地"东州士"也同心协力，拼死援助刘璋。赵韪久攻成都不下，退守江州（今重庆）。"东州士"猛攻江州，赵韪为部将所杀，动乱遂平。当时实际上控制着朝廷的曹操，对蜀中战事也极为注意。《汉献帝春秋》曰："汉朝闻益州乱，遣五官中郎将为益州刺史，征璋为卿，不至。"②

---

① 《三国志》卷31《蜀书·刘焉传》一处说刘瑁为"小子"，一处又说"曹公加璋振威将军，兄瑁平寇将军"。《后汉书》同。《华阳国志》说璋为季子，瑁为叔子，可本。

② 《三国志》卷31《蜀书·刘焉传》及注引《英雄记》。胡三省曰：卿，九卿也。

第四章 东汉

"赵韪之乱"使刘璋割据政府感到了益州土著豪族的实力,此后对其多迁就放纵,不敢轻意兴罪。另外,刘璋也欲利用土著来牵制日益跋扈的"东州士"。

南郡枝江人董和担任成都令时,严格取缔豪强妄为。豪强们联合要求刘璋调董和转任他地,刘璋即听命,准备调董和为巴东属国都尉;但同时成都的一些外来势力,相携请愿,要求留任董和,刘璋又俯首听命,将他留任。在刘璋执政期间,政令多阙,法治不严,豪族自恣,纲纪不肃,礼制不严,臣吏相媚,互相奉承,德政不举,人心背离。如外籍官吏法正,蜀籍官吏张松,皆为有才之士,终不得尽其才,展其能,结果为刘备所用。另外,从历史发展的一般规律看,刘焉、刘璋政府也只能是中央王朝钳制下的地方政府向完全脱离中央的割据政府的过渡形态,从当时全国的形势,益州周围的环境,人们的意识等方面看,当时人们也只能接受这样的政府。

为满足土著豪族欲望,刘璋先后新置了巴东、巴西、固陵、江阳数郡和分置了临江、南充国数县,增多了官吏名额,任用土豪为官吏。如芦山豪族樊敏,早年曾"察孝廉,除郎官,迁宕渠令",后来在光和(178~184)末,又重举孝廉,辞不就,后因聘为治中诸部从事,弹凶纠贪,务锄民秽,州里翕然,号曰吏师,在蜀地有较大影响。刘璋便在他晚年授予他虚衔,"以助义都尉养疾间里,年八十有四卒"。《华阳国志·巴志》说:献帝初平元年(190),征东中郎将安汉赵颖韪建议分巴,以朐忍至鱼复为固陵郡;建安六年(201),固陵郡官吏希望郡名中带"巴"字,以名正言顺,刘璋又将固陵改为巴东郡。《华阳国志·蜀志》说:汉安程征、石谦要求改县为郡,刘璋听之,以都尉广汉人成存为太守,属县四,户五千。五千户人口,置一县也小了一点,何况一郡!可见刘璋对土著的迁就。故后来诸葛亮认为:刘璋时蜀土人士,专权自恣,君臣之道,渐以陵替;宠之以位,位极则贱,顺之以恩,恩竭则慢;所以致弊,实由于此①。

最近发现的《建安四年正月中旬故监北江堋太守守史郭择、赵氾碑》也充分反映了刘璋的暗弱。碑中"故监北江堋太守守史郭择、赵氾"云云,可知当时北江堋(都江堰)由蜀郡直辖,而非由益州直辖(此后不久的蜀汉朝廷便直接管辖都江堰)。建安三年(198)对北江堋的大修,应是蜀地的重大工程,州

---

① 《三国志》卷35《蜀书·诸葛亮传》注引《蜀记》。

府也没直接过问。太守守史郭择、赵氾，负责监管北江堋大修工程，二人在工地上前呼后拥，派头十足，但在工地上实际指挥的却是掾史、都水郭荀、任南、杜斯、堋吏李安、傅阳。完工后，堋吏李安、傅阳等"百余人，报服恩施，比方先后"，认为这是前无古人、后无来者的伟大工程，又"兴意推盛，出家钱勒石纪行，刊示后贤，以劝为善"。并堂而皇之地将碑立在祭祀李冰的祠庙中。碑文中不见州牧刘璋的名字，也不见蜀郡守的名字，却始终都在歌颂职位甚低的"太守守史"郭择、赵氾。可见以刘璋为代表的外来统治者，其统治是浮在面上的，实际上控制益州的却是入仕的当地土著豪族。以刘璋为代表的州政府连北江堋（都江堰）这样关系着蜀地国计民生的大堰都不直接管理，既是不重视经济建设，也是懦弱无能的表现。

　　刘璋的无能，还表现在他对待张鲁、处理与汉中的关系上。张鲁与刘焉本有臣属关系，是刘焉任命张鲁为督义司马，支持他去打下汉中，并唆使他断绝谷道。刘璋上台后，张鲁"稍骄于汉中"。对刘璋不够恭敬，巴郡的一些少数民族部落首领如杜濩、朴胡、袁约等曾率族人前往汉中投靠张鲁。这些都是无碍大局的小事，刘璋却凭一时之怒，诛杀张鲁的母亲、弟弟，并派遣中郎将庞羲率兵进攻汉中。庞羲败还，被任为巴郡太守，屯兵阆中，以防御张鲁，与汉中的关系极为紧张。汉中自古为蜀之北门，形胜地险，历代据蜀者非争夺此地不可。建安十三年（208），曹操打下荆州后，刘璋怕其西征益州，派张松去见曹操，并象征性地送去"叟兵"300人，以表示服从调遣。当时曹操忙着追赶刘备，顾不上西征，对张松礼貌不周。加之张松个子矮小，放荡不拘，曹操不喜欢张松，仅任命张松为越寓郡苏示县令。

　　张松十分气愤，返蜀后即大肆诋毁曹操，极力劝刘璋与其断绝关系，又建议请刘备入蜀，助攻汉中。刘璋犹豫未定。建安十六年（211），刘璋听说曹操派军攻打汉中，怕其得汉中后南取巴蜀，就采纳了张松的建议，派法正去荆州请刘备。当时蜀中的许多文臣武将都反对请刘备入蜀。巴西太守严颜听说此事后，不禁拊心而叹："此所谓独坐穷山，放虎自卫也。"益州主簿、巴西阆中大姓之一的黄权，谏刘璋道："左将军（刘备）有骁名，今请到，欲以部曲遇之，则不满其心，欲以宾客礼待，则一国不容二君。若客有泰山之安，则主有累卵

第四章 东 汉

之危。可但闭境，以待河清。"① 这番道理，从刘璋个人利害关系看，可谓一针见血，入木三分，然却没能使其惊悟。益州从事广汉人王累甚至用自己倒悬于州门的办法来劝谏，刘璋仍不听，王累自刎于州门。这些表示出蜀中土著势力，不欢迎一个强有力的新主来代替软弱的刘璋。一些外来势力亦对此持反对态度，如零陵丞阳人刘巴曾谏刘璋道："（刘）备，雄人也，入必为害，不可纳也。"刘备入蜀后，刘巴再谏刘璋，皆未生效。

---

① 《三国志》卷43《蜀书·黄权传》。

第五章 蜀 汉（上）
（214年～263年）

秦汉三国时期，巴蜀历史文化中最辉煌的当推蜀汉这一段。蜀汉政权若从刘备公元221年称帝算，到公元263年亡国，共43年；若从公元214年夏实际控制益州算，共50年。蜀汉是以巴蜀地区为核心，包括今陕西南部、甘肃东南部、湖北西南部、云南和贵州大部分地区在内的一个与魏、吴鼎立，在我国古史文化中具有极重要地位的政权。

蜀汉的建立，并非刘备、诸葛亮等政治家活动的偶然结果。它是巴蜀及有关地区政治、经济、文化消长的必然趋势。从政治方面看，东汉末期的宦官专政、黄巾起义、军阀混战等酿成的全国大乱，是蜀汉政权得以建立的天时。刘焉、刘璋、张鲁等人的割据活动，又为建立蜀汉奠定了基础。从经济方面看，中原大战，经济建设几近崩溃，巴蜀地区战乱较少，仍基本维持繁荣，地盘虽小，实力却可与魏、吴鼎立；三国相争，也是中原、荆楚、巴蜀三大经济区的角力。从文化方面看，先秦至汉代，三国故地有三大文化圈，即中原文化、荆楚文化、巴蜀文化。降至东汉末年，上述地方文化已大体融合，但其若干影响、特别是地方自我中心观念仍严重存在，在巴蜀似尤为突出。三国互抗，也是三大文化圈的互抗。巴蜀经济能在全国大乱中仍维持繁荣，巴蜀地方自我中心文化观念能长期保持，皆与该地北有秦岭、东有三峡这两重险塞有关。刘备、诸葛亮这样的政治家，与巴蜀的政治、经济、文化、地理等条件相结合、相适应，才产生了蜀汉政权。

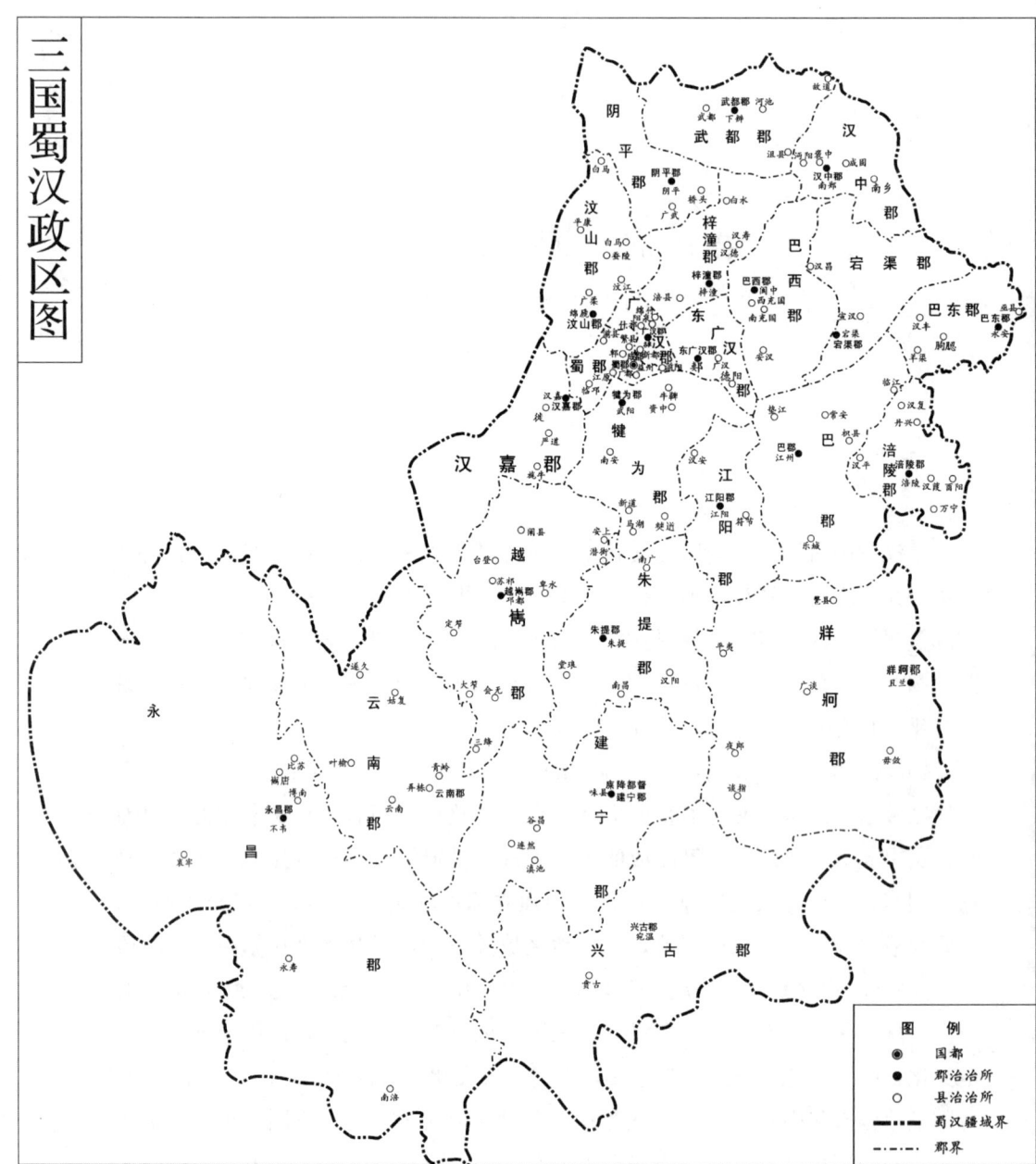

第一节　刘备夺取益州

一、刘备入蜀

刘备（161~223），字玄德，涿郡涿县（今河北涿州市）人。

建安十三年（208），刘备取得荆州后，下一个目标便是西取益州。但蜀地险阻，易守难攻，故迟迟未兴兵。恰在这时，刘璋派法正为正、孟达为副，带军2000人来请。法正见刘璋难成大器，早与张松串通，欲以益州为见面礼，投靠刘备。他一到荆州，就"阴献策于刘备"，约定里应外合夺取益州。刘备当时便接管了孟达的军队，仍让他率领旧部，留屯江陵。

建安十六年（211），刘备留诸葛亮、关

图 5—1　刘备塑像

羽据守荆州，自率步骑一两万人，逆江上至江州，又取嘉陵江道上至垫江（今合川），沿涪水上溯。刘备率军至涪城（今绵阳）①，早已在此等候的刘璋率吏民出城相迎。刘璋在涪城迎刘备，粗看好像是为方便刘备北征汉中，其实也有防范之心。他怕刘备一下子袭取了成都，捣了老巢。他请刘备入蜀，主要是欲利用刘备之力北征汉中，同时也因他与刘备同宗，还寄予了一定幻想。正当刘璋以酒宴迎接刘备之时，张松却叫法正去向刘备、庞统献计，要他们在酒宴上袭杀刘璋。庞统同意此计。

刘备虽为取蜀而来，但他认为不宜操之过急，认为"初入他国，恩信未著，此不可也"②。他认为应先取得民心，然后才夺取土地。这是他不从刘综手里夺

---

① 《三国志》卷31《蜀书·刘璋传》。
② 《三国志》卷37《蜀书·庞统传》。

第五章 蜀汉（上）

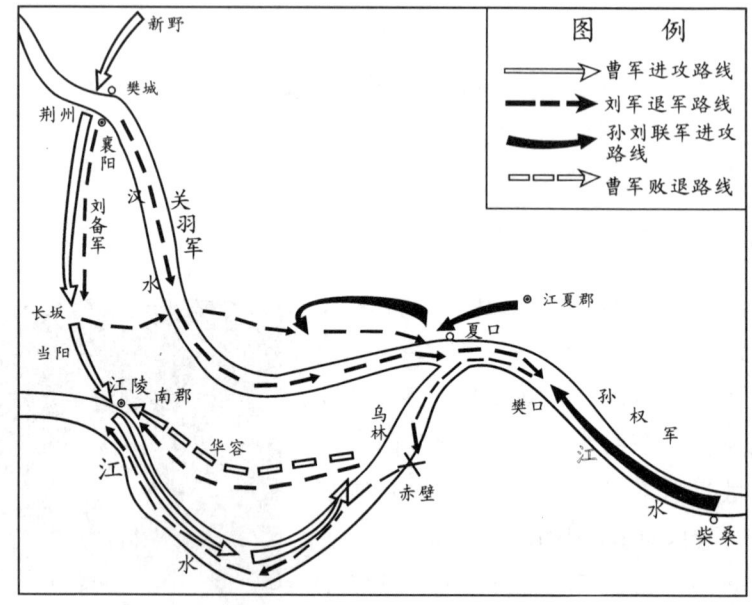

图 5-2 赤壁大战略图

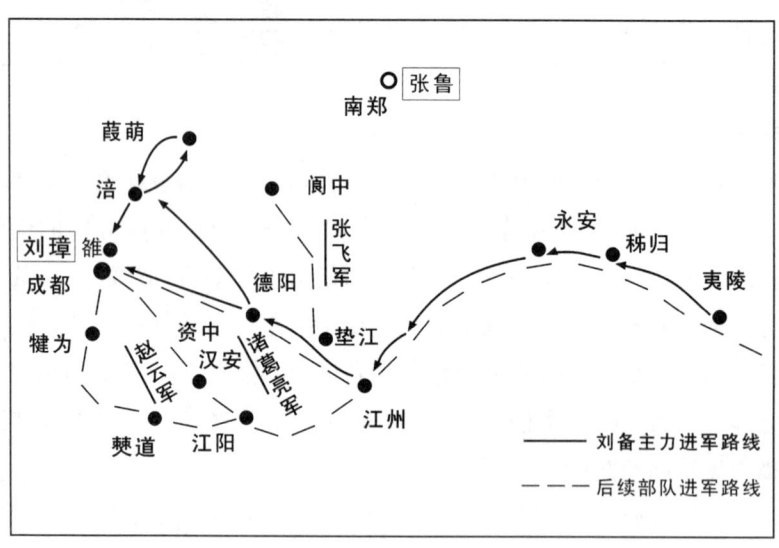

图 5-3 刘备入蜀进军图

取荆州的原因，也是他高于诸葛亮、庞统这些谋臣一等的所在。

刘璋又给刘备增加了一些兵马，把白水关（在当时的广汉郡白水县，今昭化西北）白水军的指挥权给了刘备。加上从荆州带来的人马，刘备共有军3万。欢庆百余日后，刘璋还成都。刘备率军北上，至葭萌（今昭化西北），即驻军不前，对刘璋交给他的军队，"厚树恩德"，收买人心。刘备在葭萌驻扎一年，未北上与张鲁打一仗，在益州引起了普遍议论。

在这期间，刘璋旧部彭羕前来投靠刘备。彭羕，字永年，广汉人，身高八尺，容貌甚伟。姿性骄傲，多所轻忽，惟敬同郡秦子勑（即秦宓），曾向蜀郡太守许靖大力推荐秦宓。彭羕在刘璋之时，为州书佐，后又为众人所谤，被刘璋髡钳为徒隶。刘备入蜀，彭羕看准时机，溯流北行，欲纳说，乃先往见庞统。庞统过去与彭羕并不相识，又适有宾客，未来得及理会他。彭羕径到庞统床上卧下，对庞统道："等会儿你与客人谈完了，我再当与卿善谈。"庞统客既罢，坐到彭羕身边来。彭羕又先要吃食，然后共语。两人谈得投机。庞统又留彭羕共宿，一谈又是一天。庞统对彭羕颇有好感，加上法正过去素知彭羕，遂一道向刘备推荐彭羕。刘备召见彭羕后，也以为是一奇才，便命彭羕向入蜀诸将领讲授蜀中军事地理、风土人情等，甚得大家好感。刘备甚为满意。

刘璋返成都后，军师庞统向刘备献了三计：密选精兵，昼夜兼程，直取成都为上计；假说欲回荆州，执刘璋部将，取其兵，然后取成都为中计；退还白帝城，连接荆州，慢慢考虑进取益州之事为下计。若犹豫不决，必将陷入灾难中。刘备采纳了中计，一面派人回荆州让诸葛亮率军入蜀增援，一面遣使者去告诉刘璋说："曹公征吴，吴忧危急，孙氏与孤本为唇齿，又乐进在青泥与关羽相拒，今不往救羽，（乐）进必大克，转侵州界，其忧有甚于（张）鲁。鲁，自守之贼，不足虑也。"要求刘璋再支持一万兵马及粮草、资宝，准备东行。刘璋虽感吃亏，但还不想公开得罪刘备，同意给其4000兵马，其他资产物资也都按半数拨给。张松知道后，误以为刘备真要走，忙写书给刘备和法正，以为现在唾手可取益州，为何要丢弃而去？张松兄张肃

图5-4　庞统塑像

第五章 蜀汉（上）

是刘璋的广汉太守，知情后怕遭连累，便向刘璋告密。刘璋马上捕杀张松，与刘备的矛盾公开化。接着，刘璋又下令各关戍诸将，停止与刘备往来，文书也不能通行。刘备于是斩杀刘璋派来的白水军督杨怀，派黄忠、卓膺领兵攻打刘璋；自己则带兵北进白水关中，以白水军将士的妻子儿女为人质，然后回军与黄忠、卓膺等一道攻涪城。刘璋部将或败或降。刘备军很快进围雒城，同时通知诸葛亮由荆州发兵入蜀配合。在围攻雒城时，军师庞统中流矢而死，刘备军受到一定损失。

刘备入蜀，留诸葛亮镇荆州，而带庞统入蜀，二人有特殊感情。庞统死，刘备痛惜，言则涕泣。刘备新置广汉太守张存曾在刘备面前说："统虽可惜，违大雅之体。"刘备怒曰："统杀身成仁，非仁者乎？"即免存官①。刘备重用庞统，以及后来重用法正，似都与不欲让诸葛亮集权于一身有关②。

二、诸葛亮率赵云、张飞等入蜀

诸葛亮接到刘备入蜀命令后，即率军入蜀。诸葛亮、张飞、赵云率兵打下江州后，即分兵三路，诸葛亮派一军平行向成都，张飞率一军北行逆垫江向巴西（治今阆中），赵云率一军取南道，逆长江攻江阳（今泸州），他们很快攻下川东、川北、川南各郡县。雒城守将刘循为刘璋之子，率众坚守；刘备等围攻达一年之久，到建安十九年（214）夏才攻下雒城。然后，刘备率军与诸葛亮、张飞、赵云等合围成都。

诸葛亮（181~234），字孔明，徐州琅邪阳都（今山东沂南）人。汉世诸葛为琅邪大族，重视子女教育。诸葛亮之父曾任泰山郡丞。亮兄妹五人，有一兄二姐，一弟。诸葛亮少年时代受到齐鲁故地儒家文化的熏陶。

图 5—5 诸葛亮塑像

---

① 《华阳国志》卷3《蜀志》。
② 《三国志》卷37《蜀书·法正传》、卷31《蜀书·刘二牧传》、卷37《蜀书·庞统传》、卷36《蜀书·张飞传》。

父早丧，由叔父诸葛玄（名士之一）抚养和教育其兄妹。兴平元年（194），曹操攻打徐州，屠杀10余县、数10万人民，其中包括诸葛亮家乡的许多亲戚，给年仅13岁的诸葛亮留下了极深刻的印象，这应是他以后终生反曹的重要因素之一。同年，诸葛玄被袁术任命为豫章太守，带诸葛亮及其弟去上任（在今南昌），很快失职，又带诸葛亮及他的两姐一弟到荆州投奔刘表。不久，其大姐嫁给荆州望族蒯祺，二姐嫁给名士庞山民。两年后，诸葛玄死，两兄弟失去依靠，在襄阳城西20里的隆中躬耕自食。在这一时期，诸葛亮主要是通过自学，知识见解大进。其主要特征：善综合诸子百家，取其精华，用其所长。诸葛亮成年后，身高八尺（约1.888米），常自比管仲、乐毅，爱唱《梁父吟》，结交庞德公、庞统、司马徽、黄承彦、石广元、崔州平、徐元直等名士。其智谋为大家所公认，人称"卧龙"。诸葛亮娶黄承彦之女。刘备屯兵新野时，徐庶为其幕僚，又推荐诸葛亮。刘备三顾茅庐相请，他才与其相见，并立刻为刘备提出了立国创基之策，这便是著名的《隆中对》。他说：曹操已拥百万之众，挟天子而令诸侯，不可与其争锋；孙权已三代据有江东，有长江之险，百姓依附他们，贤能之士愿意被其使用，对他们，只能联为外援，别想去打主意；建议刘备跨有荆、益，保其险阻，西和诸戎，南抚夷越，外结好孙权，内修政理，天下有变，则命一上将将荆州之军以向宛洛，将军身率益州之众出于秦川，则霸业可成，汉室可兴。这就大体勾画了三国鼎足而立的未来，并为日后发展形势所证实。刘备即请其为军师。诸葛亮出山后，首先建议刘备扩充军队。刘备的队伍很快由几千人发展到几万人。他俩的感情日渐密切，关羽、张飞有些不悦，刘备对他们解说道：我之有孔明，犹鱼之有水也！凭诸葛亮的本事，若他选择曹操、孙权都会有一个好的前程，但他却选择了势单力薄、前途无保障的刘备。这不仅仅因刘备有"三顾"之情，更重要的是他们都有匡复刘姓汉室的志向。

　　刘备兵败长坂、逃至夏口后，诸葛亮对他说："现在形势很急，请派我到东吴去向孙将军求救。"当时孙权的战略总方针是欲占领包括荆州、益州在内的南方广大地区，与控制北方的曹操分个高下。但面对曹操大军的突然南下，却无定策。诸葛亮去后，劝说孙权：将军若认为能够与曹抗衡，便应与其早绝；若不能抵挡，则应早降；像现在这样表面上服从，内心犹豫不定，大祸便要来了。

　　孙权说：那么刘备为什么不降？诸葛亮说：刘豫州是汉皇室后裔，英才盖世，众士仰慕，即使失败也是天意，怎可能再去跪在别人的脚下呢！于是孙权

第五章 蜀汉（上）

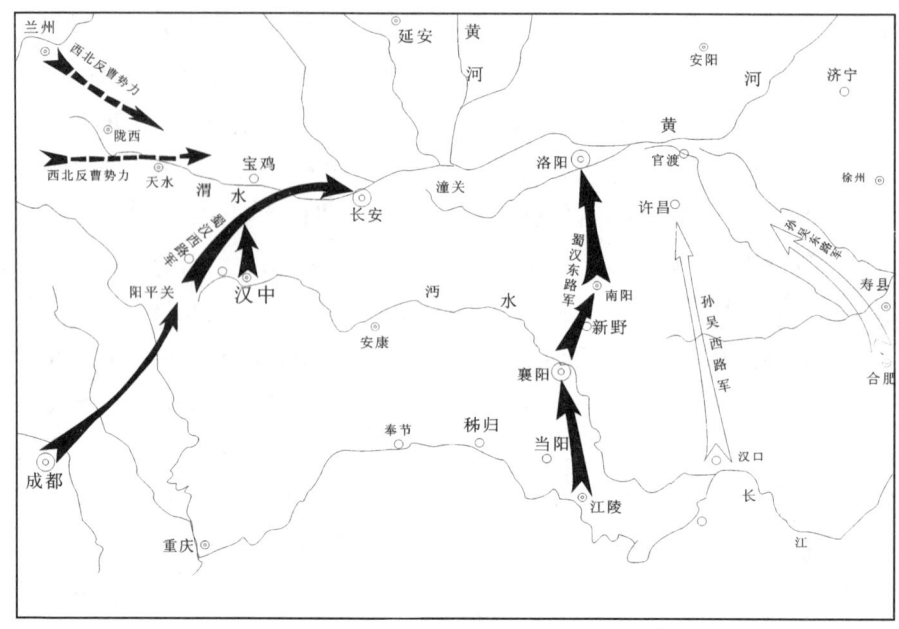

图 5-6 《隆中对》战略设计图

很生气地答道：我也不能以相当于过去整个吴国的广大地区，十万军队，去受制于人！于是，他派周瑜、程普、鲁肃带水军3万，同诸葛亮一起来见刘备，并力抗曹，大败曹军于赤壁（今湖北嘉鱼县东北）。战后，刘备逐步控有荆州，完成了诸葛亮在隆中所拟夺取战略基地的第一步。

刘备控制荆州后，用诸葛亮为军师中郎将，都督零陵等三郡。诸葛亮及时恢复和建立了各种管理制度，抽调赋税，满足了刘备军需。建安十六年（211），刘备入蜀，留诸葛亮与关羽镇荆州。刘备与刘璋矛盾公开化后，诸葛亮受命率军入蜀，与刘备共围成都。

赵云（168? ～229），字子龙，常山真定（今河北正定）人。早年追随刘备，南征北战。这次随诸葛亮一道入蜀，溯江西上，沿途平定郡县。打到江州后，诸葛亮即遣赵云单独率一军，逆江而上，打至江阳（今四川泸州），又从江阳逆江而上，打至

图 5-7 赵云塑像

成都城下，与诸葛亮相会。

张飞（？~221），字益德，涿郡（今河北涿州市）人。中平元年（184），刘备在家乡招兵买马时，张飞前往参加。张飞年龄小于刘备、关羽，被视为三弟。张飞跟随刘备转战南北，作战勇敢，不畏艰难，屡立战功。建安十六年（211），刘备入蜀，留张飞镇南郡。次年，刘备开始攻打刘璋，即命张飞率军与诸葛亮一道入蜀。

张飞与诸葛亮逆江而上，然后分道而进。张飞的进军路线是从巴东打到犍为，再北上逼成都。诸葛亮能放心地让张飞单独率军执

图 5-8　张飞塑像

行如此艰巨的任务，表明在他眼里，张飞绝不是一个单纯的武夫，而是能独当一面、有勇有谋的大将。张飞与诸葛亮分手后，很快打到巴郡郡治江州（今重庆市）。不久，攻进江州城，俘巴郡太守严颜。张飞大声问道："我们大军来到，你凭什么不降，还敢抵抗？"严颜答道："是你等无理，侵夺我益州！我州只有断头将军，没有降将！"张飞大怒，令左右拉下去砍头。严颜脸不变色地说道："砍头便砍头，何必发怒！"张飞很敬佩严颜的"君子"风度，即上前为其松绑，赔礼道歉。严颜见刘璋确实成不了大事，又见张飞讲义气，便归顺了张飞。在严颜的帮助下，张飞所到巴东、犍为郡各县关卡一般都不战而降。张飞沿途收编降卒、降吏，队伍很快发展到数万之众，顺利地到达了成都。

三、刘备取成都

建安十九年（214），刘备围成都后，刘璋部将属吏中有不少人谋划出降。如郡督邮朱叔贤，因谋划外降未遂，被诛，其妻昭仪被刘璋配给兵士，见逼，自杀[①]。蜀郡太守许靖，也准备逾城出降，事觉，刘璋以危亡逼近，并已准备出降，未诛许靖。这些对刘璋的刺激很大。当时，成都城中还有精兵 3 万，府中粮谷布帛可供一年之需，官吏、百姓、军队也多愿与刘备军决一死战，但刘

---

① 《华阳国志》卷 10 上《先贤士女总赞》（上）。

璋却缺乏决战的勇气。他说：我父子在益州20多年，没给百姓多少恩德，这三年战争，就因我一人，让百姓吃了不少苦头，心安不下！正在这时，刘备派简雍入城说降，他便顺水推舟，开城出降。许多官吏百姓为此感激流涕①。从中平五年（188）刘焉入蜀，到建安十九年（214）刘璋出降，他们父子共割据益州26年。

刘备迁刘璋于南郡公安县，把他过去的所有财物和振威将军的印绶也一道送了去。后来孙吴杀了关羽后，刘璋又当上了东吴的"益州牧"，驻扎在秭归。刘璋二子，长子刘循，后仕蜀汉，任奉车中郎将，次子刘阐，为东吴的益州刺史。刘备以客驱主，给蜀地人们的第一印象不太好。在他初得西蜀之时，形势紧张，每天都要爆发数十起骚动。刘备以大批军队弹压，才控制住了局势②。

刘璋政权是东汉末年自立于益州地区的一个割据政权。当时天下大乱，益州的形势是要么割境自保，要么为他人所兼并。刘璋不具有"人雄""霸主"之器，不能待机图天下，据险守一方，故被称得上"天下英雄"（曹操语）的刘备取而代之，也在情理之中。在刘焉、刘璋父子割据益州的26年间，该地虽曾发生过一些动乱，但没出现同期中原地区那种毁灭性的破坏，为当时全国较安稳的地区，经济、文化得到了较好的保护，"民殷国富"。这些都为以后蜀汉政权的建立奠定了基础。

四、平蜀后初期事略

刘备攻成都前，曾与众将兵士相约：若打下成都，库中百物，我一概不要。夺得成都后，即以蜀中殷盛之物，大飨士卒，取成都城中金银，分赐将士。他还准备把成都城中的房舍、城外的园池尽分诸将，以显示他有福同享之衷。赵云却建议说：现益州人民刚遭兵祸，应将田宅房产归还百姓，令其安居乐业，然后才能役调，才能获得他们的拥护。刘备即从其计。

刘备还是重奖了功臣们。建安十九年（214），刘备重奖诸葛亮、法正、关羽、张飞等，每人黄金500斤、银1000斤、钱5000万、锦1万匹。其余将士各有数目不等的奖赏。这显示出他重"义"的特征。但同样立有大功的赵云却

---

① 《三国志》卷31《蜀书·刘二牧传》、卷38《蜀书·简雍传》。
② 《三国志》卷14《魏书·刘晔传》注引《傅子》。

不见于获重奖名单中，当是他辞谢了奖赏。

刘备政权初建之后，库中财物多被将士取走，很快出现军用不足，加之物价暴涨，社会情绪波动很大。刘备甚为不安。《三国志》卷39《蜀书·刘巴传》注引《零陵先贤传》说：及拔成都，士众皆舍干戈，赴诸藏竞取宝物。军用不足，备甚忧之。巴称："易耳，但当铸直百钱，平诸物贾，令吏为官市。"刘巴建议铸造的"值百钱"，面额为"百"，一个新铜钱的购买力，在法律上相当于过去100个五铢钱。此外，还采取各种措施稳定物价，官府管理市场，征收市税等。刘备照此办理，数月之间，府库充实，果然大获奇效。同时，刘备自领益州牧，广建官职，分广汉郡为梓潼郡。

这一年春节大宴群臣时，刘璋时的牛鞞县长、刘备刚任命的州从事李邈（字汉南，李邵之兄）行酒时，竟敢直接责怪刘备道："振威以将军宗室肺腑，委以讨贼，元功未效，先寇而灭。邈以将军之取鄙州，甚为不宜也！"刘备一听，用嘲笑的口吻回道："知其不宜，何以不助之？"李邈竟说："匪不敢也，力不足耳。"这是公开站出来反对新生政权。旁边有关官员即将其拿下，欲杀之。诸葛亮因政权初建，不服者多，便为其求情，最后刘备同意免其处罚。后来，还任命李邈为犍为太守、丞相参军、安汉将军等[①]。

成都形势稍安定后，刘备任命张飞为巴西太守，镇守北大门。张飞的性格"不恤小人"，对部下常鞭打用刑。刘备曾告诫他："你在对部下用刑时，有的过分了，有的用错了，又常鞭打兵士，又让他们在你的身边，这可是取祸之道啊！"张飞仍不改。建安二十年（215），曹操夺得汉中后，留夏侯渊、张郃镇汉中。曹军时常骚扰巴土。一次，张郃带军攻下巴西，欲迁徙当地百姓到汉中。张飞率军前往拦击，两军在宕渠、蒙头、荡石一带相拒50多天。最后，张飞率精兵绕道从后面攻击张郃。因山道陡窄，曹军前后无法接应，张郃大败，仅带10余人从小路逃回汉中。此次战略，张飞俘获曹军数万人。此后，夏侯渊、张郃再不敢骚扰巴土。

刘备还任命孟达为宜都太守，镇守荆州与益州之间的战略要道。建安二十四年（219），刘备命孟达从秭归北攻房陵，很快攻杀房陵太守蒯祺。孟达又欲攻上庸。刘备担心孟达一人难以独任，又派刘封自汉中乘沔水而下，统领孟达

---

① 《华阳国志》卷10中。

第五章 蜀汉（上）

军，与孟达在上庸相会。刘封者，本罗侯寇氏之子，刘备在荆州时，因当时没有儿子，将其收为养子。在刘备平蜀、取成都过程中，刘封年20余，有武艺，气力过人。益州既定，刘备任刘封为副军中郎将。二人对上庸发起攻击，上庸太守申耽举众而降。刘封命申耽率妻子及宗族诣成都，听候刘备发落。刘备任申耽为征北将军，领上庸太守，以申耽弟申仪为建信将军、西城太守，升刘封为副军将军。

在刘备入蜀路上前来投奔的彭羕，取下成都后，被刘备任用为益州治中从事。彭羕由一名罪徒一下子变成新政权的高官，处州人之上，形色嚣然，自矜得遇滋甚。诸葛亮虽表面上应付彭羕，内心却不喜欢他，多次密言刘备，说他心大志广，难可保安。刘备于是留心观察彭羕，不久便降他为江阳太守。彭羕接到通知后，甚是不悦，往诣马超。马超问彭羕："卿才具秀拔，主公相待至重，谓卿当与孔明、孝直诸人齐足并驱，宁当外授小郡，失人本望乎？"彭羕曰："老革荒悖，可复道邪。"竟骂刘备为老革，即老兵。又对马超说："卿为其外，我为其内，天下不足定也。"当时马超羁旅归国，常怀危惧，闻彭羕之言，顿时大惊，默然不答。待彭羕退出后，上表奏明彭羕言语，于是刘备下令将彭羕收付有司。彭羕于狱中向诸葛亮写了一封甚为诚恳的检讨书，说："仆昔有事于诸侯，以为曹操暴虐，孙权无道，振威暗弱，其惟主公有霸王之器，可与兴业致治，故乃翻然有轻举之志。会公来西，仆因法孝直自炫鬻，庞统斟酌其间，遂得诣公于葭萌，指掌而谭，论治世之务，讲霸王之义，建取益州之策，公亦宿虑明定，即相然赞，遂举事焉。仆于故州不免凡庸，忧于罪罔，得遭风云激矢之中，求君得君，志行名显，从布衣之中擢为国士，盗窃茂才。分子之厚，谁复过此。羕一朝狂悖，自求葅醢，为不忠不义之鬼乎。先民有言，左手据天下之图，右手刎咽喉，愚夫不为也。况仆颇别菽麦者哉。所以有怨望意者，不自度量，苟以为首兴事业，而有投江阳之论，不解主公之意，意卒感激，颇以被酒，悦失'老'语。此仆之下愚薄虑所致，主公实未老也。且夫立业，岂在老少，西伯九十，宁有衰志，负我慈父，罪有百死。至于内外之言，欲使孟起立功北州，戮力主公，共讨曹操耳，宁敢有他志邪？孟起说之是也，但不分别其间，痛人心耳。昔每与庞统共相誓约，庶托足下末踪，尽心于主公之业，追名古人，载勋竹帛。统不幸而死，仆败以取祸。自我堕之，将复谁怨。足下，当世伊、吕也，宜善与主公计事，济其大猷。天明地察，神祇有灵，复何言哉。

贵使足下明仆本心耳。行矣努力，自爱，自爱。"但彭羕仍被诛死。当时他37岁。

在刘备攻打汉中时，诸葛亮代理刘备益州牧府事务，开始着手征辟土著学者，谯周便是其一。谯周（200～270），字允南，巴西西充国（今四川阆中）人。其父亲谯岍为研究《尚书》，兼通诸经及图纬的著名学者。谯周早年丧父，稍长即沉迷于传统文化与史学。家里贫穷，他也不过问产业，常一人诵读书籍，忘寝废食，欣然独笑。他又拜著名学者秦宓为师，具传其业。稍长，已精熟"六经"，尤擅长于书札，颇知天文；身高八尺（约1.888米），体貌素

图5-9 南充万卷楼谯公祠内的谯周像

朴，待人诚恳，不修边幅；不善辩论，但内心反应敏捷，明晓是非。诸葛亮第一次召见年仅20岁左右的谯周时，大概因其穿着打扮、言谈举止很不入时，周围好几人都忍不住笑出声来。待谯周出去后，有关官吏请示是否追究发笑者。诸葛亮说："我都忍不住差一点笑出来，何况他人！"诸葛亮起用谯周为益州州牧府的劝学从事，主管教育及文化。当时蜀汉只有一州，益州与朝廷的很多政务并未分开，谯周实际上是主管蜀汉全国的教育、文化事务。

五、吴、蜀平分荆州

建安二十年（215），孙权听说刘备夺得益州，遣中军司马诸葛瑾为使来益州，欲索回荆州。刘备答道：须得凉州（今甘肃、青海、宁夏部分地区）后，才能还荆州。孙权认为这是借地不还，即委派长沙、零陵、桂阳三郡长吏，命去赴任。关羽却令各地驻军将其逐出。孙权十分恼怒，派遣吕蒙率兵2万袭取长沙、零陵、桂阳三郡。长沙、桂阳二郡开门出降，唯零陵太守郝普坚守。这年五六月间，刘备率兵5万，从成都出发，顺江而下，直抵公安，同时命关羽进军益阳（今湖南益阳县东）。孙权进驻陆口，亲到前线坐镇。吴、蜀大战，一

触即发。

正在这时，曹操攻破了汉中，张鲁南逃入巴西。对初生的刘备政权来说，张鲁南来并非威胁，但若曹军继续南下攻巴蜀，却是严峻的考验。巴蜀土著首先意识到面临的危险。阆中人黄权及时地向刘备进言道："若失汉中，则三巴不振，此为割蜀之股臂也。"① 为避免两面受敌，刘备忙派人与孙权联合。孙权也明白，如果曹军攻占了益州，取得了长江上游，占据有利地形，自己将受到威胁，同时他还想趁中原空虚之际，袭取中原，便向刘备作了让步，双方以湘水为界，平分了荆州：江夏、长沙、桂阳三郡属吴，南郡、零陵、武陵三郡属蜀。七月底、八月初，刘备引军还江州（今重庆）。八月，孙权率10万大军围攻合肥。

六、北取汉中

建安二十年（215）三月，曹操攻下陇右，进军汉中。七月，曹军攻至阳平（今陕西沔县西北），张鲁军数万人据关坚守，曹军诈退，趁汉中军松懈之时夺关。张鲁封库出逃，经米仓道入巴中（今四川巴中县），投靠当地少数民族賨人（即板楯蛮）杜濩、朴胡。曹军直入南郑，见府库悉数封存，便派人到巴中招降张鲁等。九月，賨人首领杜濩、朴胡率賨民到汉中附曹军。曹操以朴胡为巴东太守，杜濩为巴西太守。八九月间，刘备回到江州，即命黄权带兵迎击张鲁。十一月，张鲁带家属投降了曹操。曹操封他为阆中侯，邑万户。当七月曹操取得汉中之时，刘备正率蜀中大军奔忙于荆州。丞相主簿司马懿曾建议曹操取巴蜀："刘备以诈力虏刘璋，蜀人未附，而远征江陵。此机不可失也。今克汉中，益州震动，进兵临之，势必瓦解，圣人不能违时，亦不可失时也。"刘晔也认为："今破汉中，蜀人震恐，其势自倾。以公之神明，因其倾而压之，无不克也。"② 但曹操担心刚夺得的关中、陇西之地不稳，加之孙权正攻合肥，北方代郡上谷乌桓造反，赤壁兵败犹有余悸，竟不敢发兵取蜀，错过了一个收取巴蜀、进而统一天下的良机。

曹操撤回大军，留夏侯渊、张郃屯汉中。张郃多次入犯巴境，一度攻下巴

---

① 《三国志》卷43《蜀书·黄权传》。
② 《资治通鉴》卷67。

东郡（治鱼复，今奉节）、巴西郡（治阆中）的部分属县，强迁其民于汉中，又进军宕渠郡（治宕渠），为张飞所拒。张飞军在宕渠、蒙头、荡石等地，与张郃军交战50余日，后来张飞从险道邀击张郃，曹军大败。张郃带领麾下10余人从小路逃回南郑①。魏延等直攻马鸣阁（今四川昭化西北）、阳平关；张飞、马超等率一军从西道（可能是溯嘉陵江河谷而出）先攻下辨，再进军南郑。

曹军控制汉中，对巴蜀构成极大威胁。蜀汉要想北拓、西进，巩固在益州的统治，都必须解除此威胁。建安二十二年（217）十月，法正向刘备分析汉中地理时指出：若占有此地，上可以倾覆寇敌，尊奖王室，中可以蚕食雍凉，广括境土，下可以固守要害，为持久之计，建议刘备立即出兵，"天以与我，机不可失"。法正的分析是正确的，为以后几十年蜀汉政权的活动所证实。

刘备按法正之策，于建安二十三年（218）春，分兵两路攻汉中，仍留诸葛亮坐镇成都，总理后方。刘备自率法正、黄忠、赵云等攻打汉中。

建安二十四年（219）春，赵云随刘备兵攻汉中。一次，曹军运大批粮食到北山下，黄忠认为可趁机抢夺其粮，便带领部下及赵云所属的部队去抢粮。黄忠过期未还，赵云便带着数十骑轻装出围（一种城堡性兵营）前去接应。走了不久，正碰上曹军大队人马。赵云率军冲其阵，且战且退。曹军阵乱又重合，将赵云等围在其中。赵云等杀出重围后，发现部将张著受伤未出，又重新杀进包围圈，救出张著，然后带领大伙退回围子。当时，沔阳县长张翼正在这里协助守围。他一见曹军大队人马涌来，便欲关门拒守。但赵云感到敌军太多，关门守围可能守不住，便令大开围门，偃旗息鼓。曹军冲到围前，疑围内有伏兵，忙退。赵云令擂响战鼓，鼓声震天，又令以箭射敌。曹军惊骇，自相踩踏，坠入汉水中淹死者甚多。次日，刘备来到赵云兵围察看前日战斗情景，禁不住地说："子龙一身都是胆也！"从此，军中称赵云为虎威将军。

刘备令张飞与马超从沮道至下辨（故城址在今甘肃成县西），策动当地氐羌民族"七部万余落"反魏。曹操派曹洪等率大军前来抵挡，张飞、马超即奉命撤回。刘备当汉中王后，即拜张飞为右将军、假节（即有权代表汉中王处理若干事务）。

刘备军于四月攻破马鸣阁，即进攻阳平关，受阻，发书回成都要求增兵。

---

① 《三国志》卷32《蜀书·先主传》、卷36《蜀书·张飞传》。

第五章 蜀汉（上）

诸葛亮犹豫不决，问州从事杨洪。杨洪为益州土著，熟悉情况，当即指出："汉中则益州咽喉，存亡之机会，若无汉中则无蜀矣，此家门之祸也。方今之事，男子当战，女子当运，发兵何疑？"诸葛亮尽发后方之兵，火速增援刘备。汉中形势急转。

这年七月，曹操放下北方乌桓战事，欲亲到汉中与刘备决战。九月，曹操赶到长安。十月，宛城守将侯音起兵，威胁到曹操统治的腹心地区。曹操不得不转而应付此事。

建安二十四年（219）一月，刘备久攻阳平关不下，乃率军渡沔水，营定军山（今陕西沔县东南），大破魏军。老将黄忠阵斩曹军主帅夏侯渊，又斩曹军的益州太守赵颙，回师复攻阳平关。三月，曹操自长安出斜谷道，欲至汉中，刘备以军相阻。双方对峙至五月，魏军损失甚大，逃兵又多，曹操只好下令撤回在汉中的所有军队。经过约17个月的征战，蜀军遂攻占整个汉中。

刘备取得汉中后，即命宜都太守孟达从秭归攻取房陵，又命副军中郎将刘封沿汉水而下，与孟达军共同攻取上庸郡。

刘备夺得汉中，并非偶然，它受许多内在因素的制约。汉中与巴蜀内地本属同一经济区、同一文化圈，在经济、文化、地域上都具有密切的关系。它表现在蜀人普遍认为要割据巴蜀就必须占有汉中，故一再向刘备等建议攻打汉中，也表现在大多数汉中人民乐意接受蜀汉政权的统治①。正由于汉中与巴蜀具有经济、文化上的一致性、地理上的连接性、依靠性，所以，刘备欲称雄巴蜀，必然要尽全力以夺取汉中。当时曹操称魏王，为了提高自己的地位，与曹操并驾齐驱，建安二十四年（219）秋，刘备自立为汉中王。《水经注》说沔阳故城：建安二十四年，刘备北定汉中，始立坛，即汉王位于此城。《梁州记》说：刘备为汉王，权住此城，盟于城下，今门外有盟坛，犹存阙。

刘备为汉中王后，欲任用黄忠为后将军。黄忠字汉升，南阳人，荆州牧刘表时的中郎将，刘备收取荆州时，投归刘备，随从入蜀。在平蜀战斗中，常先登陷阵，勇毅冠三军。益州既定，拜为讨虏将军。建安二十四年（219），于汉中定军山攻击夏侯渊军。战斗中，黄忠摧锋必进，劝率士卒，金鼓震天，欢声动谷，一战斩杀夏侯渊。刘备即升黄忠为征西将军。当时诸葛亮曾劝说道："忠

---

① 部分汉中人民被曹操外迁，不断逃回，晋时又作为大批流民逃回，同样反映了文化的内向力。

之名望,素非关、马之伦也。而今便令同列。马、张在近,亲见其功,尚可喻指。关遥闻之,恐必不悦,得无不可乎?"刘备曰:"吾自当解之。"遂赐黄忠爵为关内侯,与关羽、张飞等齐位。

七、益州豪族的武装反抗

建安二十三年(218),正当刘备攻打汉中之际,益州土著豪族却在西蜀武装起事,公开表示了对蜀汉政权的反抗。

郪县"世掌部曲"的大姓豪族马秦、高胜,纠合附近大姓豪族,合聚部曲数万人,迅速打下郪县、牛鞞(今简阳)、资中(今资阳),威胁到刘备统治的腹心地带。蜀汉政府派犍为太守李严前往镇压,斩马秦、高胜。

图 5-10 黄忠塑像

越嶲豪族高定率军包围了新道县①,李严又回兵赴救②。此非一般的农民起义或"盗贼"举事,是"世掌部曲"的土著豪族与外来势力的武装较量,是有预谋、有时间选择的。

这些起事虽然都被镇压下去了,但却反映了土著势力对待新主的态度。这些事本来可以提醒荆州外来集团,让他们充分注意土著豪族的存在,让他们适当考虑土著豪族的利益,但却未收到应有效果。

八、关羽失荆州

刘备取得汉中,给关羽极大鼓励。刘备、诸葛亮先后离开荆州之时,都要

---

① 关于新道县,史学界尚存争议。《水经注》卷33说:"崃山,邛崃山也,在汉嘉严道县,一曰新道南山,有九折坂。"《蜀中广记》卷14说:"崃山,邛崃山也,在汉嘉严道县,一曰新道。"曾有人疑新道县是由严道改名。但蜀汉时严道县仍存,见《晋书·地理志》。方北辰《三国志注译》第1803页说:"新道,县名,县治在四川屏山县西。"而屏山为蜀汉时安上县境。任乃强、任新建《四川州县建置沿革图说》第9页,认为在峨边大堡子。此或为刘璋时改县名,蜀汉时又复改回。

② 《三国志》卷40《蜀书·李严传》,《华阳国志·蜀志》。

第五章 蜀汉（上）

关羽巩固孙刘联盟，并相机夺取曹魏控制的襄阳、樊城一带，以确保荆州之安。江陵去襄阳步道500里，势如唇齿，不夺取襄阳，则江陵终不得安，特别是江夏、桂阳、长沙三郡属吴以后，江陵后方就更为薄弱，前后受夹。蜀汉以荆州为基地向外拓展，势在必行。但首先进攻谁、在何时进攻，却颇需忖度。若北攻襄樊，孙吴是否会从后掩袭？建安二十年（215）吕蒙兵袭长沙、江夏、桂阳三郡的事件方过不久，足以使关羽为戒。再加上前些日子，孙权"遣使为子索羽女，羽骂辱其使，不许婚"①，与东吴的关系很紧张。从这时的形势看，对荆州的威胁主要来自东吴，其次才是曹魏。关羽决定首先进攻曹魏，完全忽视了来自东吴的主要威胁，这与他过高地估计自己、过低地估计曹魏、东吴的实力，特别是完全忽视了曹魏、孙吴联合的可能性有关。另一方面，也与诸葛亮制定的只能"东和孙吴"，而不能在任何时候借曹魏抵御孙吴的战略方针有关。建安二十四年（219）七月，关羽率军进攻驻守在樊城的曹仁。曹操派大将于禁助战。关羽借汉水淹曹魏七军，生擒于禁，一时威震华夏。曹操集众讨论，打算迁离许都，以避关羽之锐。有人却建议曹操去联合孙权，以答应分割江南之地为条件，要他出兵从背后袭取关羽。曹操采用此策，派人与孙权联合。十月，孙权接受曹魏建议，诱降了关羽的一些部将，出兵配合曹军，前后掩击蜀军，斩杀了关羽父子。吴蜀联盟由此遭到破坏。

图5-11 关羽塑像

关羽失荆州，并非偶然。从秦汉时期的经济、文化分区看，荆州与巴蜀既不属同一经济区，也不属同一文化区，两地之间缺乏紧密的内在联系。相反，荆州属于长江中下游的经济区和文化圈，与东吴其他地区存在着天然的、难以分割的种种联系。正是在这种文化心理的作用下，东吴朝野上下一致认为必须占有荆州，哪怕为此付出最高昂的代价也在所不惜。荆州人民，似乎也是心向东吴的。东吴第一次袭

---

① 《三国志》卷36《蜀书·关羽传》。

取荆州时，吕蒙仅"移书"三郡，长沙、桂阳二郡便"望风归服"[1]。东吴二袭荆州，荆州人民也乐于安业，甚至无人为蜀军通风报信。这些不仅是统治政策的问题，其间当有经济、文化的内在原因。巴蜀朝野对荆州之地的认识也不一致。诸葛亮《隆中对》中虽也重视荆州，但显然把益州摆在更重要的位置。刘备猇亭之败后，蜀汉就不再打算夺回荆州，这种态度与"六出祁山"、屡败不馁的北伐心理形成了鲜明对比。可见在蜀人心目中，即使没有荆州，巴蜀也同样可以割据。从历史纵线上看，历代割据巴蜀的政权，如巴国、成家、成（汉）、前蜀、后蜀等，几乎都不曾长期占有荆州之地。蜀汉要割据荆州，就必须付出更大代价，必须随时准备与东吴开战，而不能死抱"东和孙吴"的既定方针不放。"东和孙吴"，在赤壁之战时，在夺取益州的过程中，在丢失荆州之后，都是可行的。但在蜀汉占有荆州之时，在东吴已采用既可联蜀、又可联魏的战略时，蜀汉的这种战略既显得太死板，一厢情愿；又束缚自己的手脚，使自己老处于被动挨打的地位。关羽有些做法欠佳（如拒绝与东吴联姻），但在总体上还是执行了"东和孙吴"的战略。故荆州之失，与诸葛亮的战略指导思想不无一定关系。

第二节　刘备称帝及其主要活动

刘备从章武元年（221）四月称帝，至章武三年（223）四月死于永安宫，在位两年，值得一书的事有称帝、猇亭之战和托孤等。

一、刘备称帝

建安二十五年（220）二月，曹操病死，其子曹丕继立，十月取代汉室，称皇帝，建魏国，改年号为黄初。为对抗曹魏，益州府官员们也为刘备登基称帝，紧急活动起来。当时谣传汉献帝为曹丕所害，刘备不加查证，即为其发丧制

---

[1]《三国志》卷54《吴书·吕蒙传》。

第五章 蜀 汉（上）

服①，以显示自己为汉室继统。与此同时，各地官吏纷纷称本地出现祥瑞之物，为刘备称帝做舆论准备。其中影响最大的是"黄龙见武阳"事件。

《三国志》卷32《蜀书·先主传》载太傅许靖、安汉将军麋竺、军师将军诸葛亮等人的上书中说："……今上无天子，海内惶惶，靡所式仰。群下前后上书者八百余人，咸称述符瑞，图、谶明征。间黄龙见武阳赤水，九日乃去。《孝经援神契》曰'德至渊泉则黄龙见'，龙者，君之象也。《易》乾九五'飞龙在天'，大王当龙升，登帝位也。"《华阳国志·蜀志》也说："建安二十四年，黄龙见武阳，赤水九日。蜀以刘氏瑞应。"《宋书·符瑞志中》仍说："刘备未即位前，黄龙见武阳赤水，九日乃去。"此事见于《三国志》等正史记载，影响甚大。

这究竟是怎么回事呢？原来，武阳赤水为犍为管辖，犍为太守李严利用这一自然现象讨好刘备，做够了文章。

宋洪适撰《隶续》卷16《黄龙甘露碑》：

（碑文前十行阙，其群臣列名录后。）

（上阙一人）司徒臣（姓名阙）、安汉将军（下阙，又阙五人）、侍中臣（阙）、立、侍中（下阙）、尚书（下阙、又阙四人）、五官中郎将臣（姓名阙）、太中大夫臣（姓名阙）、中散大夫臣（姓名阙）、博士臣许慈、议郎臣（姓名阙）、议郎臣（阙）、信、议郎臣（阙）光、议郎臣（姓名阙，又阙二字）、将军臣（姓名阙）、镇东将军臣刘琰、平西将军臣刘（阙）、平北将军臣刘（阙，又阙二字）、将军臣（姓名阙，又阙二字）、将军臣（姓名阙，第二横并阙，第三横阙十八人，又阙一字）、将军臣（姓名阙，又阙一字）、将军臣（姓名阙，又阙一字）、将军臣（姓名阙，又阙一字）、将军臣（姓名阙，又阙一字）、将军臣（姓名阙，又阙十字）、将军臣（姓名阙，又阙一字）、将军臣（姓名阙，又阙一字）、将军臣（姓名阙，第四横阙十二人，又阙一字）、将军臣（姓名阙，又阙一字）、将军臣（姓名阙，又阙一字）、将军臣（姓名阙，又阙一字）、将军臣（姓名阙，又阙一字）、将军臣孙

---

① 《三国志》卷32《蜀书·先主传》。《后汉书》卷9《孝献帝纪》说献帝死于曹丕代汉的14年之后。

（阙，又阙一字）、将军臣（阙）仁，时太守南阳李严、正方、丞宋远、文奇，武阳令阴化……

第二碑：

惟建安廿六年（阙十字）赤水（水字）甘露（阙）亏县中（后阙）

碑阴：（上阙六人）侍中臣（阙）、立、侍中（下阙）、尚书（下阙，又阙二字）、光禄大夫臣（姓名阙，又阙二人）、中散大夫臣刘（阙）、博士臣许慈、议郎臣（姓名阙）、议郎臣（姓名阙）、议郎臣孟光、议郎臣（姓名阙，下阙一人，又阙二人）、益州前部（阙二字）、臣费诗、益州左部司马臣（姓名阙）、益州右部司马臣（姓名阙）、益州（阙）部司马臣（姓名阙）、益州部蜀郡从事史臣（姓名阙）、益州部（阙二字）从事史（下阙）、益州部（阙二字）从事史（阙）义校尉臣（姓名阙）、益州部巴西从事史（阙）信校尉臣李（阙）、益州部梓潼从事史忠节中郎将臣（姓名阙）、益州部牂柯从事史臣（姓名阙）、益州部永昌从事史（阙字）校尉臣（姓名阙）、益州部（阙）山从（下阙，又阙五字）、从事史臣（姓名阙，又阙六字）、业校尉臣（姓名阙，又阙二字）、中郎将臣（姓名阙、又阙二字）、中郎将臣（姓名阙、又阙二字）、中郎将臣刘（阙，又阙二字）、中郎将臣（姓名阙，又阙二字）、中郎将臣（姓名阙，又阙二字）、中郎将臣张（阙，又阙二字）、中郎将臣（姓名阙，又阙二字）、中郎将臣刘（阙，又阙二字）、中郎将臣（姓名阙，又阙二字）、中郎将臣（姓名阙、又阙二字）、中郎将臣（姓名阙、下阙）

宋洪适指出：右《黄龙甘露碑》二，隶额，皆六字，不磨灭。碑中有穿，各高五尺余，大者广三尺，次二字。《华阳国志》云：建安二十四年，黄龙见武阳，赤水九日，乃立庙作碑。《蜀志》次年曹丕既灭汉，太傅许靖、安汉将军糜竺等上言武阳龙见，君之象也。与博士许慈、议郎孟光立礼仪、上尊号，至次年登坛即位。大碑之文十行，仅有数字可辨，群臣列名居石之二，上下四横，每横二十余人，可辨者侍中二人，司徒、尚书、五官中郎将、太中中散大夫、博士各一人，议郎四人，安汉、镇东等将军二十余人。官之下皆称臣、姓名。

碑侧题太守李严、并丞令二人姓名。严后改名平。次碑之文，十四行。惟首行有"建安廿六年"数字可辨，碑阴存者，上两横，每横三十人，可辨者：侍中、议郎、从事史、中郎将数十人。两碑俱有许慈、孟光题名，则立石非同时也。建安二十五年，汉祚已终，次年四月，蜀主方称帝改元，则辛丑之春，蜀人犹奉汉代正朔。故有建安二十六年之文。两横之下，崇宁中为王时彦所磨刻，其说二碑皆有额，却云其一漫灭。李严大字一行，皆可读，却云所存十字，如是卤莽，辄敢镌勒。武阳在汉属犍为，今为眉州彭山县。

从以上记载看，建安二十四年（219），当时属武阳县（今属双流）的赤水河（即今与府河相汇的鹿溪河，历史上又名兰溪。此河源自成都平原东部的龙泉山脉，历来"江水浊"，略呈赤色，而府河为李冰所开的"二江"之一，水清，二江相汇之地，清浊分明）呈现出了所谓的"龙"形。这当与李严刻意寻找机会巴结刘备有关。李严抓住这一自然现象，广造舆论，动员蜀国各大臣签名刻碑，又建庙铸鼎①，为刘备正式称帝立下大功，取得了刘备的信任。

擅长谶纬学的谯周，在这一时期承担了一个特殊使命，便是从古籍、从历史、从谶纬学的角度找出刘备称帝的若干依据。谯周等很快从《河图》《洛书》《五经谶纬》等书中查出很多依据，供大臣们草拟劝进表之用。在此基础上，议郎阳泉侯刘豹为首的众大臣，便呈上劝进表，将《河图》《洛书》的个别句子断章取义，援以为据，说刘备称帝是早有定数的天命，要刘备"应天顺民，速即洪业，以宁海内"。太傅许靖、安汉将军糜竺、军师将军诸葛亮等，一方面上书要刘备称帝，一方面做好准备，选好时日，要刘备登基②。

一些益州土著则认为刘备不宜马上称帝。如犍为南安人、牂牁太守、益州前部司马费诗。他上疏说：今殿下未出门庭（即未打出秦岭），便欲自立，愚臣诚不为殿下取也。结果他被降职为永昌郡从事③。从费诗被贬和后来刘备对李

---

① 《太平寰宇记》卷74："黄龙庙在县（彭山县）东二十八里，在长江村导江东岸，《华阳国志》云：建安二十四年黄龙见武阳赤水。仍立庙、石碑，今在。"南朝虞荔《鼎录·金器款识》：蜀先主章武二年，于汉川铸一鼎，名曰"克汉鼎"，埋之丙穴中，八分书，三足；又铸一鼎，沉于永安水中，纪行军奇变，又于成都武担山埋一鼎，名曰"受禅鼎"；又埋一鼎于剑口山，名曰"剑山鼎"，并小篆书，皆武侯迹；又时龙见武阳之水九日，因铸一鼎，象龙形，沉水中。

② 《三国志》卷32《蜀书·先主传》。从近年在甘肃天水发现的"章武元年二月"铜镜看，刘备有可能在正式登基前两个月已确定了年号。

③ 《三国志》卷41《蜀书·费诗传》。

严的重用，表明刘备是真心想当皇帝。通过半年的准备，建安二十六年（221）四月丙午（即四月初六，公元221年5月15日），刘备在成都武担山之南与百僚登坛即皇帝位，国号汉，都成都，改年号章武，大赦天下。任诸葛亮为丞相、许靖为司徒，建置百官，筑立宗庙。《宋书》卷16《礼三》说：蜀汉章武元年四月建尊号于成都，是月立宗庙，祫祭高祖已下，皆绍世而起，亦未辨继何帝为祢，亦无祖宗之号。五月，立皇后（吴氏）、太子（刘禅）；六月，封儿子刘永、刘理为王①。

章武元年（221）四月，刘备称帝后，任命张飞为车骑将军，兼司隶校尉（负责察举百官及管理京师附近地区的治安等），又晋封西乡侯；同时令张飞开始做攻吴的准备，当仍驻军阆中，暂不到成都上任。

二、刘备的籍田活动

刘备称帝后，曾搞过一次籍田活动。西周有天子籍田千亩，诸侯籍田百亩的古制。三国曹魏曾多次籍田。为显示天子的正统和威仪，在犍为太守李严的安排下，在犍为所属的武阳，也就是"黄龙见武阳赤水，九日乃去"之地的附近，搞了一次比较正规的籍田活动。《元和郡县志》卷34说："籍县，本汉武阳县地。周闵帝于此置籍县，因蜀先主籍田地为名。隋大业二年省，永徽四年复置。"《太平寰宇记》卷85："沐马川，在州北一百二十五里，蜀先主于此置籍田，牧马于此江中，俗因名沐马川，今割属广都县。"刘备籍田的细节，古籍不见记载，但籍田的程序在古代大体是相似的，不外乎祭天、祭地、祭农神，然后天子象征性地耕耕田而已。

另外，当时刘备有时也外出游玩。如上文的"牧马于此江中"，当与狩猎活动有关，另外，蒋琬任广都县长时，"先主尝因游观奄至广都"②。

三、猇亭之战

孙权夺得荆州后，曾打算进军巴蜀，并采取了五项步骤：（1）释放魏臣魏将，上书向曹操称臣；（2）从魏购买大量战马，以备攻蜀之用；（3）命陆逊为

---

① 《三国志》卷32《蜀书·先主传》。
② 《三国志》卷44《蜀书·蒋琬传》。

第五章 蜀　汉（上）

征西将军，驻夷陵（今宜昌），负责筹备进攻巴蜀的若干事宜；（4）命周泰为汉中太守，负责筹备进攻汉中的若干事宜；（5）命刘璋为益州牧，驻秭归，以招降刘璋故旧和收买民心。但建安二十五年（220）七月，魏王曹丕率大军南下至谯罗，欲攻吴，孙权才暂时搁下了攻蜀的筹备工作。

章武元年（即建安二十六年，公元221年）四月，刘备称帝，七月即出兵伐吴。刘备出兵，并不只是为给关羽报仇，夺回荆州战略基地，希望能取得更多土地，也是促使刘备东伐的重要原因。对于此事，诸葛亮处于矛盾的心理之中，几乎没有明确表态。他早在《隆中对》中就已策划，若"天下有变，则命一上将，将荆州之军，以向宛洛，将军身率益州之众，出于秦川"。现在荆州战略基地已失，若想匡复汉室，"以向宛洛"，则必须首先夺回荆州；另一方面，出兵荆州又违背了"外结好孙权"的战略。二者相比，特别是从眼前角度看，夺回荆州，则更为现实、重要，甚至也是将来"外结好孙权"的一个条件。他基本上默认了刘备的行动。

当时赵云明确反对东伐，曾劝谏道：国贼是曹操，不是孙权，应先灭魏，则吴国自服。曹操虽死，其子曹丕篡位，应利用大家对此的激愤，早日打下关中，占据黄河、渭水的上游，然后东伐；关东义士必裹粮策马以迎王师。不应放下魏国，先打吴国。我们与吴国的战火一旦燃起后，就难以熄灭。刘备不听，因赵云提了这个建议，便不让他参战，留他担任江州都督，负责二线①。蜀中群臣进谏者还多，如著名学者广汉人秦宓从"天时"角度分析，认为东伐不利，竟被下狱。

章武元年（221）五月，刘备令张飞率1万人，于七月到江州会师。五六月间，蜀中已紧急动员，开始战前筹备工作。在准备出发期间，张飞部将张达、范疆于六月杀害张飞，取其首级，顺江而下，投东吴而去。这更加强了刘备东伐的决心，加快了备战速度。

东吴也做了充分准备。一面派使者赴蜀，试图重归于好；与此同时，拜镇西将军右护军陆逊为大都督，指挥军事，调兵遣将，全面部署。

章武元年（221）七月，刘备拒绝了东吴的一再请和，亲率大军4万人，沿江而下。第一战，收复了吴军占领的巫县、秭归。刘备昔在荆州时，对武陵郡

---

① 《三国志》卷36《蜀书·赵云传》注引《云别传》。

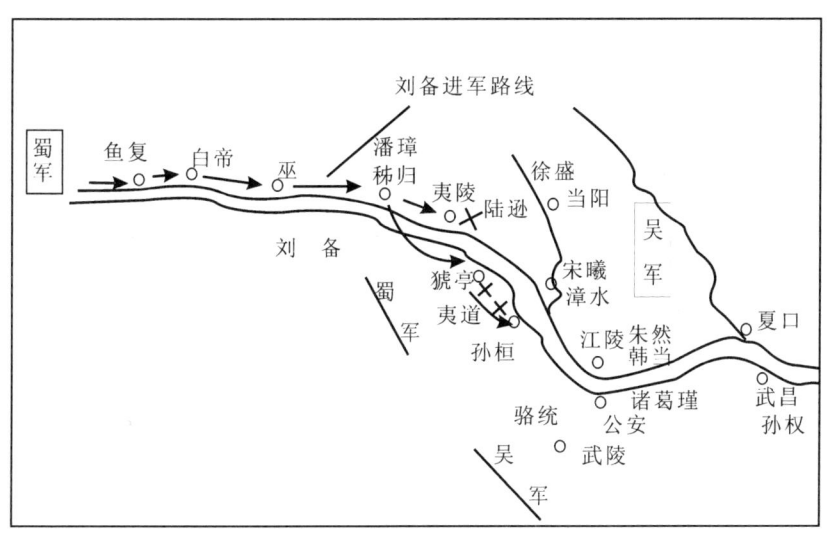

图 5-12 夷陵之战简图

"五溪蛮"有恩泽,出三峡后,即遣侍中马良率军士、金银丝帛等去佷山(今湖北长阳县西六十里)抚慰"五溪蛮"诸部,封官许愿。"五溪蛮"首领沙摩柯率部族相助。刘备又在秭归东北临江筑一城①,为临时指挥中心。

八月,孙权为避免两面作战,遣使到魏,送还魏俘于禁等,又卑词奉章,恭贺曹丕称帝,主动称臣,接受曹丕封的吴王封号等。其目的是希望魏国中立。当时,侍中刘晔曾建议魏文帝曹丕出兵攻吴,待取吴后再攻蜀,未被采纳。孙权因此能集中兵力,全力抗蜀。

次年(222)二月,蜀军推进到夷陵(今宜昌市东),前遇孙吴大军。吴军坚守不战。蜀军只好从建平(巫峡东南)到猇亭(今湖北长阳县南)一线五六百里,沿江南岸,依山宿营。史称"树栅连营七百余里"。吴、蜀两军相持不下。

这里大江东下,宜进难退,两岸高山峻岭,军队难以伸缩,不宜大军宿营。当魏文帝曹丕听到刘备"树栅连营七百里"的消息后,便说:"备不晓兵,岂有七百里营可以拒敌乎?"② 东吴大都督陆逊也因此给孙权上书说:"臣初嫌之,水陆俱进,今反舍船就步,处处结营,察其布置,必无他变。伏愿至尊高枕,

---

① 《水经·江水注》。
② 《三国志》卷2《魏书·文帝纪》。

第五章 蜀汉（上）

不以为念也。"① 可见刘备舍船就岸、依山结营，犯了常识性的错误。刘备大将黄权多少感觉形势不对，曾谏道："吴人悍战，而水军顺流，进易退难。臣请为先驱以尝寇，陛下宜为后镇。"刘备一点也听不进去，竟调他去江北监督曹军，即不要他参与这次战略进攻。

刘备派大将军吴班向吴军挑战。吴军统帅陆逊，镇住军内将士的不满情绪，利用山险，坚守不战，静观时变，等待蜀军兵疲意沮之机。

到这年五六月，双方于高山大川之间对峙已 4 月有余。蜀军已出征 11 个月，斗志有所松懈。这时，满山树木茂盛，盛夏干燥，宜于火攻；加之夏季东风灌峡而进，速快势猛，更有利于由东向西进攻。入夏之后，蜀军仍未及时撤离山林，为吴军火攻准备了条件。

六月，陆逊试攻了一次后，即命全军将士 5 万多人各执一个火把，全线出击。蜀军 40 余营，俱遭火攻而破，大将张南、冯习及"五溪蛮"首领沙摩柯皆被斩首。大将杜路、刘宁被迫投降。

刘备逃上马鞍山，绕山集军，准备再作一拼。陆逊率吴军四面围攻。蜀军土崩，死者数万。刘备乘夜突围，从陆路逃回鱼复。黄权带领的江北军，回归路被孙吴阻断，在前后遭夹的情况下，便投奔了曹军。蜀军舟船器械，水陆军资，一时略尽。尸骸漂流，塞江而下。损失之大，失败之惨，在我国古代军事史中亦较少见②。这时，赵云及时把增援部队带上前线，吴军被迫退兵。

这一仗，在三国历史上具有划时代意义。如果说赤壁之战初步孕育了魏、蜀、吴的鼎立，那么这一仗完成了三国鼎立局面的分娩。它使诸葛亮以荆州为基地、北向攻宛洛的战略设想失败，也使刘备收复荆州，进而灭吴、灭魏的美梦破灭。以此为标志，三国鼎立正式形成。

章武二年（222）六月，刘备败回鱼复，患痢疾，住白帝城。他觉得"鱼复（腹）"二字作为地名不大吉利，便下令改"鱼复"名为"永安"。孙权听说刘备住在白帝城而不还成都，担心刘备再次出兵复仇，派遣使者来请和。刘备见自己实力已损，元气大伤，只好同意，遣使还报孙吴。

刘备失败后，不从战略、战术上总结失败原因，推卸责任道："吾乃为逊所

---

① 《三国志》卷 58《吴书·陆逊传》。
② 《三国志》卷 32《蜀书·先主传》、卷 43《蜀书·黄权传》、卷 58《吴书·陆逊传》。

折辱，岂非天邪！"归命于天，是推卸责任的最简单办法。事实上，在东吴夺取荆州并积极筹备伐蜀的情况下，蜀汉东伐也是可行的，问题是在外交、军事上犯了错误。在外交上，蜀汉甚为呆板。当时，东吴既可联蜀攻魏，又可和魏攻蜀，甚至不惜向魏称臣进贡。蜀则始终视魏为死敌，又向吴进攻，两面受敌，孤掌难鸣。刘备的骄傲自大，实为导致惨败的重要原因。赵云认为不应东伐，被留督江州；秦宓认为东伐不利，被下狱；黄权劝刘备小心，被调离主战场……可见当时刘备已被得荆州、取西蜀、夺汉中的胜利冲昏了头脑，一点也不能接受甚至不能允许不同意见。刘备自己不是优秀的军事家，又不带上优秀的谋臣，便轻易投入大战，甚为草率。这些都是失利的主观因素。另外，战后诸葛亮曾感叹："法孝直若在，则能制主上，令不东行；就复东行，必不倾危矣。"① 这或许有些推卸责任，但也表明当时诸葛亮和刘备之间，并不能完全推心置腹；也说明事前诸葛亮对这场大战的战略布局、胜负结局、影响意义等并不清晰。

第三节　诸葛亮营成都南北郊与刘备托孤、入葬

一、诸葛亮营成都南北郊

《三国志》卷32《蜀书·先主传》说：章武二年（222）冬十月，诏丞相亮营南北郊于成都。所谓"营南北郊"，即由诸葛亮总负责，在成都南北郊大兴土木，具体包括四大工程：

成都北郊两项工程：一是修建九里堤水利护岸防洪、漂木、捞木工程；一是扩修皇宫工作。左思在蜀亡后不久所作的《蜀都赋》中，谈到蜀汉曾扩建宫室，说当时："营新宫于爽垲，拟承明而起庐。结阳城之延阁，飞观榭乎云中。开高轩以临山，列绮窗而瞰江，内则议殿爵堂，武义虎威，宣化之闼，崇礼之闱，华阙双邈，重门洞开，金铺交映，玉题相辉。外则轨躅八达，里闬对出，

---

① 《三国志》卷37《蜀书·法正传》。

第五章 蜀汉（上）

比屋连甍，千庑万屋。"可见蜀汉曾大兴土木，营建宫城，且这宫城还可"列绮窗而瞰江"，有的宫殿已至江边。关于九里堤水利工程，详后①。

成都南郊两项工程：一是修建惠陵，二是修建昭烈庙（此二工程当时应在皇家陵园内，也可视为一项工程）。

惠陵修建始于何时？汉制：皇帝即位次年预作寿陵②。蜀汉全面继承汉制，在陵制方面当不会例外。蜀汉应在章武二年（222）开始预作寿陵。《宋书·礼志三》载：章武二年十月，诏丞相诸葛亮营南北郊于成都。营，即营造。刘备命诸葛亮在南郊营造什么，史无明载，但惠陵位于成都南郊，《宋书》将其载入《礼志》，必与祭典或陵寝等制度有关。另外，《三国志》卷34《蜀书·二主妃子传》载甘皇后早卒，葬在南郡；刘备称帝后，攻打东吴前，曾令人将其迁葬入蜀。迁葬到什么地方？当然只能是为刘备预作的寿陵。这也说明在下令迁葬甘皇后时，刘备寿陵已在考虑之中。

惠陵的具体位置由诸葛亮亲自选定。汉制，丞相亲自挂帅营建帝陵。凡帝陵的营建，首先严格选址、规划、设计，方可动工。营建皇陵，国之大事，必由诸葛丞相挂帅无疑。其选址定位、规划布局等大原则，皆由诸葛亮总其事。施工过程中，诸葛亮也多次亲临现场。

把惠陵定在成都近郊，也是汉制规定。西汉、东汉帝陵均在其都城附近，无一例外。刘备葬于成都附近，是其继承汉制的必然结果。惠陵位于成都南郊，在蜀汉宫城正南面。刘备在成都"武担山以南"即帝位。当时蜀汉宫城位于成都大城、小城之间的北边，即今成都军区至八宝街一带。武担山与惠陵，正好在南北一条直线上。

惠陵和汉昭烈庙主要由军队（可能还有犯人）修建。在修建过程中，诸葛亮曾多次率官员到现场指挥，并带头植树等。惠陵、武侯祠在历史上以柏树闻名。唐《成都古今记》说："先主庙西院即武侯庙，庙前双大柏，古峭可爱，人云诸葛手植。"唐雍陶《武侯祠古柏》说："密叶四时同一色，高枝千岁对孤

---

① 罗开玉：《诸葛亮"营南北郊于成都"考》，《成都大学学报》2006年第6期第1~4页。

② 《汉旧仪》记载汉代寿陵制度说："天子即位明年，将作大匠营陵地，用地七顷，方中用地一顷。深十三丈，堂坛高三丈，坟高十二丈。"有关研究详罗开玉等主编：《三国圣地武侯祠漫游》，四川科学技术出版社2003年版，第1~20页；罗开玉：《诸葛亮"营南北郊于成都"考》，《成都大学学报》2006年第6期第1~4页。

峰"。历代多有记述。

汉制：建陵同时应在陵旁建原庙①。《太平寰宇记》说："先主祠在府南八里，惠陵东七十步，齐高帝梦益州有天子卤簿，诏刺史傅覃（琰）修立而卑小。"有人因此认为昭烈庙始建于齐高帝时。汉昭烈庙的性质即为正庙外另立的、后修的宗庙。《三国志》卷32《蜀志·先主传》说刘备在章武元年（221）四月称帝的同时"置百官，立宗庙，祭高皇帝以下"。可见蜀汉确实是在建陵前先立有宗庙，惠陵旁之庙属原庙。这庙就是汉昭烈庙。蜀汉国号"汉"，刘备死后谥"昭烈皇帝"，故"汉昭烈庙"应为此原庙的正称。《三国志》卷33《蜀书·后主传》说刘禅降时："是日，北地王谌伤国之亡，先杀妻子，次以自杀。"《汉晋春秋》说："谌哭于昭烈庙，先杀妻子，而后自杀，左右无不为涕泣者。"也确证昭烈庙在蜀汉亡国前已存在。

二、刘备托孤

章武二年（222）冬，刘备因长期拉痢，身体虚弱，复发他病，自己已感到"殆不自济人"②，便召诸葛亮、李严等交代后事。

章武三年（223）二月，诸葛亮从成都赶至永安。三月，刘备病势转危，召丞相诸葛亮、尚书令李严委托后事。他对诸葛亮说：您的才能胜过曹丕十倍，必能够安定国家，最终完成统一大事，如果我的后继者刘禅可以辅佐，则给以辅佐，如果他无才能，你可以取而代之。诸葛亮涕泣而言，立誓为刘氏王朝竭股肱之力，效忠贞之节，继之以死！刘备留遗诏给太子刘禅，根据自己平生的经验教训和做人准则，一再告诫他：恶事再小却不能做，善事再小也不能不做，唯有贤能和品德，才可能使别人心服。并要他读《汉书》、《礼记》、诸子百家等，要他向诸葛亮学读《申子》、《韩非子》、《管子》、《六韬》等书，叮咛他"汝与丞相从事，事之如父"。此外，刘备犹不放心，对在身边的儿子刘永（鲁王、刘禅庶弟）说："吾亡之后，汝兄弟父事丞相，令卿与丞相共事而已。"③这就把蜀国的军政大权委托给了诸葛亮、李严等。刘备托孤，为我国古代君臣

---

① 《史记·高祖本纪》载孝惠五年"以沛宫为高祖原庙"集解："谓原者，再也。先既已立庙，今又再立，故谓之原庙。"
② 《诸葛忠武书》卷3。
③ 《三国志》卷32《蜀书·先主传》。

第五章 蜀汉（上）

图 5-13 成都武侯祠内现惠陵山门

关系的一出绝唱。刘备这样做，当是鉴于蜀国现实、鉴于诸葛亮与刘禅才能上的巨大差异，不能不如此。但他命李严同时来受托孤，也多少反映出他还希望以其他势力牵制诸葛亮的心理。但这却坚定了诸葛亮效忠以死的信念。此后诸葛亮凡事必言不负先帝之托，不辱先帝之望，后半生"竭股肱之力，效忠贞之节，继之以死"，以报效先帝知遇之恩。

三、刘备入葬惠陵

章武三年（223）四月，刘备死于永安宫，时年63岁。

《三国志》卷32《蜀书·先主传》说：

（三年）夏四月癸巳，先主殂于永安宫，时年六十三。

亮上言于后主曰："伏惟大行皇帝迈仁树德，覆焘无疆，昊天不吊，寝疾弥留，今月二十四日奄忽升遐，臣妾号咷，若丧考妣。乃顾遗诏，事惟大宗，动容损益。百寮发哀，满三日除服，到葬期复如礼。其郡国太守、相、都尉、县令长，三日便除服。臣亮亲受敕戒，震畏神灵，不敢有违。臣请宣下奉行。"

五月，梓宫自永安还成都，谥曰昭烈皇帝。秋八月，葬惠陵。

按汉代制度，刘备去世后，近臣中黄门持兵，虎贲、羽林、郎中署皆严宿卫；宫府各警，北军五校绕宫屯兵；黄门令、尚书、御史、谒者昼夜行陈三公。三公穿丧服伴皇后、太子、皇子哭踊如礼。治丧的第一天，百官皆换穿白单衣，白帻不冠，哭临殿下。然后开始小殓，即给刘备穿寿衣等。

汉代帝王死后都穿金缕玉衣。《汉旧仪》说："帝崩，含以珠，缠以缇缯十二重。以玉为襦，如铠状，连缝之，以黄金为缕。腰以下以玉为札，长一尺，广二寸半，为柙，下至足，亦缝以黄金镂。诸衣衿敛之。凡乘舆衣服，已御，辄藏之，崩皆以敛。"再对照东汉许多王、侯都穿金缕玉衣的情况看，刘备很可能穿金缕玉衣入葬。

汉制，必须在这一天晚上，派使者向全国各地郡守以上官员下"竹使符"，通知进入国丧的非常时期。

按汉制，刘备去世后，应由皇后诏三公典丧事。从当时实际看，必是诸葛亮全面负责整个治丧活动。从小殓到入葬，始终都是在众多亲属、官员特别是三公等高级官员的参与、监护下进行的。

诸葛亮亲率众多官员、军队，押送梓宫，在路上走了约一个月，五月回到成都。回成都后，诸葛亮的第一件大事，是扶持太子刘禅登基。《三国志》卷33《蜀书·后主传》说："五月，后主袭位于成都。"诸葛亮率百官，在刘备柩前，恭请太子刘禅即天子位。诸葛亮率百官跪拜新帝，然后按汉制对先主遗体进行大殓。值得注意的是，虽当时已是夏天，却没及时入葬，回成都后又放了三个月后才入葬。这说明：（1）当时惠陵尚未完工；（2）当时尸体保护技术早已解决，不仅路上走一个月不是问题，再放三个月也没关系。

与刘备同时入葬的还有甘皇后。《三国志》卷34《蜀书·二主妃子传》说甘皇后（后主刘禅之母）先死，葬于南郡，追谥皇思夫人，迁葬于蜀，未至而先主殂陨。丞相亮向后主上言："念皇思夫人神柩在远飘摇，特遣使者奉迎。会大行皇帝崩，今皇思夫人神柩已到，又梓宫在道，园陵将成，安厝有期……今皇思夫人宜有尊号，以慰寒泉之思……宜曰昭烈皇后。故昭烈皇后宜与大行皇

第五章 蜀汉（上）

帝合葬，臣请太尉告宗庙，布露天下，具礼仪别奏。后主准奏。"甘皇后早卒，葬在南郡。刘备称帝后，攻打东吴前，曾令人将其迁葬入蜀。当刘备的梓宫还在回成都的路上时，甘皇后的灵柩已抵达成都。从汉代的礼仪制度看，在刘备八月正式入葬惠陵前，甘皇后的灵柩因是迁葬，应先安放进去（也要举行较隆重的仪式）。正式国葬时，刘备是唯一的主角。

后来入葬的还有穆皇后。《二主妃子传》又说：先主穆皇后，延熙八年（245）薨，合葬惠陵。穆皇后是在刘备入葬22年后才去世，入葬惠陵。这说明惠陵的墓门墓室是可以开启的砖室结构。《皇览》曰："汉家之葬……发近郡卒徒，置将军尉侯，以后宫贵幸者皆守园陵。"从当时砖墙已经普及的情况看，估计在陵园周围还修了砖墙。当时应是一个很大的陵园。需要指出的是，蜀汉至南北朝，从当时祭祀的习俗看，汉昭烈庙中只有神位，没有塑像。蜀汉时曾在这里设置了相当于县令级别的昭烈帝庙令一人、惠陵园邑令一人，负责守庙、守陵诸事。此外还设置有惠陵校尉，二百石，专职负责治安等。陵园内有专门的驻军，有专门负责日常祭祀、上供果等事务的若干人员。

图 5-14　惠陵局部

对于《三国志》的上述记载，宋代以降不断有人提出疑问，认为惠陵只是"藏弓箭之处"，或"衣冠冢"，清代以降，更有人认为刘备的真实陵墓应在永安（今奉节）。此不得不辩：

第一，后主在位40年，按当时礼制每年正月都要率大臣们到惠陵、昭烈庙祭陵。《汉官仪》曰："古不墓祭。秦始皇起寝于墓侧，汉因而不改。诸陵寝皆以晦、望、二十四气、三伏、社、腊及四时上饭。其亲陵所宫人，随鼓漏理被枕，具盥水，陈庄具。天子以正月上原陵，公卿百官及诸侯王、郡国计吏皆当轩下，占其郡国谷价，四方改易，欲先帝魂魄闻之也。"除了正月祭陵外，先帝的生日、祭日，通常也要祭陵。这里是后主和重臣们经常来朝拜的神圣殿堂，无疑在建筑规模上、技术上都应是当时首屈一指的。刘禅不可能每年率子孙和文武官来向假墓跪拜，而在40多年间不泄密。从前述刘备丧事处理过程看，蜀汉上至诸葛亮、下至百姓，可以说全国各界人士都参加了治丧活动。在此过程中如有半点虚假，早就会见于各种文献记载。

第二，《三国志》中不是一处，而是三处谈到惠陵的修建、入葬和合葬①。作者陈寿为蜀汉重臣谯周学生，曾在蜀汉任职，著名史官，当时人记当时事，后人视为信史。相同的记载还见于《华阳国志》、《汉晋春秋》等晋人撰写的早期文献。其有关记载相互印证，无疑是真实可靠的。《三国志》材料中，其中之一为诸葛亮给后主的奏章。诸葛亮、后主这两位最知情的当事人不可能在如此庄重的大事上掺假。

第三，在西汉东汉诸帝中，目前还没有发现搞"衣冠冢"的记载，蜀汉全面继承汉制，不可能违反祖宗制度。汉制，帝陵在都城附近。西汉、东汉帝陵均在其都城附近，无一例外。刘备死后葬于成都附近，是其全面承袭汉制的必然结果。永安当时位于蜀汉与东吴的前线，"夷陵之战"时东吴军曾逼近永安。诸葛亮、刘禅不可能将刘备葬于前线。因这样很容易让刘备的尸体落入敌方手里，成为敌方要挟的重要资本。"葬于永安"说的一条重要理由是：刘备死于四月，天气热，尸体难以保存，不可能运回成都。实际上，刘备的尸体不仅在路上走了约一个月，在成都还放了三个月！古代帝王尸体保存的技术早在西周便已基本解决，汉代已发展到很高的水平。《后汉书·礼仪志下·大丧》说帝王死后要"盘冰如礼"，注引《周礼》："凌人，天子丧，供夷盘冰"。郑玄曰："夷之言尸也，实冰于盘中，置之尸床之下，所以寒尸也。"《汉礼器制度》："大盘广

---

① 《三国志》卷32《蜀书·先主传》说：八月，葬惠陵；《三国志》卷34《蜀书·二主妃子传》说丞相亮向后主上言："今皇思夫人神柩已到，又梓宫在道，园陵将成，安厝有期……故昭烈皇后宜与大行皇帝合葬……"《二主妃子传》又说穆皇后延熙八年（245）薨，合葬惠陵。

八尺,长一丈二尺,深三尺,漆赤中。"除了放置冰盘外,从长沙马王堆女尸的保护措施看,还要加若干香料。刘备死前曾病了较长一段时间,有关准备工作早已到位①。

第四,根据汉代的陵庙制度,汉昭烈庙的所在地,也就是惠陵的所在地。汉昭烈庙位于成都南郊,历史上多有记载。如《汉晋春秋》说"谌哭于昭烈庙,先杀妻子,而后自杀"。刘谌不可能到永安哭昭烈庙。

第五,成都南郊惠陵和汉昭烈庙在蜀汉时期为陵园所在,西晋灭蜀(263)后,为消除刘氏影响,将刘氏后裔北迁,同时也拆毁了汉昭烈庙和惠陵的一些地面建筑。齐高帝(479~482年在位)诏益州刺史修复陵园和汉昭烈庙。当时上距西晋灭蜀不足220年,其间蜀地并无大战乱,修复的陵寝位置应准确无误。从那以后,现武侯祠所在地就一直为名胜古迹和旅游景点,历代文人墨客多至此,所留文献甚多,从无间断②。

第四节 诸葛亮的东和、南抚与北伐

一、刘禅继位

章武三年(223)五月,17岁的刘禅在成都继位,史称"后主"。刘禅继位后,改元建兴,封诸葛亮为武乡侯,正式设立丞相府处理事务,又让他兼领益州牧,全国大小事体,皆由诸葛亮决定。按古代旧制,君主在年中继位后,虽可议定新的年号,却应在次年才能开始执行新的年号。但是,蜀汉却在刘禅继位后立即实行新年号,陈寿在《三国志》卷33《蜀书·后主传》中曾专门点评道:"礼,国君继体,逾年改元。而章武之三年,则革称建兴,考之古义,体理为违。"

---

① 所谓"刘备葬于奉节"说,主要见于清代及更晚的某些刘氏家谱。四川为移民省区,清代中晚期曾掀起修谱高潮。其有关直系祖先的某些记载,确有一定参考价值,但有关远古祖先的说法,普遍存在攀附名人等现象,参考价值不大。

② 宋代以前,无任何人怀疑惠陵的真假问题。宋代疑古风兴起,如盛传曹操曾在漳河边设置七十二座假坟等,再推到刘备,是没根据的。

在益州，外来势力与土著豪族的矛盾，始终没解决。土著势力的反叛，虽一次次被镇压下去，一旦有机会，又会再次发难。当刘备病重时，汉嘉太守黄元举兵造反，长达4个月之久。后来，他率军进攻临邛县，失败，顺江而逃，欲投奔东吴，被捕斩。刘备刚死，南中地区一些土著豪族，又联兵起事，发动大规模暴乱。诸葛亮考虑到刘备新丧，刘禅刚即位，他刚执政，朝中许多善后工作有待处理，不宜率兵外出，再者，当时与东吴的关系也很紧张，若以大兵南征，蜀中空虚，也叫人放心不下，便未立刻出兵南中。

诸葛亮执政以后，首先在内政上，致力于务农殖谷，闭关息民，大力发展生产，对少数民族则实行刚柔并济的安抚政策。在外交上，仍执行当年《隆中对》拟定的战略计划，努力恢复与东吴的外交关系，始终把曹魏作为打击对象。

二、恢复察举制度

建兴元年（223），诸葛亮开设丞相府后，即恢复了汉代的察举制度，因系蜀地战乱后的首次恢复，看得很重，名额甚少，相府中只有一个"茂才"名额①，诸葛亮亲自推举相府东曹掾（负责人事等）蒋琬为茂才。

蒋琬在广都县吃了大亏后，闭门思过一两年，深悟为人之道，当时曾反复推让，并上书诸葛亮，建议另选廖化、刘邕、阴化、庞延之中的一人来任茂才。廖化时名廖淳，其后改名为化，襄阳人，曾为关羽的主簿。在关羽兵败时落在东吴官吏之手，后来逃了出来，陪伴着母亲向西而来，在秭归县遇到前来伐东吴的刘备。先后做了宜都郡太守、诸葛亮的丞相府参军、广武驻军督、右车骑将军、遥领并州刺史，封中乡侯。他为人富于决断，作战勇敢，"以果烈称"。

诸葛亮给蒋琬回信，这信在当时有一个专用名称，叫"教"，说："思惟背亲舍德，以殄百姓，众人既不隐于心实，又使远近不解其义，是以君宜显其功举，以明此选之清重也。"其大意是说，这茂才，须有你这样能"背亲舍德"的人（不私于亲戚与有德于自己的人），才能胜任；其他人往往不能"隐于心实"，摆脱不了情感，难守秘密，往往让百姓莫名其妙。因此我想通过你来显示恢复察举制度的功效，让大家了解什么样的人以后才能被推举为"茂才"。蒋琬这才

---

① 西汉武帝时期，开始"其令州郡察吏民有茂材异等"，推荐给政府任用。茂才，本名秀才，东汉避光武讳，始改称茂才。

第五章 蜀汉（上）

接受。

察举制的实质是由在职官僚选拔、推荐新的官员，当时曹魏新创的"九品中正制"则是由地方豪族推荐部分新的官员。蜀汉"察举"制从制度上保证了开国元老的儿孙们继续为官，忽视了土著豪族中的新人。这是蜀汉中、后期严重缺乏人才的主因，也是与土著豪族关系紧张的主因——这与曹魏、东吴形成了鲜明对比。

三、恢复与东吴的外交关系

刘备病逝前，蜀汉与东吴已经讲和。刘备死时，诸葛亮担心东吴趁火打劫，一方面让赵云担任镇东将军，驻军巴地，以备不时之需，一方面采纳尚书邓芝建议，主动派使者前往东吴重修友好关系。诸葛亮即派邓芝赴吴。

怎样对蜀？孙权果然正狐疑不决，不愿接见邓芝。邓芝即上表孙权，声明此番前来也是为东吴着想。孙权这才接见了邓芝，并说：我有诚意与蜀和好，但恐蜀主幼弱，国小势逼，被魏国攻击，不能自保，故我很犹豫。邓芝对道：吴、蜀二国共有四州之地，大王是命世之英雄，诸葛亮为一时豪杰。蜀有两重天险可供固守（秦岭和三峡），吴有三江之险阻，合此二长处，两国共为唇齿，进可以兼并天下，退可三国鼎立，这些都是自然之理。大王如果现在委身于魏，魏必然希望大王去入朝，即使退一步，也要求你将内子送去当人质，若你不听命，魏可以讨伐叛逆为理而大举进兵。那时蜀也必然伺机行事，顺流而下。如果这样，江南之地不再是大王所有了。孙权听后，遂与魏断绝关系，与蜀联合，并遣张温回访蜀国。蜀又令邓芝访吴。两国的外交关系逐步正常化①。

邓芝出使前，诸葛亮让他顺便向孙权要求释放张裔。张裔是成都人，治《公羊春秋》，博涉《史》、《汉》，人品极好，曾在刘璋下面做过鱼复县长，在刘备时期曾任益州郡太守，后来成了南中豪族雍闿的俘虏，被送到东吴。他到东吴不久，脱逃民间。刘备死后，张裔在吴数年，流徙伏匿，孙权并不知道此人，便答应了。到临出发前，孙权见到张裔，便问道："蜀卓氏寡女，亡奔司马相如，贵土风俗何以乃尔乎？"张裔对道："愚以为卓氏之寡女，犹贤于买臣之妻。"孙权又说："君还，必用事西朝，终不作田父于闾里也，将何以报我？"张

---

① 《三国志》卷33《蜀书·后主传》、卷45《蜀书·邓芝传》。

裔对道:"裔负罪而归,将委命有司。若蒙徼幸得全首领,五十八已前父母之年也,自此已后大王之赐也。"孙权言笑欢悦,开始器重张裔起来。张裔出门后深悔不能装愚,即便上船,倍道兼行。孙权果然派人来追,张裔已入永安界数十里,追者不能及。张裔既至蜀,诸葛亮即以他为相府参军,署府事,又领益州治中从事。

建兴七年(229),孙权步魏、蜀后尘,自称皇帝。东吴派使来蜀,同时尊称东吴与蜀汉两帝。蜀汉大臣多认为国无二主,现在若继续与吴交往,则名体不顺,应与其断绝,表明蜀汉的正统地位。诸葛亮却认为,如果这样,吴将转为仇国,可能移兵西来;若蜀吴相争,就得先兼东吴,后伐中原,而东吴贤才尚多,将相辑穆,不可能一朝平定,若双方屯兵相持,坐而须老,放过了曹魏,不是上策;为使北伐无东顾之忧,使曹魏不得不分兵黄河以南以防东吴,对孙权的"僭位之罪"不宜宣示,还应派使者前往庆贺。于是,诸葛亮派卫尉陈震前往祝贺①。

陈震到武昌后,与孙权登坛盟誓,交分天下:以徐、豫、幽、青四州属吴,并、凉、冀、兖四州属蜀,而司州之土地,双方以函谷关为界。这些都是曹魏辖地,所谓"交分",不过只是一种仪式而已,是蜀汉、东吴互相承认二帝并存,否认、排斥第三帝(魏)的思想反映。它也是正统意识、大一统观念的一种特殊表现形式。此后,蜀汉、东吴都任命了一些刺史,来"遥领"这些辖州②。

四、平定"南中"与民族政策

"南中"是一个很大的地理区域,包括今四川南部和云南、贵州两省。南中是民族杂居地区,历秦、西汉,渐得开发。许多移民进入了土著民族一般不居住或很少居住的平坝地区。到东汉中后期,许多移民已"夷化"。在这些"夷化"的汉民中,逐渐产生了一批"大姓",又称"夷帅"、"叟帅"。他们往往手握重兵,不仅控制着一方"夷化"的汉民,还能调动附近的少数民族,是一批兼具汉人、少数民族统治方法的军事奴隶主。

---

① 《三国志》卷35《蜀书·诸葛亮传》注引《汉晋春秋》。
② 《三国志》卷39《蜀书·陈震传》。

第五章 蜀汉（上）

刘备取蜀初期，曾努力向南中地区拓展，并控制了今云南、贵州的许多地区，近年在贵州习水发现的"章武三年"崖墓题刻证明了这一点①。

刘备一死，越巂地区（大致相当于今四川西昌地区、攀枝花市、云南丽江、永胜等金沙江以北地区）的"叟帅"高定首先起兵，攻夺郡城，杀郡将军焦璜，举郡称王叛乱。

紧接着，益州郡（今云南东北部）的大姓雍闿也借故杀了益州太守正昂，政府即另行委派蜀郡人张裔为益州太守。雍闿假借当地少数民族巫师之口说："张裔府君如瓠壶（葫芦），外虽泽（光滑）而内实粗，杀之不可，缚与吴。"于是捉张裔送与东吴，以为投靠之资。东吴即遥用雍闿为永昌郡太守，又派遣刘璋之子刘阐为益州刺史。牂柯郡郡丞、朱提人朱褒领太守职后，任意胡为。诸葛亮派遣越巂太守龚禄住在安上县（今四川屏山县西新市镇），遥领越巂事务。诸葛亮派州部从史常颀巡察到越巂，用都护李严的书晓谕雍闿。雍闿回答说："愚闻天无二日，土无二主。今天下派分，正朔有三，远人惶惑，不知所归。"公开表示了叛蜀附吴的决心。常颀巡行到牂柯，收捉郡主簿考讯奸情，朱褒竟杀掉常颀，公开叛乱。益州郡少数民族本不愿跟从雍闿闹事，雍闿派建宁（今云南曲靖）大姓孟获去煽动诸族。孟获对他们说：官府要你们交纳胸前全是黑毛的乌狗三百头、玛瑙三斗、柞木长三丈（最高只能长二丈）的三千棵，你们能得到这些东西吗？这些当然没法搞到，大家只好加入了反蜀汉的行列②。南中地区除了朱提郡和永昌郡部分地区，大部分地区都卷入了这场叛乱。南中诸郡致叛的因素很多，有外来势力与土著豪族的矛盾，有传统的民族偏见和隔阂，还有蜀、吴二国对这个地区的争夺。南中一些大姓叛蜀附吴，反映出当时蜀汉民族政策的一些失误。

图5-15 西昌出土延熙十六年砖

---

① 贵州习水县良村三岔河一石壁上有5座崖墓，其中一座题刻曰：章武三年七月十日，姚立从曾意买大父曾孝罤石一门，七十万，毕。知者廖诚、杜六。葬姚父及母。《贵州文物》1984年第1期第16页。

② 《华阳国志》卷4《南中志》。

第五章 蜀汉（上）

这场叛乱不仅威胁着蜀汉的后庭，使蜀汉不能抽兵北伐东征，也大大减少了蜀汉政府的财力、兵源。待与东吴的关系有了一定好转，国内的战争创伤得到一定医治，平定南中之事便提到了议事日程之上。

建兴三年（225）三月，诸葛亮率大军南伐。出发时，蜀汉官吏出城相送。参军马谡送军数十里，途中对诸葛亮说："南中之人恃其险阻遥远，久已不服王朝，虽今日破之，明日会复叛；现在您正筹划以倾国之兵北伐中原以讨强贼，到那时，南中人知道官府兵势内虚，其叛乱也很迅速。若殄尽遗类，完全消灭以除后患，这既非仁者之情，且又不可短期完成也。夫用兵之道，攻心为上，攻城为下，心战为上，兵战为下，愿您征服南中的人心而已。"这个建议符合"南抚夷越"的既定政策，故诸葛亮采纳了此建议，以"攻心"为这次战略的指导思想①。

蜀汉大军兵分三路而进：

诸葛亮亲率一军从西路进攻，从成都到安上，然后由水路入越嶲；

另派巴西阆中人牂柯太守马忠率一军从东路进攻牂柯，由成都至江阳（今泸州）入今贵州境；

派建宁俞元（今云南澄江人）、庲降都督李恢率一军，由成都至僰道（今四川宜宾），至平夷（今贵州毕节），至建宁（今云南曲靖）。

高定的部曲、联军分散驻于旄牛（今汉源）、定筰（今盐源）、卑水（今宁南）一线，多筑营垒以图固守。

诸葛亮本欲高定军众集合后，再大举进攻，一网打尽，因此驻军于卑水。

这时，雍闿率孟获等部从滇东赶来支持高定。不料两军一合即起内讧，高定的部曲竟杀了前来支持的雍闿及其士庶若干。孟获代理雍闿之位。

诸葛亮趁敌内乱之机猛攻高定部，高部抵挡不住，弃邛都（今西昌）而逃，其妻等被俘。高定逃出后，复纠集2000余人，杀人盟誓，欲求与蜀汉军决一死战②。

蜀汉军大败高定部，斩高定。此时，马忠军也攻破了牂柯郡。李恢军打到

---

① 《三国志》卷39《蜀书·马良传附马谡传》注引《襄阳记》；罗开玉：《成都武侯祠"攻心"联再研究》，《四川文物》2001年第5期。

② 诸葛亮《南征表》："初谓高定失其窟穴，获其妻子，道穷计尽，当归首以取生也。而遄蛮心异，乃更杀人为盟，纠合其类二千余人，求欲死战。"（《北堂书钞》卷158引）。

第五章 蜀汉（上）

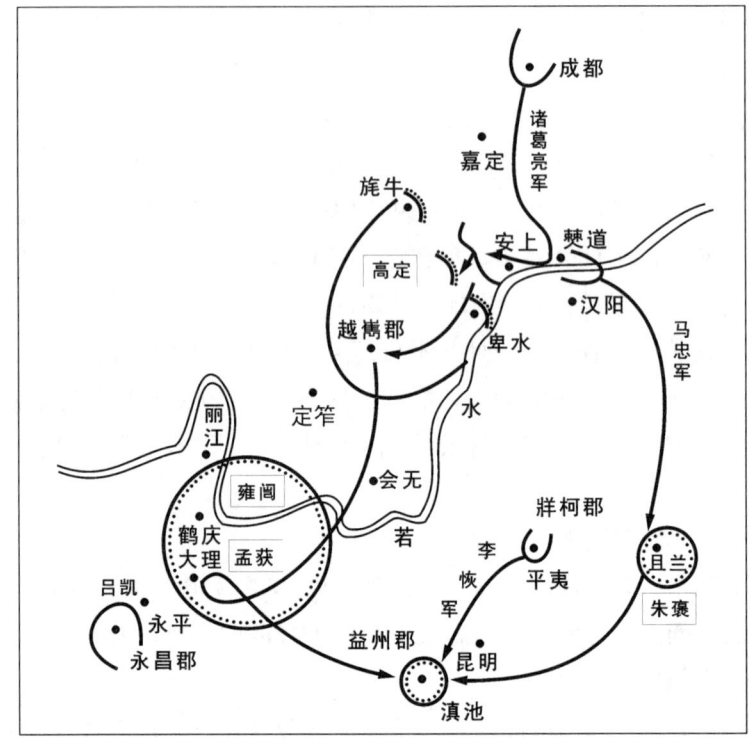

图 5-16 诸葛亮南征简图

昆明（滇东黔西之间，非今昆明市）后，当地诸县土著互相纠合，以数倍之众围攻李恢军。当时李恢孤军深入，与诸葛亮失去了联系，形势危急。李恢急中生智，对敌军喊道："官军粮尽，欲规退还，吾中间久斥乡里，乃今得旋，不能复北，欲还与汝等同计谋，故以诚相告。"土著人听信这位同乡的谎话，围守怠缓。李恢抓紧战机，率军突击，大破敌军，追奔逐北，南边一直打到盘江，东边与牂柯马忠军相接，西北边与诸葛亮声势相连。在西路战线上，诸葛亮又挫败孟获。孟获率部南逃入益州郡。诸葛亮紧追不放。五月，在弄栋（今姚安）城北渡泸水（金沙江），进入益州郡地。

关于诸葛亮渡泸水处，主要有两种说法。东渡说认为是从会无县（今会理）东向渡泸，至堂狼县（今会泽、巧家）[①]；西渡说认为是由三绛（今黎溪）渡泸

[①] 持东渡说的主要有《水经·叶榆水注》。

水至蜻蛉（今大姚），入益州弄栋县（今云南姚安）①。

蜀军渡泸后，在弄栋县一带与孟获交锋，大败其部众，生擒孟获。诸葛亮了解到孟获"为夷汉所服"，在土著民族和汉移民后裔中都具有一定威信，决心征服其心，让他参观了军营。

孟获观后不服，诸葛亮马上将其释放。再战，又将其生擒。七纵七擒后，诸葛亮还准备释放孟获，让其再战。孟获自己不愿再走，向诸葛亮表示"南人不复反矣"。诸葛亮遂率军打到滇池。到这年秋季，南中叛乱被完全平息，大军绕道滇东班师，沿途降服若干小股叛乱势力，十一月回到汉阳（今贵州威宁一带），十二月抵达成都②。此次战役，把军事武力与攻心安抚有机地统一于一体，进展神速。

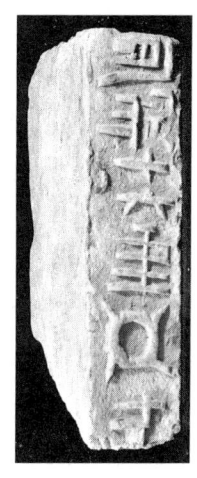

图5-17 云南保山出土延熙十六年墓砖

南中平叛之胜利，除蜀汉上下一心，将士奋战等因素外，也有历史的、经济的、文化的多种原因。首先，南中地区与巴蜀内地同属一个大经济区，同在古"西南夷"文化系统范围内，两大区域之间本有极密切的内在联系。其次，是秦汉以来持续开发西南的结果。如移民、交通建设（秦修的"五尺道"这次便是行军路线之一）、对少数民族的各种教化等，都有漫长的历史基础。战争的性质是蜀汉内部中央与地方、统一与分裂的战争，是蜀汉政府在本国领土上平息叛乱、捍卫统一的战争。它保卫了历史上开发西南民族地区的成果，也进一步促进了西南地区的开发。

南中平定后，诸葛亮妥善处理了善后事宜，包括以下几条：

第一，吸取西汉"众建诸侯分其力"的经验，把南中大郡分割为小郡。首先是改益州郡为建宁郡。分割建宁、永昌、越嶲三郡。另置云南郡。《华阳国志》卷4《南中志》说："分建宁、越嶲置云南郡。"《三国志》卷33《蜀书·后主传》说："三年春三月，丞相亮南征四郡，四郡皆平。改益州郡为建宁郡，分

---

① 持西渡说的主要有梁元帝萧绎《金楼子·杂记》、洪迈《容斋随笔·初笔》卷4、《蛮书》卷2、张宗道《古滇说》、诸葛元声《滇史》等。二说差别甚大。究其原因，或与蜀汉军渡泸渡口本不止一处、一次有关。

② 《三国志》卷35《蜀书·诸葛亮传》注引《汉晋春秋》，《蜀书·费诗传》，《蜀书·后主传》等。

建宁、永昌郡为云南郡，又分建宁、牂舸为兴古郡。十二月，亮还成都。"云南郡辖县有遂久（原属越嶲）、姑复（原属越嶲）、蜻蛉（原属越嶲）、云南（原属永昌）、叶榆（原属永昌）、邪龙（原属永昌）、弄栋（原属建宁）。又分割建宁、牂柯置兴古郡。滇南、黔南一带，民族势力犹强，从西汉以来便时叛时服，新置二郡以加强统治。建宁郡是雍闿、孟获的老巢，这次叛乱的中心，分割最细，朱提郡未卷入这次叛乱，未分割。

第二，大量起用土著大姓。史载诸葛亮平定南中后，"皆即其渠率而用之"，即用当地土著大姓和民族酋首为官。有人劝谏，反对这样做，诸葛亮就分析道：如果留外地人在南中当官，则必须留下大量军队，粮草供应困难，这是一不便；当地民族这次战败，其父兄死伤，留下外地人而不留下军队，必成祸害，这是二不便；又当地民族本常有废杀君长酋首之举，留下外地人当官，他们也终不会相信，这是三不便。并说他这样做的目的是欲图不留军队，不运粮草，而达到纲纪粗定，夷、汉粗安的目的。

图 5-18 被南中民族称为"诸葛鼓"的铜鼓侧面　　图 5-19 "诸葛鼓"鼓面

当然，并非所有在南中为官的都是南中土著，也有一些外地人，但这些外地人又多以巴蜀籍为主。用民族首领和土著大姓为地方官的政策，不仅在南中地区执行，在其他少数民族聚居地区也曾执行。

第三，征调南中兵壮入蜀。南中民族当时几乎无正规的军队，平时生产，战时打仗，是每个男子的责任。蜀汉政府征调滇池等地的南中劲卒"青羌"万余家入蜀，以其青壮为军队，组成骑兵五部，号称"飞军"。据载，王平任参军时,曾"统五部"①,即为该军首领。朱提大姓孟琰(即孟炎),也曾率领南中部曲万余家入蜀,参加诸葛亮北伐之役。孟琰官至虎步监,辅汉将军。蜀汉时期,还抽调过五溪蛮、賨人、叟人青壮组成军队。《后出师表》说:"賨、叟、青羌……此数十年之内所纠合四方之精锐。"调移少数民族兵壮为政府所用,可谓一举两得,一是削减了民族、边远地区的土著势力,二是增强了政府军队的战斗力,补充了兵源。

第四,鼓励大姓役属少数民族。南中大姓是"夷化"的汉人豪族。这次叛乱,以他们中的一部分人为骨干;平定叛乱,也以其中一部分人为骨干。现在蜀汉政府要统治南中,还要依靠他们。诸葛亮把少数民族中一些较"羸弱"的部族分配给焦、雍、娄、爨、孟、量、毛、李等大姓为部曲。一些民族不愿宾服大姓富豪,蜀汉政府就劝这些大姓用金银财帛"聘策",规定部曲多者可世袭为官。当时许多大姓、官吏都拥有大量夷、汉部曲。如在昭通后海子发现的东晋霍承嗣墓壁画中,便有夷、汉部曲侍卫墓主②。该政策可鼓励大姓建设边区,他们受爵为官后,也就转变为政府可以利用的力量。

第五,作"图谱"等,从思想意识方面加强教育、统治。

第六,发展生产和征收赋税。蜀汉政府注意在南中发展农业,土著民族中至今传说诸葛亮教其务农、种谷。《三国志》卷33《蜀书·后主传》说:南中平,军资所出,国以富饶。过去,秦汉政府开发边区时,多贵义贱利;蜀汉开发南中,诸葛亮等追求的目标却较现实、灵活,与秦汉政府有明显的不同。

第七,加强武力控制。南征前,已置庲降都督,掌南中军政。平定后,又加强了该机构。先后任过都督的有邓方、李恢、张翼、马忠、张表、阎宇、霍弋、杨戏等,另设有副贰、护军等职。都督府掌握有一支部队。平乱军刚回蜀,便出现"南夷复叛,杀害守将",蜀汉政府派李恢再往"锄尽恶类,徙其豪帅于成都"。建兴十一年(233),南中豪族刘胄反,扰乱诸郡,都督张翼镇不住,另派马忠替之。大军很快平叛,斩刘胄。诸葛亮之后,也时有战事。如霍弋领永昌太守时,以偏军攻打"数为寇害"的永昌叛乱部落③。

---

① 《三国志》卷43《蜀书·王平传》。
② 《文物》1963年第9期第66页、第12期第1页。
③ 《三国志》卷43《蜀书·李恢传》、卷33《蜀书·后主传》、卷43《蜀书·马忠传》、卷41《蜀书·霍峻传》。

五、诸葛亮的北伐

诸葛亮执政后，蜀汉一切方针都围绕北伐展开。东联孙吴，平定南中皆为了北伐。北伐之前，诸葛亮还曾移民汉中，建设前沿阵地。《华阳国志·巴志》说涪陵郡"汉时赤甲军常取其民，蜀丞相亮亦发劲卒三千人为连弩士，遂移家汉中"，即为其一。建兴五年（227），诸葛亮上《出师表》于后主刘禅。其辞略曰：

> 先帝创业未半而中道崩殂，今天下三分，益州疲弊，此诚危急存亡之秋也。然侍卫之臣不懈于内，忠志之士忘身于外者，盖追先帝之殊遇，欲报之于陛下也……先帝知臣谨慎，故临崩寄臣以大事也。受命以来，夙夜忧叹，恐托付不效，以伤先帝之明，故五月渡泸，深入不毛。今南方已定，兵甲已足，当奖率三军，北定中原，庶竭驽钝，攘除奸凶，兴复汉室，还于旧都。此臣所以报先帝，而忠于陛下之职分也……愿陛下托臣以讨贼，兴复之效；不效，则治臣之罪，以告先帝之灵……今当远离，临表涕零，不知所言①。

图 5-20 前出师表

---

① 《三国志》卷 35《蜀书·诸葛亮传》。

诸葛亮北伐中原的最终目的，就是"光复汉室，还于旧都"。三月，诸葛亮率军从成都出发，到达汉中。他先在汉中练兵约一年，达到"戎阵整齐，进退如风，止如山"的境地后，方才举兵北向。

当时，曹魏都洛阳，曹丕（魏文帝）已死，太子曹叡（魏明帝）继位不久。曹叡获悉蜀军临境的消息后，就制定了"分命大将据诸要险，威足以震慑强寇，镇静疆场，将士虎睡，百姓无事"的战略防御方针①。但因魏蜀间多年无战，平时准备不够，一闻说蜀军骤至，下面也多有动乱。南安（治甘肃陇西）、天水（治天水甘谷）、安定（治甘肃济川）三郡当即降蜀。曹叡忙西赴长安督战，以曹真督关右诸军，率主力驻扎在斜谷北口的郿县一带（这表明曹军中了诸葛亮声东击西的圈套），全面指挥这次战役，令张郃率5万军马西守陇右。

蜀军先扬言要由斜谷道攻取郿县（今陕西眉县），并使赵云、邓芝率一军据箕谷（今陕西褒城西北）为疑军，诸葛亮率主力西攻祁山，先围后攻，大胜。赵云军在箕谷时，曹真以主力相拒，赵云等以少敌多，以弱敌强，牵制了曹军的主力部队。作战时，赵云身先士卒。

诸葛亮此行的一个重要收获便是收降了姜维。姜维，字伯约，天水冀人，少孤，与母居，好郑氏学，仕郡上计掾，州辟为从事。其父昔为郡功曹，值羌戎叛乱，身卫郡将，没于战场，赐维官中郎，参本郡军事。蜀军进攻祁山时，天水太守马遵正好带着几名官吏外出考察，姜维也是随行人员之

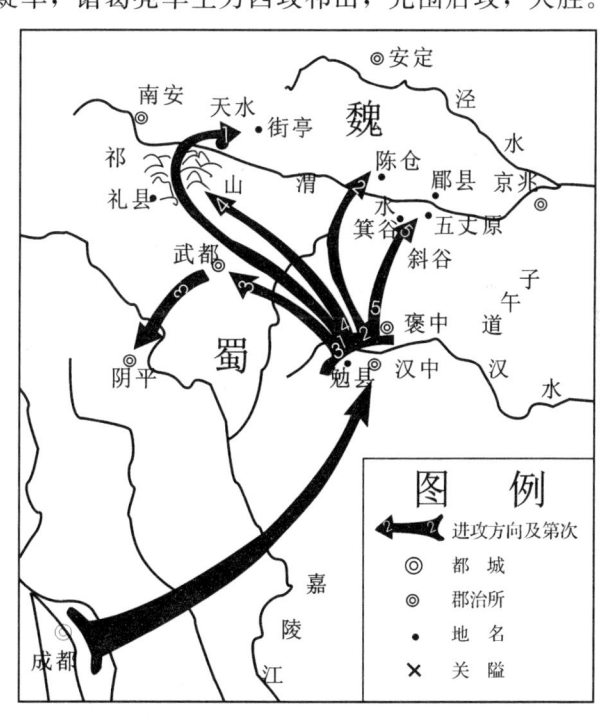

图5—21 诸葛亮五次北伐路线简图

① 《三国志》卷14《魏书·刘放传》注引《孙资别传》。

一。太守闻蜀军突至,而所辖诸县纷纷降蜀,他怀疑姜维等也有异心。《三国志》卷44《蜀书·姜维传》注引《魏略》说:"时维谓遵曰:'明府当还冀。'遵谓维等曰:'卿诸人回复信,皆贼也。'各自行。"他对自己的属下不敢相信,单身一人,连夜悄悄向上邽逃去。姜维等发觉后,连忙追去,可赶到上邽城下,城门却闭而不纳。姜维等只好相率回到冀城,冀城亦闭门不许姜维等进入。城外百姓见维等大喜,便推举姜维为首领,让他带着大家去拜见诸葛亮。在这种情况下,姜维只好率众百姓等投向蜀军。

诸葛亮命参军马谡领一军为先锋,驻守街亭,将军高详屯兵列柳城,在街亭与张郃相战。马谡违反诸葛亮节度,举动失宜,仅十余日便大败。魏将郭淮亦攻下列柳城。街亭丢失,蜀军失去前进的据点,只好退还汉中。第一次北伐就这样失败了。

马谡失街亭后,曹军并未抓住有利机会反攻。第一天,张郃眼见蜀军退去,不敢相信胜利来得这么快,不敢急攻王平,怕有埋伏。第二天,张郃眼见诸葛亮率军"徐行"而退,亦不敢追击。诸葛亮挥泪斩马谡,又上书自贬三等,以右将军身份行丞相之职。

建兴六年(228),魏军三路攻吴(曹休攻皖城、司马懿攻江陵、贾逵攻东关),又抽调关中军队东去,关中空虚。诸葛亮认为时机又到,再次率大军顺嘉陵道,出大散关,围攻陈仓(今陕西宝鸡)。这一次,蜀军走的是当年高祖刘邦由汉中出定三秦的老路。但当年刘邦是"暗度陈仓",奇兵轻袭无备之敌。现在魏军大将曹真在半年前就料到诸葛亮会二次北伐,必攻陈仓,早命将军郝昭、王双屯兵严守陈仓,大治其城,充分做好了各种准备[①]。蜀军围攻20多日,不下,一方面粮草快尽,一方面听说曹魏援军已到,便撤回汉中。魏将王双率众追赶,被斩杀[②]。

建兴七年(229),诸葛亮第三次北伐。蜀军西向,取魏武都、阴平二郡,诸葛亮复为丞相。

建兴八年(230),魏大司马曹真认为:蜀连出侵边境,宜伐之,数道并出,可大克也。八月出兵。张郃军顺子午道而南,司马懿溯汉水而上,曹真从斜谷

---

① 《三国志》卷9《魏书·曹真传》。
② 《三国志》卷35《蜀书·诸葛亮传》。

道南下，另一军从武威东插。当时正赶上霖雨 30 余日，栈道断绝，再加上诸葛亮在城固、赤阪一带集兵守险，摆出一副欲全歼来敌之势，曹军无功而返①。

建兴九年（231），诸葛亮第五次出兵，这次又出祁山。他围住祁山后，派使去请鲜卑部落的首领柯比能出兵助战。柯比能部当即出军响应，打到北地石城。魏大司马曹真急出病来，时逢司马懿从荆州前线入朝，魏明帝曹叡便叫他屯兵长安，督西线诸军。

司马懿留 4000 兵守上邽（今甘肃天水市），余军全部前往救祁山。诸葛亮率军直赴上邽，甚至在其城郊大肆割麦。司马懿却敛兵自守，始终不与蜀军交战。诸葛亮转向他攻，司马懿又跟至卤城（今天水与甘谷县之间），一到便登山掘营，不与蜀战。魏军内部有人公开对司马懿说："公畏蜀如虎，奈天下笑何！"诸将又一齐请战，司马懿才命张郃等出战。但一交战便大败。蜀军获首级 3000 颗，铠甲 5000 领，角弩 3100 张。司马懿退保山营，怎么也不肯出战了。

在这次北伐中，诸葛亮还发明了"木牛流马"，用于运粮草等，省了许多人力；但战线太长，道路遥远而崎岖，仍因粮草供应不济而于五月退兵。张郃

图 5-22 木牛流马

图 5-23 三国时期的扎马钉

---

① 《三国志》卷 9《魏书·曹真传》、卷 33《蜀书·后主传》。

第五章 蜀汉（上）

勒兵追至木门（今甘肃天水市西南90里），被蜀军射杀①。

建兴十年（232）诸葛亮休士劝农，大量制造木牛流马，普遍教兵讲武，准备大举进攻。十一年（233），鉴于以往的教训，遣诸军运粮储于斜谷口，又修建斜谷邸阁（朝廷直属大型粮仓）。

建兴十二年（234）春二月，诸葛亮第六次出兵。这次大军从斜谷道出。蜀军攻占了武功五丈原（今陕西岐山县南40里），与司马懿隔渭水相对垒。这次出兵，蜀汉事先与东吴约好，从东、西两线同时北伐。二月，蜀汉出兵后，东吴仍迟迟不发兵。迄至五月，孙权才遣陆逊、诸葛瑾等屯江夏、沔口（今湖北汉口），进攻襄阳，命孙韶、张承等向广陵、淮阳进攻，孙权自己则率大军围攻合肥新城。对此，魏明帝曹叡的策略是先挫败东吴。他亲统水军东征，同时给西守的司马懿加兵，并告诫他要坚守不战，以待东线战局变化和蜀军粮尽之时。东吴此次出兵，本想渔利，当孙权得知魏主亲统大军增援，蜀军又西线受阻的消息后，即令全线撤兵。在西线战场，司马懿统有22万大军，为蜀军的两倍，却一直坚避不战。蜀军曾送去一套女装，欲羞辱、激怒他出兵。司马懿却能从容接受。蜀军鉴于以往教训，分兵屯田，打算久驻。可就在这年八月，诸葛亮突患急病，骤卒于前线，时年54岁。这突变给蜀汉朝廷以猝击。蜀军当即下令退兵汉中。

表5-1 诸葛亮五次北伐简表

时 间	主要经过
建兴五年至六年（227~228）	出祁山，先锋马谡在街亭大败。诸葛亮迁西县千余家还汉中，斩马谡，自贬三等。
建兴六年（228）冬	出散关，围陈仓，粮尽而退。斩魏追将王双。
建兴七年（229）	出攻武都、阴平二郡，胜。
建兴九年（231）	再出祁山，粮尽退，斩魏将张郃。
建兴十二年（234）	以大军出斜谷，据五丈原，分兵屯田。八月，诸葛亮病死，军退。

诸葛亮与魏军六次交战，都是以汉中为基地在外线进行的。其中五次是主

---

① 《三国志》卷35《蜀书·诸葛亮传》及其注引《汉晋春秋》。

动北伐，一次是防御。五次北伐中，两出祁山（六出祁山是小说家的泛指），其余几次路线每有变动。五次北伐，虽都取得一些局部胜利，但于全局关系不大。

对诸葛亮的北伐，历史上颇有歧见。或视诸葛亮北伐为全败。若从"兴复汉室"的最终目的看，确实没达到。但从具体战役看，还不能说全败。首先，在长达七八年的战争中，蜀军基本掌握着主动权，魏军则处于被动挨打的地位。其次，在战争中屡挫双倍于己的魏军，退返亦能泰然班师，军队无大损。再次，每次进攻皆摆战场于敌国领土，不曾丢失半寸国土，还夺回原属魏国的武都、阴平二郡。在人力物力上，蜀确实损失很大，但同时也消耗掉了魏国更多的人力物力。故可视这五次北伐为平局。

在当时，蜀汉国小势弱的情况下，诸葛亮不闭关守险，保境安内，反而连年劳师北伐，多遭非议。事实上，诸葛亮立志兴复汉室，不北伐则不能实现这一目标。蜀汉国小势弱，不主动进攻，则难保不被曹魏侵吞。更何况国小势弱，也不乏主动攻伐成功的先例。如：商汤最初的根据地不过70里，周文王最初不过百里之地，都以征伐兼并了天下；管仲以一诸侯称霸天下，乐毅以一燕国攻齐70余城。诸葛亮每自比乐毅、管仲，这些典范当然会成为鞭策动力。再加之东面还有孙吴，至少可牵制曹魏一定兵力。故从战略上看，蜀军北伐也是积极进取的一策。历史上对诸葛亮率主力出祁山而不以奇兵首出子午谷之举，也有争议。临出兵前，诸葛亮曾召大将等计议。魏延建议道：听说长安镇守大将夏侯楙年少，是魏主的女婿，胆怯而无谋略。现在请给我精兵5000，运粮食的人马5000，让我直接从褒中杀出，顺秦岭东行，到子午道转北，不用十日便可打到长安。夏侯楙听说我骤然而至，必定乘船逃走。长安中唯有御史、京兆太守之类，横门邸阁（粮仓）和闲散于民间的粮食谷物足够我军食用。曹魏若从东边合聚队伍赶来，尚需20多天。在这些时间里您足可率军队从斜谷赶来。这样，一举便可平定咸阳以西之地。但诸葛亮认为这样很冒险，西出陇右却安全而无后顾之忧，便没有采用魏延计①。

诸葛亮、魏延谁对谁误？这是一个仁者见仁、智者见智的问题。诸葛亮的最终目标是要"北定中原"，并非争夺一城一地。他兵出祁山，意在由陇而秦，居高临下。诸葛亮兵出祁山，赵云、邓芝又在箕谷布军，远张两翼，诱敌深入，

---

① 《三国志》卷40《蜀书·魏延传》及其注引《魏略》。

意在一举歼灭曹魏在陇秦的主力。这样，攻占陇秦之地就无后顾之忧，那时再整体推进，稳打稳进。

魏延之计，应从两方面看。一方面，在战术上，奇兵袭敌，一要时速，二要势猛。按魏延之计，蜀军顺秦岭向东，沿子午道（1040里）而北，欲十日赶到长安，每日需强行百里之上，犯兵法之忌。沿途险峻，一夫当关万夫难开，若一遇敌阻，则很难顺利前进，一遇敌袭则可能全军崩溃。这些都是不可避免的。蜀军若不在10日内赶赴长安城下，则曹魏防守已充分，附近援兵可调，若10日内赶到则军士已疲。疲惫的5000人马很难成功地袭击长安这样的重城。再者，蜀军以5000人孤军深入，就算成功地占领了长安，而魏主力犹存，蜀军难免处于四面受敌的境地。必须承认，魏延的建议确实相当危险。另一方面，蜀国以小国攻大国，在魏国没有特大天灾人祸的背景下，不冒险出奇兵则不可能取胜。从这个角度看，魏延的建议又非常可取，甚至是唯一取胜之道，即使有极大风险，也颇值得一试。

六、诸葛亮与李严的权争

在诸葛亮治蜀的全过程中，在政治上几乎是没有够级别的对手可言。他与李严的矛盾，也是蜀汉朝廷中的大事。

李严（后改名李平），字正方，南阳人，年轻时为郡吏，荆州牧刘表曾多次任他担任郡县官吏，以才干著称。建安十三年（208），曹操攻占荆州时，李严当时任秭归县令，便西诣蜀，刘璋用为成都县令，有能名。建安十八年（213），任严为护军，拒刘备于绵竹。李严率众降刘备，刘备拜严为裨将军。成都既定，任严为犍为太守、兴业将军。从这个任命看，当时刘备对李严并不太重视，给一个太守，只是对他降自己以来功绩的正常反应。李严只把这看成一个平台，他要利用这个平台大干一番。首先着手对西蜀大型水利工程"六水门"大加整修，甚得朝野上下好评。通过这一工程，显示出了他不同于一般郡守的卓越行政能力。建安二十三年（218），土著豪族马秦、高胜等起事于郪，合聚部伍数万人，打到资中县。当时刘备正在汉中，形势危急。李严并不向朝廷要求另外调兵，仅率郡属军士5000人讨之，斩秦、胜等，其部众枝党，又被李严打得星散逃避。战后，李严在郪、资中等地全部恢复了"民籍"，将过去由豪族直接控制的大量百姓，建立起了由政府控制的、向政府交租纳粮、服役的户口之籍。

从根本上夺走了或者说抑制了土著豪族的土壤。又越嶲土著民族高定遣军围新道县，严驰往赴救，贼皆破走。经此二战后，刘备发现李严能文能武，视李严为能臣，下令加李严为辅汉将军，仍兼任犍为太守。

作为一个降臣，能力卓越远远不够，还得表现出对新主子的忠心。李严在刘备称帝的节骨眼上做了两件事。一是在刘备即位前，在武阳炮制了"黄龙见武阳赤水，九日乃去"事件，此后又遍邀蜀国官员800人，上表恳请刘备称帝。刘备称帝后，李严为宣传刘备的"天命"，又在该地建庙、刻碑，大扬其名。二是请刘备到犍为"籍田"。这些都得到了刘备的欢心。当时刘备急于东伐，不得不把后方交与诸葛亮，来不及提拔李严。

章武二年（222），刘备病重时，便诏令李严到永安宫，拜为尚书令，直接留在身边，管理大小政事。刘备给他这个职务，实际上已经宣布他的地位仅次于诸葛亮，已含有要他与诸葛亮分权之味了。次年，刘备病危时，让李严与诸葛亮同受遗诏辅少主，又任李严为中都护，统内外军事，留镇永安。刘备视李严为与诸葛亮搞平衡的代表。

建兴元年（223），李严先后封都乡侯，假节，加光禄勋。这一时期，他实际负责以江州为中心的蜀汉东部的军政事务。

诸葛亮率军南征时，后方政事并未直接交李严。此后，诸葛亮出军汉中时，蜀中政事交蒋琬负责，李严仍镇守江州。诸葛亮的这一任命，与刘备临终前的意图有出入。

李严大失所望，又莫奈何，曾在与孟达信中说："吾与孔明俱受寄托，忧深责重，思得良伴。"看来是想掩盖自己。诸葛亮也在给孟达的信中说："部分如流，趋舍罔滞，正方性也。"诸葛亮以大局为重，也在一些部下前说李严的好话。

李严见诸葛亮大权在握，又想出一计，欲重演当年刘备称帝前后的把戏，便主动写信给诸葛亮，劝其像曹操、司马懿那样受九锡，晋爵称王。

这正好给了诸葛亮一个教训他的机会！诸葛亮接书后，义正词严地批道："吾与足下相知久矣，可不复相解。足下方诲以光国，戒之以勿拘之道，是以未得默已。吾本东方下士，误用于先帝，位极人臣，禄赐百亿，今讨贼未效，知己未答，而方宠齐、晋，坐自贵大，非其义也。若灭魏斩睿，帝还故居，与诸子并升,虽十命可受,况于九邪。"①

诸葛亮大义凛然,李严开始寻机回招。诸葛亮在伐魏前,调李严所辖2万军队镇守汉中。李严要求从益州东部分割五郡,新设江州,让他当江州刺史。《华阳国志》卷1《巴志》说:

> 刘先主初以江夏费瑾为太守,领江州都督。后都护李严更城大城,周回十六里。欲穿城后山,自汶江通水入巴江,使城为州。求以五都置巴州。丞相诸葛亮不许。亮将北征,召严汉中,故穿山不遂。然造苍龙、白虎门,别郡县仓皆有城。严子丰代为都督。丰解后,梓潼李福为都督。

此前,江州城仍基本沿用秦城,较小。李严上任后,即大修江州城。这在当时是一个极大的工程,且未得到朝廷的支持,民怨甚大。与此同时,他又提出从益州中割出五郡,另置巴州。当时诸葛亮兼益州刺史,李严应该知道,诸葛亮不可能答应此事,其真正目的是在提醒他应为"副"的身份。诸葛亮拒绝了他,鉴于当时南征北伐的大局,仍坚持"冷处理"的策略。结果,诸葛亮欲调李严属下军队去汉中之事,未能执行。

建兴七年(229),陈震出使东吴之前,向诸葛亮汇报李严的巧诈和早年为官劣迹。经过对李严的冷处理阶段后,诸葛亮认为朝下一阶段转化的机会已经成熟。《三国志》卷39《蜀书·陈震传》说:诸葛亮与长史蒋琬、侍中董允书曰:"孝起(陈震)前临至吴,为吾说:正方腹中有鳞甲,乡党以为不可近。吾以为:鳞甲者,但不当犯之耳,不图复有苏、张之事,出于不意。可使孝起知之。"正方,即李严字。这表明,当时诸葛亮已准备将他与李严间的矛盾公开化。

建兴八年(230),曹军欲攻蜀,诸葛亮再次要李严带2万军队到汉中坐镇,李严又讨价还价,说起"司马懿等开府辟召"之事,诸葛亮一方面以大局为重,另一方面也是为将李严调离他经营多处的老窝,驱虎下山,便上表后主,任李严子李丰为江州都督督军,接替李严调走后的工作。在这种情况下,若仍不执行调令,矛盾便公开化了,而当时李严还没有这个力量。他不得不执行调动命

---

① 《三国志》卷40《蜀书·李严传》注引《诸葛亮集》。

令。李严在这时改名为李平。

建兴九年（231）春，诸葛亮率军出祁山，令李严负责军粮等运输事务。秋夏之际，值天霖雨，运粮不继。李严派参军狐忠、督军成藩喻指，说是后主命退军，让诸葛亮即刻退还。诸葛亮本因粮尽，正打算退兵，便承命退军。李严见大军退回，又故作惊诧，说"军粮饶足，何以便归"？试图推卸自己不办军粮之责，同时还试图攻击诸葛亮擅自退军之愆；与此同时，他还向后主上表说："军伪退，欲以诱贼与战"。

诸葛亮回到朝廷，将李严前后手笔书疏本末等全拿出来，责问李严。李严辞穷情竭，承认罪过。于是，诸葛亮上表曰："自先帝崩后，平所在治家，尚为小惠，安身求名，无忧国之事。臣当北出，欲得平兵以镇汉中，平穷难纵横，无有来意，而求以五郡为巴州刺史。去年臣欲西征，欲令平主督汉中，平说司马懿等开府辟召。臣知平鄙情，欲因行之际逼臣取利也，是以表平子丰督主江州，隆崇其遇，以取一时之务。平至之日，都委诸事，群臣上下皆怪臣待平之厚。正以大事未定，汉室倾危，伐平之短，莫若褒之。然谓平情在于荣利而已，不意平心颠倒乃尔。若事稽留，将致祸败，是臣不敏，言多增咎。"

诸葛亮又与众将共同签名弹劾李严说："平为大臣，受恩过量，不思忠报，横造无端，危耻不办，迷罔上下，论狱弃科，导人为奸，情狭志狂，若无天地。自度奸露，嫌心遂生，闻军临至，西向托疾还沮、漳，军临至沮，复还江阳，平参军狐忠勤谏乃止。今篡贼未灭，社稷多难，国事惟和，可以克捷，不可苞含，以危大业。"于是，废李严为民，徙梓潼郡。

诸葛亮又与平子丰教曰："吾与君父子戮力以奖汉室，此神明所闻，非但人知之也。表都护典汉中，委君于东关者，不与人议也。谓至心感动，终始可保，何图中乖乎。昔楚卿屡绁，亦乃克复，思道则福，应自然之数也。愿宽慰都护，勤追前阙。今虽解任，形业失故，奴婢宾客百数十人，君以中郎参军居府，方之气类，犹为上家。若都护思负一意，君与公琰推心从事者，否可复通，逝可复还也。详思斯戒，明吾用心，临书长叹，涕泣而已。"

建兴十二年（234），李严在梓潼听到诸葛亮死讯后，知道自己彻底没希望了，发病死。原来，李严被迁后，还寄希望诸葛亮有一天会给他一个改过的机会。这事只有诸葛亮能做，而他的后继者断不会为之！现在诸葛亮已去，自己的现状也永远不会改变了！《三国志》卷45《蜀书·杨戏传》载杨戏对李严的评价是:"正方受遗,豫闻后纲,不陈不金,造此异端,斥逐当时,任业以丧。"①

比较诸葛、李二人,其区别是:诸葛亮是有远大理想(恢复汉室)、有高尚情操的政治家,李严虽有较强的行政能力,但只是特善于迎奉、不择手段追求私欲的政客。

七、诸葛亮治蜀的楷模力量

在我国漫长的历史长河中,诸葛亮廉政律己、"鞠躬尽瘁,死而后已"的高大形象特别引人注目。首先,他为我国传统文化中儒家文化与兵家文化相结合的杰出典范。汉武帝"独尊儒术"后,经300余年的教化倡导,忠君思想在诸葛亮身上得到了完美的体现。在诸葛亮的思想体系中,虽有很多法家、兵家、阴阳家等成分,但最基本的、指导他一生行动指南的还是儒家忠君思想。诸葛亮的忠君观念首先表现在他的择主上。他隐居隆中时,好为梁父吟,以管仲、乐毅自许。诸葛亮虽在隆中躬耕,却尽晓天下大事,他在寻找可以使自己施展抱负的主子,而这个人一定要姓刘。荆州刘表、益州刘璋,二人虽为皇室后裔,却难成大器。他早注意到了刘备的存在。他让刘备三顾才相见,是想试试他的诚心。当刘备表现出了诚意,诸葛亮即以三分天下大计指点刘备。刘备托孤时,对诸葛亮说:"君才十倍曹丕,必能安国,终定大事。若嗣子可辅,辅之;如其不才,君可自取。"他之所以这样说,是因他看到了当时曹操彻底架空皇帝,即使自己不称帝,也为儿子称帝做好了准备。诸葛亮只要稍有此心,便可能架空、取代后主。诸葛亮见刘备如此说,便涕泣曰:"臣敢竭股肱之力,效忠贞之节,继之以死。"后来的事实

图5-24 诸葛亮像碑拓

---

① 罗开玉:《诸葛亮、李严权争研究》,《成都大学学报》2006年第6期第5~10页。

说明，他确实说到做到了。诸葛亮执政后，视克复中原为己任，经年用兵不断，虽屡次挫败，仍矢志不渝。他之所以坚定不移地追求兴复汉室，根本原因仍在于他的儒家忠君观念①。

将诸葛亮与刘备相比较，诸葛亮的理想成分更重，刘备则更现实。倘若刘备在世，肯定不会"六出祁山"。再拿诸葛亮与东吴君臣相比，也能显现其忠心。东吴君臣，虽国势远强过蜀汉，又据有荆州要地，却随遇而安，全无克复中原之念。

诸葛亮儒家观念，还表现在生活的方方面面。如他生活俭朴，无声色犬马之好，为官廉洁，靠俸禄为生，不经营别的产业，是我国历史上第一个自报家产的丞相！他给后主刘禅上的表中曾介绍自己的家产说："臣初奉先帝，资仰于官，不自治生。成都有桑八百株，薄田十五顷，子弟衣食，自有余饶。至于臣在外任，无别调度，随身衣食，悉仰于官，不别治生，以长尺寸。若臣死之日，不使内有余帛，外有赢财，以负陛下。"这个材料应该说是可信的。诸葛亮在《又与李严书》中曾说："吾受赐八十万斛，今蓄财无余，妾无副服。"可互为佐证。从他自报家产的情况看，在当时蜀中仅相当于一个一般的小地主。与当时蜀中的豪族相比，诸葛亮的家产和日常生活，只能说是勉强可以过日子，连"富足"二字都说不上。再与当时的一些丞相比，差别更大。曹操挟天子以令诸侯，封魏王，以魏国为封地，在魏国置丞相已下群卿百僚，皆如汉初诸侯王之制，整个魏国的收入全归曹操私人所有。曹爽一度控制魏国后，饮食、衣服、车乘都模拟皇帝规格，取明帝后宫才人等为私人伎乐。司马懿在发动"高平陵政变"之前，虽赋闲在家，仍有财力养"死士"3000人，控制魏国朝纲后，为晋王，冕十有二旒，建天子旌旗，出警入跸，乘金根车、六马，备五时副车，置旄头云罕，乐舞八佾，设钟虡宫县。与他们相比，诸葛亮的这点家产还不如一个小吏。即使是与他手下的许多官吏相比，他家里也算很穷。如李严，即使在免职为庶人后，家里仍有奴婢宾客百数十人，仍过着上等人家的生活。诸葛亮的人生观，体现在他的整个道德情操上。

怎样对待自己葬事，也是看一个人的试金石。三国是我国历史上的第一个薄葬期，墓葬规模和随葬品远不及汉代，但同样有等级和贫富差异。诸葛亮临

---

① 罗开玉：《"三国文化"主题思想初探》，《四川文物》2002年第6期第3~6页。

第五章 蜀汉（上）

死，遗命葬汉中定军山，因山为坟，冢足容棺，殓以时服，不须器物①。如果我们与当时的一些墓葬相比较，便能看得出诸葛亮的清廉。1984年在马鞍山市发掘了朱然墓，该墓墓室外侧总长8.7米，宽3.54米，砖上模印篆文吉语"富且贵，至万世"、"富贵万世"等，墓内共出土青瓷器、漆木器、铜器、陶器等文物140多件和6000多枚铜钱，根据其中木刺和谒上的文字记载，推断出此墓为朱然墓。朱然只是东吴的一名将军，其墓葬规模和随葬器物，都远远超过了诸葛亮。在西蜀，近年发掘了不少东汉晚期至蜀汉时期的一般百姓、家族墓葬，一般都有一些陶、铜、漆器随葬品。诸葛亮的墓，从规模上看，只相当于一般百姓的墓，而随葬器物则少于一般百姓。

怎样教子，也是观察一个人的重要标志之一。诸葛亮在《诫子书》中讲：夫君子之行，静以修身，俭以养德。非淡泊无以明志，非宁静无以致远。夫学须静也，才须学也，非学无以广才，非志无以成学。淫慢则不能励精，险躁则不能治性。年与时驰，意与日去，遂成枯落，多不接世，悲守穷庐，将复何及！这里提出的"淡泊明志，宁静致远"，早已成为千古名言。"俭以养德"，认为俭是修身养性、道德品质的基础，无俭则无德。修身与治国，淡泊与廉洁，学成与成就，都是相辅相成的，也是相通的。淡泊是廉洁的前提，廉洁是淡泊在政治上的表现。以淡泊宁静作为治学之道，意在排除干扰，节约时间，提高效率；以清正廉洁为为政之道，意在于排除诱惑，节约精力，提高能力。淡泊宁静是一种思想境界，是一种治学之道，清正廉洁是一种行为能力，是一种为政之道，都强调自身的身心状态，减少外部干扰。然诸葛亮长期在外，虽注意到了儿子的品行，但在军政能力方面却下工夫不够。诸葛瞻17岁与公主成婚，35岁进入最高统治层，却无力胜任自己的职责。景耀六年（263），邓艾奇取江油时，诸葛瞻督诸军拒敌，至涪（今绵竹）停军不进。尚书郎黄崇屡劝宜急速前进，据险以阻，防敌军进入平原。此乃常识。诸葛瞻却犹豫未纳。结果邓艾军长驱而前，蜀军无力阻挡。蜀军退至绵竹后，本该据城死守，或可阻敌。40多年前，刘备取蜀之时，刘璋子刘循在这附近坚守雒城一年，便是一例。现在，只要诸葛瞻能在绵竹或雒城坚守十天半月，形势即可大变。但当邓艾"遣书诱瞻"时，诸葛瞻却勃然大怒，斩使出城，一战即败，身死军散，让邓艾军直扑成都，

---

① 《三国志》卷35《蜀书·诸葛亮传》。

葬送了蜀汉。

诸葛亮的著述，在《三国志》本传中载有《诸葛氏集目录》，共 24 篇，104112 字。

总的说来，诸葛亮作为一个历代公认的忠君和廉政的楷模，其产生有着深刻的历史背景，即儒家文化的熏陶、三国战乱环境和他的耕读经历。这些不仅是他个人作风小事，事实上，带动影响了整个蜀汉统治集团，并在相当大程度上影响了蜀汉政治、经济、文化和军事。

第五节　蜀汉中、晚期

蜀汉的历史，大体可分为四段：刘备夺蜀到托孤这 9 年（214～223）为创业期，诸葛亮执政的 11 年（223～234）为早期，蒋琬（235～245）、费祎（246～252）执政的 19 年为中期，以后至灭亡为晚期（253～263）。刘备、诸葛亮时期，蜀汉处于上升阶段，蒋琬、费祎时期处于保持阶段，晚期是逐渐衰亡的阶段。

一、蒋琬执政

诸葛亮死后，丞相长史杨仪借机斩杀了与他长期不和的大将魏延，率领诸军还成都，跃跃欲试，准备接诸葛亮之位。但诸葛亮临死前，上密表于后主，推荐蒋琬做他的接班人。

蒋琬（188？～246），字公琰，零陵湘乡（今湖南湘乡）人。少已知名，稍长即为当地名士。后为刘表州府书佐。刘琮降曹后，他选择了刘备。刘备入蜀时，带其相随。其日常言谈举止、办事能力等，深得诸葛亮赏识。建安十九年（214），刘备取蜀后任其为广都（今四川双流）县长。蒋琬在广都期间，像庞统当耒阳县令一样，自感大材小用，搞无为而治，很少处理一般事，并常与属僚们饮酒至醉。刘备因游玩突至广都，蒋琬大醉如泥，不能前往接驾。刘备大怒，欲将其处死。诸葛亮及时前往说情道："蒋琬是管理国家大政的社稷之器，不是管理百里地面的县令；再说他在这里当县令，强调以安民少事为本，不以修饰装假为先。愿主公重新考察。"刘备才将其免官而已。此后一两年间，蒋琬闲居在广都县东七里宜城山下。闲居期间,一次他夜梦有一牛头在门前,流血滂沱,意甚恶之,呼问善于占梦的赵直。赵直曰:"夫见血者,事分明也。牛角及鼻,'公'字之象,君位必当至公,大吉之征也。"他在家里坐了一两年冷板凳后,经诸葛亮推荐,刘备又任其为什邡县令。蒋琬这次上任后,勤于事务,卓有成效。建安二十四年(219),刘备当汉中王后,又调蒋琬到朝中任尚书郎。

建兴元年(223),诸葛亮开设丞相府后,即任其为东曹掾(负责人事等)。恢复察举制度后,又亲自推荐蒋琬为"茂才"。

图5-25 蒋琬塑像

建兴五年(227),诸葛亮率军驻汉中,将蒋琬由相府东曹掾改任为相府参军,协助留府长史张裔负责丞相府日常工作。当时相府"长史"(秘书长)有二人,一个随侍在诸葛亮身边,即杨仪;一个留在成都,称"留府长史",先是张裔,后为蒋琬。诸葛亮率领10万兵北驻汉中,叫张裔与蒋琬留在成都,"统留府事"。张裔与蒋琬做到了"足食足兵"。诸葛亮对张裔甚为满意,常赞他:"公赏不遗远,罚不阿近,爵不可以无功取,刑不可以贵势免,此贤愚之所以佥忘其身者也。"次年,张裔到汉中向诸葛亮请教一些问题,送者数百,车乘盈路。张裔回来后与亲近书道:"近者涉道,昼夜接宾,不得宁息,人自敬丞相长史,男子张君嗣附之,疲倦欲死。"张裔年轻时与犍为杨恭为友。杨恭早死,遗孤仅数岁。张裔将其迎到成都,与分屋而居,事杨恭母如母,待杨恭的儿子们同亲子一样,并为之娶妇,买田宅产业,使立门户。平常抚恤故旧,振援衰宗,行义甚至。诸葛亮甚看重他的人品,为他加辅汉将军,领长史如故。建兴八年(230),他66岁卒。此后,蒋琬以抚军将军兼领丞相府长史。蒋琬也做到了足食足兵,供给前方。诸葛亮常表扬蒋琬:"公琰托志忠雅,当与吾共赞王业者也。"诸葛亮在去世以前,曾秘密上表后主,说"臣若不幸,后事宜以付琬"。

后主即诏命蒋琬为"尚书令"。尚书令本为主管宫中秘书班子的负责人，实权极大，但西汉旧制，尚书令之上还有一位"录尚书事"之职，此职才是"真宰相"。诸葛亮为"丞相、录尚书事"，故有实权。后主叫蒋琬做尚书令，而没有立即叫他兼"录尚书事"，是要先看看。不过，当时并没有他人"录尚书事"，蒋琬虽有些"名不正"，但事实上却总统着全国的军政事务。又过了一些日子，后主又诏令提升他为"行都护、假节、领益州刺史"。"行"即"代理"或"试用"，做得好再"实授"。"都护"，即管军队，全国的部队都属他管。"领"，即"兼领"，以较大的官职兼领另一个较小的官职。这是在逐步加大其名。建兴十三年（235）春，蒋琬升成了"大将军、录尚书事"，又被封为安阳亭侯（无封侯资历者，不能为相）。当时，蜀中新丧主帅，远近危悚，人心惶恐。诸葛亮的死讯传到东吴，东吴即在巴丘（今湖南岳阳）增军万人，想趁魏军攻蜀汉之际分割蚕食蜀汉。蒋琬即针锋相对，在白帝（今重庆市奉节）增加守军。这时，右中郎将宗预出使吴国。孙权问他：东吴与西蜀共为一家，为什么你国还要增加白帝的守军？宗预也不示弱，随即回道：东吴增加巴丘之军，西蜀增加白帝之兵，俱事势使然，不足以相问也①！蒋琬虽被越级提拔，位居群僚之上，但他既无戚容，又无喜色，神色举止，如同平日，于是众望渐服，内政外交迅速稳定。杨仪却大发怨言，被废徙于汉嘉，后又上书诽谤，被责令自杀，蒋琬执政的障碍遂被铲除。

　　从"才"来看，诸葛亮、蒋琬、费祎，三代执政（并不都是丞相），可以说是一代不如一代。蒋琬对北伐之事，说说而已，并不怎么认真，到了他当政的第四年，才在延熙元年（238），摆出架势，率军出屯汉中。延熙二年（239）春三月，刘禅升蒋琬为大司马。很显然，如果他当时不摆这个架势，便得不到很多人的认可，刘禅也不愿给他这个新职。蒋琬认为，过去诸葛亮多次出兵秦川，道路险峻，运输困难，终不能克敌，欲改变进攻方向，准备乘汉水东出袭取魏的魏兴、上庸之地，于是大造战船。但其他人都认为此策太危险，若不取胜，退路甚艰。正巧蒋琬生病，便放弃了自己的主张。可以说，在他当政的11年中，仅有这一次欲对魏采取主动攻击的冲动，除此之外则只守不攻。蒋琬在汉中驻了6年，于延熙六年（243）十月，把主力由汉中撤回，还军驻涪（今四川

---

① 《三国志》卷45《蜀书·宗预传》。

第五章 蜀 汉（上）

绵阳），表明了放弃北伐的意图。从此，蜀国由战略进攻阶段转入战略防守阶段。

蒋琬在战略上始终对魏方采取守势。他叫姜维去经营凉州，欲"避实就虚"，借羌胡兵源、物资加强蜀汉。在他主持蜀汉军政时期，孙权对魏有过三次攻势。吴嘉禾六年（建兴十五年，公元237年），孙权派朱然围攻魏江夏郡郡治（今黄陂区）；吴赤乌四年（延熙四年，公元241年），又派全琮、朱然、诸葛瑾三路攻魏；赤乌六年（延熙六年，公元243年），派诸葛恪攻打六安。蒋琬对此皆观望而已。吴的几次攻势，皆无大的收获。朱然、步骘对蜀很误会。《三国志》卷46《吴书·吴主传》说：赤乌七年，是岁，步骘、朱然等各上疏云："自蜀还者，咸言欲背盟与魏交通，多作舟船，缮治城郭。又蒋琬守汉中，闻司马懿南向，不出兵乘虚以掎角之，反委汉中，还近成都。事已彰灼，无所复疑，宜为之备。"权揆其不然，曰："吾待蜀不薄，聘享盟誓，无所负之，何以致此？又司马懿前来入舒，旬日便退，蜀在万里，何知缓急而便出兵乎？昔魏欲入汉川，此间始严，亦未举动，会闻魏还而止，蜀宁可复以此有疑邪？又人家治国，舟船城郭，何得不护？今此间治军，宁复欲以御蜀邪？人言苦不可信，朕为诸君破家保之。"孙权竟能苦口婆心地替蒋琬解释，看来蒋琬的外交手腕确实很高。综观当时三国形势，蒋琬执政于诸葛亮连年用兵，实力转虚、国势转弱之时，又遇到杨仪、魏延内斗，暂时休养生息，应为上策。诸葛亮去世之时，杨仪与费祎不顾魏延的反对，把主力从武功五丈原撤到汉中；留下了一部分力量在汉中，交给吴懿。吴懿是刘备吴皇后的哥哥，以"车骑将军"的身份"督汉中"。其助手是"安汉将军"王平。王平也做了汉中太守，代替吴懿担任"督汉中"的重大任务。此职本是刘备交给魏延的。诸葛亮在建兴九年（231）调魏延以"前军师"的名义做先锋，这个"督汉中"的责任，便落在"都护"李严的肩上。李严因罪被废以后，继承他在汉中职务的，便是吴懿。魏延的"前军师"之职，在魏延被杀后，一度由邓芝担任，不久也职属王平。此职于延熙元年（238）改称为"前护军"，延熙六年（243）改称"前监军"。蒋琬驻汉中时，命王平继续做汉中太守与"督汉中"，兼任"前护军"，还让王平"署大将军府事"，把自己大将军府的一切事务，交给了王平，同时把王平的官衔，由"前护军"升为"前监军"，"督汉中"升为"统汉中"，"安汉将军"升为"镇北大将军"。王平却也不负蒋琬知遇。

次年二月，魏大将军曹爽为建功立业，一再上表要率军伐蜀。当时朝廷内曹爽与司马懿的权争已经明显，司马懿明确表示反对。但司马懿愈反对，曹爽愈坚持，硬是带兵5万（一说10余万）攻蜀，汹汹而来。当时汉中守军不足3万，很多人担心。王平却不慌不忙，力排众议，据守兴势围（今陕西洋县西北），派刘敏、杜祺两偏裨将军，稍一出击，便大败曹爽、夏侯玄。不久，大将军费祎亲自从成都率军增援，很快赶到了汉中。曹爽原本无作战经验，也没遭受过大的挫折，进入蜀境后损兵折将，杀了锐气，又怕败得更惨，被司马懿利用。这时，魏朝廷接到费祎已率军增援的消息，下诏让曹爽还军。王平前线指挥，功劳甚大。可见此时蜀国还有足够的力量与曹魏相持。

这期间，姜维多次西入凉州，皆不果而返。

蒋琬多病，主动表示愿把部分职权让与费祎、董允。他的最大特征是知人善任。于是，费祎领益州刺史，董允加辅国将军，代理尚书令。蒋琬把前方的事交给了王平，后方的事交给了费祎，自己去考虑更重要的事，决定大政方针。他在建兴十三年（235）升任"大将军录尚书事"时，便把"尚书令"的官职交给了费祎。延熙六年（243），他从汉中退驻涪县，又把"大将军、录尚书事"之位让给了费祎，只留下一个"大司马"的虚衔。提拔姜维，保荐姜维做凉州刺史的，也是蒋琬。蒋琬大胆用人，无私地把自己的权力分出去，这不仅在三国，即使在我国整个古代也极罕见。他的这种作风，与诸葛亮"事必躬亲"形成鲜明对比。大概他正是鉴于诸葛亮劳累过度，英年早逝，而走到了另一个极端吧！

延熙九年（246）冬，蒋琬病死，约58岁，共执政12年。在蒋琬执政期间，除基本放弃了北伐外，在内政方面大体都继承了诸葛亮的成规，因循不变。在外交方面仍东联孙吴，在内政方面仍重用荆楚人士，排斥益州土著人才。另外，在他执政期间，外臣与内臣的权争，君权与臣权的斗争，也略见端倪。诸葛亮以丞相秉国，蒋琬执政时只给他低一级的大司马职称，明显反映出不欲蒋琬步诸葛亮之后的意图。

二、费祎执政

费祎（？～253），字文伟，江夏鄳（今河南信阳东北）人。少孤，由同族的伯父费伯仁抚养。费伯仁的姑姑便是益州牧刘璋的母亲，刘璋派使者迎接费

第五章 蜀 汉（上）

伯仁入蜀。费伯仁带费祎入蜀。刘备定蜀后，费祎遂留在益州，为活动于上层的名士之一。章武元年（221），刘备立太子，命费祎为太子舍人，数月后升为庶子。后主即位后，升为黄门侍郎。诸葛亮南征回来，群僚迎于数十里之外；论年龄、职务，他们都在费祎之上，但诸葛亮特别请费祎同车而归，众人由此对他另眼相看。

费祎最初的成绩，主要表现在执行诸葛亮"结好孙权"的外交政策方面。诸葛亮南征归来后，即派他出使东吴。孙权对他"嘲讽无方"，吴臣对他论难锋至。费祎辞顺义笃，据理以答，终不能屈。孙权由此对费祎"甚爱之"，并

图5-26 费祎塑像

预计他"必当股肱蜀朝"。费祎被提为侍中、参军以后又频繁出使东吴。诸葛亮北驻汉中，请费祎去任参军。建兴八年（230），升为中护军，不久又升为司马。费祎在诸葛亮帐下的另一成绩，是在杨仪与魏延之间长期调停。杨仪、魏延相互憎恶，相遇争论。费祎常入坐其间，谏喻分别，使他们在诸葛亮生前能各尽其才。诸葛亮死后，他被提为后军师，很快又接任蒋琬的尚书令职务。在蒋琬执政期间，他的最大功绩是帮助铲除了杨仪。当时，杨仪自以为年龄、宦历、才能皆在蒋琬之上，而位在其下，怨愤形于声色，叱咤之音发于五内，时人畏其言语不节，莫敢从也，唯费祎往慰省之。杨仪竟对费祎说：往者丞相亡没之际，吾若举军以就魏氏，我哪会落得如今下场，令人追悔不可复及！这样下去，很可能导致内讧分裂，影响国力。于是，费祎"密表"杨仪之言，为蜀汉除掉一害。蒋琬从汉中移驻涪城后，因自己有病，主动将一部分职务让与费祎。费祎升任大将军，录尚书事。蒋琬死后，费祎以大将军秉政。

费祎执政期间，虽有时他身在前线，朝廷的庆赏刑威，皆事先派人征求其意见，由其裁决，然后执行。在费祎执政期间，姜维常欲兴军北伐。费祎常裁制不从，即使同意出军，拨给军士也不过万人。费祎曾劝姜维道："我等不如丞

相，相差已经很远了；丞相犹不能定中夏，何况我辈乎！且不如保国治民，敬守社稷，劝其功业，以俟能者，无以为希冀侥幸而决成败于一举。若不如志，悔之无及。"费祎的这种守成思想，符合当时魏、蜀实际。值得一提的是，从费祎接替蒋琬后，朝廷又取消了大司马之职，只给费祎大将军头衔（蒋琬曾从大将军升迁为大司马，故大将军低一级）。中国人历来重名，名不正则言不顺。蜀汉以正统自居，官职之设皆承汉制。蒋琬执政时由丞相降为大司马，现在费祎执政又从大司马降为大将军。丞相、大司马，皆汉旧官，蜀汉政府取消此二职称，主要是现实的需要。这二位执政大臣被依次降低头衔的事实，表明蜀汉当时存在着内臣与外臣的斗争、臣权和帝权的斗争。正因为有这些矛盾，费祎执政的头几年，竟不能设置大将军府处理国事。在他执政四五年之后，即在他羽毛较丰之后，开府理事才被提到议事日程上来。

  许多学者都曾强调指出，在蒋琬、费祎相继执政的 20 年间，蜀汉内政外交大体都继承了诸葛亮之成规，因循而不革①。实际上，这种评语不尽准确。概括地说，他们对诸葛亮政策的继承主要有两个方面：外交方面东联孙吴；内政方面继续重用荆楚人士，排斥益州土著人才。前一政策在某些特定的环境下，如在刘备夺取蜀汉之前和蜀汉建国之初，不失为最佳外交策略，但随着魏、蜀、吴三国实力、关系的不断变化，这一外交政策还一成不变，便显得呆板拘泥。后一政策，在刘备、诸葛亮在世之时，人才济济，其恶果不显；但到蒋琬、费祎执政时，在大批开国元勋和荆楚宿臣死后，不能及时从益州土著中补充新鲜血液，文臣武将都严重老年化，不仅使社会各领域日感乏人，缺乏生气，而且加剧了土著势力与政府的矛盾。蒋琬、费祎在两个方面改变了诸葛亮的政策：一是除姜维常以小股兵力西征外，基本上没再进行大规模的"北伐"，这个改变有利于蜀汉人民的生活；二是法纪逐渐松弛，经常大赦便是一重要表现，在当时那种外战多而内赋重的情况下，这对缓和蜀中的阶级矛盾，缓和蜀中外来势力与土著势力的尖锐矛盾，以及缓和民族矛盾，都起了一定作用。延熙十五年（252），后主诏费祎开置大将军府，处理军国大事。次年初，大将军府举行岁首大会，费祎被曹魏伪降刺客郭修"手刃"杀死，过早地结束了他的政治生涯。

---

① 《三国志》卷 44《蜀书·姜维传》裴注引，系陈寿对他们的评价。

三、蜀汉的猝亡

费祎死后，姜维执政，蜀汉进入最后阶段。这一阶段的特征是日趋没落。但蜀汉猝亡之时，国势并没耗尽，本还可能苟延。这种可能之所以没成为现实，与当时蜀汉朝廷的腐败有关，也与从诸葛亮时开始推行的排斥蜀中土著人才的政策有关。

1. 姜维西征

姜维归蜀后，一直在诸葛亮身边，随其北伐，学习军事指挥等能力。诸葛亮对其悉心辅导，按原定计划"毕教军事"。建兴十二年（234），诸葛亮死后，姜维被任为右监军辅汉将军，统领诸军，进封平襄侯。姜维在蜀中的事迹，多是围绕着出军西凉展开的。这主要与他本是天水人有关。最初，他所以能得到诸葛亮的破格重用和提拔，盖因他比其他人更有条件去执行"西和诸戎"的历史使命。

在蒋琬执政期间，他"数率偏军西入"。延熙元年（238），随大将军蒋琬住汉中。蒋琬升任大司马后，任命姜维为司马，多次率偏军西出凉州。延熙六年（243），升任镇西大将军，兼凉州刺史。延熙十年（247），升卫将军，与大将军费祎共录尚书事。该年，蜀郡西部的汶山平康族造反，姜维率军将其镇压下去。接着又率军出陇西、南安、金城界，与魏大军郭淮、夏侯霸等战于洮西。当地的一种土著民族"胡人"的部落首领治无戴等率部降蜀。姜维将其部带回蜀地安置。

延熙十二年（249），朝廷对姜维假节（有权不经请示，便代表朝廷处理一些事情），让其再次带军西出，不克而返。姜维自认为熟悉西部民族，与其许多首领有一定关系，欲诱使其为内应、为羽翼，占据陇西。但经过两三次失败后，许多上层人士对他失去了信心。费祎经常不同意其出军，有时虽也同意，但派给他的军队，都不超过1万人。延熙十六年（253）春，费祎死，再无人能约束他。姜维又开始大规模西出凉州。从费祎死的那年到蜀汉灭亡的前一年（262），短短10年间，他竟五次西征。延熙十六年，带领数万军队而出，粮尽退还。延熙十七年（254），姜维又率军出陇西，攻下魏河关、狄道、临洮三县，移其民而回，三县城得而复失。延熙十八年至十九年（255～256），姜维同魏降将夏侯霸一道率军出狄道。征西将军胡济失约不至，蜀军被魏大将邓艾大破于段谷，惨败而还。姜维学当年诸葛亮失败后的做法,主动上书求降级贬削。延熙二十年（257）,魏将诸葛诞于淮南造反,魏调关中军东击。姜维乘机率数万人出骆谷,与魏对阵于长城;后来听说诸葛诞失败,退军。景耀五年（262）,姜维率军出侯和（今甘肃临潭）,被邓艾击破,还军驻沓中（今甘肃舟曲县境）。姜维攻魏,多是在侥幸取胜的心理支配下进行的,毫无胜算可言。对于曹魏来说,这些进攻犹如强弩之末,既不能撼其根基,也无力蚕食其枝叶;对于蜀汉人民来说,则劳民伤财,徒耗军力。正是在这些"进攻"之中,蜀汉国势急剧逆转,日虚月衰,丧失了正常的御外能力。蜀汉朝野上下,普遍对此不满。

表 5-2　姜维西征简表

时　　间	概　　况
建兴十四年（236）	徙武都氐王苻健及氐民 400 余户于广都。
延熙元年（238）	随大将军蒋琬驻汉中。蒋琬任大司马后,即任姜维为司马。姜维"数率偏军西入"。
延熙十年（247）	是岁,汶山平康夷反,姜维率众讨定之。
延熙十年（247）	姜维率军出陇西、南安、金城界,与魏大将军郭淮、夏侯霸等战于洮西。凉州白虎文、胡王治无戴等举部落降,卫将军姜维迎逆安抚,居之于繁县。
延熙十二年春正月（249）	魏诛大将军曹爽等,右将军夏侯霸来降。夏四月,大赦。秋,卫将军姜维出攻雍州,不克而还。将军句安、李韶降魏。
延熙十三年（250）	姜维复出西平,不克而还。
延熙十六年（253）	夏四月,卫将军姜维复率数万军队而出,围南安,粮尽不克,退还。
延熙十七年（254）	春正月,姜维还成都。夏六月,姜复率众出陇西。冬,拔狄道、河关、临洮三县民,居于绵竹、繁县。狄道等得而复失。
延熙十八年至十九年（255～256）	十八年春,姜维还成都。夏,同夏侯霸一道率军出狄道。与魏雍州刺史王经战于洮西,大破之。经退保狄道城。姜维退驻钟提。十九年春,进姜维位为大将军,督戎马,与镇西将军胡济期会上邽,济失誓不至。秋八月,蜀军被邓艾大破于段谷,惨败而还。姜维谢过引负,求自贬削。

第五章 蜀汉(上)

续表

时 间	概 况
延熙二十年(257)	魏将诸葛诞于淮南造反,魏调关东军东击。姜维乘机率数万人出骆谷,至芒水,与魏对阵于长城。后闻诸葛诞败,还军。
景耀五年(262)	率军出侯和(今甘肃临潭),被邓艾击破。还军驻沓中(今甘肃舟曲县境)

比较姜维、诸葛亮的北伐,不难发现,诸葛亮北伐结局多为"半斤八两"、几乎平局,而姜维多以大败告终。姜维北伐,对蜀汉国力的耗损,远超诸葛亮时的北伐,至少在百姓心目中是这样认为的。如果说蜀汉割据政权的建立,是东汉末期巴蜀经济区能与中原和长江中下游经济区相抗衡的结果,那么,现在随着中原经济区建设的恢复和巴蜀经济区的急衰,蜀汉政权则已从经济上丧失了割据的条件。当然,蜀汉朝廷的政治局势,也影响、牵制了姜维。姜维的几次大败和无缘无故撤军,总和朝廷内部不稳有着重要的关系。故姜维的失败,与整个蜀汉朝廷有密切关系。

对姜维的西征,蜀汉内部当时就有人明确表示反对。谯周见姜维等经常北伐,耗费国力,百姓困苦,甚为国忧,与尚书令陈祗多次讨论此事,然后写了一篇《仇国论》,讽喻政事。该文的主题是论证小国在哪种情况下才可能胜大国。该文总结了历史上周文王、勾践、刘邦等小国胜大国、弱国胜强国的经验,认为只有在大国"有疾灾"之时,小国因势利导,再扩大其疾灾,才有可能战胜大国。目前,作为大国的魏国并无秦末的那种混乱崩溃之势,相反却有六国并立之形,故目前只能像周文王那样养民,不能像汉高祖那样出击争天下。并指出,民疲劳则萌发骚扰之态,上慢下暴则会形成瓦解之态,故谚语说:"与其在没有把握时多射箭,那还不如审慎地射出。"汤武之师不再战而克,诚重民劳而度时审也;如遂极武黩征,土崩势生,不幸遇难,虽有智者将不能谋之矣[①]。此分析极为透彻精辟,可惜却被斥为腐儒之见,没有引起当权者的应有重视。诸葛亮之子诸葛瞻、尚书令董厥也都认为姜维好战无功,国内疲弊,宜表后主,召还为益州刺史,夺其兵权。当时蜀中还传说诸葛瞻曾上表后主,建议以阎宇

---

① 《三国志》卷42《蜀书·谯周传》。

取代姜维。

2. 宦官黄皓干政

把蜀汉晚期的腐败和猝亡完全归罪于黄皓干政，也是不客观的。黄皓干政的时间很晚（距蜀亡仅5年），也很短，当时蜀亡的大势已定。完全否认黄皓干政对蜀汉的影响，亦不够客观。黄皓早年宦侍后主。后主渐大成人，与其感情日深。黄皓早欲干政，但惧于一批先主旧臣。董允是先主时的太子舍人、洗马，后主即位后为黄门侍郎、侍中，负责管理包括宦者在内的宫中事务。他敢于经常"正色匡主"，对黄皓也"数责"之，黄皓因此在很长一段时间内不敢为非。经董允之世，黄皓位不过黄门丞。早在黄皓正式擅权之前，他就在一定程度上左右了宫中事务。后主庶弟刘永，很早就憎恨黄皓。黄皓便在后主跟前大进谗言，诬陷刘永。后主真的就疏远了这位弟弟，使刘永10余年不得朝见①。后来陈祗代董允为侍中，与黄皓互相表里，黄皓始干预政事②。景耀元年（258），黄皓始擅蜀政③。这种政局的出现，与大批老臣先后物故有关，与手握重兵的姜维屡次西征兵败也有关。姜维腰杆不硬，在朝廷中说话没分量，黄皓才有隙可乘。黄皓不敢向他进攻，便与大将军阎宇串联协比，暗中进行废姜维、树阎宇的活动。姜维去面见后主，要求杀黄皓，后主竟说："皓趋走小臣耳，往董允切齿，吾常恨之，君何足介意。"④姜维见黄皓枝附叶连，已成气候，惧于失言，始感自危。景耀五年（262）姜维最后一次西征兵败后，竟不敢回成都，还军驻沓中（今甘肃舟曲县境）⑤。这时，蜀汉政权已被黄皓控制。黄皓预政后，众多官吏争相攀附之。尚书吏部郎罗宪独不与交往，黄皓就"左迁"（降职）他为巴东郡太守⑥；秘书令郤正淡于荣利，对黄皓周旋应付多达30年，黄皓从微至贵，操弄权威，郤正既不为其所爱，亦不为其所憎，因此官不过六百石，而免于忧患⑦。

黄皓的无知，在一定程度上造成了蜀汉的猝亡。景耀六年（263），驻军沓

---

① 《三国志》卷34《蜀书·二主妃子传》。
② 《三国志》卷39《蜀书·陈祗传》。
③ 《三国志》卷33《蜀书·后主传》。
④ 《三国志》卷39《蜀书·董允传》。
⑤ 《三国志》卷44《蜀书·姜维传》；《华阳国志》卷7《刘后主志》。
⑥ 《三国志》卷41《蜀书·霍峻传》注引《襄阳记》。
⑦ 《三国志》卷42《蜀书·郤正传》。

中的姜维上表后主："闻钟会治兵关中，欲规进取，宜并遣张翼、廖化督诸军分护阳安关口、阴平桥头，以防未然。"这里，姜维专门提到了"阴平桥头"。黄皓却笃信鬼巫，谓敌不会打来，叫后主不要理睬此表。后主果然听从。群臣皆不知此事①。正由于蜀汉在"阴平桥头"毫无准备，魏军奇袭才大获成功。这是黄皓干政导致蜀汉灭亡的最直接的事件。

3. 蜀汉的灭亡

景耀五年（262）十月，姜维被邓艾击破撤军后，司马昭见姜维屡次来犯，国土不宁，欲求一策从根本上解决问题，遂决心伐蜀。他分析了当时蜀军的部署：蜀军士共约9万，守成都和驻守他地的不下4万，驻于魏蜀前线的不过5万人马，现在姜维又屯军沓中，不能东顾，若直指骆谷，出其空虚之地以袭汉中，以刘禅之昏弱，而边城外破，士女内震，灭蜀可成。次年（263），命诸军大举攻蜀：派征西将军邓艾督3万余人自狄道取甘松、沓中，以吸引住姜维军；命雍州刺史诸葛绪督3万余人自祁山趋武街桥头，断绝姜维的归路，命钟会统率主力10余万大军分别从斜谷、骆谷、子午谷三路同时攻取汉中；秋八月，陈师誓众，发军于洛阳。

蜀汉朝廷这才慌忙动员起来，遣廖化率一军往沓中，为姜维后援；遣张翼、董厥等诣阳安关口为诸围外助。命令诸围皆不得出战，退保汉城和乐城（此二城皆在汉水南岸，分属沔阳、成固二县），当时这两城中各有兵5000人。

钟会率军先取汉中。九月，钟会派前将军李辅带领万人围住乐城，派护军荀恺带领万人围住汉城；钟会为抢时间，率大军直奔阳安关。为瓦解蜀人，路上还专门遣人祭诸葛亮之墓。钟会军夺得阳安关后，又长驱而前，沿途夺得大量库藏积谷以给军用②。

邓艾原接受的任务是牵制姜维军，但他欲建大功，便派天水太守率一军从前面直攻姜维营，派陇西太守率一军遮阻姜维后面，摆出了前后夹攻之势，另派金城太守直取甘松。

姜维听说汉中已失，便率军撤退。这时，魏诸葛绪军已塞道屯桥头。姜维军乃从孔函谷入北道，欲从诸葛绪军后面通过。诸葛绪得知后，又欲退回30

---

① 《三国志》卷44《蜀书·姜维传》。
② 《三国志》卷28《魏书·钟会传》。

里。姜维军在北道上已行军 30 里,听说诸葛绪军已退回追来,忙又回军,从桥头通过,诸葛绪军再退回桥头时,已晚了一天。姜维退至白水,遇廖化、张翼、董厥诸军,乃合兵守剑阁以拒钟会①。

十月,蜀汉派人告急于东吴。吴仅派丁奉军向寿春,派留平向南郡,皆故作姿态,并未真正攻魏。

邓艾军打到阴平后,欲以诸葛绪军一道以精锐部队取江油,夺成都。他上书朝廷,要求从西边出奇兵:"今贼摧折,宜遂乘之,从阴平由邪径经汉德阳亭趣涪,出剑阁西百里,去成都三百余里,奇兵冲其腹心。剑阁之守必还赴涪,则会方轨而进。剑阁之军不还,则应涪之兵寡矣。军志有之曰:'攻其无备,出其不意。'今掩其空虚,破之必矣。"在这里,他提出了从阴平道奇袭成都的大胆设想。在这关键时刻,诸葛绪鉴于邓艾与钟会间的水火矛盾,不愿紧跟邓艾,欲倒向钟会,便以朝廷给的任务是拦阻姜维,没让西进为由,竟率军回白水关,与钟会合军。钟会误以为诸葛绪另有目的,便先下手为强,密奏朝廷说诸葛绪畏懦不进。司马氏控制的魏朝廷在这节骨眼上,也迁就钟会,以槛车征还诸葛绪,将其军悉并给钟会。姜维在剑阁列营守险。钟会虽率 13 万大军,仍屡攻不克,粮道险远,供济不保,兵马乏食,欲撤军。

与此同时,邓艾开始从阴平道进军。蜀汉早期,曾在阴平道的北口置有关尉哨所,设有上、中、下三屯,可能因生活不便,后主时撤销了。《华阳国志·汉中志》载:"平武县有关尉。……刘主时置义守,号关尉。"《元和郡县志》云:"龙州江油……秦汉及魏不置郡县。魏景元元年,诏邓艾征蜀,艾自阴平行无人之地七百里……先登至江油,即其地也。晋于此置平武县。"《太平寰宇记》载:"江油会,秦汉曹魏为无人之境。晋始置阴平郡及平武县。"此地西晋设平

---

① 《三国志》卷 28《魏书·邓艾传》。

第五章 蜀汉（上）

武县，就在江油关。邓艾军不受任何阻挡，长驱直入江油关①。

邓艾军在无人之地急行军700余里。沿途凿山通道，造作桥阁。山高谷深，至为艰险，又粮运将匮，频于危殆。邓艾身先士卒，以毡自裹，推转而下。将士皆攀木缘崖，鱼贯而进。《华阳国志·汉中志》云："自景谷有步道径江油、左担出涪，邓艾伐蜀道也。"《资治通鉴》卷78记载："自阴平行无人之地七百余里，凿山通道，造作桥阁。"胡三省注中对"桥阁"作了解释："今隆庆府阴平县（今江油市小溪坝镇阴平村）北六十里有马阁山，峻峭，极为艰险，军行至此，路不得通，乃悬车束马，造作栈阁，始通江油，因名马阁。"据以上史书记载的邓艾伐蜀路线应当是：从阴平（今甘肃省文县）出发，"由景谷道（今青川河谷）傍入"，"由邪径经汉德阳亭（今江油市雁门镇）"，"出剑阁西百里"，"凿山通道，造作桥阁"，翻越马阁山，"径江油（今平武县南坝镇）、左担出涪（今绵阳市区）"，"破诸葛瞻于绵竹（今德阳市黄许镇）"。邓艾军从阴平出发，沿白龙江支流南下，翻越摩天岭山口（即青塘岭，或称摩天关，海拔2330米），山口南北坡度约45~55度。"冬十月"，山上一般无积雪②。

摩天岭南坡即清溪发源处，几处山涧汇成清溪，山高谷深，有几道峭壁瀑布比较险峻。邓艾在无人的原始森林中行军，在冬季枯水季节，沿河谷前进，行至峭壁瀑布，"以毡自裹，推转而下"，"攀木缘崖，鱼贯而进"。在摩天岭南坡有"裹毡岩"，就是因邓艾行军而名。沿清溪河谷向南又有"写字岩"、"点将台"、"落衣沟"、"撑锅石"、"兵书石"等多处与邓艾有关的地名。写字岩传说邓艾曾在岩上题字。落衣沟传说邓艾过此被大风将外衣吹下沟中，现在此处尚

---

① 此路在邓艾军经过后，清溪一带仍无人居住，直到后魏才在清溪置马盘县，盛唐时期这里人口仍然稀少，龙州下辖的江油、清川两县共有4228人。《江油县志·外纪》清光绪版说：北宋时有人提议重开邓艾走过的路，但仍未实现，"宋蒲卣通判文州，议者欲径路达陕西。卣言：'洮岷积石，至文甚迩。自文州出江油，邓艾取彼故道也。曩时隗嚣从此窥蜀，畏其险隘而止。夏人志此久矣，可为之通道乎？'议遂止。"南宋孝宗因抗金战争需要，重开文州翻青塘岭至龙州（平武县南坝镇）这条路。但《方舆览胜》卷70说开通不久又以"边境蒙隙，奏悉撤之"。宋末元初这条路成为蒙古兵入川要道。魏了翁《鹤山先生大全集》卷31说："邓艾由此捣蜀，犹是缒崖缘木。今伐山道已久，又多造大斧，非至斫开，可容骑卒。"

② 今摩天关内有二碑，一刻"摩天岭"三字，另一为复制的"孔明碑"，系《三国演义》流行后所立。清道光二十年（1840）《龙安府志》云："摩天岭：在（平武）县东北一百九十里，魏遣邓艾寇蜀由此。""孔明碑：在摩天岭，字迹磨灭不可识。"明清当地人认定邓艾伐蜀是经过此地的。原"孔明碑"毁于1935年，现立者为近年复制。

有一座古老的石拱桥，桥头的石碑上刻"落衣沟"三字。从落衣沟登靖军山（又名箐青山、阴平山）。《龙安府志》载："靖军山，蜀孔明曾置军于此，遗址尚存。"山上有营盘梁，梁上有上下两个大坪，为诸葛亮扎营处的上屯、中屯，沿南坡至望乡台（传说邓艾军在此北望故乡），再进至下屯，也是诸葛亮扎营处。此三屯是江油关的前哨阵地，有战略价值①。北控清溪河谷，南临清溪小平坝，即今青川县青溪镇所在地。靖军山南坡有地名"滚毡坡"。清溪河谷共有20多处传说与邓艾行军有关的地名②。邓艾伐蜀的进军路线为：阴平郡（文县）—摩天岭（青塘岭）—清溪河谷—靖军山—马转关—江油关—马阁山—养马坝—潼江河谷—涪江河谷—涪县—绵竹（德阳市黄许镇）—成都。

蜀汉朝廷本以为魏军不会骤至，未作适当的防守调度。邓艾军驰入阴平后，百姓惊慌，四进山野，土著豪族，坐山观虎斗，聚族据险自保，绝不支持政府。在这猝击之下，政府机构完全瘫痪。邓艾军迅速打到江油。蜀守将马邈不战而降。

诸葛瞻率军至涪不进。尚书郎黄崇（黄权之子）多次劝诸葛瞻："宜速行据险，无令敌得入平地。"诸葛瞻犹豫未纳。黄崇再三进劝，至于流涕。诸葛瞻仍不能听从。邓艾军遂长驱而前，击破诸葛瞻前锋。诸葛瞻驻军绵竹。邓艾又以书诱诸葛瞻："若降者，必表为琅邪王。"诸葛瞻怒斩邓艾使，不死守城池，却意气用事，列阵与邓艾相战，被斩③。

邓艾遣子惠唐亭侯邓忠出其右、派司马师纂等出其左。两军与蜀军战，初不利，皆退还，说："贼未可击。"邓艾大怒："存亡之分，在此一举，何不可之有！"欲斩二将。邓忠、司马师纂又率军驰还，与蜀军再战，大破蜀军，斩诸葛瞻及黄崇。诸葛瞻之子诸葛尚见此，不免叹道："父子荷国重恩，不早斩黄皓，使败国殄民，用生何为？"策马冲阵而死。

这时，姜维听到诸葛瞻失败后，率军东入于巴。钟会趁机进军至涪，一面遣胡烈、田续、庞会等追姜维。邓艾军很快拿下雒城（今广汉）。

后主刘禅急忙召开御前会议，商量应付办法。首先提出来的意见有两条：

---

① 在清溪曾经有一座邓艾庙，《龙安府志·舆地》："宋知州洪咨夔毁邓艾像，更祀武侯。"
② 参蒋志《邓艾伐蜀路线新考——兼论阴平小道三国之旅的开发》。
③ 《三国志》卷35《蜀书·诸葛瞻传》；《华阳国志》卷7《刘后主志》；《三国志》卷28《魏书·邓艾传》；《三国志》卷33《魏书·后主传》。

第五章 蜀 汉（上）

一是建议东投吴国，二是撤至巴郡或南中。后主倾向于逃往南中。由于后主长期任用宦官黄皓干政，朝中已无人才可言。土著势力的政治代表谯周过去长期受压抑，虽满腹才学，身居蜀汉朝廷 40 余年，仍位卑职低，从保护蜀中人民利益的角度出发，便在这时大胆站出来，建议降魏。他分析道："自古已来，无寄他国为天子者也，今若入吴，固当臣服。且政理不殊，则大能吞小，此数之自然也。由此言之，则魏能并吴，吴不能并魏明矣。等为小称臣，孰与为大？再辱之耻，何与一辱？且若欲奔南，则当早为之计，然后可果。今大敌以近，祸败将及，群小之心，无一可保？恐发足之日，其变不测，何至南之有乎。"群臣或难周曰："今艾以不远，恐不受降，如之何？"周曰："方今东吴未宾，事势不得不受，受之后，不得不礼。若陛下降魏，魏不裂土以封陛下者，周请身诣京都，以古义争之。"众人无以易周之理。

后主犹豫不决，倾向于撤向南中。谯周又劝说后主：南方远夷之地，平常无所供为，犹数反叛，自丞相亮南征，兵势逼之，穷乃幸从。是后供出官赋，取以给兵，以为愁怨，此患国之人也。今以穷迫，欲往依恃，恐必复反叛，一也。北兵之来，非但取蜀而已，若奔南方，必因人势衰，及时赶追，二也。若至南方，外当拒敌，内供服御，费用张广，他无所取，耗损诸夷必甚，甚必速叛，三也。他认为，若蜀汉朝廷撤到南中后，因供应困难，当地人必会造反，其次，魏军必会穷追不舍，到那时必难以自保。

谯周的这一番理由居然说服了后主，后主决定降魏。刘禅之子北地王刘谌，在一旁听后，怒道："若理穷力屈，祸败将及，便当父子、君臣背城一战，同死社稷，以见先帝可也！奈何降乎！"后主将刘谌喝退，仍坚持投降，立即派侍中张绍、光禄大夫谯周、驸马都尉邓良捧着降书和印绶前去投降。"绍、良与（邓）艾相遇于雒县。艾得书，大喜……"以此为标志，蜀汉政权在西南地区 43 年的统治宣告结束。

刘谌见父亲决意投降，便带着全家，来到南郊惠陵旁的昭烈庙里，先祭拜刘备，痛诉父亲决心投降、而自己宁死不降之事，起身杀死妻、子，而后自杀于庙里①。

在前线，姜维本率军阻挡住了钟会大军，可后方刘禅已投降，并派人通知姜维等就地投降。姜维军接到此通知时，"将士咸怒，拔刀砍石"。但在当时那种忠君思想的指导下，他也只好听命投降了。不过，他还试图挽救蜀汉。早在投降前，他便发现钟会与邓艾之间有很深的矛盾，认为这个矛盾可以利用。钟会本有割据蜀地的野心，受降姜维军后，便厚待姜维，还其印号节盖，与其出则同车，坐则同席。钟会等诬告邓艾成功后，便带姜维到成都。钟会在欲策动魏军叛魏时，引起斗杀。钟会、姜维等被杀。姜维妻儿等全家被诛杀。

图5-27 刘谌塑像

蜀汉政权割据西南凡二世，共43年（实际据蜀49年）。蜀汉是否该降，这在历史上也是一个颇有争议的问题。《三国志》卷42《蜀书·谯周传》注引"孙绰评曰"，也认为当时蜀汉朝廷还不至于灭亡。他说：刘禅虽为庸主，实无桀、纣之酷，战虽屡北，未有土崩之乱，纵不能君臣周〔固〕守，背城借一，自可退次东鄙以思后图，是时罗宪以重兵据白帝，霍弋以强卒镇夜郎。蜀土险狭，山水峻隔，绝巇激湍，非卒所涉。若悉取舟楫，保据江州，征兵南中，乞师东国，如此则姜、廖五将自然云从，吴之二师承命电赴，何投寄之无所而虑于必亡邪？……孙盛认为当时刘禅可退保江州（今重庆），仍为一策。如果江州不能守，再退入南中不迟。

---

① 《汉晋春秋》说：刘禅面缚，北地王谌哭于昭烈之庙，此则是庙别立也。关于刘谌杀妻告庙的具体地点，从清代起有人认为在当时的蜀汉宫城内，而非南郊，清代的一些川剧也是这样演的，理由是当时曹军兵临成都城下，刘谌已不能出城。事实上，在刘禅决定投降之时，曹军并未来到成都城下，更谈不上包围成都。当日，后主召集群臣会议时，有人提出向吴或向南中撤退的方案，如已四面围城，怎么撤退？谯周反对这些方案时，举出了若干理由，都未涉及围城之说。更重要的是谯周提出降魏方案后，群臣曾提出"今艾已不远，恐不受降"，"不远"何指？据《三国志》卷33《蜀书·后主传》，刘禅决定投降后，派私署侍中张绍等前去投降，"绍、良与（邓）艾相遇于雒县。艾得书，大喜……"雒县即今广汉。前去投降的使节是在雒县才遇到魏军的！

第五章 蜀汉（上）

谯周主张降魏，从天下一统的历史发展趋势看，从巴蜀人民要求和平的愿望看，是合乎历史规律的。若从保护蜀汉政权的角度看，暂撤入南中也是可行的。第一，谯周所论撤入南中后的几种可能情况，应承认都是存在的，但被他夸大、甚至绝对化了。南中七郡（越嶲、朱提、牂柯、云南、兴古、建宁、永昌），地大物博，足以容纳一个流亡政权，特别是在短期内，更无太大问题。从历史看，蜀国被秦灭以后，蜀王子安阳王曾将兵3万，奔入南中，转迁移徙，数十年后进入越南①。蜀汉早在诸葛亮南征前便开始经营南中，数十年来在各方面都奠有一定基础，精简吏属后，短期流亡南中，应是可能的。第二，谯周的分析，完全忽略了邓艾、钟会二军之间的水火矛盾，也完全忽略了他们企图割据巴蜀，而与司马氏之间的矛盾。邓艾、钟会在进攻巴蜀之初，便各藏祸心，矛盾很深，夺得成都后即行火并，相互残杀。作为与战的蜀汉，即使不能完全"知彼"，也略知其端倪。若蜀汉朝廷暂撤入南中，邓艾、钟会二军取下成都后的火并仍不可避免，那时乘机反攻，或可复振。第三，谯周的分析，完全忽视了蜀汉在当时还具有的抵抗力量。蜀军虽已屡北，却未土崩，还有"带甲将士十万二千"②，皆未伤元气。姜维一军数万人，在剑阁凭险阻塞，未受大挫；霍弋所率南中军未曾动用，民族武装或可动员；川东罗宪所率重兵、川西驻防军不下数万，皆不曾动用。第四，谯周认为当时"群小之心，无一可保，恐发足之日，其变不测"，也把蜀汉政府内部及其与土著势力的矛盾绝对化了。刘禅虽为庸主，却无桀纣之酷；朝廷内部虽有矛盾，却还未至分崩离析。第五，谯周从"可获爵土"的立场出发进行分析，则不自觉地反映了他个人的思想和利益，刘禅等却毫无察觉、全盘接受。在我国历史上，多见重挫乃至丢失国都之后，仍能成功复国之例。如越王勾践之复国，齐将田单之复国，楚国在吴国入郢之后的复国。像蜀汉这样的政权，在国势未受大挫，仅因一支轻袭部队突然出现，并还在远离国都百里之外，便开城纳降、奉玺上门，在我国历史上还不多见。

---

① 《水经·叶榆水注》引《交趾外域记》。
② 《三国志》卷33《蜀书·后主传》注引王隐《蜀记》。

第六章 蜀 汉（下）

蜀汉政权作为我国历史上一个有较大影响的王朝，有一整套严密的典章制度。蜀汉典章制度与魏、吴相比，有其特色，这便是较普遍地继承了汉制。限于篇幅，这里择其重点加以论述。

第一节 政权建置

蜀汉的政权组织基本上是承袭汉制。西汉武帝以后，州刺史遂成定制，并逐步由巡察监督官吏演变为一级政府机构，至东汉晚期又采纳刘焉建议，行州牧之制，州一级政权略似割据一方的诸侯。蜀汉政府和当时的魏、吴政权一样，照搬了这种制度，其政府组织结构是：

朝廷—州—郡—县—乡

都尉—县—乡

朝廷—都督—郡—县—乡

蜀汉在三国中最小，限于土地，政区不广，州一级实际区域，只有益州和四个都督。另外，蜀汉于建兴七年（229）与吴国盟约，"交分天下"，分得兖、冀、并、凉四州，皆设置州刺史，遥领其地（实无其地）；一度还曾设交州刺史，负责对两广等地区的事务；荆州、雍州二地与蜀土毗连，不少事务需专官

第六章 蜀汉（下）

处理，有时也设置了刺史。综上所述，蜀汉朝廷辖州、郡情况如下表：

表 6—1　蜀汉辖郡简表

蜀汉朝廷	州一级实体政权	辖　郡
	益　州	蜀郡、广汉、梓潼、阴平、南广、汶山、东广汉、江阳、汉嘉、宕渠、巴西、犍为
	永安都督	巴东、建平、固陵
	江州都督	巴郡、黔安、涪陵
	汉中都督	汉中、武都
	庲降都督	朱提、越巂、建宁、兴古、永昌、牂柯

都督之制，始于东汉末年，蜀、魏、吴三国皆承此制。蜀国在边疆地区设置都尉，领兵屯守，负责军事。为了纳行政于军事轨道，都督又领或兼刺史、太守，全面负责边疆之军政。蜀汉先后设置庲降都督、汉中都督、江州都督、永安（巴东）都督、关中都督等。都督府直属朝廷。各都督府辖郡的行政、经济，通过都督府与朝廷发生关系。

都尉之制，西汉已有之。汉宣帝时，武都白马羌人造反，朝廷派骆武率军将其镇压后，骆武入汶山郡察访，当地官吏百姓反映"更赋至重，边人贫苦，无以供给，求省郡"。朝廷于是撤销了汶山郡，将其辖地省并为蜀郡北部都尉，原驻在汶山地区的大量郡、县官吏、军队大多撤出。都尉统治远比郡县松散，近似于民族自治。蜀汉在一些郡的边疆地区（主要是兄弟民族杂居地区）和重要关津之地设置都尉，负责兵事，又兼管当地政务。蜀汉先后设置过蜀郡北部都尉、广汉都尉、巴郡江关都尉、阴平郡关尉等。都尉可辖一至数县，其军事事务可直接受朝廷或都督、州领导，行政事务一般受所在郡领导。汉制，县有大小之分，蜀汉亦然。汉制，在边疆少数民族地区设置的县一级政权机构为道，蜀汉取消了道这种制度，但在少数民族聚居地区，仍借助该民族原有的部落、氏族、聚邑等形式实行管理，而不再设置乡、里等基层组织。

据不够准确的统计，在蜀汉政权刚建立的章武元年（221），全国仅有民户20万、人口90万。当然，这个户口数目只指在政府登记注册者，当时大量的奴婢、部曲、私属未在此数目内，广大边地的少数民族未在此数内。蜀汉版图，大体限于广义的"蜀"（"西南夷"地区），或汉代的益州地区。在这块土地上，秦置3郡约50县，西汉置8郡103县（一些暂时置郡如沈黎不计），东汉置12郡118县，蜀汉至少置有27郡169县。蜀汉在东汉基础上又新增15郡、51县，增郡数的比例超过1倍，增县约30%，增郡的比例远大于增县。新增如此多郡县，主要有三个因素：一是为了凑够一个国家的框架，虽明知自己比魏、吴地小民寡，仍试图以多搭空架子来提高声威，这从增郡的比例远大于增县这一统计中更能清楚地看出；二是边地日益得到开发，需要增置郡县以加强管理；三是为了增加空缺，以满足庞大的官僚集团之需①。

第二节 蜀汉职官制度

职官制度是政治制度的一个重要组成部分。蜀汉官制主要承袭汉制。但鉴于蜀地小、民少、承受能力有限的特点，蜀汉政府尽量"约官职"，精简机构、罢削赘职。与东汉、曹魏的官制相比，蜀汉罢减了许多官职，即使是必设的，也把官员数目控制在最低限度。蜀汉官制，在体例上是国家规模，官吏数量多于以往益州任何时候的官吏。它主要包括构成蜀汉国家政权机器的中央和地方的官制、政府系统和军队系统。本文主要依据《汉书·百官公卿表》、《续汉书·百官志》、《三国志·蜀书》、《华阳国志》、《三国职官表》（清洪饴孙撰）与《秦会要》、《西汉会要》、《东汉会要》等书，下引上述诸书不再赘注。

一、刘备称帝前的职官构架

蜀汉政权在蜀中的统治共42年，其中刘备只有2年，刘禅40年。但刘备在称帝前，有一个过渡时期，实际上统治蜀地7年，蜀汉实际上统治蜀地49年。可分为刘备时期和刘禅时期。刘备时期又可分为四个阶段：(1) 建安十六年（211）刘备率军入蜀至建安十九年（214）打下成都前的三年时间，为第一阶段，属客人身份，对外的名号为左将军；(2) 建安十九年打下成都后，至当

---

① 西南民族开发的总趋势是县数日益增多，现在云、贵、川三省已有401县市（1972年统计数），再加上湖南、湖北、广西、甘肃等省的紧邻地区，在昔日"西南夷"活动的区域内现在约有450县市，比蜀汉时期又增加了三分之二。因此，县数的增加，也可视为西南地区日益获得开发的标志之一。

汉中王前为第二阶段,5年时间,用左将军、益州牧身份;(3)建安十九年当汉中王后,至称帝前为第三阶段,汉中王身份;(4)章武元年(221)四月称帝至章武三年(223)五月为第四阶段,两年时间,为蜀汉皇帝。这时,其职官体系,虽已有若干突破,但总的说来仍是地方政府——州牧、州政府的体系。刘备政权初期用人政策的特征是所谓"豫州入蜀,荆楚人贵"①。益州土著中虽也有人进了刘备政权,但所任不过是劝学校尉、典学校尉之类,无人进入决策机构。刘璋旧吏,不少被留用,如法正、李严、黄权、吴壹、许靖等,皆得高位,彭羕原为刘璋所打击者,亦得到使用。这些都可劝进有志之士。被重用者,特别是进入了决策机构者仍主要是外来势力(如法正)。其用人方针,是依靠刘备带进的荆楚集团(包括曾长期在荆楚之地活动者),团结刘璋留下的"东州"豪族集团,有控制地使用巴蜀土著势力。当时在刘备政权的官吏中,存在着两对比较突出的矛盾,一对是新、老官吏(指投靠刘备的先后)之间的矛盾,另一对是外来势力与土著势力的矛盾。对于前者,政府比较注意调整,对于后者,政府的基本态度是站在外来势力一边;当两对矛盾发生冲突时,一般是前一对矛盾服从后一对矛盾。

建安二十四年(219)春,刘备夺得汉中。同年秋马超等群臣辄依旧典,上表请朝廷封刘备为汉中王,拜大司马,"董督六军,纠合同盟,扫灭凶逆。以汉中、巴、蜀、广汉、犍为为国,所署置依汉初诸侯王故典。夫权宜之制,苟利社稷,专之可也。然后功成事立,臣等退伏矫罪,虽死无恨"。遂于沔阳设坛场,陈兵列众,群臣陪位,读奏讫,御王冠于先主。刘备于此时自称汉中王,同时自任汉王朝的大司马。《三国志》卷32《蜀书·先主传》载,刘备上言汉帝时,亦称:"既宗室微弱,帝族无位,斟酌古式,依假权宜,上臣大司马、汉中王。"这是蜀汉政权的先声,是由州府向蜀汉政权的过渡形态,其职官构架与州牧已明显不同。从现有资料看,刘备任汉中王期间,并未设立专门的汉中王府(或其他以汉中王挂名的政权机构)。换一句话,即刘备当汉中王后,其职官体系与当益州牧时并无太大的变化②。

在刘备当益州牧和汉中王这7年期间,既自称为汉王朝的"大司马",也曾

---

① 《华阳国志》卷9。
② 罗开玉:《蜀汉职官制度研究》,《四川文物》2004年第5期第6~18页。

一度建立相应的机构。《三国志》卷 32《蜀书·先主传》记群臣在劝刘备称帝时有"大司马属殷纯"。《三国志》卷 39《蜀书·董和传》说："先主定蜀,征和为掌军中郎将,与军师将军诸葛亮并署左将军、大司马府事,献可替否,共为欢交。"但总的来看,很少使用大司马头衔。因它是刘璋送的。《三国志》卷 32《蜀书·先主传》说刘备刚入蜀时,"璋推先主行大司马,领司隶校尉。先主亦推璋行镇西大将军,领益州牧。璋增先主兵,使击张鲁,又令督白水军"。刘备对这一头衔不太感兴趣。这一时期,刘备名下主要有左将军府(与大司马府合署办公)和益州府这两个实体机构。

左将军府:主管军事。刘备于建安三年(198),曾被献帝任为左将军。建安十六年(211)刘备率军入蜀时,对外使用的头衔便是左将军,其属下官员多冠以"左将军"府号。时人重名,所谓名不正则言不顺。左将军是朝廷大员,应一州牧之邀,帮其治安平乱、抗击外敌,皆名正言顺。刘备夺得成都后,用的头衔全称是"左将军,领司隶校尉,豫、荆、益三州牧,宜城亭侯",可见他特别看重左将军这个头衔。左将军之称始见于西汉武帝,公孙贺以太仆身份为左将军。《史记·天官书》说:"南斗为庙,其北建星。建星者,旗也。牵牛为牺牲。河鼓大星,上将。左右,左右将。"《正义》:"河鼓三星,在牵牛北,主军鼓。盖天子三将军,中央大星大将军,其南左星左将军,其北右星右将军,所以备关梁而拒难也。"左将军为朝廷大将,位在州牧上。刘备用左将军头衔,还表现了他对以献帝为代表的朝廷的承认,这是汉中王与以后蜀汉皇帝的根本区别之一。军师将军:诸葛亮以军师将军的身份"署左将军府事",负责日常工作。左将军府中设有掌军中郎将、长史、护军、司马、从事中郎、督军从事、议曹从事中郎(此职魏、吴不设)、军议中郎将(此职魏、吴不设)、西曹掾、兵曹掾、行中典军(魏、吴不设)。左将军下有将军若干名,包括翊军将军(赵云、霍弋)、讨虏将军(黄忠、上官雕)、护军讨逆将军(吴壹)、副军中郎将(刘封,此职魏、吴不设)、秉忠将军(孙乾,此职魏、吴不设)、昭德将军(简雍)、镇军将军(许靖、赵云、陈祗)、兴业将军(李严、王连)。

刘备当汉中王时,实设的相当于州一级的地方政府只有益州和汉中都督。益州府:刘备自任益州牧。州府中设有各类功曹、从事、尚书、别驾等类似于今日秘书性质的机构。见于记载的有:尚书郎(蒋琬)、别驾(王谋)、少府(王谋)、别驾从事(赵莋、李恢)、主簿(李恢)、书佐部(李永南、李恢、张

第六章 蜀汉（下）

翼）、功曹（李恢）、议曹从事（杜琼）、治中从事（黄权、杨洪）、治中（彭羕）、劝学从事（张爽、尹默、谯周）、儒林校尉（周群。此职魏、吴皆不设，蜀汉也仅见周群一人，可见此职系因人而设，实为秘书一类的官职）、典学校尉（来敏，此职魏、吴不设）、从事祭酒（秦宓、程畿、何颜英、何宗）、典曹都尉（吕乂）、侍中（廖立）、督军从事（费诗）、州前部司马（费诗）、州后部司马（张裕）、司马（庞羲）、议郎（孟光）、司金中郎将（张裔）、盐府校尉（司盐校尉）（吕乂、王连、杜祺、刘乾）、邸阁督①等。

二、蜀汉王朝朝廷职官系列

章武元年（221）夏四月，刘备即皇帝位于成都武担之南；大赦，改年号；以诸葛亮为丞相，许靖为司徒，置百官；立宗庙，祫祭高皇帝以下。以此为标志，开始了蜀汉王朝的职官系列。

丞相：掌丞皇帝助理万机。章武元年（221）置，刘备时未设置相府（国事多直接由刘备决定）。刘禅一即位便在建兴元年（223）开设丞相府，军国事无论大小皆由相府决定。诸葛亮死后，即罢削此职，不再设丞相。属官：军祭酒。《三国志》卷 42《蜀书·来敏传》："丞相亮住汉中，请为军祭酒、辅军将军，坐事去职。"中军师一人（刘琰、杨仪）；前军师二人（魏延、邓芝）；后军师一人（费祎）；长史一人（蒋琬），千石，管理相府诸曹事务；留府长史（蒋琬）一人，丞相外出，则负责相府事务等；司马一人，千石，负责相府卫队，警卫丞相等；从事中郎，千石，参与谋议军国之事；主簿、记录，审阅各种文书等事；参军，平时参与谋议，战时可为督军；西曹掾，负责选举和推荐人才。又设令史、东曹掾属；仓曹掾，负责仓谷之事；另有记室、门下督等。

大司马：上公，掌武事。刘备为汉中王时曾自为大司马，称帝后不欲分军权于他人，不再置此职；诸葛亮为相时，集军权于一身，未置此职。延熙二年

---

① 邸阁为朝廷直属的大型粮仓。《三国志》卷 45《蜀书·邓芝传》："先主定益州，芝为郫邸阁督。"《三国志》卷 33《蜀书·后主传》："十一年冬，亮使诸军运米，集于斜谷口，治斜谷邸阁。"邸阁之称始见于三国，蜀汉、魏、吴皆设；后世一直延续至唐，为朝廷直属的大型粮仓。蜀汉时期见于记载的只有郫邸阁和斜谷邸阁。长官名邸督。《三国志》卷 45《蜀书·邓芝传》说："先主出至郫，与语，大奇之，擢为郫令，迁广汉太守。"可见邸督的品级低于县令。详见罗开玉：《蜀汉职官制度研究》，《四川文物》2004 年第 5 期第 6~18 页。

(239)，蒋琬累迁为大司马，开设官府，政事多由此出。府属：长史一人，千石，管诸曹；司马一人，千石，主兵卫府；主簿一人，省录众事；军谋掾、车曹掾。蒋琬死后，又罢削大司马之职，可见此职与帝权及其他重职已有矛盾。丞相、大司马依次被罢削的事实，说明后主曾试图加强帝权。

太尉：汉制，太尉掌武事。蜀以丞相诸葛亮掌武事，太尉之职备员而已。《三国志》卷34《蜀书·二主妃子传》载诸葛亮上言说："臣请太尉告宗庙，布露天下，具礼仪别奏。"证明蜀汉确曾设过太尉。但太尉的担任者甚至不见于《三国志·蜀书》，可见此职如同虚设。《新唐书·宰相世系表》说上官胜曾为蜀汉太尉。蜀汉此职不常置，可能在罢丞相同时罢此职。

司徒：汉制负责民事（西汉后期与东汉时常以此职替丞相）。章武元年（221）许靖由汉中王太傅迁任此职，次年卒后不再设此职。蜀汉民事实际上亦归丞相处理，此职备员而已。

以上皆上公。秦汉官制有三公之设，东汉名义上司徒当丞相，与司空、太尉共掌国政，而实际上则权归台阁。蜀汉从集权的需要和实际出发，不足设三公。章武初有丞相、太尉、司徒，缺御史大夫，章武二年（222）后不再设司徒；蒋琬执政时，有大司马，无大司空、大司徒。从费祎执政起，以大将军执政，不再设"三公"。

尚书令：秦、西汉为少府属官，掌奏章文书。东汉政归台阁，尚书令成为仅对君主负责的总揽一切政令的首脑。入三国后，各国吸取东汉后期的教训，尚书令的职权有所削弱。《三国志》卷32《蜀书·先主传》："先主病笃，托孤于丞相亮，尚书令李严为副。"李严曾在永安刘备身边担任此职，但时间短，作用小。先主病逝后，诸葛亮执政，此职消失。诸葛亮逝世后，重新恢复此职，且其职权立即大起来，又回到了东汉后期的轨道。《三国志》卷33《蜀书·后主传》："以丞相留府长史蒋琬为尚书令，总统国事。"蒋琬以丞相留府长史的身份担任尚书令后，总揽国事，为百官之首。

大将军：负责统率军队及征伐。刘备、诸葛亮时集军权于己身，不设此职。蒋琬执政之初为尚书令，欲以此职总管全国军国大事则"名"不太正，蜀中可能还有一些议论。当时，丞相之职又已罢削，于是新设大将军。蒋琬于次年担任此职，再次年迁为大司马。延熙元年（238），费祎亦由尚书令迁此职，负责军国大事。姜维、董厥后亦任此职。景耀元年（258），又分置右大将军，阎宇

第六章 蜀汉（下）

曾任此职。蜀汉军制多本汉制。大将军、骠骑将军、车骑将军、卫将军的地位与三公相等。刘备过去曾任左将军，蜀汉左将军的地位较高，与三公相等。"征"、"镇"中，资历深者可加"大"字，如魏延、张翼、宗预曾为征西大将军，马忠、张翼曾为镇南大将军，宗预为镇军大将军。魏制，四"镇"地位次于四"征"，蜀汉却不一定，赵云就曾由征南将军升迁为镇东将军，后又因失利箕谷被贬为镇军将军。将军，或为加衔，马忠曾以庲降都督加奋威将军之号，刘敏以汉中左护军加扬威将军，法正以蜀郡太守、邓芝以中监军加扬武将军。其他将军名号或无定制，可因时因地因事而随时命名。汉制，将军皆负责征伐，即皆为武将；蜀汉却有文官为将军者，如法正、孙乾、吴壹、许靖、伊籍、简雍、来敏等人，仅是品级、位衔而已。

光禄大夫：比二千石。负责顾问应对，无常事，唯诏命所使。来敏、谯周曾任此职。太常：中二千石。负责国家有关礼仪、祭祀等事；每选试博士，则上奏被选者的能力强否；每月朔晦，察行陵庙。赖恭、王谋、杜琼、镡承、张峻等人曾任此职。属官：博士，比六百石，负责以五经教授子弟；太史令，一人，六百石，负责天时、星历、良日、时节、禁忌，记录瑞应灾异。蜀太史令事迹不多，景耀元年（258），史官言景星见，大赦改元。据《晋书·律历志》，蜀汉仍实行汉代四分历。高庙令一人，昭烈帝庙令一人，负责守庙诸事。惠陵（昭烈帝）园邑令一人，南陵（敬哀皇后）园邑令一人，六百石，负责守陵园等事。

光禄勋：一人，中二千石，负责宿卫宫殿，门户典谒诸事。属官：五官中郎将一人，比二千石，负责五官郎；中郎，比六百石；郎中，比三百石。左中郎将，一人，比二千石，负责左署郎；右中郎将，一人，比二千石，负责右署郎；南中郎将，一人，比二千石；北中郎将，一人，比二千石；虎贲中郎，一人，比二千石，负责虎贲宿卫；羽林左右部督，各一人，负责羽林郎；羽林监，一人；虎步监、虎骑监各一人，负责宿卫士；奉车都尉，比二千石，负责御乘舆车（可用宦官）；驸马都尉，比二千石，负责驸马诸事务；骑都尉，比二千石，监羽林从骑；太中大夫，千石，中散大夫、谏议大夫、议郎皆六百石，皆负责顾问应对，无常事；谒者，若干人，四百石，掌小拜授及百官报章；黄门令，一人，六百石，负责宫中诸宦者；黄门丞，一人，二百石。卫尉：一人，中二千石，负责宫门卫士、宫中徼巡事。太仆：一人，中二千石，负责皇帝的车马等事务；天子外出大驾，则执驭。大理：一人，中二千石。负责平狱执法判罪等。凡郡国不知如何判决的罪行，皆上交大理处理。三国时期，魏国初为大理①，黄初元年（220）改名廷尉，东吴最初也叫大理，后来又改为廷尉②，蜀汉一开始就叫大理。《华阳国志·刘先主志》说刘备欲东伐，广汉秦宓上陈天时必无其利，先主怒，絷之于"理"。《三国志》卷40《蜀书·刘琰传》也说"不致之于'理'"。理即大理之略称。大鸿胪：一人，中二千石，掌朝贺庆吊的赞导相礼。何宗、杜琼曾任此职。大司农：一人，中二千石，负责全国有关钱谷金帛诸货币的各项事务。少府：一人，中二千石，负责收支、购办、生产宫中服御诸物、衣服、宝货、珍膳之类。执金吾：一人，中二千石，负责处理宫外非常水火之事；每月三次绕行宫外，负责兵器。长乐少府：后主建兴元年（223）尊母穆皇后为皇太后，称长乐宫，设置此职，负责长乐宫的服御诸物、衣服、宝货、珍膳之类。

以上为众卿，政府之重臣。太常、光禄勋、卫尉、太仆、大理（廷尉）、大鸿胪、大司农、少府为汉之九卿，每卿皆有众多属官。蜀汉简政，卫尉以后七卿，其属官或多被删削，或文献失载，皆无考；从设置属官的情况看，蜀汉政府在九卿中特别重视太常、光禄勋③。

大长秋：一人，二千石，负责奉宣中宫之命，凡朝廷给赐皇室宗亲及宗亲当谒见皇帝者，具体办理有关通知，随中宫外出。侍中：比二千石，负责宾赞礼仪，皇帝外出时随从护驾，负玺陪乘，日常备帝切问近对，拾遗补缺。诸葛亮在《出师表》中曾说："侍中、侍郎郭攸之、费祎、董允等，此皆良实，志虑忠纯。愚以为宫中之事，事无大小，悉以咨之。"便反映了其职能。属官：中常侍，比二千石，负责侍卫皇帝左右，从帝入内宫，赞导宫内诸事、顾问应对。给事黄门侍郎：六百石，侍从皇帝左右，关通宫内外，与侍中一道出入内宫。近侍帷幄：省阅检查尚书上报的文书等。黄门丞：随帝出入。

录尚书事（或曰"平尚书事"）：无定员，公卿的加衔，无所不统。早在刘备任汉中王时，就设置了尚书台。章武元年（221），诸葛亮以丞相录尚书事，

---

① 见《魏都赋》注。
② 《三国志》卷52《吴书·顾雍传》。
③ 罗开玉：《秦汉相府、司徒府职官研究》，《秦汉史论丛》，巴蜀书社1986年版。

第六章 蜀 汉（下）

假节，总管军国大事，同样品级的司徒许靖无加衔，则很少过问政事，如同虚设。蒋琬、费祎先后以大将军录尚书事，皆总管军国大事。后因加强帝权的需要，此衔地位略降，镇南大将军马忠、卫将军诸葛瞻、辅国大将军董厥皆录尚书事，权虽较重，却无力总管军国之事。尚书令：一人，千石，负责选署及奏下尚书文书众事，总典纲纪，无所不统，其机构叫尚书台。皇帝出征时，尚书令率行台以随。日常事务，尚书令向有录尚书事衔的上公请示，即有录尚书衔事的上公直接管理尚书台。东汉以降，三公虚设，事归台阁，蜀汉体制亦承此风，有录尚书事衔的上公正是利用尚书台这个机构来控制朝廷，近而左右皇帝。法正、刘巴、李严、陈震、蒋琬、费祎、董允、吕乂、陈祗、董厥、樊建等人曾先后担任过尚书令。尚书令品级虽不太高，但却控制着朝廷实权。尚书令地位之尊，可从刘备托孤时，丞相诸葛亮与尚书令李严共同受托，以及诸葛亮死后，先后执政的蒋琬、费祎皆前任尚书令等事中看清。属官：仆射，六百石，负责开封，掌授廪假钱谷，尚书令不在时，则奏下众事；尚书，五人，六百石，或分曹主事。吏部负责选举，左民负责修缮功作、盐池园苑，客曹负责处理外国夷狄之事，五兵负责中兵、外兵、骑兵、别兵、都民，度支专门负责军国支计。（蜀汉有选部郎，说明曾经分曹，但具体情况已不太清楚。）郎中，四百石，负责文书起草；有吏部、左选、右选、度支诸曹，其他或漏载，尚书主书令史。尚书郎中草稿后呈交尚书令审阅，通过后交令史重抄。中书令：一人，千石。与中书监共同负责枢密，可与尚书令一样奏事，又负责诏诰、诏草等事务。向充曾任此职。秘书令：一人，六百石，负责掌校秘书，或用其他官吏兼任此职。属官有秘书吏、令史、郎等。中领军、领军、前领军、行领军：负责皇帝的禁卫军。向宠曾由"典宿卫兵"的中部督升为中领军，有时也外出征战。吴班、冯习、龚衡曾为领军，张翼曾为前领军，赵统曾为行领军。属官：中护军、前护军、后护军、左护军、右护军各一人，负责皇帝的禁卫军，上朝时总统诸武将，负责武官选举诸事。屯骑校尉、步兵校尉、越骑校尉、长水校尉、射声校尉，各一人，皆比二千石，负责宿卫兵。蜀汉的后护军不见于记载，据秦汉官制既已置中、前、左、右护军，后护军也必置不疑，文献失载而已。御史中丞：一人，千石。在殿中负责图籍秘书等事。向条曾任此职。御史中丞在汉代本是御史大夫之丞，御史大夫转为司空（西汉末及东汉）后，留此职于宫中，蜀汉无御史大夫，此御史中丞之职能只是原御史大夫的很少的一部分。符节令：一人，六百石，负责授节、铜虎符、竹使符等。孟光、王士曾任此职。殿中督（中部督）：一人，皇帝宿卫兵将领之一。向宠曾任此职。掌军中郎将：董和。司金中郎将：典作农战之器。张裔曾任此职。翰林中郎将：诸葛瞻。笃信中郎将：丁咸。武略中郎将：杜祺、樊岐曾任此职。昭武中郎将：胡济。绥南中郎将：张翼。盐府校尉（司盐校尉）：较盐铁之利。王连、岑述曾任此职。属官有典曹都尉。昭信校尉：《三国志》卷44《蜀书·费祎传》：亮以初从南归，以祎为昭信校尉使吴。此职魏、吴不设，蜀汉仅见费祎一人，当系因人、因事而设。宣信校尉：《三国志》卷41《蜀书·霍峻传附子弋传》引《襄阳记》曰：罗宪字令则……后主立太子，为太子舍人，迁庶子、尚书吏部郎，以宣信校尉再使于吴，吴人称美焉。此职吴亦设。为代表本主外出执行某种特殊使命的官职。宣信中郎：《三国志》卷39《蜀书·董允传》之《襄阳记》曰：董恢字休绪，襄阳人。入蜀，以宣信中郎副费祎使吴。

中都护：李严。有参军、督军等属官。《三国志》卷40《蜀书·李严传》：三年，先主疾病，严与诸葛亮并受遗诏辅少主。以严为中都护，统内外军事，留镇永安……亮以明年当出军，命严以中都护署府事。行都护：《三国志》卷44《蜀书·蒋琬传》：亮卒，以琬为尚书令，俄而加行都护，假节，领益州刺史，迁大将军，录尚书事，封安阳亭侯。《三国志》卷35《蜀书·诸葛瞻传》：诸葛瞻于景耀四年（261），为行都护卫将军，与辅国大将军南乡侯董厥并平尚书事。监军：或为加官。刘邕、马忠、杜祺、张嶷、姜维、王含、霍弋、杨戏、靳详。护军：各重要城镇及将军出征时设置此官。具体名称因地而异：汉中左护军（刘敏）、江州护军（辅匡）、汉城护军（蒋斌）、庲降护军（霍弋、黄权、吴壹、陈式）、永安护军（陈到）。

堰官：这只是略称，具体职称待考。此堰官当是专为都江堰的管理而设。率丁1200人从事护堰和岁修等事务①。东汉蜀郡在郡府中设置有"都水"衙门，专门管理水利事务。在郡守的掾吏班子中，还专门设置"都水掾"，为太守的专职水利秘书、顾问。西安汉城曾出土"蜀都水印"封泥，在近年发现的李冰石像上，也有"都水掾尹龙、长陈壹"的铭文。蜀地正是由于较早便有专门的管理部门和官吏，水利建设才得到较大、较好的发展。都江堰的岁修工程，过去

---

① 罗开玉：《蜀汉职官制度研究》，《四川文物》2004年第5期第6~18页。

主要由民间自理,现在改由官府主持,并由高级官吏亲自主持每年祭祀李冰的活动。三国时期,西蜀豪族经济高度发展,各有武装,争水事件必然经常发生,都江堰堰官手握兵权,当主要是针对豪族势力。蜀汉时期,都江堰灌溉水利系统一直运行良好,与此有关。另外,"堰官"直接接受朝廷管辖,不受郡、县地方政府干扰①。

三、蜀汉王朝地方职官系列

蜀汉的政权组织基本上是承袭汉制。西汉武帝以后,州刺史遂成定制,并逐步由检察监督官吏演变为一级政府机构。东汉晚期,汉朝廷采纳刘焉建议,行州牧之制。州一级政权竟略似割据一方的诸侯。蜀汉政府和当时的魏、吴政权一样,照搬了这种制度。

蜀国在三国中最小,限于土地,政区不广。刘备任汉中王时,州一级的机构只设了益州府1个,称帝后实设了5个,即益州府、永安都督府、江州都督府、汉中都督府和庲降都督府,另外还有虚设的7州。从这里就可看出,当初为什么会有众多官员一而再、再而三地要求刘备称帝。

州刺史。蜀汉国土狭小,实际上只有汉代益州的一州之地,后虽虚设一些遥领州,仍以益州刺史权位最重。刘备以后,先后执政的诸葛亮、蒋琬、费祎皆兼益州牧或刺史。蜀汉还多置遥领州刺史,一般说来是形同虚设,备员而已:兖州刺史(胡济、邓芝、宗预)、冀州刺史(张翼)、并州刺史(廖化)、凉州刺史(魏延)、交州刺史(李恢)、荆州刺史及雍州刺史(吴壹)。遥领刺史几乎不设属官。益州刺史属官有:治中从事、别驾从事、功曹从事、议曹从事、劝学从事、典学从事、部郡从事、督军从事、从事祭酒、从事、前部司马、后部司马、左部司马、右部司马、主簿、书佐等。

三国时期各国皆在边疆重镇设置都督,掌军政大权。蜀汉都督皆领兵屯守,又多兼州刺史、郡守诸职,驻镇一方,独当一面。都督的品级与州刺史相当。汉中都督:建安二十四年(219)秋,刘备称汉中王后,还治成都。拔魏延为都督,镇汉中。当时魏延的头衔是"督汉中镇远将军"和"汉中太守"。其后,吴壹、王平、胡济先后担任此职。江州都督:费观、李严、李丰、李福、邓芝。

---

① 《水经·江水注》注引《益州记》。

《三国志》卷40《蜀书·李严传》：亮表严子丰为江州都督督军，典严后事。永安都督（巴东都督）：李严、陈到、宗预、罗献、阎宇。庲降都督：邓方、李恢、张翼、马忠、张表、阎宇；由于此职较重，又设副贰都督（霍弋、杨戏）、参军等职。《三国志》卷41《蜀书·霍峻传附子弋传》说弋为参军、庲降屯副贰都督，领永昌、建宁太守，注传之《汉晋春秋》说：晋灭蜀后，晋文王善之，即拜他为南中都督，委以本任。在这里，庲降都督与南中都督即一回事。《三国志》卷43《蜀书·李恢传》"遂以恢为庲降都督，使持节领交州刺史，住平夷县"，其注曰：松之讯之蜀人，云庲降地名，去蜀二千余里，时未有宁州，号为南中，立此职以总摄之。晋泰始中，始分为宁州。关中都督：吴壹、傅佥。

司隶校尉，比二千石，汉制为负责察举百官及京师附近郡犯法者，并领一州。蜀汉此职不兼理益州事务。章武元年（221），车骑将军张飞兼领此职，不久，丞相诸葛亮代张飞，领此职。

郡太守，每郡一人，二千石。负责治民、进贤、决讼、检举奸恶等。属官：都尉、功曹掾、功曹史、五官掾、师友祭酒、督军从事、门下书佐、主簿等。蜀汉郡守拥有兵权。巴西太守张飞手握重兵。《三国志》卷43《蜀书·张嶷传》："时郡内士人龚禄、姚伷位二千石，当世有声名，皆与嶷友善。建兴五年，丞相亮北住汉中，广汉绵竹山贼张慕等钞盗军资，劫掠吏民，嶷以都尉将兵讨之。"许多郡守同时又是将军，如《三国志》卷41《蜀书·霍峻传》说先主定蜀，嘉峻之功，乃分广汉为梓潼郡，以峻为梓潼太守、裨将军。蜀汉郡守拥有法权，可以杀人。如《三国志》卷37《蜀书·法正传》说：法正任蜀郡太守时，"一餐之德，睚眦之怨，无不报复，擅杀毁伤己者数人"。有人反映给诸葛亮，诸葛亮也不愿出面制止。蜀汉太守亦有遥领之职。东汉习称郡守为府君，蜀汉亦然。如《三国志》卷41《蜀书·张裔传》：张府君如瓠壶。

都尉，蜀汉早期承袭东汉旧制，曾在边疆设属国，与郡平级，其首领为都尉，比郡守略低。不久即取消属国，改其为郡，属国都尉也随之转为郡守。《三国志》卷32《蜀书·先主传》说："其郡国太守、相、都尉、县令、长，三日便除服。"《三国志》卷39《蜀书·陈震传》：蜀既定，为蜀郡北部都尉，因易郡名，为汶山太守。《三国志》卷45《蜀书·杨戏传》：蜀既定，为犍为属国都尉，因易郡名，为朱提太守。此后郡府中亦设有都尉一职，掌管郡属地方军。《三国志》卷43《蜀书·张嶷传》记"建兴五年……广汉绵竹山贼张慕等钞盗军资,劫掠吏民,嶷以都尉将兵讨之"。《三国志》卷45《蜀书·邓芝传》记"十一年,涪陵国人杀都尉反叛,芝率军征讨"。郡都尉,比二千石,全权掌管都尉辖境内军务。关都尉,负责关塞防守。

县令、县长:秦汉旧制,县令与县长有别。《汉书·百官公卿表》说:"万户以上为令,秩千石至六百石。减万户为长,秩五百石至三百石。皆有丞、尉,秩四百石至二百石,是为长吏。百石以下有斗食、佐史之秩,是为少吏。"蜀汉时期,仍有县令与县长之别。如《三国志》卷45《蜀书·张翼传》说张翼:"先主定益州,领牧,翼为书佐。建安末,举孝廉,为江阳长,徙涪陵令,迁梓潼太守,累迁至广汉、蜀郡太守。"张翼先当县长,然后升一格当县令。《三国志》卷44《蜀书·蒋琬传》说"琬以州书佐随先主入蜀,除广都长"。也是先从小县做起。大县设县令一人,千石(或六百石);小县设县长一人,三百石。大县还设县丞一人,四百石。县尉,大县二人,小县一人,二百石。各乡置有秩三老,百石,小乡置有秩啬夫一人,亦百石。

四、蜀汉职官制度概述

三国中,蜀汉政权为什么会最先灭亡?这当然有诸多原因,但职官制度的缺陷也是极重要的因素之一。

1. 继承汉制

蜀汉职官的最大特征是全盘继承汉制。主要表现在:

选官入仕制度仍承袭了汉代旧制,特别是东汉的察举征辟旧制,重名节胜于重才干。《三国志》卷45《蜀书·杨戏传》注引《益部耆旧传杂记》有常播"举孝廉,除郪长",同卷《张翼传》有张翼"举孝廉,为江阳长"的记载,卷44《蜀书·蒋琬传》有蒋琬"举茂才,琬固让……"等记载,证明蜀汉确实继承了东汉的察举制度。蜀汉所处时代与两汉特别是与西汉已有很大变化,其中最突出的是地方豪族经济高度发展,"大姓"普遍兴起。他们在政治、经济,甚至武装上都拥有相当实力。为保护既得利益,豪族势力要求参加国家管理。面对这种历史趋势,当时魏、蜀、吴作出了三种不同的选择。魏国选择了"九品中正制",由朝廷选拔各地"贤有识鉴"的大族名士为一郡或一地之"中正",推荐其同籍士人,分为九品,朝廷据此授官,公开、大胆地改革旧的官制,从制度上保证了豪族的入仕之途,人才辈出。曹魏(西晋)最后能一统天下,与此改革有很大关系。东吴虽未从官制上进行大的改革，但主要依靠江南土著豪族管理国家，仍能得到土著豪族势力的普遍支持，在每遭外侵的关键时刻，豪族多能站出来保护自身和国家利益，故其政权能多次击败曹魏和蜀汉的进攻。蜀汉选择汉代旧制，其实质是依靠外来势力（主要是荆楚集团），在职官僚选拔任用新的官员，确保自己儿孙继续为官，在巴蜀（主指四川盆地内）排挤和有控制地使用益州土著豪族大姓。蜀汉无视益州土著的巨大实力和潜力，未能从职官制度上为其拓开入仕的途径，造成蜀汉中、后期人才严重匮乏，所谓"蜀中无大将，廖化当先锋"，便是其生动写照。这也是其在三国中最先灭亡的重要原因之一。

蜀汉朝廷承袭了东汉"事归台阁"的管理体制。早在刘备任汉中王时，就设置了尚书台。章武元年（221），诸葛亮以丞相录尚书事，假节，总管军国大事，同样品级的司徒、太尉无加衔，则基本不过问政事，形同虚设。蒋琬、费祎先后以大将军录尚书事，皆总管军国大事。皇帝出征时，尚书令率行台以随。日常事务，尚书令向有录尚书衔的上公请示，即有录尚书衔的上公直接管理尚书台。东汉以降，三公虚设，事归台阁，蜀汉体制亦承此风，有录尚书事衔的上公正是利用尚书台这个机构来控制朝廷，近而左右皇帝。法正、刘巴、李严、陈震、蒋琬、费祎、董允、吕乂、陈祗、董厥、樊建等人先后曾担任过尚书令。尚书令品级虽不太高，但却控制着朝廷实权。尚书令地位之尊，可从刘备托孤时，丞相诸葛亮与尚书令李严共同受托，以及诸葛亮死后，先后执政的蒋琬、费祎皆前任尚书令等事中看明白。

蜀汉职官的品秩，仍承袭汉制。《三国志》卷42《蜀书·郤正传》言郤正为秘书令，"是以官不过六百石；而免于忧患"，可证蜀汉承袭了汉代品秩制度。凡中二千石官吏的丞为比千石，真二千石官吏的丞，长史为六百石，比二千石官吏的丞为比六百石，令、相为千石者，其丞、尉为四百石；令、相为六百石者，其丞、尉为三百石；长、相为四百石及三百石者，其丞、尉皆二百石；诸侯、公主家丞秩皆比百石；诸边障塞尉、诸陵校尉长皆二百石，有常例者不置秩。

蜀汉封侯制度仍承袭汉制。蜀汉一代，与魏、吴相比，严格控制了封侯的规模。刘备称帝前，仅封过张飞一位列侯，为都亭侯。刘备称帝后，章武元年（221）又封马超为斄乡侯，张飞为西乡侯。马超在投奔刘备前已为亭侯，这实际上是新政权对马超原有侯爵重新承认罢了。诸葛亮治蜀期间：建兴元年（223），第一次出现规模较大的封侯。《华阳国志》卷7《刘后主志》载："封丞相亮武乡侯；中都护李严假节，加光禄勋，封都乡侯，督永安事；中军师、卫尉鲁国刘琰亦都乡侯；中护军赵云，江州都督费观，屯骑校尉、丞相长史王连，中部督襄阳向宠，及魏延、吴懿皆封都亭侯，杨洪、王谋等关内侯。"同《三国志·蜀志》相比，王连为平阳亭侯，赵云为永安亭侯，与此稍异，但从此以后一直到诸葛亮死前，所封列侯极少，仅陈震、马忠、王平、姜维几人，且除魏延于建兴八年（230）被封为南郑侯，其他均为亭侯。这说明诸葛亮治蜀期间仍封赏极严。又《三国志》卷41《蜀志·向朗传》载：向朗在"亮卒后，徙左将军，追论旧功，封显明亭侯，位特进"。这"旧功"，在诸葛亮生前却未能封侯①。到延熙年间又封了一批乡侯，如马忠、张嶷、费祎等，这在诸葛亮生前是不多见的。蜀汉严格控制分封县侯。据《三国志·蜀志》，蜀汉政权只封过五位县侯，有事迹可考者三人：魏延因功封南郑侯。王平被封安汉侯。此二人皆因曾督镇汉中。姜维，诸葛亮死后，因统诸军，进封平襄侯。蜀汉政权存在的40余年间所封列侯的数量与级别，较之吴魏两国要逊色得多。这主要与蜀汉政权一开始便欲"威之以法"、"限之以爵"的大政方针有关。另外，分封列侯要建立侯国，这意味着要分割出一部分国家财政的收入给予列侯，而蜀国实际能够控制的区域十分有限，人户数也很少。若分封诸侯，特别是县侯过多，很难维持对外战争中的人力与物力的损耗。蜀汉封侯较苛，实是由客观形势决定的。

2. 丞相的设立及其变化

蜀汉仅在早期设丞相之职，任相之人也仅限于诸葛亮一人，共14年。相比之下，曹魏有曹操、曹丕、司马昭三人曾任丞相，一度设副丞相；吴国则有孙邵、顾雍、陆逊、步骘、朱据、孙峻、孙綝、濮阳兴、张悌等10余人为丞相，此外还一度设左丞相、右丞相等。蜀国设相时间明显短于魏、吴，这是很值得注意的。究其原因，主要当与诸葛亮在世时，丞相权限过大，并与帝权发生了冲突有关。诸葛亮死后，蜀汉朝廷立即取消了丞相之职，继任者蒋琬不再担任丞相，先以迁大将军、录尚书事名义执政，次年以大司马录尚书事名义执政。从本文所列相府和大司马府属员的比较可以看出，后者的属员少得多，原丞相

---

① 参见沈刚《孙吴蜀汉封侯问题探讨》，《北朝史研究》，商务印书馆2004年版。

的一些权限已被其他职能部门分割。蒋琬之后，又取消大司马之职，费祎仅以大将军录尚书事名义执政。从丞相、大司马相继被取消的历程看，后主刘禅试图削弱相权、加强帝权的意愿非常明显，唯因时逢三国鼎立，竞争激烈，而自己才能有限，其功效不显而已。

3. 官宦子弟入仕太便捷

蜀汉职官制度的另一特点是：为了确保外来势力集团的利益，对来自荆楚统治阶级的子弟入仕提供了太优越的保证。蜀汉下一代普遍不如老一代。刘备的三个儿子，刘禅、刘永、刘理或低能昏庸，或毫无建树。诸葛亮之子诸葛瞻，17岁与公主成婚，从官拜骑都尉起，35岁时出任行都护卫将军，平尚书事，进入最高统治层，可实际却无力胜任自己的职责，已如前述。其他开国元勋子弟，虽然无德无能，但大体都担任了过高的职务，如下表：

表6-2　蜀汉官宦子弟入仕简表

姓　名	与其长辈的关系	职务、建树、事迹	备　考
张遵	张飞孙	尚书，随诸葛瞻死于绵竹。	《三国志·蜀书·张飞传》
关统	关羽孙	虎贲中郎将，无事迹可考。	《三国志·蜀书·关羽传》
关彝	关羽孙	虎贲中郎将，无事迹可考。	《三国志·蜀书·关羽传》
马承	马超子	嗣父爵为侯，无事迹可考。	《三国志·蜀书·马超传》
赵统	赵云子	嗣父爵官至虎贲中郎，督行领军，无事迹可考。	《三国志·蜀书·赵云传》
赵广	赵云次子	牙门将，随姜维驻沓中，临阵战死。	《三国志·蜀书·赵云传》
诸葛尚	诸葛亮孙	随父俱死绵竹。	《三国志·蜀书·诸葛亮传》
诸葛京	诸葛亮孙	蜀亡后被内迁河东。	《三国志·蜀书·诸葛亮传》
法邈	法正子	奉车都尉、汉阳太守、关内侯，无事迹可考。	《三国志·蜀书·法正传》
糜威	糜竺子	虎贲中郎将，无事迹可考。	《三国志·蜀书·糜竺传》
糜照	糜竺孙	骑都监，无事迹可考。	《三国志·蜀书·糜竺传》
马秉	马良子	骑都监，无事迹可考。	《三国志·蜀书·马良传》
陈济	陈震子	嗣父爵为亭侯，无事迹可考。	《三国志·蜀书·陈震传》
吕辰	吕乂子	成都县令，无事迹可考。	《三国志·蜀书·吕乂传》

续表

姓　名	与其长辈的关系	职务、建树、事迹	备　考
吕雅	吕乂子	谒者，有文才，著《格论》15篇。	《三国志·蜀书·吕乂传》
向条	向朗子	御史中丞，降晋后为江阳太守等。	《三国志·蜀书·向朗传》
向宠	向朗侄	中部督、典宿后卫。夷陵兵败，所带兵营独保全。延熙三年（240），征汉嘉时死。	《三国志·蜀书·向朗传》
霍弋	霍峻子	庲降副都督，参军，威震南中。	《三国志·蜀书·霍弋传》
蒋斌	蒋琬子	绥武将军、汉城护军，钟会取蜀至汉城，与其通信，回信。随后主降邓艾，被待以交友之礼。后在成都被乱兵杀。	《三国志·蜀书·蒋琬传》
蒋显	蒋琬子	太子仆，降邓艾后，在成都被乱兵杀。	《三国志·蜀书·蒋琬传》
费承	费祎子	嗣父爵为侯，黄门侍郎，无事迹可考。	《三国志·蜀书·费祎传》
费恭	费祎子	尚公主，尚书郎，一时显名，早卒。	《三国志·蜀书·费祎传》
习忠	习文祥子	尚书郎。	《三国志·蜀书·杨戏传》
张毣	张裔子	嗣父爵，历三郡守监军。	《三国志·蜀书·张裔传》
张郁	张裔子	太子中庶子，无事迹可考。	《三国志·蜀书·张裔传》
邓良	邓芝子	袭父爵，尚书郎，降晋后为广汉太守。	《三国志·蜀书·邓芝传》

总的看来，上述开国元勋的子孙们虽普遍未发展为纨绔子弟，但平庸低能、无所建树之辈居多，只有极少数（如向氏、霍氏）差与父辈媲美。他们没有能力挑起老一代交下的担子。但蜀汉的制度，却硬要把这副重担压在他们身上，结果既毁了国家，又害苦了这些儿孙们。如果在天下一统的和平时期，其弊端尚难以即见。但在天下纷争，彼此生死拼斗之时，很快就会导致国亡族灭。反观当时曹魏、孙吴，虽然也存在开国元勋的子弟们一代不如一代的问题，但曹魏通过"九品中正制"，东吴通过依靠土著豪族的用人途径，能不断地从土著势力中补充新鲜血液，所以曹魏、东吴都能长保人才济济、新人辈出之势。

4. 文官武称

蜀汉职官的一大特征是以武为荣，文官武称，这也是纳一切入战争轨道的一种反映。汉制，将军皆负责征伐，即皆为武将。至蜀汉时，将军又成为一种加衔。军师将军之称，在诸葛亮之前，仅见东汉初期"左于为军师将军"[1]，仅为暂时而用，《三国志》卷35《蜀书·诸葛亮传》说："成都平，以亮为军师将军，署左将军府事。先主外出，亮常镇守成都，足食足兵。"在一般观念中，军师只是谋士，不便直接出面执政，加上"将军"二字，就名正言顺了。其次，在一般观念中，军师只是文官，这在战争年代，算不得美名，加上"将军"二字，武气就重了。蜀汉由于有了诸葛亮这个表率，许多文官都有武称。如杜琼本系文官，却有"左中郎将"之称。郡守多由将军兼任。《三国志》卷41《蜀书·霍峻传附子弋传》乃以弋领永昌太守，率偏军讨之，遂斩其豪帅，破坏邑落，郡界宁静。迁监军翊军将军，领建宁太守，还统南郡事。马忠曾以庲降都督加奋威将军之号，刘敏以汉中左护军加扬威将军，法正以蜀郡太守、邓芝以中监军加扬武将军。其他将军名号或无定制，可因时因地因事而随时命名。蜀汉却有文官为将军者，如法正、孙乾、吴壹、许靖、伊籍、简雍、来敏等人，仅是品级、位衔而已。加衔有时也是权力对抗、权术平衡的需要。《三国志》卷39《蜀书·陈祗传》说"（陈祗）以侍中守尚书令，加镇军将军，大将军姜维虽班祗上，常率众在外，希亲朝政，祗上承主指，下接阉竖，深见信爱，权重于维"，便是一典型例子。

5. 高位低职普遍

蜀汉仿秦汉制度，按国家职官建制设官，而实际上的职能部门却没有这么多，许多官位高的人，不得不担任相对较低的职位。《宋史·职官制》："宣和以后，官高而仍旧职者谓之领，官卑而职高者谓之视。"实际上这种情况在蜀汉政权中十分普遍。"成都既定，先主领益州牧。"这个习俗首先是从刘备开始的。《三国志》卷32《蜀书·先主传》有"左将军长史领镇军将军臣许靖"。卷41《蜀书·王连传》说王连"迁蜀郡太守、兴业将军，领盐府如故"。卷38《蜀书·秦宓传》：先主既定益州，广汉太守夏侯纂请宓为师友祭酒，领五官掾，称曰仲父。卷45《蜀书·邓芝传》：亮卒，迁前军师前将军，领兖州刺史。卷41

---

[1] 《后汉书》卷16《邓禹传》。

《蜀书·王连传》：建兴元年，拜屯骑校尉，领丞相长史，封平阳亭侯。卷41《蜀书·向朗传》：后主践阼，为步兵校尉，代王连领丞相长史。卷43《蜀书·李恢传》："遂以恢为庲降都督，使持节领交州刺史，住平夷县。"卷39《蜀书·吕乂传》：徙为汉中太守，兼领督农，供继军粮。卷41《蜀书·杨洪传》：亮于是表洪领蜀郡太守，众事皆办，遂使即真。建兴元年复为蜀郡太守、忠节将军，后为越骑校尉，领郡如故。卷43《蜀书·李恢传》：建兴七年，以交州属吴，解恢刺史。更领建宁太守，以还居本郡。卷43《蜀书·王平传》：王平又领汉中太守。卷45《蜀书·杨戏传》：杨戏迁南中郎参军，副贰庲降都督，领建宁太守。以疾征还成都，拜护军监军，出领梓潼太守等。

6. 廉政——蜀汉官风

诸葛亮带头廉政，树起了一面旗帜，创造了一个廉政奉公的政治氛围。蜀国官员以诸葛亮为榜样，为官节俭，力戒奢华，造就了一个廉政时代。如赵云，廉政楷模。刘备取得成都后，欲将城中房舍及城外园地桑田分赐诸将，赵云却认为益州人民刚遭兵祸，应将田宅房产归还百姓，令其安居乐业，然后才能役调，才能得到他们的拥护，为刘备所采纳。建兴五年（227），赵云随诸葛亮北伐时驻汉中，当时他所属的军中有一些多余的绢，请示诸葛亮怎么处理。诸葛亮令分给将士。赵云又建议说："并未立功，为何要奖赏呢？请允许将其全部入库，待十月时再赐给大家做衣服。"费祎执蜀时，家不积财，儿子布衣素食，出入不从车骑，无异凡人。邓芝为大将军20余年，身之衣、食资仰于官，不苟素俭，然终不治私产，妻子不免饥寒，死之日家无余财。姜维据上将之重，处群臣之右，宅舍弊薄，资财无余，侧室无妾媵之亵，后庭无声乐之娱，衣服车马皆由官府供给，不另置。饮食节制，既不奢华也不过于节约，官给费用，随手消尽。在诸葛亮之后，整个蜀汉时期，整个统治集团都比魏、吴统治集团相对廉政。仅从这一方面看，他们与以奢侈著称的蜀中土著豪族的矛盾也是不可避免的。

第三节 法 制

一、蜀汉法制基本情况

从刘备夺蜀（214）到托孤（223）这9年，有关法制的许多工作，虽由诸葛亮具体负责，但还得秉承刘备旨意，即所谓"刘主之世，（诸葛）亮又未领益州，庆赏行政，不出于己"①。

刘备时期曾因粮荒颁布了禁酒法令，违者即科刑罚，甚至在家中搜出酿具，便当做酿酒者处理②。刘备执法，感情色彩甚重。刘璋旧属张裕，曾嘲笑刘备为"潞涿君"（刘备无须），刘备得蜀后，即寻借口将其斩首弃市③。法正在担任蜀郡守期间，报个人恩仇，擅杀昔日仇敌数人，刘备、诸葛亮都放纵不问。刘备临死，要后主学习《商君书》，似亦认为法制是必要的。诸葛亮十分重视法制。他曾为后主抄写《申子》、《韩非子》、《管子》、《六韬》等书④，前三种是典型的法家著作，后一种是法制与军事相结合的名著。它们反映了诸葛亮对后主的期望，也反映了他自己的愿望。

刘备据蜀后，即命诸葛亮、法正、刘巴、李严、伊籍五人一道修制了蜀汉的法律《蜀科》⑤。惜其条文早佚。《三国志》卷35《蜀书·诸葛亮传》中《诸葛氏集目录》有《法检》上下、《科令》上下、《军令》上中下几篇，是蜀汉的法律条文目录，或与《蜀科》有关。

诸葛亮还曾颁布《作匕首教》、《作刚（钢）铠教》、《作斧教》等有关手工作坊的管理条例⑥。1964年在四川郫县太平乡一座晋墓中出土一件蜀汉铜弩机，上有铭文："景耀四年二月三十日，中作部左兴业、刘纪业，业陈深，工杨安作十石机，重三斤十二两。"⑦成都武侯祠征集到的一件铭文蜀汉弩机，铭文如

---

① 《三国志》卷35《蜀书·诸葛亮传》裴注。
② 《三国志》卷38《蜀书·简雍传》。
③ 《三国志》卷42《蜀书·周群传》。
④ 《三国志》卷33《蜀书·后主传》。
⑤ 《三国志》卷38《蜀书·伊籍传》。
⑥ 《诸葛亮集》卷2引《太平御览》卷337、763、352，《北堂书钞》卷123等。
⑦ 沈仲常：《蜀汉铜弩机》，《文物》1976年第4期第76页。

下："延熙十六年四月廿日，中作部典、□□遂、绪吏李飞、□像、杨汲□、工杨茗作立坂，重二斤五两。"都说明蜀汉仍保留了汉工官产品勒名制度。诸葛亮还亲订《五惧》、《六恐》、《七戒》、《八务》等有关吏治的条例①。从蜀汉吏治在三国中最为廉明的情况看，蜀汉有关约束官吏的法律法令应是极严密的。

诸葛亮执法，对官吏、军队、一般百姓，以"明"著称。强调给人改过自新的机会，提倡"教令为先，诛罚为后"②。对尽忠而有益社会者，虽是仇人也必奖赏，对犯法怠慢者，虽为亲信也必惩罚；对认罪伏法者，罪行虽重也必给予宽释，对拒不认罪、文过饰非者，罪轻也要重惩；对好事，再小也要赏，对恶事，再小也要贬，即无恶不惩、无善不显、赏惩必信。过去法家的一个基本原则是以罪定刑，不顾及主观愿望和认罪态度；诸葛亮执法，重视认罪态度，反映了儒家思想对蜀汉法制的影响。

为严肃法纪，诸葛亮执法期间从不搞"大赦"。其后，蒋琬、费祎、姜维先后执政时，大体继承了诸葛亮的"遗规"，但在对土著豪族"严"的方面，稍有缓和。蒋琬执政时，依法办事，不报私仇。督农杨敏曾诋毁他，后来犯罪入狱，皆以为其必死。然而蒋琬却据其服罪态度，免其重刑。从蒋琬执政开始，蜀汉开始全国性地赦宥犯人，到费祎执政时发展到高峰，每隔一段时间就大赦一次，有时仅隔两个月便大赦一次，法纪不振。景耀元年（258）、六年（263）的两次大赦，纯出于天人感应的宗教思想，表明到蜀汉晚期，宗教思想对法纪干扰加深。诸葛亮执政期间，徭役兵赋沉重，阶级矛盾激化，主客（土著与外来者）矛盾空前尖锐。蒋琬、费祎时期为缓和矛盾，稳定形势，进行一些大赦也是必要的。姜维执政期间，对外征战不已，年年出兵，为了纳一切入战争轨道，必辅以严法，得到一些缓和的阶级矛盾、主客矛盾再次尖锐化。

蜀汉还继承了秦汉政府在巴蜀的移民、徙徒旧法，这在三国中较为特殊。移民，如《华阳国志·巴志》说涪陵郡"汉时赤甲军常取其民，蜀丞相亮亦发劲卒三千人为连弩士，遂移家汉中"。徙徒，即流放犯人。诸葛亮击败李严后，将其"徙梓潼郡"，廖立被废为民后，"徙汶山郡"③。可见当时徙徒较为普遍，

---

① 《三国志》卷35《蜀书·诸葛亮传》注引《魏氏春秋》。
② 《诸葛亮集》卷3《教令》。
③ 《三国志》卷40《蜀书·廖立传》。

这与当时人口较为稀少,尽量减少杀戮的大背景有关,也与诸葛亮的博大胸怀有关。

二、蜀汉对待土著豪族的政策

东晋常璩《华阳国志·蜀志》,载有西蜀各县"大姓"豪族,其中不少系从东汉中晚期发展下来的。系我国古文献中有关汉晋豪族的较为系统的资料。

表6-3 《华阳国志》载巴蜀各县"大姓"简表

所在县	大姓姓氏	常璩点评	备　注
江州县	波、铅、毋、谢、然、懬、杨、白、上官、程、常	"世有大官也。"	任乃强:《华阳国志校补图注》,上海古籍出版社1987年版,第30页。
枳县	章、常、连、黎、牟、阳	"郡冠首也。"	同上。
临江县	严、甘、文、杨、杜	"豪门亦家有盐井。"	同上。
平都县	殷、吕、蔡		同上书,第31页。
垫江县	黎、夏、杜		同上。
朐忍县	扶、先、徐	"汉时有扶、徐,功在荆州,著名《楚记》。"	同上书,第36页。
阆中县	三狐、五马、蒲、赵、任、黄、严		同上。
西充国县	侯、谯	"有盐井。"	同上。
南充国县	张		同上。
安汉县	陈、范、阎、赵	"号出人士。"	同上。
汉昌县	勾		同上书,第49页。
南郑县	李、程、赵		同上书,第79页。
成都县	柳、杜、张、赵、郭、杨		同上书,第157页。
郫县	何、罗、郭		同上。

续表

所在县	大姓姓氏	常璩点评	备 注
繁县 (现新都 新繁等)	三张		任乃强：《华阳国志校补图注》，上海古籍出版社1987年版，第157页。
江原县 (现崇庆等)	东方、常		同上。
临邛县 (现邛崃等)	陈、刘（郑?）		同上。
广都县 (现双流县)	朱		同上书，第158页。
雒县 (现广汉)	镡、李、郭、翟		同上书，第166页。
绵竹县	秦、杜		同上。
什邡县	杨		同上。
新都县	马、史、汝、郑		同上。
牛鞞县 (现金堂等)	程、韩		同上书，第175页。

东汉晚期至蜀汉早期，巴蜀土著豪族势力发展至顶峰，一呼百应，敢与地方政府、与大规模的起义军相抗衡。如中平五年（188）蜀中爆发了以马相、赵祗为首的"黄巾"起义，攻占雒县（今广汉），捕杀州刺史后攻下成都、武阳（今彭山）等地，短期内发展到10余万人，马相自称"天子"。面对义军，官军节节败退，几无抵抗能力。但犍为豪族贾龙却率家兵，多次击败义军，又召集溃散的官吏、军队等，最后消灭了义军。刘璋接任益州牧之初，刘焉旧部赵韪企图夺权，便率领土著豪族武装一直打到成都城下。在刘备攻打汉中之际，蜀中豪族马秦、高胜率部曲打下郪县、牛鞞（今简阳）、资中等县城，威胁到蜀汉统治的腹心。影响最大的当然要数主要由南中土著豪族搞的南中叛乱，诸葛亮不得不亲自率军前往平乱。这些表明当时蜀中豪族已是一股极重要的政治、经济、军事力量。

在刘焉时期，对当地的土著豪族尚采取了一些较严厉的措施。刘璋时期，特别是"赵韪之乱"后，对土著豪族一味迁就。如南郡枝江人董和担任成都令时，曾严格限制豪族所为。当地豪族便联合要求刘璋调董和到外地。刘璋听命，准备调董和为巴东属国都尉。这时成都的一些官员又出来相携请愿，要求留任董和。刘璋又俯首听命，将其留任。法正通过长期的观察，认为刘璋过于"懦弱"，以至于不得不寻求新主。诸葛亮在总结刘璋政权失败的教训时，也认为：刘璋过于暗弱，因"宽"而"误"。鉴于刘璋的教训，蜀汉政权建国之后，制定了重点针对土著豪族的一系列政策，从根本上抑制、打击了土著豪族势力[①]。

首先与土著豪族势力发生冲突的是经济利益。《三国志》卷39《蜀志·刘巴传》注引《零陵先贤传》曰："初攻刘璋，备与士众约：'若事定，府库百物，孤无预焉。'及拔成都，士众皆舍干戈，赴诸藏竞取宝物。军用不足，备甚忧之。巴曰：'易耳，但当铸直百钱，平诸物贾，令吏为官市。'备从之，数月之间，府库充实。"刘备入蜀之初（214），官府财政极度困难，军用开支无所出。在这种情况下，采用了刘巴的建议，铸造"值百"大面额钱，即同样大（或更小）的一个铜钱，因有"值百"二字，就相当于过去一百个"五铢"钱的购买力。相传刘备甚至取帐钩铸钱。这一招确实高，立解燃眉之急，"数月之间，府库充实"。政府开支、军用开支很快就解决了。这些钱并非从天而降！铸大额钱的实质是掠夺过去的存钱者。大家知道，在当时那种社会条件下，有钱人家盈余的钱，除购买土地外，通常以现金方式储存在家里。益州豪族多经几代人、数十年甚至上百年的发展。他们过去存的数量庞大的现金——五铢钱，竟在一夜之间贬值一百倍！蜀汉政府开支、军用开支的财产，表面上看好像是铸造新币所产生的奇异效应，实质上却都是从益州土著豪族那里掠夺而来。刘备这一招曾引起孙权的羡慕。东吴于嘉禾五年（236）开始铸"一当五百钱"、"当千钱"、"值二千"、"值五千"等大面额钱。由于土著豪族的激烈反对，孙权经过长期的思考和探索，最终妥协，于赤乌九年（246）下令收回大面额钱。孙权的这一转变，表明他确实是一个极能"审势"的政治家。而蜀汉却始终坚持铸造、使用值百钱，坚持从经济上侵夺、打击土著豪族，直到它最先灭亡。此外，蜀汉政府还实行了许多新的重要的经济措施。如在相当长时期内，在全国范围内禁酒；又设置"司盐校尉"，实行盐铁专卖；设置"司金中郎将"，主管各种金属的采矿和冶炼。这些经济领域过去皆由土著豪族控制，这些措施无疑极大地

---

① 罗开玉：《三国蜀汉土著豪族初论》，《成都大学学报》2005年第6期第1~9页。

侵害了豪族利益。

蜀汉初,诸葛亮制《蜀科》时,怎样对待土著豪族,曾有过一番讨论。《三国志》卷35《蜀书·诸葛亮传》注引《蜀记》说:"亮刑法峻急,刻剥百姓,自君子小人咸怀怨叹。"法正显然对此有些看法,一次曾说:"昔高祖入关,约法三章,秦民知德,今君假借威力,跨据一州,初有其国,未垂惠抚;且客、主之义,宜相降下,愿缓刑弛禁,以慰其望。"诸葛亮却说:"君知其一,未知其二。秦以无道,政苛民怨,匹夫大呼,天下土崩。高祖因之,可以弘济。刘璋暗弱,自焉以来有累世之恩,文法羁縻,互相承奉,德政不举,威刑不肃。蜀土人士,专权自恣,君臣之道,渐以陵替;宠之以位,位极则贱,顺之以恩,恩竭则慢。所以致弊,实由于此。吾今威之以法,法行则知恩,限之以爵,爵加则知荣,荣恩并济,上下有节。为治之要,于斯而著。"这里,诸葛亮分析了蜀汉初期的"势",指出:秦朝因刑法过苛,百姓怨声载道,天下"土崩";刘邦反其道而行之,仅"约法三章",便大获全功;但刘璋却过于软弱宽大,蜀中豪族专权自恣,君臣之间连正常的纲纪都没有了,这才导致其统治的结束。蜀汉政权是在这个基础上建立起来的,形势都与高祖时不同,欲与刘璋反其道而行之,"威之以法",从严治蜀。诸葛亮主持制定法律工作,法正的意见未能采纳。

从理论上说,一种法律的"严"并不专门针对某类人或某一种势力,但在实际执行中却很有针对性。首先,这个法的具体内容有很多是专门针对"蜀土人士,专权自恣"制订的。其次,当时实际上执法的人,即当时掌有实权的官吏队伍,主要是刘备、诸葛亮从外面带来的"荆州人士"和刘璋留下的也是从外面带来的"东州士"。由于各种利益的冲突,他们不可避免地要与土著豪族发生若干矛盾,利用职权、利用法律打击土著豪族成为这个集团的共同意识和共同利益。史籍中有关例证太多,此举一个。如蜀郡豪族常房,因其担任了益州从事的官职,在土著豪族中很有影响。建兴元年(223),南中叛乱爆发前夕,常房奉命巡察牂柯郡(今贵州)。他得到牂柯太守朱褒即将叛乱的可靠情报,便收捕朱褒的主簿拷问,致死。朱褒举兵攻杀常房,又上书反诬常房造反。诸葛亮不加查证,便诛杀了常房四子,还把他的四个弟弟流徙到越嶲(今西昌)。但朱褒仍参与了叛乱。对此,史学大家裴松之认为是:"妄杀无辜,以悦奸逆,斯殆妄矣!"

· 226 ·

仕途上排挤、限制土著豪族。面对当时土著豪族势力空前发展的现实，魏、吴、蜀采用了不同的职官制度。曹魏的豪族势力虽然较弱，仍创建了"九品中正制"，由朝廷选拔各地"贤有识鉴"的大族名士为一郡或一地的"中正"，推荐其同籍士人，分为九品，朝廷据此授官，即完全抛弃了汉代官制，从制度上保证了豪族的入仕途径。到三国中、晚期，曹魏政权能新人辈出，能最后一统天下与此当有很大关系。东吴虽未从官制上进行大的改革，但主要依靠江南土著豪族管理国家，故能得到土著豪族的普遍支持，在每遭外侵的关键时刻，豪族中的杰出人才都能站出来保护自身和国家利益，故其政权能多次击败曹魏、蜀汉的大规模进攻。蜀汉仍采用汉代察举、征辟旧官制（蜀汉的许多制度都沿用汉代旧制），即由上级官员考察、推荐、提拔、使用下级官员，其实质是朝廷、州、郡官府中掌实权的人说了算。汉代旧制是建立在"一家五口"这样的小农经济基础上的，到东汉晚期豪族经济高度发展后，它早已不适应。大量史料表明，蜀汉各级政府的实权主要是控制在刘备从荆州带入的基本队伍中，在巴蜀内地（盆地内）职官任用上，一直是排挤和有控制地使用土著。许多人"终刘氏之世，官位不尽其才"。只是在南中等边疆地区才较多地任用了豪族。

益州土著遭排挤、受打击，自会不满。许多名士不愿出仕，冷眼旁观。如前面说到的杜微，便"常称聋，闭门不出"①；另一些人虽然出仕，却不问政事，消极敷衍，如成都名士杜琼，在出任各种职务时都"阖门自守，不与世事"，所谓"小隐在山，大隐在朝"，此之谓也。一些人则利用种种形式，表达不满。诸葛亮死后，郪人李邈公开对后主说："今亮殒殁，盖宗族得全，西戎静息，大小为庆！"②蜀郡人张裕甚至公开说："岁在庚子，天子当易代，刘氏祚尽矣。主公得益州，九年之后，寅卯之间当失之。"③犍为名士费诗，公开上疏反对刘备称帝，即被降职，后来诸葛亮欲招叛将孟达重新投蜀，费诗认为孟达是"反复小人"，不足与谋，后来证明他的看法是对的，但他却"终刘氏之世，官位不尽其才"④。杜琼私下对人说"古者名官不言曹。始自汉以来，各名官尽

---

① 《三国志》卷42《蜀书·杜微传》。
② 《华阳国志》卷10《先贤士女总赞（中）》。
③ 《三国志》卷42《蜀书·周群传》。
④ 《华阳国志》卷10《先贤士女总赞》。

第六章 蜀汉（下）

言曹，吏言属曹，卒言侍曹，此殆天意也"①，反映出他向往曹魏政权的心理。谯周等也公开预言蜀汉政权必被曹灭。曹魏奇袭蜀汉时，谯周等积极劝降，除了认识上的因素外，还与他们内心盼望蜀汉早亡有关。他们中的极端分子，则公开进行武装反叛。据不完全统计，在蜀汉政府统治的43年间，土著势力的大规模武装反叛，竟多达10余起，如下表：

表6—4　蜀汉时期土著豪族武装反叛简表

时　间	概　况	备　考
建安十九年（214）	刘备初得西蜀，西蜀每天爆发数十起骚动事件，虽以大兵斩杀，仍不能安定。	《魏书·刘晔传》注引《傅子》
建安二十二年（217）	郪县大姓马秦、高胜起兵，攻下郪县、牛鞞、资中。	《汉书·李严传》
章武二年底（222）	汉嘉太守黄元举郡反。	《华阳国志·刘先主志》
建兴元年（223）	南中诸郡先后叛乱，后由诸葛亮平定。	《三国志·蜀书·后主传》
建兴五年（227）	广汉绵竹"山贼"张慕等反，盗抢军资，劫掠夷民。	《三国志·蜀书·张嶷传》
建兴十一年（233）	"南夷"刘胄反。	《三国志·蜀书·后主传》
延熙三年（240）	汉嘉"蛮夷"反，向宠前往征讨，战死。	《三国志·蜀书·向朗传》
延熙三年（240）	越巂民族数反，张嶷平定之。	《三国志·蜀书·后主传》
延熙十年（247）	汶山"平康夷"反，姜维讨平。	《三国志·蜀书·后主传》
延熙十二年（249）	涪陵属国夷民反。	《三国志·蜀书·后主传》
延熙十三年（250）	涪陵大姓徐巨反。	《华阳国志·巴志》
蜀汉中、后期	永昌郡夷僚数为寇害。	《华阳国志·巴志》

由上表可看出，蜀汉政府不得"人和"，所付代价是昂贵的。荆州外来集团、益州土著豪族、益州民族上层，这三股势力犹如一鼎三足，支撑着蜀汉政权。民族上层这根支柱，即使在诸葛亮平南中之后，也一直不断摇晃（从东汉以来，它始终处于摇摆状态中）。土著豪族这根支柱跟着又倒了，这个政权因此

---

① 《三国志》卷43《蜀书·杜琼传》。

也就失去了平衡。在这种情况下，蜀汉政权不知利用法制修补统治基础，硬要实行打击豪族的法律政策，从策略上看是不明智的。把本来可以利用的土著豪族（像曹魏、孙吴那样），推向了反面。这是法制在战略指导思想上的失误。

蜀汉政权能以一州之地对抗曹魏、东吴40余年，在自守之余尚能多次主动进攻，它反映出"天府之国"中的土著豪族长期以来确实积累了极为可观的财富，同时也反映出蜀汉政府对土著豪族掠夺的程度。正因如此，景耀五年（262），邓艾率轻军从阴平道攻蜀，跋山涉水700余里突然出现在江油后，土著豪族皆聚族自保，坐山观虎斗，根本没想到要帮助政府。他们的这种态度与东吴豪族形成了鲜明对比。蜀汉大厦仅受此轻轻一击就塌下了。其承受能力之弱，在我国古代史中是罕见的。蜀汉表面上是亡于魏，实质上是亡于当地的土著豪族。所谓"民能载舟，亦能覆舟"，在此得到了最形象的写照。

蜀汉的统治者为什么会产生这种失误呢？第一，他们对北伐中原操之过急，纳一切入战争轨道。蜀汉建国40余年间，出动上万兵力的征战约20次，小规模的征战更难计其数。蜀汉的法制实质上是"战时军事管制法"。第二，蜀汉统治者对巴蜀的文化、历史缺乏必要的了解和认识。巴蜀本属"西南夷"范畴，公元前316年秦人入主巴蜀后，才逐步得到开发，但民族文化、地方文化即史学界所称的"巴蜀文化"一直非常浓厚。与中原文化相比，当时巴蜀文化的最大特征是缺少一整套作为专制集权统治基础的统一的伦理道德观（如礼制），在文化的各种因素上都表现出分散性和独立性，在政治上是自为中心，自成体系。正因如此，秦、西汉政府在统治巴蜀期间，都先后实行了法制、赋税、徭役从轻优待的政策[①]。东汉政府取消了对巴蜀民族的优待，这里便常发生起义。第三，蜀汉坚持汉制，而汉制是以小农经济为背景，与东汉中晚期以降豪族经济、文化大发展的背景不适应。在此背景下，蜀汉统治集团欲以严法重刑，来达到专制的目的，结果相反，却把广大土著豪族推向了对立面。"不审势即宽严皆误，后来治蜀要深思"[②]，这是从刘璋治蜀，到蜀汉统治，留给后世的两条历史教训。

---

① 罗开玉：《秦在巴蜀地区的民族政策试析》，《民族研究》1982年第4期。

② 这是清人赵藩在成都武侯祠所题楹联的下联。此句一般理解为诸葛亮可据时势掌握法律宽严。笔者认为，此句中的"宽"，指刘璋对土著豪族的政策，"严"指诸葛亮对土著豪族的政策，"皆误"指他们先后因此失败，有关研究详见罗开玉《成都武侯祠"攻心"联再研究》，《四川文物》2001年第5期。

第七章 民　族

秦汉三国时期，分布在巴蜀境内的土著民族，其概况是：今川东北地区主要活动着板楯部族，川东地区主要活动着巴人廪君部族和五溪部族（廪君部族在西边，五溪部族在东边，主要在川东、湘西、黔中相连接地区），以上三部族是"巴人"的主要构成部分。今川南偏东，主要活动着僰人，今川南偏西，主要活动着邛人。以上主要属"百濮"系统。在今川北偏西一带，主要活动着氐人，在今川西北阿坝州则主要活动着氐、羌、夷人，在今川西高原甘孜州及其以南广大地区，主要活动看笮人和羌人，他们同属"西戎"系统①。

第一节　百濮系统

秦至蜀汉，巴蜀盆地东部及其边缘地区主要活动着百濮系统的民族。扬雄《蜀都赋》说"东有巴賨，绵亘百濮"。其经济、文化发展水平较西部"戎"系民族略为先进。

---

① 蒙默：《试论汉代西南民族中的夷与羌》，《历史研究》1985年第1期。

一、巴人

巴人指巴地的土著民族，不是单一的族称。从现有资料看，主要有板楯（賨人）、廪君部族（"白虎夷"）、"五溪蛮"等族系。

板楯又称賨人，系秦至蜀汉川东北的主要民族。战国中晚期，以阆中为政治、经济、文化中心。公元前315年，秦灭蜀后，张仪率大军攻阆中，执巴王回咸阳，在其地设郡县，仍假手部落实施管理，统治相当松散。相传秦昭王时，有一白虎常率群虎出没于蜀郡、巴郡、汉中郡边界上，前后伤害千余人。官府乃在上述地区重募：谁能杀虎，封邑万户，赏金百镒。于是，巴郡阆中（一说朐忍）板楯人廖仲药、何射虎、秦精等，在林中树上结楼，射杀白虎。官府考虑到猎手为少数民族，不便封邑，便与他们刻石为盟：复除板楯每家一顷田不交租，十妻不交口算钱，板楯打伤人者要追究责任，杀死人者可以用賨钱赎死，政府官员处理板楯人事务，若有不当，赔黄龙一双，板楯人违反官府规定，向当事官员赔青酒一钟。于是，在整个秦统治期间，板楯人相安无事。

公元前207年，高祖为汉中王时，欲出击"三秦"。临出兵前高祖刘邦派人请板楯出兵相助。从有关文献看，高祖入汉中王巴蜀后，和板楯的关系甚密。板楯的部落联盟首领范目曾主动表示愿随出征。各种文献都说板楯有"七姓"随高祖出征，但所载七姓各有出入。从有关姓氏及其后裔资料看，板楯语的"七"是一个不定数，谓其多也。大体可这样认为，范目能调动的板楯各部皆参与了这次战争①。在出击"三秦"的战斗中，板楯将士前歌后舞，勇猛顽强，冲锋陷阵，充分体现了古代西南民族憨淳质朴的本质和乐观浪漫的性格。击败"三秦"后，板楯思念故土，不愿继续远征，请求返乡。高祖虽急需用人，也不敢悖于板楯的意愿，只好同意。临行，高祖封范目为阆中慈凫乡侯，并宣布免除板楯随征"七姓"的租赋，其他未随征的部落，也给予一定优待，每一男一年只交40钱②。整个西汉时期，有关板楯蛮的记载不多，从种种迹象看，它与政府的关系似乎一直很融洽。

东汉安帝永初年间（108～113），先零羌滇零部入寇三辅，进而南掠益州，

---

① 罗开玉：《板楯"七姓"与賨人》，《巴蜀历史民族考古文化》，巴蜀书社1991年版。
② 《风俗通》、《华阳国志》卷1《巴志》、《后汉书》卷86《南蛮西南夷列传》。

第七章 民 族

攻入汉中，所在郡县惨遭破坏。这时，政府调板楯出兵救之。羌人大败，其南入汉中的军队损伤殆尽，甚为畏忌，传语种族同辈，不复南行，而板楯被称为神兵。

安帝元初元年（114），西羌的另外九支，即号多、当煎、勒姐这几个大部族，又胁迫一些小部族再次进犯武都（今甘肃成县），进而攻入汉中，沿途烧抢掳掠，汉政府的军队无法抵挡，最后还是依靠郡兵与板楯军队救之①。

桓帝建和二年（148），白马羌兵攻广汉属国（包括当时的甸氐道、刚氐道、阴平道，今甘肃文县、四川平武、青川之地），杀害汉政府官吏，同时，西羌的湟中胡部又发生叛乱。益州刺史率板楯击败了白马羌的进攻，平定了湟中胡部的叛乱②。延熹三年（160）冬，武陵蛮6000余人进攻江陵，荆州刺史、南郡太守等官僚望风而逃，朝廷派遣车骑将军巴郡宕渠人冯绲讨伐武陵蛮，大获全胜。冯绲是宕渠（板楯分布中心地区之一）人，不仅熟悉板楯情况，可能还与其首领有一定联系。他借用板楯军队，"依板楯以成其功"③，板楯的活动范围再次越出益州。

灵帝熹平元年（176），益州郡（今云南东北部）少数民族造反。益州太守李颙借板楯人镇压了这次造反。但是，板楯的赫赫战功并未改变自己受压迫的境地。进入东汉后，板楯所受传统优待被逐渐取消。首先是赋税过重，县、乡两级轮番向板楯派徭役军赋，亭市之吏又在市场上随意征税敲诈，稍不如意，便仆役鞭打板楯人，对他们比对奴隶、俘虏还残酷。板楯过去主要是实物交换，西汉时官府没有征收市税，东汉始把内地市税制度推行于此，虽市税并不重于内地，但板楯人民还不习惯这一新制，反应尤烈。一些板楯百姓被逼无奈，卖妻卖子，有的甚至走投无路，自杀而亡。

最初，一些板楯人还寄希望于上一级政府，纷纷到巴郡郡府和益州刺史部上告诉苦，但达官显贵们并未把他们的生死放在心上。于是板楯人揭竿而起④。

---

① 《后汉书》卷87《西羌传》。
② 《后汉书》卷87《西羌传》、卷86《南蛮西南夷列传》。关于这次进攻广汉属国的白马羌人的数目，在同一《后汉书·西羌传》中竟有出入很大的两种说法：一说板楯蛮"斩首招降二十万人"，当然这包括叛乱的湟中胡部，但白马羌的人数显然也不会太少；二说"桓帝建和二年，白马羌千余人寇广汉属国，杀长吏，益州刺史率板楯蛮讨平之"，存疑。
③ 《后汉书》卷86《南蛮西南夷列传》。
④ 《后汉书》卷86《南蛮西南夷列传》。

据记载，就在板楯的一些部族出兵助政府抵抗白马羌入侵广汉属国和平定江陵武陵蛮造反之时，板楯的另一些部族却在造反起义。对此，巴郡太守赵温采用"施恩"的软化策略。一些部族停止了造反。灵帝光和年间，郗俭任益州刺史，民族关系进一步恶化。光和二年（179）冬十月秋收之后，政府徭役赋税过重，板楯再次起兵造反，活动于广汉、蜀、犍为"三郡"及汉中诸郡，震动了朝廷。昏庸的汉灵帝派御史中丞肖瑗前往益州，督促益州派兵进讨，但却连年不能战胜。灵帝又拟增加军队，扩大战事。他向益州部各郡派来的上计人员询问征讨计略，汉中郡的上计程包分析了板楯在秦汉时期多次为政府出力立功的历史，以及地方贪暴威逼，迫使板楯造反的情况，以为只要朝廷选派贤明能干的州牧郡守，板楯人民自会安集如故，不需派兵征伐。朝廷采用了他的建议，派新任巴郡太守曹谦宣诏赦免板楯无罪，起义立即停止。

但事隔不久，五斗米道首领张修在巴郡举起了义旗。黄巾起义，烽火连天。中平五年（188）元月，益州地区的黄巾军首领马相也在巴蜀地区造反，攻杀了益州刺史郗俭，自称天子。在这种局面下，巴郡板楯人再次树帜造反。这次起义，与张修和马相领导的起义关系密切，或者说是他们起义的一部分。后来，朝廷派军队镇压了板楯人的起义。

板楯人实行多妻制，流行抢婚、转房、兄终弟继等。他们对外战争的一个重要目的便是抢夺妇女。板楯民族喜爱歌舞，其《巴渝舞》在当时闻名全国。

除板楯之外，在张仪灭阆中之巴后，川东地区还存在着巴的另一部族的统治。《战国策·秦策》说"楚得枳而国亡"。"国亡"指楚襄王二十一年（前278）秦将白起军攻占楚郢都，楚被迫迁都于陈（今河南淮阳），其时在秦灭巴蜀后38年。晋陈寿《益部耆旧传》也说，昔楚襄王灭巴子，封废子于濮江之南，号铜梁侯①，楚襄王二十年（前279）前后，楚军曾攻占巴地枳及铜梁一带。这些表明当时秦军尚未统治到今川东的大部分地区。

廪君部族又称巴人或"白虎夷"，是活动于川东及其与湖南、湖北相邻地区的又一支巴人部族。张仪灭阆中之巴后，由于今川东大部分地区尚未为秦所据，故秦政府让巴王任这里的"蛮夷君长"。巴王族作为这支巴人部族之一，一直受到秦政府的特别优待，不仅让其世尚秦女，而且对一般巴人则赐爵"不更"，一

---

① 《舆地纪胜》卷159引。

般犯罪可减爵除罪，其君长每年交赋税二千一十六钱，三年出一次义赋一千八百钱，其百姓每户每年出布八丈二尺，鸡羽三十。西汉时期当地政府仍循秦制，赋税徭役未变。从考古资料看，在秦至西汉时期，廪君部族还拥有一定的武装实力，反映在墓葬中便多见随葬兵器，至东汉时期，才少见随葬兵器。

五溪是巴人中的又一部族。楚襄王（公元前298年始即位）攻占了东巴地后，曾将巴人的部分支系迁徙至黔中。《十道志》说：楚子灭巴，巴子兄弟五人，流入黔中，汉有天下，名曰酉、辰、巫、武、源等五溪，各为一溪之长，号五溪蛮①，其地在今川东与湖南交界地区。两汉时期，政府的统治基本上未到达这里，巴人各族自治。光武克蜀，五溪蛮曾出兵助汉。蜀汉时期，刘先主曾在该地置黔安郡，其统治非常松散。蜀、吴夷陵之战，五溪蛮部曾出兵助蜀。

以上几支巴人在秦汉三国时期，经济生活皆农牧渔猎并重。农业以旱地作物、广种薄收为主；牧业系小规模的定居放牧，以羊马为多；渔业、狩猎在整个经济生活中的比重大于蜀人。仍有数量可观的专业猎户。其俗尚武，好巫鬼。丧葬习俗各地各族不完全一致，峡江地区崇尚崖葬，涪陵巴王族实行土葬，巴县巴人又同时流行船棺与土坑墓。在文化生活中，尤以善歌舞而闻名。

二、僰人

秦惠文王期间，鉴于僰人聚居地为南通滇黔的起点，又扼长江水道，具重要的战略地位，便及时派兵攻占了该地，并在这里设置了县级建制——僰道。公元前285年，张若取筰及江南地，大军至僰。以后李冰治蜀时，治理僰道江道，与僰王发生了武装冲突。僰王先据守横江，被击败后又逃到汉阳山。此后，该地成为秦开发西南夷的前沿据点。秦开五尺道，在今滇黔地区"颇置吏焉"，都是以此为起点和中转站。

秦末战乱，僰人趁机再次独立。为了与汉中的刘邦政权相抗衡，僰人一度臣服于南边的夜郎国，为其附属国。故有些古籍又视僰地为夜郎地。当时刘邦无暇南顾，僰人曾一度占领了成都平原南部今新津、眉山、乐山及成渝间的广大富庶地区。刘邦正式建立汉政权之初，与诸侯王矛盾尖锐，仍未经营蜀郡南部。直到高后执政期间，政府才初步恢复了对该地的统治，复置僰道，属蜀郡，

---

① 有关记载还见《宋书·夷蛮传》、《元和郡县志·江南道六》、《太平寰宇记》卷178。

并在高后六年（前182）修建僰道城。武帝开发西南夷时，置犍为郡，僰道属犍为。

秦、西汉时期，巴蜀商人等大肆购买僰人为奴，有的还被转卖到关中。《史记·西南夷列传》说："及汉兴，皆弃此国而开蜀故徼。巴蜀民或窃出商贾，取其笮马、僰僮、髦牛，以此巴蜀殷富。"服虔注云："旧京师有僰婢。"《史记·货殖列传》又说：蜀地"南御滇僰，僰僮"。《汉书》也曾多次谈到巴蜀因贩卖僰僮而致富，可见当时掳僰的规模极大、时间甚长。

于是大量僰人被迫外徙。所谓"汉民多，渐斥徙之"。

僰人外迁者，有的沿"川西民族走廊"朝西北方向走，有的则朝南走。秦汉时期，今宜宾、珙县一带又称"僰中"，是僰人政治、经济较发达的中心区域。西徙至今越西、西昌一带者，史籍中又称为"西僰"。西僰基本摆脱了政府的约束。另外，当时还有一些部落在西汉中晚期南迁至滇。西汉时期，"僰中"和"西僰"的一些部落亦时常骚扰巴蜀①。朱博在成帝时曾任犍为太守。当时僰人首领若儿"数为寇盗"。朱博厚结若儿兄弟，使为反间，终于袭杀了若儿②。王莽执政时期，僰人再次造反。王莽多次派大兵攻打不下，最后在大赦天下时独不赦僰人首领，许能捕得"南僰虏若孟迁"者，封上公，食邑万户，赐宝货五千万。

僰人在文化上属于"巴蜀文化"系统，为其一个分支。近年在僰人故地的10余个点（墓地）发掘了大量墓葬，分布广泛，延续时间较长（战国中期至西汉早期），应是当地这一时期主体民族即僰人的墓葬。墓中出土的鍪、釜、斤、钺、甑、剑、矛皆为"巴蜀式"铜器，陶器釜、尖底盏等亦为"巴蜀式"；在器物上还多见"巴蜀符号"。在"西僰"活动的越西，也发现了属于"巴蜀文化"系统的墓葬③，当地徙人流行石葬，此亦应为僰人之墓。上述墓葬及其出土物，表现了"巴蜀文化"中川南类型的特征，保留较多早期"巴蜀文化"因素，墓葬全系土坑墓。僰地村寨用棘条相围，一般不筑土墙。发饰流行"椎髻"。部分支系在举行成年礼时有打牙的习俗。居住习俗有寨居、洞居、濒水居等。经济

---

① 《盐铁论·备胡》。
② 《汉书》卷83《朱博传》。
③ 《四川越西华阳村发现蜀文物》，《文物资料丛刊》第7集；《四川犍为县发现巴蜀墓》，同上。

以农为主，兼行渔、猎、牧等。以荔枝为代表的园植业相当发达。《齐民要术》说：犍为僰道南广，荔枝肥时百鸟肥，率生稻田间。僰地还酿制一种枸酱，销至南越等地。哀帝建平三年（前4）曾在僰地出土宝磬16枚，朝廷将其放在辟雍展出。它表现了僰人的音乐水平和系统。

三、邛人

邛人，在秦统治期间，广泛分布于成都平原南部。《华阳国志·蜀志》说临邛县本有邛民，始皇把上郡人迁到这里，当地邛人才被迫外迁。又说邛崃山本名邛笮山，故邛人、笮人界也。邛人自蜀入，度此山，甚险难……该地邛人系农耕民族，习居平原或浅山。邛人又是川西南地区的主体民族。《史记·西南夷列传》说："自滇以北君长以什数，邛都最大。"邛都即邛人。滇以北即越地区，

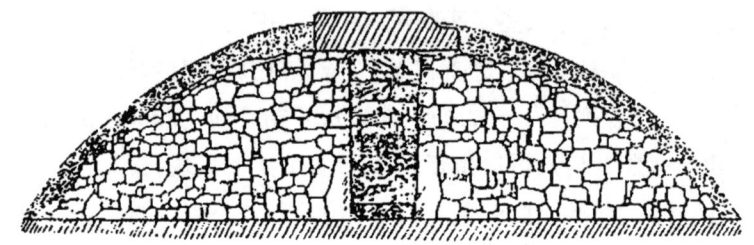

图7-1　西昌坝河堡子大石墓

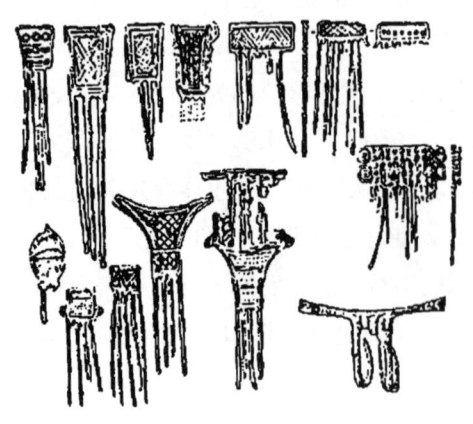

图7-2　西昌大石墓
　　　　出土铜发钗

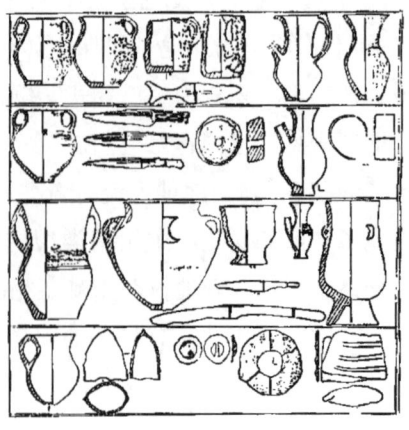

图7-3　西昌大石墓出土部分
　　　　秦汉时期陶、铜器

这是西汉邛人的分布中心。王莽时邛人长贵,曾被越巂郡太守枚根任为军侯。更始二年(24),长贵率领族人攻杀枚根,自立为邛谷王,领太守事。又降于公孙述。述败,光武封长贵为邛谷王。西汉后期至东汉初期,汉人大量进入这一地区。

东汉中期以降,邛人在当地的活动已骤然减少,但

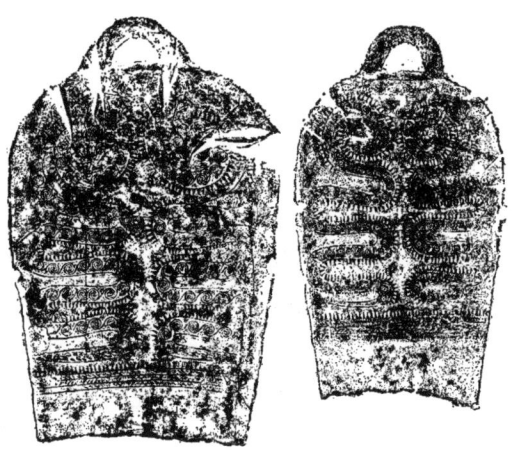

图7-4 四川会理出土的铜编钟

仍有踪迹可寻。邛人集中分布的安宁河流域,以"四季无寒暑"著称,适宜稻作农业。从当地的秦汉遗址和大石墓资料看,邛人主要是坝居、濒河居、低谷浅山居住民族;以稻作农业为主,长期定居(几代人才能葬满一座大石墓),部落制度一直居统治地位(大石墓的丛葬制度,显示出部落成员生死与共的意识),尚未产生明显的私有观念和等级制(无个人随葬品,酋首与普通成员同葬一墓)。1977年,在会理曾出土一套6件铜编钟,造型与大石墓出土的铜铃颇似,纹饰与当地出土的铜鼓相似。在云南石寨山滇人墓中,曾出土过类似编钟①。可以认定这是当地邛人的乐器。它反映了外来文化与当地文化的结合。从其出土大量铜发钗看,"魋结"(椎结)为其重要发式特征。

第二节 "西戎"系统

"戎"系包括夷人、氐人、羌人等,其共同特征是高原文化特征和牧业文化特征较重。

---

① 《四川会理出土一组编钟》,《考古》1974年第2期。

第七章 民　族

一、夷人

"夷"系民族发源于川西北，秦至蜀汉时期仍活动在川西高原。支系甚多，《华阳国志·蜀志》说："汶山曰夷，南中曰昆明、汉嘉，越嶲曰筰，蜀曰邛，皆夷种也。"汶山即今阿坝地区，在秦至蜀汉有"六夷七羌九氐"。这里，夷、昆明、筰等为同一民族在各地不同的称呼，或系各地不同的部族之称；夷、羌、氐则是同等概念的不同族称。汶山冉駹，即当地民族传说中的戈基人。在秦至蜀汉间，汶山一带至少活动着六个较大的部落。他们"冬则避寒，入蜀为佣"，与川西平原经济文化交流密切，在此基础上，其"王侯颇知文书"。受到汉文化的深刻影响。武帝元鼎六年（前111）置汶山郡。宣帝地节元年（前69），武都白马羌造反，汉政府曾征调冉駹诸部前往讨伐。朝廷派使者前往汶山慰劳，当地民族首领乘机提出：设郡后一年征收两次赋税，边人贫苦，无以供给，要求省郡，于是汉政府又改汶山郡为蜀郡北部都尉，削减了大量行政官员，减少了赋税。安帝永初元年（107），当地夷人三襄部与徼外污衍部合作，共有3000多人造反，攻下蚕陵城。延熹二年（159），三襄夷再次攻克蚕陵。

筰人，又作筰都人，主要分布在川西高原中段、南段，今甘孜州、雅安地区及凉山州、攀枝花市一线。《史记·西南夷列传》说：自嶲以东北，君长以什数，徙、筰都最大。秦入蜀后，一度较活跃的丹、犁二部便是筰都人。《史记·秦本纪》说：惠文王更元十四年（前311）丹、犁臣蜀。相壮杀蜀侯来降。《正义》注"丹、犁"曰："二戎号也，臣伏于蜀，蜀相杀蜀侯，并丹犁二国降秦。"丹、犁二支主要活动在今荥经、汉源一带。《史记·秦本纪》说武王元年（前310）伐丹、犁。此后，秦即在

图7-5　四川丹巴古碉楼

丹、犁活动地荥经、汉源一带设置严道。另外,《华阳国志·蜀志》说李冰又通筰道文井江,经临邛……《江水注》也说文井江"自筰道与蒙溪分水",即在李冰前后,秦政府还一度在临邛、大邑西部,即今宝兴、芦山一带设置筰道。但有关筰道的事迹不多,估计设置不久就撤销了。这一时期,秦政府还曾封筰人首领为筰侯,该称呼一直延续到武帝时期,系世代袭号。秦末至武帝时期,这一带又重归筰人控制,汉移民多被迫迁离,少数留居者亦被"夷化"。元鼎六年(前111)在此一度设沈黎郡。沈黎即丹黎的同音异译。至天汉四年(前97),改为蜀郡西部都尉。《后汉书·筰都夷传》说其人皆披发左衽,言语多好比喻,依山而居,以石垒楼房。东汉永平年间,益州刺史朱辅,加强了对这一区域的统治,又"宣传汉德,威怀远夷",致使活动在"徼外"的白狼、盘木、唐菆等百多个部落、数十万人主动内属,要求接受汉政府的领导。不久,这些部落又外迁。至和帝永元十二年(100),白狼、楼薄等部又率族人17万口内属,朝廷赐益州酋首金印紫绶,赐一般首领钱帛若干。延光二年(123)春,旄牛夷起兵反叛,攻下灵关道,杀长吏。益州刺史张乔与蜀郡西部都尉带兵前往镇压,获胜。于是,将蜀郡西部都尉改置为蜀郡属国都尉,领4县,与郡同级。灵帝时期,一度将蜀郡属国改为汉嘉郡。

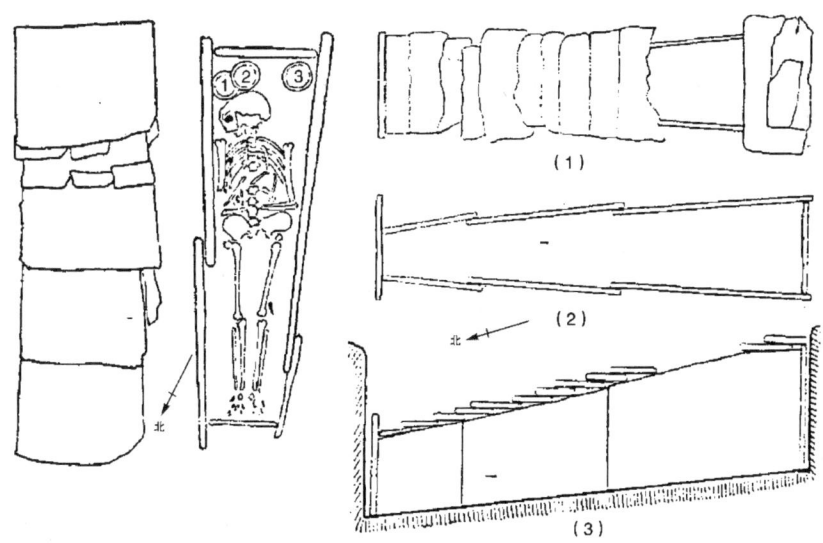

图7-6 岷江上游石棺葬

第七章 民 族

青衣，秦汉时期主要分布在今名山、雅安一带，故流经这一带的江名青衣江，秦汉政府在此设置的县也叫青衣县、青衣道。《水经·青衣水注》说：青衣水出青衣县西蒙山东与沫水合也。县故青衣羌国也。汉武帝天汉四年（前97）罢沈黎郡，分两部都尉，一治青衣，主汉民。公孙述之有蜀也，青衣不服，世祖嘉之。建武十九年（43），以为郡。当时这一带活动着数支青衣部落，有的内属较早，有的稍晚，有的归属后又离去，离去后又来。安帝永初二年（108），青衣道邑长令田，与徼外三种夷三十一万，赍黄金、旄牛，举土内属，安帝增令田爵号为奉郎邑君。

元初二年（115），又有"青衣道邑奉献内属"。延光二年（122），此地改置蜀郡属国都尉。顺帝阳嘉二年（133），又有青衣王子心慕汉制，上书求内附之事，朝廷下令将青衣县改名为汉嘉①。

1983年在芦山曾发现铜印"汉夷土部之章"、"汉叟仟长"，亦说明该地民族主要为"夷"系。此外，今乐山地区当时还有一些青衣部落。汉南安雷堆庙，祭青衣神。南安县南40里，有青衣山②。汉唐间，一般视蜀王蚕丛氏为青衣部族之祖先。蚕丛氏是传说中蜀地最早的拓荒者，最老的"先王"，汉唐时蜀地民间俗以"青衣神"为土地神③。

嘉良部，汉代活动在今大渡河流域中游地区。《隋书·附国传》说：汉之西南夷也，有嘉良夷，即其东部所居种姓，自相率领，土俗与附国同，言语少，不相统一，其人并无姓氏；嘉良夷政令系之酋帅，重

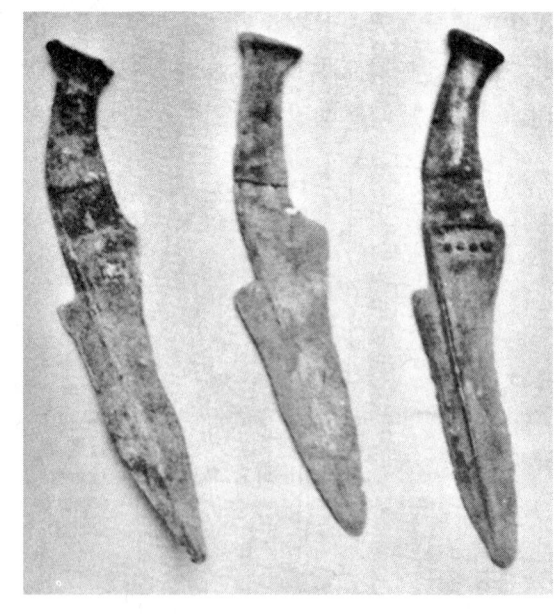

图7-7 四川宝兴汉代石棺出土铜剑

---

① 以上见《后汉书》卷86《西南夷列传》、卷5《孝安帝纪》，《东观汉记》。
② 《太平寰宇记》卷74引《益州记》。
③ 《鉴诚录》卷6《神开口》，《蜀梼杌》卷下。

罪者死，轻罪罚牛。他们可能是被汶山羌人赶出故土的"六夷"之一，与传说中的"戈基"人或有传承关系。东汉在这一带设置汉嘉县，包含着汉人与嘉良共处之意。

徙（斯），或称斯都、斯榆、斯臾。《史记·西南夷列传》说："自嶲以东北，君长以什数，徙、筰都最大。"其地当在今凉山州至雅安地区一带。

旄牛夷，川西南安宁河流域，在东汉中期至蜀汉时期，当地民族转为以旄牛夷和旄牛羌为主体。《三国志·蜀书·张嶷传》载嶷任越嶲太守时，当地的主要部族是旄牛夷，并在各个部落之间，形成了以"旄牛王"为中心的酋邦。约在东汉顺帝前后，旄牛人断绝了当地"旧道"，直到蜀汉。

图7—8 汉代三国，川西高原流行的陶双耳罐

"夷"系民族一般为定居，依山而居，其经济为半农半牧，农业主要种麦等耐寒作物，牧业一般为定居性放牧（季节性、小范围游牧）。在建筑方面，两大特征：①垒石为碉楼，高者可至十余丈，东汉时这种建筑被内地豪族普遍模仿、借鉴；②笮桥，以多根竹索搭于江河两岸，竹索上平铺并固定木板，可行人、畜，风吹便摇，然牢固有余。这种桥很适宜川西高原与川西平原过渡地带山高水急、无法立桥墩的地理特征。它比外地的拱桥，或有桥墩的平桥更简便易建，灵活安全。此外，在江河较宽阔、平缓地区，还流行以皮舟渡河。在服饰方面，主要是披发，多以动物皮为衣，左衽，衣摆较宽。言语多好比喻，通过类比来说明事理。当时巴蜀学者多受其影响，说话、写作爱打比喻，人称"半引夷经"。在方言上，古夷人多称其人口较多、较密集的居地为"都"，如成都、新都、筰都（今汉源）、邛都（今西昌）、广都、斯都（今天全）、昌都等。夷系民族在丧葬上主要实行石棺葬，一般为一次性入葬，近年发掘资料甚多。夷人各部的制陶业相当发达，陶器以大双耳罐最富特征。这是一种吊烧、吊煮容器。夷人的冶铜业一般只能锻打而不能铸造。其兵器几乎全是剑、刀、匕首等短兵器，这与其道路崎岖，人们一般只习于步战有关。从随葬品看，部落成员中已出现了私有观念，已流行把生前拥有的贵重器物随葬墓中；但贫富分化不显，

第七章 民族

等级差别不是太大。在婚姻方面,夷人各部"贵妇人、党母族",流行"阿注婚"和"转房"婚。这反映在石棺中,便都是单人葬,看不到夫妻合葬、婢妾殉葬的现象。

二、氐人

秦汉时期氐人集中居住在川西北地区。《史记·西南夷列传》说:"自冉駹以东北,君长以什数,白马最大,皆氐类也。"汶山杂居民族中有"六夷七羌九氐"。在"西戎"诸族中,氐人的特征是居住地较低,以农业为主。在秦入蜀前,氐人本是开发、建设川西平原的土著、主体民族之一。秦入蜀后,外来移民渐多,氐人逐渐西迁。在秦、西汉时期,随着外来移民逐渐增多,氐人一些部落被迫放弃了平原农业生活,转入山地和高原居住。秦统治期间,首先在今都江堰市、彭县设置湔氐道①。说明当时成都平原西部及平原与高原的结合地带,分布着大量氐人。《后汉书·南蛮西南夷列传》说:白马氐者,武帝元鼎六年(前111)开,分广汉西部,合以为武都。两汉时期,在今四川北部和甘肃南部置有4个氐道,除氐道在今甘肃天水、成县一带外,其余三道皆在今四川境内。湔氐道,西汉承秦继续设置。刚氐道,辖今平武、青川、江油等地。甸氐道,辖地包括今四川的南坪、甘肃的文县等。氐人区域道路险阻,有麻田,出名马、牛、羊、漆、蜜。元封三年(前108),氐人反叛,朝廷遣兵破之,分徙酒泉郡。元凤元年(前80)氐人复叛,又派大兵讨伐之。王莽篡汉,氐人亦叛。建武初,氐人附属陇、蜀。隗嚣灭后,氐人酋豪又背着公孙述投靠了刘秀。曹军征汉中,曾将沿途的氐人、賨人北迁。蜀汉时期姜维西征,建兴十四年(236)徙武都氐苻建及氐民百余户于广都。

在秦至蜀汉时期,氐人的经济、文化发展水平较高。西蜀氐人以猴为原始图腾,认为其祖先起源于猴。晋张华《博物志》卷3记载了有关传说:

  蜀山南高山上有物,如猕猴,长七尺,能人行健走,名曰猴玃,一名化,或曰猳玃;同行道,妇女有好者,辄盗之以去。人不得知,行者或每过其旁,皆以长绳相引,乃得免。此得男子气自死,故取女也。取去为室

---

① 罗开玉:《秦汉三国湔氐道、湔县考》,《四川师范学院学报》1985年第3期。

家。其年少者,终身不得还,十年之后形皆类之,意亦迷惑,不复思归。有子者,辄俱送还其家,产子皆如人。有不食养者,其母辄死。故无敢不养也。及长,与人不异,皆以杨为姓。故今蜀中西界多谓杨,率皆狼玃化之子孙,大约皆有玃爪者也。

从有关历史资料看,在成都平原与川西高原的交接地带,确以杨姓为多。

在长期的实践中,氐人还逐渐形成了自己的水利建设体系。李冰修建都江堰时,氐人巫师杨磨等曾率部协助。都江堰的布局和一些具体工程、技术特征,都在很大程度上反映了当地氐人的水利建树。当时氐人中阴阳五行学说、天文学、针灸及草药等皆较发达,成为秦汉时期当地汉移民的一个重要知识来源宝库。氐人俗居板房土墙,一般实行火葬。

三、羌

羌是汉代四川西部地区的一支重要民族。《后汉书·西羌传》说秦献公时(前384~前362)兵临渭首,部分羌人南迁,"其后子孙分别,各自为种,任随所之,或为牦牛种,越嶲羌是也,或为白马种,广汉羌是也,或为参狼种,武都羌是也"。

汶山羌,《华阳国志·蜀志》说汶山有羌胡羌虏、白兰峒。《后汉书·南蛮西南夷列传》说其山有六夷七羌九氐。可见汶山羌人部落甚多。在地理分布上,氐人主要占据平坝、河谷、浅山地带,夷人主要活动在高寒山区,羌人主要占据草原。据汶山羌人流传至今的《羌戈大战》等史诗,此支羌人约在秦统治巴蜀期间从西北迁来,曾与土著戈基人多次发生冲突,并最后获胜。

广汉羌,又称白马羌,主要分布在绵阳地区北部及甘肃相邻地区的草原地带及山上。永和二年(137),羌人起兵造反,广汉属国都尉调动大兵将其击败。建和二年(148),白马羌再次造反,攻下广汉属国城,杀长吏,后来益州刺史借助板楯人才打败了白马羌。

蜀郡徼外羌,分布在两汉蜀郡西部边关以外地区,主要集中在今雅安地区西部及甘孜州,其中部分又称青衣羌。东汉时期多次内属。如永元六年(94),大羌豪造头等率种人50余万口内属,官府拜造头为造头邑君长,赐印绶。本初元年(146),龙桥等六部17280人内属,次年薄中等八部36900人内属。

第七章 民 族

越嶲羌，又称旄牛羌，主要活动在汉代越嶲地区，与当地旄牛夷杂处。一般来说，羌人多处浅山、河谷地带，夷人多处高寒地带。善牧养牦牛。东汉早期，与旄牛夷联军，共同击败了当地土著邛人，占有其地。一部分牦牛羌、夷相融合。其部落制度长期延续。东汉时期，时叛时服。政府对其羁縻而已。

与其他民族相比，羌人流动性较大，主要实行火葬。在其活动区域，盛行家族奴隶制。在方言上，西南氐羌民族多称其较密集的居地为"川"，如汶川、北川、青川、金川、平川等。

第八章 经济发展及其管理

从秦人入主巴蜀,至蜀汉灭亡的580年间,沧海桑田,巴蜀地区经济发生了若干重要变化,有的是质的飞跃,有的是量的积累。

以经济性质变化而论:在秦统治期间,土著民族仍呈部落经济特征,在外来移民中则具有家族经济特征;秦末汉初,是巴蜀内地部落经济解体,家族经济、个体家庭经济同时发展的时期,至西汉中期,后者已居于主导地位;西汉晚期至东汉初期,个体家庭经济退居次要地位,一般小家庭经济受到种种挑战,大家族经济则逐步向豪族经济转化;至东汉中、晚期,豪族经济居于统治地位;蜀汉时期,在工商业方面,包括豪族经济在内的私营经济遭到压抑、排挤,战争时官营、官控经济特征极浓。

从经济区域发展而论:秦入巴蜀,随着秦对西南边地的开拓,巴蜀内地经济对周围边地的影响空前强烈,开始孕育以成都为核心、巴蜀盆地为内圈,辐射整个西南地区的巴蜀经济区。西汉中、晚期,全国已形成十大经济区。巴蜀是其中一个单独的经济区,已初步形成"天府之国"的框架,到东汉时期正式建成世所公认的天府之国。成都则在西汉中期发展为全国六大都市之一,临邛、广汉为当时全国著名的工业城市。

以经济文化演进而论:在秦统治期间,秦、中原文化为巴蜀经济带来了新鲜血液,刺激了该地经济的大发展,一方面兴起了许多新的领域,如农业方面的水利、牛耕、铁农具,交通方面的马车制造、桥梁建设等;另一方面,许多

第八章 经济发展及其管理

传统工艺如冶铜、制玉、制陶、漆器、丹砂等，在外来因素的刺激下，以空前的速度大发展。约在秦入主巴蜀的前 50 年，该地经济仍以土著文化特征为主，其后 60 年及西汉初期，该地经济的土著文化特征与外来文化特征势均力敌；至西汉中、晚期，外来特征高度加强，在许多领域已占主要地位；东汉至蜀汉时期，巴蜀内地经济已基本中原化，地方特征（包括经过改造的地方特征）只占次要地位。

第一节 巴蜀的地理位置及经济分区

秦汉三国时期，巴蜀地区的地理位置，总的说来，属于当时的边疆地区。当时的经济分区与地理条件有关，也有一个发展、形成和演变的过程。

《尚书·禹贡》是我国最早的区域地理著作，一般认为是战国中期以后的作品。该书把全国划分为九州，把巴蜀地区划入华山以西和长江以北包括今甘肃、陕西南部、湖北省西部的梁州。该书认为梁州"厥土青黎，厥田惟下上，厥赋下中三错"，即说这里的土地是一片黑色，土质是下上等（第七等），应缴纳下中（共分九等，下中为第八等）三错（第七等、第九等也可以）的赋税。梁州的土质被划为第七等，较差，这种划分方法反映了战国晚期蜀郡大规模从事水利建设前的历史状况。

《周礼·职方氏》划全国为九州，归巴蜀三郡为秦国所在的雍州。《吕氏春秋·有始览》也把全国划为九州，把巴蜀归入雍州。这种划分方法反映了巴蜀隶属于秦的历史。

汉武帝把全国划为 13 州，像《禹贡》一样，把巴蜀地区作为一个单独的行政区划入益州。

现把以上四种划法作简表比较如下：

表 8-1　战国秦汉古籍中益州（巴蜀）行政区划归属简表

《禹贡》	冀	兖	青	徐	扬	豫	梁	雍			荆		
《周礼》	冀	兖	青	徐	扬	豫		雍	幽	并	荆		
《吕氏春秋》	冀	兖	青	徐	扬	豫		雍	幽		荆		
《汉书·地理志》	冀	兖	青	徐	扬	豫	益（巴蜀）	凉	幽	并	荆	朔方	交趾

秦及汉初时期，人们普遍把巴蜀与秦看成是同一地域，即都看为关中。项羽分封刘邦为汉王时，就曾明确指出："巴、蜀亦关中地也。"刘邦平天下后，娄敬劝都关中，刘邦征求留侯张良意见，留侯分析道："夫关中左殽函，右陇蜀，沃野千里，南有巴蜀之饶，北有胡苑之利，阻三面而守，独以一面东制诸侯……"这里把巴蜀作为关中的南疆。《史记·货殖列传》说："关中南则巴蜀。巴蜀亦沃野……故关中之地，于天下三分之一，而人众不过什三，然量其富，什居其六。"这里的"关中之地"包括巴蜀三郡在内，是把巴蜀作为关中经济区内的一个地区来处理。汉初人们的这种概念，无疑是受到秦的影响。秦在统一六国前，曾先统治了巴蜀90多年，六国人士已经习惯把巴蜀与秦看成是同一地区了。但这并不等于说，巴蜀与关中为同一地区。事实上，秦汉的统治者都充分注意到了巴蜀地区的特殊性。秦武王二年（前309）制定的《为田律》，是专门针对巴蜀地区的，汉初作《田律》时，也考虑到了巴蜀地区的气候"气异中国"，让巴蜀"自择伏日"。

在秦汉三国期间，巴蜀经济区内部发展极不平衡，差别较大。但这种差别主要呈地域性差别，民族性差别虽也存在，只占次要位置。形成这种差别的原因是多方面的，下面根据各地经济发展情况，把巴蜀经济区具体分为成都平原、川西高原盆地南部、川中丘陵、川东北、川东五个经济亚区，加以论述。

一、成都平原农业经济亚区

成都平原是秦汉时期巴蜀地区以至于整个西南地区中经济、文化最发达的地区。本区包括今成都市郊、双流、金堂（部分）、都江堰（大部）、温江、郫县、新都、什邡、彭州（大部）、广汉、新津、崇州、大邑、邛崃（部分）、蒲江（部分）、名山（部分）、德阳（部分）。该区在战国晚期及秦汉三国时期，土著民族主要有夷人中的氐人、笮都、青衣部族、邛都人，以及秦灭巴蜀后陆续迁入的外来移民。在秦统治期间，一般来说，外来移民主要居住在城邑内及其郊区。该区经济以农业为主，手工业生产占有重要地位。气候温和，年平均气温约15.2℃～16.5℃，适宜农作物生长；土质优良，大部分是微酸性灰色沙质壤土；雨量充足，年平均降雨量1000～1270毫米，地下水丰富易得（下挖两三米深便有水）；无霜期约270～305天，热量丰富。这些都为发展农业提供了条件。该区河流分别属长江支流岷江、沱江两大水系：西南部属岷江水系，东北部为沱江水系。岷江、沱江皆有众多支流，星罗棋布地分布在整个平原上，为兴修水利创造了必要的前提。该区地势西北偏高、东南略低，便于自流灌溉，从杜宇教民务农，开明氏治水，到李冰兴修都江堰等水利工程，逐步完善了农业自流灌溉系统，"旱则引水浸润，雨则杜塞水门"，以致水旱从人，不知饥馑，时无荒年。农业精耕细作，单位面积产量极高，土地值钱（东汉郫县田地价，亩值500～2000钱）。该区的农作物主要有水稻、小麦、豌豆等粮食，麻、茶、油菜等经济作物，枣、梨、橘等各种水果。该区池塘养鱼亦极发展，古籍每称鱼田之饶。在秦统一六国和刘邦统一天下的历程中，成都平原都充分发挥了战略后方、经济基地的作用，为统一战争提供了大量粮食、人力等。

　　成都平原又是秦汉期间西南最重要的手工业区。该区的工业由北至南，主要分布在三个城市里：平原北部的广汉，在秦汉期间以出产漆器和蜀刀闻名天下，甚至在遥远的朝鲜境内也发现了大量遗品。汉代专门在这里设立了工官。平原中部的成都，以生产蜀锦最出名，另外，还有作坊制造兵器。出土文物证明，这里也大量生产漆器，远销全国各地甚至朝鲜；秦在这里设置了工室，汉代设工官。平原南部的临邛（今邛崃），是秦汉时期西南地区的重工业城市，主要以冶铁闻名。从赵国等地先后迁徙到这里的冶铁实业家卓氏、程郑等，都以冶铁成巨富，其产品不仅供应巴蜀各地、西南各地，甚至转销到南越等地。该地冶铜也很有名，汉文帝时曾将该地的铜山赐予邓通，邓通把铜山租与卓王孙铸钱，以致"（卓）王孙赀累巨万亿，邓通钱亦尽天下"。另外，该地生产的邛竹杖，远销至今印度、阿富汗等地。成都平原各地，还是秦汉间盐业较集中的地区。据《华阳国志·蜀志》记载：广都（今双流）有由李冰穿凿的、我国最早的盐井，除了政府控制的盐井外，一些私人豪户亦拥有盐井，"县凡有小井十数所"；临邛很早时就开始以天然气煮盐；什邡县也有盐井。这些食盐除了满足该区之需外，还远销西南各偏僻地区。

二、川西高原牧业经济亚区

　　此亚区又可分为两大亚区，即川西北高原亚区和川西南高原亚区。

　　川西北高原亚区指今甘孜藏族自治州、阿坝藏族羌族自治州及雅安市的大部分地区。战国晚期至蜀汉，该地民族主要为"西戎"系统，大体可分为夷、氐、羌三大系。岷江以西的松潘至黑水、绰斯甲、炉霍、甘孜至邓柯一线以北，称为甘孜—阿坝高原，又称川西北高原，属青藏高原的一部分。海拔东北高、西南低，由 4000 米递降至 3500 米左右，切割甚微，地表平旷，岭缓谷宽。东部有著名的松潘草地（若尔盖沼泽）。该区属山地高原气候，年均温约 2℃～8℃，年降水量 600～800 毫米，有的只有 300 毫米，宜牧而不宜农。该区在秦汉时期，便以牧业著名，其所产牦牛、犏牛、马、绵羊等长期运销巴蜀内地。司马迁、班固都认为这是巴蜀"殷富"的原因之一①。

该区牧业与我国西北地区相比，具有一重要特征，即在相当多的地区（如汶山一带）是定居牧业，而非游牧。《后汉书·南蛮西南夷列传》说：汶山有六夷七羌九氐，各有部落，皆依山居住累石为室，高者至十余丈，为邛笼。这就表明当地的夷、氐、羌三大民族都是定居。定居，又适当发展农业为辅助。《后汉书·南蛮西南夷列传》说：该地"土地刚卤，不生谷粟麻菽，唯以麦为资，而宜畜牧"，这种经济一直保留到近代而未大变。另外，狩猎经济也占有一定地位。

该区的西部，即今甘孜州大部，在秦及西汉间与内地无直接的统属关系，在东汉时期始有了较疏松的隶属关系。当然，民间经济、文化交流却始终存在。

川西南地区指今凉山彝族自治州、攀枝花市及雅安市的部分地区和乐山市的部分地区。该区在战国晚期至秦汉时期，主要是夷人分布区，其中影响较大的支系有筰都人、青衣人、邛都人三大族系。秦灭巴蜀后，外来移民不断进入这一地区。大渡河以南的金沙江及雅砻江下游、安宁河、黑水河、西溪河等流域的山川都作南北纵向，东西横向交通被切断，故称横断山，是整个西南地区横断山脉的北翼部分。该区山脊海拔均在 4000～5000 米以上，地表多呈破碎状，地形崎岖起伏大，山高大谷窄深，岭谷高差多在 2000～3000 米以上，是全国地表起伏最大的地区之一。这种特殊的地理条件，适宜部落各占一山，割据一方。川西南和整个西南一样，是民族复杂地区，呈大杂居、小聚居。

该区与川西北有以下几点不同：（1）川西北各族部主要依靠坚固高大的石质邛笼楼房来防御他族的袭击，川西南各族间更多是依靠易守难攻的地形，来防御别族的侵略。（2）该区呈最显著的山地垂直气候。南部金沙江河谷，即使在最冷的 1 月，均温也高于 12℃，终年无冬，不见霜雪，但在 3500 米以上的高

---

① 《史记》卷 116《西南夷列传》、《汉书》卷 95《西南夷传》。

第八章 经济发展及其管理

山则全年无夏。降水在地域上有一定差异，南部金沙江谷地少于700毫米，西部的木里、盐源，东北部甘洛、峨边、美姑，南部的宁南、金阳等地，年降水量在800～900毫米内，其余大部分地区在1100毫米以上，是整个巴蜀地区热量最富的地区。这种气候为农业发展提供了良好条件。但由于该区在秦汉时普遍存在的浓厚的氏族制残余和奴隶制的残酷桎梏，以及各族闭关自守等原因，经济、文化得不到应有的交流和发展，不仅秦汉时期，及至以后的漫长岁月，其农业始终都处于刀耕火种的原始状态中。其农作物主要有荞子、水稻（个别地区）等粮食作物，油菜、大麻等经济作物。秦汉时期，该区的畜牧业与农业同等重要。一般是定居畜牧，主要牧养牦牛、绵羊、马、水牛。该区地处亚热带，森林覆盖面积大，动物、鸟兽资源丰富，狩猎经济在当时占有与农业、畜牧业同等重要的地位。另外，该区植物资源丰富，采集经济在秦汉时也起着辅助作用。反映在考古上，该区以石棺、大石墓及其文化为特征，与盆地内部明显区别。

三、盆地南部农牧园并重亚区

该区指现宜宾市的南部、乐山市的部分及附近地区。该区在战国晚期及秦汉时期，主要是僰人居住区，其中个别地区如南溪为夷人中的青衣部族聚居区。本区地势总的说来是南高北低，但又以长江为中心凹陷。长江之南，地势由南向北倾斜，逐渐降低，深丘、低山为主要地形，海拔在300～1500米范围内；长江之北，地势由北向南倾斜，除个别山地外，多以深丘、浅丘为主，海拔在220～600米内；南部山地海拔多在800～1800米间，相对高度400～1000米。这种地貌为各部落占山割据提供了一定方便。平坝浅丘地区，平均温高达18℃，无霜期达342天；深丘地区年均温也在16℃以上。各地年降水量，普遍在1100～1200毫米之间。这种气候为发展农业创造了条件。秦汉三国时期，该区农业除个别平坝地区外，绝大部分地区都处于刀耕火种阶段。主要农产品有小麦、豆类和水稻等粮食作物，经济作物有甘蔗、茶等。本区有大小河流溪涧数百条（均属长江水系），形成河网；山丘树林中动物鸟禽资源极为丰富，渔猎经济在秦汉时期仍起着重要作用。另一特征是以荔枝为代表的园植业特别发达。《华阳国志·蜀志》说："僰道有荔枝、姜、蒟。""犍为，有荔支、巴菽、桃枝、蒟、给橙。"《元和郡县志》卷31说："僰道县……出荔枝，一树可收一百五十斗。"南溪县，本汉僰道地……多荔枝。"《太平御览》卷197引《郡国志》说："西夷荔枝园……多以荔枝为业，园植万株，收一百五十斛。"这些资料表明，以荔枝为代表的园植业在该区经济中占有特别重要的地位。

秦汉间，由蜀道通滇的"五尺道"便从僰道开始。鉴于该区位于巴、蜀与滇、夜郎等地之中的位置，在经济、文化交流中起着过渡地带的作用，从汉武帝时期开始，在开发西南夷的历程中，又起着前沿阵地的作用，促使其商业发展较快。该区普遍存在的崖墓雕刻和其他文物资料，从不同角度反映了当时的经济发展水平。

四、川中丘陵农业经济亚区

四川中部丘陵区指龙泉山以东、华蓥山以西这一广大丘陵方山地带（也有少许山地），包括今简阳、仁寿、井研、荣县、威远、资中、资阳、乐至、遂宁、射洪、蓬溪、西充、南充、蓬安、岳池、广安、武胜、合川、铜梁、潼南、安岳、大足、荣昌、隆昌、富顺、自贡、内江等市、县境。该区东北部，战国晚期及秦汉主要是巴人板楯蛮部族、廪君部族活动区，西部主要是蜀人活动区，南部个别地区有僰人活动聚集。除个别山地外，丘陵海拔一般不越过500米，相对高度都在200米以下，通常只有30~80米。地表多由较平缓的紫色砂岩与页岩组成。经过漫长岁月，多被侵蚀切割成浑圆状、方册状或垅岗状浅丘，起伏和缓。洼地多为冲沟，是水稻田的主要分布区。丘坡则可种旱季作物。该区年均温约16℃~18.5℃，冬暖夏凉；年降雨量在1000毫米上下，雨量适中，适宜农作物生长。农作物主要有水稻、小麦、豆类、姜、瓜、茄、葱、芋、藕等。西汉中期，资中人王褒在《僮约》中规定新买奴僮必须"缚落锄园"、"种姜养芋"、"种瓜作瓠"、"别茄披葱"、"焚槎发畴"、"园中拔蒜"、"池中掘荷"、"收芋"、"九月当获"、"十月收豆，麦、窖芋、拾栗、采橘"、"植种桃、李、梨、柿、柘、桑，三丈一树，八尺为行，果类相从，纵横相当"，表现出一副比较发达的农业、园植业生产水平图。

除农业为主外，该区还以渔、猎业为辅助经济。渔业除在江、河、溪中捕捞外，相当一部分来自塘堰的家养鱼。《僮约》中有"结网捕鱼"、"入水捕鱼""垂钓"、"调治马户"等名目。马户，水门也。普遍利用沟、溪，流水养鱼。动物、飞禽资源十分丰富。秦汉时期，这里还常有猛虎出没。《山海经·中次九经》："岷山之首，曰女儿之山……洛水出焉，东注于江，其中多雄黄，其兽多虎豹。"洛水，即今沱江，流经成都平原和本区。这一区域的板楯人，秦时以打虎著称。在合川发现的相传为濮王墓的东汉墓雕刻中，也画有张弓射虎的形象。《僮约》中有"削治鹿卢"、"作篱黏雀张鸟"、"徼雁弹凫"、"登山射鹿"等句，表明西汉时狩猎仍为活动在这一区域的人们的经济生活之一。

五、川东北、川东渔猎农并重亚区

川东北、川东地区主要指今广元（嘉陵江以东）、旺苍、苍溪、阆中、梓潼、南江、巴中、通江、万源、白沙、宣汉、平昌、开江、开县、城口、巫溪、云阳、万州、奉节、巫山、忠县、丰都、涪陵、南川、綦江、武陵、石柱、黔江、彭水、酉阳、秀山等市、县、区。在秦汉三国时期，该区主要是巴人分布区，北部主要是板楯蛮，东北部、东部主要是廪君蛮，东南部主要是五溪蛮。

该区主要是山区。北部是四川盆地的北缘山地，主要有米仓山和大巴山。米仓山山脊（个别山峰例外）海拔约1500～2500米，河谷深切；东部是四川盆地的东缘山地，主要是巫山，海拔约1000～2000米，深谷峻岭。该区地域辽阔，气候差别极大；即使同一地区，因高低悬殊，气候差异十分突出，俗说"坝下打谷，山上薅秧；坡脚摇扇，山上烤火"。该区降雨量一般在1000毫米以上。该区坝区、谷地仍能种植水稻等，浅山地带多种杂粮。广大山区长期处于刀耕火种（所谓"畬田"）、广种薄收的阶段。秦昭王复板楯蛮"顷田不租"，不仅反映出他们也从事农业生产，同时还说明他们的农业生产技术水平比较低下。

该区山高林深，动物资源十分丰富。廪君部族以虎为图腾，板楯族以打虎为业，都从不同的角度表现了他们的狩猎生活。该区江河极多，千支百脉，皆为长江水系。北部主要有嘉陵江及其支流东河、西河、南江、通江、州河及它们汇集的巴河、渠河，东南部主要有乌江，它们从不同的方向汇入滔滔长江。众多的江河，为发展渔业经济创造了条件。这一地区主要是从江河中打渔，没有或很少人工养鱼。从大溪文化、屈家岭文化在江边的遗址来看，从氏族社会起，居住在这一地区江河边的人们主要以渔猎为生活来源，农业只占次要地位。相传杜宇（春秋时期）教蜀民务农，巴亦化其教，农业方兴。当然这只是传说，实际上在此之前巴人已懂得一些农业，但该传说至少表明在杜宇前巴地的农业是很原始的。进入战国后，农业逐渐发展，在生活中所占比例才逐渐加大，但宏观地看，这一区域其农业在整个战国秦汉时期并没有达到超过渔猎业位置的程度。

以上的经济分区只是初步尝试，分区的标准主要参考地理条件、环境对经济生活及其他方面重要的作用。这种作用，在愈落后的社会中就愈明显。对于秦汉时期巴蜀的土著民族来说，地理条件、环境的作用，对他们的经济生活乃是至关重要的。川西北、西南等地易守难攻的山寨，在一定程度上决定了他们各据一山的生活，主要是由于这个因素，他们才不可能像西北民族那样游牧，只是定居放牧。这就限制他们畜牧业的规模，不得不发展其他经济作为补充——哪怕是由西北南下的氐、羌部落也不得不改变原来的游牧生活方式，转为定居或半定居牧业。川西南所以不像川西北那样盛行坚固的邛笼（往往一个山寨中只有一两幢），则主要是由于川西南更加险峻的地形，本身具有防御作用。但应看到，随着历史进步，地理条件、环境对巴蜀民族经济生活的作用日益减少。

以上五个经济区分界线并不很严格。一般来说都有一个过渡地带。每一经济区内的经济生活也是复杂的，不会单一。如川中丘陵农耕区，在这一区内也有不少山地，在个别地区也就呈现出山地经济特征。

第二节 主要交通路线及其建设

秦汉三国时期，是古代巴蜀地区水、陆交通大发展，并形成基本格局的时期。其特征是，交通路线由先秦时期的自然形成、民办民管，转为干道官营为主；在陆路交通上，最大的变化是，相当一部分道路，由过去只能供人、畜行走的窄道，转为可通马车的大道。

一、汉代治路活动与治路碑

两汉时期，蜀中较为重视修治道路。官府或征调民力大规模治路，或私人捐款修路建桥，并勒碑石记其事，一时蔚为风气。

今都江堰市紫坪铺岷江岸侧近山崖，过去发现两处汉刻治道碑，历代文献多有记录①。

其一："攻此石省三处阁，直钱万二千，永元六年。"

其二："建平五年六月，郫五官掾范功平、史石、工击、徒要本，长廿五丈，价二万五千。"②

西汉哀帝"建平五年"，即元寿元年（前2）。此道为成都通松潘的古道，虽仅治道25丈，但皆系穿山劈崖，共用费2.5万。2.5万钱，在当时可购置十余亩上等良田，不是小数，故立碑记其事。清代以来不少人因此以为紫坪铺在汉代属郫县。古之治道，有三种情况，即本地官役、外地支持官役、自愿捐款者。后二者皆不限本县外县，不限籍贯、身份，往往立碑以褒奖之。如著名的褒斜道石门一地的治道石刻便有：右扶风丞犍为武阳李季士、褒中典阁主簿王颐、汉中郡道阁县掾马甫、汉中郡北部督邮迥通都匠中郎将王胡等，郡县差别甚大。此碑尚不能说明当时紫坪铺属郫县。

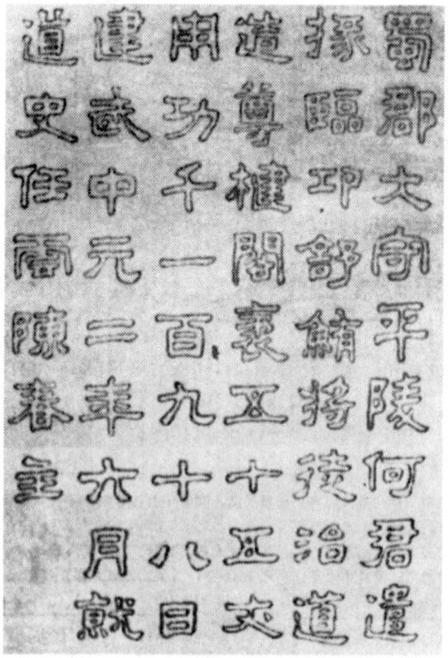

建武中元二年（57），蜀郡太守何某派一掾吏带刑徒治路，勒石记其事："蜀郡太守平陵何君遣掾、临邛舒鲔将徒治道。造尊楗阁，袤五十五丈，用功千一百九十八日，建武中元

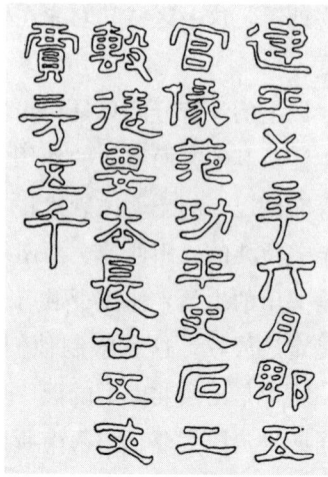

图 8-1 郫五官掾范功平治道碑

图 8-2 《蜀郡太守何君阁道碑》双钩

---

① 《汉隶字源》卷1。又《蜀中广记》卷6；《碑目》云：距紫屏山二里许，道旁有汉石刻三，皆治道记也。其一曰：建平五年，孝哀时刻也；其二曰：永平元年，孝明时刻也，在范公平磨崖之西。《建平郫县碑》：建平五年立，乾道初始出，在永康，过紫屏二里道旁。其石三面高卑凸坳，刻随其势，即蔡迨刻记。所谓"范功平磨崖也"，《复斋碑目》作"建平范功平治道碑"。《隶辨》卷7；《建平郫县碑》：建平五年，字原云在永康，按宋之永康军即今成都府灌县。又云此碑乾道初始出，过永康紫屏二里道旁，其石三面高卑凸坳，刻随其势。

② 图据明陶宗仪编《古刻丛钞》。

二年六月就道。史任云、陈春主。"① 宋洪适曾评道："右《蜀郡太守何君阁道碑》光武中元二年刻此碑，蜀中近出。毗陵胡世将承公好藏金石刻，绍兴己未年（1139）帅蜀，尚未见之。东汉隶书，斯为之首，字法方劲，古意有余，如瞻冠章甫而衣逢掖者，使人起敬不暇。虽败笔成冢，未易窥其藩篱也。蜀人以为尊楗阁碑，栈路通谓之阁道，非楼阁之阁也。卭僰九折坂，盖其地。《华阳国志》云：道至险，有长岭杨母阁之峻，昔杨氏倡造作阁，故名焉。"此"阁道"，有人认为是剑阁道，恐误。《汉隶字源》卷一说：《何君阁道碑》，建武中元二年立，在雅州，《墨宝》云：见于荣经县，以通邛筰之路也。

和帝永元八年（96），犍为郡派郡掾何章治南安云平乡明亭大道。《隶释》卷4说：嘉州夹江县，又有磨崖四百余字，云平乡明亭大道，北与茂阳、西与青衣、越嶲通界，回曲危险。扶风王君为民兴利除害，遣掾何章修治，故书崖以颂之。盖和帝永元八年也。笔札亦拙。又崖石增长，字体失真，无可取者。

永初六年（112），青衣道县尉赵孟鳞主持改修羊窦道一段，新道较旧道宽平，约近20里。《青衣尉赵孟鳞羊窦道碑》记载了此事：

> 羊窦道，旧故南上，高山下，入深谷，危峻回远，百姓患苦。永初六年，青衣尉南安赵孟鳞更易由此道，滨江平泽，无盗贼，差近廿里。骑马担觅水弱得过，除去危难。行人万姓莫不蒙恩，传于无穷乎？维世青衣尉赵君故治所书佐、郡督邮，随牒除到官六日，郡召守蜀铁官长。积四月，治状刃明，徙守成都令，后还归尉官。羊窦故道高危，君更穿崖易道，盗贼征（惩）止，老弱往来无患，时典主通道者，积绥故吏梁邑，捕盗贼王（忘、不也）留，百姓过者，皆蒙恩君，延寿万年。书此盛巨，永元十一月九日造。

宋洪适曾指出："右《青衣尉赵君羊窦道碑》，亦近岁始出于眉州。赵君字孟鳞。以安帝永初六年，穿崖易道，行人去危即安，故刊石以志其事。字画甚拙，非《何君阁道碑》之比。"②

---

① 《隶释》卷4。
② 《隶释》卷4。

第八章 经济发展及其管理

建和二年（148），广汉县长王某派掾治道 900 余日，将一小路改为通车马的大道等①。延熹年间（158～166）蜀郡属国辛通达、李仲曾建桥，立碑记其事②。

总的说来，巴蜀地区因其地理环境复杂，交通较为困难，官府和民间皆把治路建桥作为大事。古金石文献中保留下的零星资料，虽不能反映其全貌，但也为我们提供了一些线索。

二、嘉陵道（周道、故道、陈仓道）

嘉陵道又名周道、故道、陈仓道，是联系关中与汉中，进而联系巴蜀的最早古道之一。《通典》卷 175 说：从兴元府（汉中）去长安，驿路（即板道）1233 里。这是由汉中去长安绕道最远，但又最平的一条路线。其途径如下：（北）宝鸡—大散关—黄牛铺—北星—红花铺—白石铺—双石铺—白水江—略阳—阳平关（南）。嘉陵道主要利用了两条走向不同、但又互相连接的河谷：嘉陵江穿过秦岭西缘，其北大散岭北面，有渭河支流杆水（今名塔河）与之相对应。在这两条河谷之间，即在大散岭上，有一重要关口——大散关，控制着这条交通枢纽。嘉陵道北段早期叫周道。西周早期，周人的政治、经济中心在周原一带，巴蜀与周的联系，多利用此道。由周而秦，统治中心逐渐东移，褒斜道日益重要起来。高祖刘邦采用韩信之计，从故道出击三秦，便取嘉陵道。汉代嘉陵道上修有栈道。建安二十年（215），曹操自陈仓出散关，经河池、阳平破南郑，仍取嘉陵道。建安二十四年（219），张飞等屯兵下辨，与曹洪战。建兴六年（228）诸葛亮首出祁山，建兴九年（231）诸葛亮再围祁山，亦皆取道嘉陵道及其支线陇西道。此道为后世沿用。

---

① 《隶释》卷 4《广汉长王君治石路碑》：表——惟右部官国之珍宝，冲路危险，侠石磐岩（阙），道人马（阙）行，为民隆害，历世弥久，靡有留心，长广汉王君，建和二年冬任掾杨（阙）攻治破坏，又从涂口繇平（阙三字），并间道至别盐得去危就安，功夫九百余日成？就通达，永传亿岁无穷记。弟子杨子钦奉为佗完（阙）远（阙六字）造。洪适评说：右广汉长王君治石路，碑以一表字题其上。《沟洫志》：武帝穿漕渠，令齐人水工徐伯表，注谓：巡行而表记之，与此盖同意。王君攻治崖路危险，去民隆害，标表其事，文不满百，在今汉州威宗。建和二年，杨子钦所作。

② 《隶释》卷 15《蜀郡属国辛通达、李仲曾造桥碑》。

三、褒斜道

沟通关中与巴蜀的主要交通路线之一，又名斜谷道，或写成褒余道、余谷道、石门道。长约 235 公里。途径方位如下：

（南）汉中褒城褒谷—武兴驿—悬泉驿—江口镇—咀头镇—眉县斜谷。

关中、巴蜀之间横阻着巍巍秦岭山脉，为尽量减少山脊的阻挠，几乎都利用了自然河床。褒斜道主要利用了褒水、斜水这两条南北水源相对应的河道河床为道。褒水位于秦岭南坡，属汉江水系；斜水位于秦岭北坡，属渭河水系。二水以古衙岭山为分水岭，二水河谷绕开了秦岭主峰太白山（汉称太山，位于今郿县南方，海拔 3767 米），上游唯阻隔于一匹南北纵横的凹形山梁，不甚高，易于翻越。

关于褒斜道的始筑时间，尚有歧见。当经历了民间踏踩成路、民间维修、政府维修、拓宽的过程。战国中期，秦蜀争锋，最后秦人夺汉中、入巴蜀，皆主要取道褒斜。这一阶段，秦、蜀二国都曾出动人力维修过道路。秦昭王之时，"栈道千里，通入蜀汉"，曾大规模改造褒斜道，主要是开凿栈道。以前此道上主要是由人力、牲畜驮载货物，不能通车，现在加宽路面和开凿栈道后，始能通行马车。

公元前 206 年，刘邦进汉中时，同时取道褒斜、子午。为了麻痹项羽，刘邦烧断了褒斜栈道。以后在相当长一段时间内，褒斜道不能通车，但人、畜仍可行；车道改行故道。故道绕行太远，多 400 里。其后有人上书欲通褒斜道及漕运。朝廷拜御史大夫张汤儿子张卯为汉中郡守，发数万人作褒斜道 500 余里。武帝还欲利用褒、斜之水转漕运粮（中间用车转运），但因水流过于湍急，不能通漕。

公孙述据益州时，曾拆毁斜谷栈道。《华阳国志》卷五说，"又遣臧宫从斜谷道入"。表明汉军在进军的同时又修复了道路。

明帝永平四年（61），又凿通石门隧道，永平六年（63）又再次大修。《开褒斜道碑》记载：永平六年，汉中郡以诏书受广汉、蜀郡、巴郡徒二千六百九十人，开通褒斜道……始作桥格（阁）六百二十三间，大桥五，为道二百五十八里，邮、亭、驿置、徒司空、褒中县官寺并六十四所。凡用工七十六万六千八百余人，瓦三十六万九千八百四十，器用钱百四十九万九千四百余斛粟。九

第八章 经济发展及其管理

年四月成就。益州东去京师,去就安稳。东汉时期,还经常对褒斜道进行小规模的维修。主要有:延光四年(125)十一月己亥,诏益州刺史罢子午道,通褒斜道。这次显然对褒斜道进行过一番维修;建和二年(148),汉中太守王升率民分置六部道桥,造作石基;永寿年间(155~158),右扶风丞李寿多次维修褒斜阁道。初平二年(191),刘焉又上书说:米贼(指五斗米教)断道,不得复通。可见此时张鲁夺汉中后,又断绝此道。

诸葛亮首出祁山时(228),赵云、邓芝所率偏师屯箕谷,被魏军击败,退烧赤崖以北之栈道约百里。两年后,魏军四路攻蜀,其中一路取道褒斜,因遇阴雨,退。建兴十二年(234),诸葛亮率军自斜谷拔武功,营五丈原。诸葛亮死后,魏延烧毁栈道,欲断杨仪退路。魏景元四年(263),魏军伐蜀,钟会率一军出斜谷,会汉中。

四、子午道

沟通汉中与关中的山道之一,在地理条件上主要是利用了洵水、子午河谷为道。《舆地纪胜》卷183说子午道全长1040里。当时的途径为:

(北)子午镇—(沿洵河)—(沿池河道而南)—池河—石泉—饶风—洋县—南郑(南)。

汉《杨君孟文石门颂》说:高祖这次入汉中,同时走褒斜、子午二道。《汉书·王莽传》:王莽以皇后有子孙瑞,通子午道;从杜陵直绝南山,经汉中。王莽扩修此道的动机似乎有些荒谬,其真正原因在于,与褒斜道相比,子午道的优点在于它的北口距长安很近,往来方便。王莽垮台,祸及道路,子午道又由官道变为无人管理的民道。元初二年(115),先零羌阻断陇道,寇三辅,入益州,据汉中,嘉陵、褒斜道受阻10余年,政府只好启用子午道,它又成为官道。到延光四年(125),先零羌乱被平定,朝廷即下令不再以子午道为官道。蜀建兴五年(227),诸葛亮首次北伐,大将魏延建议给他5000骑兵出子午道而直取长安,诸葛亮未采纳此计。太和四年(230)八月,魏军伐蜀,数道并出,魏大司马曹真率军出子午道,时遇阴雨,甚是险阻,于九月撤军。魏元帝景元四年(263)再次伐蜀,数道并进,其中亦有子午道。

五、傥骆道

沟通关中与汉中，进而与蜀的大道之一。其道路所经如下：（北）咸阳—兴平—周至—骆谷—厚畛子—佛坪—青隆岭—华阳—洋县—城固—南郑（南）。傥骆道也是利用了傥、骆两条互相对应的河谷为道。

此道见于记载较晚，始见于蜀汉时期。据《通典》卷175，从汉中府去长安，取骆谷路652里，比斜谷道还要近280余里，这也是它能够在蜀汉时兴起，并在以后愈来愈重要的原因之一。《唐书·地理志四》说："有骆谷路，南口曰傥谷，北口曰骆谷。"《升庵集》卷78《四道三谷》：何仲黙《三秦志》曰：自秦入蜀有三谷四道。三谷者：其西南曰褒谷，南曰骆谷，从洋入东南曰斜谷，从郿入，其所从皆殊。《旧志》谓"首尾一谷"，非是。其栈道有四：从成和、阶文出者为沓中阴平道，邓艾伐蜀由之；从两当出者，为故道，汉高帝攻陈仓由之；从褒凤出者，为今连云栈道，汉王之南郑由之；从城固洋县出者为斜骆道，武侯屯渭上由之。此四道三谷者，关南之险阨，攻取所从来固矣。

正始五年（244），曹爽出骆谷，费祎进据三岭阻截爽。延熙二十年（256），蜀闻魏大将军诸葛诞据寿春以叛，姜维复率军出骆谷，至芒水。景元四年（263），魏军数道攻蜀，钟会出骆谷[①]。

六、剑阁道（金牛道、石牛道）

由汉中入蜀的最大动脉。有三条道路皆可至葭萌：从南郑取金牛道、石牛道经沔阳—神宣驿—白水关—葭萌，另外，从故道，或从刚氏道也可至葭萌。至葭萌后，沿嘉陵江至阆中—南部—盐亭—三台。从三台至绵阳。另外，从汉阳场—剑阁—梓潼后，也可至绵阳。然后经广汉至成都。

公元前316年，秦人在夺得西部汉中后，进军攻蜀，经葭萌而南，直取成都，即取此道。相传秦在进攻前，曾用"金牛"开路，故后人又把由勉县至葭萌这一段称为石牛道或金牛道。秦灭蜀后，司马错、甘茂、张若等又多次带兵入蜀平叛，当经沔阳—葭萌—成都一线。公孙述据蜀之初，即命将军侯丹开白

---

① 见《资治通鉴》卷74、78，《三国志》卷33《蜀书·后主传》。

水关，北守南郑①，也是在剑阁道旁。建武二年（26），公孙述军数万出陈仓，徇三辅，即经葭萌至陈仓。建安十七年（212），刘备攻刘璋，径至白水关中，以诸将妻子为人质，又引兵还攻涪（绵阳），攻雒（广汉），攻成都，皆在剑阁道上。

七、阴平道（左担道）

沟通古代陇、蜀的要道。系古代由四川盆地北出，唯一一条与秦岭无关的道路。途径如下：

由武都和佃氐道皆可至阴平道。沿白龙江至碧口后，有两条路：一条为景谷道，沿青川河谷，至刚氐道（平武），至江油（南坝）；另一条从碧口至青川摩天岭（青岩关），至汉德阳亭，至马阁山，再至江油南坝。

历史上，由陇入蜀多取阴平道。据《三国志》卷28《魏书·邓艾传》，阴平道从文县至南坝一段有"七百余里"（今400余里）。阴平道比较险要，但又有正路和间道之分，

图8-3 现在的剑门关

图8-4 现存古金牛道一段

正路相对好走一些，间道更险。《秦本纪》说：秦昭王二十七年（前280），司马错发陇西，因蜀攻楚黔中。此次进军路线，当是取阴平道。东汉初年，刘秀欲使隗嚣从陇西天水攻蜀，隗嚣以"白水险阻，栈阁绝败"为理由回书拒绝，也指阴平道。这表明当时这条路上还曾修建栈阁。后来隗嚣一度臣属于公孙述，

---

① 《后汉书》卷13《公孙述传》。

陇、蜀往来密切，阴平道得到了维修，并一度成为蜀与外面联系的重要路线。建武十一年（35），刘秀在灭掉隗嚣后，又命大军从河池、下辨攻蜀，也是取阴平道。

魏景元四年（263），邓艾伐蜀，"自阴平由景谷道旁入"，未走景谷道，选择了旁边更为险陡的摩天岭（青塘岭）青岩关一线："由邪径经汉德阳亭"。汉德阳亭即今江油东北的雁门坝，又避开了平武正道，选择了邪路小径。从平武至江油亦有正道，但邓艾又选择了马阁山一线。《太平寰宇记》卷84说：马阁山在阴平县（今江油马角坝）北60里；昔邓艾伐蜀，从景谷路至龙州江油县，至此悬崖绝壁，乃束马悬车，作栈阁，方得路通，因名马阁山。

阴平道也是沟通甸氐道、刚氐道等与广汉郡的要道。武帝时设置此二道后，派入了大量官吏、军队和工商业者，至蜀汉其开发趋势不减。

八、米仓道

沟通汉中与川东北一条较近的山道。该道在米仓山两坡，分别选择了巴江与汉江支流的两条河谷为道。途径如下：

南郑—（沿濂江谷而南）—南江—沙河子—马掌铺—巴中。

当时巴土物资外出，主要取长江水路。在政治方面的联系，主要是通过成都、雒等城邑受朝廷的领导，故此道的发展一直不大。此道地形险恶，也限制了其发展。《玉堂闲说》说米仓道路深谷峭岩，扪萝摸石，行人止宿则缠蔓系腰，萦树而寝，不然则坠于深渊；又说此道危峰峻壑，猿径鸟道，路眠野宿，杜绝人烟，鸢鸟成群，食啖行旅。

建安二十年（215），曹操取汉中，张鲁逃巴西，刘备派黄权迎战张鲁，张鲁降曹，皆取此道。后来曹操又令夏侯渊、张郃屯汉中，数侵巴界，张郃进攻宕渠（渠县），被张飞挫败于瓦口，遁回汉中，亦皆取此道。

九、牦牛道（青衣道、南路、会同路）

成都南出的要道之一，成都至越嶲段，也是"南方丝绸之路"的一段。其途径如下：

成都—临邛—青衣（名山）—（雅安）—严道（荥经）大相岭—牦牛（汉源）—（越大渡河）—笮秦（冕宁）—台登—沿孙水（安宁河）谷—越嶲（西

昌）—会无（会理）—堂狼—（昆明）；

沿孙水—（渡口）—三缝—青蛉（大姚）—弄栋—（下关）。

秦入巴蜀后，丹、犁等蜀土著民族南徙（如蚕丛氏部分后裔的南徙，开明氏安阳王的南徙），多是沿旄牛道而南。秦时在今云南、贵州和川南地区"颇置吏焉"，此道系其主要通道之一。

武帝开发西南夷，此道又有较大发展。司马相如曾通零关道，桥孙水，以通邛都。当时曾调巴蜀军队筑"西夷道"，此为其中之一。当时，沿途还设置了许多亭驿。

东汉中后期，旄牛人多次起义、反叛。如元初五年（118）七月的叛乱、延光二年（123）的叛乱，攻县城，杀长吏，同时也断绝了此道的交通。道路改经安上（今四川屏山），既险且远。到蜀汉时，此道复得开通。

十、越嶲道（中路）

联系四川盆地与川南、与滇的三条要道之一。其途径如下：

成都—武阳（彭山）—南安（乐山）—（犍为）—安上（屏山）—马边—大凉山—（昭觉）—越嶲。

武帝开发西南夷，始官修此道，沿途设置邮亭。东汉中期，旄牛道阻绝后，此道更为重要。诸葛亮南征和李恢军都先后由越嶲道进军。

《蜀中广记》卷11"夹江"说：《碑目》云：汉和帝时开道碑，在夹江县西青衣、越嶲道界中，有永和七年、永和八年等字。清倪涛撰《六艺之一录》卷170《汉和帝时开道碑》：在夹江县西，蜀郡青衣、越嶲道界中，有永和七年、永和八年等字。说明东汉曾多次官修此道。

十一、僰道（五尺道、北路、牂柯道）

僰道为联系巴蜀与滇、黔的要道之一。途径如下：

从成都至僰道，可取岷江水路，顺水而下，不劳车马力，经南安抵僰道。古代南出多取此道。另外也可取陆道，走资中、汉安一线，由僰道来成都，多取此道。

僰道（经安边）—渡金沙江—沿横江河谷—（庆符）—取五尺道、石门—南广。南广以下有二途：南广—豆沙关—大关—鲁甸—味县—谷昌（昆明）；南广—平夷—汉阳—取牂柯水至牂柯道—取夜郎道至夜郎。

秦王朝曾命常頞"略通五尺道,诸此国颇置吏焉"①。秦五尺当今三尺左右。所谓"五尺",只是一种粗略的说法,形容路窄,可人行、牲口行走罢了,多数路段不能通车。

图8-5 汉代灵关道

秦亡,这条路线又由官道变民道。

汉武帝开发西南夷,此道复通行,又"发巴蜀卒治道,自僰道指牂柯江","通夜郎道,为置吏",把由僰道至夜郎的民道改建为官道,并设亭置吏对道路加以管理。当时,此道的改建工作颇经反复。汉武帝初,曾责成蜀郡负责此道的维修疏通,蜀郡把这个任务交给僰道;由于民族纠纷极复杂,结果"费功无成"。建元六年(前135),朝廷派唐蒙出使西南夷,以"道不通"为由斩杀了僰道令。继续维修的工作也十分艰巨,"士卒多物故,费以巨万计"。在巴蜀地区,甚至在全国都引起了不安。直到元光六年(前129),"南夷始置邮亭",筑路工作初步完成。但在维修西南夷道时,士兵死亡甚多,民族数反,武帝派公孙弘前往考察后,深感得不偿失。为了专力对付匈奴,武帝又撤回僰道以南的"吏",不久又"平南夷为牂柯郡",此道复通。

西汉末年,公孙述割据巴蜀,牂柯郡"保郡为汉",益州郡"固守拒险",僰道再次阻绝。诸葛亮南征,马忠军亦取牂柯道。

由川东入夜郎,还有一条捷径:江州(今重庆)—符县符关(今合江)—(沿赤水河谷)—(桐梓)—(遵义)—牂柯。但赤水河谷一段险塞,易为土著控制,一般少取此道。见于记载的有唐蒙入关见夜郎侯多同②。

---

① 《史记》卷116《西南夷列传》。
② 《汉书》卷95《西南夷传》。

第八章 经济发展及其管理

十二、"南方丝绸之路"

此为现名,指相对于北方经西域的丝绸之路而言。或称其为川滇缅印古道。它是通过我国西南的四川、云南来连接缅甸、印度等国的一条国际交通路线。其途径如下:

成都—沿僰道—滇池地区—大理;

成都—沿旄牛道、沿越嶲道—邛都(西昌)—大理;

大理—不韦(保山)—(腾冲高黎贡山诸葛亮城);

下面有南北二路:

南路:龙陵—瑞丽—缅甸掸邦—太公城—卑谬(骠国古都)—曼尼普尔—(沿布拉马普特拉河谷)—印度平原;

北路:缅甸密支那—孟拱—(越那加山脉)—印度阿萨姆东北部—(沿布拉马普特拉河中下游)—印度平原。

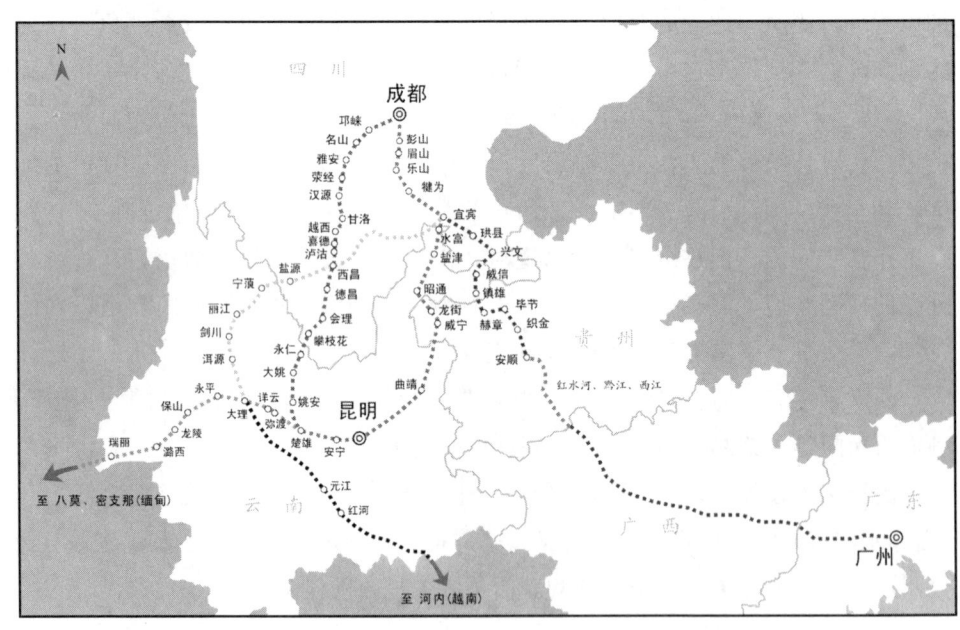

图 8-6 南方丝绸之路示意图

印度孔雀王朝(前 321~约前 187)第一代王的大臣考底利耶著的《政事论》中,已有"支那帕塔(Cinapatta)"之记载,意为"支那的成捆的丝";另外还有一句话："Kause'yam, Cinapatt－a'scaCinaphumijah",意为"桥奢耶和产生在支那的成捆的丝"。支那,指秦国,即秦入主巴蜀后,输出的巴蜀之丝。"桥奢耶"也指丝,或是蜀地丝织品的译名。

在秦统治巴蜀时,蜀郡丝绸原料和丝织品曾外输印度。至西汉早、中期,这种交流仍在进行。张骞出使大夏(阿富汗)回来,说他在大夏时曾见过蜀布、邛竹杖,便问所从何来,曰:从东南身毒国,可数千里,得蜀贾人市。或闻邛西可二千里有身毒国。此路一直是民道,民间商人、马帮可以通过一段段的转换,把商品运销国外,政府却很难通达此途。

武帝根据张骞的建议,派出大批使者探路:乃令骞因蜀、犍为发间使,四道并出:出駹、出冉、出徙、出邛僰,皆各行一二千里。其北方闭氐、筰,南方闭嶲、昆明。昆明之属无君长,善寇盗,辄杀略汉使,终莫得通。然闻其西可千里余有乘象国,名曰滇越,而蜀贾奸出物者或至焉,于是汉以求大夏道始通滇国。初,汉欲通西南夷,费多,道不通,罢之。及张骞言可以通大夏,乃复事西南夷。于是天子乃令王然于、柏始昌、吕越人等十余辈间出西南夷,指求身毒国。至滇,滇王当羌乃留为求道。四岁余,皆闭昆明,莫能通。这里的"昆明"和"昆明之属",指当时昆明人活动的地区,相当于现在的滇西和川西南部分地区。值得注意的是,汉武帝所派的探路使者,出駹、出冉(此二族活动于今川西北汶山地区)、出徙(活动于严道地区西部,即今雅安地区西部)、出邛、出僰者皆有。这之中有几路使者是寻求翻越西藏高原的路线。再联系"或闻邛西可二千里有身毒国"的记载,表明当时还存在着一条直接由蜀,翻越西藏高原,进入印度的路线。

东汉时期,这条国际交通线上的活动,颇见于记载,此略。在考古资料方面,大量外来品如某些琉璃品、琥珀、水晶、轲虫(海贝)、翡翠、宝石、钻石、珍珠,在云、贵、川这一时期的墓葬、遗址中都有普遍发现,在一定程度上反映了这条路线上流通货物的种类和性质:主要是高级奢侈品。这是由长途贩运必然追求高利润的特征决定的。三国时期,此道仍通。《华阳国志·南中志》说:永昌郡有闽、濮、鸠獠、僄越、裸濮、身毒之民。僄越是缅甸僄国的移民,身毒则指印度移民,他们多为工商业者。

第八章 经济发展及其管理

十三、长江上游水系水路

长江上游水系水路是沟通巴蜀内部、沟通巴蜀与楚吴联系的主要干线之一。一些支线所起作用，在某些时候甚至超过了干线。如支线岷江水路把成都、成都平原与外界相联系。

秦打下巴蜀不久，李冰守蜀之前，秦相张仪游说楚王时便声称：大船起于汶山，浮江而下，至楚三千余里。一日行三百余里，不至十日而距扞关。秦昭王二十七年（前280），秦命司马错征发陇西兵，"因蜀"攻楚黔中，拔之。其路线是由岷江入长江，再入涪水（今乌江）。后来张若再次伐楚，取楚黔中、巫郡，亦取道岷江、长江。

由蜀地东出，岷江—长江水路几乎是唯一的通道，其重要性不言而喻。李冰守蜀期间，曾多次对这一水路进行维修。《华阳国志·蜀志》说：

青衣有沫水出蒙山下，伏行地中，会江南安，触山胁溷崖，水脉漂疾，破害舟船，历代患之。冰发卒凿平溷崖，通正水道。或曰：冰凿崖时，水神怒，冰乃操刀入水中，与神斗，迄今蒙福。

南安县，郡东四百里，治青衣江会。县溉有名滩，一曰"雷垣"，二曰"盐溉"，李冰所平也。

这里有三项内容：凿平"溷崖"；平掉"雷垣"滩；平掉"盐溉"滩。其共同宗旨都是通正江道。

其第一项工程是凿平溷崖。沫水，古代蜀中至少有五条江河曾名沫水，青衣江与大渡河汇合后，未入岷江一段，古称沫水。山胁，此指山半腰。溷崖即乱崖，一般认为即今凌云寺大佛岩边上的乱石。由于大渡河和岷江两股来自不同方向水势的长年冲击，溷崖前端必然形成若干孤立于江中的石块、石柱、暗礁。来往船只若被两股水力夹击冲撞于这些石礁之上，不免船破人亡。李冰凿溷崖，主要是凿去该山前端的石块、石柱。

其第二项工程是平掉雷垣滩。雷垣在蜀方言中亦可称为离堆。雷垣滩已被"平"掉，具体位置今已不可考。从南安三江汇合的水文条件分析，可能在大渡河入岷江口的下游不远。

第三项工程是平盐溉，即盐滩。滩中有自然源泉涌出。由此可以推论，李冰整治南安江道的时间，当在李冰任蜀守的中、后期，即大约在公元前250年以后。从常璩叙述二滩的顺序和该滩能作为盐溉的情况看，此滩当在雷垣滩的下游不远处。

《华阳国志·蜀志》又说：

> 僰道有故蜀王兵兰，亦有神作大滩江中，其崖崭峻不可决，乃积薪烧之，故其处悬崖有赤白五色。滨江有兵兰——李冰所烧之崖，有五色，赤白，映水玄黄。

李冰在修凿僰道江道时，创造了积薪烧岩之法，对后世影响很大。

涪江水道。涪江水道属嘉陵江水系之一，是沟通秦汉三国时期川东与川北交通联系的重要干线之一。其途径如下：

涪水涪县（绵阳市）—平阳乡（三台）—广汉（射洪）—德阳（今遂宁南）—垫江（合川）。

涪江在垫江汇入嘉陵江，在江州（今重庆）汇入长江干线。东汉灭公孙述，刘备从荆州入蜀，即利用涪水。

嘉陵江水道。沟通古代川东与川北、沟通古代巴郡内部联系的主要水上交通干线之一。嘉陵江古名西汉水、汉水。途径如下：

（杆水）—葭萌—阆中—安汉（今南充市）—垫江—江州。

嘉陵江在垫江（今合川）接纳了涪水、潜水（今渠江）。从垫江至江州一段，又称涪水。

嘉陵江上游与杆水（今名塔河）相对应，二水以大散关为分水岭。杆水是渭河的支流，秦汉时亦可通航。货物从嘉陵江上游上溯，取陆道越过大散关，便可转入杆水，继续水运。汉高祖自汉中出三秦伐楚，萧何发蜀汉米万船，给助军粮，便是取嘉陵江、杆水路。

乌江水道。古名延江，又名涪水，沟通巴郡东南部、沟通枳县（今涪陵）—涪陵（今彭水）—牂柯。司马错率陇西兵，"因蜀"攻楚黔中，亦取道涪水。

第八章 经济发展及其管理

第三节 农、牧、饲养、园植、渔业、狩猎业

秦至蜀汉 500 余年间，作为巴蜀地区整个经济领域基础的农业，有质的飞跃发展：在平原浅丘地区由粗放型向精耕型发展；牧业、饲养业、园植业、渔业，也由于人口的剧增、交通条件的空前改善，为对外交换提供了方便等，从而大大发展起来。相比之下，狩猎业空前衰落了，但仍是一个不可忽视的经济领域。

一、农业

农业是秦至蜀汉时期巴蜀地区最大的社会生产部门。它们不仅养活了巴蜀各族人民，还为全国人民的统一大业作出了重大贡献。秦、西汉皆以巴蜀为战略基地统一天下，巴蜀粮食曾源源不断地输送到前线；西汉早、中期，巴蜀谷物又曾多次赈济全国各地灾荒。

图 8-7 成都出土的东汉画像砖

在巴蜀王国时期，农用土地不存在买卖。秦人蜀后，由于外来移民和外来政策的影响，土地私有及土地价值交换观迅速变化。近年在四川青川县发现的秦武王二年（前309）《为田律》，系专门针对巴蜀地区，并主要针对外来移民的一条法律。

该律规定每一顷田地上（实即每一户人家的田边）要筑"封，高四尺，大称其高。埒，高，下厚二尺"。并要求在每年的"秋八月，修封埒"，培修一次。这里一再强调作为各家土地界标的"封"、"埒"必高大、显眼、牢固，其主题思想是欲在移民中迅速确定土地私有制。这与秦从商鞅时开始实行的"坏井田、开阡陌、民得买卖"是一致的。至迟在李冰治蜀时期，土地私有制已在广大外

来移民居住区（主要是坝区和浅丘地区）牢固树立。正因为广大移民拥有了自己的土地，调动了大家的积极性，成都平原才在短时期内出现了"溉田畴之渠以亿计，然莫足数也"的壮观场面。

秦汉政府皆曾针对巴蜀地区的具体地理、气候等因素，颁布专门的法律，以促进该地农业的发展。上述秦《为田律》，明确规定"以秋八月，修封埒，正疆畔，及芟阡陌之大草，九月大除道及除浍。十月为桥，修坡堤，利津隘。鲜草，虽非除道之时，而有陷败不可行，辄为之"。这些农时月令与《礼记·月令》、《管子·四时》、《吕氏春秋·孟春记》所载月令农事不同。从气候节令看，后三者所载月令只适宜北方（关中、中原等）。而《为田律》的月令只适宜在南方执行。从当时秦统治的版图看，就只有巴蜀及汉中地区。西汉早期的《户律》规定："汉中、巴蜀、广汉，自择伏日。俗说：巴、蜀广汉土地温暑，草木早生晚枯，气异中国，夷狄畜之，故令自择伏日也。"表明汉政府也继承了秦在巴蜀的若干管理制度[①]。

关于秦在巴蜀的赋税、田租制度，目前尚有许多空白点。秦对外来移民实行授田制，据《为田律》等，每户授田 100 亩（一顷）。在出土的云梦秦简中规定"入顷刍、稾，以其授田之数"，"顷入刍三石、稾二石"等。当时外来移民还定期服徭役兵役等。据云梦秦简资料，秦国时是以户为基本单位摊派徭、戍、赋、使，按户计算县的大小，按户赏赐、连坐。为确保赋税徭役制度的顺利执行，秦自商鞅变法起就执行小家庭政策，规定"民有二男以上不分异者，倍其赋"。秦制，除要继承户主的"后子"外，男子成年后，一般是以结婚为标准，到政府部门登记"傅籍"，从父母家里分出来单独成一户，承担一户人的义务，一直到 60 岁时办理"免老"手续，才停止承担徭役[②]。秦对巴蜀民族的赋税制度总趋势是从轻从宽。如对板楯蛮实行"顷田不租，十妻不算"，即每户免去一顷田之租，一个男子虽有十妻仍可免其口算之钱。对活动在巴郡与南郡之间的巴民，又规定"其君长岁出赋二千一十六钱，三岁一出义赋千八百钱。其民户出幏八丈二尺，鸡羽三十"。《汉书·食货志》说秦自商鞅起"田租、口赋、盐

---

① 罗开玉：《秦在巴蜀地区的经济管理制度试析，一说青川秦牍、成亭漆器印文、蜀戈铭文》，《四川师范学院学报》（哲社版）1982 年第 4 期。
② 《秦国傅籍制度考辨——读云梦秦简札记》，《中国历史文献研究集刊》第三集，岳麓书社 1982 年版。

第八章 经济发展及其管理

铁之利,二十倍于古"及始皇"收泰半之赋"的高额田租,似未曾在巴蜀执行。故秦末各地农民起义,而巴蜀独安。

秦始皇三十一年(前216),秦政府在全国统一实行"使黔首自实田",是对土地私有制的法律承认和强力推动。至迟在西汉早期,土地买卖已由早期的在使用者之间的交易,或仅在农村人口间的交易,发展为城市中的富人也积极参与。这是土地买卖的较成熟的阶段。这时,一部分人已把它作为剥削和积累财富的有效手段之一。如卓氏除冶铁铸铜之外,还有"田池射猎之乐",拥有大量土地。史载司马相如从岳丈那里得到"僮百人,钱百万",即返成都"实田宅,为富人"。可见时俗把是否拥有田地,作为衡量城里人是否"富"的标准之一。

西汉建立后,刘邦在全国范围内实行"轻田租,什伍而税一",即按田亩产量相结合的办法,收十五分之一的粮食。从景帝开始,收三十分之一的田租。东汉晚期桓、灵时期,两次增收田亩附加税,每亩收十钱。秦末汉初,逐渐改变了过去的傅籍制度,开始以男子的年龄为标准承担徭役。经过反复探索,从景帝二年(前155)开始"令天下男子年二十始傅"。

清道光年间在巴县发现一方西汉宣帝时期的石刻:"地节二年正月,巴州民杨量买山,值钱千万,作业□,子孙永保其不替。"表明当时巴蜀地区已出现为死者向阴间买地买山的习俗,反映了当时土地买卖的观念已渗透到宗教意识之中。

西汉时期,在通常情况下,"一夫挟五口,治田百亩",为一般自耕农的特征。如扬雄家在武帝时迁至郫县,"有田一廛(百亩),宅一区"。武帝推行抑商政策后,城中富人更把剩余资金投资于土地,加速了土地集中,但有市籍的商人,一度不能买田地。约从西汉中期开始,巴蜀地区开始出现豪族地主,迄东汉中晚期,豪族势力空前膨胀。东汉时期,人口大幅度增加,平均每户种田的数目有所下降,约在

图 8-8 郫县出土东汉残碑之一

30~60亩之间。当时，除少数较贫穷的自耕农外，一般人家都大量使用奴婢从事农业生产。近年在郫县犀浦发现一方东汉《赀产碑》，记载了当时一个"里"的农家的家产如下：

田八亩，质（值）四千。上君迁王岑鞠田……

舍六区，直（值）世四万三千。属叔长……

田卅亩，质六万。下君迁故……五人，直廿万；牛一头，直万五千；田□顷……

五亩买□十五万；康眇楼舍……

王岑田□□，直□□万五千；奴田、婢□、奴多、奴白、奴鼠、并五人……

田顷五十亩，直卅万；何广周田八十亩，质……

五千：奴□、□□、□生、婢小、奴生，并五人，直廿万，牛一头，万五千。

元始田八□□，质八万。故王汶田，顷九十亩，贾卅一万。故杨汉……

奴立、奴□、奴鼠，并五人，直廿万；牛一头，万五千；田二顷六十……

田顷卅亩，□□□万；中亭后缕，贾（价）四万。苏伯翔谒舍，贾十七万。

张王田卅□亩，质三万；奴婢、婢意、婢最、奴宜、婢营、奴调、婢利，并……

该"里"农家中，土地最少者有田8亩，最多者260亩，系自耕农和小地主。其中五户拥有奴婢5~7人。有的虽只有30亩田，但却拥有5名奴婢，显然还把大量劳动力投于副业生产。宋代在四川境内发现的汉熹平四年（175）《郑子真宅舍残碑》和光和元年（179）《金广延母纪产碑》也反映出事主拥有大量土地、钱财、房宅、奴婢、牲畜等。此外，一般农户、地主、豪族还雇佣大量长工、短工。如东汉成都人禽坚依靠鬻力佣赁，积下钱财，从少数民族手中赎回父亲。汉代习俗，私人拥有的土地等财产可以自由租让、赠送。但也可请

• 271 •

第八章 经济发展及其管理

官吏为证或得到官方认可。前者如邓通将临邛矿山租给卓王孙,后者如上引两碑,便是分家分田产时请官吏为证,并刻石立约。

东汉时期,对巴蜀少数民族也征收田租市税,并令其服徭役。如对川北板楯"更赋至重",遇有特殊情况,并报经郡府同意,才可暂免某乡的徭役,如汉灵帝光和四年(181),越嶲郡免除邛都县安斯乡的赋役。

秦至蜀汉 500 余年间,巴蜀农业生产的发展变化主要表现在:铁农具与牛耕的出现并普及;耕地面积的迅速扩大;随着农田水利的普遍推广,在很多地区由刀耕火种转为精耕细作。

从考古资料看,巴蜀内地约在战国中、晚期才开始出现小件铜铁合铸器,战国晚期普及铁斧、铁削等。目前发现的最早的铁镰实物系秦汉之际至西汉早期,一般铁器多系东汉时期。即在巴蜀内地,铁农具主要普及于汉代。在巴蜀的一些边远地区,铁农具的普及时代有可能略早于巴蜀内地。如岷江上游地区,在石棺墓中发现的铁农具有镰、斧等,时代为战国晚期至汉初。在川西南地区,在大石墓中也发现有铁镰等农具,时代在战国晚期至西汉。在普及过程中,由于价值规律(可能当时边地的铁农具较贵,或由于商品交换的需要)及观念上的原因(已习惯使用铜农具的地区,对新出现的铁农具往往接受较慢),某些边地曾略领先于内地。这与古文献载巴蜀内地冶铁商人首先把铁农具运销"椎髻之地"也相符合。从考古发现的实物看,成都平原在战国晚期还流行铜镰。巴蜀地区的牛耕始于何时,目前尚有争议。秦人早在春秋至战国早、中期已推行牛耕,秦灭巴蜀后,牛耕必然迅速传入巴蜀。秦人牛耕主要使用黄牛,巴蜀人在平原、丘陵、一般山地牛耕主要使用水牛,在高原地区和高寒山区也使用黄牛。铁器、牛耕、水利,为普及男耕女织的小农经济提供了可能。秦至西汉,巴蜀内地小农经济逐步取代了家族经济。这就进一步调动了每一个家庭的生产积极性,推动了生产力的发展。

在秦入巴蜀前,巴蜀地区开发的耕地较少。即使在成都城附近,仍有森林覆盖,仍有大面积的沼泽地带。如从考古资料看,战国末期至西汉初年,成都西南郊(今成都西南民族大学及其附近)仍有沼泽湖泊分布;在李冰治二江之前,成都平原中脊(今都江堰市—郫县—成都)地带上仍有沼泽和河滩地。在李冰治绵、洛之前,成都平原北部常受水灾,多有沼泽。由秦入汉、入三国,随着人口增多,江河得到整治,耕地面积不断扩大。即使在成都近郊,不仅在秦、西汉有新开稻田的记录，入东汉后，也有县令冯颢开稻田百顷的记载。由秦入汉，川西平原沃野千里，号为陆海，旱则引水浸润，雨则杜塞水门，水旱从人，不知饥馑，时无荒年，为"天府之国"之中心。据有关资料统计，西汉时全国人口约6000万，垦地达8亿亩，人均耕地13亩左右。终汉之世，巴蜀地区人口约为500万，若以全国平均数计算则有6500万亩耕地，若以稍低一点的人均10亩计算，则有5000万亩耕地。其中，分布在平原、坝区的水稻田，估计约占五分之一。汉晋间，成都平原水稻亩产在30~50斛之间（约390~580公斤），系当时全国最高产量之一[①]。除粮食外，还普遍利用水田养鱼。

成都平原岷江西岸（右岸）地区（包括今都江堰河西、崇州、大邑等），过去是邛、笮等土著民族活动区域，兼营猎、牧、农，农业生产水平长期停留在刀耕火种、广种薄收阶段。自秦"分穿羊磨江"和"导文井江"后，加之铁农具普及，农业发展极快。古籍载江原县"小亭有好稻田"、青城山脉"山上有嘉谷，山下有蹲鸱，即芋也"。山上产谷，即已开有梯田；山下种的芋，虽是旱地作物，也特喜湿润，须经常浇水。史载卓氏迁蜀，主动要求去临邛，原因是"闻汶山之下沃野，下有蹲鸱，至死不饥"。可见这一带的农产品秦时已闻名巴蜀内外[②]。

秦汉三国时期，见于记载的巴蜀地区的农作物有水稻、麦、芋、瓜、瓠、姜、葱、蒜、莲藕等。在考古资料中，有这一时期的水田模型、粮仓模型以及大量有关农业的画像资料。

水稻，西蜀的主要粮食，蜀地为秦汉时期全国最主要的粮仓之一。在出土汉代陶模型中，可清楚地看出当时稻田与水渠、水塘相依托的关系：几乎所有的稻田，都与水渠相连接；约有一半稻田，旁有专门的水塘鱼塘，从而确保了农田用水。通过考古和文献资料，可了解到汉代四川稻作一般要经过以下几个步骤：(1) 修渠整地整田。(2) 冬水泡田。各地出土的稻田模型中多见有鱼，皆可证当时蜀中普遍实行冬水泡田制度。这时田中淹水最深，或可养一季鱼。这时也是全年的农闲时间。人们普遍利用此时大搞农田水利、加工副业。各地出土的汉代执锸俑等，反映了这一时期农夫的形象。(3) 施肥。冬天过后，放

---

① 刘琳：《华阳国志校注》，巴蜀书社1984年版，第260页。
② 罗开玉：《李冰对成都平原岷江西岸地区的治理》，《成都文物》1987年第4期。

水、捕鱼、施肥。在绵阳、峨眉等地发现的陶、石水田模型中，皆堆有肥料。（4）耕地，主要是用水牛耕地翻土。（5）耙地。从汉代陶水田模型看，田中齐平而泥细，曾经过耙地阶段，《僮约》中亦有记载。（6）做秧田，播种育秧。在新津、彭山等地汉墓中出土的陶水田模型上，见有一排排秧窝，整齐有序，表明当时已普遍采用了移栽秧苗技术，即有专门的秧田。（7）插秧。出土陶田模型上一般都有高低不同的排水口。插秧后一般淹水灌浇，这时投放鱼苗。当时已很注意从一田边缺口缓缓进水，从另一田边缓缓放水，既可换水调节水温，又保证了田中养鱼所需养料。（8）中耕除草。在新都画像砖中，曾发现有"薅脚秧"图。在峨眉石水田模型中，还有正在薅秧的农夫形象。《僮约》中称这一道工序为"鉏"（锄）。（9）收获。这时将田中蓄水全部放出，捕鱼，略晒几日，即开镰收获。画像砖上有农夫以镰收获稻谷的形象。其后是以水磨脱谷或舂米等。汉代江州县北有上等稻田，产米进贡于皇帝，称御米；涪县有山原田，汉时为稻田，晋时降为旱地；繁县有泉水稻田，土地肥良，比之郫县；江原县，有好稻田；广都县有渔田之饶，江西有好稻田；绵竹与雒，各出稻稼，亩收30斛，有至50斛者；郪县、广汉县有山原田（梯田）；什邡县有美田[①]。

图8-9 成都出土的东汉豪族庄园内的薅秧场面画像砖

麦，盆地内的重要粮食作物。盆地及丘陵地带一般每年种一季麦。在川西高原，麦系主要粮食作物。如汶山郡"土地刚卤，不宜五谷，惟种麦"。在出土的汉画像砖中，常见以枷脱麦图案。当时普遍流行将麦磨成粉状后再加工食用。

秦至三国，巴平原、低山浅丘地区农田主要施用农家肥，其中以人和牲畜粪便为主。在汉代画像砖、石资料中，有农人正在捡肥、施肥的形象。

---

① 罗开玉：《秦至蜀汉巴蜀地区的农林牧渔副业》，《四川文物》1994年第5期。

巴蜀农村妇女在秦汉时要直接参加农业劳动，如插秧、薅秧、收获等。出土汉代陶俑中，有背儿劳动女俑、背背篼女俑等。这在外地是很少见的。究其原因，它与"天府之国"劳动较为轻松、与该地区流行儿子婚后即分家的习俗、与普遍使用奴婢干农活等都有关联。在现代四川农村，仍可见到此俗的影响。

二、牧业与饲养业

秦至蜀汉，巴蜀地区牧业与饲养业都有较大发展。过去，本地区的牧业主要是满足放牧民族、家族的自身消费，现在它在相当程度上作为对外交换的商品。过去，本地区的饲养业主要是为了满足农业家族的自身消费，现在它除了满足小家庭的消费外，还发展为小农经济副业的主要部分。

秦至蜀汉，巴蜀西部边地主要是以牧业为主。如武都地区（秦及西汉初，隶属于蜀郡或广汉郡）、阴平地区（今甘肃文县、四川九寨沟、青川、平武、江油一带）、汶山地区（今阿坝州）等，皆以产马、牛、羊闻名。据《华阳国志》等古籍载，汉代三国巴蜀内地以产牛马闻名的地区主要有：巴郡垫江、阆中、安汉、南充、宕渠、充国、宣汉、汉昌、广汉属国所属各县道，越嶲郡所属各县。除川西高原外，巴蜀畜牧饲养业的基本特征是以个体家庭为基本单位，其地位是作为农业的辅助，属于副业范畴。

秦至蜀汉，小农经济高度发展，俗以户养两头母猪五只鸡或一头猪四只鸡为小康生活条件之一。当时巴蜀养猪地域差别明显，大体说是限于盆地之内，在整个川西高原基本不养猪。有关这一时期的考古资料陶猪、猪骨，仅见于盆地之内。平原地区流行圈养，出土陶猪，多属肥型，腰身粗硕、嘴筒略短、四脚粗壮，具有早熟、易肥、发育快、肉质好等优点。肥型猪陶俑多出于城郊墓地，它似暗示出西蜀的圈养猪，首先是由城市中的养猪者发展起来的。在丘陵地区，则流行野外放猪，故《僮

图 8-10　汉代出土的陶猪

第八章 经济发展及其管理

约》有"持梢牧猪"之说，在这些地区出土的陶猪多为瘦型猪。从大量出土陶猪分析，当时还普遍采用了阉割术。值得一提的是，四川现代猪的几个品种，至少在东汉时已初步成熟。如新都、双流、彰明、金堂、西昌等地东汉崖墓出土的陶猪俑，头短体粗，颜凹耳略垂，正是现代黑猪类型的逼真形象。现代成华猪、内江猪、荣昌猪、凉山黑猪、小种猪等，皆不难在当地汉墓出土陶猪中，看到其祖先的形象及血缘线索。

秦至蜀汉间，马是巴蜀地区主要的陆上交通工具，又是"兵甲之本，国之大用"，受到政府和民间的共同重视。当时巴蜀养马业在地域上大致可分为牧区、半农半牧区和农区三种类型。牧区牧民往往一户人家放牧上百匹马，在饲养方法上全是野外放牧。秦末汉初，关中、中原长期战乱，马匹严重匮乏。川西高原牧区之马，通过各种途径，被大量购买、交换、抽调外出，当时称为"筰马"。筰马的特长是行山路和驮运。在半农半牧区，即在高山峡谷区，养马规模一般较小，一户人家只养数匹，其饲养方法除野外放牧外，也在室内加草料喂养；这一区域的马多用于坐骑、驮运。在农区即巴蜀内地，马被广泛地用于拉车、驮运等。其饲养方法野外放养与室内草料喂养同等重要。《僮约》要求奴僮"夜半益刍"，表明当时也普遍让马食夜草。近年在青白江、绵阳、新都、新津等地汉墓中出土大量高大的陶、铜马俑，为研究当时的内地马种提供了形象资料。在成都曾家包东汉墓画像石刻中，画一马厩内系一猴，意在以此避马瘟疫。此防马病法被以后的《齐民要术》推广。当时内地一般农家、手工业者很少养马，偶有养者，亦是根据拉车等实际需要养少数几匹；豪族地主、大姓、富商则普遍养马，其马不仅具有实际使用价值，也是其身份等级的重要标志之一，其马匹高大肥壮，被装饰得异常华丽，这在汉代墓葬及画像砖中多有发现。东汉安帝永初六年（112），在巴蜀边地民族频繁起事的背景下，朝廷仍决定在越嶲郡设置长利、高望、始昌三苑，在犍为郡设置汉平苑，大量养马。蜀中养马业一度在全国占有较重要的地位。在画像砖中，马是最常见的图像。值得一提的是，现代川马的品类，与秦汉巴蜀马关系极密切，其分布地域亦相近。另外，从汉墓中出土的陶俑资料观察，在东汉时期，驴已传入巴蜀。

秦至蜀汉间，巴蜀地区的养牛业较为发达，主要是民间自养。从秦汉遗址中出土牛骨等资料分析，平原地区以水牛为主，多数农家皆养有一两头，主要用于农耕，也可用于短途运输。当时视牛为农耕之本，受到政府、民间的高度重视。在犀浦发现的东汉簿书残碑上，载当时农户普遍拥有水牛，水牛一头价值1.5万钱，而奴婢一人仅值4万钱。丘陵及浅山地带，以黄牛为主，亦用于农耕、拉车、驮运等。川西高原盛产牦牛、犏牛，当时曾大量转销内地，外销关中等。牦牛、犏牛的奶、毛，为地方名产。从有关出土资料看，当时对牛普遍采用了阉割技术。现四川牛的几个主要类型、品种，在秦汉时期皆已形成并发展成熟，甚至其分布地区与现在仍无大的差别。

秦至三国，巴蜀地区主要是民间养羊。平原、浅丘以山羊为多，高原以绵羊为多。四川现代羊的各主要品种，在汉时大体已形成。主要采取野外放羊。羊被时人视为吉祥物，其图案等普遍见于当时的画像雕刻。

秦至蜀汉间，猪马牛羊的皮、筋还被普遍利用为工、农、交通等部门的器械，被广泛利用在人民的日常生活中，制革业相当发达。如犁田耕地的套索边绳、马车牛车船舫的各种绳索、作坊中的粗大吊索拉绳、官吏百姓的皮带鞋帽等，多用皮筋制成。

秦至蜀汉间，巴蜀民间的小家禽动物饲养也极发达。从画像砖和出土陶俑资料看，当时主要有犬、鸡、鸭、鹅、兔等。犬在川西高原和盆地中皆普遍饲养，唯原上为长毛狗；被广泛用于看家守院、放牧狩猎。鸡在高原上也有少量饲养，个小毛长；在盆地者较为肥硕。普遍利用雄鸡报时。其品种与现代鸡无大的差别。当时已普遍阉割公鸡为肉鸡。鸭鹅兔主要在盆地内饲养，一般规模较小。当时已普遍剥取鸭毛、鹅毛制作羽扇、绒被制服等。

三、园植业

秦至蜀汉时期，由于城市人口的剧增，商业渠道的疏通，交通运输等客观条件的改善，促进了以果树为主要内容的巴蜀园植业大发展。大量巴蜀水果外运，产生了一大批园植专业户。此外，广大农户也把园植作为副业，利用屋周地头田边加以发展。

扬雄《蜀都赋》说蜀地："尔乃其裸，罗诸圃□，绿畛黄甘，诸柘柿桃，杏李枇杷，杜榶栗榛，棠梨（梨）离支，杂以樾橙，被以樱梅，树以木兰。"左思《蜀都赋》说蜀地："于是乎邛竹缘岭，菌桂临崖，旁挺龙目，侧生荔枝，布绿叶之萋萋，结朱实之离离，迎隆冬而不凋，常晔晔以猗猗。""户有橘柚之园，其园则有林檎枇杷，橙柿樗樗，樕桃函列，梅李罗生。百果甲宅，异色同荣，朱樱春熟，素奈夏成。"这些都较生动、准确地反映了当时巴蜀地区的果树种类和园植业的发展状况。其中较重要的水果及其产地有：柑橘，巴郡峡江地区以盛产柑橘闻名。西汉在朐忍（今万州、云阳）、鱼复（今奉节）设有橘官；东汉又在江州增设柑橘官。南安产黄甘橘，东汉时设有橘官；《蜀都赋》称其"户有橘柚之园"，刘逵注："犍为南安出黄甘橘"。枣，广汉郡郪县（今中江、三台、射洪），以产枣闻名。给客橙，主要产于川东巴地和川南部分地区，今称卢橘、金橘或四季柑。《史记·司马相如列传·集解》引郭璞说：今蜀中有给客橙，似橘而非，若柚而芳香，冬夏华实相继，或如弹丸、或如拳，通岁食之，即卢橘也。《史记·货殖列传》说"蜀、汉、江陵千树桔"等，"其人皆与千户侯等"。荔枝，据载，江州有荔枝园，成熟季节，二千石常在园中设厨膳，召集士大夫等在园中聚会食荔。川南僰人多植荔枝，一些农家还以种植荔枝为业，一家人的荔枝园可植物万株，一树可收果 150 斗左右。

秦汉三国时期，巴蜀农户在屋边田边种植果树，已极普遍。《僮约》要求家奴种植"桃李梨柿柘桑，三丈一树，八尺为行，果类相从，纵横相当"。表明当时种果树时有一定技术要求。

四、渔业

秦汉三国时期巴蜀渔业产生质的飞跃。过去，渔业只是单纯地捕捞，这一阶段开始了人工饲养。过去，它通常只是为自身消耗，这一阶段它在很大程度上发展为一种商品。

《汉书·地理志》说：巴、蜀、广汉"民食鱼稻"。鱼与稻一样，是当时人们最平常的食品。东汉后期巴郡太守但望上疏朝廷，要求将巴郡分为两郡时，专门谈到两郡的"鱼池……足相供给"[1]，亦可见鱼是人们的基本食物。当时，巴蜀渔业以从江河中自然捕捞为主，人工养鱼为辅。整个巴蜀地区，还有相当可观的专业渔民队伍。东汉时期，仅巴郡的某一个码头，便有"结舫水居五百余家"[2]，主要为渔民。广大农户等则把养鱼、捕鱼作为副业。在成都城内西部战国晚期至汉初的遗址中，曾发现大量草鱼、鲤鱼、乌龟、黄鳞、闭壳龟、鳖

---

[1] 《华阳国志·巴志》。
[2] 《华阳国志·巴志》。

等骨殖，反映出当时成都人食鱼的品种繁多。从汉代画像石、砖提供的资料看，当时的打渔方式主要有垂钓、撒网、鸟捕、网罩等，西蜀渔舟轻薄如叶。《僮约》规定奴僮必须"结网捕鱼"、"入水捕龟"，表明这是当时常见的劳动方式之一。

图8-11 渔筏画像砖

秦汉三国时期，巴蜀南部犍为、江阳一带的鲟鱼，闻名遐迩。鲟鱼，大者长七八尺，重达数百斤，肉呈黄色，当时又称黄鱼、鲽等。司马相如《上林赋》、曹操《四时食制》、左思《蜀都赋》等文献，皆涉及川南鲟鱼。在川南的汉代石刻资料中，多见鲟鱼，并见有水禽捕鲟的图案。从汉代画像砖等资料分析，再结合全国的情况看，秦汉时期巴蜀地区很强调保护鱼类资源，无论是在政府法规中，还是在乡规民约里，都很强调春季不能结网捕鱼，不能毒鱼鳖，即使在允许捕捞的季节，也主张放生已捕到的小鱼，即所谓"不中杀不食"。

巴蜀地区人工养鱼起始于何时，目前尚不清楚。但至少在秦统治期间，已具有很大的规模。史载秦筑成都城时，在距城十里处取土成池，因以鉴；成都城北郊的平阳山（天回山）亦有池泽，被当时成都人视为钓鱼打猎之地。秦至蜀汉，整个巴蜀地区池塘堰湖数以万计，皆被用以养鱼，成为全国著名的鱼米之乡。如古籍载德阳县有泽鱼之利，南安多有陂池，汉安县鱼池以百数，家家有焉。从四川汉墓中出土的陶模型看，当时盆地内普遍有专业鱼塘。如在宜宾出土的一个陶田模型，水田、渠道共占模型的五分之三，水塘、鱼塘占五分之二。该模型水塘两个大排水缺口高矮不一，可保证鱼塘用水。鱼塘排水口与鱼塘底部同高，用不同高度的木板关水、排水，平时可使水缓缓流动，捕鱼时可将水全部放出。类似鱼塘在成都、峨眉、重庆、乐山等地皆有发现。

利用稻田养鱼，是古代巴蜀人民的一大创造，也是对我国渔业的一大贡献。我国有关稻田养鱼的最早文献记载，谈的就是巴蜀地区。曹操《四时食制》说："郫县子鱼，黄鳞、赤尾，出稻田，可以为酱。"在四川东汉墓出土的陶田模型中，有的亦置有鱼的模型。可见蜀地的稻田养鱼，汉时已很普及，并培养出了专门的鱼种，在外地也具有一定的影响。拦截沟溪河水，或在溪沟河边开挖支流养鱼，是秦汉时期蜀地流行的又一种养鱼法。《僮约》中有"调治马户"之语，注曰："户，水门也，蜀每流水养鱼，欲食乃取之。"巴蜀地区至迟在汉代已开始人工养鱼、养鳖。在出土的陶田模型中，常见龟鳖形象。当时对龟鳖的滋补及药性功能已有普遍而深刻的认识。

本灌区稻田养鱼，多数为一年一熟，少数为一年两熟。秋收后冬水泡田，淹水最深，为第一季。这时也是全年的农闲时间。人们普遍利用此时大搞农田水利、加工副业。冬天过后，再放水、捕鱼、施肥。春耕插秧后七天左右，再投放鱼苗，养第二季鱼。一亩田可投放200~500尾。成都平原有亩产"千斤稻，百斤鱼"之说，一季平均一亩水田收二三十公斤鱼为平常之事，高产户能收到百斤，甚至更多的鱼。在正常情况下，这些鱼便足以应付田租之外的其他赋税，如水费等项开支。古代田埂上普遍植桑，农家大量养蚕，蚕屎喂鱼，鱼屎肥田，形成良性循环。

五、狩猎

秦汉之时，巴蜀内地仍有狩猎之风，而山地、高原，更有人以狩猎为业者。内地一般农户则往往以此为副业。

巴蜀边远山地，汉末仍多猛兽。如《华阳国志·巴志》载巴地"水陆艰难，山有猛兽……投死虎口"，涪陵地区东汉时期多见猿猴。《华阳国志》卷3《蜀志》载郪县宜君山至东汉时期仍多鹿。史载秦昭王时，朐忍（今万县、云阳）猎户廖仲药、何射虎、秦精三人作白竹弩于高楼上，射杀白虎；高祖之世，又命这些猎户"专以射白虎为事"；蜀汉时还专从涪陵地区移5000家"猎射官"入蜀；至东汉时期仍以鹿尾入贡，说明当时仍有许多专业猎户。

近年在成都城内的君平街遗址、指挥街遗址、方池街遗址的秦、西汉地层中，发现大量兽骨，如虎、豹、黑熊、鹿、麂子、狐狸、野猪、短尾鼠、猕猴、中华竹鼠、家鼠、獾、灵猫、犀牛、野牛、赤鹿、梅花鹿、水鹿等，表明狩猎业在当时成都人的生活中仍占较大的比例。左思《蜀都赋》说"孔翠群翔，犀象竞驰，白雉朝雏，猩猩夜啼，金马骋光而绝影，碧鸡倏忽……"秦汉时期，成都平原的官吏、富商、士大夫等常以射猎为乐。《史记·货殖列传》说卓王孙"射猎之乐，拟于人君"。又如郏公之徒，率队渔猎，罗车百乘。古代蜀中有犀牛。李冰造五石犀，是其证。扬雄《蜀都赋》也谈到蜀地有犀牛。从成都汉代遗址出土的犀牛骨看，犀牛亦是当时蜀人的狩猎对象。《华阳国志·蜀志》说会无县土地特产犀牛，该地民族宋代还以犀角进贡。

第四节　手工业生产及其管理

秦至蜀汉，系巴蜀手工业大发展的时代，也是传统的手工业文化（即"巴蜀文化"的一部分）大胆地、痛苦地接受外来工业文化（以中原文化为主体）的过程，是新、老手工业文化矛盾斗争而又并驾齐驱的过程。这一时期，许多新的手工业部门，如冶铁系统、井盐系统、以马车为代表的新的交通工具系统，迅速出现，迅速发展；另一方面，一些传统的手工业生产部门也有了空前发展，如冶铜、陶瓷、木工、造船、竹工、漆器、纺织等。这一阶段，巴蜀地区的手工业生产，虽在少数部门曾以官营为主，但总体上仍以私营、分散为其生产的基本特征。

一、工室、工官

秦汉时期巴蜀的官营手工业，以工室、工官为其代表。工室是工官的前身。秦在全国各郡府及部分县府中设置工室，承担朝廷、地方官府所需部分物品及军工品的生产。从现在掌握的资料看，秦在蜀郡设有工室，名"东工"。西汉早期，仍沿称"工室"，景武时期发展为工官。西汉时期在蜀郡、广汉郡设有工官。蜀郡者称"西工"。王莽时期，曾把广汉郡工官改为"子同郡工官"，把"蜀郡西工"改为"成都郡工官"。东汉时期，又将原郡府所属工官收归郡府直管，恢复原称。蜀汉仍沿用东汉旧制。

秦蜀郡工室生产的项目包括：冶铜和制造兵器、制陶、漆和漆器生产等。其规模皆很大，如参加冶铜生产的工匠人数，估计与当时整个巴蜀地区私营冶铜人数大体相当。汉代工官经营项目又有增加，包括：各种兵器、治车、漆器、铜器（已发现的有鼎、镜、书刀、壶、洗等）。西汉蜀郡除"西工"外，估计还同时并存一个"东工"，负责纺织方面的生产。东汉、蜀汉时期，工官除生产外，还负责对一般官、私手工作坊征税。近年在成都西郊王建墓以西、青羊小区、抚琴小区、白果林小区等地发现非常密集的汉代陶井圈分布，或即是当时"西工"的遗物。

工室、工官皆是按照朝廷的计划进行生产。《秦律》规定：不是本年度应生产的产品，又无朝廷的命书，而敢擅自制作其他器物的工师、丞各罚二副铠甲。为确保生产计划的完成，政府每年还对这些单位的考核额作了原则上的规定：隶臣、下吏（被审查的官吏）、城旦（刑徒之一）和工匠一起干活的，冬季时三天完成相当于夏季两天的产品。西汉承袭秦制，在管理上并无大的变化。《汉书·贡禹传》说贡禹向元帝上奏："今宫室已定，亡可奈何矣，其余尽可减损……方今齐三服官，作工各数千人，一岁费数钜万。蜀、广汉主金银器，岁各用五百万。三工官官费五千万……"工官的经费由朝廷直接拨给，生产由朝廷计划安排，产品属朝廷所有。工官产品铭刻中常见"乘舆"二字，即指为皇室生产的。

秦汉三国工室、工官皆实行"物勒工名"制度。在考古工作中，不断发现当时的实物，为了解工室、工官的管理制度提供了第一手资料。如1972年，涪陵秦墓中曾出土一柄秦戈，上有秦篆，铭曰："武，廿六年蜀守武造，东工师宦、臣业、工篪。"汉金铜扣漆扁壶铭

图8-12 蜀汉"延熙十六年"铭文弩机

"阳朔二年，广汉郡工官，造乘舆漆□画木黄扣盖，容二斗。素工广、漆工严、上工贵、铜扣黄涂工勋、画工长、□工尊、清工博、造工同造；护工卒史成，长廷、丞为、掾喜、佐宜王主。"1970年，在甘肃天水县农田中出土一面蜀汉铜镜，有铭一圈，曰："章武元年作竟。德扬宇宙，威震八荒；除凶辟兵，昭民万方。"近年发现多件蜀汉铜弩机上，也有类似铭文。

现据出土文物资料，将巴蜀工官官吏等有关人员姓名列表如下：

项目 时间	护工卒史	工官长	工官丞、右丞	啬夫	工官掾	令史	佐	令	工官	资料出处
二年（武帝创年号前）		儋		中章		后得	广成		蜀郡西工	《汉金文录》卷4
始元二年（前85）	胜	广成	何放	索喜		母夷（守）	胜		同上	梅原末治：《支那汉代纪年铭漆器图说》，桑名文星堂，京都，1943年
永光元年（前43）			裁（右丞）	熹				谒建	右工、供工	同上
阳朔二年（前23）	成	延	为			熹	宜王		广汉郡工官	同上
永始元年（前16）	安	孝				谭	通（守）		蜀郡西工	同上
绥和元年（前8）			何(守右丞)			临		凤（守）	供工	同上
建平三年（前4）	嘉	鬼	县			广	癸（守）		蜀郡西工	同上
建平四年（前3）	嘉	衰	合(守)			谭	宗		蜀郡西工	同上
元寿元年（前2）	巡	克（守）	骏			丰	严（守）		同上	同上
元始三年（3）	章	良	凤			隆	宽、竟		同上	同上；又《考古学报》1959年1期
元始三年（3）	恽	音（守）	冯			林	谭（守）		广汉郡工官	《考古学报》1959年1期
元始四年（4）	恽	亲	冯			忠	万（守）		同上	《考古》1961年4期

续表

时间\项目	护工卒史	工官长	工官丞、右丞	啬夫	工官掾	令史	佐	令	工官	资料出处
居摄三年（8）	章、严	良	巨（守）		亲	严（守）			蜀郡西工	《支那汉代纪年铭漆器图说》
居摄三年（8）			尚、参、月（守右丞）		贺、赏、庆	忠、音、并（守）		就	考工、供工	同上
？	博	孝	德			白			蜀郡西工	同上
始建国五年（13）	辅（护工史）	音、首（宰）	常（守）		忠	仓（史）	播（掌大尹）		子同郡工官	同上
天凤元年（14）	辅（护工史）	音（宰）	戎（守）、令		忠	氾、钦（史）	咸（掌尹）		成都郡工官	同上
建武二十一年（45）	凡	匡、长守				徇、郎、应			广汉郡工官	同上
建武二十八年（52）	旱	氾	庚		翕	茂			蜀郡西工	同上
永平十一年（68）、十四年（71）	顺、封（护工掾）	丰、周（？）	嵩、惟（守）		羽	疆、方			同上	同上
建初二年（77）		王憎							同上	《文物》1979年7期

秦器铭文中勒相邦和郡守之名，表现了当时对军工生产的严格控制，实际上他们并不直接参与管理。工师是工室的具体负责人，臣、工是本件器物的具体制造者，或者说是具体责任承担人。根据《秦律》规定，若将来发现本件器物不符合质量要求，则要据铭追究责任人。秦汉工室工官，皆大量使用刑徒和奴隶。蜀戈铭文上的"臣业"，身份应是官奴。近年发现的云梦秦简《秦律·均工律》规定：隶臣有技术可做工匠的，不能用来做奴仆或炊事员，而要派他们去做技术上的役务。由于他们具体负责了一些器物的制作，承担了一定的责任，故也刻上名字。按秦律规定，他们立了大功后可以免为庶人，但也只能继续留

在官府作坊，不能在外自由营业。

汉代铭文中的护工卒史，王莽时改称"护工史"，东汉初复为"护工卒史"，明帝永平年间改称"工官掾"，系郡太守的属吏，代表太守监察工官的各项事物，秩百石，位卑势重。工官长，级别相当于县长，秩五百石至三百石，丞是工官（首官）的副手，相当于县丞，秩四百石至二百石。掾、佐，这里皆为工官的一般管理人员。通过这些铭文，不难看出汉代工官通常实行流水作业，每人只负责一道工序。其管理也很具体，各种器物的制造，层层落实管理者，制成后皆要签勒负责①。

二、冶铁业

秦汉时期，巴蜀铁器多输出到西南民族地区，为巴蜀外贸大宗，在很大程度上促进了天府之国的迅速发展形成，并为世所公认。

秦入巴蜀前，巴蜀铁器量少质劣，且多为铜铁合铸，冶铁尚未发展为单独的手工业部门。公元前310年，秦政府在改建成都城时，专门设铁官，置长丞，主管冶铁业的业务和行政。从有关资料看，秦时巴蜀冶铁业除有官营作坊外，还鼓励私营。当时把一部分铜铁锡矿山租给实业家等，政府还为其开采、冶炼、销售提供必要的方便。这种政策至西汉早期亦未大变。故由秦入汉，在西蜀逐渐发展起一批全国著名的冶铁实业家。西蜀私营冶铁业能迅速发展的原因主要有四条：（1）巴蜀乃至整个西南地区，过去冶铁业的基础薄弱，拥有广阔的市场；（2）拥有丰富的铁矿资源；（3）大量使用"西南夷"奴僮作业，具有极廉价的劳动力；（4）政府以及内地的其他经济部门等皆欲利用铁器与周边民族进行物资交换。

武帝元狩三年（前120）开始实行盐铁官营政策，蜀地的私营冶铁家纷纷破产倒闭。西

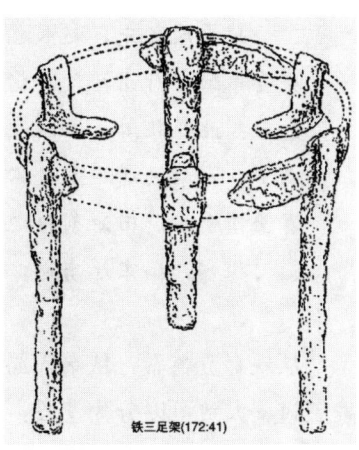

图8—13 成都羊子山172号墓出土秦铁三足架

---

① 罗开玉：《秦汉工室、工官初论——四川考古资料巡礼之一》，《秦汉史论丛》，巴蜀书社1986年版。

汉政府在全国设铁官49处，其中蜀地的临邛、武阳、南安三处设有铁官。成都不再设铁官，表明当时铁官主要设于冶铁采矿、生产的大型基地。西汉末年至公孙述时期，主要由于战乱，其次也由于豪族经济的发展，又允许私营冶铁。

东汉时期，除章帝（84~87）一度将盐铁一律官营外，一直允许盐铁私营。当然，政府一直拥有官营作坊。据当时制度，凡出铁的郡，在郡府中置铁官，主管有关铁的各种政务。东汉蜀郡设有铁官。《隶释》卷4《青衣尉赵孟鳞羊窦道碑》载郡督邮某被"郡召守蜀铁官长"，即任代理蜀铁官长。据《后汉书·郡国志》等，东汉三国时期，巴蜀地区产铁闻名的县主要有宕渠、广都、临邛、武阳、台登、会无等。其中，巴郡宕渠道、越巂郡台登、会无是东汉时期新开发的基地，反映出东汉蜀汉时期冶铁业朝边地发展的趋势。蜀汉时期置"司金中郎将"，实行铁官营和专卖。

秦入蜀后，巴蜀的铁矿铁器，源源不断地运往关中，成为秦统一天下的重要资源之一，一时影响很大，名扬中原。故赵国冶铁实业家卓氏在未入蜀前，早知蜀地临邛的铁矿。秦破赵后，将大批赵人迁入巴蜀，赵氏便主动要求到临邛冶铁。《史记·货殖列传》说：

> 蜀卓氏之先，赵人也，用铁冶富。秦破赵，迁卓氏。卓氏见虏略，独夫妻推辇，行诣迁处。诸迁虏少有余财，争与吏，求近处，处葭萌。唯卓氏曰：此地狭薄。吾闻汶山之下，沃野，下有蹲鸱，至死不饥。民工于市，易贾，乃求远迁，至之临邛，大喜，即铁山鼓铸。运筹策，倾滇、蜀之民，富至僮千人。田池射猎之乐，拟于人君。

> 程郑，山东迁虏也，亦冶铸，贾椎髻之民，富埒卓氏，俱居临邛。

从现有资料看，从秦入蜀至三国蜀汉，是巴蜀铁器的初兴及普及阶段。其发展过程大致可以分为三段：

秦统治期间为第一阶段，普遍用铁与铜合铸兵器，铜为柄把，铁为锋刃，如铜柄铁剑等，同时铁斧、铁削、铁三脚架等手工工具和生活用具迅速普及，出现少数铁农具。

西汉初期为第二阶段，在兵器领域出现剑、戟、矛等纯铁器，铜兵器大幅度减少；在手工业领域和生活用品方面，铁器进一步普及，一些传统用铜的小件器物如镬斗、刻刀、针等，基本上被铁器取代；在生产领域，铁犁、铁镰、铁锄等器物的使用日益广泛。

西汉中期至蜀汉为第三阶段，铁器在兵器、工具、农具、日常生活用具诸领域全面普及。

值得注意的是，在普及铁器的过程中，巴蜀的一些边远地区也走

图 8-14 汉代铁镬斗

得很快。近年在理县秦至西汉初期石棺中，发现大量釜、鍪、三足架、斧、锸、镰、铚、凿、锥、削、刀、剑、镯等铁器。其中，有由蜀郡内地输入的，也有本地生产的。其品种、数量之多，即使在蜀郡内地也罕见。这与川西高原地区原青铜文化较落后，接受新事物的阻力较小有关。

整个秦汉时期，蜀郡内地的冶铁业在西南一直处于领先地位，是主要基地。秦及西汉初期，以卓氏、程氏为代表的蜀地冶铁家，"倾滇、蜀之民"，"贾椎髻之民"，影响很大。其产品在云南、贵州、四川的阿坝、甘孜、凉山州、攀枝花市，甚至两广地区的考古发掘中屡有出土。在这些地区，往往发现与巴蜀内地铜器造型一致，或基本相似的铁器，如剑、矛、削、刀、带钩等。这反映了巴蜀普及铁器初期阶段的特征：注意用廉价的铁仿制、补充、取代昂贵的铜器。许多在巴蜀内地考古发掘中常出土的铁器品种，在上述"椎髻"之地也有大量发现，如鍪、斧、凿、斧、三脚架、铲、斤、锥、锤、钻、剪、夹、镞等，不仅普遍见于外来移民、政府官吏、军人墓中，也多见于土著民族墓中。一些铁器，当时在巴蜀内地缺少市场，在云贵却能畅销。如柳叶式铁剑，形制与巴蜀柳叶铜剑相似，为蜀地所造。战国晚期，主要行销于夜郎地区（今贵州东部）[①]，到西汉初期才行销于巴蜀内地。夜郎地区在西汉早期流行的铜柄铁剑，铁剑叶为巴蜀式柳叶剑，铜剑柄却具有滇、黔风格。又夜郎地区在西汉早期流行铁带钩，却在西汉晚期流行铜带钩，而铁带钩在秦汉时期的巴蜀内地却很少流行。这些说明，当时蜀郡的私营冶铁者，曾设法从器物的品类、造型、纹饰、心理状态、价格各方面去适应滇、黔等地的少数民族，有许多器物甚至是专门

---

① 《考古学报》1981年第2期、1986年第2期。

为少数民族买主制造的。它在一定程度上反映了当时蜀郡私营冶铁业的竞争。大量考古发掘资料证明，西汉中期以降，滇黔铁器曾一度减少，一些过去曾用铁制造的器类又转而用铜，这反映了武帝抑商政策对蜀郡私营冶铁业的摧毁性打击，也反映出代之而起的蜀地官营冶铁业不再把少数民族作为经营对象。至东汉时期，蜀郡私营冶铁业复兴，产品再次行销边疆民族之中。目前在云南昭通、丽江等地，已多次发现铸有"蜀郡"铭文的铁锸，当系蜀地官营作坊的产品。

今凉山州和攀枝花市一带，战国晚期至东汉时期以邛人为主。据发掘的大石墓资料，该地在秦及西汉时期才出现一些小件铁器，如削、耳环、指环。西汉晚期，该地汉移民中已很流行铁兵器和铁工具，但在土著民族中，仍主要使用铜器。迄东汉初，该地土著民族中一般兵器、工具才被铁器取代。这表明当地民族使用铁器，乃是汉文化影响所致，铁器出现之初，该民族文化曾予以抵制。该地东汉铁器仍缺乏地方风格，主要是蜀郡传入。

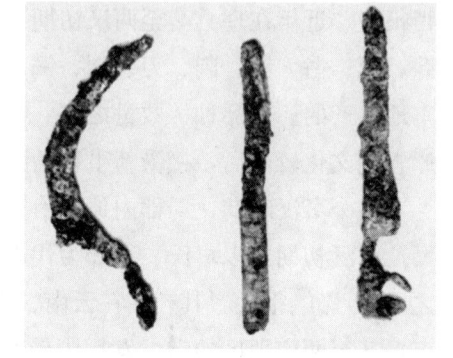

图8-15 四川宝兴出土汉代铁镰、铁刀

考古发现，还为认识秦汉冶铁技术的发展过程，提供了科学依据。

首先值得一提的是近年在蒲江发现的汉代冶铁遗址。蒲江在秦汉时期属临邛县境。在蒲江发现的古代冶铁遗址，分布在县城西、北面，共计57处，均在浅丘地带，有冶炼残渣、矿坑、冶炼炉等，共发现冶炼残渣52处，总面积5万余平方米，有的地方残渣厚达3~6米；矿坑主要分布在五面山的丘陵地带，仅在寿民乡便发现8处，其中7处为圆形竖井，井口直径在1~1.5米左右；冶炼炉多残，一般残高2米左右，炉径1米左右。蒲江冶铁遗址，与《华阳国志·蜀志》载临邛的"古石山"接近，多数为秦汉时期的遗留。残留的矿石和成堆的矿粉说明，当时该地铁矿加工时要进行碎矿、筛矿两道工序。前者使铁矿块度大小适中，后者则是筛去过细的粉末，以免炉内料层堵塞。它们都有利于加速熔化。残留的石灰石表明，当时在冶铁时已使用石灰石做熔剂，这样有利于降低生铁的含硫量。

秦汉三国时期，巴蜀各地冶炼水平不一。一些地区在秦、西汉时已采用了较先进的制钢技术,另一些地区迟至东汉,仍在采用原始的冶铁术。东汉时期,巴蜀地区已以生产百炼钢而闻名全国,产品远销各地。1978年,在江苏徐州铜山县的一座小型汉墓中,出土了一柄蜀郡生产的钢剑。剑长109厘米,剑的一面有隶书错金铭文一行:"建初二年蜀郡西工官王愔造,五十冶炼□□□孙剑□"。剑格内侧阴刻隶书"直千五百"①。建初二年,即公元77年。另外,以前还发现过两把钢书刀,其铭文分别为"永元十六年,广汉郡工官卅炼(中缺)史成,长荆、守丞熹主","永元十□年,广〔汉〕郡工官川卅炼书刀,工冯武(下缺)"②。

秦汉三国时期,把块铁或毛坯烧红一次以后的折叠锻打、淬火等一整套工序称为一炼。块铁、毛坯每经一炼,钢组织便更加细密,成分均匀,杂质减少、细化,铁的质量也就得到提高。但锻打过度、脱碳过量,又会减少硬度。经鉴定,建初剑系含碳较高的炒钢锻打而成,断面高低碳层相间的分层现象,约近60层。这是折叠锻打坯件的结果。不同的器物、器类,有不同的硬度要求,折叠锻打的次数也不同。诸葛亮《作钢铠教》便曾规定:"敕作部皆作五折钢铠。"五折,即五炼。

上述建初剑系巴蜀现已发现的最早的炒钢锻件实物。从全国的发展水平看,估计巴蜀地区至迟在西汉末年已出现炒钢制品。通过实物检验表明,当时的炒钢法是将生铁加热,再用矿石粉搅拌,降低其含碳量,使其转变为熟铁或接近钢;然后用它做百炼钢件的原料。这样可减少钢件夹物。东汉时还曾制造钢镜,但未普及。冶铁术的传入、冶铁业的普及,在巴蜀开发史中具有极为重大的意义。

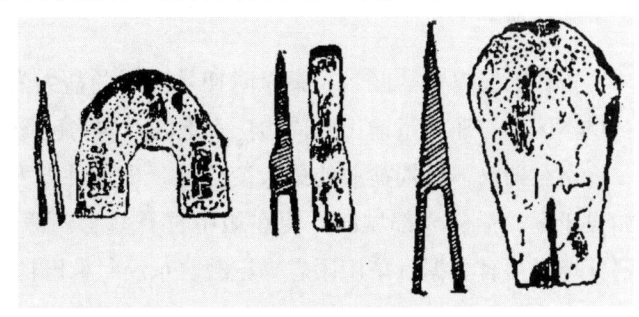

图8-16 四川出土东汉铁斧、铁锄

蜀汉时期,还产生了一位具有神话色彩的冶铁技术专家,即蒲元。据《诸葛忠武书》卷9、《北堂

---

① 《徐州发现东汉建初二年五十炼钢剑》,《文物》1979年第7期。
② 容庚:《金文续编采用汉器铭文》第25页,1938年。

第八章 经济发展及其管理

书钞》卷68等记载,蒲元为诸葛西曹掾。诸葛北伐时,蒲元于斜谷为孔明铸刀三千口,自言汉水钝弱,不任淬用,蜀江爽烈,是谓大金之元精,乃命人于成都取江水。水至,元言:"杂涪水不可用。"取水者捍言:"不杂。"元以刀画水云:"杂八升。"取水者方叩头伏云:"实于涪津渡覆,遂以涪水八升益之。"咸共惊服。刀成,以竹筒纳铁珠满中,取刀断之,应手虚落,称绝当世,因曰神刀。今之屈耳环者,是其遗范也。另外,陶弘景《刀剑录》载:蜀主备令蒲元造刀五千口,皆连环及刃,口刻七十二炼,柄中通之,兼有二字矣[①]。

铁器的普及,在巴蜀历史上具有划时代的意义,是一场影响极为深远的科技革命。如农业方面,铁犁普及,才产生了牛耕;铁镰普及,才真正停止了用石刀收割庄稼;斧、刀、纤、锤、锸、铲、锄等一整套铁器的出现,才推动了大规模的水利建设,这些又促进了男耕女织小家庭经济的产生。在交通建设方面,秦汉时期先后开凿的五尺道、南夷道、邛笮道、褒斜栈道、川西高原上的许多栈道,以及治理南安江道、僰道江道,无不是以使用铁工具为前提。在日常生活、风俗习惯方面,如铁三脚架的出现,才改变了过去那种架柴吊烧的习俗,节省了很多木柴;铁锯的普及,才出现了用若干木板拼合的木棺,改变了过去用整木挖凿的"船棺"葬习俗;铁凿、铁锤的广泛普及,才可能普遍流行人工开凿的崖墓。

三、盐业

古代巴蜀以井盐闻名。秦汉时期是巴蜀井盐大发展的第一阶段,其产品除自供本区外,还大量输出到周边广大地区,实为巴蜀外贸大宗。

秦至蜀汉,巴蜀盐业的最大变化是,出现并普及了盐井。巴蜀地区的盐官始设于秦。秦建成都城时,便在城中置有盐官。西汉时期,又在南安、临邛、蒲江增设盐官。据《华阳国志》记载,东汉时期巴郡临江县(今忠县一带)、犍为郡南广等亦设有盐官。

据《华阳国志》等文献记载,巴蜀地区的盐井,创凿于李冰任蜀守期间。李冰曾"穿广都盐井诸陂池","平南安盐溉"。前者系新开凿盐井,后者系治理自然盐泉周围的环境,平掉乱河滩,疏通江道。但在秦统治期间,盐井尚未普

---

① 《太平御览》卷346。

及，数量不多，主要集中在广都县（今双流地）。西汉时期，盐井大幅度增加。至西汉晚期，巴蜀已有 10 余个县产盐。仅宣帝时期便在临邛、蒲江新开盐井 20 所。除井盐外，在南安，仍利用盐泉煮盐。

西汉成、哀间，在全国实行盐铁官营的背景下，成都人罗裒经商于成都、京师之间，获取暴利，买通京师权贵和地方官吏等，以"千余万"为本钱，"擅盐井之利，期年所得自倍，遂殖其货"①，成为西汉晚期全国罕见的大商人和大实业家。这也说明当时西蜀井盐曾运销全国各地。

迄东汉三国时期，内地井盐大发展，达到"家有盐铜之利"。

《华阳国志》卷 1《巴志》说：

> 临江县，有盐官，在监涂二溪。一郡所仰，其豪门亦家有盐井。
> 朐忍县，西二百九十里……木盐井。
> 汉发县，有盐井。
> 南充国县，有盐井。

《华阳国志》卷 3《蜀志》：

> 孝宣帝地节三年，时又穿临邛蒲江盐井二十所，增置盐铁官。
> 广都县，有盐井、渔田之饶，大豪冯氏有鱼池、盐井。县凡有小井十数所及渔田之饶。
> 什邡县，有盐井。
> 郪县，有山原田、富国盐井。
> 南安县，汉有盐井。
> 牛鞞县，相阳明盐井。
> 江阳县，有富义盐井。
> 汉安县，有盐井、鱼池以百数，家家有焉，一郡丰沃。
> 新乐县，有盐井。

---

① 《汉书》卷 91《货殖传》。

第八章 经济发展及其管理

《华阳国志》卷10下：

张寿，字伯僖，涪人也。少给县丞杨放为佐，放为梁贼所得。寿求之，积六年，始知其生存，乃卖家盐井，得三十万，市马五疋，往赎放。

一口盐井值30万，相当于成都附近最好的良田150亩（亩价2000钱）的价值。

《诸葛忠武书》卷9：鱼复县盐井以西，石迹平旷，昐望四远，积细石为垒，方可数百步。垒西郭又聚石，为八行，相去二丈许，谓之八阵图。

秦汉时期，巴蜀豪门，往往有私人盐井。江阳（今泸州）的富义、富世盐井，盐产量极高，商旅辐辏，百姓因其富饶，因名"富义"。郪县（今三台南）盐井名"富国"，可想其利。汉安县（今内江）则盐井鱼池"以百数"，"家家有焉"。汉发为今酉阳，建安六年（201）从涪陵分治。此外，西充国（今阆中西）、巫县、临邛等县皆有盐井。

秦至蜀汉，巴蜀盐井，是我国的第一批盐井，在全国井盐史上具有开先河的意义。当时巴蜀各地井盐的共同特征是：大口浅井。开井前须经勘探考察（巫师看"风水"）。但限于当时的条件，带有很大的盲目性和冒险性。开一口盐井，往往需要5~7人经数年乃至更长时间的艰苦劳动才能成功。普通人家，甚至一般小地主、小商人承担不起开井费用。即使开井成功后，一般人家也难以应付各种名目的敲诈。故当时盐井的开凿和经营主要为有一定官场背景的豪族大姓所控制。

当时盐井井身结构并不完全一致，有束腰式、立桶式、坑洼式等。由秦至蜀汉，盐井井口由大到小，有一逐步发展过程。秦李冰时，"纵广三十丈"，称之为"盐井诸陂池"；入西汉后井口大幅度缩小，不再称盐井为"池"。据画像砖资

图 8-17 盐井画像砖

料，到东汉时期，井口只能容1~2个直径约40厘米的汲卤桶出入，井口直径约在60~130厘米之间。到蜀汉时，又在广都县开凿"小井"成功。

除井盐外，越嶲郡的定筰及汶山郡等边地亦大量产盐。定筰有著名的盐池，当地民族把盐水浇在柴薪上，然后焚烧，边烧边浇盐水，最后在炭灰中取盐，行销于周围民族之中。汶山郡则主要以咸土、咸石煎盐，亦基本满足了当地百姓和牲口之需。

西蜀是全世界最早利用天然气煮盐的地区。《华阳国志·蜀志》说：临邛县有火井，"取井火煮之，一斛水得五斛盐。家火煮之，得无几也。"该地至迟从东汉至蜀汉一直用天然气煮盐，晋张华《博物志》卷2说：临邛火井一所，从广五尺，深二三丈，井在县南百里。昔时人以竹木投以取火。诸葛丞相往视之，后火转盛。盆盖井上煮盐得盐，入于家火即灭。迄今不复燃也。《诸葛忠武书》卷9说：临邛县有火井，汉室之盛则赫炽，桓灵之际火势渐微，孔明一窥而更盛，至景曜元年，人以烛投即灭，其年蜀并于魏。诸葛亮对火井甚为重视，亲往查看，利用其煮盐等，对当时开发利用天然气起了很好的作用。其他地区，从画像砖的灶眼等资料看，主要是利用木柴煮盐。

四、冶铜业

巴蜀地区的冶铜业，在秦至蜀汉间大体可分为两大阶段。秦及西汉早期为第一阶段，以私营产品富有时代特色，极具代表性；这一时期，铜器以兵器较多，揭示出尚武的历史背景。在秦统治巴蜀间，兵工、民用铜器并进，以私人作坊为主，官营作坊（工室）为辅。其产品明显分为两类：

一类具有浓郁的本地土著民族文化风格，即"巴蜀式"铜器，如容器鍪、釜、甑、壶、尖底盏，兵器如"烟荷包式"钺、"柳叶剑"、各种带"巴蜀符号"的矛，乐器如编钟、錞于、钲以及各

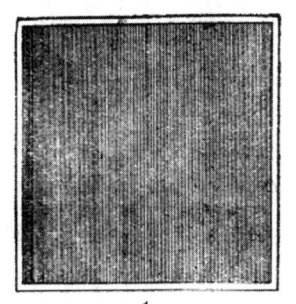

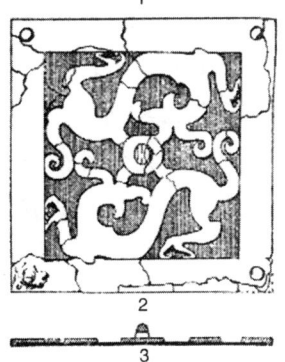

1.正面　2.背面纹饰　3.断面

图8-18　涪陵小田溪出土秦治巴蜀时期铜镜

种"巴蜀符号"印章等，它们主要由私营作坊生产，业主主要是土著民族及其后裔。

另一类则主要是中原、关中或楚地产品样式，如容器鼎、匜、盘、钧、盏、盆、盒、壶，兵器如剑、戟、刀、矛、弩机、胄顶，生活用具如镜、灯台、带钩及马具车器等。它们主要是由外来移民生产，多出于官营作坊，亦有一部分出于私人作坊。在秦统治期间新出现的铜器主要是车具、镜、半两钱币以及用于防卫的胄顶等。

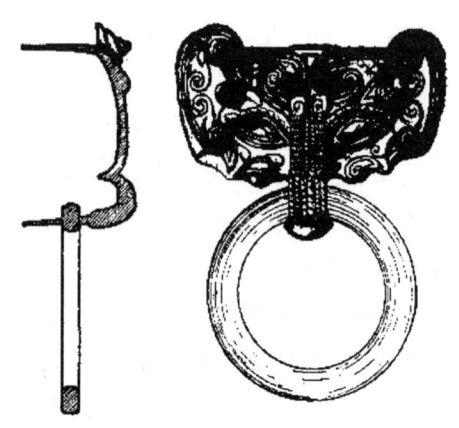

图 8—19 涪陵小田溪出土秦治巴蜀时铜铺首

在秦统治巴蜀期间，传统的"巴蜀符号"系统在外来文化的刺激下发展至顶峰。在现已发现的各种符号中，有许多符号是私营冶铜作坊的标志。它们反映出在这一时期，巴蜀地区的私营冶铜业一度迅速发展，作坊数量空前多，同时还说明当时私营作坊不仅可制造各种铜容器，也可自由地制造各种兵器。

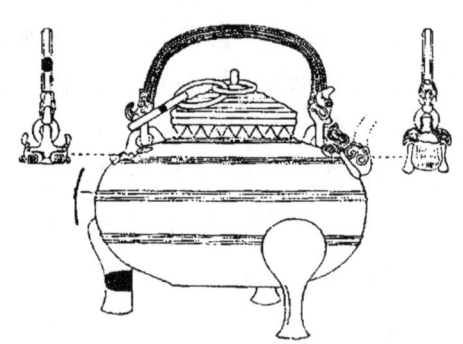

图 8—20 成都羊子山172号墓出土铜盉

秦统治巴蜀期间，在铸造一些较大型的铜器时，还流行在一些厚壁器物中填泥土，外地少见。如成都羊子山172号墓出土的大鼎，口沿及两耳在翻砂时即用泥土填入。当时有许多器物是二次铸成，然后焊接。如在涪陵小田溪发现的灯台、錞于、编钟等。錞于的器身，

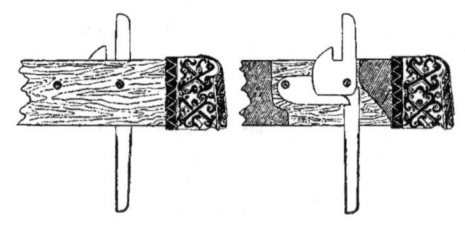

图 8—21 成都羊子山172号墓出土铜弩机

由两块外范、一个内模，合范铸成，盘系先铸，再铸接；虎钮，亦系先铸，再铸接于盘。当时的铜器修补术已广泛使用，如上述成都羊子山172号墓出土的一件大鼎，三个足的下部都曾重新换过，有一足甚至是用铁足补上，鼎上有补

疤数处①。

西汉初期，巴蜀地区的兵器生产急剧减少。从种种线索看，当时曾限制外来移民生产和拥有兵器。土著民族虽不受此限，但当时巴蜀内地，土著民族正不断地外徙、不断地被汉化、不断地减少。故汉代早期墓葬中随葬的铜兵器，较以前已大幅度减少。这一时期，交通条件改善、马车推广，各种铜车马器剧增，其次是各种铜生活用品迅速普及，如鉴、釜、钧、壶、洗、盘、碟、尊、勺、锅、耳杯、瓷、熏炉、灯、镜、书刀等。各种具有"巴蜀文化"传统风格的产品，大幅度减少，有的器类甚至基本消失。这一时期，由于受到新的冶铁业的挑战，加之政府的种种限制，冶铜业在工商业及整个社会经济生活中的地位已大幅度下降。

西汉中期至蜀汉为铜器生产的第二阶段，主要是官营作坊产品。西汉中期，武帝抑商，巴蜀地区的私营冶铜作坊从此一蹶不振，官营作坊成为铜器生产的主体。这种局面经西汉末年、东汉末年的大变乱，迄至蜀汉仍无大的变化。这一时期，以日用器皿为多，揭示出人们追求小康、豪富生活的背景。

从西汉中期开始，巴蜀内地的铜矿资源已感匮乏。这时随着对边地统治的加强，政府有关部门及一些私营实业家便到边地寻找铜矿。大的铜矿基地渐由巴蜀内地转到边地。

西汉中期铜器、铜生产工具继续减少，多

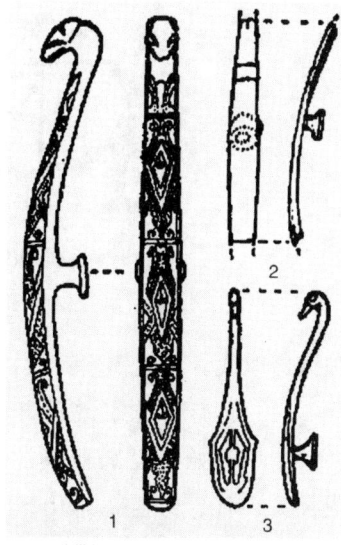

1. Ⅰ式带钩(M13:18) 2. Ⅱ式带钩(M26:14)
3. Ⅲ式带钩(M41:8)

图8-22 青川秦墓出土铜带钩

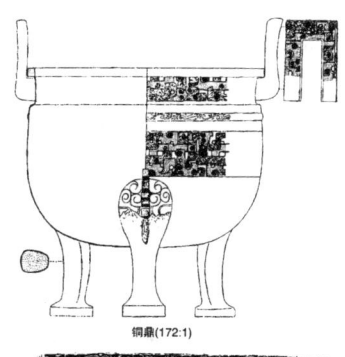

铜鼎(172:1)

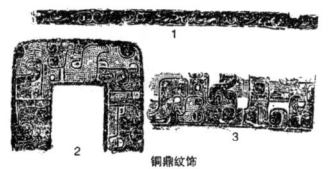

铜鼎纹饰

图8-23 成都羊子山172号墓出土铜鼎

---

① 《成都羊子山172号墓发掘报告》，《考古学报》1956年第4期。《四川涪陵小田溪战国土坑墓清理简报》，《文物》1974年第5期。

第八章 经济发展及其管理

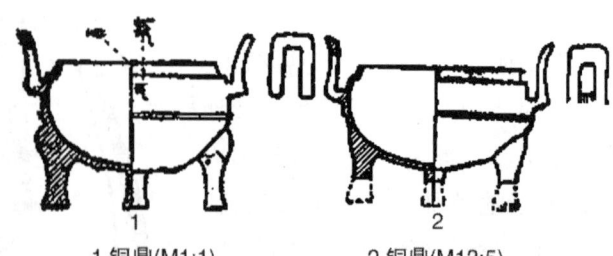

1. 铜鼎(M1:1)　　2. 铜鼎(M13:5)

图 8-24　青川秦墓出土铜鼎

被铁器取代。仍用铜冶铸的，主要有：

（1）具有特殊宗教意义的殉葬品。从西汉中期开始，巴蜀地区常殉葬铜马，在成都青白江、大邑、乐山、重庆、宜宾等地多有出土。大邑一座土坑墓出土铜马两件，长72厘米、高60厘米，扬头竖耳，张口露齿，长尾高翘，四肢矫健，是当时蜀马的形象。出土时，黄砂内模尚在肚内，说明此种铸法是不取内模的。

图 8-25　成都出土汉代铜釜

（2）炊具。铁易锈，两汉炊具仍多用铜，常见的有釜、甑、鼎等。

（3）饮食器或与饮食有关的容器，如杯、勺、纺、锤、洗、壶、瓮等。

（4）对光洁度、反光度、撞击声要求较高的日用杂器，如铜镜、铃、灯、盒、带钩等。

（5）铜量器，如斗、斛、升等。

（6）兵器，如弩机、戈、剑格、剑勒等。

（7）货币。

从秦至蜀汉，由于漆器生产在巴蜀的日益发展，一些过去用铜制造的饮食器、

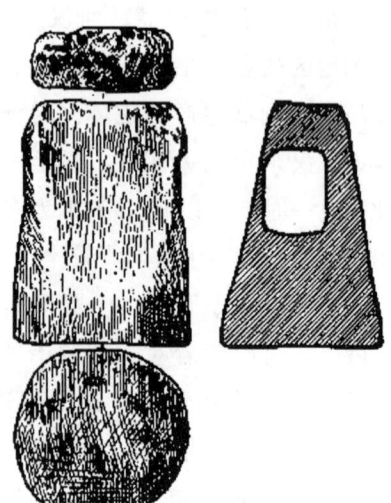

图 8-26　西昌发现的西汉晚期铜锤

容器又有一部分被漆器取代，如杯、盒、奁等。在涪陵小田溪发现的秦墓中，曾出土一件漆奁，盖为铜铸，透雕双龙凤纹，为独角龙与展翅之凤相互争逐，非常精美。它表现出了漆匠们用高级奢侈漆器取代部分铜器的历程。早期，为了适应贵族的心理，往往在漆器上较多地使用铜件，如盖、足、耳等。入汉以后，高级漆器上的铜部件逐渐减少，常见的只有耳杯箍。

东汉铜器常见生活用具，主要有镜、洗、鉴、盆、盒、灯、釜、盘、印章、带钩、羽觞、簋、钵、博山炉；铜车马器当庐、盖弓帽、铜泡等，成都北郊曾发现多套鎏金者。东汉晚期，在以蜀地为中心的益州地区新出现了一种极具地方文化特征，又富有时代特征的器物，即摇钱树。其树干、枝、叶及其上面的钱、人物、动物等皆为铜铸，或有通体鎏金者。东汉时期私印、闲章普及，也普遍用铜制。

蜀汉铜器常见的有镜、弩机、釜、甑、壶、钵、盘、箸、耳杯、洗、马俑、摇钱树等。这一时期的铜器除兵器、货币外，主要是生活用具。在忠县蜀汉崖墓中出土铜案一件，圆形，径46.5厘米、高6.5厘米，底附三兽形足，出土时上置铜盘、耳杯、箸。该地墓中出土的摇钱树，六节树干，每节长18厘米，接头处有四孔，每孔插上不同的枝叶，枝叶间饰璧和钱；每节树干铸一人，高髻，盘坐，执物，通高12.6厘米①。

考古资料证明，在秦至西汉中期，随着蜀郡的铁器"货倾西南夷"，巴蜀铜器也扩大了外销量。"巴蜀式"的铜兵器如"柳叶剑"、"烟荷包式钺"，典型器如鍪、釜、甑等，也常见于云南、贵州②。

《华阳国志》载巴、蜀皆出铜，但著名的铜矿和冶铜地却分布不均衡。秦及西汉早期，巴蜀地区最主要的铜矿及冶铜基地，皆在蜀郡严道。文帝曾"赐邓通蜀严道铜山，得自铸钱。邓氏钱布天下"③。邓通将该地铜矿转包给卓氏铸钱，其钱流通全国，分布满天下。

西汉中晚期至东汉，蜀西南原越嶲郡所辖的邛都南山、灵关道等地的铜矿被大量开采出来，并发展成当时巴蜀地区重要的冶铜基地。从考古发现的资料

---

① 《四川忠县脊井蜀汉崖墓》，《文物》1985年第7期。
② 《云南晋宁石寨山古墓群发掘报告》，文物出版社1959年版；《云南江川李家山古墓群发掘报告》，《考古学报》1975年第2期；《威宁中水汉墓》，《考古学报》1981年第2期等。
③ 《史记》卷125《佞幸列传》。

第八章　经济发展及其管理

看，从西汉中、晚期开始至东汉，官府在川西南设立了多处较大型的官营作坊。1976年在西昌石嘉乡曾发现一铜器窖藏，出土王莽时的铜钱范、铜锤、铜镜等近2000斤。显然这是一个官营作坊的遗品。建初元年（76）至建宁年间（168～172），该区朱提堂狼生产的铜洗，远销各地，闻名全国，成为汉代全国最大的铜洗生产基地。该地"汉系"砖墓中，曾发现高达25厘米的铜俑头、铜版（压胜钱？）、铜耳杯、铜铃、铜摇钱树、铜镜及大量铜钱，表明在该地汉移民中铜器使用极广泛，甚至一度超过了当时的巴蜀内地。近年在西昌市东坪村又发现一处炼铜遗址[①]。其时代上起西汉末年，下迄东汉，现仍保存的遗址分布范围达18万平方米。另在该遗址以东约20公里的标水堰下，调查发现了历代（主要是汉代）开采后废弃的铜矿矿硐46个。现遗址尚未经正式发掘，从已暴露出的遗迹遗物看，该遗址的炼炉主要有两种形制，其炉缸平面分别为圆形和椭圆形，炉墙多用耐火砖竖砌，或用耐火泥堆筑。该遗址的炼铜燃料，目前只发现木炭痕迹；铸铜用范，主要有石范和陶范两种，有些陶范还放进烘范炉烘烤，另还发现了当时的砖槽、砖池等。其原料皆采自附近的矿石。从采矿、运输到冶炼、销售，需人力数以万计。这是当时一个规模极大、部门极齐全、结构极完整的官营冶铜作坊。当时该地实为一个冶铜城。

上述西昌的冶铜产品主要供给外地。在川西南今西昌、攀枝花一带，当地土著民族使用的铜制品主要有发钗、飞刀、剑等，形制特殊，不见于外地，为当地制造无疑。各种铜器器形复杂，纹饰多变，表明当时该地土著民族制作铜器的小型作坊甚多，但皆只能锻制，不能铸造。巴蜀北部山地、东部峡江地区，在秦至蜀汉间，也以锻制铜器为主，基本不能铸造。

川西高原今阿坝、甘孜一带，秦汉三国时期已有了冶铜业。从大量的墓葬出土资料看，当时该区铸造的兵器和饰件，颇具民族风格。在秦统治时期，该区少见铜容器。至西汉早期，岷江上游地区出现大量"巴蜀式"青铜容器，系川西平原输入品[②]。说明当时该区的铜器制造仍停留在小件锻造，而未进入铸造阶段。当时该区所用铜料，可能系外地输入。该区大量引入"巴蜀式"铜器

---

　　①　《四川西昌发现货泉钱范和铜锭》，《考古》1977年第4期等。
　　②　《四川茂汶羌族自治县石棺葬发掘报告》，《文物资料丛刊》第7集；《四川理县佳山石棺葬发掘清理报告》，《南方民族考古》第1辑。

这一事实，反映了较先进的"巴蜀文化"对当地高原民族文化的影响。

五、纺织与编织

秦汉三国时期，巴蜀地区以蜀布、蜀锦为代表的纺织业，在全国占有重要地位。当时巴蜀的纺织业可分官营和私营两大类。官营纺织机构，在秦汉郡府、蜀汉朝廷中皆有设置，主要生产为朝廷、官府服务的、高级的蜀锦及其服装。私营又有大型作坊和个体之分。私营作坊，以营利为目的，集中了大量匠人，产品较注意质量。目前在外地发现的大量蜀锦产品，多系私营作坊所产。个体生产，主要是为家庭的自身消耗服务，只把剩余的一小部分用于交换。"男耕女织"系当时最普通的劳动方式。时谚说"一夫不耕或受之饥，一女不织或受之寒"。这也

图 8-27 成都东汉墓出土织锦画像砖（局部）

是巴蜀地区小农经济的写照。"女织"绝不局限于农村，城里也很普遍。下层妇女如此，中上层妇女也时兴自织。当时一名妇女勤劳纺织，则自养有余。史载广汉郡姜诗妻在邻家纺织，除自养外还买"珍羞"之物送婆母①。

秦汉三国时期，巴蜀布以麻制品最具代表性，另也有毛织品、橦花织品等。纺织业在巴蜀地区发展并不平衡。巴蜀的织布业在全国处于领先地位。《盐铁论·本议篇》拿"蜀郡之布"与"齐阿之缣"相对举，皆全国首屈一指的精品。巴布较粗糙，可以说在秦汉三国时没有明显的发展。

黄润细布，以牡麻丝织成，以精巧细薄见称。扬雄《蜀都赋》赞其为"其布则细都弱折，绵茧成衽，阿丽纤靡，避晏与阴。蜘蛛作丝，不可见风"。俗将整匹布卷在竹筒中保管并出售，清香可鼻。该布价格极昂，"筒中黄润，一端数金"（扬雄），"黄润比筒，籯金所过"（左思），系一种高级奢侈品，主要为夏装所用。张骞在大夏（今阿富汗）所见蜀布，当系黄润。据《华阳国志·蜀志》记载，在西蜀诸产地中，尤以江源县的安汉、上朱邑、下朱邑三乡出好麻。该

---

① 《后汉书》卷 84《列女传·姜诗妻》。

第八章 经济发展及其管理

地所织的黄润细布，甚至可用很细的"羌筒"装盛。

慧布，亦为细布织成，在全国较有名。《说文》："慧，蜀细布也。"

当时把麻经80根的布称为一稯（椶）。广汉郡生产的一种八稯布，行销于西北边塞。《居延汉简》卷3："广汉八稯布十九匹八寸大半寸，直四千三百廿。"每匹230余钱。八稯布即是在宽二尺二寸的幅面上有640根麻经，为机织品。从当时文献中还多见七稯布、九稯布、十稯布的资料看，八稯布在当时是一种较粗的麻布。

在巴地，各族人民普遍以手工纺织一种粗麻布，称"賨布"。賨布即稯布，同音异写，指其幅面上仅有80根麻经。巴地的一些山区民族除用此做衣料外，还将它用作商品交换，或给政府上税的一般等价物。该布幅窄而粗，在当时显得很特殊，时人又俗称制造、使用该布的板楯人为"賨人"。

毛织布主要产于川西高原，内地也进口大量羊毛、牛毛等用于纺织各种布料。《后汉书·南蛮西南夷列传》说，冉、駹夷人能做旄毡、斑罽、青顿、毞毲、羊羧之属。这些毛织品除当地人自用外，还交换到内地。内地较高档的毡帽、地毯等，多用其原料制成。

秦至蜀汉间，巴蜀南部某些边地已开始用棉花织布，这就是古籍中提到的"橦花"。左思《蜀都赋》说蜀地："布有橦华，面有桄榔。"《蜀中广记》卷110：汉女输橦布。李周翰曰："汉女，蜀之美女也。"《汉书》曰："秦置黔中郡，汉兴令大人输布一疋，小口二丈，是谓賨布，即今橦花布也。"

秦至蜀汉，巴蜀蚕业极为发达，是与齐鲁齐名的全国两大蚕业基地之一。据《华阳国志》记载，巴蜀内部又以垫江、宕渠、阆中、安汉、充国、宣汉、汉昌、汉安等地的丝织品质量较好。当时官吏百姓普遍"环庐树桑"。左思《蜀都赋》称成都"栋宇相望，桑梓接连"。扬雄父辈居郫县时有田百亩，有宅一区，"世世以农桑为业"。《僮约》要求奴僮在农闲时种植桑树等，"三丈一树，八尺为行，果类相从，纵横相当"。诸葛亮自称在成都的家里"有桑八百株"①。总的看来，当时的蚕桑业具有小型、分散的特点，讲究质量，注意单产，处于副业的地位。日常从事蚕桑业工作的主要是妇女和儿童。

秦汉三国时期，巴蜀地区的丝织品大体可分为锦、罗、纱、缟、紬、绢、

---

① 《三国志》卷35《蜀书·诸葛亮传》。

绫、绮等类型，总称缯帛。有多层织纹者称锦，厚缯称绨，白缯称纨，文缯称绮。

秦汉时期，蜀锦作为贡品，进贡朝廷，行销全国各地。当时朝廷赏赐百官贵戚，动辄千匹，与外国商品交换或至万匹，《史记》、《汉书》等多有记载，其中很大一部分来自蜀地（估计不会少于四分之一）。近年在长沙马王堆、湖北云梦等地西汉墓葬中出的古锦实物，考古界普遍认为其产地为西蜀。当时蜀锦配色已多至四五色，价格一般为二三千钱一匹，最高级的每匹可超过万钱。至西汉晚期，蜀地"女工之业，覆衣天下"①，为全国纺织业、织锦业的重要产地。

秦汉三国时期，成都一直是蜀锦的管理中心、生产中心、集散中心。流经成都的"二江"两岸，分布着官营、私营、大小不等的织锦作坊。所谓"伎巧之家，百室离房，机杼相和，贝锦斐成"②。织锦工在"二江"中濯洗织锦，色彩鲜明，在其他江河则不行。究其因，当与锦江水源自岷山融雪，当它流到成都地面后，水温仍低于其他河水有关。"濯锦江"实质上含有一个冷处理过程。流经成都的"二江"之一又名锦江。汉代、三国时期把这一区域称为锦官城，这段江也改称锦江了。成都因此又别称"锦城"。

当时，蜀锦配色织图时，已采用了加金丝、银丝技术，在全国织锦业中颇具特色。扬雄《蜀都赋》赞曰："若挥锦布绣，望芒兮无幅。尔乃其人，自造奇锦。""发文扬采，转代无穷。"蜀汉时期，政府把织锦业作为换取外汇的重要来源之一。诸葛亮在颁布的教令中曾说："今民贫国虚，决敌之资，惟仰锦耳。"蜀汉赏赐将军多用锦，动辄千匹，调拨军资也多用锦，动辄数十万匹。当时魏、蜀、吴三国关系紧张，但魏国商人、吴国商人仍通过种种渠道购买蜀锦。山谦之《丹阳记》说：历代尚未有锦，而成都独称妙，故三国时魏则市于蜀，吴亦资西蜀，至是始有之。曹操在百战之际，还亲自派人入蜀购锦。相传魏文帝曹丕收藏蜀锦甚丰，一次新得蜀锦后曾叹道："前后每得蜀锦，殊不相似！"蜀汉垂亡之际，府库中仍有"锦、绮、彩绢各二十万匹"③。在成都发现的东汉石刻上，曾发现织布机和织锦机的图像，皆为足踏织机，系当时世界上最先进的织

---

① 《后汉书》卷13《公孙述传》。
② 左思：《蜀都赋》。
③ 《三国志》卷33《蜀书·后主传》。

机。蜀布蜀锦能够闻名天下，与机械的进步也是分不开的。

蜀汉时期，随着对云南、贵州等南中地区的开发，蜀汉政府还组织力量到兄弟民族地区传播织锦技术。相传诸葛亮曾派人教贵州苗民、侗族织锦，贵州苗民世称自己织的锦为"武侯锦"，而侗族则称"诸葛锦"。

这一时期，巴蜀南部的一些民族已能生产一种"阑干细布"的苎麻织品，一些民族则已掌握了"阑干斑布"的蜡染技术。

秦汉三国时期，手工编织在巴蜀地区仍很普遍。一般多以草、毛、皮条、筋等为原料。在考古发掘中，巴蜀各地发现有这一时期的陶纺轮，其中许多是用于编织。当时的编织品主要有：腰带、包、毛裤、毛衣、毛帽、草鞋、草席等。江州（今重庆）出一种水草，名蒲，取其芯编席，称蔺席，甚软和，名闻巴蜀。《僮约》有"绵亭买席"之语，另要求奴僮年老后必须织席。史载广汉杨文妻李正流以织履为业，养活一家三口①。

六、林业、木工与竹工

秦至蜀汉，与中原地区严重匮乏木材的情况相反，巴蜀地区却林业富饶。《汉书·地理志》专门介绍该地有"山林竹木蔬食果实之饶"。故始皇建阿房宫，甚至不远千里，从蜀郡征调大批优质木材。杜牧《阿房宫赋》所谓"蜀山兀，阿房出"。入秦汉后，木材耗费量较以前猛增数十倍。从人们日常的柴薪，到煮盐、冶铁、冶铜，从新兴的造船业、造车业，到规模空前的建筑、交通、兵器，从生前的日用家具，到死后棺椁，都大规模、高速度地耗费着各种木材。秦汉三国时期，巴蜀林业除少数果木林及城中路边植树外，一般是只砍伐，不种植，伐木场沿江河两岸不断地向上游侵伸。当时，中原等地为了保护木材资源，曾执行较严格的时令禁伐制度，但在巴蜀地区则不见类似措施。

另一方面，秦至蜀汉，巴蜀人民也流行在坟园墓地中植树，并把它作为反映等级制的标志之一；流行在祠堂四周植树，并把它与某些宗教意义相联系；还流行在街道、田边地头、官府、宅院中植树。当时人工植树较主要的品种有桑树、银杏、柏树、罗汉松、楠木、樟树、杉木、红豆树、杉树及各种果树。

川西高原、川北川东山地气温垂直分布，植被亦呈垂直分布，木材品种丰

---

① 《华阳国志》卷10、卷1。

富。据考古发现和文献记载，秦汉四川的"船棺"，以楠木、梓木为多，木板棺椁以梓木、桤木较多。秦汉时期的"蜀弓"声名极高，主要以梓属小木制成。车轴，多用檍木、檀木。车鞣多用槭木。房梁、檐柱之属，则多用柏木、杉木。这表明人们通过长期的实践摸索，至秦汉间对不同树种的不同性质、用途等已有了共识。

秦汉时期，巴蜀的城市，甚至绝大多数县城、乡镇，几乎都濒临江河。当时的木料运输，主要是水运。岷江、嘉陵江、涪江、沱江、金沙江是几条主要木运航道。成都的木料基地主要在川西高原。"岷山多梓、柏、大竹，颓随水流，坐致材木，功省用饶。"① 其他各城市的木材基地，也主要在水运上游地区选取。运输方法，一般是在上游放木而下，不扎不束，任其自流，在下游目的地捞取。也有少数扎筏，以人放下，如广汉曾出土"大江行筏"画像砖所示。无论哪一种，都比当时外地运木主要靠人力、畜力、车载方式，省力若干倍。

秦汉三国时期，巴蜀木工主要有官府和民间两大系统。秦时郡府，各县多设有工室，拥有大量木工。其中有相当一部分为官府奴隶，有的属服劳役性质，秦时建造官府、战船、官车等，主要由他们进行，秦修阿房宫、骊山陵，还从蜀地调去大量木工。

汉代蜀郡、广汉郡工官以及各官府工室，亦拥有大量木工。《汉书·地理志》载西汉曾在蜀郡严道置有"木官"，主要负责伐取木材和制造木器。所伐木材可通过水道运至长江中、下游地区，有的还运到北方。汉代官府木工，主要系身份自由的工匠。民间木工，则遍布各族各地。

木工，是各阶层人士都要涉及、且在生活中涉及特别多的一行业。秦汉三国时期，巴蜀地区使用木工最多的行业是：建筑业、造船业、造车业、日用家具业、棺椁和其他各工业部门，如盐井井架、矿井井架、漆工工具、兵器器柄制造等。今日发现的实物资料，主要是棺椁和一些随葬品，另有一些画像资料。

巴蜀传统木工的特征：首先是很少使用大锯，主要靠凿、斧、锛、削，各种木制品多见整木、圆木；其次是很少木雕。秦汉时期的突出变化，一是大锯的普遍使用，二是与雕刻工艺相结合。如建筑中的门板、门楣、窗棂等，都经过了改板、锯齐、刨边等工序；在汉阙、画像石、户的楼阙、亭、崖墓门楣上

---

① 《华阳国志·蜀志》。

可看到各种雕刻装饰，如云气纹、凤、雀、虎、鹿等，是当时实用建筑上雕刻图案的反映。一些高楼建筑，如"高百尺"的成都张仪楼，更是木工工艺的结晶。当时巴蜀的造船业，由传统的独木舟转变为木板船、舫船，必经圆木改板、截短、锯刨合缝、粘合补眼等工序。巴蜀传统的用独木挖凿而成的"船棺"，被用木板构筑的棺、椁逐渐代替。当时的木工工具主要有：锯、斧、锛、凿、斤、削等铁工具。

秦汉三国时期，巴蜀地区的木器普遍采用凹口、凹槽、楔子、暗榫、明榫、穿榫、铁钉及各种"卜、十、丅、上、十、×、丶、▽、▲、◣、◤、★、＜、＞、∑、∠、∨、∧"形铁块用拴接等法连接。

秦时蜀地官府木工技术，崇尚朴实，不事雕刻，与秦在全国推行的抑末政策相一致。西汉蜀地官府木工分工极细，追求工艺（如漆器），许多木漆制品远销各地；东汉早期一度趋向朴实，迄东汉中、晚期又尚浮华。

竹类器皿的起源和利用源于中国。巴蜀地区是我国最早种竹，并用其为生活、生产服务的主要地区之一。《史记·货殖列传》说巴蜀广泛使用竹木之器。《汉书·地理志》说巴、蜀、广汉富有竹木之饶。《华阳国志》记岷山多梓、柏、大竹，并将其作为蜀地致富的重要因素之一。《后汉书·公孙述传》说巴蜀地区"名材竹干，器械之饶，不可胜用"。左思《蜀都赋》盛赞西蜀"邛竹缘岭"，秦汉三国时期，在巴蜀南部及近邻地区，活动着一支以竹为图腾的部族，其首领被称为竹王①。由于生产工具的限制，巴蜀地区对竹器的利用，在原始社会时期远较木器更为广泛。即使发展到秦汉三国，制作木器的铜、铁工具已经普及，各族人民对竹器的利用仍极为广泛。

在建筑方面，秦汉三国时期仍普遍用竹建造"干栏"竹壁，即以竹编壁，涂泥为墙。当时的汉式瓦房，也采用这种"竹骨泥墙"。屋檐下，也普遍用竹笕槽承接雨水，山区人民则破竹为笕槽，接送山泉至家中，有的还接到田里灌庄稼。在家具什物方面则有竹筷、竹杖、竹椅、竹凳、竹笠、竹桌、竹笥、竹箱、竹柜、竹笈、竹篮、箩筐、竹箕、竹筲、竹水桶、竹酒桶、竹笼、竹筛、竹席、竹扇、竹绳、竹衣竿、渔竿、竹鞭、竹笮、竹刀等。在书写工具方面则有竹简、竹牍、竹笔管等。在交通方面，有竹索桥、竹筏、船篙等。在工业方面，利用

---

① 《华阳国志》卷4《南中志》。

竹筒获取天然气，利用竹笕接引盐水。在水利方面，竹笼装石为堤、为坝，堪称西蜀一绝。在乐器方面，则用竹制琴、制鼓、制板、制笛、制笙、制箫等。

当时漆器，多数为竹胎，种类品目甚多。蜀人以竹织履，更为一绝，在西汉崖墓中有发现①，在文献中也有记载②。

竹器的使用，在巴蜀虽源远流长，但秦汉三国却是其产生飞跃、大发展时期。这主要与铁质工具的普遍使用有关。青铜时代，由于青铜价高、产量少，在农村难以普及，人们只好利用更原始的工具制作竹器，无论在工效、器类、质量等诸方面都受到种种限制。秦汉三国，铁器迅速普及，锯、削、凿等铁工具广泛运用，才产生并推广了竹料剥皮、刮皮、刮丝等技术，发展出了高级编织竹器。

七、漆器

我国漆器的历史可以追溯到春秋战国。但汉代是漆器的黄金时代。当时青铜容器已开始衰落，瓷器还处在早期摸索阶段，漆容器美观、轻便、耐用、不易破碎，最为时髦。巴蜀正好是在漆器最走俏、最时髦时，成为全国最大的以官办为主的漆器生产基地。

秦汉三国时期，市场空前扩大，加之官府重视、支持，甚至直接以工官生产，西蜀漆器制造业有了空前的大发展。这一时期的漆器实物资料非常丰富，其中较重要的有：1912~1925年在朝鲜乐浪郡时代墓葬中出土的大批西蜀工官纪年漆器③。建国后在长沙马王堆汉墓、江陵凤凰山汉墓、贵州清镇汉墓、四川荥经和青川秦汉墓、成都北郊秦汉墓、绵阳双包山二号墓、安徽马鞍山东吴朱然墓等皆出土有巴蜀铭刻漆器④。东汉晚期，漆器生产有所衰退。蜀汉时期，政府再度重视漆器生产，又恢复了过去的规模和水平。上述资料表明，在西汉中期至蜀汉约300年间，漆器是巴蜀地区的拳头产品之一，行销全国各地甚至

---

① 《四川奉节县风箱峡崖棺葬》，《文物》1978年第7期。
② 晋《广志》。
③ [日]梅原末治：《支那汉代纪年铭漆器图说》，京都大学考古学丛刊二册，昭和十八年。
④ 《长沙马王堆一号汉墓》，文物出版社1973年版；《绵阳双包山汉墓》、文物出版社2006年版；其他资料见《文物》1974年第6期、1975年第9期、1976年第10期、1986年第3期；《考古学报》1959年第1期、1958年第1期；《考古》1975年第6期等。

外国。

巴蜀的漆器生产,主要有两条线,即官营和私营。官营以广汉郡、蜀郡的工官为代表,其时代约在西汉景、武时期至东汉中期(现发现最晚的纪年实物为和帝永元十四年,公元102年)。元兴元年(105),殇帝即位,邓太后临朝,为紧缩财政开支,停止了西蜀工官的漆器生产。《后汉书·邓皇后纪》:"其蜀汉扣器、九带佩刀,并不复调。"故汉代西蜀工官漆器止于永元年间。但此后,民间仍大量生产漆器。蜀汉时期,官营作坊又大量生产漆器。工官生产的漆器上刻写有所在工官、生产者、管理者的名字,但一般不见"亭"、"市"这种市场管理机构的印戳。蜀汉时期,官营作坊生产的漆器上的铭刻较简单,一般只注明所在郡。私营产品,以成都地区的产品较有代表性。秦至西汉,私营生产的漆器,一般要经过政府市场管理机构的检查监督(估计要征收一种特殊税)。这种管理机构,秦统治巴蜀时期叫"亭",西汉时期叫"市"。检查征税后,即在私营漆器上盖"成亭"或"成市"的印戳或刻划有关文字①。

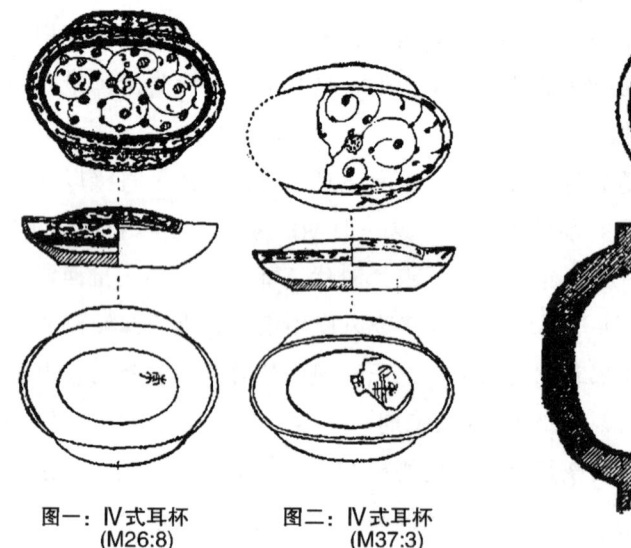

图一:Ⅳ式耳杯 (M26:8)　　图二:Ⅳ式耳杯 (M37:3)

图8-28　青川秦墓出土漆耳杯

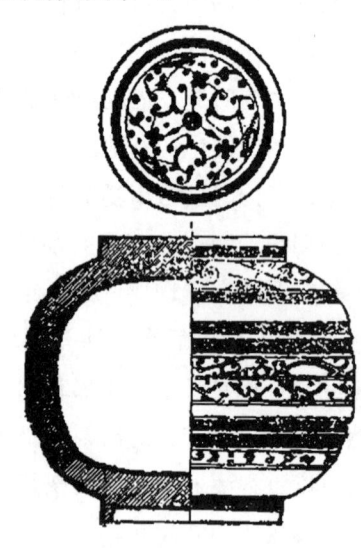

图8-29　青川秦墓出土圆漆盒

---

① 罗开玉:《秦在巴蜀地区的经济管理制度试析,——说青川秦牍、成亭漆器印文、蜀戈铭文》,《四川师范学院学报》(哲社版)1982年第4期。

 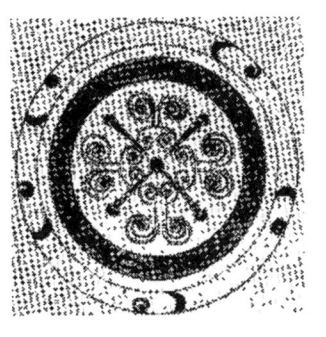

图8-30 青川秦墓出土漆奁　　　图8-31 青川秦墓出土漆奁

秦至蜀汉巴蜀漆器的品种主要有马、车、人俑、驾驭俑、耳杯、奁、卮、鼎、盂、匜、钫、桶、匕、勺、筷、盘、壶、盒、樽、砚、虎子、尺、履、扇、梳、桌、案、凭几、屏风、床等家具、部分礼仪器、部分乐器支架、部分兵器、车马器部件等，涉及生活、生产、军事、交通、官府、私家的许多方面。当时在建筑的木构件上也多上漆。一般漆容器的胎质，主要有木、竹、夹纻、陶、皮五大类，每一类可细分若干种。木胎有旋、雕、挖、砍、削、卷等制法。一般将木料砍锯成形后，用轮旋刮削制外壁，再剜内部，或直接以割削剜凿法制，薄壁则用质地优秀的薄木片卷曲定型。早在秦统治时期，西蜀漆工已首创出在木胎刷灰后再涂漆的工艺，最早实物见于属战国晚期的成都羊子山172号墓，以后一直沿用至今①。另外，当时还有一种在木胎上贴编织物再涂漆的，也见于羊子山172号墓。竹胎则多以竹片、竹丝编织成器。夹纻胎是以多层湿麻布、锦缎、缯帛等附于器模上，干硬后脱胎再作固定处理。约从东汉开始，开始流行陶胎漆器。目前发现的实物以成都附近地区较多，主要有陶胎漆钵、陶胎漆耳杯、陶胎漆案、陶胎漆舫等，主要出土于中、小型东汉墓中。其制作过程是：先烧成陶器，全身打磨光亮，上底漆、绘图等，有的不绘图案。陶胎漆器在当时较便宜。它是为满足都市中、下层人士模仿上层生活的需要而产生的，是漆器生产扩大市场的一种手段。但东汉中、晚期，青瓷器逐渐普及，取代了陶胎漆器市场，陶胎漆器生产转而萎缩。皮胎漆器，现已发现蜀汉时生产品，即朱然墓中出土的两件犀皮黄口羽觞，系黑面红中黄底片云斑斑犀皮。巴蜀漆器上多有精美的纹饰图案。

----

① 《成都羊子山第172号墓发掘报告》，《考古学报》1956年第4期。

巴蜀漆器的代表作是"扣器",即在耳杯、盘、壶、盒、奁等器物的口沿、耳部、圈足或腹部等部位,镶上镀金镀银的铜箍、铜壳、铜环,有的则饰以金银部件。这种漆器制作技术,也是由西蜀漆器首创,最早实物出于属于战国晚期的成都羊子山172号墓。该墓出土的圆漆盒、漆奁等,多发现铜扣,此外还发现绿松石、小圆玉饰、银质蹄足及纽饰、银饰片、银耳等漆器上的装饰品①。《盐铁论·散不足》说:"今富者银口黄耳金罍玉钟,中者舒玉纻器、金错蜀杯。"《汉书·贡禹传》说:"蜀、广汉主金银器,岁各用五百万。"所谓金银器,这里专指镶有金、银部件的漆扣器。工官生产漆器,由朝廷拨款,产品以质量、工艺为先,并不太计较成本。故《盐铁论》说漆器"一文杯(即绘有图案的双耳杯)得铜杯十","一杯卷用百人之力,一屏风就万人之功"。巴蜀工官生产的漆器,主要供朝廷调用,故漆铭中多见"乘舆"、"大官"、"尚方"等文字。漆器上的文字,秦及西汉流行针尖戳刻铭文,东汉及蜀汉流行漆书。

图一:西汉木胎漆盘

太极八卦纹

图二:西汉木胎漆盘示意图

图8-32 绵阳双包山西汉墓漆器

从墓葬出土资料看,巴蜀漆器很耐用。在贵州清镇东汉中晚期墓中,出土的却是西汉漆器,其使用时间近百年。在乐浪汉墓中,蜀郡生产的始元二年(前85)的漆耳杯与元始三年(前3)的漆耳杯同出一墓,前者最少使用了80余年才入葬。秦汉三国墓中出土的许多漆器,无论是木胎、陶胎、竹胎,还是皮胎,至今保存完好,更证明了其经久耐用、耐腐的特征。两汉工官漆器铭刻,表现了分工粗细的变化。如以蜀郡西工生产的漆杯为例:昭帝始元二年(前85)仅由二人(髹工、画工)或三人(加钥工)承担。到成帝永始元年(前16)已变为七人(加上工、铜扣黄涂工、清工、造工)负责其工序。到东汉建

---

① 《成都羊子山第172号墓发掘报告》,《考古学报》1956年第4期。

武二十八年（52）又降为五人。这反映了社会需求的变化。

武帝末年，经济萧条，漆器主要为实用器，分工稍粗。其后历宣、元、成六七十年，经济复苏，奢靡之风日盛，这时工官生产的高级漆器，首先是艺术品，是礼仪器，是身份的显示物，实用价值很次要，故分工细、质量精。其后，经王莽改制，绿林赤眉起义，经济濒于崩溃，巴蜀从地皇年间（20～23）开始，经公孙述时期（25～36），到建武二十年（44）这段时间，包括漆器在内的工官生产，可能处于停顿状态。东汉以后，部分工官生产转为商品生产，漆器铭刻中出现了商品宣传一类吉祥语。如在乐浪境内发现的一件"神仙画像漆盘"铭曰："永平十二年，蜀郡西工，夹纻行三凡。治千二百。卢氏作，宜子孙，牢。"东汉时期，工官还把部分漆器生产任务转交私营作坊承制；这类漆器，只写出承制作坊主的姓氏，如上引"卢氏"①。

蜀汉崇尚朴实，但在安徽发现的这一批蜀郡漆器却异常精美。同类施有漆画的精美漆器，在鄂城地区的东吴墓中曾有出土，亦有"蜀郡作牢"的铭文。这些漆器或系蜀汉作坊专为外销东吴而生产，其制造方法、风格等，与东汉漆器基本上一脉相承。

八、金银

据《华阳国志》记载，秦至蜀汉，巴地、蜀地及相邻的汉中、南中地区等，皆出产金银。巴蜀内地较重要的金银矿有：

梓潼——土地出金银。

涪县——其山有金、银矿；洗取，火融合之，为金银。《元和郡县志》卷33说该地金山，每夏雨奔注，崩颓之所则金粟散出，大者如棋子。

葭萌——有金银矿，民今岁岁洗取之。

刚氐县（今平武、青川）——涪水所出，有金银矿。

上述四地正好是秦汉时移民的重点区域，以及大型官营作坊分布区。政府曾利用国家机器的力量，利用大量工匠、刑徒开采金银。当时开采金矿的主要方法是"洗取"。即主要是在出产金矿之地，通过挖山土、打山石、打河沙等法，冲洗去泥沙石，淘取金屑金粒。待积累到一定数量后，则以"火融之"，用

---

① 宋治民：《汉代的漆器制造手工业》，《四川大学学报》1982年第2期。

第八章 经济发展及其管理

原始而简便的方法将其冶炼成金块。

考古发现的纯金银器实物资料较多。如属于战国晚期至西汉初期的，有在成都羊子山172号墓中发现的金块、银盘及大量的银管（194件），估计后者为车盖弓饰；在犍为的土坑墓中，曾发现随葬的金珠；在茂汶城关土坑墓中，曾出土银桥形币和银环。属于东汉的有在宝兴发现的金环、在内江发现的银圈和银环。在西昌东汉、蜀汉砖墓中，曾发现银圈饰、银戒指等。属于蜀汉时期的有在忠县脊井发现的银发钗、银手镯、银顶针等①。这之中，有少数是货币，如金块、金珠、银桥形币等；有的是直接使用的装饰品，如银环、银圈、银戒指；有的系某一物品上的装饰部件，如银管；有的系直接使用的器物，如银盘、顶针等。

从有关出土资料看，当时巴蜀金银冶炼仍有两条线，一是私营，一是官营。私营一般是专业工匠，规模较小，一般打制装饰品者以个体为主。官营作坊如工官，其中设有专门负责金银炼制的机构和专业人员，其中又以从事错金镶嵌技术、鎏金技术的人员较多。

目前，四川境内已发现的最早的错银器，可达战国早期，其镶错工艺已臻成熟水平。秦汉时期，这一传统工艺得到了发扬。目前发现的器物主要有：成都羊子山172号墓中的错银矛𬱞、错银带钩、错金银兽面饰、错银衡朱，在昭化船棺中发现的金银错带钩，涪陵小田溪的错银铜壶、错金编钟、错金银弩机盖，成都天回山崖墓的错金铁刀，盐亭崖墓中的金银错带钩②。

上述器物主要是以错金或错银表现纹饰，只有错金铁刀是表现纹饰和铭文。铜器加以错金错银纹饰，使单色的器物表面，增添了新的色泽，纹饰更加清晰、悦目，色彩斑斓，更加美观；铁器加之错金，使其由单纯的实用器，升华为艺术品。这些错金错银器的制造工艺，并不完全一致。有的是在铜器母范上刻出纹饰凸槽，使铸成的铜器上形成纹饰凹槽，再嵌入金银丝，经打磨、抛光便成；有的是直接在铜器表面錾刻凹槽，将金银丝嵌入捶打，经抛光而成。前者适宜

---

① 《四川阿坝发现汉墓》，《文物》1976年第11期；《四川忠县脊井蜀汉崖墓》，《文物》1985年第7期；《成都羊子山第172号墓发掘简报》，《考古学报》1956年第4期；《夹金山北麓发现汉墓》，《文物》1976年第11期；《四川犍为县巴蜀土坑墓》，《考古》1983年第9期。

② 《四川盐亭东汉崖墓出土文物简记》，《文物》1974年第5期；《成都羊子山第172号墓发掘报告》，《考古学报》1956年第4期；刘志远：《成都天回山崖墓清理记》，《考古学报》1958年第1期。

纹饰较粗者，后者适宜纹饰特细者。

鎏金在秦汉三国时期称"金黄涂"、"黄金涂"、"盒涂"（唐代以后又称"镀金"）。在四川已发现的鎏金实物主要集中在东汉时期。故宫博物院收藏有一件蜀郡生产的鎏金乘舆斛，通高41厘米、奁高33厘米、盘径57.5厘米。该斛通体鎏金，由奁和承盘组成。奁及承盘均有三熊足，熊身上嵌有各色宝石。承盘口沿下面有铭文六十二字：

建武廿一年，蜀郡西工造乘舆一斛。承旋，雕蹲熊足，青碧闵瑰饰。铜承盘旋径二尺二寸。铜涂工崇，雕工业，炼工康，造工业造，护工卒史恽、长汜、丞萌，掾巡，令史郧主。

其中涂工，便是专职的鎏金技术工。1972年在河北邯郸出土过一件鎏金铜酒樽承盘，上有铭文，亦为建武二十一年（45）造，从其"护工卒史恽、长汜、令丞汛、掾曾、令史憎主"这一套官员的名字看，仍为蜀郡西工所造无疑。在成都火车站东乡东汉墓中，曾出土过鎏金车马器一套。此外，还曾发现多件鎏金漆器，如上述东汉墓中曾出土鎏金漆耳杯。即汉代巴蜀地区的鎏金以工官生产为主，主要有鎏金铜器和鎏金漆器。私营作坊生产的鎏金器一般为小型器，如铜泡钉、刀、削等。

从这些实物看，当时巴蜀地区的鎏金工艺制作过程是：首先加工金泥（金汞合剂），把金丝溶于水银中；次为涂金，把金泥涂抹在器胎的表面；次为烤黄，令汞蒸发；再为刷洗、抛光等。东汉时期，蜀郡工官的鎏金技术为全国领先水平，产品进贡皇宫，远销全国各地。

九、陶瓷

巴蜀陶器生产历史悠久，在秦至蜀汉时期可分为两大段：秦至西汉为前段，稳步发展，在制造与使用上虽有一些新的因素，但总的看来没突破旧框架；东汉与蜀汉为后段，大量吸收新技术，应用领域、器物种类、装饰艺术等，都有较大发展，呈现出空前繁荣的局面。

秦统治期间，巴蜀内地陶器器皿以泥质灰陶为主，也有少量夹砂红陶、黄褐色陶、黑陶等。主要是轮制，少数模型为捏制。小口大肚容器，口部轮制，

第八章 经济发展及其管理

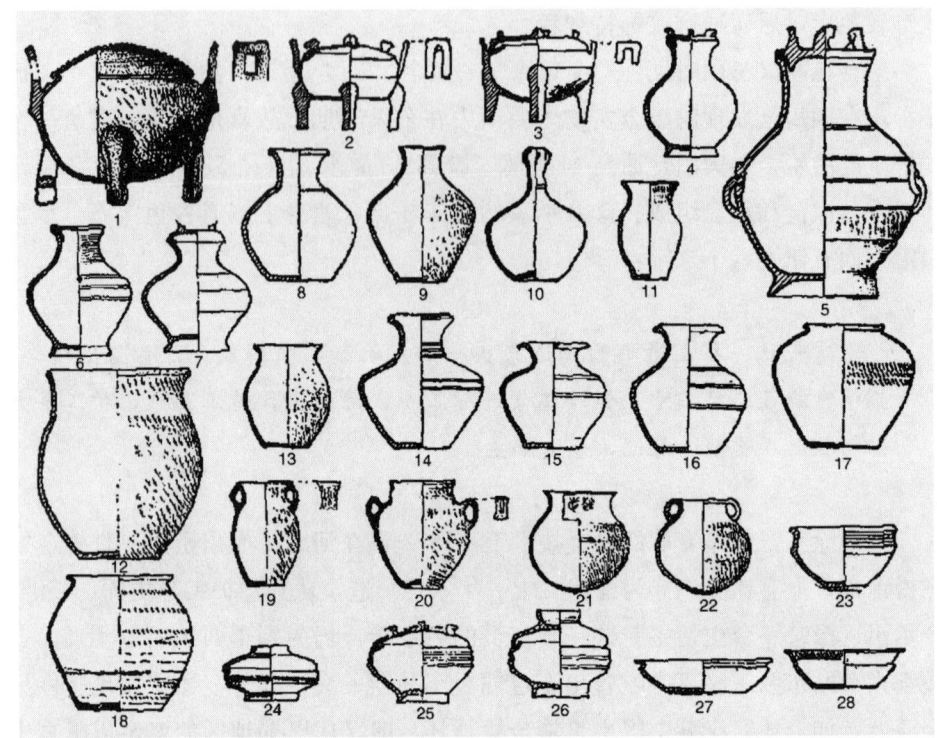

1. Ⅰ式陶鼎 2. Ⅱ式陶鼎 3. Ⅲ式陶鼎 4. Ⅰ式陶壶 5. Ⅱ式陶壶 6. Ⅲ式陶壶 7. Ⅳ式陶壶 8. Ⅴ式陶壶 Ⅵ式陶壶 10. 蒜头壶 11. Ⅰ式陶罐 12. Ⅰ式陶罐 13. Ⅰ式陶罐 14. Ⅱ式陶罐 15. Ⅱ式陶罐 16. Ⅱ式陶罐 17. Ⅲ式陶罐 18. Ⅲ式陶罐 19. 双耳罐 20. 双耳罐 21. Ⅰ式陶釜 22. Ⅱ式陶釜 23. 陶钵 24. Ⅰ式陶盒 25. Ⅱ式陶盒 26. Ⅰ式陶盆 27. 黄褐色陶盆 28. 灰陶盆

图8-33 青川秦墓出土陶器

器身模制，器内壁有用陶杵和手指捺压的痕迹，故器壁厚薄不匀。常见的陶器有釜、尖底盏、豆、壶、蚕茧壶、鼎、蒜头壶、罐、双耳罐、钵、盒、盆等。一些陶器的陶土经过精细的淘洗，质细密坚实。一些陶器，如茧形壶，表面还进行了磨光处理。外来移民的墓葬随葬陶器，或有"鼎、豆、壶"、"鼎、盒、壶"的组合形式。这一时期巴蜀内地陶器生产的特征是：除少数移民聚居区外，在多数地区，传统的地方特征仍居主导，关中秦器如蒜头壶、蚕茧壶等逐步增多。陶器上或见有"亭"、"成亭"等印文，当系市府机构监制、私营作坊生产的产品。

西汉巴蜀内地陶器以生活用具为主，也有少数是专门用于殉葬的模型。陶质主要是泥质陶，也有夹砂陶。陶色主要是灰陶，次为褐陶。少数灰陶外上一层黑色陶衣。

生活用具有罐、釜、三足釜、扁壶、钵、盆、鼎、钟、瓮、蒜头壶、钫、豆、盂、鉴、博山炉等，共同特征是火候较高，除少数保留"巴蜀文化"风格的釜外，主要是平底器。西汉的陶质建筑构件有砖、瓦、井圈、下水管、陶钉等。当时官府及部分官吏富豪的居宅已采用砖墙体、砖铺地。当时的建筑用瓦及瓦当，在四川各地时有发现。瓦当常见纹饰为卷云纹、云纹、连球纹等。

这一时期，在一些较重要的官营作坊、官府内，已开始使用陶井圈，近年在成都等

图8-34 成都汉墓出土西汉陶罐

地亦陆续有发现。西汉用于殉葬的陶模型，主要有仓、灶、井，亦以灰陶为主，火候较高。仓上或写有文字，如"万石"、"谷"等。这一时期巴蜀内地陶器生产的时代特征是：地方特征逐步消失，以中原、关中为代表的全国统一特征日益加强，并从西汉中期开始占居主导地位。如上述生活用具，除陶釜的地方特征稍浓外，其他基本上为中原地区常见器皿。陶建筑构件和殉葬模型，更与中原文化系统一致。这些与巴蜀地区的整个政治、经济、文化体系的变化是同步的。

东汉至蜀汉时期，是巴蜀内地制陶业大发展的时代。这一时期，陶器又出现了许多新的器型和种类，釉陶和青瓷迅速发展，砖瓦业以空前的速度发展并普及。可粗分为四大类，即生活用具、建筑构件、各种模型、各种俑。生活用具包括罐、钵、碗、灯台、耳杯、壶、瓮、钟、甑、奁、勺、鼎、鉴、盂、盘等。盆地内以平底器占绝大多数，除个别有双系外，绝大多数无耳系。这一时期，器物体积普遍增大，造型渐趋繁缛，陶质也较前期坚硬，火候增高。建筑构件主要指砖、瓦、井圈等。这一时期，城镇居住人口和农村豪族地主普遍改用砖瓦结构建筑，并在砖上施以各种纹饰。此期的瓦当，在省内各地皆有发现，品种多达上百个。这一时期还普及了砖墓，有的墓砖上有纪年文字等。一般家庭都有家庭墓葬。一般砖墓用砖动辄上万匹，较大的需数万匹或更多。在流行崖墓的地区，也往往采用砖棺等。这一时期甚为流行砖阙。当时砖品种繁多，

较重要的有花边砖和画像砖。东汉砖根据建筑的需要，有榫卯、楔形、弧形、三角、长、正方、长条等形制。

值得一提的是，东汉时期巴蜀地区已出现了泥土夯筑，外部包砖的城墙。如近年在广汉城关发现的"雒城墙砖"。估计当时的成都、江州等城也使用了墙砖。

东汉时期，一些城镇已推广使用了陶井。近40年，在成都城西部、南部及其近郊，发现了大量实用陶井圈，约有数百口井。其分布密集（如在青羊小区修建一幢居民住宅时，往往可发现2~5口井）。另在重庆、宜宾、郫县、南充等地也发现了大量陶井圈。陶井圈直径一般在80~10厘米之间，厚3~5厘米，高40~70厘米不等。一口井一般3~5圈，有单层，双层，有的为木井圈内套陶井圈。陶井附近的下水道，也普遍用砖砌或专门烧制陶管。

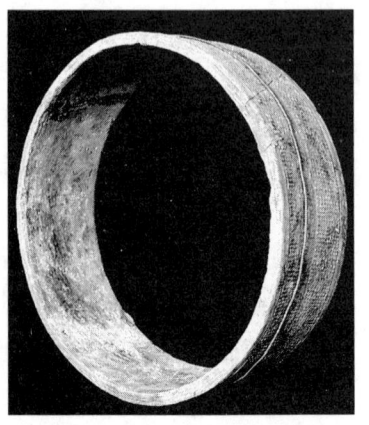

图8-35 成都出土西汉陶井圈

东汉时期的各种陶器模型，为这一时期的代表作。主要是作为随葬的明器，在各种墓葬中多有出土。其种类大幅度增加。如楼房模型，大、中型墓葬中常见出土。有2~4层楼者，房中往往有人物、家具，生动地再现了当时的生活情景。房屋模型，平房，或有围墙。仓房模型，有椭圆形、筒形、长方形、方形等，一般配有仓眼、楼梯、守仓人员、运粮工具等。井房模型，井架上的房子，井架上设梁，上悬辘轳。水田模型有各种形状，一般可分为田、沟、池、路等部分，田中或有庄稼、农人，池中或有鱼鳖。水塘模型，一般有引水渠、水门，塘内有鱼、莲花、荷叶等。灶模型，一般配有烟囱、锅。俎模型，一般配有圆盆、肉、鱼、鹅等。另还有案模型、船模型、马车模型、独轮车模型，各种乐器如琴模型、鼓模型等。这一时期的各种陶俑，艺术性很强。说唱俑，为东汉中、晚期至三国时期，蜀地陶俑的代表作品之一，各地出土甚多，造型

图8-36 遂宁出土东汉陶楼

图8—37 成都出土东汉说唱俑1　　图8—38 成都出土东汉说唱俑2

不同,再现了评书艺人的前生、蜀地说唱艺人的生动形象。

东汉时期,巴蜀地区还普遍使用陶棺。《华阳国志·蜀志》说蜀人工商"以富相尚","送葬必高坟瓦椁",瓦椁即陶棺。在成都天回山、新都、金堂等地的崖墓中曾出土陶棺多副,大小不一,一般长1.9米、高0.75米、宽0.48米、厚0.05米,灰褐色,用精洗后的细泥制成,火候较高,手拍能发出清亮之声①。正因其制作精细,烧造难度较大,售价较高,在当时曾是一种时髦奢侈用品。

图8—39 成都出土蜀汉吹箫、听琴俑

蜀汉时期陶器品类有敞口罐、敛口罐、广口罐、小口罐、双耳罐、四耳罐、甑、釜、壶、盆、钵、耳杯碗、碟、灯、贮钱器、楼房模型、平房模型、神山模型、车模型、船模型、灶模型、井模型、水塘模型、畜圈等;陶俑有猪俑、狗俑、鸡俑、鸭俑、鳄鱼俑、马俑;人俑有西王母俑、舞俑、乐俑、吹箫俑、听琴俑、杂耍俑、侍从俑、武士俑等。蜀汉陶器以泥质为多,有灰、红、釉三类,另有少量夹砂陶,制法以模制为主,轮制和捏制次之,或一器并用两法。模制又可分单模、合模等。

---

① 刘志远:《成都天回山崖墓清理记》,《考古学报》1958年第1期。

第八章 经济发展及其管理

釉陶指在陶器上施一层釉，用低温烧成；釉的含铅量很高，可加入一定比例的金属物质，烧成后釉呈五颜六色。陶器施釉后外表美观、光滑，好看又便于拭洗。关于釉陶的起源，过去流行由罗马领地东地中海沿岸传入中国说，似有疑问。目前我国在西安、青岛等地已发现西汉中期的釉陶器；而施釉技术在商代前期已经出现。东汉中、晚期，巴蜀地区已出现了大批烧造工艺很成熟的釉陶器。1975年在理县砖墓中，发现一件釉陶釜和釉陶甑，皆红胎绿釉；1980年在遂宁笔架山发掘的东汉中晚期崖墓中，发现多件陶罐、陶釜，通体施酱色釉，有的釉内有绿色斑点，陶钵、耳杯施绿釉，陶奁施酱釉，鸟座施绿釉等；1980年在涪陵发掘的东汉晚期墓中，也发现施黄绿釉的陶钵和陶罐；1982年在涪陵东汉晚期崖墓中，出土施青釉的陶女俑和马俑；1985年在忠县火电厂崖墓中，发现一件施黄褐色釉陶的博山炉，十分精美；1989年初，在双流中和场应龙村东汉中晚期崖墓中，出土一件施黄色釉陶的羊形摇钱树座[①]。四川汉代釉陶器的胎体系一般陶器，以泥质灰陶为多。把陶坯晾干后施釉，一次烧成。当时陶釉主要有酱色、青色、绿色三大类。据测定，当时绿釉的化学成分为：氧化铅46.8%，氧化硅33.38%，二氧化二铝6.20%，三氧化二铁2.31%，氧化铜1.26%。

我国早在商代前期已出现了原始青瓷，春秋战国时已多见早期青瓷，东汉已普遍见有青瓷器。四川出现瓷器的上限，过去据文献记载，一般认为在唐宋时期，但从考古资料看，至迟在东汉晚期已普遍使用青瓷器了。1973年，在大邑五龙一座有"建安元年六月造作"砖铭的墓中，发现两件青瓷罐（其中一件为六系罐）；1980年在涪陵三堆子发掘的东汉晚期墓中，发现双系青瓷罐和青瓷碗数件；1982年在涪陵黄溪东汉晚期崖墓中，发现8件青瓷罐钵；在成都曾家包画像砖墓中，也曾发现青瓷碗盏、罐等[②]。据对东汉青瓷器的标本分析，其烧成温度已达到了1310±20℃，胎质烧结不吸水，显气孔率为0.60%，吸水率为0.28%，显微结构与近代瓷器近似，胎质白度与透明度亦臻相当水平，皆达到了成熟瓷器的要求。四川青瓷器胎呈浅灰白色，质地细腻坚硬，胎釉贴合

[①] 《宜宾市山谷祠汉代崖墓清理简报》，《文物资料丛刊》第9集；《四川涪陵东汉崖墓清理简报》，《考古》1984年第12期；《四川阿坝州发现汉墓》，《文物》1976年第11期。

[②] 《四川成都曾家包东汉画像砖石墓》，《文物》1981年第10期；丁祖春：《四川大邑县出土两件东汉青瓷罐》，《文物》1984年第11期。

无间，釉面玻化无裂纹，都与当时外地青瓷器达到了同步水平，其品类有罐、碗、钵、盏，而在长江中游地区（湖北、湖南、浙江、江西）发现的同期青瓷器只有罐、碗两种。四川汉代青瓷器的特征是，烧造时多用间隔垫只，烧成后在内外壁上留有钉疤，罐耳多为立型，不同于长江中、下游地区的牛鼻型；纹饰多为长方形回型纹，不同于外地的松针几何纹。

四川汉代的釉陶技术和青瓷工艺，对以后有较大影响，至两晋时期仍无明显变化。

今川西北地区，在秦至蜀汉间，陶器业相当发达。如1973年在茂汶城关清理石棺墓46座，出土陶器260件，超过铜、铁器的总和；1984年在理县佳山清理石棺墓15座，出土随葬品369件，其中陶器201件，而铜铁器只有79件①。这些反映出陶器在该地区人民生活中的重要位置。这一时期，岷江上游地区陶器基本上是泥质陶，灰陶占绝大多数。当地土壤一般系红土，用红土制陶，火候必须适当控制，陶色才能转灰。该地带陶器轮制为主，仅少数特殊器物用手制。常见器物有圜底罐、双耳罐、单耳罐、高低耳罐、双系罐、鼎、盆、碗、豆、瓮、网坠等。从出土情况看，一般女性墓中随葬陶器，男性墓中随葬兵器。自秦入主巴蜀后，该地带的器物中，铜器与铁器往往具有较多的外地文化因素，但陶器的变化却较小。在大渡河—青衣江流域，这一时期的陶器手制器比例稍大，陶质陶色以泥制红陶、粗砂红褐陶、灰陶为主，另有少量黑陶。该地有三足和四足的双耳罐、以铜泡装饰的陶器，不见于外地，极具地方特色。

在今川西南地区，这一时期的陶器主要有双耳罐、单耳罐、杯、纺轮、带流壶等。总的看来，整个川西高原的陶器，以双耳罐最富特征，数量最多。把它与外地陶器相比，共同特点是双耳特大、颈小、口小、腹大、底大。这些特征与该地带习惯吊烧、吊煮食物有关：耳大，方能承受吊重；腹大底大，受热面积才大；颈、口小，散热慢，在寒冷的高原地区有利于保温。

由秦至蜀汉，巴蜀地区无论是内地还是边地，陶器生产的特征是以私营为主，生产规模小而分散；与铜器，漆器相比，它主要是一种实用器，并主要为广大劳动人民所用。

---

① 《四川茂汶羌族自治县石棺葬发掘报告》，《文物资料丛刊》第7集；《四川理县佳山石棺葬发掘清理报告》，《南方民族考古》第1辑。

十、玻璃

秦至蜀汉间,是巴蜀玻璃(或称琉璃、烧料、料器)制造业的初兴之时。近 50 余年,在这时期的遗址、墓葬中发现了大量玻璃器实物。

秦统治期间,巴蜀地区已有了玻璃烧造技术。在巴县冬笋坝船棺中,已出土玻璃管 9 根,长 2 厘米左右,径 0.6~0.8 厘米,呈天蓝色,表面不显光泽;出土玻璃珠两颗,圆形有贯孔,径约 1 厘米,蓝底色嵌黄,白色旋丝纹,质料不纯细,表面无光泽。在涪陵小田溪土坑墓中,出土琉璃珠 8 枚,其中两枚淡红色,鼓形,有穿孔,六枚深蓝色,不透明,近球形,有孔,圆面有大小不等凹窝纹 9 个①。近年在理县佳山寨的这一时期石棺墓中,也发现大量玻璃器,主要是球、竹等装饰品。有的一墓就出土珠子 72 颗,有的 30 多颗。当时是把这些珠子用线穿串戴在脖子上。这些玻璃器是不是巴蜀本地生产?1977 年在犍为县发掘了一批这一时期的土坑墓,回答了这一问题。该墓群中出土琉璃管 3 件,均为小竹管状,表面呈粉绿色;出土琉璃珠 1 枚,算盘珠状,玉蓝色,上有深蓝色与白色相间的旋丝纹;特别值得注意的是,该墓群中还出土了有"巴蜀符号"的琉璃印章,乳黄色,圆印面,背面为一鹰嘴形纽,印纹为阴识之花蒂纹;在该墓地的另一座墓中,还出土一琉璃印章,印面纹样为四叶纹②。前一印烧造于巴蜀无疑,并当出于土著民族的工匠之手。这证明在秦,巴蜀地区确已制造玻璃器。

两汉时期的墓葬中,常出土各种"烧料"球、管。较重要的资料,是在重庆市南岸区的西汉土坑墓中,曾出土蚀花琉璃珠两粒,一粒径 2.8 厘米,圆形有贯孔,球面底色黑有光泽,有白色圆点线构成的菱形方块,方块内为白蓝色眼形纹。蜀汉一墓葬中出土的玻璃器有耳珰,短圆柱、细腰型,有穿孔;珠,绿色,有穿孔,直径 1 厘米③。

总的看来,巴蜀地区生产玻璃器的时间虽较早,但发展较慢,在约 500 年的时间内,一直处于早期摸索阶段。当时制造的玻璃器,质地轻脆易碎,不耐

---

① 《四川船棺葬发掘报告》;《四川涪陵小田溪四座战国墓》,《考古》1985 年第 1 期。
② 《四川犍为县巴蜀土坑墓》,《考古》1983 年 9 期。
③ 《四川忠县㽏井蜀汉崖墓》,《文物》1985 年第 7 期。

高温，不适应骤冷骤热，不宜做饮食器，加之受吹制技术之限，不能制成实用容器，这就限制了生产规模和发展速度。故其使用范围主要局限在小型装饰品和小型器物上，在社会生活中长期不被重视。

十一、玉器

与先秦时期相比，秦时巴蜀制玉业在玉器品种上，亦发生了变化。过去，几乎全是璧、璜、璋等巫术法器或礼器，现在则新出现了大量实用装饰品。如玉剑饰，玉车饰，各地发现甚多。成都羊子山 172 号墓及巴县冬笋坝船棺中皆发现有玉剑首、玉瑶、玉玭等。这些玉剑首全用于"中原式"铜剑上，在"巴蜀式"铜剑上不见此类装饰。它反映了中原文化对巴蜀制玉业的影响。在秦统治期间，传统的玉制礼器、神器仍继续大量存在，在这一时间遗址、墓葬中经常出土的有：璧、瑗、环、觿、凿、龙形佩玦、璜等。上述诸类器，除巧妙地利用玉色装饰外，有的还有纹饰。常见饰饕餮纹、谷纹、斑纹、绞索纹等。

据《华阳国志》记载，汉代蜀地仍盛产璧玉，其中武阳县产白玉，绵虒县有玉垒山出璧玉，会无县东山出青碧，徙县山出空青、青碧等。有关考古发现中，多出土有关兵器饰件及佩、燧、璧、环、玦、璜等礼器和装饰品。至迟在东汉时期出现玉蝉，在成都北郊东汉墓中曾有出土，附近牙齿甚多①，当是玉含。

秦汉时期，巴蜀地区还流行一些小型的"炭精"装饰品，乌黑发亮，十分坚硬，可能属"墨玉"范畴。如 1977 年在荥经古城坪 M1 中发现发簪两件，长 7.8 厘米、端径 1.1 厘米，磨制，呈八棱柱状，两端粗，中部细。同形发簪在荥经曾家沟、成都抚琴小区亦有发现②。

在秦汉三国，巴蜀境内，制玉业的发展极不平衡。如在川西南 40 余座大石墓中，虽发现众多器物，却不见任何玉器，表明该地至秦汉时期尚无制玉业。

---

① 《成都东乡汉墓清理简报》，《考古通讯》1956 年第 6 期。
② 《四川荥经古城坪秦汉墓葬》，《文物资料丛刊》第 4 集；《四川荥经曾家沟战国墓群第一、二次发掘》，《考古》1984 年第 12 期。

第八章 经济发展及其管理

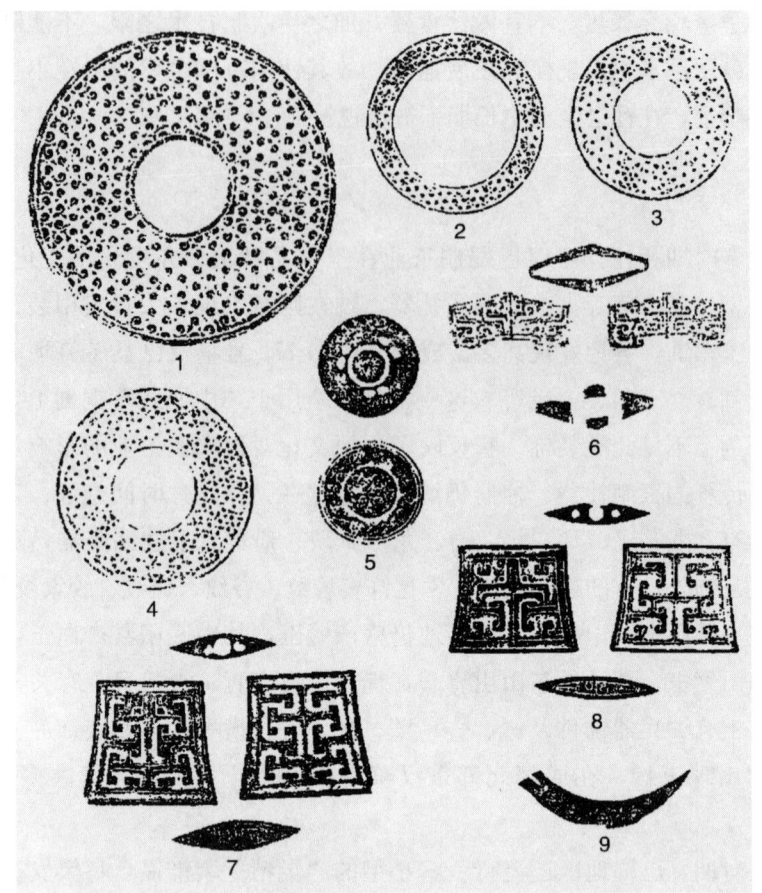

图 8—40　成都羊子山 172 号墓出土玉器

十二、茶

巴蜀是我国最早栽茶和饮茶的地区之一。秦汉时期，蜀人又称茶为："荼（音茶）、葭萌、蔎、诧、荈诧、荼荈"；外地人称其为"茗、蔎"等。顾炎武曾考证出：秦人伐蜀以后，始知茗饮事[1]。秦入巴蜀后，巴蜀的种茶技术开始外传。

从文献记录看，秦汉时期巴蜀人饮茶已极普遍。西汉《僮约》要求奴僮"烹茶尽具"、"武阳买茶"，可见当时已有专门的茶具。武阳在今彭山一带，当

---

[1] 《日知录》卷7。

时已有茶市。扬雄《蜀都赋》说成都"百华（花）投春，隆隐芬芳，蔓茗荧郁，翠紫青黄"，揭示出当时蜀地普遍种茶、饮茶。《华阳国志》又说什邡县山出好茶，南安也出好茶，产茶的地区还有涪陵、湔氐道等。迄至汉代，蜀中以产茶闻名的地区已有数处，已开始形成不同的地方品种。雅安蒙顶山，西汉已是著名的茶山。

当时巴蜀人饮茶，先烹煮，表明它最初是从草药发展而来，即它是从巴蜀土著民族的医术或巫术发展而来。在秦汉的种茶和饮茶者中，土著民族占了很大比例。川东巴人、川西氐人，当时已饮茶成俗。川南僰人，也以产"香茗"闻名。扬雄《方言》说"蜀西南人谓茶曰蔎"，或指今西昌、攀枝花市一带的邛人。当时制茶主要靠日晒，一般不用锅炒。这在四川盆地内，茶叶便易霉烂，加之茶叶上可能有虫卵，故需烹煮。外来移民很快学会了种茶和饮茶，并将其传播外地。

十三、酒

巴蜀酿酒历史悠久。秦汉时期，人口剧增，交通改善，市场空前扩大，酿酒业又有了很大发展。秦昭王时，活动在川北的板楯人，以善酿"清酒"闻名。当时蜀地不仅一般官吏、百姓，即使奴僮，也普遍饮酒。王褒《僮约》曾严格限制奴隶"欲饮美酒，不得染唇渍口，不得倾歪覆斗"。秦及西汉初期，巴蜀城邑中出现了专门酿酒的作坊，市场有专门批发酒的商铺，路边道旁涌现一大批专门沽酒的小店，道上常见推酒的独轮车、挑酒的挑夫。司马相如与文君成婚后，便曾"当垆"卖酒。当时饮酒，一般先要将酒烫热。武帝时期，曾一度"禁民酤酿"，不准百姓酿酒与卖酒，但不久禁令就被冲破。

秦至蜀汉时期，巴蜀地区的名酒有：

甘酒　秦至蜀汉时期，巴蜀民间普遍酿制一种时称"甘酒"的粮食酒。其酿制法"少曲多米，一宿而熟"，简易可行。近年在西蜀汉墓中，曾发现多件写有"甘酒"字样的陶罐。

清膘酒　左思《蜀都赋》说"觞以清

图 8-41　成都出土酒鬼陶俑

图8-42 新都出土沽酒画像砖

膘,鲜以紫鳞"。据说该酒有"一醉累月"的效力,浓度较高。

醽酿酒 扬雄《蜀都赋》说"蒻酱醽清,众献储斯",醽清,即醽縻酒,用醽花酿制。

郫筒酒 把麦曲装在竹筒内酿成,主要产于郫县。

清酒 巴人善酿此酒。此酒酿造时间较长,浓度较纯。秦昭王时官府曾与板楯人为盟,规定土著若侵犯了秦人,即"输清酒一钟"①。朐忍巴乡村(今云阳县东60里)村人善酿此酒,俗称"巴乡清"②。

旨酒 甜米酒。巴诗曰"旨酒嘉谷,可以养父","嘉谷旨酒,可以养母"③。此酒适宜长者,男女皆宜。

新都东汉酿酒坊画像砖拓片,为了解当时酿酒工艺提供了线索。关于该图,目前流行两种看法。一种认为是酿酒,反映了生产蒸馏酒的工艺。图案小灶上置天锅(称蒸锅或地锅),上置木甑,甑竿上部盛酒醅,再在甑口置一铁锅(称天锅)内盛冷水,此铁锅底部置一圆铜盘,盘侧有一小导管。蒸烧时,含酒精的水蒸气升至天锅底部时,遇冷水而聚成水珠,流入盘内,再从导罐流入酒罐中,这样就烧出了浓度较高的蒸馏酒。另一种看法认为该图反映的是酿酒工艺

---

① 《华阳国志》卷1《巴志》。
② 《水经·江水注》。
③ 《华阳国志》卷1《巴志》。

中的"收酒"。图上正中的妇女,左手扶圆簸状的滤酒筛,右手拿球拍形的压酒板,正在赶压滤筛上的酒渣。收酒用的榨槽(也称"榨床")和前面的沉淀池构成一弯尺状平台,沉淀池前放有三个瓶,其瓶口正好对着沉淀池的"酒注子"。压出的酒,先流入沉淀池,通过适当的沉淀后,再流入瓶中。该图反映的是一个较大型的作坊,工作人员分工较细,有专人用独轮车运送酒和原料,有专人挑成品酒,有专人掌握沉淀池流酒的进度等①。从当时巴蜀高度发展的经济、文化看,从近年在上海发现汉代铜蒸馏器的情况看,汉代巴蜀地区出现蒸馏酒是完全可能的。

秦至蜀汉时期,巴蜀地区的手工业领域中,还有一些部门或行业,如铅、锡矿的开采和冶炼、炼丹业、雄黄与雌黄制造业、石器制作业,限于资料和篇幅,此不赘述。

图 8—43 新都出土东汉酿酒坊画像砖

---

① 王有鹏:《试论我国蒸馏酒之起源》,《四川文物》1989 年第 4 期。

第八章 经济发展及其管理

第五节 建　筑

秦汉时期巴蜀地区的建筑，是经济建设和政治文化的结合体，是新的科学技术和传统文化的汇融点。这一时期，巴蜀盆地的建筑有很大发展，出现质的飞跃。究其因，主要与大量移民的进入，与铁器的普及和砖瓦技术的应用有关。

一、城邑

与巴蜀过去的城邑相比，与同期西南边疆民族的村寨城邑相比，秦入巴蜀后迄蜀汉时期，巴蜀内地的城邑建设发生了许多重大变化。归纳起来，其因素有三：一是外来统治者及外来移民等带入了北方的城邑建筑思想和技术；二是由于铁工具、砖瓦技术以及其他一些科学技术的广泛应用，给城市建筑植入了新的活力；三是由于郡县制度的执行，城邑空前增多，如差不多每个县都建有县城，且城邑建设风格相对统一化。

秦汉三国时期，巴蜀城邑建筑的一个变化是普及了城墙。先秦时期，巴蜀城邑已普遍采用土筑城墙，如广汉三星堆、青城山下的芒城等。为适应巴蜀潮湿、多雨、洪水凶猛等气候，这些土墙既宽且厚，且主要为夯筑，个别重要地段也用土砖坯。也有的城邑利用江河山形为墙，或用木栅荆棘围拦一面两面。秦入巴蜀后，很快掀起了第一次筑城高潮，普遍采用了关中地区的板筑法，按关中城墙规格在许多城邑新筑了土墙。这些土墙一般较薄，没过几年有的便在洪水暴雨冲袭下垮塌了。如秦在成都筑城"累筑不立"。迄至西汉，巴蜀地区的城墙仍主要为土墙。西汉早期，再次掀起筑城高潮。如高后时筑僰道城。这一时期巴蜀地区的县城以上的城邑，都筑了土城墙。

东汉时期，一些重要城邑开始采用泥土夯筑、砖砌外层的城墙建筑方法。近年调查发掘了东汉雒城遗址，该城城墙系用泥土分层夯筑，外部用砖包砌，砖长约45厘米、宽22厘米、厚9厘米，砖上多压印有"雒城"和"雒官城墼"

等铭文①。迄至蜀汉，巴蜀地区的一般县城，城墙仍用土筑。近年调查发掘的严道古城，在东汉中晚期曾重筑一层土墙。

图 8—44　大邑出土单阙画像砖

秦至蜀汉，巴蜀城市的布局亦发生了变化。过去的城邑往往因山势，顺水脉，呈不规则的形状。城邑大小，也只根据实际需要来确定，一般不受政治或礼制因素的制约。秦入巴蜀后修建的城市，一般是按照中原、关中传统城形，即大体方形或长方形进行设计。城的大小有一定之规。如秦筑成都城周长12里，郫城周长7里，临邛周长6里。西汉中期以降，随着人口的增加、经济的发展，一些旧城又有了扩大。如成都城，在李冰"开二江"之后不久，遂把商业区移于"二江"之间，在城外又新筑"西工"（今王建墓至青羊小区、抚琴小

---

①　沈仲常、陈显丹：《四川广汉发现的东汉雒城遗址》，《中国考古学会第五次年会论文集》，文物出版社 1988 年版。

区一带)、"锦官城"、"车官城"等。近年发现的东汉严道城,为我们了解汉代巴蜀地区的县级城邑提供了重要资料。

严道城由主城和子城两部分组成。主城平面呈正方形,东西长400米,南北宽375米。从有关遗迹推断,该城的城门是由两扇板门组成,城门上可能还修有门楼。子城建筑在主城西北的第二阶地上,台地平面低于主城3~5米,子城南墙与主城北墙西段重合,东墙从主城北墙中部开始,向北直线延伸。子城因地形所限,平面近似为长方形,东西长约300米,南北宽约200~270米,城墙的建筑方法与主城相同,均为板夯筑成。估计子城的时代与主城相近或稍晚,它可能是后期因居民增多而增建的一座附城。从城门位置和城内现存道路情况看,古城以南北干道为中轴线,南北与东西干道十字交叉,形成方格式的城市建筑布局①。

过去巴蜀城邑居民日常用水主要靠从河边运,有的活动如洗衣等则直接到河边完成。砖砌建筑技术普及后,城邑中推广了水井。目前发现的秦汉三国时期的水井主要有两种类型:一是下为陶井圈,地面为砖砌井台;二是砖砌井台、井壁。从汉墓殉葬的陶井模型看,当时井口上面普遍盖有房、屋,以减少井水污染。城邑中水井的普及,给城市居民生活带来了方便,也使手工业生产和城市建设布局发生了变化。过去一些必须建在河边的手工作坊,有水井后就可建在远离河流的地方。

二、道路桥梁

秦至蜀汉时期,铁工具广泛应用,对改造巴蜀道路起了重要作用。过去城邑中的桥梁,主要是竹索编的"笮桥",桥上不宜通行车辆,城邑中也主要以马、马车、舟船、竹筏为运载工具。铁工具普及后,木桥逐渐取代了笮桥。

李冰在"穿"成都"二江"的同时,便在"二江"上修建"七星桥"。以后历代治水者皆仿李冰,在建堰开渠的同时修桥。李冰建都江堰后,刺激、带动了成都平原桥梁文化的大发展。过去普遍存在的只能供人、畜行走的竹索笮桥、索桥,秦汉时期被代之为可通马车的木板桥或石桥。

---

① 赵殿增、李晓鸥、陈显双:《严道古城的考古发现与研究》,《中国考古学会第五次年会论文集》,文物出版社1988年版。

在岷江流域,在都江堰灌区,桥梁类型受地理条件和所处时代建筑水平的双重限制。岷江主流及其支流的宽度、流量、流速,差别颇大,呈现两大类不同的桥梁:离堆以北,江面宽阔,水流湍急,水位变化又大,修木桥或石桥,基础易被淘空,洪水很容易将其冲毁,故皆架竹索桥,如白沙索桥与安澜索桥。索桥的桥下支柱稀疏,对河水阻力较小,相对安全。不利之处是使用时间甚短,在使用竹索的时代每年必岁修,使用铁索后每过几年仍要大修。离堆以南,内江溪系,水流虽急,但河面狭窄,故多修木桥或石桥。

岷江外江,河道宽阔,枯水期与洪水期水流差别甚大,在秦汉那种条件下难以架桥,居民多于两岸系索牵船,以为津渡。

"二江"绕成都西、南行,隔开了成都市区与西、南方向的交通。修桥通路是"穿二江"后的必然步骤。《华阳国志·蜀志》说:长老传言:李冰造七桥,上应七星。李冰之前,成都西、南边已有江水存在。有江,就一定有桥,"七桥"并非全属新造。长老所传"李冰造七桥",包括新建部分桥梁及改造部分旧桥梁。在李冰建桥后,成都城外"二江"上共有七桥。"七桥"名称多异,古籍记载不一,现择较早古籍所载,列简表如下:

表8-2 李冰建成都"七星桥"名称异同表

	《华阳国志·蜀志》	李膺《益州记》(《古文苑·蜀都赋》注引)	《水经·江水注》	《元和郡县志》卷31	《太平寰宇记》卷72	李膺《益州记》(《方舆胜览》卷51引)
1	冲治桥	冲星桥	冲里桥			尾星桥(禅尼)
2	市桥	玑星桥	市桥		市桥	玑星桥(建昌)
3	江桥	员星桥	江桥		南江桥	员星桥(安乐)
4	万里桥	长星桥	万里桥	万里桥	笃泉桥	长星桥(万里)
5	夷里桥(笮桥)	夷星桥	夷桥	悬笮桥	夷里桥	夷星桥(笮桥)
6	长升桥	尾星桥	长升桥			

续表

	《华阳国志·蜀志》	李膺《益州记》（《古文苑·蜀都赋》注引）	《水经·江水注》	《元和郡县志》卷31	《太平寰宇记》卷72	李膺《益州记》（《方舆胜览》卷51引）
7	永平桥	曲星桥				冲星桥（永平）
8			升仙桥	升仙桥		曲星桥（升仙桥）
9			笮桥			
10					笮桥	

上表所列名称，以《古文苑·蜀都赋》注引《益州记》为最古，可能是（或最接近）李冰时的桥名。扬雄《蜀记》说："星桥上应七星也，李冰所造"①。可见扬雄时七桥仍名"星桥"。《华阳国志·蜀志》所列，或为两晋之名。万里桥，始名于诸葛亮之时。市桥，其名始于汉代在成都城外南两江间置市以后。

《水经·江水注》以"升仙桥"为"七桥"之一，误。升仙桥在成都城外北，不在"二江"之上，不能入"七桥"之列。另外，它也不能与"二江"诸桥曲连成"七星"之形，且秦时成都城外北无江，无需架桥。该人工渠的开凿，当在汉初（司马相如之前），升仙桥也当为汉初所建。《水经·江水注》又分夷里桥为夷桥、笮桥二桥，"七桥"成为八桥，或是误抄，或是南北朝时流江上又新架了一桥。《元和郡县志》踵《水经·江水注》之说，以升仙桥为"七桥"之一，亦误。《太平寰宇记》又多出一笮桥，或便是《水经·江水注》的笮桥。南宋祝穆《方舆胜览》卷51所引《益州记》，多误。其曰：七星桥，"一、长星桥，今名万里；二、员星桥，今名安乐；三、玑星桥，今名建昌；四、夷星桥，今名笮桥；五、尾星桥，今名禅尼；六、冲星桥，今名永平；七、曲星桥，今名升仙"。文中凡"今名"者，是祝穆的解释②。《后汉书·公孙述传》注引李膺《益州记》说"冲星桥，旧市桥"。李膺绝不会在同书中又说冲星桥为永平

---

① 《蜀中名胜记》卷1引。
② 《蜀中名胜记》卷1亦引。

桥，又升仙桥不在"七桥"之列，乃为常识。李膺为南朝蜀人，长于地方掌故典籍，不会不悉。

七桥的位置，都在成都城的西边和南边。值得注意的是，这批桥梁的位置多为后世沿承，时至清代民国，仍变化不大，反映了交通的传承关系。

冲星桥（冲治桥）：《华阳国志·蜀志》说直西门郫江中冲治桥，架在正西门外的郫江之上，约在今奎星楼城墙外桥附近。

玑星桥（市桥）：《华阳国志·蜀志》说西南石牛门曰市桥，下有石牛潜渊中，李膺《益州记》说汉旧州市在桥南，在今成都县西南四里。《太平寰宇记》说市桥在州西四里，《蜀中名胜记》卷1把市桥与石犀寺（石牛寺）放在同一方向，架于郫江之上，值今西胜街西口与西较场正门之间，大体在四五十年前的金花桥附近，为由成都少城出城南行的干道所经。石犀溪北口，在桥南附近分郫江之水。

员星桥（江桥）：常璩《华阳国志·蜀志》说"城南曰江桥"，又《华阳国志·公孙述刘二牧志》有"军其江桥，及其少城"，指驻军由江桥而达少城。《水经·江水注》说江桥在大城南门。又《大同志》载晋太康末，蜀中童谣有"江桥头，阙下市"，"江桥头，关下市，成都北门十八字"，指江桥和市桥之间将出现乱子，《太平寰宇记》卷72说南江桥在城南25步，架于郫江之上。可见江桥之名，从李冰时期，一直延续到唐宋。故桥址在今文庙前街靠近南大街一带，为由成都大城出城南行的干道所经。

长星桥：即万里桥。李冰创建后，三国时诸葛亮又赋予它新的历史文化内涵，是都江堰水系中最为著名的历史文化名桥之一。《华阳国志·蜀志》说城南曰江桥，南渡流曰万里桥。《水经·江水注》说江桥曰万里桥。《元和郡县志》卷31说：万里桥，架大江水，在县南八里，蜀使费祎聘吴，诸葛亮祖之，祎叹曰"万里之路，始于此桥"，因以为名。唐陆肱有《万里桥赋》，宋刘光祖有《万里桥记》。康熙《成都府志·山川》："万里桥（清顺治三年）兵火颓圮。本朝康熙五年（1666），巡抚张德地、布政司郎廷相、按察司李翀等府县官捐俸重修，仍覆以屋，题其额'武侯饯费祎处'，知府冀应熊大书'万里桥'三字勒石"，架在流江（检江）之上，桥址约当今老南门大桥，为由大城南出的干道所经。

夷星桥（夷里桥、笮桥）：《华阳国志·蜀志》说万里桥西上曰夷里桥，亦

第八章 经济发展及其管理

曰笮桥，架于流江之上。从地理条件看，此地可以架木桥或石桥，但李冰时是将架桥任务分派给当地夷人，让其自建，并本着尊重民族文化的观点，同意他们建一座具有民族风格的索桥。此桥一直为后世所承。

尾星桥（长升桥）：《华阳国志·蜀志》说从冲治桥西折曰长升桥，架于郫江之上。位置约在今王建墓东北半里许，北靠北巷子、西大街交叉口，为由少城西北出城的路线所经。

曲星桥（永平桥）：《华阳国志·蜀志》说郫江上西有永平桥。位置在今通锦桥附近，为由少城西北出城的干道所经。

李冰所建诸桥，在当时都是较大的工程。检江（流江），古人多视为"大江"正流。郫江，《马可·波罗行纪》说"江宽半哩"。在"二江"上架桥，皆非易事。从桥名看，当时李冰动员了成都城内的秦移民和土著民族一起架桥。笮桥（夷里桥）当由蜀人以土法建成。笮桥又叫绳桥，《元和郡县志》卷32说笮桥"以竹篾为索"，又说绳桥"篾作四条，以葛藤纬络，布板其上，虽从风摇动，而牢固有余，夷人驱牛马去来无惧"。这种桥在古代川西、滇西分布极广，极有特色，人们甚至称这些桥梁的主人为"笮人"。其他六桥，皆为木桥，主要由移民修建。"七桥"何以名"星桥"？把七桥相连，其形略似北斗七星（天枢、天璇、天玑、天权、玉衡、开阳、摇光［瑶光］）之形，用线条把城南四桥即玑星桥、夷星桥、员星桥、长星桥相连，得一不规则长方形，似北斗星座之斗杓，连接曲星桥、尾星桥、冲星桥，似北斗星座之斗柄。李冰时所建七桥，全在成都城的西、南面。为什么呢？最简单的答案是：当时成都城的北面、东面没有河流，用不着建桥。但当时成都的西、南面虽有河流，如果仅是为一般性地沟通交通，建两三座桥便可，也用不着一下子便建这么多桥。原来，当时成都城分为少城和大（太）城。少城在西，大城在东。从目前掌握的资料看，少城是当时的政治、经济中心。《华阳国志·蜀志》说：成都县本治赤里街，张若徙置少城内，营广府舍，置盐、铁市官并长丞，修整里间，市张列肆，与咸阳同制。又成都少城及其西门外，现成都市的青羊小区、抚琴小区，乃是从商周至战国中期蜀人分布较多的地区之一。近几年来，先后在这里发现了大量新石器时代晚期至战国时期的重要文物。据笔者所见，有新石器时代晚期至春秋、战国时期的遗址（如方池街、君平街、青羊宫、十二桥及抚琴小区等）、墓葬（上百座），出土文物有新石器时代晚期的陶器、商周时代的青铜器（抚琴小区）、商周至战国时期的各式巴蜀兵器（上述诸地皆有）、卜骨、船棺、干栏式房屋建筑等。最近在城外的抚琴小区还发现了很密集的秦汉时期的陶、木水井，表明那里不仅是一墓葬区，也是村庄、作坊所在，也说明少城西门外，在张若建成都城后，仍是一人口集中区。城外居住区与城内的联系，只有通过七桥来完成。另外，成都出西门，与湔氐道之间的联系，出南门与临邛、南安、武阳、严道等，进而与滇、黔等地的联系，都要通过七桥。

武帝时扩建成都城，仍把修桥改路摆在重要地位。在成都出土的东汉画像砖上，有马车和骑马随从在木桥上奔驰的画面。随着马车的使用和普及，对道路又提出了新的要求，一些较宽阔平坦的道路取代了过去那种狭窄而凹凸不平的小道。秦至蜀汉，巴蜀地区几乎将所有的交通干道进行了改造，多数可以通大车。新的道路对路旁建筑、树木等又提出了新的要求。又如过去巴蜀地区流行的舟船，主要是独木船和小木船（受铜工具不宜广泛用于改料的限制），随着铁锯等铁工具的广泛使用，出现了大木船，这就对城邑中河面的宽度、码头规模等提出了新的要求。秦汉时期，巴蜀地区几乎改造了所有江河道上的船码头。这些工程主要由政府出资，或由政府组织完成。这一时期，涌现

图 8—45　成都出土东汉车马过桥画像砖

了许多著名的船码头（当时称津），并以此为依托，建立起了一大批新的城邑名镇。铁工具的推广使用，还为发展传统交通建筑带来了生机。如"栈道"是一种带有巴蜀地方色彩的交通建筑。但在青铜时代，它只在极少数路段偶尔使用，且其承重能力较低。铁工具推广后、铁锤铁凿为高速度地打凿大批栈孔创造了条件，铁锯铁斧铁刀铁凿则为伐料、改料、砍料、打榫卯等提供了方便。于是，"栈道"在巴山蜀水高崖悬壁中一度获得空前的发展。

三、房屋

从画像石、画像砖、出土的陶房模型等资料看，汉代蜀地城邑中房屋建筑

以平面铺开、彼此衔接、相互配合的群体为主要特征。西汉时期虽已出现楼房，但仍以平房为主。布局流行里间式，或称街巷式。住家户主要是临街、临巷建房。这种布局特征在蜀中出土的画像砖上有反映，在一些大型崖墓布局上也有反映。这与巴蜀潮湿、多雨、夏季闷热等气候特征有关。里间式布局显然比当时北方流行的四合院式布局更有利于空气流通。同时，这种布局具有开放性、实用性特征，是家族观点较北方淡薄的反映。这种布局，不同于巴蜀过去那种村寨式的彼此孤立、互不相连的房屋建筑。它的普及，以铁工具和砖瓦技术广泛用于建筑为前提。

巴蜀盆地内的建筑，过去以竹木结构为特征，以草或木片为瓦。秦入巴蜀后始出现砖瓦建筑，迄至汉代城邑中已基本普及砖瓦建筑。在当时巴

图 8-46 成都出土汉代瓦当

蜀地区的郡府、县城、一般城镇遗址上，都曾发现大量瓦当。瓦当上有的有"半两"、"大吉"等瓦文，有的有卷云、鸟禽、动物等图案。当时的宫室、官府等高级建筑，还使用了铺地砖。当时房基多用条石，墙体下半部多用砖，砖边印有各种美丽的花边，有的在墙体中部还嵌有画像砖。砖瓦技术的广泛应用，使巴蜀建筑产生了质的飞跃。首先是给建筑布局规整化创造了一定的条件；其次是建筑物的使用寿命延长，安全系数提高，建筑物的结构、形体等也都发生了一系列变化。

图 8-47 成都出土汉代画像砖上的建筑

秦至蜀汉时期，巴蜀盆地的房屋木结构部分，其框架体系多为梁柱式、穿

斗式。大型建筑中已出现厅堂，主梁跨度和间阔系一般住宅的数倍。当时寝室、厅堂都普遍有宽敞的前廊。从画像砖提供的资料看，这一时期开始普遍采用在外围柱子中部加一条横枋，使全部外围柱子联结为一个框架整体。这就极大地加强了整幢房子的稳定性。当时巴蜀地区规模较大的房屋，普遍采用斗、拱承檐及承横梁。在崖墓雕刻实例中，当时西蜀至少采用了横托斗拱、转角斗拱等形式。这些建筑特征，正是以铁工具的推广应用为前提。

从房屋的建筑高度看，过去巴蜀盆地内主要流行一楼一底的"干栏"。从东汉墓中出土的大量画像砖及大量陶楼模型看，当时巴蜀民间已推广了三至五层楼房。公孙述称帝后，在成都建造了一幢十层楼房，整幢楼房全上红漆，楼边置射兰。

东汉时期，随着豪族大姓势力的发展，在建筑布局及其修建方面也出现了一些变化。特别是在豪族大姓势力高度发展的山区农村，村寨周围出现了用于防范的防寨河、深沟、高大的墙体，墙上往往有碉楼，村寨中已出现了豪华高大的建筑群体，有的系四五层楼房，有的为戏台、观戏台，有的为仓库。

汉代巴蜀地区的石质建筑也发生了重要变化。过去巴蜀农村石质建筑比较广泛，但主要是利用卵石或不太规整的石板石块垒墙。铁工具普及后，铁锤铁钻铁凿等为打凿规整的石块石板，为雕刻各种石刻图案提供了条件。于是，以规整的石块、石板为主要建筑材料的石建筑也应运而生。除了后面将要讨论的石墓葬和石阙外，当时城邑中还流行用石建筑来存放各种贵重文书档案，以防火灾，一些粮食仓库已采用石质建筑。如东汉政府在成都的郡府学校中，便建有石室石库。

图 8-48　成都金堂出土陶楼模型

从最近在忠县蜀汉墓中发掘出土的陶房模型资料观察，蜀汉时期的建筑，主要是承袭东汉风格，也有一些自己的时代特征。蜀汉有些地区如川东民居房屋使用低矮的台基，而有别于过去的干栏。蜀汉时期出现了具有纵横两个方向

· 333 ·

构件组合的斗拱。蜀汉房屋还普遍建有突出于屋顶的平台，有的还在平台四周设有栏杆，或可供人登临。当时还在房屋前廊两侧增加一道齐腰的栏杆式矮墙①。

四、阙

阙是秦汉三国时期的典型建筑之一。至今，在四川境内还保存着20余处汉阙实物，另在画像砖、石、崖墓雕刻资料中，有数百件阙的图案，是我们了解认识四川汉代建筑的可靠资料。四川的汉阙，大体可分为城阙、里间阙、庙阙、墓阙四类。

城阙。秦汉三国礼制，只有都城才能修建城阙。东汉末期，刘焉据蜀，欲割据称帝，在雒县筑阙门②。蜀汉时期，都城成都也筑有城阙。左思《蜀都赋》说成都"华阙双邈，重门洞开，金铺交映，玉题相晖"。

里间阙。汉代旌表忠臣，或在其居住的里间建阙。《后汉书·独行传》载西汉末年梓潼人李业，因不愿出仕，公孙述令将其

图8-49 渠县汉阙

图8-50 渠县汉阙

杀死，光武帝灭蜀后，即"旌表其间"。梓潼县南门外2里的长卿山麓，至今犹存李业阙，系单阙，高2米，宽1米，以独石刻成。成都羊子山汉墓出土画像砖上画有双阙，以门楼连接，属此类。2001年夏，在四川忠县乌杨镇一片河滩上，发现一处汉代子母双阙。双阙，即左右对称之阙；子母，即每一边都分别由大小不同的两个阙身组成。高240厘米、宽110厘米、厚75厘米。其上雕刻着一只几乎等高的白虎，线条粗犷简洁，造型古朴庄严，典型的汉代风格。其

---

① 《四川忠县瞶井蜀汉崖墓》，《文物》1985年第7期；朱小南：《三国蜀汉民居的时代特征》，《四川文物》1990年第3期。

② 《华阳国志》卷3《蜀志》。

石质构件包括阙身、阙顶、扁石、枋子层、阙顶残件和子阙阙身等。精美的阙顶为重檐式仿木石刻，瓦当线条分明，檐角飞动；扁石上刻方孔钱纹和菱形纹，线条匀称；枋子层刻角兽半圆雕，造型生动。其中一个阙顶长 2.4 米，宽 1.7 米，石质光洁圆润，像刚完工的艺术品。阙身上有一根根圆溜溜的椽子，在其中两根椽子上，分别雕刻着一条长蛇，长蛇缠绕着椽子，口中衔着一件不知名的东西，这在以前发现的汉阙中绝无仅有。从其发现位置和高度看，当为里间阙。乌杨阙发现后，忠县已拥有三处汉阙，另两处汉阙一为丁房阙、一为无铭阙。忠县汉阙有两个特点：一是高度远远超过其他地区的汉阙，二是均为双檐造型。

庙阙。秦汉三国时期在个别祠庙前筑阙。保存至今的有忠县东门外土主庙前的三房阙。土主庙约始建于东汉，原名巴王庙，是祭祀巴国忠臣巴蔓子的祠庙。当时在庙前筑阙，亦带有旌表性质。阙高 6.26 米，以六层石墩砌成。

墓阙。保存较多。东汉时期，于墓阙控制不太严。墓主一般系县长、县令级以上的官吏，或有其他较特殊原因的人物。从墓阙上的铭文看，墓阙在当时或称"大门"，或称"神道"、"墓道"，或称"阙"。墓阙的作用之一是"别尊卑"，显示墓主身份

图 8-51 金堂汉墓中的石刻阙楼

等级，同时也是欲使冢墓更近似抽象意义的官府。此外，有的墓阙，还建在墓室中，2006 年在金堂东汉砖墓中便有发现。一般来说属县令以上的官吏所为，也是身份的显示。

从质料上看，汉阙可分木、砖、石三大类。从用途上看，有实用阙（如城阙）、纪念旌表阙（里间阙）、象征阙（墓阙、棺阙）等。实用阙，高数丈至一二十丈，人可登梯而上；纪念旌表阙与象征阙，高数尺至一两丈不等，一般无梯可登。阙的建筑特点，主要是在柱上使用纵横交叠的枋木，柱子有侧脚。

综观秦汉三国时期巴蜀地区的汉式建筑，总风格与当时中原相似，也有一

第八章 经济发展及其管理

些地方特征。其趋势是逐步放弃原中原、关中建筑中为适应北方气候而设置的结构部件，为适应巴蜀盆地气候，又逐步增加一些结构部件。在城镇，中原式建筑与传统建筑相混合，从整幢房子的设计，到个别部件上，都能看到这两种文化的融汇。在农村、山区，传统建筑仍占统治地位。若把秦至蜀汉的巴蜀建筑与当时较有代表性的外国建筑（如希腊神殿、哥特式教堂、伊斯兰礼堂）相比，当时这些外国建筑主要与宗教有关，而巴蜀地区的建筑，无论是官府，还是民宅，无论是厅堂，还是居室，都主要是人们的实用建筑。

第六节 商 业

秦汉一统，人口大增，市场大增，加之工、农业大发展，交通空前便利，促使商业迅速发展起来。与同期关中、中原等地相比，巴蜀商业的特征是具有明显的区域性，与周围民族联系紧密，远距离跨国贸易发达。

一、商业概说

秦占领巴蜀后，即把秦本土商业管理制度强行推广于巴蜀。公元前311年，秦筑成都城时，便在城中开辟了专门的商品交易市场，在市场上又按不同的商品种类，设立若干"列肆"，除设立"亭"吏管理市场外，还对盐、铁两种特殊商品设置专吏，单独管理。秦政府又把秦币"半两"钱、秦度量衡器制度等，推广于巴蜀，利于加强商业管理，也极大地促进了商业发展。近年，在成都、阿坝等地这一时期的遗址、墓葬出土的陶器上多次发现的"成亭"印文，便是成都亭吏在陶坯上盖的印戳。目前对秦亭制度多有误解，需略作讨论。从时代上看，无论怎样理解"亭"，在县以下设亭，主要是秦制（中原个别国家也有此制），目前还无任何资料能说明巴蜀王国时期也设置过亭。巴蜀王国也不可能使用中原文字做官印。巴蜀亭制的执行时间，当在秦统治的百余年间。从性质看，秦统治时期尚未把治安管理与市场管理分开。"亭"有管理市场的职能，对私营作坊的产品有检查监督权。为减少损失，对有些产品如陶、漆器，还在生产过程中便到作坊去检查，合格者则盖上印戳。"亭"不是生产机构，亭吏也不负责

第八章　经济发展及其管理

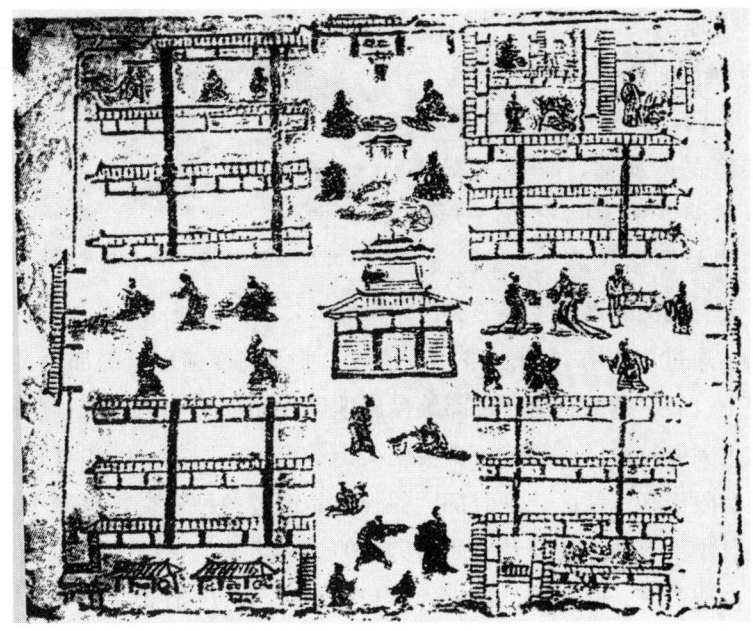

图 8—52　集市画像砖

检查官营作坊的产品①。秦入巴蜀后，即实行秦的"市籍"管理制度：限制农民弃农经商，对商贩"户籍"实行专门的管理。在市场上出售的商品，凡价值在一个钱以上的，必须明码标价。

  秦统治期间，商业大发展。农业方面，秦本土实行的粮食专买政策并未在巴蜀执行，土著民族和外来移民通过市场卖出大量余粮，换回自己需要的铁农具、食盐等。川西高原民族则把大量马、牛、羊、皮革制品，甚至他们彼此械斗征战掠获的奴婢等，销售到内地，西蜀内地以铜、铁兵器、工具及盐、漆器、锦帛等换取上述物品和奴婢，除少数供本地使用外，又将大部分转售关中等地。在秦统治期间，西蜀是当时西部地区最大的奴婢集散市场。其奴婢来源就是周边的少数民族。在秦统治期间，巴蜀土著的商品意识迅速发展，一些过去主要供自用的物品或一般用于馈赠的物品，现在开始变为商品，如水果、渔猎物品、家禽等。一些边远民族地区，过去一直以物易物，或长期使用一般等价物，现在货币意识迅速发展。如在川西高原汶山的这一时期的石棺墓中，往往并见滇

---

  ①　罗开玉：《秦国乡、里、亭新考》，《考古与文物》1982年第5期；罗开玉：《秦在巴蜀的经济管理制度试析——说青川秦牍成亭漆器印文和蜀戈铭文》，《四川师范学院学报》1982年第4期。

西贝币、内地的"半两"及"桥形币",表明是同时使用多种货币①。

秦汉时期,西蜀的外贸主要输出四大类产品:蜀锦、漆器、茶和铁器。前三类多系国际贸易,铁器则主要输出到西南民族地区。它们

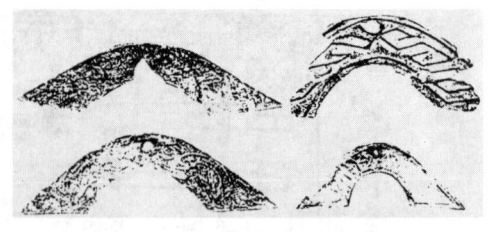

图8—53 巴县出土船棺中的桥形币

都促进了天府之国的迅速发展形成,并为世所公认。西蜀的蚕丝、蜀布、蜀锦、邛竹杖等,通过"南方丝绸之路"远销东南亚、南亚诸国。蜀郡生产的铁器,销售到汶山、筰、越巂、滇、夜郎等民族地区。蜀郡生产的枸酱,也通过夜郎地区,销售到南越地区。蜀姜行销关中。始皇统一六国前,巴蜀对外的商品交流地区主要限于秦占领区。这时期,各种物品通过各种途径,源源不断地输送到关中、汉中、上郡、南郡及"西南夷"的许多边地。秦统一六国后,政府在全国范围内通关塞、修驰道、统一货币和度量衡等,巴蜀商品也就输送到全国各地。

秦在六国实行"上农除末"的抑商政策,打击、迁徙富商大贾。《史记·货殖列传》说:"巴寡妇清,其先得丹穴,而擅其利数世,家亦不訾。清寡妇,能守其业,用财自卫,人不敢犯,始皇以为贞妇,而客之,为筑女怀清台。"秦始皇甚至亲自下令为女实业家兼商人巴寡妇清筑台以表彰。可见秦在巴蜀的商业政策不同于外地,对商人、实业家等,给予了必要的支持,鼓励巴蜀的富商大贾们将商品运销西南各地。这些都有力地推动了巴蜀商业的发展。

秦末汉初,全国战乱,巴蜀独安,保证了工商业稳定、持续地发展。汉初外地物价腾涨,不法奸商乘国乱之机牟取暴利,米至每石卖一万钱,马一匹卖一百金,但巴蜀物价相当便宜、稳定,大量商品外流,对全国经济形势起了稳定作用。西汉初期,废除了秦代政府独家官营铸钱及盐铁的一些管理政策。当时虽采取了一些抑商措施,私营商业仍发展很快。

迄至西汉早期,巴蜀经济区已初步形成,成都则跃居全国的六大都市之一。巴蜀的丝织品、漆器、铜、铁器等,流通到全国各地。目前在长沙马王堆、江

---

① 罗开玉:《巴蜀王国钱币研究》,《成都文物》1989年第4期;罗开玉:《论古代巴蜀王国的桥形铜币》,《考古与文物》1990年第3期。

陵凤凰山等地的汉代早期墓葬中，都发现了巴蜀生产的丝织品及漆器。这一时期，巴蜀内地生产的各种铁器，往往通过民间途径，流通到"徼外"西南夷地区。

西汉初期，将治安管理机构与市场管理机构分开，从"亭"中分化出专门的"市"。在这一时期的漆器上，或见有"成市""成市草"等铭文，系成都市吏检查了私营作坊产品后留下的。

图8—54 新都出土集市画像砖

这一时期，政府还从政治上限制商人，实行专门的"市籍"制度，规定"贾人不得衣丝乘车"，不得带兵器，不得仕宦为吏，并"重租税以困辱之"。这一时期，每个城镇都划出单独的市场区域，一般筑有围墙，建有市门、市楼，每天按时开关市门。如当时成都的"市"，便主要设在城外南郊"二江"之间的河滩地上，两头以桥为门，两边以河为墙，便于管理。

西汉中晚期，随着西南夷地区的全面开发，西蜀经济在整个西南地区居于事实上的领导地位，巴蜀经济区已形成。《史记·货殖列传》形容当时的市场情况说："通邑大都，酤一岁千酿，醯酱千瓨，浆千甔，屠牛羊彘千皮，贩谷粜千钟，薪稿千车，船长千丈，木千章、竹竿万个，其轺车百乘、牛车千两，木器髹者千枚，铜器千钧，素木铁器若卮茜千石，马蹄躈千，牛千足，羊彘千双，僮手指千，筋角丹沙千斤，其帛絮细布千钧，文采千匹，榻布皮革千石，漆千斗，蘖、曲、盐、豉千答，鲐鮆千斤，鲰千石，鲍千钧，枣粟千石者三之，狐貂裘千皮，羔羊裘千石，旃席千具，佗果菜千锺"等，真可谓无所不有。

扬雄《蜀都赋》说成都市是"东西鳞集，南北并凑，驰逐相逢，周流往来"，"万物更凑，四时迭代。"有"江东鲐鲍，陇西牛羊，燿米肥腯……"左思《蜀都赋》说成都："水陆所凑，兼六合而交会焉"。"市廛所会多万商之渊，列隧百重，罗肆巨千，贿货山积，纤丽星繁。"与秦及西汉早期相比，这时的奢侈品明显增多。巴蜀市场上的丝织品、金银漆器、金银漆饰车具、奴僮等成为全国的抢手货。当时一件镶金银漆耳杯（即扣器）价格，相当于10~20个同样大小的铜耳杯的价格。时谚"用贫求富，农不如工，工不如商，刺绣文不如倚市门"。当时市场上商品交换的正常利润为20％左右，长途贩运则可远远突破此限。一个拥有"僮手指千"，即100名奴僮的商人（在当时并非最大的商人），其收入与封君"千户侯"、"千乘之家"相等，时称"素封"，即其经济收入、生活相当于一个没有官爵的封君。迄至西汉中期，西蜀在秦统治的基础上，又发展成当时全国最大的畜奴区、最大的奴僮买卖市场。西南边疆各族各部相互掠奴，提供了来源。蜀地商人贩奴，利润通常在100％以上，有的甚至高达10余倍。故司马迁、班固皆把贩卖奴僮作为巴蜀因此"殷富"的重要原因之一。

由于秦汉长期实行抑商政策，当时一般视经商为贱业。卓氏自己经营铸铁，但当女儿与司马相如开酒肆时，却甚感羞耻，以至杜门不出。当时官吏、文人、士大夫等一般都将必要的购销活动交与奴僮。如《僮约》要求奴僮为主人酤酒、买席、求脂泽、买茶等，另外还要替主人卖物品，"为府掾求出入"，"贩于小市"、"牵犬贩鹅"，"多作刀矛，持入益州，货易牛羊"等。

西汉元帝（前48~前33）以降，旧有的商业管理制度和抑商政策渐被突破，涌现出一批富商大贾。在成帝至哀帝间（前22~前2），在巴蜀地区甚至产生了像罗裒那样"赀至巨万"的豪商。罗氏原有本钱数十百万，到京师为平陵石氏"持钱"（放债），往来于京师与巴蜀之间，又以巨资"赂遗"曲阳侯王根（成帝时的大司马大将军，王莽为其侄）和定陵侯淳于长，依仗其权力，一方面"赊贷于郡国，人莫敢负"，一方面又在西蜀"擅盐井之利"，年余时间"所得自倍"①。一般富商则买田宅，蓄奴婢，加重了社会危机。

王莽改革时，商业管理是一个重点。其中之一是于始建国二年（10）二月公布实行"五均赊贷法"。其法是：改称长安东市为京市，西市为畿市，洛阳为中市，邯郸为北市，临甾为东市，宛为南市，成都为西市，在这几个大都市设立五均司市师，其属下各置交易丞五人、钱府丞五人，其职责是在每季度的中月，分别根据各种商品的上、中、下三等质量，定出三等标准价格，称为"市平"，若市面物价高于"市平"，官府就把库存货物按"市平"价出售，以降低市场价格，市场价格低于"市平"，就任其自由出售。"市平"价只管三个月，

---

① 《汉书·货殖传》。

三个月后又据新的情况再行议定。赊贷就是官办信贷。赊指借钱给确有困难的城市居民办理丧葬等急事,数目较小,不能用于生产消费,无利息,一般要在三个月内归还。贷指借钱给工商业者经营产业,有利息,收法是先收纯利的十分之一,再收3‰的月息。过期不还钱者,就罚做罪徒。当时还开始征收商贾及工业者的所得税,称"贡",亦收十分之一,由工商自报。报不实者,没收财产,罚劳役一年。此后,王莽还曾实行盐、铁、酒专卖,官府铸钱,加五均赊贷合称"六筦(管)"。为了执行商业改制,当时还任用了一大批商人来管商业。他们趁机谋利,鱼肉百姓,加之当时频繁的币制改革,国民经济系统很快崩溃。公孙述称帝后,在商业管理方面即废除莽制,恢复西汉旧制。

东汉王朝建立后,即在巴蜀恢复西汉时的商业管理制度。但由于豪族经济的逐步发展,对商业管理也产生了重大影响。它表现在:为满足豪族地主等的消费需要,市场上不再禁止销售奢侈品,奢侈品越来越多,质量也越来越精;为适应豪族地主兼并土地等方面的需要,允许农民弃农经商,舍本逐末,在实际上取消了过去的"市籍"管理制度。这也为官宦家属、奴婢经商提供了方便。当时官吏豪族普遍利用政策和管理之权,为家属、奴婢经商提供方便,乃至出现了一些巨富。如广汉雒人折象家,便"有资财二亿,家僮八百人"[1]。

蜀汉政府从建立之初,便较重视商业发展及其管理。与以往巴蜀地方政府不同,蜀汉统治者一般都站在国家领导的高度,考虑、制订、运用整个商业管理体系,并充分利用该体系为割据政治、为统一大业服务。史载刘备入成都后,一度军用不足,除铸"值百五铢"外,还"平诸物价,令吏为官市",短期内便使"府库充实"。蜀汉实行盐铁专卖。早在刘备称帝之前,便设置有司监校尉,其职责是"较盐铁之利",结果是"利入甚多,有裨国用";称帝后,又设"盐府",主管全国的盐铁专卖,又设"司金中郎将",主管各种金属的采掘和冶炼[2]。

诸葛亮执政时,曾采取了一些限酒、禁酒措施,但民间仍能酿酒、卖酒、喝酒。蜀汉时期,在统治势力所及地区,北起甘肃、汉中,南达云、贵,西起

---

[1] 《后汉书》卷82《折象传》。
[2] 《三国志》卷39《蜀书·刘巴传》注引《零陵先贤传》,《三国志》卷41《蜀书·王连传》、《蜀书·张裔传》。

第八章 经济发展及其管理

汶山，东止三峡，商业购销，自成体系。故庞统认为当时巴蜀"所出必具，宝货无求于外"。左思《蜀都赋》描写当时成都"市廛所会，万商之渊，列隧百重，罗肆巨千，贿货山积，纤丽星繁"。其规模之大、门类之杂、品种之多，超过当时魏都、吴都。

蜀汉时期，外贸较发达。政府组织作坊大量生产漆器、蜀锦等高级商品，同时还从民间大量收购这些奢侈品，主要用于外贸等。如近年在东吴墓中发现的大批蜀汉漆器。但漆器在当年蜀汉的外贸商品中并不占大头。据文献记载，当时的外贸商品主要有锦、马、茶。《丹阳记》说"江东历代尚未有锦，而成都独称妙"，反映出当时蜀锦垄断了东吴市场。曹操曾亲自派人到蜀中买锦，这些物品还通过馈赠等外交手段，大量流出。如建兴元年（223），蜀吴重修旧好，蜀使赴吴，一次便"致马二百匹，锦千端及方物"[①]。当时与周边地区的民族贸易也较活跃。如南中的"耕牛、战马、金银、犀革"等通过互市，大量流入巴蜀。永昌郡的橦花布（即木棉布），系成都市场上的时髦品。蜀商还通过永昌等地与东南亚、南亚诸国进行长途贸易。《魏略·西戎传》说蜀贾似至天竺（今印度）东南的盘越国。蜀丝、锦等大量流入大秦。大秦的琥珀、珊瑚等又大量流入西蜀。

二、货币

秦入巴蜀前，巴蜀地区的货币经济极不发达，虽然当时已使用黄金、桥形币等货币，但以物易物和使用一般等价物的现象，在大多数地区甚至城市里仍普遍存在。秦入巴蜀后，在秦政府的倡导和推动下，在外来移民的影响下，货币经济迅速发展，货币在大多数地区流行开来。秦至蜀汉，巴蜀地区流行的钱币种类虽多，但主要是与全国一致的，只有少数钱币具有明显的地方特征。

秦统治期间，其流通货币大体可分为两个阶段。

第一阶段，从秦入巴蜀（前316）至始皇统一全国货币（前221）：秦在巴蜀虽极力推行半两钱，但未强行统一货币，有多种货币同时并存，除官铸货币外，还在相当长的时间内允许民间自铸，故当时不仅货币种类多，每种货币中形制也极复杂。

---

① 《三国志》卷47《吴书·孙权传》注引《吴历》。

秦"半两"。方孔圆钱，有外廓，钱文"半两"。该钱始铸于惠文王二年（前336），秦攻占巴蜀后即在蜀地推行。战国晚期的"半两"，直径 2.6～3.3 厘米不等，重量在 2.1～9.5 克范围内（折秦 3.1 铢～14 铢），大小厚薄差别甚大，充分体现了私家铸钱的特点。

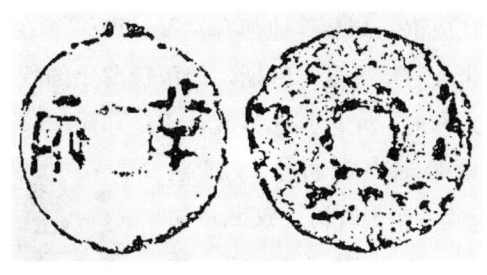

图 8—55　成都出土秦"半两"拓片

"两甾"钱。秦统治巴蜀期间，蜀地还流行一种"两甾"钱，方孔圆钱，径 3 厘米左右，重 8.5 克左右，有外廓，钱文"两甾"。此钱在冬笋坝船棺和土坑墓中都有发现，外地极少见。

铜、银桥形币。桥形币系过去巴蜀地区使用的金属货币之一，秦入巴蜀后仍在民间继续流行①。

第二阶段，公元前 221 年至秦亡（前 206）：秦政府在全国范围统一货币，并一律官铸，巴蜀地区的合法货币，只有"半两"一种。

黄金与金铢。秦统治期间还普遍使用黄金。《秦律》规定全国统一以黄金为高级货币。在成都羊子山 172 号墓中曾在人头骨旁发现两块金块，共重 1.216 两，显系货币。在犍为的土坑墓中发现金珠，亦当系货币②。把黄金溶为珠形作货币使用，是犍为、僰道、符县、江阳一带的地方风俗，至迟在战国晚期已经出现，到东汉时仍继续保留。《华阳国志·蜀志》"符县"条说：永建二年（127）先民和之女临投河前"乃分金珠，作二锦囊系儿头下"，可证当时仍俗以金珠为币。秦末汉初，全国战乱。巴蜀地区又恢复了私家自铸货币。这时仍以"半两"为主，但形制复杂，大小厚薄不一。桥形铜币又开始公开流行，其大小厚薄及纹饰等也不够统一。

西汉早期，法以"半两"为流通货币。当时于货币管理几经反复。从高祖至文帝，除吕后一度禁止私铸外，基本上允许民间私铸。这时的"半两"钱范，

---

① 罗开玉：《巴蜀王国钱币研究》，《成都文物》1989 年第 4 期；《论古代巴蜀王国的桥形铜币》，《考古与文物》1990 年第 3 期。

② 《成都羊子山第 172 号墓发掘报告》，《考古学报》1956 年第 1 期；《四川犍为县巴蜀土坑墓》，《考古》1983 年第 9 期。

第八章 经济发展及其管理

在成都、高县等地都有发现。1980年在高县发现的"半两"钱范，钱径2.8厘米，表现了这一时期，钱币轻薄小的特点。文帝时将蜀地的一座铜矿山赐予蜀人邓通，允许其私铸钱，于是邓氏"钱布天下"，"财过王者"，蜀钱流通全国。景帝时，实行"铸钱之禁"，改为官铸。汉武帝初期，仍沿用"半两"。从1978年在威远发现的窖藏钱币看，当时蜀中的半两为有廓半两。武帝开始，铸行五铢。

图8-56 汉代五铢1　　图8-57 汉代五铢2

王莽时期，从居摄二年（7）到天凤元年（14）7年间，进行四次币制大更动。第一次是在五铢钱外另铸大钱五十，一个值五十钱；又铸契刀，一个值五百钱；又铸错刀，一个值五千钱。四种并行。两年后又废除错刀及五铢钱，另铸宝货，包括金、银、龟、贝、铜五种质料的六种规格，即钱货、黄金、银货、龟货、贝货、布货，共二十八品。一年后又废除各种货币，只流行小钱值一、大钱五十两种。天凤元年又废大、小钱，另铸货布、货泉。由于变化太多，种类复杂，换算不易，新币流通困难，民间仍用五铢钱，王莽虽加以重刑，仍不能禁。目前，在四川各地都曾发现大量莽币，多与五铢钱一同出土。1976年在西昌还发现了"货泉"铜范五块及大铜锭①，说明当地政府在王莽时期曾自铸铜钱。

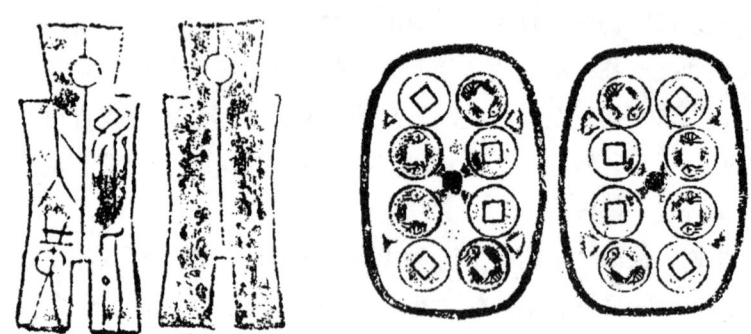

图8-58 三台出土的莽币大布黄千　　图8-59 西昌1976年发现货泉钱范

---

① 《四川西昌发现货泉钱范和铜锭》，《考古》1977年第4期。

公孙述"成家"政权建立后,即废除莽钱,也废除西汉铜钱,铸行铁钱。关于公孙述铁钱的形制、铸文,因铁质极易腐蚀,至今未发现实物,从有关记述和当时的时代背景看,亦当为方孔圆钱,有铸文。这是我国历史上,第一次在一国范围内,正式全面地使用铁钱[①]。公孙述铸行铁钱的原因,一般认为与其辖境内铜资源日益缺乏有关。当时蜀中有"黄牛白腹,五铢当复"的童谣,反映出民间普遍不习惯用铁钱。东汉平蜀后,又废除铁钱,恢复用五铢铜钱。

蜀汉一代,时间短、国土小,但从出土钱币实物看,在数量和种类上都超过当时的魏、吴。在蜀地几乎未发现魏、吴的货币,在魏、吴却发现较多蜀币。蜀国以正统自居,

图 8-60 直百五铢 1

图 8-61 直百五铢 2

严禁使用魏、吴钱币。魏、吴对蜀币的限制却不够严格。又三国战乱,在许多特殊的时候或场合,金属货币往往失去交换效用,人们普遍有贱钱贵实物的心理,实物交换、以物易物这种原始的交换方法,在魏、蜀、吴三国都有所抬头。锦帛便是最常用的实物交换等价物。

蜀汉货币有"直百五铢"、"直百"、"传形五铢"、"大(太)平百钱"、"世平百钱"、"大(太)平百金"、铁"五金"、铜"五金"等。"直百五铢"也有少量铁钱。

"直百五铢"。蜀汉政权建立之初,军用不足,刘备甚为忧虑。刘巴建议铸值百钱,即一钱值一百钱的大面额钱。刘备照此办理。相传刘备甚至取帐钩铜铸钱,可见当时曾进行过一番动员。数月之间,府库充实[②]。从出土实物看,首批铸造的,即在刘备实际控制蜀地到称帝期间的直百五铢,周廓规整,铜质较好,钱正面书"直百五铢",直径 2.7~2.9 厘米、穿径 0.8~0.9 厘米、廓厚 0.25~0.42 厘米,重约 8~10 克。四字规整,与内外廓不相接,"百"上面一横较长,"五"字曲交,"铢"字笔画宽松,金字旁上三角明显,朱字上下圆折。

---

① 在此之前,曾发现个别秦汉时期的铁钱。如在楚地曾发现铁半两,见《文物》1963 年第 11 期。
② 《三国志》卷 39《蜀书·刘巴传》注引《零陵先贤传》。

部分钱背面铸有"为",或释为犍为郡铸。

刘备死后,诸葛亮执政期间(223~234),因铜资源紧张,"直百五铢"开始变小。这一时期铸造的"直百五铢",周廓仍规整,铜质仍较好,直径约在2.65~2.8厘米、穿径0.8~0.9厘米、廓厚0.2~0.3厘米,重约5~8克。四字书写比较规范,略靠近内廓,"铢"字之朱字旁细长,金字旁显得较大。

蒋琬、费祎执政期间(235~253),"直百五铢"进一步变轻变小。这一时期铸造的货币,内廓已不够明显,直径2.6厘米左右、穿径0.9厘米左右、廓厚0.1~0.2厘米,重约3~5克。钱文较模糊,四字靠近内廓,部分笔画与内廓相接,"铢"字之朱字较瘦。另外还新出现一种,钱体轻薄,制作粗劣,直径2.5~2.7厘米、穿径0.9~1厘米、廓厚0.1~0.15厘米,重量在3克以下。钱文模糊不清,书写不甚工整,四字均靠近内廓,部分笔画与内廓相接,"铢"字之朱字较瘦。

"直百"钱。蜀汉后期,省"直百五铢"为"直百"二字,横读,有传形。现发现的"直百"钱,钱径1.1~1.99厘米、穿宽0.5~0.6厘米、廓厚0.07~0.1厘米,重量约0.5~2.75克。钱币内外皆有廓,内廓不明显,"直"、"百"二字均为内外廓侵压。

"太平百钱"。现已发现的"太平百钱"(古时"大"与"太"二字相通),钱体轻薄,圆形方穿,直径1.65~1.85厘米、穿径0.7~0.95厘米、廓厚0.1厘米左右,重量在0.8~1.3克之间。四字均被内外廓侵压,钱文"大"字篆书,其他

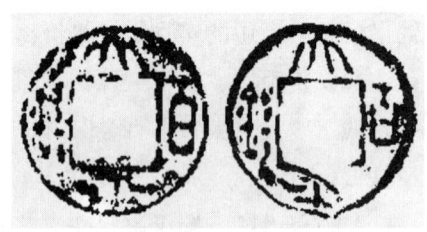

图8-62 朱然墓出土太平百钱

三字隶书,笔画较粗,"平"字两点为短横线,上面一横与内廓相接。近年在成都市小通巷遗址等一批遗址和墓葬中皆有发现。综合大量考古资料看,可以认为"太平百钱"是在"直百五铢"发行相当长一段时间以后才发行的,又从武昌任家湾黄初六年(225)墓出土"太平百钱"的情况看,其最先铸行时间有可能在建兴元年(223),最晚不晚于建兴五年(227)[①]。

"太平百金"。钱体轻薄,圆形方穿,直径1.65厘米、穿径0.75~0.8厘

---

① 张勋燎:《从考古发现材料看三国时期的蜀汉货币》,《四川大学学报》1984年第1期。

米、廓厚 0.08~0.1 厘米，重量在 0.6~0.7 克之间。四字均被内外廓侵压，"大"字篆书，其他三字隶书，"百"、"金"二字左右易位，由于穿较宽，"大"和"平"较矮，而"百"和"金"均瘦长。字体特征和"大平百钱"基本相同。"大平百金"系由"大平百钱"演变而来，是"大平百钱"发展到后期的一种劣钱，时代晚于"大平百钱"。从安徽马鞍山朱然墓发现"大平百金"来看（此

图 8-63　太平百金

前未发现"大平百金"），"大平百金"铸行于蜀汉后期。从"大平百金"发现极少这一点来看，其流通时间较短，使用范围较窄。

"定平一百"。此钱钱体轻薄，圆形方穿，内外有廓，但不甚明显，面文隶书"定平一百"，光背。其最先出现时间不早于蒋琬、费祎执政期间（235~253）。目前已发现的实物，又可分为两种。较早的钱体较大，直径约 1.6 厘米、穿径 0.6 厘米，重量在 1 克左右。"平"上一横与内廓相接，两点较远，中间竖线不清，"一"与内廓相连，较短，"百"上面一横较短，中间一横两端粗，中间细。较晚的钱体较小，直径约 1.3 厘米、穿径 0.6 厘米，重量在 0.5 克左右。字体特征与"直百"基本相同，但"平"和"百"二字为外廓侵压。

"世平百钱"。在四川忠县蜀汉墓中出土 1 枚，当为蜀汉钱，但从考古、文献资料看，此钱流传不广。

"五铢"。蜀汉亦铸有"五铢"，钱面有内外廓，形体小，字画粗，径 2.1 厘米，重约 2.5 克。

"传形五铢"。是蜀汉铸造的又一种特殊货币。其特征是："五"字在左，"铢"字在右，"铢"字亦朱在左、金在右，二字为汉"五铢"的反书。这种货币，在陕西勉县曾发现实物。其钱径为 2.2 厘米，厚 0.1 厘米，无廓，孔径 0.9 厘米[①]。

从近三四十年的考古发掘资料看，出土蜀汉货币的地区包括湖北、安徽、浙江、江苏、江西、湖南、甘肃、北京、河南等地，时代上从三国到南北朝的墓中都有，但三国时期的墓葬却以原东吴地区最为集中。它从一个侧面反映了

---

① 郭清华：《稀有的蜀币——传形五铢》，《四川文物》1986 年第 2 期。

蜀汉与东吴的经济交往。在北方的晋墓中也发现了不少蜀汉货币，主要应与蜀亡后后主刘禅及大批蜀人被迁至洛阳的背景有关。《隋书·食货志》说南朝梁代："百姓或私以古钱交易，有直百五铢，五铢女钱，太平百钱，定平一百，五铢雉钱，五铢对文等等，轻重不一。"又从另一侧面反映了蜀汉货币的影响。

三、度量衡

有关秦至蜀汉时期巴蜀地区度量衡的实物资料，时有出土，但目前还难以排成时代序列。总的看来，这一阶段巴蜀度量衡已纳入了全国的一体化轨道。

在秦入巴蜀至统一六国间（前316～前221），政府一方面大力推行秦的度量衡制度，一方面仍允许民间使用一些传统的度量衡器。秦《为田律》（详前）说明秦关于土地、田、顷等面积单位，在秦入蜀初期便推广于蜀中。始皇二十六年（前221）统一全国后，在全国统一度量衡，巴蜀内地的一些度量衡器便被取缔，但一些边远民族地区仍保留了自己的度量衡器。目前在四川境内已发现多件铸有始皇二十六年诏的度量衡器。

图8-64　成都罗家碾出土西汉铜斗（容积2154立方厘米）

西汉承秦制，无大的变化。在秦至汉武帝中、晚期，杆秤还处于逐步发展过程中，垂权由重至轻逐步变小，早期垂权大的一个可重几十公斤，秤杆也相当粗长。

1970年在成都罗家碾的一座西汉宣帝时期的土坑墓中，出土铜斗一件，圆筒形状，外侧有一柄。内深平均为7.687厘米，器壁平均厚0.18厘米，外径平均值为19.248厘米，内径18.888厘米，容积为2154立方厘米①。近年曾在甘肃发现东汉建武十一年（35）的铜斛，其容积为20180立方厘米。罗家碾铜斗的容积约为其十分之一。

王莽时期的实物资料较多，有铜量、铁权、环权等。1973年在郫县一座汉墓中出土一件新莽时的铜方升：带把，全长20厘米，器身口沿外径长12.6厘米、宽7.7厘米、外高3厘米，内径长13厘米、宽7厘米、深2.6厘米，容积

---

① 《成都罗家碾出土西汉量器——铜斗》，《文物》1974年第5期。

约为236.6立方厘米。此器内底一端铸有竖行汉隶"都市平"三字①。

这一时期的"市平"铁权,在西蜀有"成都"和"汶江"两个市府监制品。它反映出汶江市在当时具有较重要的地位。王莽时期,巴蜀地区还使用环权。它反映出个别地区又恢复了早期秤——天平秤的传统用法,这与莽制多复古是一致的。成都天回山东汉早期墓葬内,曾出土三枚一套。再结合外地的环权看,可知当时的度量衡器并不是由中

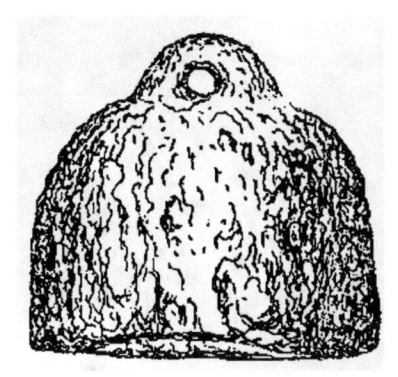

图8-65 成都天回山崖墓
出土东汉铁权

央统一制造后发至地方使用,而是由地方根据中央的标准器自己制造,各地便有一点出入。从上述环权测出,当时蜀郡一斤的量值,合今241.2~241.6克。1962年四川省博物馆收到一枚铸有"西顺郡□苻则车山官"的铜板,上标"重七十一斤",实测重15500克,表明当时西顺(犍为)一斤合今218.31克②。东汉资料较零散。从铁权资料看,这一时期巴蜀的杆秤已同全国一样,进入成熟阶段。垂权已经较轻,一般在1000克以下。在东汉墓中还发现过一些量器,与全国统一量制无明显差别。1975年在合川发掘一座东汉晚期画像砖墓,墓室东壁与券顶的五条石材上分别刻有隶书尺度,与今公制换算如下③:

石刻尺度	合今厘米	每尺换算厘米
三尺九寸	91	23.33
四尺二寸	97	23.08
四尺四寸	112	23.04
四尺五寸	103.5	23

可见石料每尺约在23~23.4厘米之间,与王莽尺23.1厘米,汉建安初年铜尺23.6厘米相近。

---

① 《郫县发现东汉铜量》,《四川文物》1984年第4期。
② 《四川彭山县出土新莽西顺郡铜板》,《文物》1979年第11期。
③ 《合川东汉画像石墓》,《文物》1977年第2期。

第九章　水利建设与管理

第九章　水利建设与管理

秦汉三国时期，是巴蜀水利大发展、大普及的第一个高峰时期。它为川西平原农业由粗放型向精耕型发展打下了坚实基础，为男耕女织的个体劳动创造了条件，为成都经济区跃进为全国性先进经济区，为巴蜀经济区的建成，为天府之国的建成，作出了巨大贡献。

第一节　李冰创建都江堰

秦人入蜀后的前40年，作为郡治的成都，人口猛增，手工业迅速发展，水运业随着大木船的引入，产生了质的飞跃，旧的河床已满足不了需要，成都的水利系统与成都城的发展，再一次失去了生态平衡。特别是秦国对蜀郡寄予厚望，要求它大量支持统一战争。正是在这样的背景下，李冰走上了西蜀的政治舞台，开始了创建都江堰和"穿二江成都之中"的特大型工程。

李冰创建都江堰从渠首位置的选择，到渠首枢纽设计布置的指导思想，到鱼嘴、飞沙堰、凿离堆开宝瓶口等具体工程的设计等，都贯穿了乘势利导、因时制宜的天人合一观念。

都江堰在秦汉三国时期至少有以下六种名称：

离堆。始见于西汉司马迁《史记·河渠书》："于蜀，蜀守冰凿离碓，辟沫水之害，穿二江成都之中。此渠皆可行舟，有余则用溉浸，百姓飨其利，至于所过，往往引其水益用溉田畴之渠以万亿计，然莫足数也。"《汉书·沟洫志》："于蜀，则蜀守李冰凿离，避沫水之害，穿二江成都中。此渠皆可行舟，有余则用溉，百姓飨其利。至于它，往往引其水，用溉田，沟渠甚多，然莫足数也。"司马迁等以离堆代称整个都江堰，盖因它在都江堰渠首工程中最为重要。

北江堋。2006年3月，都江堰渠首出土《建安四年正月中旬故监北江堋太守守史郭择、赵氾碑》，称都江堰为北江堋。

湔堰。始见于《华阳国志·蜀志》。湔为当地山名、地名、水名、县名。这是以地名名堰。

金堤。始见于左思《蜀都赋》。对于都江堰工程技术的早期文献记述，除凿离堆外，晋太康四年（283）前后左思《蜀都赋》有"指渠口以为云门"，"西逾金堤"。刘逵注："李冰于湔山下造大堋以壅江水，分散其流，溉灌平地，故曰'指渠口以为云门'也。""金堤在岷山都安县西。"《水经·江水注》说都江堰"又谓之金堤"。《九州要记》说："金堤即李冰所筑，至灌圮岩，有石（按：指离堆）如猪。"① 指该堰坚固似铜铸，价值似金银。可知都江堰曾名金堤。

湔堋。《水经·江水注》载："江水又历都安县……李冰作大堰于此，壅江作堋，堋有左右口，谓之湔堋。"堋，蜀人古方言，其意义与堰接近，又不等同于堰②。

都安（大）堰。见于《水经·江水注》，任豫《益州记》。有三意：一指能确保成都之安，一指此堰建于都江之上，"都"为古蜀方言，一指此堰在都安县境内。《水经·江水注》记述："江水又历都安县……李冰作大堰于此，壅江作堋，堋有左右口……俗谓之都安大堰，亦曰湔堰，又谓之金堤。""都"乃古蜀人的方言，意指很多人聚居之地。"都江"之名，至迟在西汉晚期已见于文献。扬雄《蜀都赋》说：成都"北则有岷山……都江漂其泾，乃溢乎通沟，洪涛溶洗，千湲万谷，合流逆折，必㳽乎争降……"此"都江"即流经成都的二江。这是有关成都二江名"都江"的最早文献记载，实际出现此名的时间应更早。

---

① 《太平寰宇记》卷72《益州·成都县》条引。
② 罗开玉：《"壅江作堋"新考》，《四川水利史研究》1985年第2期。又刊《都江堰史研究》，四川省社会科学院出版社1987年版。

《后汉书·冯岑贾列传》说建武十二年（36）岑彭到江州（今重庆）后"溯都江而上，袭击侯丹，大破之，因晨夜倍道兼行二千余里，径拔武阳（今彭山），使精骑驰广都（今双流），去成都数十里"。李贤注，"都江，成都江也"。此都江指岷江，也指成都二江。都江之得名，有三释：（1）成都江简称。历史上曾有将成都简称为"都"的。如《三国志》卷37《蜀书·法正传》说"（刘璋）坐守都、雒"。宋《太平寰宇记》："郫江，一名都江，一名成都江。"最早记"都江水"，为南宋王象之《舆地纪胜》引《太平寰宇记》："都江水在导江县北二十里离堆之下……江水至灌口，支流入都江口，灌五州十二县，即李冰所凿离堆之下江也。"（2）因水流会聚，或人口会聚而名。古代氏语中，"都"指人口会聚并有水流之地。《水经注·文水》："水泽所聚谓之都，亦曰潴。"宋范成大《吴船录》："都江江源正自西戎中来，由岷山涧壑出而会此，故名都江。"宋《堤堰志》："蜀守李冰凿离堆虎头，于江中设象鼻七十余丈……横潴江流，故曰都江。（3）因地名而名。两晋、宋、齐、西魏时期，都江堰所在的灌口曾是都安县治所在地。从历史线索看，以第一、二释较为可取。都江堰之名，在文献中首见于《宋史·宗室（赵）不息传》："永康军岁治都江堰，笼石蛇绝江遏水，以灌数郡田。"其时在南宋乾道九年（1173）。

李冰创建都江堰渠首的整个系统工程，《华阳国志·蜀志》、《水经·江水注》皆把其概称为"壅江作堋"。

一、渠首位置的选择

都江堰枢纽位于都江堰市城北2公里，地当岷江干流由峡谷区进入成都平原的起点。岷江，在明清以前一直被视为大江的上游，发源于岷山，起于今阿坝松潘县弓杠岭贡嘎岭和郎加岭，最高海拔近5000米，全长750公里，流域面积将近14万平方公里，是长江所有支流中流量最大者。以今都江堰市、乐山为界，将岷江分为上、中、下三段。其上游（都江堰以上）河道长340余公里，汇雨总面积在23000平方公里以上，沿途纳入约百条支流。从1936年以来的水文资料看，岷江历年最大洪量可达到每秒钟6600余立方米，年流量在150亿立方米以上，洪水主要集中在6～9月，这四个月的流量往往占全年流量的57％以上。一般来说，古代岷江流量亦当如此。

岷江上游经340多公里主河床流程（支流网状，数以百计，不计在内），至都江堰渠首处海拔为731米，河道平均比降8.2‰，坡陡流急。岷江上游系高原山地气候，年均温约2℃～8℃，年降水量600～800毫米，山脊海拔在4000～5000米以上，地表多呈破碎状，地形崎岖起伏大，山高大而谷窄深，岭谷高差多在2000～3000米以上，是全世界地表起伏最大的地区之一。

岷江上游又位于地震中心地带，长期冰雪冻融，岩石风化破碎。紫坪铺地震烈度等级为8～11级，上游地区常出现地震。每夏化雪，暴雨降临，山洪暴发，湍流挟沙裹石，倾泻至成都平原。据紫坪铺水文站测定，岷江上游年均带下沙石约1300万吨。都江堰所处位置正是排沙排石的最佳位置。

岷江自白沙河汇合口以下，河谷突然开展，流向由东南转向正南，形成一大河湾。枯水期，水流紧靠凹岸玉垒山麓；洪水期，河中主流直趋正南江。都江堰枢纽所在河段自关口至鲤鱼沱长约4公里，河床平均比降为4‰。由于河槽展宽，水流减缓，沙石停积，河床中形成宽窄相间、滩沱相接的形态。地质情况为：二王庙以上，多为砂岩和砂页岩互层；二王庙以下，多为红色砾岩。河床上一级台地为古河道，卵石层自上游到下游约13～7米。河床冲积层厚5～16米，其中20～200毫米的卵石占60％，水流情况是多年平均流量为496立方米/秒，多年平均水量为156.5立方米，年径流分布为丰水时（5～10月）占年总水量78％，枯水期（11～4月）占年总水量22％。泥沙方面，多年平均悬移质输沙率845万吨，推移质约200万吨，总计每年平均输沙约500余万立方米。

成都平原（又称"川西平原"）是岷江、湔江、石亭江、绵远河、文井江等水流形成的冲积平原，海拔750米，呈扇状，总面积约6500平方公里，西北高、东南低，平均坡降度为4.4‰。

以都江堰口海拔高度为出发点，成都平原的海拔明显有三条线：

北侧：都江堰市（海拔731米）——金堂（海拔440米，河道长约100公里，坡降21‰）；

中脊：都江堰市（海拔731米）——郫（海拔556米，河道长36公里，坡降4.8‰）——成都（海拔495米，河道长20公里，坡降3‰）；

南侧：都江堰市——新津（海拔454米，河道长约80公里，坡降34‰）。

都江堰市至成都一线，是这个冲积平原的中脊，远远高于两边。这一线曾是洪水主流的冲击目标。后来这一线的沉积物堆厚了，海拔提高了，水流才可能朝两边分。

第九章 水利建设与管理

在李冰时期，中脊的高度与两边（指都江堰市至金堂一线和都江堰市至新津一线）的差距比现在还要大得多，两边还要低得多。李冰以后，水走两边，河沙石等不断沉积，2200多年来两边的高度显然在逐渐提高。但如果没有人工的控制，洪水仍可能呈放射状首先在中脊上奔流相当长一段距离后，才向两边分流。不过，随着中脊堆积层的逐渐加厚，洪水在中脊上泛滥的距离就越来越短。郫的海拔较成都略高，但能冲到郫的洪水不一定能到成都。这已为实践所证明。

金沙遗址的发现，说明成都早在商周时期，曾做过蜀国都城。但在李冰建堰前，成都常受洪水危害，成都的中心地位曾摇摆不定。从三星堆的考古发现和《蜀王本纪》等古文献记载看，商周至战国，广汉、新都、郫、广都（今双流）等地皆曾先后做过蜀都。这些都城正好在以成都为中心的三角地带。这反映出古蜀人择都的标准：既要远离洪水的威胁，又不能失去蜀地中心的位置。即使在完全没有防洪水利工程的情况下，或者在都江堰的防洪功能完全失去作用的情况下（秦汉以降曾出现这种时候），成都所在的位置也是平原内部自然防洪能力最强的地方。

古代蜀国从杜宇氏起，便建都在这块冲积扇之上，世世代代与岷江洪水打着交道。杜宇氏时期，蜀人逐渐由牧猎经济转入农业经济，水利越发重要。蜀人保留下的大量传说资料，集中反映了人们的治水愿望和呼声，同时也说明他们曾进行过一些治水活动。但由于历史条件的限制，当时未能解决岷江洪泛问题。秦灭巴蜀后40年间，忙于与分裂势力的斗争，也没有精力来解决该问题，只是凭借着成都平原优越的自然条件从事农业生产。虽然当时也能获得丰收，但一遇洪灾，自顾犹不暇，更无力支持统一战争。要想把巴蜀建设成秦统一大业的大后方，不能不把治水摆在首要位置。

成都平原虽是七条大河的冲积平原，但岷江冲积扇最大最高，居于中间位置。对成都能造成洪水威胁的，就是岷江。从防洪的角度看，首先应治理岷江。从灌溉角度看，成都平原东北部的绵远河、石亭江、鸭子河（其上游为湔江）（这三条河共汇成沱江），平原西南的文井江、斜江、南河等，进入平原后海拔皆低于中脊，不能自流灌溉。只有岷江位居中脊之上，对平原能形成自流灌溉。欲彻底解决成都平原的灌溉问题，必须从治理岷江入手。基于上述原因，决定了对成都平原能防洪、灌溉、运输的水利工程必须建在岷江刚入平原之端。这个结合地区就在今都江堰市城区的西北边。这里的地质构造和山脉走向等地理条件，都为修建大型水利工程提供了可能。今都江堰市的西北山区，为龙门山脉构造带，山脉为北东、南西走向，岷江正在二王庙断裂带（即江油断裂带）上，东南为成都断陷盆地。二王庙断裂带的岩层结构比较疏松，为修整河道和开凿离堆等提供了一定方便。成都断陷盆地地势平缓，西北偏高，东北偏低，为穿"二江成都之中"提供了有利的条件。

《华阳国志·蜀志》说：秦孝文王以李冰为蜀守，冰能知天文地理，谓汶山为天彭门，乃至湔氐县，见两山对如阙，因号天彭阙，仿佛若见神。剥开"神"的外衣，我们可以看到，李冰在正式率领人民修建都江堰之前，曾进行了大量的地质山水勘察。在做了这些脚踏实地的工作后，才选准了渠首的位置。渠首三大工程中，最重要的是宝瓶口的位置。它基本决定了整个渠首工程的布局。都江堰工程能获得巨大成功，能历2200多年而不衰，首先与渠首优越的地理位置分不开。

总的分析，都江堰渠首枢纽的地理位置、自然条件相当优越：取水位置高程，对下游灌区有建瓴之势；河流坡陡，引水方便；水量丰沛，若调节得宜，能满足灌溉、运输之需；建筑材料如竹、木、石料等均可就地采集。不利条件是：岷江总水量虽丰，但流量在时间上分布不均匀，春耕期间用水紧张，上游常因地震引起山崩塞河，溃决后发生特大型洪水，枢纽工程可能遭受毁灭性破坏。其次是汛期中冲到下游的大量沙石，容易淤塞河道，每年岁修工程巨大。

针对上述自然条件的优缺点，都江堰渠首枢纽的位置，必须有利于解决好分水、排洪、排沙这三个重要矛盾，才能保证取水任务的顺利进行，才能保证大堰的长治久安。

二、渠首枢纽设计的指导思想

渠首枢纽布置必须考虑适应不同年份和不同季节水文条件的变化，建设方针、规模大小、施工程序和运行方式，又必须适应当时、当地社会生产力和生产关系发展的具体条件。都江堰渠首枢纽布置的基本要求是：

1. 春耕期间能满足成都平原灌溉用水之需，能适应前往下游城市如成都的水运交通，如行舟、漂木之需，能供应成都等城市的用水。

2. 汛期能控制洪水流量，不致超过下游河槽的过水能力，并使渠首枢纽有足够的泄洪能力。

3. 能充分利用渠首地区的地形、地质和水文条件，经济合理地修建壅水、分水、泄水、引水和拦沙、沉沙、排沙的水工建筑物。

4. 就地取材，尽量利用当地材料和普通劳动力。

5. 便于维修和运行。

都江堰枢纽工程设计布置的总原则是"乘势利导，因时制宜"。"乘势利导"指的是充分利用都江堰渠首河段流量大、坡度陡、取水高程高等自然条件，用简单的临时性工程去分流引水和泄洪排沙。"因时制宜"指的是充分考虑洪、枯水季节的不同特点去安排引水、泄洪和排沙，并利用农闲时节安排岁修工程的程序和时间。"乘势利导，因时制宜"这一指导思想体现了天、地、人的高度协和，体现了环境保护、科学利用和可持续发展三者的紧密结合。这不但在都江堰枢纽布置的设计上起着指导作用，在保证都江堰枢纽长期正常运行和经久不衰方面也起到了关键作用。

都江堰渠首枢纽布置正是在"乘势利导，因时制宜"的原则指导下进行的。按《益州记》载："江至都安（今都江堰市），堰其右，检其左，其正流遂东，郫江之右也。"明白地指出了都江堰渠首枢纽布置的轮廓和具体做法。都江堰渠首枢纽的任务是以内江分流引水为主的。"堰其右，检其左"的做法正是针对内江分流引水来说的。这里"检"和"堰"两个字都是动词。"检"是检校控制之意，"堰"是修筑泄洪堰的意思。"检其左"指的是利用岷江河湾段左侧凹岸引进枯水期流量，经过宝瓶口而流入蒲阳河、柏条河和走马河。这里岷江左岸山岩裸露，坡度陡峻，且岩石为坚固耐冲刷的红色砾岩，江水沿山脚导入宝瓶口，内江河槽稳定可靠，左岸是能够起到控制水流作用的。虽然内江处于弯道凹岸便于引进枯水流量，但在洪水期间流入的巨大流量，内江就容纳不下，还须另找出路，这就不得不在内江右岸设置像平水槽、飞沙堰和人字堤这样一些旁侧泄洪堰，以资宣泄。这样，便把枯水期的引流和洪水期的泄洪统一起来，把取水和排沙的矛盾统一起来，把左岸山岩的"实"和右岸泄洪堰之"虚"利用起来，把冬季岁修中过水和掏淤的矛盾统一起来，让内、外二江轮流截流和放水，以时间换取空间。故尽管水情有盈虚消长的变化，河床有冲、淤的变迁，社会有治乱安危的变动，但都江堰渠首枢纽的布置，则能表现出灵活机动的适应能力，并且还能起到一定的自动调节性能。如鱼嘴对分水比和分沙比的调节作用，飞沙堰溃决时起到非常溢洪堰的自动控制作用，宝瓶口壅水对沉沙和泄洪的作用等。都江堰渠首枢纽卓有成效和经久不败的根本原因，就在于它的布置合理地体现了"乘势利导，因时制宜"的设计指导思想。

"堰其右，检其左"是都江堰的平面布置法则。它充分利用了当地的地形、地质、水文条件。恰当地处理好洪、枯水之间，水、沙之间，时、空之间，人力与物力之间的相互关系和调节措施。渠首枢纽的修建过程、规模大小，建筑物的类型和构造都是与当时生产力发展水平相适应的，并具有可持续发展这一显著特征，能满足以后随着生产力的不断发展，灌区不断扩大的需求。

三、渠首主要工程

鱼嘴古代又名象鼻，主要起分水作用。其具体位置在历史上有一些变动，但其功能始终未变。

李冰时期，都江鱼嘴位于古白沙邮下，相当于今韩家坝上游端。《华阳国志·蜀志》说李冰：于玉女房下，白沙邮作三石人，立三水中，与江神约：水竭不至足，盛不没肩。白沙邮，是当时设的一个亭邮机构，负责附近地区的治安等。其邮舍所在位置，一般认为在今白沙街临江的岸上。三石人，即三水则，立于白沙邮下的江边。

韩家坝是白沙河汇入岷江口下的江中之洲。它的形成主要与岷江和白沙河冲下的水势有关。白沙河东北向冲入岷江，水面直冲水西关岸，而沙石向底沉，积聚于右侧。岷江西南向冲来，又在韩家坝的右侧冲出一水道，这样，韩家坝洲头就形成了一个天然的分水鱼嘴。马角沱本是一小山，最初当与湔山相连，后来由于水流和冰川的冲蚀，才将其分开，从岷江、白沙河带下的沙石正是以马角沱为基础才得以站稳脚跟，并最终形成韩家坝。李冰修建鱼嘴，因地制宜，充分利用了韩家坝本身所具有的稳固性和分水作用，再加工而成，因地理，顺水势，事半功倍。

修建任务最重要的是在洲的前端建分水鱼嘴。鱼嘴是用竹笼装进卵石，垒砌而成。顶端略呈圆锥形，深埋入江底，上面外露部分形状有似鱼嘴，故得此称。《蜀中名胜记》卷 6 引宋《堤堰志》记载了李冰时有关鱼嘴的一些重要数据。其曰：秦昭襄王时，蜀守李冰凿虎头（岩）于江中：设象鼻（鱼嘴古名之一）长 70 余丈，首阔 1 丈，中阔 15 丈，后 13 丈，指水（即支水）12 座，大小钓鱼护岸（当是堤身下段以笼石构筑的大小支水护岸）180余丈……以分岷江之水，北折而东。从这些数据来看，当时的鱼嘴同后面的堤身，共长约250余丈，约合今800米，前端宽3米左右，中部宽四五十米，最高处高出水面约37~40米，堤边还设有大量的"支水"护岸。

鱼嘴是一无坝分水、引水堤。这种堤与古代中原治水采用的拦河筑坝、护河堤完全不同，它是古代蜀人通过长期治水后才逐渐形成的一种特殊的水中之堤，是古老的蜀文化在水利科学中的结晶之一。鱼嘴的主要功能是利用坡降度和水脉，因势利导地把岷江水一分为二，分为内江和外江。它所以能成功地分水，位居江中当然是一重要原因，但也与岷江、白沙河所冲流下的不同水势、水脉有关。《华阳国志·蜀志》说李冰能"识齐水脉"，《水经·江水注》说他能"识察水脉"，这在鱼嘴位置的选择上表现得很充分。这种知识并不是从天而降，显然是深入实地、跋山涉水，反复观察、反复实践的结果。

鱼嘴的内江一侧主要接受岷江来水。春耕季节，江水流量较小时，便在鱼嘴上加接活套，岷江主流被分入内江。如当岷江流量为1000立方米/秒时，鱼

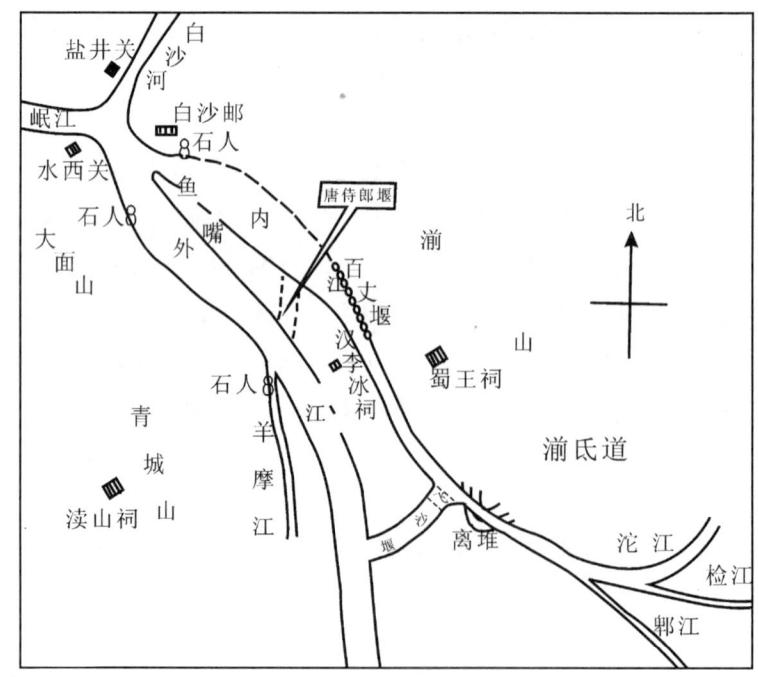

图9-1 李冰建都江堰渠首示意图

嘴可分550立方米/秒入内江，占岷江总量的55％。冬春季节，岷江流量小于1000立方米/秒，鱼嘴分入内江的流量便逐渐加大，可纳进总流量的十分之六或者更多。这样才能有效地保证成都平原的农业灌溉用水和城市用水等。夏秋洪水季节，岷江流量急增，水位大幅度提高，水势不再受或很少受河床弯道的制约。这时，鱼嘴分入内江的流量便会小于外江。如当岷江流量达到5500立方米/秒时，鱼嘴分入内江的流量只有2300立方米/秒，占岷江总流量的41.8％；当岷江流量达到7000立方米/秒时，鱼嘴分入内江的流量为2800立方米/秒，仅占岷江总流量的40％。当然，这种功能的实现，与鱼嘴以下至宝瓶口一段的外江江面较宽，内江江面较窄，大洪水季节内江的流量会自动低于外江等因素也有关系。鱼嘴既是都江堰渠首枢纽工程的第一关，也是成都平原防洪工程的第一关。这种功能便是都江堰治水三字经中所说的"分四六，平涝旱"。鱼嘴的这种壅水入渠（而不是拦水入渠）、无坝分水的功能，为古代川西坝人民所普遍采用，川西坝的鱼嘴比比皆是，不胜枚举。

  鱼嘴还具有排沙排石功能。岷江上游年均带下沙石总量约1300万吨，折合650万立方米。江水带下的沙石总是在下层。鱼嘴上游正是两脉不同水势的交叉汇合区；岷江水大部冲入内江。但由于其下层水势受到白沙河水势的冲击（白沙河的水势较小），下层水势所裹带的沙石，便大部分被自动冲入外江。鱼嘴正处于"正面取水"、"侧面排沙"的理想位置。

  飞沙堰，与左岸虎头岩相对，上距分水鱼嘴约700米，下距宝瓶口约200米。李冰时飞沙堰的具体位置，与现今飞沙堰的位置可能亦有不同，不过它紧接于鱼嘴分水堤的尾部，下距宝瓶口一段距离（至少当在200米以上）却是无疑的。飞沙堰唐宋时又名"侍郎堰"，以后又叫"中减水"。过去，从鱼嘴至离堆，有三减水河：虎头岩对岸为上减水，鲤鱼沱为中减水，人字堤为下减水。飞沙堰的主要功能是为内江泄洪、排沙、走石。

  从鱼嘴分进的内江水，流量在夏秋之季一般都远远大于宝瓶口的流量。宝瓶口不能通过的多余的水，主要从飞沙堰泄出，测量资料表明，内江流量越大，飞沙堰的泄洪能力越强。当岷江遇到特大洪水时，从鱼嘴分进的内江总干渠的流量可达宝瓶口流量的4倍。在这种情况下，飞沙堰就能泄出内江流量的四分之三，使成都平原免遭或少遭洪水之灾。成都平原春耕季节，正值岷江枯水期，从上游来的水经过弯道绕行，主流受鱼嘴分水，由内江直冲而下，这时内江的进水量与外江的进水量约为6∶4；而当夏秋洪水期，主流不再受弯道制约，其主流流线直向外江，这时，进入内江的水量与进入外江的水量又自动地调节，把比例颠倒为4∶6。根据有关方面的试验表明，岷江流量小于500立方米/秒时，内江的分流比约为60%，而当岷江流量达到5000立方米/秒时，内江的分流比变为约40%，这是第一次分水。洪水时期飞沙堰又自动调节水量。当从鱼嘴分进的内江流量低于宝瓶口的容纳量时，即低于320立方米/秒时，水位也就低于飞沙堰的堰堤，它就自动失去泄洪功能，保证了成都平原的灌溉、运输用水量。试验数字也表明，当内江流量小于330立方米/秒时，飞沙堰不过水，全部通过宝瓶口灌溉下面农田；当内江流量达到330立方米/秒时，飞沙堰开始翻水；当内江流量达500立方米/秒时，飞沙堰分流大于20%；当内江流量达到1000立方米/秒时，飞沙堰的分流比可达40%以上。经过这两级调节，既保证了春耕用水，又保证了洪水季节不泛滥成灾，在时空关系上，供水与需求配合得如此谐调，可见它在鱼嘴与宝瓶口之间，起着调节、控制水量的作用。这种功能，可从《飞沙堰分流比表》看出来：

表9—1　飞沙堰分流比表

岷江流量 （立方米/秒）	内江流量 （立方米/秒）	宝瓶口流量 （立方米/秒）	飞沙堰流量 （立方米/秒）	飞沙堰流量占 内江流量 的百分比
1000	550	420	130	23.6
2000	1020	520	500	49.0
4000	1800	640	1160	64.4
5500	2300	700	1600	69.6
5500	2300	520	1780	77.4
6000	2460	680	1780	72.4
7000	2800	700	2100	75.0

飞沙堰的排沙功能也很高。前面谈到，鱼嘴有排沙功能，能成功地将大部分沙石排至外江，但仍要带下大量的沙石。这就需要在宝瓶口之前，即在飞沙堰排出。飞沙堰的排沙功能也必须在内江流量大于鱼嘴流量的前提下才能发挥。

内江的流量越大，飞沙堰的排沙功能越高。

如《飞沙堰分沙比表》：

表 9-2　飞沙堰分沙比表

试验日期			内江流量（立方米/秒）	飞沙堰流量（立方米/秒）	分流比（％）	分沙比（％）	备注
年	月	日					
1977	6	16	500	90	18.0	10	此试验是成都科技大学在六十分之一的模型上做的
	9	5	600	150	25.0	65	
	7	19	700	240	34.3	80	
	7	28	900	350	38.9	88	
	8	17	1100	464	42.2	98	
	8	20	1350	550	40.7	98	

上表虽是近年的试验数据，但原理与古代飞沙堰的功能一致，可供参考。飞沙堰为什么能排沙，甚至排出内江的98％的沙呢？这主要是利用了"壅水"的原理。当内江流量大于330立方米/秒时，宝瓶口因水道狭窄，水流不能及时通过，便出现螺旋形回流，即"壅水"。水势越大，"壅水"越高。螺旋回流的水势旋卷着泥沙从飞沙堰排出。1966年7月28日岷江洪峰流量为4790立方米/秒时，冲毁二王庙处江岸浆砌卵石扩堤，有三大块砌体被水流冲下，溢过飞沙堰顶，其中一块长1.3米、宽1.1米、厚0.6米，重约两吨。从理论上分析飞沙堰飞沙的原理：飞沙堰不溢流时，飞沙堰缘凹岸形成向左弯道环流，沙石流向左岸凤栖窝淤积；当飞沙堰顶溢流时，内江水流直转形成向右弯道环流，表面水流顺行流向宝瓶口，底流转弯流向飞沙堰；当分流比超过25％以上时，底流沙石的65％，即随翻转的水流翻越2.2米高的底坎，从飞沙堰顶溢泄。

凿离堆开宝瓶口，即"作堋"，是都江堰渠首枢纽三大工程之一。《史记·河渠书》说："于蜀，蜀守冰凿离堆，辟沫水之害，穿二江成都之中。"秦汉时期，离堆是都江堰渠首工程的别名、俗称。司马迁说他自己曾经"西瞻蜀之岷山及离堆"[1]，并不是说他只看了宝瓶口，而是游览了以离堆为代表的整个都江堰渠首；说李冰凿离堆，也是指他修建了以离堆为代表的整个都江堰系统。

---

[1]《史记·河渠书》。

第九章 水利建设与管理

图 9-2 现在的都江堰宝瓶口离堆

离堆是湔氐道湔山①延伸进岷江江边的一段余脉。都江堰市河东龙门山脉，又称"东岷"。其中一支沿都江堰市、彭县交界处东南下串至都江堰市离堆，尽于对岸的虎头岩。这段余脉伸进岷江江中，迫使江水绕道而行。江东苦旱，江西苦涝，郫县以下又四处泛滥，毫无节制，时遭水灾。唐代诗人岑参曾在《石犀》一诗中对此作了想象性的描述："江水初荡潏，蜀人几为鱼。"清人陈炳魁也在《都江堰歌》中道："我闻离堆未凿前，大江茫茫水一片，奔流直泻下江南，郫县每闻吾鱼叹。"

离堆一带为下白垩系红色砾岩，岩石本身较坚硬，但它正位于二王庙断裂带上，呈断层接触。砾岩层间又夹有沙岩和泥岩，在江水冰川的长年冲击浸蚀下，逐渐出现裂隙。《华阳国志·蜀志》说：李冰乃至湔氐县，见两山对如阙，因号天彭阙，仿佛若见神。《后汉书·郡国志》刘昭注引《蜀王本纪》："县前有两石对如阙"。《文选·蜀都赋》："出天彭之阙"，刘逵注："岷山都安县有两山相对如阙，号曰彭门"。天彭阙又称"灌口"，明代以后始称"宝瓶口"。

这"天彭阙"的存在，说明在李冰之前，这里已被洪水冰川蚀通了一个大

---

① 两汉称"灌口山"，唐代始称"玉垒山"。

缺口，缺口下蚀出了一道河床，在特大洪水时可通水，一般情况下缺口就被淤塞。谷内长满杂草怪树，飞禽走兽出没，再加河风朔朔，确有点阴森可怕。《蜀王本纪》说当地人认为"亡者悉过其中，鬼神精灵所见"，说明当时蜀人把这里作为"送魂"的必经路线。离堆的地质结构，还可从以下二事看出。宝瓶口右侧原有一岩柱与离堆相连，中间过水，形似象鼻，俗称"象鼻子"。有人认为这是李冰凿离堆时有意留下一柱，以"缓冲"水流。实际上并非如此。这象鼻与离堆之间，本有砂岩、泥岩一类软弱层结构，逐渐被水掏空，鼻柱本身为较坚硬的砾石层，得以多保留一些时候，但在1947年也被冲塌。又据同治《补修灌邑伏龙观离堆记》载，"旋诣后殿，则见离堆崩塌一角，廊房倾圮，楹柱虚空"。现离堆的绝大部分为砾岩结构，但也并不排除局部泥岩、砂岩结构。

图9—3 20世纪30年代的离堆象鼻

李冰凿离堆，正是选择了宝瓶口处原有缺口这一有利位置进行加工开凿。开凿离堆后的引水口，秦汉时称"灌口"。都江堰渠首所在地古称灌口镇，其得名盖源于此。当地百姓又俗呼其为"堋口"。两晋时期，又称"渠口"。左思《蜀都赋》"指渠口以为云门"即指此。或又称"金灌口"。《永康军志》："汉文翁为守，穿江水堰流，以溉平陆。春耕之际，需之如金，号曰金灌口。"又俗称"堰口"。五代前、后蜀割据王国时期，又名"京口"，杜光庭《录异记》说，"岷江涨，将坏京口"。宝瓶口之名是比较晚近才出现的，大概最先只是流传在民间的俗称，到明代时才正式以此名取代灌口。

宝瓶口略呈梯形，根据现在的资料，底宽17米，底高平均海拔718米，水面宽在死水位时为19米，在洪水时（水则21划）为23米。李冰时开凿的宝瓶口，当比现在略窄（后来冲走的"象鼻子"部分说明宝瓶口在逐渐加宽），底高、平均海拔可能比现在要略高一点，但总的来说，差距不会太大。

在李冰时代，铁器已普及巴蜀地区。这为凿离堆提供了较先进的工具。另外，从李冰在僰道因"其崖崭峻不可凿，乃积薪烧之"[①] 的情况看，李冰在凿离堆时可能也采取过火烧之法。

岷江流至都江堰后，水分为内江和外江。外江即岷江正流，内江流入成都平原。

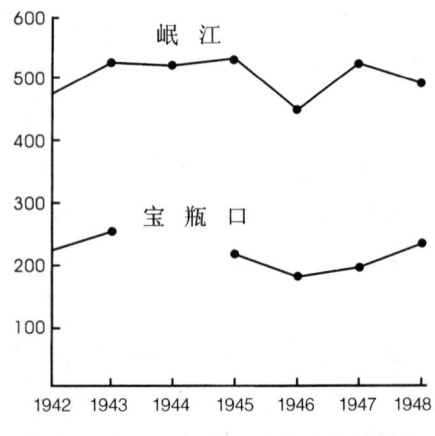

图9—4 岷江、宝瓶口平均流量比较图（立方米/秒）

宝瓶口为内江进水口，犹如瓶口一样，严格控制着进入成都平原的流量。多年的实测资料证明，宝瓶口发挥着相对稳定内江流量的妙用。从1942年以来，有关岷江与宝瓶口的年平均流量资料表明，宝瓶口的总进水量占岷江总流量的1/3～1/2之间。不同的季节流量比例有变化。春耕平原上用水量较大，便引进岷江水的六成左右，夏秋时只引进四成左右，所谓"四六"分水即是此意思。1938年洪峰时，岷江流量约当宝瓶口流量的7.4倍，1943年约当6.6倍，1949年约当6.9倍，秦汉时期，宝瓶口的进水量与岷江流量的比例大体也是这样。常理，大河无水小河干。但岷江位处南方，并无无水之时。当宝瓶口的进水量饱和（每秒不超过700立方米）后，无论岷江发生多大的洪水，宝瓶口也拒之"口"外，概不容纳。

这种较稳定的进水量，对成都平原的农业、灌溉、防洪、运输都产生特大效益。旱时，宝瓶口吞进相对充足的水，仍能保证平原灌溉、运输和其他方面的用水。涝时，宝瓶口只吞进有限的水量，既保证了平原上的用水，又不至于遭受水灾，即使发生特大洪水，也能使成都平原在相当大的程度上减灾，并基本保持水运不断。

百丈堤是一顺水堤埂，位于内江左侧，上接盐井滩尾端，与马角沱小山相对峙，主起顺正水势、顺正漂木和保护左侧堤岸的作用。百丈堤全是用竹笼填

---

① 《华阳国志》卷3《蜀志》。

装卵石垒砌而成,号称"百丈",但其长度并不等于刚好百丈。此工程实体在李冰时期已经存在。

人字堤最初的名称已很难确考,古名之一为"下减水"。现在的名称最早见于清代。但李冰修都江堰时,一定有这么一个工程部分,却是不容置疑的。因在都江堰的整个布局中,必须要有这么一个工程。在文献中也可看到一些痕迹。《都江堰岁修工程》说:"此人字堤称湔堋,又称金堤,又称楗尾堰……"

人字堤位于飞沙堰下,离堆右侧,其功能略似飞沙堰,主起排水作用。过去,用竹笼卵石垒砌此堤,宽约 40 米。在都江堰历史上,鱼嘴、飞沙堰等工程都曾被冲毁,就全仗人字堤分水排沙。甚至还出现过宝瓶口淹没于草莽之中,江水绕离堆,从人字堤上冲过的时候。

在渠首,李冰设计了三个石人水则。《华阳国志·蜀志》说:(李冰)于玉女房下白沙邮作三石人,立三水中。与江神约:水竭不至足,盛不没肩。王女房,或为古代氐人居住的石室遗迹。有人疑为崖墓,但四川崖墓一般都出现在李冰之后的东汉。

三石人,又称"三神石人"。这三石神是谁,至今尚是一谜。但从李冰引导蜀人土著信仰来大干事业的一贯做法看,应是土著蜀人所崇信的治水有功的三位神人,很可能是大禹、杜宇、鳖灵。大禹,传说生于汶山广柔石纽刳儿坪,有"岷山导江,东别为沱"的传说,是公认的我国影响最大的早期治水英雄。杜宇,是蜀人中影响较大的一个蜀王,且他"禅位"于鳖灵后,他原属的部族、部落等并不心服口服,即使到李冰时期仍有一定势力。鳖灵,更是蜀人公认的治水英雄之一。据多年观测的资料,内江二王庙水位变幅为 4 米。按"水竭不至足,盛不没肩"来算,足部至肩部的距离就必须大于 4 米,石像的高度估计至少应在 5.5 米以上。那么,这应是三个比较高大的石像。从其作为水则的作用看,这三尊石像应是利用临江崖石凿雕而成。但这三尊石像在以后的文献中都不见更详细的记载,很可能是它们都毁于岷江上游几十年一发的特大洪水之中了①。三水,当指分水后的内、外两江口及从外江分水的羊摩江入水口。立

---

① 李冰所刻的三石人,与后来出土的东汉李冰石像等具有质别。李冰时的三石像分别刻在三条江边,具有水则功能。近年出土的李冰石像等,虽是模仿李冰的做法,但主要是作为水神,所谓"镇水万世焉",不具有水则功能。东汉李冰石像仅 3.05 米高,小于内江水位变幅,也无法作为水则。

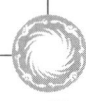

第九章 水利建设与管理

三石人时，李冰还举行了隆重而肃穆的盟约仪式，举酒与江神相约：水位在枯竭时不能低于石人的足部，水位在暴涨时不能淹没石人的肩部。这三个石人，分立于三水水口，实际上是三个水则，可观察、测定水位。

相传李冰还在都江堰渠首埋石马，作为每年岁修时"深淘滩"的标准。以牛马为神，是蜀文化及其原始宗教的一大特征。李冰对此也采取了适应，而不是违背、改造的态度，此石马亦兼具标尺与镇水石神的两种功能。石马的存在，说明李冰时已有了严格的、科学的岁修。

第二节 成都"二江"工程

成都"二江"工程为都江堰渠系的主要工程。成都与都江堰的关系，可分为两大阶段。第一阶段，修建都江堰前。根据上世纪50年代发现的羊子山大型西周祭祀台遗址和近年发现的金沙遗址，可以肯定地说，成都城已有3500多年的历史，即成都城在李冰建都江堰前1000多年已经存在，已曾做过西蜀之都。但从考古资料和《蜀王本纪》、《华阳国志》等古籍提供的线索看，先秦时期，广汉、新都、郫、广都（今双流）等地皆先后做过西蜀之都。第二阶段，李冰创建都江堰后，设立了渠首和繁江前后两道防洪屏障，从根本上解决了成都的防洪问题，并在很大程度上解决了成都对外交通问题，使以后2200多年来，除极个别特殊的战乱时代外，巴蜀的政治、经济、文化中心地便基本固定在成都，不再外迁。

一、成都"二江"工程的兴起与释名

李冰在前人基础上，在创建都江堰渠首的同时，将成都"二江"作为都江堰的主要渠系工程，对其进行了大规模的整治和疏淘，进一步健全了大堰的整体结构和功能。

《史记·河渠书》在说李冰凿离堆，避沫水之害后，接着说：

> 穿二江成都之中。此渠皆可行舟，有余则用溉浸，百姓飨其利。至于所过，往往引其水益用溉田畴之渠以万亿计，然莫足数也。

第九章 水利建设与管理

东汉崔寔《政论》说：

蜀守李冰凿离堆，通二江，益部至今赖之。

《风俗通》说：

李冰凿离堆，开成都两江，溉田万顷①。

刘逵注左思《蜀都赋》说：

蜀守李冰凿离堆，穿两江，为人开田，百姓享其利。

这批文献都把"凿离堆"与"穿二江"的因果关系，把"穿二江"与"溉亩万顷"的关系讲得清楚而明白。

但"二江"指谁，流经哪些地区，历来争论不休。究其根源，河床本身有变迁，存在异河同名、一河多名的现象，文献记载中也存在着魏晋之前的过简，魏晋之后的多误，把不同历史时期形成的河渠名称彼此张冠李戴等因素。

现将各种古文献中有关"二江"名称异同的情况汇集于表（见表9-3）。细审表中所列40余种名称，不难发现许多问题，亦为进一步了解"二江"及其变迁提供了线索。

"二江"何以名"江"呢？这也得从巴蜀方言说起。古代巴蜀方言中的"江"，与中原词语中的"江"的概念不全吻合。《益部谈资》卷上说蜀地："水出于岷者皆谓之江。"验之事实，此言甚确。古巴蜀方言中的"江"，有自己的特定读音和文字，不仅与中原不同，与南方其他地区的音义也有所区别：它专指水源滥觞于岷山山脉的河流。秦统一巴蜀后，废除了巴蜀文字，用中原文字"江"来硬替巴蜀这个词语的音义。巴蜀词语的原义只在局部地区和部分土著民族中长期保留下来。秦汉时期，"水出于岷者"的江，有大量自然河流，亦有不

---

① 《舆地纪胜》卷15引。

少人工河流，除"二江"外，还有李冰领导人民"穿"的羊摩江，文翁领导人民"穿"的湔江。

表 9—3　成都"二江"名称异同简表

正名	他名	备考
郫江	北条河、柏条河	《蜀水考》："沱江……东过太平桥为北条河。"
	沱、沱江、江沱	宋吕大防《合江亭记》："江沱自岷而别，张若、李冰之守蜀，始作堋以榠水，而阔沟以酾之，大溉蜀郡、广汉之田，而蜀以富饶。今成都二水皆江沱支流，自西北而汇于府之东南，乃所谓'二江双流'者也。沱旧循南湟，与江并流以东。"《蜀水考》："沱江，首受江沱……又东过崇宁县为沙子河，又东过新繁县南为毗阳河，又东过天回山受马鞍河，又东受锦水河为三河口，又东过新都县南繁阳山，又东过金堂县为湔江……"《太平寰宇记》卷73："沱水入都田江，入成都。"
	洛水	《水经·江水注》："洛水又南经新都县……与绵水合，水西出绵竹县；又与湔水合，亦谓之郫江也。"
	湔水、涪江	任豫《益州记》："郫江，大江之友也，亦曰涪江，亦曰湔水，在蜀与洛水合。"
	内江、北江	《括地志》、《太平寰宇记》卷72、《元史·河渠志》。
	毗桥河	《蜀水考》。
检江	市桥江	《括地志》："郫江一名成都江，一名市桥江……西北自新繁界流来。"（《史记·河渠书·正义》引）
	中日江	《括地志》："郫江……亦名中日江，亦曰内江，西北自新繁界流来。"（《史记·河渠书·正义》引）
	成都江、府江、府河、油子河	上引《括地志》、《太平寰宇记》卷72。《元和郡县志》卷31郫县条下说："郫江一名成都江，经县北，去县31里。"府江见《茅亭客话》卷1。陈登龙《蜀水经·分疏》："郫江南至安顺桥下合流江，为府河。"
	都江、都江水、京江	扬雄《蜀都赋》说成都"北则有岷山……都江漂其胫，乃溢乎通沟，洪涛溶沉，千援万谷，合流逆折，必滞乎全降……"《后汉书·岑彭传》：岑彭"自分兵浮江下还江州，溯都江而上"。李贤注："都江，成都江也。"

续表

正名	他 名	备　　考
检江	走马河	《汉书补注·地理志》蜀郡郫县条下说：大江自都江堰市分流，此李冰所穿郫江、检江也。检江亦谓之流江，俗名走马、油子二河，二江下入成都境。
	流江	任豫《益州记》："二江者，郫江、流江也。"（《史记·河渠书·正义》引）赵一清《水经注刊误》："检江即流江。"
	锦江	《大清一统志》成都条："锦江……即岷江支流，至灌县南迄县入西南郫县界曰走马河，入成都为锦江。"
	笮桥水、悬笮桥水、笮江水	《元和郡县志》卷31："笮桥水在县南六里。""蜀人又谓流江为悬笮桥水。"
	新津江	《录异记》卷4、《茅亭客话》卷1。
	大江	《元和郡县志》卷31，《括地志》、《元丰九域志》卷7亦说成都有大江、导江县有大江。
	管桥水	《括地志》。
	清江、清远江、清水河、江水	《括地志》说："大江一名汶江，一名管桥水，一名清江，亦名水江，西南自温江县界流来。"《读史方舆纪要》："流江过府城北，一名外江，一名清远江。"杜光庭《神仙感遇传》卷5："始筑罗城……自西北凿池，开清远江流入东南，与青城江合。"
	外江、大皂江	《太平寰宇记》卷72："李冰穿二江于成都之中，皆可行舟，今谓之内江、外江是也。"《宋史·河渠志》。
	南江	《元史·河渠志》。
	汶江、温江	《括地志》。《元和郡县志》卷31"成都县"下说："大江一名汶江，一名流江，经县南七里。蜀守李冰穿二江成都中，皆可行舟，溉田万顷。"
	府河	雍正《四川通志》、《成都通览》。

郫江有沱、江沱、沱水、沱江之称，但今沱江在古代亦称"沱"或"湔

第九章 水利建设与管理

水",于是成都平原上便有了两条沱江。这之间的关系又如何呢?《尔雅·释水》:"灉,反入……汉为潜,淮为浒,江为沱。"《说文》曰:"沱:江别流也,出岷山,东别为沱。"《益部谈资》卷上曰:"出于江而别流,别而复合,皆谓之沱。"蜀人把从大江分出一段距离后又回到大江的支流一概称为"沱"。《禹贡》载梁州有沱,荆州亦有沱。郫江、湔水皆出于江而别流,别而复合,因皆有"沱"称。郫江称沱,还有一重要原因,这就是郫江从太平堤分水后,利用了一段沱江故道做河床。

值得注意的是,汉晋时期的蜀人并不称"郫江"为沱。《蜀王本纪》说"鳖灵尸随江水上至郫"(或作"上至汶山下"、"上至成都"),此"江水"显指"二江"之一。《华阳国志·蜀志》则明称"二江"为郫江、检江。《水经·江水注》首先称"二江"为沱。这或许是由于郦氏不曾入蜀所产生的一种误解。后儒多慕郦氏大名,踵继其说。从郦氏开始,把今沱江与"二江"相混("二江"本是两条江,郦氏又将其误为一江),给后人造成了错误观念。后儒又干脆把与今沱江才有关系的湔水(为其上游之一的河名,又为其古名之一)之名,硬戴在郫江头上,接着,甚至把相去几重山水的涪江(今亦名涪江,经绵阳、三台、遂宁,在合川汇入嘉陵江)之名,也迁栽于郫江身上,并煞有介事地称其"与洛水(今沱江上游古名之一)合",真所谓差之毫厘,失之千里。《太平寰宇记》卷72《益州·新繁县》说:"据《汉书·沟洫志》郫江(郡),秦时蜀守李冰所凿,非《禹贡》江沱明矣。"

二江虽有江水、大江、汶江之称,虽确被一些古人视为岷江正流,甚至长江正流,但这丝毫不能说明古代"二江"流量就比现在要大多少倍。"二江"流量从李冰凿离堆后,就受到宝瓶口的严格控制。春季,宝瓶口可纳进岷江流量十分之六,但屡经分水之后再流到成都就很有限了;夏秋季节,宝瓶口顶多只纳入岷江流量的十分之四。不过,唐代以前的郫江流量确比现在略大一些。武则天时,彭州长史刘易从曾决唐昌沱江(郫江)合堋口琅歧水[①],分了一支流出去。"二江"这两条人工河流所以被视为岷江正流,甚至大江正流,非因流量大,而是所过地区(主指成都)在岷江流域中最为重要。

检江的"检"应是"湔"的另一种汉译,只因《华阳国志》首先将其译写

---

① 《新唐书·地理志》。

为"检",为有别于文翁所穿湔江,后人才约定成俗使用"检江"这个名称。不宜从一般汉字语意角度来解此字。再说,若释"检"为动词,《华阳国志·蜀志》所载李冰穿二江,便只有郫江一江,于史不符。检江、流江为同一河流(见正文列表),只因时代、居地、民族、方言的不同,同一河流才有了不同的名称,很难区分哪一个是正名、标准名,哪个又是俗名。

二、李冰"穿二江"

"二江"主要是自然河床。《蜀王本纪》载荆人鳖灵死后,尸逆江上,至郫,其路线是由长江而岷江,其时代在春秋早、中期。考古资料证明早在商周时期,这条水路已经存在。

李冰"穿二江"是修建都江堰整体工程的一部分。在都江堰的整体功能中,"二江"主要是担负成都平原的水运交通、民众生活和工业用水、农田灌溉等功能。如果没有经过整治后的"二江",古代都江堰的灌溉、运输功能则基本上不能发挥。另一方面,如果不凿离堆,"二江"则无进水口,江水绕离堆而下,漫无边际地奔流,冬涸夏涨,在春季需要用水时无水,在夏秋又遇洪水泛滥。

"穿二江"的"穿",在巴蜀方言中,有三层意义:(1)"疏淘"即修治,"岁暮水落,筑堤壅水上流,春正月则溶治,谓之'穿淘'"[①]。(2)贯穿、沟通。(3)开凿。"穿二江"可解为对整个二江进行了疏淘、修治,包括某些河床段的改道、加深、治堤、架桥等,新开挖若干大小分渠,引水灌田,初步形成水利网。但从《史记·河渠书》"穿二江成都之中"所讲的地理位置看,重点应理解为:李冰在成都城之中,新开凿了某些河床段,即古籍中谈到的石犀溪,贯穿、沟通了"二江"之水,使成都的水利系统与成都城的发展,再趋平衡。

先秦及李冰时期至唐初,郫江流经途径为:

都江堰市太平堤鱼嘴分水→桂花北→天马南→郫县东北,受徐堰河→太和场北→石堤堰,分出毗河→府河→新繁县南→成都西南(大体顺金河故道),受检江→双流县南→彭山县江口入岷江。

在成都城西南一段,郫江由少城西垣外经西南较场之间,折而东流,经江渎庙前与外江双流城南而汇于东郭。故秦汉少城南垣,约当今文庙西街一线附

---

① 《宋史·河渠志》岷江都江堰条。

第九章 水利建设与管理

近。江渎庙前临郫江，为内江未改道以前之形势。陆游有《江渎祠碑记》，此为南垣外郫江故道之可考者。少城西南之市桥门，直接架于郫江之上，为滨江城门。

检江流经途径为：

都江堰市太平堤鱼嘴分水→走马河，分出柏条河→安顺，分出徐堰河→都江堰市新场→郫县南→插板堰→苏坡桥→草堂寺→百花潭（锦江）→成都南门附近入府河。

检江流经成都一段，在汉代成都有"锦城"之称的同时，便有了"锦江"之称①。其上游自郫县两河口与磨底河平分走马河水，向东南流经郫县西南，自成都县属之马家场至成都苏坡桥曲折而东，入旧华阳县界复南分为龙爪堰河道。锦江在府城南门外，俗名"府河"。锦江东过故金沙洲，洲上有金沙寺。嘉庆《华阳县志·寺观》：金沙寺旧治南城外万里桥东，自汉、唐，旧名"宝莲堂"。尝有高僧来游，示圣灯之异，其地随水消长，盛涨不没，明嘉靖戊子（1528）重修，杨升庵有记。金沙洲在万里桥与复兴桥（今新南门大桥）之间。故老相传，小洲长约半里。锦江又东过安顺桥，合郫江，为府河。再西南流至二江寺注入岷江。

司马迁描写成都"二江"及其分渠说：此渠皆可行舟，有余则用溉浸，百姓飨其利②。可见"二江"首先是用于运输。成都对蜀郡南部地区，对巴郡的联系，当时主要依靠水路。陆路交通，除平原外，几乎都不能通大车，主要依靠马帮托运，货运能力很低。在历史文献中，由成都南出、东出，主要都是取水路。唐代卢求《成都记》说：李冰凿二江，引水以行舟楫。元代马可·波罗到成都游历时，仍见"江广半哩，通海大船往来上下游"③，万船行泊，实为交通动脉。直到近代，这种局面才从根本上改变。司马迁又说成都"二江"的"溉田畴之渠以亿万计"，反映了"二江"在农业灌溉方面的功能。应该指出，司马迁所见"二江"灌溉网，包括李冰以前的基础，也包括李冰以后至武帝之前这百多年的发展（如文翁时期的水利建设），但基本格局却成于李冰时代。当

---

① 见《华阳国志》卷3《蜀志》。
② 《史记》卷29《河渠书》。
③ 《马可·波罗行纪》。

时的溉田数量,古籍中有称"万顷"者①,有称"灌溉彭、汉、蜀三郡沃田亿万顷"者②,有称"灌溉千里者"③,皆是一大概之数。总之,李冰时代,"二江"开成后,基本解决了成都平原中部地区的农业用水。

宋吕大防《合江亭记》云:"沱江自岷而别,张若、李冰之守蜀,始作堋以槛水,而辟淘以酾之,大溉蜀郡、广汉之田,用以富饶,今成都二水,此江沱支流,来自西北,而汇于府之东南,乃所谓二江双流者也。"④ 这里提出了一个有趣的问题:李冰之前的蜀守张若就已开始"穿二江"。张若担任蜀郡守期间,在"二江"上搞过一些水利建设,也是可能的。

李冰"穿二江"虽是都江堰整体工程中的一部分,但它对成都平原的许多贡献,对成都等城市产生的有益功能,有许多都远远超出了都江堰的范畴。如"二江"在成都历史上所起的护城河作用,对调节成都平原生态环境所起的作用等,影响甚宽、甚多,渗透到了成都平原人民政治、经济、生活的各个方面,后文将另作论述。

三、李冰"穿石犀溪"

李冰在成都建"七星桥"和"穿石犀溪",是"穿二江"的主要工程内容之一。

《蜀王本纪》说:"江水为害,蜀守李冰作石犀五枚,二枚在府中,一枚在市桥下,二枚在水中,以厌(压)水精,因曰犀牛里。"

《华阳国志》说李冰在成都"穿石犀溪于江南,命曰犀牛里"。也说成都有犀牛里。

《水经·江水注》说:成都"西南石牛门曰市桥……桥下谓之石犀渊,李冰昔作石犀五头以压水精,穿石犀渠于南江,命之曰犀牛里,后转石犀二头,一头在府市市桥门,一头沉之于渊也"。

水精,一释为水中急流。现代四川话俗语说:"行船要走水精。"其意是:船在水流最急的水面上行驶,就会走得最快。因此,"水精"是指急流的水,

---

① 《风俗通》。
② 《茅亭客话》卷1。
③ 《郫县蜀丛帝新庙碑》,《宋代蜀文辑成》卷25。
④ 《蜀中名胜记》卷2引。

"压"是迫使的意思,"压水精"就是迫使水改变急流的方向。"作石犀以压水精",是用大石雕刻成犀牛的形状,把它埋放在河湾当急流冲刷的岸下水中,借以减轻小水的冲力以保护河岸,而又能迫使水流改变方向。

石犀溪所在的位置,《华阳国志》说在"江南",即郫江之南。《水经·江水注》将其改作"南江",误。石犀溪位于郫江之南,是沟通成都"二江"即郫江、检江的人工河渠。

郫江流经成都西南,在今十二桥一带由西而南,呈弧形转弯,然后与检江并排而东,"双过郡下"。从地质水利的角度看,郫江的这一转弯,必然是受到了前方高坡度的阻截,即在今青羊宫一带,当时地势很高,迫使郫江改道。但洪水季节,这弧形转弯处较易出现问题,如易泛滥和撞坏船只。

石犀里在今成都市内西胜街一带。石犀溪的北口从西胜街西口下同仁路南口的市桥下不远处分出郫江水,向南经过方池街、西较场、502厂大门附近,偏东入检江。1990年前后,考古工作者在方池街发掘古遗址时,曾发现古溪遗址、竹笼遗迹及用卵石砌的很规整的引水小溪(宽约1米)遗迹。又在君平街、包家巷一线发现古溪遗址,河床宽达十四五米,即石犀溪所遗。

石犀溪完全是一条新开的人工河流,这里的"穿",应理解为"开凿"之意。溪长两公里左右,有四大功能。(1)城市供水。(2)防洪、可分郫江水势,在一定程度上减少了郫江洪水对当时成都市区的威胁。(3)水运,直接沟通了郫江、检江二江交通,另辟了一条新航道。郫江在成都城南一段,当时必有许多码头,停有众多舟船,有时甚至会阻碍航行。开辟了石犀溪后,不需要在成都停留的船,便可取道石犀溪上下,从而大大减轻了郫江在成都城南一段的压力。(4)当时少城外二江之间本是空地,石犀溪开凿后利用这里便利的水运交通条件,把这一区域迅速开发出来,建成西南地区,甚至整个秦国最大的市场。后来的实践证明,李冰的目的完全达到了。石犀溪外一直是汉代400年间成都最大的市场。

第三节　文井江工程

文井江工程为都江堰渠系的配套工程。今崇州西河即古之文井江。文井江,今作"文锦江"。西河与文井江之名,古今本有所区别。古籍中所称的文井江,指由崇州西北山区发源处直至汇入岷江段。新津至今仍有"文井乡"之名,即源于此。西河,最初仅指流程中元通以下至注入岷江这一段。时过境迁,近现代习惯上将发源处直至注入岷江的全流程都称之为"西河";而所称的文井江,则仅指元通以上一段。西河,因其经崇州西而名。文井江的得名,见诸记载的有二说:一说是"其水每错综散流,形如井字,故以为名"①;一说是"文作汶,江中有井,井见土乱"②。

成都平原是由绵远河、石亭河、湔水、岷江、西河、斜江和南河七条自然河流冲积而成的联合扇形平原。在这些自然河流尚未得到"平"、"导"之前,常为平原带来洪水灾害。

一、工程源起与环境

文井江发源于崇州苟家山区的崇山峻岭之中,经崇州、大邑、新津,汇入岷江,全长109公里(崇州境内长96.8公里)。流域面积包括今崇州、都江堰市、大邑、新津,共1295.7平方公里。该水系主要由文井江、干五里、味江、沙沟河、泊江河、向阳河、白马河、黑石河、羊马河等组成,文井江为干流,灌溉着崇州、都江堰市、大邑、邛崃、新津这一区域的大片农田(其中仅崇州便有50余万亩)。此河在历史上名文井江,自元通以下流经崇州城之西,故名西河。

西河属岷江水系一支流,其发源地主要为崇州、大邑、汶川三县接壤的分水岭。主要有三源:一是泊江河,发源于今都江堰市西部山区;二是味江河,发源于今都江堰市青城山脉西部山区;三是文井江(上游又称两岔河、鞍子河),发源于崇州西部山区。三源在今崇州元通汇合。西河又接纳岷江支流沙沟河,经大邑(秦时大部属临邛县管辖)、经新津(秦时大部属武阳县管辖)合文井江后,又接受布濮水。《华阳国志·蜀志》说临邛有布濮水,从布濮来合文井江。布濮水发源于今邛崃西南高何乡的西山。西河在新津县城东边汇入岷江(此段又称"金马河")。

---

① 光绪《崇庆州志》。
② 《益州记》。

第九章 水利建设与管理

西河干流，据鹞子岩水文站 22 年的实测资料，多年平均流量 14 立方米/秒，最枯流量 2～4 立方米/秒，年径流总量 46640 万立方米；出山口至蒙渡河道长 43.8 公里，河床平均宽约 300 米，高差 158 米，平均比降 3.6‰。据马家磨（现为元通场）水文站 41 年的资料，多年平均流量 58.8 立方米/秒，最枯流量 11～13 立方米/秒，最大洪峰流量 2960 立方米/秒（1966 年实测），年总径流量为 185430 万平方米。西河上游绝大部分为山地，系邛崃山脉东坡，山峦重叠，谷狭壑深。地势西北高，东南低。干流源头火烧营山峰海拔 38680 米，汇入岷江处海拔 455 米，平均坡降约 4‰。西河源短流急，山洪来得猛去得快，极易造成洪涝之灾。山洪常淹没良田，村舍变为泽国。在历代人民的共同努力下，西河逐步得到了治理。

二、李冰治笮道文井江

最先对文井江进行大规模治理的，正是都江堰的创建者、战国时期秦国的蜀郡守李冰。

《华阳国志·蜀志》说："（李）冰又通笮道文井江，经临邛，与蒙溪水、白木江会，至武阳天社山下合江。"

《水经·江水注》说："江水又与文井江会，李冰所导也。自笮道与蒙溪分水，至蜀郡临邛县与布仆水合。水出徼外成都西沈黎郡……水从县西布仆来，分为二流，一水经其道，又东经临邛县入文井水。文井水又东经江源县，县滨文井江，江上有常氏堤，跨四十里（一本作'江上有长堤，堤跨四十里'）。有朱亭，亭南有青城山。山上有嘉谷，山下有蹲鸱，即芋也。所谓下有蹲鸱，至老不饥，卓氏之所以乐远徙也。文井江又东至武阳县天社山下，入江。"

《太平寰宇记》卷 75 说：文井江，李膺《益州记》云江中有井，井见土乱。

《华阳国志·蜀志》所说"笮道"，指文井江的上游地区（主要是文井江的上游），秦时属笮道管辖。蒙溪，《汉书·地理志·蜀郡》青衣县下引《禹贡》说，"蒙山溪大渡水东南至南安入澈"。此蒙山溪大渡水，即蒙溪，古名青衣江，指今青衣江上游河源之一的芦山河。芦山河上游称大川河，中游称玉溪河。大川河接纳了黄水河、黑水河（今芦山、大邑界河之一）、铜厂河、小河子、白石河等，汇集了邛崃山脉在今芦山境内的大部和邛崃、大邑西南部的雨雪水量。《水经·江水注》说：蒙水，即大渡水也，水发蒙溪。从现在掌握的资料看，此水与文井江没有直接联系。白木江，《元和郡县志》卷33临邛县下说：白术（木）水经县南两里。以此方位度之，可确认为今南河（或称"小南河"）。南河发源于邛崃正西山、天台山，长91公里，为山溪河，夏涨冬枯，易涨易退。白木江上源与蒙溪仅一山之隔，这或是常璩视白木江为蒙溪支流（分水）的原因吧。天社山，今新津县城南，南河南岸之老君山，此地秦时为武阳县辖境。文井江在天社山下与白木江汇合后，再入岷江（此段又称"金马河"）。

李冰治文井江，主要是一疏导工程，目的是将"江水"引入"文井江"，即《华阳国志·蜀志》说"通"文井江。怎么"通"呢？《水经·江水注》说得更明白，那便是"江水又与文井江会，李冰所导也"。导，扬雄《法言》："治也。"即李冰治理文井江的中心内容是针对文井江易涨易落，在春耕最需要用水时无水，或者说严重少水的重大缺陷，用岷江水来补其不足。这岷江水是怎样引入文井江的呢？

三、李冰"穿羊摩江"

李冰在修建都江堰时，在岷江西边、都江堰渠首处开凿了一条人工河流，引岷江水灌溉岷江右岸广大地区，并直通入文井江。同时在洪水期也可分减岷江水势。此人工干溪一直保留到现在。

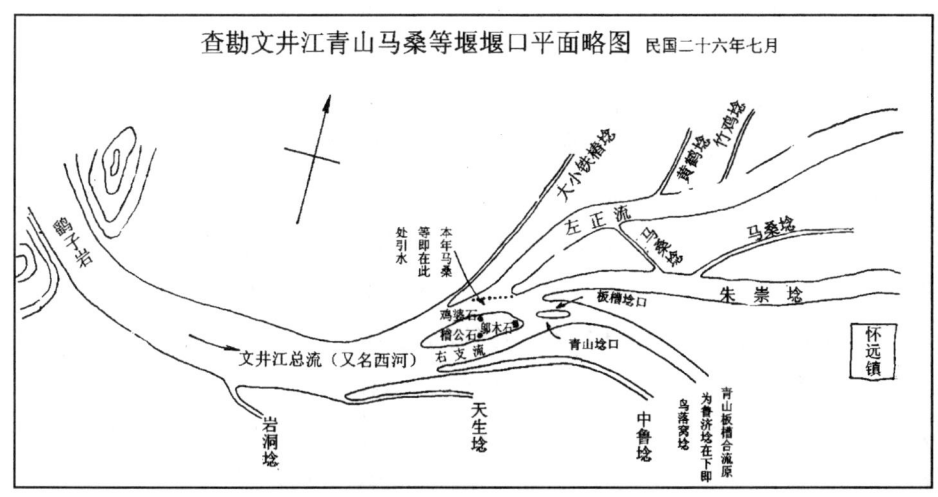

图9—5 1937年文井江简图

第九章 水利建设与管理

《华阳国志·蜀志》说李冰："乃自湔堰上分穿羊摩江，灌江西。于玉女房下白沙邮，作三石人立三水中，与江神要，水竭不至足，盛不没肩。"

《水经·江水注》说李冰："又穿羊摩江，灌江西。"

五代杜光庭《治水记》说："杨磨有神术，于大皂江侧决水壅田，与龙为誓者，磨辅李守，江得是名，嘉阙绩也。"

羊摩江"自湔堰上分穿"，表明了羊摩江分水口的位置，也反映出当时的技术水平。羊摩江的分水口与内江分水口在岷江两岸同一地段。在多沙多卵石的岷江中游，建成了两岸同地取水的无坝分水工程。这种工程即使在现代，一般认为也是难度很大。

为了灌溉岷江以西的农田，李冰在都江堰渠首之内、岷江西岸开凿了一条叫羊摩江的入江河流。《华阳国志》在说了李冰建湔堰、分内外江后，又说李冰穿羊摩江，此后才说：李冰在玉女房下面的白沙邮下面附近江边作了三个石人水则，分别立在三条江中。这三条江具体指什么呢？内、外两江分水后，各立一个，另一石人立在哪里？从有关资料看，当是立在岷江分水后、外江又分水流入羊摩江的入水口。这个位置很可能便是在东汉李冰石像出土的西边，即小鱼嘴入水口，即沙沟河的入水口。沙沟河即秦、汉时的羊摩江[1]。

沙沟河为古代都江堰灌区的八大干渠之一，同时又肩负着排泄岷江右岸、赵公山（古大面山）东南麓山溪洪水的排洪任务。沙沟河进水口古称羊摩江，明清时期曾名石牛堰，后称新石牛堰，今名沙黑河口。民国《灌县志》说："南江去都江堰三里右分一支为沙沟河，有石牛堰。"注说："石牛堰即沙沟河口……有石横卧若牛故名。"沙沟河进口段，在历史上多次变动，或只有沙沟河一个取水口，到下游才分黑石河；或分为沙沟河、黑石河两个取水口；到上世纪50年代又合并成沙黑河一个口。现在沙沟河与黑石河同一进口引水。沙沟河从现在外江右边小鱼嘴分水后叫沙黑总河，这是解放后把下面两里的黑石河入水口移至沙沟河入水口后的名称。沙沟河流至小罗堰枢纽，排泄洪水与泥沙后，继续南流，至漏沙堰分水闸，沙沟、黑石两干渠始分流，左为黑石河，右为沙沟河。沙沟河南流经青城桥（长乐桥），至玉堂场南1华里许之梁家桥（军民桥），有螃蟹河于右岸汇入。河水继续南流，至中兴场，有石定江（又名石盂

---

[1] 罗开玉：《李冰对成都平原岷江西岸地区的治理》，《成都文物》1987年第4期。

江、石崩江）从右岸汇入。河水继续南流，至民兴乡二江桥节制闸，右分一支为泊江河，左支仍名沙沟河。历史上沙沟河为灌溉和输水干渠，泊江河为排洪河道。沙沟河南流经石羊、大乐、柳街等，于安龙乡游家桥下1公里处入崇州境，至元通镇通顺桥又分为大、小沙沟，东为小沙沟，西为大沙沟。小沙沟经观胜乡青石桥，至观胜、元通交界地双合桥复与大沙沟合流，至茅草桥下汇入西河。全长36.25公里，其中都江堰市境内长29.25公里，崇州境内长7公里。

羊摩江在古代有两条较大的分支，一名骆驼河（今沙沟河），一名碓石河（今黑石河）。《元史·河渠志》说："南江（此指岷江）自利民台有支流（指羊摩江），东南出万工堰，又东为骆驼（指沙沟河），又东为碓石（指黑石河），绕青城而东。"这两大支渠的部分河床段利用了自然河流。骆驼河的进水口在历史上

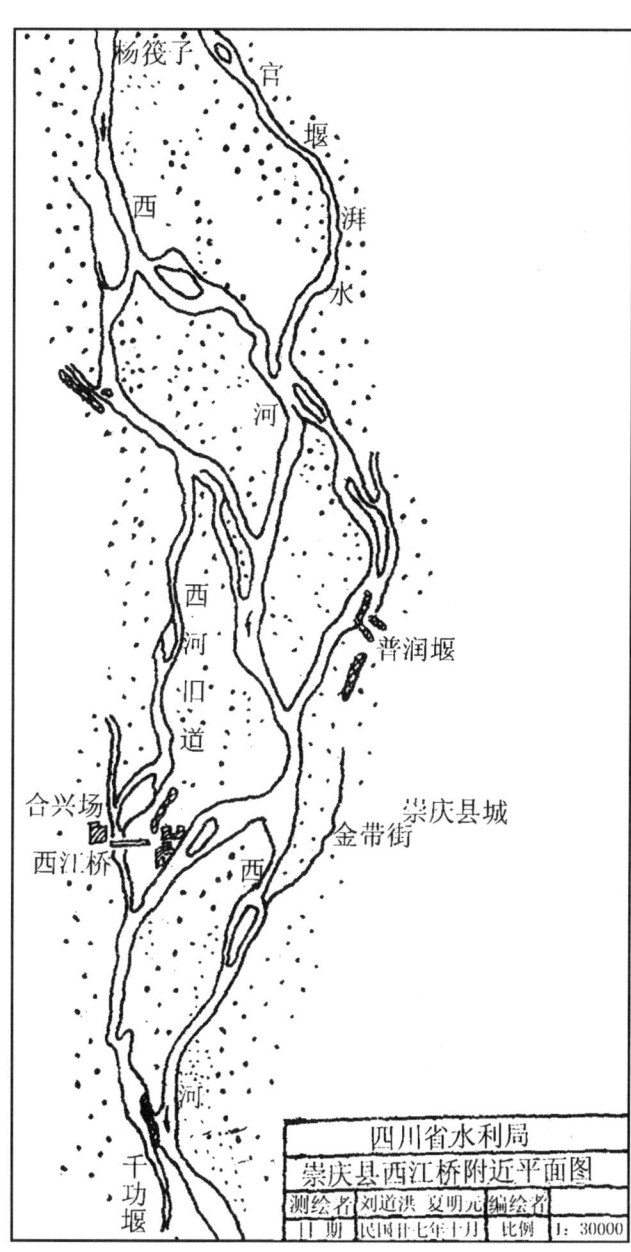

图9-6 崇庆西河1938年平面图

第九章 水利建设与管理

曾屡有变迁，有时甚至直接从岷江分水，但总的来看，仍是羊摩江分支。骆驼河在都江堰市境与羊摩江分流后，又有两条支流，一名旋河，一名泊江河，正流在崇州境汇入西河，全长35公里。碓石河从羊摩江分水后，有支流清水河、穆江河、龙安河，正流在崇州三江镇又汇入羊摩江，全长65公里。泊江河（古名左江河，又名白江河，建国后改白为泊），自二江桥分水后，沿青城乡、大乐、安龙乡境南流。其间有九龙庵、建福宫、响水洞等青城山东麓诸山溪注入。南流经上元乡，到元通镇上场入西河。全长18.45公里。（现在，从漏沙堰分水闸与黑石河分水起，至元通镇汇入西河止，泊江河全长31.72公里。）羊摩江同其支流，主要灌溉今都江堰市河西、崇州、大邑县等地，干流和支流，至少有三处汇入古文井江。

李冰开凿羊摩江，解决了岷江右岸的农业用水，沟通了这一地区的水运交通，还起到了为岷江水势分洪减灾的作用，对开发成都平原岷江右岸地区，对拱卫成都和建设川西平原经济区都起了极为重要的作用。

开凿羊马河的民工，主要是当地土著民族，即当时居住在岷江右岸的氐人和夷人。羊摩，或是当时氐人首领。该传说表明古代氐人曾参与都江堰的创建工作，并对羊摩江的开凿起了重要作用。李冰等以"羊摩"给此人工渠命名，是为了纪念鼓励氐人的功勋。羊摩江，今名沙黑河，又俗称羊马河。近年在这一流域发现了大量战国至南北朝时期当地土著民族的墓葬，表明这一时期，成都平原岷江右岸虽已有许多汉移民，但土著民族仍居主要，李冰在此大兴水利建设，必然要依靠当地土著民族。

李冰"通笮道文井江"与"乃自湔堰上分穿羊摩江"实际上是同一水利工程。"通笮道文井江"是指整个工程而言，"自湔堰上分穿羊摩江"是其主要工程，不是全部工程。李冰"通笮道文井江"估计还包括在文井江上游三源汇合处（今崇州元通）和下游与白木江汇合处疏通河道，固定河床，修筑堤防等。另外，还设"亭"兼管理水利设施的治安等。《华阳国志·蜀志》说江原县"小亭有好稻田"，表明到汉晋时期，"小亭"已演变为地名。

第四节 李冰导洛、治绵

李冰导洛、治绵是他晚年的一次大型水利活动,也是他为巴蜀人民做的最后一件造福子孙后代的大事。据传说资料,李冰在这一水利工程修造过程中,因劳累过度,不幸逝世于什邡。

《华阳国志·蜀志》说:

> (李冰)又导洛通山洛水,或出瀑口,经什邡、雒,别江会新都大渡。又有绵水出紫岩山,经绵竹入洛。东流过资中,会江江阳。皆灌溉稻田,膏润稼穑,是以蜀川人称郫、繁曰"膏腴",绵、洛为"浸沃"也。

洛水,古蜀地有大、小概念的洛水之别。沱江,是自然河流,古有洛水之称,或写为雒水。《太平寰宇记》卷73《汉州雒县》说:"雒水……雒字元(原)从水,故改洛从佳。"洛,从武帝后改写雒,魏晋又复写洛。《山海经·中次九经》:"岷山之首,曰女几之山……洛水出焉,东注于江,其中多雄黄,其兽多虎豹。"此指沱江,是大概念的洛水。一些学者认为李冰"导洛",乃是疏导今沱江,大误。沱江上游有三大水源,即绵远河(绵水)、石亭江、鸭子河(湔水)。石亭江居其中,古亦名洛水,是小概念的洛水,又称浖江。乐史《太平寰宇记》卷73《汉州·什邡县》说:浖江水在县东北18里,源出县北洛通山,李膺以此水为洛水;浖江即是石亭水,盖是洛水支流也。李膺为南北朝时蜀人,著有《益州记》。乐史认为李膺误,实际上是他自己不知有大、小洛水之分。李冰晚年所"导"洛水,正是这小概念的洛水。《水经·江水注》说:

> 洛水出洛县漳山,亦言出梓潼县柏山。《山海经》曰三危在敦煌,南与岷山相接,山南带黑水。又《山海经》不言洛水所导,《经》曰出三危山,所未详,常璩云:李冰导洛通山,水流发瀑口,经什邡县。汉高帝六年,封雍齿为侯国,王莽更名曰美信也。洛水又南经洛县故城南,广汉郡治也……益州旧以蜀郡、广汉、犍为为三蜀,土地沃美,人士儁义,一州称望

……洛水又南经新都县，蜀有三都，谓成都、广都，此其一焉，与绵水合。水西出绵竹县，又与湔水合，亦谓之郫江也，又言是涪水，吕忱曰："一曰湔"，然此二水俱与洛会矣①。

洛水发源于章山，始见于《汉书·地理志》。该书在广汉郡雒县下说："章山，雒水所出，南至新都谷入湔。"章山又名章洛山、洛通山。《元和郡县图志》卷31《剑南道上·什邡县》说："洛通山，在县西三十九里。李冰导洛通山，谓此也。"《太平寰宇记》卷73《汉州·什邡县》说："通洛山在县西北四十里，《华阳国志》云李冰导洛水于洛通山。"《重修什邡县志》卷2《舆地·山川》说："章山一名章洛山，《明一统志》在县西北六十里。洛通山，县西北一百五十里，洛水发源于此。"从这四种不同的距"县西北"或"县西"的距离看，章洛山与洛通山似应有区别，但只是同一山脉的不同山峰，且这些山峰的古名在很早以前就混淆了。《重修什邡县志》卷2又说：章山一名雒通山，又名章雒山，是一山也。询之山中人，皆不能知山高路峻，里数多少，未可援以为定；今溯洛水发源之处，奇峰磊磊，土人名九岭山。山后为茂州地，云有黑龙泉，自山穴中潜行出九岭山谷，流为金河二道，按旧图考之，即洛水、章水二源，疑九岭即洛通，以泉自山后潜通也。高景关，关山雄峙，洛水由此而出，谓之雒口。简言之，洛水发源于章山山脉（今名九顶山，属龙门山脉），在今什邡、绵竹的西部。

洛水在出高景关前，集雨面积达 629 平方公里，在高景关的多年平均流量为 25.3 立方米/秒。夏季雨量充沛，流量最大可达 1000 立方米/秒以上（1978年9月1日达 1730 立方米/秒），冬春降雨少，流量很小，4～5 月仅 10～20 立方米/秒，1～2 月最低，流量仅 3.2～4.4 立方米/秒。洛水流量季节差异甚大，春季正灌溉用水之时，水量远远不够供应，冬季仍感水量不足；夏季雨丰，下游泄水不畅，往往酿成洪灾。《华阳国志·蜀志》说古蜀国时"江、潜、绵、洛为池泽"，反映出成都平原也曾饱受绵、洛洪水危害，平原之地竟变成了"池

---

① 郦道元在这里叙述了洛水的发源及其流经地区。他不曾入蜀，在洛水是发源于洛县漳山，还是发源于梓潼县柏山的问题上拿不准，将两种说法皆写出。其实，后说是错的，发源于梓潼柏山的是梓潼水，又称驰水、潼水。对于洛水是否"出三危山"，他也"所未详"。他明知"三危在敦煌"，与蜀地相去甚远，但拘于《经》，也只好含糊其辞了。

泽"。

李冰任蜀守后，在蜀中各地开展了大规模的治水活动，积累了丰富的治水经验，最后在晚年又勇敢地承担起了治洛这一伟大使命。在正式治洛前，李冰先大量地进行实地调查。《什邡县志》载《万历碑记》说：李冰一日巡视水道，至广汉溯江干而上，因有马沿河之名。在调查研究的基础上，李冰制定出了较科学的治洛方案。

李冰"导洛"主要有两大工程：凿瀑口和疏导洛水主河床。瀑口即高景关口，其左有狮子山，右有大包顶，夹洛水如双阙，其水奔泻如瀑，故名瀑口。其山形水流，略似都江堰宝瓶口。凿瀑口，《华阳国志》称为"或出瀑口"，"或出"即"别出、开凿出"，指在高景关另开一渠，主要是在冬春水枯时发挥效益，以满足洛水南边的什邡、广汉等县的用水。此渠首现称朱李火堰（由当地朱家桥、李家碾和火烧岩而得名），据传古名"洛堋"。"堋"在古蜀语中为"堰"，"洛堋"即"洛堰"。

"导洛"指疏通石亭水泄入沱江的障碍。《华阳国志》说"经什邡、郫、别江会新都大渡"。在这平畴沃野之上，原有自然河流，但因从未得到治理，河床狭窄、弯曲度大，每到夏季洪水泛滥成灾。李冰导洛，主要是对河床进行疏通。新都大渡，即今金堂县赵家渡，秦汉时此属新都县辖①。绵水（今绵远河），源于茂汶东界九顶山东麓；其上游今称牛角洞河，在绵竹大前坪、高桥先后汇入两股较大的山溪，在绵竹汉旺出紫岩山，进入平原，流经绵竹县境东北部，在该县境内长约21公里；下游穿过德阳县，在广汉境与石亭江会合，又至金堂赵镇汇入沱江。李冰治绵水的工程细节，《华阳国志》未明确交代，从下文看，主要是引水灌溉。

《新唐书》卷42《地理六》说："什邡，武德二年析雒置，有李冰祠山。"这是一种讳笔。是说什邡一座山上有李冰的坟墓，人们建祠以祭祀。明嘉靖年间有人曾在什邡章山上发现过一通宋熙宁（1068～1077）年间的碑刻，载李冰在什邡后城山遇羽衣人，飞升成仙而去。《蜀中名胜记》卷9《什邡县》说："《志》云：章山后厓有大冢，碑云秦李冰葬所。按《开山记》云：什邡，公墓化，上有升仙台，为李冰飞升之处。古《蜀记》谓李冰功配夏后，升仙在后城

---

① 古有金堂山名、水名，见于《华阳国志·蜀志》，到唐代分置金堂县。

山，藏衣冠章山冢中矣。"古《蜀记》，当为汉晋时期先后成书的八种《蜀记》（或称《蜀本纪》、《蜀王本纪》）之一。可见李冰死于章山之说与李冰导洛之说是同时见于记载的，最早是见于汉晋时期的《蜀本纪》一类地方史志，唐宋时期见于正史，有一定的可信性[①]。它表明李冰终因劳累过度，以身殉职，死于导洛工程中，死后就地葬在可俯瞰洛水的章山之上。关于李冰之死，唐宋时期还有另一种说法。宋祁《文翁祠堂记》说李冰"为蜀凿离堆，遂捍水以溉民田，溉所常及无旱年。西人德之，因言冰身与水怪斗，不胜死，自是江无暴流，蛟蜃怖藏，人恬以生"。即指李冰是在与水怪相斗时死去。不过，宋祁已明确指出这是一种"因言"，即百姓们无根据的一种推测。李冰"导洛"和治理绵远河，在当时与都江堰水系并无联系，但随着西汉文翁及后人的一系列水利建设，这一区域也成为都江堰灌区，李冰是这一灌区建设的先行者。

第五节　汉代的水利建设

西汉政权建立后，同时也接过了都江堰水利工程的管理工作。《华阳国志·蜀志》说李冰"遂从水上立祀三所……汉兴，数使使者祭之"。官祭李冰及其所建祀庙，也完全是着眼于现实需要，同时也表明了汉政权对李冰功勋、对都江堰的全面认可并继承。正是在都江堰能正常运转的基础上，孝文帝末年，文翁任蜀守时，才可能穿湔江口溉灌繁田千七百顷。西汉时期，各郡都设置了"都水"衙门，专司全郡水利建设等。汉律明确规定："都水治渠、堤、水门。"水门即水利工程。蜀郡也设有"都水"衙门，负责全郡的水利建设，同时也负责都江堰的管理维修。

一、文翁穿湔江口

西汉时期，蜀郡太守文翁曾在蜀中大兴水利。文翁，名党，字翁仲，西汉庐江舒县（今安徽庐江西）人。关于文翁任蜀郡守的年代，《汉书·地理志》

[①] 罗开玉：《"鳖灵决玉山"纵横论，兼析〈蜀王本纪〉的写作背景》，《四川师范学院学报》1984年第1期。

说："景武间文翁为蜀守。"按景帝在位15年（前156～前141），即文翁大约在公元前156年至公元前135年担任蜀郡守。文翁在蜀中兴学化教，名著正史。

《华阳国志》说：西汉"孝文帝末年，以庐江文翁为蜀守，穿湔江口灌溉繁田千七百顷"。这一记载补充了正史的不足。以后有

图9-7 都江堰二王庙

关文翁穿湔江口的各种文献记载，莫不本于此。

《水经·江水注》说："江北则左对繁田，文翁又穿湔溲以灌溉繁田一千七百顷。"江北，指郫江北。

《水经·江水注》又说："江神尝溺杀人。文翁为守，祠之，劝酒不进，拔剑击之，遂不为害。"

《蜀中名胜记》"灌县"条引《永康军志》说："汉文翁为守，穿湔江，水堰流以灌平陆，春耕之际，需水如金，号曰金灌口也。"

《灌县志·舆地书》"浦阳河"条下也说："是为外江，即古湔江也。"

关于这"穿湔江口"，主要有二说：

湔江即今蒲阳河。秦汉时期的湔江，本指今都江堰上游的白沙河。白沙河入岷江，岷江内江又分出柏条河，故柏条河亦有湔江之称。湔江口，《水经注·江水》作"湔溲"。"穿湔江口"指开蒲阳河。蒲阳河下流为青白江。青白江有二源，一为蒲阳河，一为自彭州关口流出的青白江。文翁率领蜀地人民自今都江堰市东门分湔江东北流，过蒲阳镇，转而东南流入彭州界，在丽春乡与青白江合，灌溉今都江堰市东部及彭州、新繁大片田地。这一带在汉代大部分属繁、郫二县地。这一工程建成后，当时就可灌溉农田1700顷。

另一说认为湔江即从彭州海窝子流出之水，原系直入沱江，文翁自关口下引渠分道，故为"穿湔江口"；文翁时今青白江还未上通都江堰灌口；今青白江

与灌口间的工程系后人所为[①]。

从"溉灌郫、繁田千七百顷"所涉及郫县在西汉早中期的辖地看，这"穿湔江口"只能是开凿蒲阳河。文翁在治水之前，为了动员、鼓动群众，也像李冰那样，举行了一番祭神仪式，或进行了斗杀水神的象征性表演。文翁"穿湔江口"后，当时就解决了1700顷土地的灌溉问题，使1700顷旱地变为水田，正因如此，汉晋时期，蜀人习称"郫、繁为膏腴"。

蒲阳河即文翁所穿湔江，自灌县太平堤下鱼嘴与柏条河分水后东北流，再折向东南流入彭州，与由关口流出的湔水（又称青白江）相会于石坝子。这一段人工河流就是湔江，即所谓"穿湔江口"或"金灌口"。它完全不同于发源于彭州玉垒山东南麓的自然河流湔水。

繁江为郫江支流，为今毗河、青白江上游之一的前身。它现在为柏条河的下游，进水口在郫县石堤堰下，经郫县、金牛区、新都、青白江、金堂，在赵镇入沱江，全长65.6公里。《华阳国志》说文翁"穿湔江口灌溉繁田千七百顷"。《元和郡县志》卷32："新繁县，本汉繁县地，属蜀郡，因繁江以为名也。周改为新繁，隋开皇三年省，武德三年分广都县地重置。"《蜀中广记》卷51："新繁县，秦曰繁，以界有繁江也，谓之繁田，蜀姜维徙凉州降胡于繁，迁其民于新县，故曰新繁。"古代繁江相当一部分为人工开凿，也利用了较多的自然河床段。繁江经新繁，入新都，至金堂峡口入沱江，为沟通岷、沱两大水系的通道，古称"东别为沱"，亦称沱江，是当时新繁、新都等城市的重要水源工程，也是成都"二江"系统分洪减灾，保护成都不被水淹的一条极为重要的泄洪通道。综观这一地区的水利建设资料，该人工渠的开凿时间，不会晚于汉代，可能与文翁"穿湔江口，溉灌郫、繁田千七百顷"，在这一带大兴水利的背景有关。汉、唐、宋成都的高度繁荣，水灾较少，与这一泄洪通道关系密切。

历史上，青白江上游有两个水源，一为接纳上游洪水形成的自然排洪河道，一为繁江。宋之前，青白江又名繁江。

二、蒲江大堰——六水门的创建

蒲江大堰、六水门，以后又叫通济堰、通津堰、远济堰、馨堰等。《华阳国

[①] 任乃强：《华阳国志校补图注》第143页。

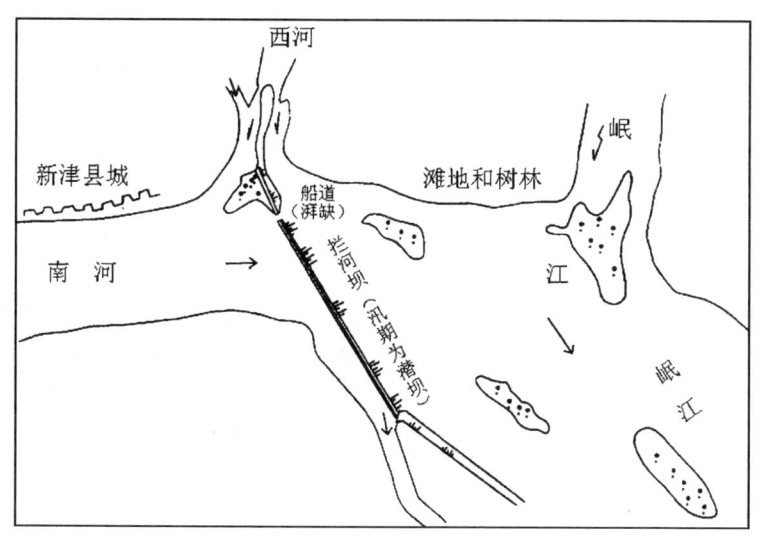

图 9-8 通济堰

志·蜀志》："武阳县，郡治。有王乔、彭祖祠。蒲江大堰灌郡下，六水门。有朱遵祠"。《水经·江水注》说武阳县"藉江为大堰，开六水门，用灌郡下"。《华阳国志》卷 10 上《先贤士女总赞论》："朱遵，字孝仲，武阳人也。公孙述僭号，遵为犍为郡功曹，领军，拒战于六水门……"《元和郡县志》卷 33 说："馨堰，在县西南二十五里，拥江水为大堰，开六水门，用灌郡下。公孙述僭号，犍为不属，述攻之。功曹朱遵拒战于六水门是也。"即在公孙述据蜀（25~36）之前，六水门已经存在，此工程必兴于西汉无疑。至今 2000 余年，此堰仍在发挥巨大作用。六水门，《汉书·百官公卿表第七上》奉常属官有"都水两长丞"如淳注道："《律》：'都水治渠、堤、水门。'"水门即水利工程。蒲江大堰又叫"六水门"，从命名习惯上看，也应是西汉时期的水利工程。

从此堰枢纽名蒲江堰的情况看，估计其枢纽取水位置在蒲江口附近，即后来所称的邛江口。宋欧阳忞撰《舆地广记》卷 29：新津"有天柱山通齐堰，自邛江口引渠南下百二十里至眉州西南入江溉田千六百顷"。新津南河旧名邛水、邛江、临邛水、蒲江等，为岷江支流，发源于四川名山境内，经今蒲江县、邛崃县，接纳邛崃诸水后入新津界，入岷江。此地古名邛江口。

汉代新津地旧属武阳县。武阳始置于秦，辖地相当于今彭山、新津、眉山、仁寿（部分）、井研一带，秦时属蜀郡，汉武帝后改属犍为郡。武阳县城在今彭山县江口镇。武阳曾在较长时间内为犍为郡治，蒲江大堰的兴建，与武阳的这种历史背景当有关系。今新津地于周闵帝元年（557）建县。

蒲江大堰渠首工程以"六水门"为其显著特征。即在渠首建有六个大的可上下开关的六个水门，换一句话说，它筑有坝堤，

图9-9 现在的通济堰水门

在坝堤上开水门，可据需要放水灌溉农田。这与当时西蜀普遍使用的无坝引水工程相比，甚为特殊。

三、成都"二江"水系的发展

司马迁说成都"二江""溉田畴之渠以亿万计"。他所见的"二江"灌溉网，包括李冰以后至武帝前的成就。李冰建堰，首先着眼于交通，加之当时平原内氐人势力甚大，其传统农作较为粗放，对灌溉渠系要求不高，故当时的灌溉渠系还只能是粗具规模。此后通过百余年的建设，特别是"文景之治"，都江堰灌区人口大幅度增加，农作普遍向精耕细作发展，溉田畴之渠逐步密如蛛网，以致使司马迁感到数不胜数了。

升仙水是沙河的前身。秦、西汉早期，还在成都北郊约10里处开凿、修筑了一座堰，名始昌堰。李膺《益州记》说："升仙水起自始昌堰，有两叉，中流即升仙水。"这始昌堰、升仙水与后世沙河城北段，有一定联系，或者说是某些河床之前身。始昌堰是蓄水灌溉的大型池塘。升仙水为该堰的人工渠。此渠开凿时间，不晚于汉初。唐卢求《成都记》："城北有升仙山，升仙水出焉。相传三月三日张伯子道成，得上帝召，驾赤父于菟（于菟，虎之别称）于此上升。"同治《成都县志·山川》说："升仙山在县北十里。"升仙山，一般认为即驷马桥北约2里的羊子山。民国时期，驷马桥古墓中出土有唐《韦津墓志铭》、《崔协墓志铭》、南宋《喻三娘买地券》，均说当地在当时为升仙乡。

升仙水上有桥，名升仙桥。司马相如曾两次离蜀赴京，第一次在景帝前元七年（前150）以赀为郎，第二次在武帝建元五年（前139）被招为郎。《华阳国志·蜀志》说："城北十里有升仙桥，有送客观。司马相如初入长安，题其门曰：'不乘赤车驷马，不过汝下'也。""初入长安"，文意似当指第一次。可见升仙桥在西汉早期已存在。唐代李远《题桥赋》："昔蜀郡之司马相如，指长安兮将离所居，意气而登桥有感，沉吟而命笔爰书……非乘驷马，誓不还于里闾"。升仙桥在宋代改称驷马桥。南宋京镗在《驷马桥记》中说当时修建桥梁后，曾在桥上题有"驷马"匾。

四、文井江常氏堤

文井江边，曾修建过一个大堤，用以保护江岸。《华阳国志·蜀志》说："文井江，上有常堤三十里。"《水经·江水注》文井江："江上有常氏堤，跨四十里（一本作'江上有长堤，堤跨四十里'）。"文井江堤长达30里或40里，应是一个较大的以防洪为主的水利工程。

此工程修建的具体年代，目前不得而知。但从《华阳国志》、《水经注》记载此堤时已不知何时何人所建的情况看，估计在西汉晚期至东汉早、中期的可能性为大。这一时期，巴蜀豪族势力迅速发展，逐渐成为蜀中一股极重要的政治、经济、军事力量。在巴蜀，豪族初兴于西汉中期，发展壮大于东汉早、中期。从该堤命名为常氏堤的情况看，该堤的主要修建者当与《华阳国志·蜀志》所载江源县大姓豪族常氏有关联。此堤的位置，文献中没记载。但从文井江流域的情况看，以在文井江、干五里、味江、泊江河四条支流汇集的元通的可能性为大。性质上，它属于护岸江堤，具有保护乡镇城市和农田的功能。

五、望川原

东汉时期，蜀地还在外江水系开凿了一条人工河溪，叫望川原。该溪在广都县"穿山崖过水二十里"，"凿山度水，结诸陂池"，灌府河西侧田畴，于是该地"盛有养生之饶"。历史上，它又叫流江、酸枣河、阿斗河，元代叫马坝渠，以后又称温江，即现在的新开河、新江，又名江安河、江安堰河。

望川原的起水口在当年灌县城南10里马耳墩，从外江分流为江安河，经土桥流入温江县称为温江，经悦来场、吴家场、夏家场，再南流经悦来场至温江县城东北，过邹家场后，由升平场南流入双流，绕县城东北，经马家寺、金花桥，复南流入华阳县，经谢家渡、胡家滩后，东南流至中和场汇入府河。

《华阳国志·蜀志》"广都县"下说："江西有安稻田，穿山崖过水二十里。"江西，即郫江下游府河之西。"安稻田"，指望川原在经过今双流县文兴场附近牧马山尾，东汉人凿崖石而开溪，类似都江堰宝瓶口，历经千年而不变，故称"安"，安稳不变也。

《后汉书·郡国志》广都县刘昭注云：任豫《益州记》曰："县有望川原，凿石二十里，引取郫江水灌广都田，云后汉所穿凿者。"

《水经·江水注》也说："江水东经广都县，李冰识察水脉，穿县盐井。江西有望川原，凿山度水，结诸陂池，故盛有养生之饶，即南江也。"南江，这里当指望川原与成都城附近的"二江"相比为南，同时也可以说此外江分水南行。

清人彭洵《灌记初稿·水利篇》说："江安河即江安堰河，又名新河，即古酸枣河，俗又呼阿斗河，盖即后汉所凿之望川原也，元又为马坝渠。"

《温江县志》说："新开江或者说称新江，亦名温江，又名酸枣江，自灌县江安堰首受大江。"《双流县志》说："按新开江俗名新开河，流江正流也。"新开河即江安河，也称流江。任豫说望川原从郫江分水，是误把郫江与沱水，即江沱相混所致。

"穿山崖过水"即是"凿川度水，结诸陂池"，将堰水引向丘陵蓄水灌溉。《双流县志》说"新开江东经牧马山合府江"，府江就是郫江下游的府河。望川原在牧马山麓汇入郫江，其地在郫江之西，故称"江西有望川原"。在牧马山麓的丘陵地带，用"长藤结瓜"的办法引取新开河的水来进行灌溉，故说是"穿山崖过水"，或是"凿川度水，结诸陂池"。

望川原系一较为大型的水利工程，在东汉豪族势力高度发展的背景下，要在地方上兴建这样一个水利工程，必须依赖强有力的官府谋划协调、组织管理。当是官民共建①。西蜀自李冰之后，兴水利成习，代有发展，此即为一。与外江水系其他引水溪相比，历史上新开河的水灾相对较少较小，颇值得注意。

---

① 《水经注》述此事时将其接于李冰事下，后世遂有人认为望川原是李冰时开凿。清王先谦《合校水经注》云："若此神功，要非李冰不能。"实际上，这是东汉工程，当然也属于都江堰水利系统，但此工程的修建与李冰无直接联系。

六、冯颢开稻田

东汉顺桓间（126~167），广汉人冯颢为成都县令，多有治绩。《华阳国志·蜀志》说他："实户口万八千，开稻田百顷，治迹尤异。"为吸引外来移民，他广开稻田。既然是新开水稻田，就必然要引水灌溉，新开溪堰。

七、沈子琚建绵竹江堰

东汉灵帝熹平三年（174）十月，广汉太守沈子琚（一作璩）上任，次年三月绵竹令樊某上任，二人甚为重视农田水利建设。于熹平五年（176）建绵竹江堰。《广汉太守沈子琚绵竹江堰碑》：

> 熹平五年五月辛酉朔一日辛酉，绵竹县南（阙）川（阙二字）宫（阙），黄化出家钱，建（下阙），汉世诚明，广被四表，南域野居，蛮夷（阙五字）笯贼（阙）连（阙），百姓被（下阙）。三年十月，广汉太守、颍川长野县沈君讳（阙），字子琚，绵竹令、安定樊君讳（阙），以四年三月到官视事。到官之初，移风（阙三字）占世土。百姓吏民皆有（阙二字）之，（阙五字）弱不安，躬耕者少，溉田丘荒，诸县湔壅（阙），以陂田（下阙），诚道（阙五字）施以周邵之化，疾犯王宪（阙）意吏民（阙四字）。君遣（下阙）悉（阙）其本息，缮作湔壅，化开渠口，成而山足，（阙）崖（阙）下（下阙）。君遣掾（阙三字）郑施、都水掾仪尹、便且、（阙）水曹掾王（阙）、史（下阙）刑世章（阙）功。又破截崖足，开（下阙）、本（阙二字）、民（阙五字）池（阙四字）、甫田千（下阙）难就易，水由池中，通利便好。水未（阙），田即到下（阙），绵竹（阙）足（阙四字）消散，五稼丰茂，（阙）民归附，永（阙三字）辞，曰：圣帝明明，（阙）兰（阙）郡（阙二字）、望（下阙）川（阙五字），欲行之兮，（阙四字）以威德兮，辅（阙三字），夏（阙二字）后兮，（下阙）时成（阙）兮，（阙）甚（下阙）。
>
> 县丞犍为属国王卿讳（阙），字季河，宣阳（阙五字），水曹史杜慈字

第九章 水利建设与管理

子仁共章（阙三字）①

绵竹江即绵远河，李冰"导洛"时曾治理绵远河。但到东汉晚期，仍灌溉不足，"躬耕者少，溉田丘荒，诸县湔壅"。这次修建的绵竹江堰的具体位置，在当时的绵竹县城之南。广汉郡"都水掾仪尹、便且、（阙）水曹掾王（阙）"皆参与了此工程，说明此工程较大，由郡府直接负责，绵竹县负责提供民工等。碑文缺字较多，工程细节多已不知，但碑文中有"缮作湔壅，化开渠口"、"陂田"、"又破截崖足"等字，表明这是一个引水灌溉农田的工程。蜀语中"缮作湔壅"，即修建堤堰。其结果达到了"五稼丰茂，（阙）民归附"。

八、建安四年（199）大修北江堋（都江堰）

2006年3月初，在对都江堰渠首安澜索桥桥墩加固时，在河床中出土两尊东汉石像和《建安四年正月中旬故监北江堋太守守史郭择、赵汜碑》，碑长1.8米、宽1.5米、厚0.2米左右，局部残缺。碑文释读如下：

> 建安四年正月中旬故监北江堋太守守史郭择、赵汜碑／惟择产广都、汜郫县人。择、汜体履仁义，结发修善。择袭父固业，治《春秋穀良》，／兼通《孝经》。二奉东诏京师，治事府县。故府郭君召署文学师薄、兵曹史、县／□政□□。择父同生兄文孤无子姓，文以寿终。择箪尽家财，收葬文，以文／所□奴婢二人，□□合直卅五万，让与文养女珠，行丧三年。又择前署县／长□□主记掾□□部郡所隐切卤薄、广汉绵竹。择为要证，幽厄成都狱／□□□毋辞封不□□，轻财重义，乡党所称。又汜故县主簿，劝农，僵于政／□□□□顾分明□□，收养孤嫂齿、兄累子二人，兄弟和雍。行之难蟹三／□□□□间。择、汜受任监作北江堋。堋在百京之首，冬寒凉慄，争

---

① 宋洪适在《隶释》卷15中指出：右《广汉太守沈子琚绵竹江堰碑》，今在汉州。灵帝熹平五年立。沈君字子琚，其名不可辨。碑载沈君以熹平三年十月到郡，绵竹令樊君以次年三月到县，虽石多剥缺，文句断续，其间指意犹可推寻。盖二人相继到官，俱以移风惠民为意，碑称其视事之初，百姓躬耕者少，溉田邱荒，有遣都水掾、水曹史等姓名，有缮作湔滩之句，又有陂田及渠口之字，末云水由池中，通利便好，五稼丰茂，人民归附。所纪盖水利之事也。蜀人谓之绵竹江堰碑，姑因其名云。碑以长野为长社。又顾炎武撰《日知录》卷二十《年月朔日子》："汉人之文有即朔之日而必重书一日者，《广汉太守沈子琚〈绵竹江堰碑〉》云：'熹平五年五月辛酉朔一日辛酉'。"

时错作/□□□□不克□□持，陈留高君下车，闵伤黎庶，民以谷食为本，以堋/□作□□□□□公掾史、都水郭荀、任南、杜斯履历平旬。择、汜以身帅下，志/□□□□□作□旬日之顷，堋□竟就备毕，佐直修身，契白不文。水牺分/□□□□□不足。淤□不汝罚亦不□，宜建碑表。时堋吏李安、傅阳、作者赵/□卿、郑□、□□、彦□、苏子邛、定卿、杨叔财等百余人，报服恩施，比方先后，/治造超□□冬，□兴意推盛，出家钱勒石纪行，刊示后贤，以劝为善。

图9-10 都江堰出土建安四年太守守史郭择、赵汜碑

碑文中：堋即堋；箪尽，即殚尽；僵于，即强于；错作，即措作；百京，即百津。北江堋为东汉时期朝廷在都江堰设置的正式官名①。碑文中的"堋吏李安、傅阳"，是指官府任命的负责整个"堋"即整个大堰的官吏，而不只是负责大堰某一局部工程的官吏。历史上，都江堰曾有"北江"之名。《元史·河渠志三·蜀堰》说："北旧无江，冰凿以辟沫水之害，中为都江堰，少东为大、小钓鱼，又东跨二江为石门，以节北江之水，又东为利民台，台之东南为侍郎、杨柳二堰，其水自离堆分流入于南江。""北

---

① 在过去的文献中，都江堰曾有湔堋之称。《水经·江水注》载："江水又历都安县……李冰作大堰于此，壅江作堋，堋有左右口，谓之湔堋。"堋，蜀人古方言，意义同堰。过去一些学者据"堋有左右口"，认为"堋"只是"堰"中的某一局部，即鱼嘴。笔者在《壅江作堋新解》（四川省水利史研究会：《四川水利史研究》第二、三辑合刊，1985年10月；《都江堰史研究》，四川省社会科学院出版社1987年版，第144~145页。）中指出："**壅江作堋**"包括修筑鱼嘴、飞沙堰和开宝瓶口在内，包括整个都江堰渠首工程。此碑文进一步印证了此说。

江少东为虎头山,为斗鸡台。""北江三石洞之东为外应、颜上、五斗诸堰,外应、颜上之水皆东北流,入于外江。"这里,北江即内江。都江堰的基本功能便是将岷江水引入内江,灌溉成都平原。故将都江堰名之为"北江堋",正如将其名之离堆、湔堰、金堤、湔堋一样,都有其根据。铭文说:建安四年正月,郡府派守史郭择、赵汜"监北江堋",即临时监管北江堋的大修工程。又说郭择、赵汜受命后,虽"堋在百京之首,冬寒凉慄",仍"以身帅下","争时错作",刚好十天,完成了大修工程。这是有关都江堰大修的最早实录资料。《宋史·河渠志》岷江都江堰条说:"岁暮水落,筑堤壅水上流,春正月则溶治,谓之'穿淘'。"而此碑证明早在东汉晚期已形成了每年正月大修的习俗。

第六节　三国时期的水利建设

三国时期,蜀汉政府从"兴复汉室"的大局出发,对水利特别是对水利管理甚为重视,成效较大。

一、诸葛亮筑九里堤

九里堤地处成都市金牛区洞子口乡九里堤乡。原堤东起北较场,西至九里桥,全长10余公里,历史上曾号称九里长虹。此地水利工程,从成都"二江"航道看,在秦汉时就应存在。《华阳国志·蜀志》说李冰建堰后,在成都可"坐致材木"。这些木材在什么地方上岸?细审秦汉成都城外江道,唯九里堤位置最佳,若在其下游便会影响成都城外航道[①]。但从现有文献看,九里堤水利工程出现在蜀汉,最初主要是为漂运修建宫城所需木料等。

天启《成都府志·山川》:"九里堤府城西北隅,其地洼下,水势易超。诸葛亮筑堤九里捍之。"《大清一统志》卷293:"九里堤,在成都县西北。堤长九里,故名。相传诸葛亮所筑,以捍水势。宋乾德中,守官刘熙古重修,一号刘公堤。"

---

① 目前虽还缺乏确实的资料,但我个人推论在秦汉五百来年间,这里已有规模浩大的堤防码头设施。诸葛亮应是在前人的基础上大规模改建或重建。寄希望于考古新发现。

第九章　水利建设与管理

九里堤所在位置，就在蜀汉宫城附近。《三国志·蜀书·先主传》说：刘备"即皇帝位于成都武担之南。"注曰：《蜀本纪》曰：武都有丈夫化为女子……无几物故。蜀王发卒之武都担土，于成都郭中葬，盖地数亩，高十丈，号曰武担也。臣松之案：武担，山名，在成都西北，盖以干位在西北，故就之以即阼。即当时蜀汉宫城位于今北较场五担山一带。蜀汉自视为正统，要按帝制改建宫城。左思在蜀亡后不久所作的《蜀都赋》中，谈到蜀汉曾扩建宫室，说当时："营新宫于爽垲，拟承明而起庐。结阳城之延阁，飞观榭乎云中。开高轩以临山，列绮窗而瞰江。内则议殿爵堂，武义虎威，宣化之闼，崇礼之闱，华阙双邈，重门洞开，金铺交映，玉题相辉。外则轨躅八达，里闾对出，比屋连甍，千庑万屋。"可见蜀汉曾大兴土木，营建宫城，且这宫城还可"列绮窗而瞰江"，有的宫殿已至江边。大兴土木，需大量木料。木料的来源，全赖从都江堰上游水运至此上岸①。诸葛亮在都江堰设堰官，征丁1200人驻防都江堰。最初的目的，必与保障漂运木料有关。此地距皇宫最近，在此筑堤、建码头，既方便从皇宫取水路外出，又方便打捞木料等。《三国志·蜀书·后主传》说："（建兴）十四年夏四月，后主至湔，登观阪，看汶水之流，旬日还成都。"观阪即都江堰市都江堰离堆。此次后主外出，很可能取水路，从九里堤登船。另外，此地既然"其地洼下，水势易超"，内江洪水，每夏冲堤，溃堤之事亦在所难免。在此筑堤防洪，改造景观，亦势之必然。

《三国志·蜀志·先主传》说章武二年（222）"冬十月，诏丞相亮营南北郊于成都"。这北郊的大型工程，就是修建九里堤及扩建蜀汉皇宫。此工程由刘备下旨，诸葛亮挂帅，表明蜀汉朝廷对它的高度重视，也说明它在当时是一个较大的工程。清末，九里堤河坝中曾掘得《蜀丞相亮护堤令碑》，碑文如下②：

丞相诸葛令

　　按九里堤捍护都城，用防水患，令修筑浚，告尔居民，勿许侵占损坏，有犯，治以严法，令即遵行。章武三年九月十五日。

---

①　以后历代，直到近世，成都所用木料多在这一带上岸。
②　杨重华：《"丞相诸葛令"碑》，《文物》1983年第5期第20页。任乃强：《华阳国志校补图注》卷3"龙坝池"。

· 395 ·

此碑为地道的汉隶。或为后人根据老碑复制，但碑上的"章武三年九月十五日"似误。陈寿在《三国志·蜀书·后主传》中曾专门点评道："礼，国君继体，逾年改元。而章武之三年，则革称建兴，考之古义，体理为违。"后主在章武三年（223）五月即位同时改年号，并在蜀汉全境内实行新年号，若是"丞相诸葛令"碑原物，不应出现此误。估计老碑腐蚀严重，后人复制时，因对后主不满，将原碑上建兴元年的年号改为章武三年。它表明此工程在章武二年冬十月动工，至次年九月才完成。

蜀汉工程未阻断内江，后来高骈重筑糜枣堰，阻断了内江，使其"无源

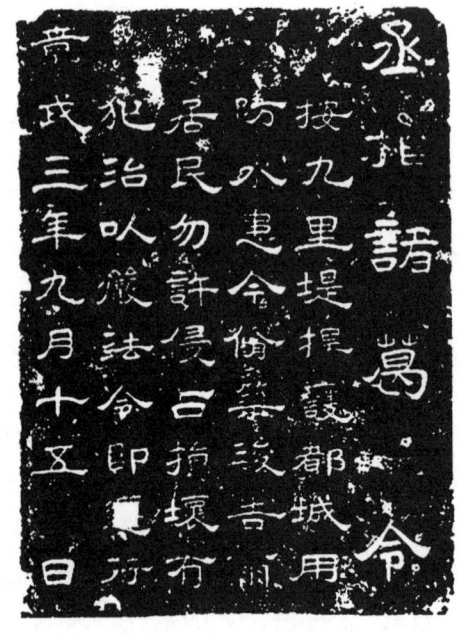

图 9-11　诸葛亮护堤令碑

自"，这就决定了两工程的区别，甚至是质的区别，这也是后世许多人认为此地水利工程直接起源于高骈的主要原因。虽然蜀汉工程不等同于高骈时的工程，也不能因此而否认蜀汉政府曾在此有过堤堰工程。

二、新都卫湖

蜀汉章武年间（221～223），卫常为新都县令（一说为新繁县令），大兴水利，新开凿一大湖（其地在明代的新繁学宫之后），引繁江之水入湖，又筑堤堰，民思其德，因名曰卫湖。卫湖之名，至宋代仍存[①]。此湖在三国时当主要是用于农田灌溉。

三、李严大修"六水门"

三国时期，刘备于建安十九年（214）定成都后，任李严为犍为太守、兴业将军。《水经注》卷33《江水》：

---

① 《蜀中广记》卷5说："《志》又曰：宋苏实，治平间为繁令，有异政，尝厌卫湖蛙鸣……"

武阳县……县下江上旧有大桥,广一里半,谓之安汉桥。水盛岁坏,民苦治功。后太守李严凿天社山,寻江通道,此桥遂废。县有赤水,下注江。建安二十九年有黄龙见此水,九日方去。此县藉江为大堰,开六水门,用灌郡下北山。

李严在健为任郡守期间（214～222）,曾对此堰进行过一次较大规模的整修。当时,武阳县江上原有大桥,长一里半,叫"安汉桥",每年涨水时,都会冲坏此桥。每年修桥,百姓甚苦。李严见此,即率百姓开凿天社山,"寻江通道,此桥遂废"。天社山,即今新津县城边上的老君山。这"寻江通道"能替代桥梁,实是拦江大坝,能开闸放水,坝上可供人行过江。换言之,李严还大规模修筑了"六水门"枢纽工程,使其能连接江的两岸。另外,这大坝既然可替代"县下"的过江大桥,也证明当时蒲江大堰枢纽位于蒲江口附近,与唐代以后、即现在的位置大不同。这次工程影响很大,以致宋工部侍郎、井研人李心传在《建炎以来系年要录》卷150中说"眉州通济堰,建安间创始",即认为此堰是李严始创的。

第七节　水利管理

一、行政管理

都江堰从创建工程开始,历代在行政领导、组织管理方面都有一个显著特征：郡、州、省级地方政府最高长官亲自抓工程。

战国晚期至秦代,都江堰的行政领导最高机构为蜀郡郡府。郡守李冰亲自领导了创建都江堰的伟大工程。但此工程浩大,所需时日甚长,作为郡守,其他行政事务甚多,他只能负责创堰的大政方针,大项目、大工程的规划、设计等,关键时刻也到现场指挥,但不可能长期驻扎在都江堰。日常代其具体联系的为卒史。卒史为郡府衙门的官吏,类似现代的秘书。卒史要完成郡守交办的有关都江堰的日常工作,主要依靠"都水"衙门和地方政府。

第九章 水利建设与管理

都江堰渠首所在地的湔氐道，是与县同级的地方政府，在李冰建堰时，曾协助郡府、郡守、卒史，直接承担了若干行政领导工作。秦代的亭、邮是地方上的治安机构。从李冰时代开始，在都江堰渠首设置白沙邮，具体负责渠首地区的有关安全保卫、治安工作等。白沙邮是秦汉时期的大邮，多次见于文献记载。《水经·江水注》说李冰：于玉女房下，白沙邮作三石人，立水中，刻要江神，水竭不至足，盛不没肩。是则蜀人旱则藉以为溉，雨则不遏其流……邮在堰上。秦汉时期，巴蜀地区设立的邮亭甚多，能留名至今的并不多。白沙邮因与都江堰相联系，得以留名至今，可以说它是当时巴蜀地区最大、最知名的邮亭之一。李冰将白沙邮建在大堰渠首正上方，又将作为水则的三石人立于邮下，皆非偶然，一方面当是出于大堰安全的需要，另一方面在邮中还设有专人，负责大堰的一些日常管理事务，如观察水文等。从当时的实际情况看，白沙邮存在着驻军护堰的可能性。

秦时已设置都水官。《汉书·百官公卿表》说："奉常，秦官……属官有太乐、太祝、太宰、太史、太卜、太医六令丞，又均官、都水两长丞。"如淳曰："《律》，都水治渠堤水门。《三辅黄图》云三辅皆有都水也。"西汉早期称京畿之地为三辅。可见秦不仅在朝廷中设有都水官，在郡府中也设有都水官，专管水利事务。秦都水官的设立，从其名称中带"都水"二字看，从李冰治水的规模、范围、时间看，从成都二江又有"都江"之名的情况看，有可能是由蜀郡首创其制。即在都江堰建成后不久，为管理方便，蜀郡最先设置都水官，专管都江堰水利，具体负责每年的岁修组织管理等。后来秦朝廷、秦各郡皆学其经验，仍将管水利的机构称为"都水"。

秦统一六国后，朝廷、郡一级的行政领导，对都江堰主要是抓大事。如东汉应劭《风俗通》说，李冰开成都两江，"始皇得其利以并天下，立其祠"[①]。秦始皇亲自下令祭祀李冰，表明了朝廷对都江堰的高度重视。朝廷下令在都江堰渠首修建专门祭祀李冰的庙宇。朝廷重视，郡县自会重视。这活动当与每年的岁修和放水节令相联系。

秦在全国的统治只有15年（前221～前206），在巴蜀地区却有110年。都江堰在秦统治时期延续了约70年。根据秦汉时期的设县、设道制度，战国晚期

---

① 《北堂书钞》卷74引。

至秦代，湔氐道的居民以当地的氐人为主体。氐人本是成都平原的土著民族、主体民族，秦人于公元前316年入主西蜀后，外来移民才逐步进入平原，但在秦统治时期，平原上仍以氐人为主体，其中最为集中的便是湔氐道。整个平原中，其他地区皆为置县，唯此地置道。道制是郡县制在民族区域的特殊表现形式，是国家机器管理少数民族中存在的氏族、部落、酋邦并与其相结合的表现。其行政建置、经济、法律及其他诸方面的管理都远松弛于县。秦在巴蜀创立的道，除道治所在的城邑外，在广大民族聚居区不再设乡、里这些基层组织，仍利用少数民族原有的氏族、部落、部落联盟，假手酋首进行管理。李冰时期，无论是都江堰的创建工程，还是以后整个秦代近70年的岁修工程，都主要是依靠当地氐人原有的部落系统进行管理，派工以部落或氏族为基本单位。正因如此，在都江堰历史上保留了许多有关氐人的传说，其中代表性人物便是杨磨和二郎，在都江堰工程中也遗留下了许多氐人文化的因子。

  灌区其他县也派役参加了都江堰的创建工程和每年一度的岁修工程。秦统治巴蜀时期，巴蜀地区是全国最大的移民、徙徒、迁虏目的地。徙徒指流放罪人。虏即俘虏，产生于敌方、对立国。秦在征战山东六国时，在剪灭各国后，不断地将俘虏、六国的统治者、宗室及其政治、经济基础的基本骨干队伍，如富商大贾、豪强地主、手工业实业家等迁往巴蜀。从当时的形势看，他们中相当一部分人也参加了都江堰创建工程。当时，秦对外来移民实行授田制，据《为田律》等，每户授田100亩（一顷），定期服徭役。当时一般按县、乡、里为单位，以户为基本单位摊派徭赋。为确保徭役制度的执行，秦自商鞅变法起就执行小家庭政策，规定"民有二男以上不分异者，倍其赋"。被徙徒、迁虏者则以犯人身份，被强制押解着参加了这一工程。

  汉政府接过秦统治的同时，也接过了都江堰水利工程的管理和维修维护工作。《华阳国志·蜀志》说李冰"遂从水上立祀三所……汉兴，数使使者祭之"。官府多次派使祭祀李冰所建三庙，完全是着眼于现实需要，同时也表明了汉政权对李冰功勋、对都江堰的全面认可并继承。孝文帝末年，文翁任蜀守时穿湔江口，也是郡府的最高行政长官亲自抓大型水利建设。汉承秦制，各郡仍设"都水"衙门，直属郡府领导，独立于所在地的县（道），专司全郡水利建设等。《汉书·百官公卿表第七上》奉常属官有"都水两长丞"。如淳曰："又郡国诸仓农监、都水六十五官长、丞皆属焉。"《晋书·职官志》说："汉又有都水长、

第九章 水利建设与管理

丞,主陂池灌溉,保守河渠,属太常。"西汉法律上明确规定,都水衙门的职责是"治渠、堤、水门"。水门即水利工程。全国郡国、郡府下都置有"都水"衙门。蜀郡自不会例外。西安汉城曾出土西汉时期的"蜀都水印"封泥,亦可为证。都水衙门在行政上受郡领导,在业务上受大司农指导(类似今之水利厅)。"蜀都水"是西汉时期,管理蜀郡水利的专职部门,其中当然以都江堰水利为大宗。西汉制度,蜀都水长,由郡府任命,行政级别上相当于县长;蜀都水丞,由郡府任命,为都水长的主要助手。《汉书·百官公卿表》说:有一万户人家以上的大县,设县令,其秩一千石至六百石不等,不到一万户人家的小县,设县长,其秩五百石至三百石。县令、县长下皆有丞、尉,秩四百石至二百石,是为长吏。蜀都水长的级别,从全国统一规定看应在五百石至三百石之间,但从蜀地的实际情况看,应为五百石。蜀都水丞的级别应为四百石。西汉时期,成都平原的几项大型活动,如文翁"穿湔江口溉灌繁田"的工程、蒲江大堰(通济堰)的修建工程,再就是西汉 200 余年间,都江堰的岁修、抢修、特修等工程,都应是由"蜀都水"具体牵头负责。

东汉时期对都江堰的行政领导,在近年出土的李冰石像铭文和《建安四年正月中旬故监北江塴太守守史郭择、赵汜碑》皆有反映。

李冰石像铭文中的"都水掾尹龙",为郡守掾吏班子中专门负责"都水"事务的掾吏,为郡太守的专职水利秘书、顾问和办事人员。都水掾是郡太守府的掾吏。当时郡府中掾吏人数日多,部分掾吏留郡府充做幕僚或协理杂务,部分掾吏则分别负责联系郡府所属下级衙门,是郡府行政领导的代表。从有关资料看,郡府卒史至迟在东汉明帝时期已改称掾。掾吏的级别较低。都水掾的品级为秩百石,品级虽低,但由于是代表郡太守,权势却很重。故石刻铭文将他的名字排在都水长之前。关于东汉时期管理都江堰的组织机构,近年出土的李冰石

图 9—12 李冰石像题刻

像铭文,提供了全新的、可靠的资料。"故蜀郡李府君讳冰。建宁元年闰月戊申朔,廿五日,都水掾尹龙、长陈壹造三神石人,珍水万世焉"。这段铭文清楚地表明,东汉在蜀郡郡府下面设置有专门的"都水"衙门,专门管理以都江堰为主要代表的水利事务。"长陈壹",是"都水长陈壹"的略称(前文中有都水掾,已交代了所在部门,可略),其级别相当于县长,秩五百石至三百石。都水,是东汉郡府管理水利的部门,相当多的郡都设有此职。罗福颐《汉印文字征》"都"字条下有"浙江都水"、"温水都监"。《后汉书·百官五》说:其郡有盐官、铁官、工官、都水官者,随事广狭置令、长及丞,秩次皆如县、道,无分士,给均本吏。《后汉书·百官五》本注说:有水池及鱼利多者置水

图9-13 李冰塑像

官,主乎水,收渔税,在所诸县均差吏更给之,置吏随事,不具县员。各地水利条件不同,都水职责当略有差异。蜀郡都水,直属郡府,衙门设于成都,负责全郡水利工作,管理都江堰是其重要任务之一(可能在都江堰还设立了分支机构)。

《建安四年正月中旬故监北江堋太守守史郭择、赵汜碑》中涉及水利的官员有:监北江堋太守守史郭择、赵汜,都水郭苟、任南、杜斯;堋吏李安、傅阳。这可分三个层次:监北江堋太守守史郭择、赵汜,为郡守临时指定的、代表郡府对此次工程的监管全权代表(类似今之省长秘书);碑文中的"掾吏",也应代表郡府,但可能是郡府中较老的负责水利方面的代表,此次有调整——这种重复任命,当或与刘璋时期蜀中政局混乱有关;都水郭苟、任南、杜斯,为郡府中专门负责水利的部门(类似今水利厅)官员;堋吏李安、傅阳,是具体管理北江堋(类似今都江堰管理局)的官吏。

第九章 水利建设与管理

两汉时期由于有了专门的管理部门和官吏，水利建设事业得到较大发展。都江堰的岁修工程，由都水衙门主持，并由高级官吏亲自主持每年祭祠李冰的活动。东汉一代，封闭、割据式的豪族经济高度发展，但整个都江堰灌溉水系并没有因此受损。这反映出当时"都水"管理体系独立于县地方行政部门，并具有相当的权力。

三国时期，蜀汉丞相诸葛亮认为都江堰系全国农耕之本，国之所资，亲自抓有关管理工作，在都江堰专设堰官并带武装。从有关文献资料看，在都江堰实行堰官带武装管理体制的只有蜀汉和元代。这表明当时大堰管理形势甚为紧张。《水经·江水注》注引《益州记》说诸葛亮在都江堰专设堰官，又征丁1200人驻防都江堰。这是都江堰历史上第一次出现堰官带武装的确切记载。三国时期，西蜀豪族经济各有武装，争水事件经常发生。堰官手握兵权，在灌区应主要是针对豪族势力。都江堰位于成都平原与川西高原交汇点上，高原上"西戎"势力强大，不能不有所防备。堰官带武装主要有以下职能：（1）负责都江堰的日常安全保护、维修和岁修工程。（2）对灌区实行计划分配用水，科学用水，节约用水。在当时的背景下，此任务必须有军队才可能实施。蜀汉时期，都江堰灌溉水利系统一直运行良好，与此有关。"堰官"直接接受蜀汉朝廷管辖，不受郡、县地方政府干扰。

二、治水经验总结

都江堰在水利管理、工程管理、水工技术管理诸方面，皆具特色。其中一个突出的表现，便是用"六字诀"、"八字格言"、"三字经"来总结、归纳都江堰的治水法则。这些治水法则是古代都江堰工程管理、水工技术管理的最高准则，从某种意义上说，也是最重要的规章制度。这些法则皆刻石立在二王庙内，朗朗上口，言简意赅，便记忆，利推广。

历史上，由于天灾人祸等原因，都江堰曾多次遭受严重破坏，但都很快便能恢复。其重要原因之一，便是这些治水法则起了重要作用。

"检其左，堰其右"，最早见于《水经注》卷33引梁李膺《益州记》："《益州记》曰：'江至都安，堰其右，检其左，其正流遂东，郫江之右也。'"它是对李冰创建都江堰后、迄两汉时期，都江堰渠首枢纽平面布局的总结，同时也是都江堰渠首枢纽平面布局的基本法则。它形象地指出了都江堰渠首枢纽布局的轮廓和具体做法。都江堰渠首枢纽的任务是以内江分流引水为主的。"堰其右，检其左"，正是针对内江分流引水而言。这里，"堰"指筑堰引水、排洪、排沙之意。"堰其右"，即在内江右岸设置平水槽、飞沙堰、人字堤泄洪与排沙。"检"为控制之意，"检其左"指利用岷江在都江堰所在河湾段左侧凹岸，凿开宝瓶口，引水入柏条河和走马河。这种平面布局，把枯水期的引水和洪水期的泄洪相统一，把取水和排沙相统一，把冬季岁修中过水和淘淤相统一。

图 9—14 六字诀

"深淘滩、低作堰"是都江堰渠首枢纽立面布置的法则。关于此六字诀，历代评价甚高，如："治水之法"①、"万世治水者法"②、"检江立堰之法"③、"千古治堰之要诀"④ 等。它究竟产生于何时，始载于哪部文献，却颇有争议。一般认为，六字诀出于李冰，这几乎是蜀地治水者和有关学者的一致看法。

明曹学佺《蜀中名胜记·成都府六·灌县》引《水经注》说："江水又历都安县……李冰作大堰于此，立碑六字曰'深淘掸，浅包鄢'。鄢者，于江作堋，

---

① 元揭傒斯：《文安集》卷 12《大元敕赐修堰碑》，《四库全书》本。
② 明卢翊：《灌县治水记》，雍正《四川通志》卷 13 上，《四库全书》本。
③ 清陈元龙：《格致镜原》卷 8，《四库全书》本。
④ 清宪德：《题都江堰酌派夫价疏》，雍正《四川通志》卷 13 上，《四库全书》本。

第九章 水利建设与管理

埘有左右口，谓之湔埘江。"《大明舆地名胜志·四川六·成都府六》引《水经注》，其文完全同上。清李元《蜀水经》卷2也说《水经注》有此语。现在流行的《水经注》，是从明《永乐大典》中辑出，不见有六字诀。明曹学佺与《大明舆地名胜志》的作者所引《水经注》，当是更早的版本。明杨慎撰《丹铅摘录》卷5说："蜀灌县离堆山，斗鸡台之下……傍有石刻，八分书'深淘滩，低则堰'六字，皆秦蜀时李冰所为也。见李公膺《益州记》，今志改则为作，堰便失其意，亦且不文，书以存古。"又杨慎《金石古文》卷3载有《秦蜀守李冰湔埘堰官碑》，碑文是"深淘潬，浅包鄢。"明梅鼎祚编《皇霸文纪》卷12：《湔堋堰官碑》："深淘潬，浅包鄢"，潬，古滩字，即堰也。杨用修《金石古文》云："冰在蜀治水，功烈盛矣，誓神，而神至今不敢违。教民，而民至今不能违。其文又简古，真异人哉！"清康熙时陈元龙撰《格致镜原》卷8也说："梁李膺《益州记》蜀灌县离堆山斗鸡台下……乃秦蜀守李冰所为，又教民检江，立堰之法曰'深淘滩，浅则堰'。"从这些线索看，几乎可以肯定，李膺《益州记》确曾记录过"六字诀"。

深淘滩，就是指每年岁修时，把宝瓶口上游凤栖窝一段河槽中淤积下来的沙石彻底挖淘，用人工办法以补充水流排沙之不足。目的是要保证下游引水的水位，保证灌溉用水。古有"深淘一寸，得水一寸，深淘一尺，得水一尺"之说。所谓深淘也是相对的，只是达到一定的深度，过深则在宝瓶口形成门槛，影响水流流态。古人深淘标准，皆树以标志，或以石马，或以卧铁，或以铜标及标准台。目的在于保证春灌期间内江有足够的过水断面，从而保证宝瓶口引进足够的水量。

浅包堰，低作堰，即低作飞沙堰和人字堤。飞沙堰是用笼石垒成，即先铺顺笼，再在顺笼上包铺顺着溢流方向的筷子笼。所谓浅包，就是少铺几层筷子笼，不要作得太高。飞沙堰集分、排、控三种功用于一身，既排沙，又分洪，还要控制入内江水量，既是一个排沙道，也是一个溢洪道。经一年的冲刷，其堰堤上的竹笼等建筑已基本损坏，堰内外堆积大量沙石，必须全面维修，次年才能正常工作，发挥效益。维修此堰的关键是在"低"、"浅"上下工夫。不宜过高，过高就会减弱它的功能。它低到什么程度，要根据保证春灌用水流量相应的水位高程来确定。以宝瓶口观测水位的旧水则来衡量，飞沙堰堰顶高程相当于十三划就够了。另外就飞沙堰的飞沙、泄洪及其自身安全而言，低作堰也是有利的。都江堰凤栖窝河段，每年冬末沙石淤积量在1万立方米左右，数量大略固定。每年冬春水枯时，在鱼嘴处先后分别拦断内、外江，进行清淘。如冬末不断流岁修淘淤，或淘淤不到原河床，则来年就引水不够，难以满足灌区抗御春旱的用水要求。若凤栖窝河段清淤彻底，则宝瓶口即可全部引进内江340立方米/秒流量，飞沙堰不会溢流。当然也可以不清淤或少清淤，加高飞沙堰顶，以导引更多流量进入宝瓶口，但这样就将减少飞沙堰宣泄内江洪水的能力，宝瓶口多进洪水，又将造成灌区水害。因此堰顶不能筑高，而要"低作"。浅包人字堤，就是在"堤后用筷子笼横排密抵，埂既坚牢，又能渗水让水"。"低作"、"浅包"的目的，是可以"使有余之渠水泄于外江"，不然的话，江涨横溢，外江不能泄水，而水势偏注内江，成都一带也会有洪水。

深淘滩与低作堰，是相辅相成的、缺一不可的两个方面。它用朴素的哲学思想，以一深一浅、一引一分正确处理了引水与排沙的矛盾。故历代都把这六字诀奉为至宝，代代相传，成为维修与护理都江堰的必遵之法。"六字诀"对2000多年来都江堰的治理，有极大的指导意义和深刻的影响。

汉代扬雄曾对都江堰治水指导思想进行总结。扬雄在《太玄》第四说："夫作者，贵其有循而体自然也。其所循也大，则其体也壮，其所循也小，则其体也瘠。其所循也直，则其体也浑，其所循也曲，则其体也散，故不惧所有，不强所无，比诸身，增则赘而割则亏，故质干在乎自然，华藻在乎人事也。""圣人存神索至，成天下之大顺，致天下之大利，和同天人之际，使之无间也。"①"水顺则无败，无败故可久也。"② 这里，已把都江堰"乘势利导、因时制宜"的思想总结出来了。都江堰渠首位置的选择，渠首工程如鱼嘴、百丈堤、飞沙堰、人字堤等，其特征皆是"顺"水势而非逆水或阻水。利用河道走势、水脉走向，无坝分水，壅江排沙，因地制宜，自流灌溉，变水害为水利，在总体效果上是堤防、分水、排沙、控流相互依赖，共为体系，在功能效益上是防洪、灌溉、水运和社会用水相结合，最大特征是历2200多年经久不衰。都江堰在建、管、用等方面，正是巧妙利用了渠首所处岷江河段天然弯道的地形，利用了岷江、白沙河汇流后的不同水脉，利用了该河段流量大、坡度陡、取水高程

---

① 扬雄：《扬子法言》卷4《问神篇》。
② 扬雄：《扬子云集》卷2《太玄》第十三。

高的优良自然条件，根据不同的时代，不同的季节，作出不同的调整，以最佳工程去分洪、引水、排沙与输沙。同时，还充分考虑到就地取材，当时民众的岁修承受能力，或以简单的临时性的"软"建筑设施，或以铁、石等"硬"建筑设施，来谋求大堰的持续生存和发展，使水资源在时段上的有限性，演进为时间上的无限性，长期造福于民。如都江堰的分沙工程，首先是利用鱼嘴前的弯道环流使内江少分沙，然后利用宝瓶口的壅水沉沙效应和飞沙堰前的侧向环流，使内江中大部分底层泥沙通过飞沙堰顶，随洪水排走；最后才是在岁修中用人工将内江河段中的淤沙掏出来。可谓"乘势利导、因时制宜"的典型。

三、水利科学技术

秦汉三国时期，巴蜀地区科技发明内容甚多，许多在前文已有论述，如天文、铁农具的普及、百炼钢、医学等方面。下面着重讨论水利科学技术。

在正常情况下，古代都江堰必须每年岁修，每隔三五年得大修一次，此外随时都可能抢修。换言之，大堰的正常运行，必须以一整套工程管理为基础。

相传李冰还在都江堰渠首埋石马，作为每年岁修时"深淘滩"的标准。以牛马为神，是蜀文化及其原始宗教的一大特征。李冰利用蜀神石马，来调动蜀人参与岁修的积极性，同时它又兼具标尺与镇水石神的功能。这表明李冰时已有了严格的、科学的岁修。西汉、东汉蜀郡的"都水"衙门、三国蜀汉时期的堰官，其职能之一便是组织每年的岁修。

1. 笼石技术

笼石技术是都江堰水利系统的重要技术之一。近年在成都方池街考古工地中，曾发现春秋、战国时期的竹笼遗迹，证明早在秦入巴蜀前，笼石技术已在西蜀的水利工程中普遍使用了。笼石

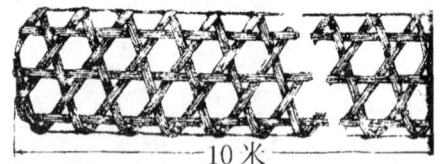

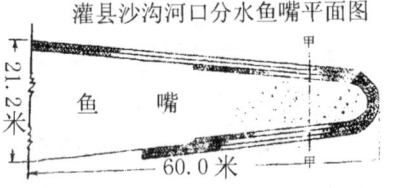

图 9-15 竹笼鱼嘴

技术应是成都平原的土著民族、主要是氐人的传统技术。关于都江堰使用笼石技术的资料，《元和郡县图志》卷31《剑南道上·导江县》说："楗尾堰，在西南二十五里。李冰作之，以防江决。破竹为笼，圆径三尺，长十丈，以石实中，累而壅水。汉成帝时，瓠子河决，王延世塞之，用此法也。《汉书》所谓'下淇园之竹以为楗'。"《都江堰功小传》载笼石古法说，笼制长三丈，径一尺八寸，形扁而面平，椒眼参差，实以大小圆石。《都江堰工程述要》：每条长约丈，直径一尺八寸，顺篾宽三指，横篾宽一掌，笼成重百斤，取江滩卵石，纳石满笼中，层层累积，其间系以木桩。此二记载虽然较晚，但都是传统技术，变化不会太大。当然，笼的长短、大小，不仅各时代有所不同，主要应与使用

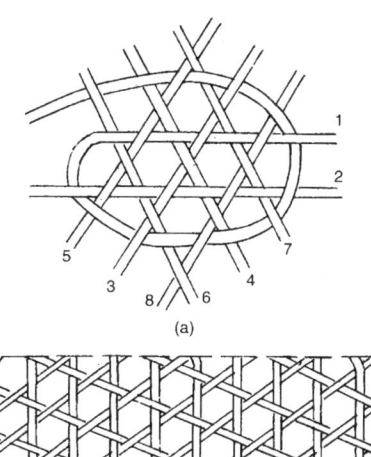

竹笼编制图
(a)竹笼起底　(b)竹笼规格
图 9-16　竹笼

图 9-17　都江堰堵江石笼

在不同的位置有关。不过，都有一个共同原则：那就是无论洪水来势多凶多猛，这些竹笼必须安如磐石，稳如泰山，且须能承受住一年洪水的检验。这就要求笼石本身必须要有相当的重量。由于笼石太重，不可能搬运，当时一般是先把空竹笼放到需要的位置，并按地形需要的弯度把它摆好，然后再装卵石、封口。最下面一层的笼石一般都还要打木桩将其固定。都江堰治水三字经中有"笼编密、石装健"，即就此技术而言。笼眼根据当地卵石大小编成一石一眼。清末民国时期，一条笼约需竹65公斤、净重45公斤左右。装满卵石的标准竹笼，规定长度为10米，宽0.67米，高0.4米。竹笼的编制可长可短，可直可曲，但要按

标准笼计算。笼石的特点在于利用竹笼的坚韧性能，把若干分散的卵石聚为庞大浑圆一体。笼石很重才能抵御洪水冲击，卵石间有大量孔隙，又能泄水，竹笼在填装卵石后仍有一定的弯曲度，能适应河床的弯曲变化。

竹笼除用于鱼嘴分水外，还广泛用于护岸工程、钉坝工程（支水）、笼坝工程（拦水埂）、溢流坝工程和护基工程等，在岁修、防洪抢险方面作用较大。若干条笼组合起来，可构成堤埂、护岸、导水埂、挑水坝、分水鱼嘴、溢洪坝等。成都平原，除都江堰渠首外，在其他水利设施中也广泛使用这种技术。

竹篾虽具有一定坚韧性，但性能变化较快，经水冲木撞，日晒雨淋，过不了几月便脆弱易断，到次年洪水来到之前，必须重换，成为岁修的主项。但它在古代那种科技水平条件下，总的看来仍是瑕不掩瑜。时至今日，笼石技术仍被都江堰工程局部保留。

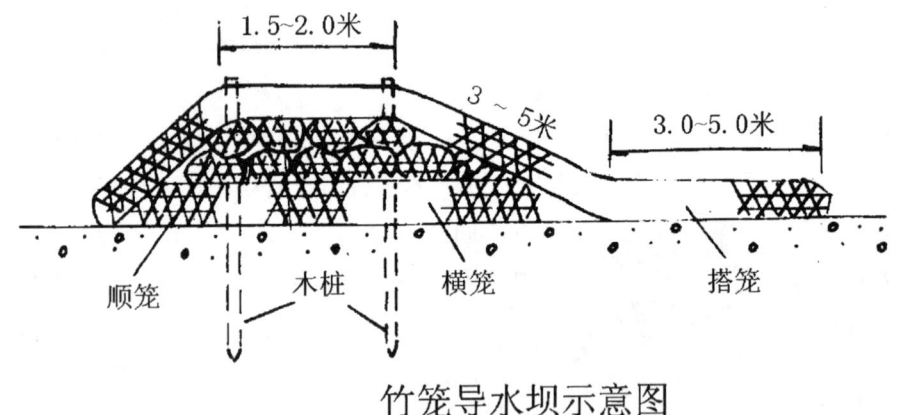

竹笼导水坝示意图

图9—18　竹笼工程图

2. 杩槎技术

杩槎技术是都江堰水利系统的重要技术之一。每到冬天枯水季节，在渠首用特有的"杩槎截流法"筑成临时围堰，修外江时拦水入内江，到了修内江时又拦水入外江。清明时节内江灌区需水春灌，便在渠首举行既隆重又热闹的仪式，拆除拦河杩槎，放水入灌渠，这个仪式叫做"开水"。杩槎主要用于拦水、分水，是都江堰最古老并一直保留到近现代的传统技术之一，使用量很大，效用非常明显。按传统规定，每年霜降节（10月23日前后）祀神（祀李冰），外江河口开始下杩槎截流，立春节（2月4日前后）外江岁修工程完成放水。随

图9—19 都江堰笼石与杩杈

即在内江下杩槎截流,清明节内江岁修工程完成放水。这种统一的断流岁修,河干施工,既方便,又节省人力、物力,资金耗用不多。杩槎所用木料以本地所产桤木、麻柳木、青杠木等为主,长度视水深浅而定,约在6～8米间,直径约18～20厘米。杩槎结构非常简单,主要是用三根木柱架成,前两根名"罩面",后一根叫"箭头"。捆束的竹绳叫"牵藤"。在杩槎二分之一处另绑横木,称"压盘木"。为加强稳固性,通常于杩槎二分之一处的盘杩上,加制竹笼,纳卵石于笼内,以增加压力,使其不易被水冲翻,名"压盘"。杩槎间互相连接之顺木叫"簪梁",其道数视水之深浅而定。簪梁外竖排之木棍叫"杆子"。杆子外通常置三层竹篱笆(方眼):第一层名"花栏",第二层名"捶笆",最外一层名"罩席"。罩席外加培黏土,以防渗漏。一个杩槎俗称一洞。古代都江堰渠首每年通常约用杩槎120洞左右,外江40～50洞,内江60～70洞。数十个杩槎相连,便构成了一个临时的挡水坝,然后再进行河道岁修。杩槎的安放与拆换都较方便,不但可以截流,且可当做水闸,调节水量。杩杈操作过程中,有许多专用名称,如将其抬送到河边,叫"抬杩";放上船运到截流地点,叫"吆杩";把杩杈放入水中扯正叫"立马";绑好堰梁,压上石头使其稳定,叫"定杩"。

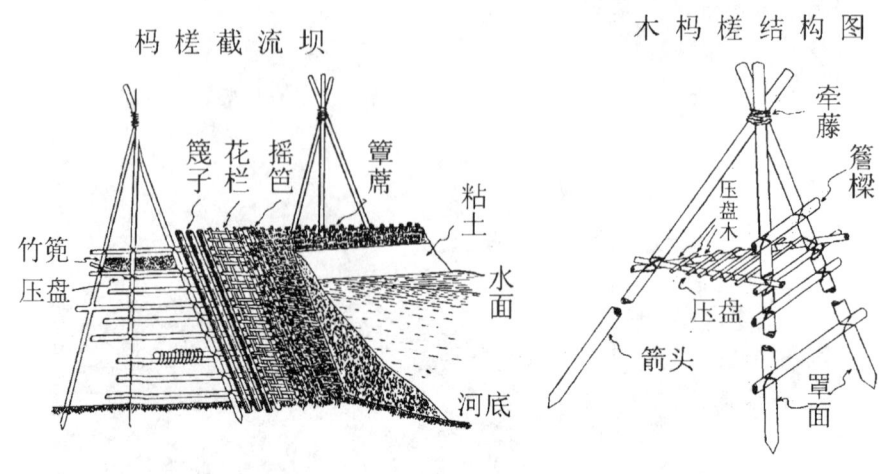

图 9-20 杩槎

3. 石人、石马

石人、石马是都江堰水利系统的水则、水标。在渠首，李冰设计了三个石人水则。《华阳国志·蜀志》说：李冰于玉女房下白沙邮作三石人，立三水中。与江神约：水竭不至足，盛不没肩。三石人，又称"三神石人"，应是土著蜀人所崇信的治水有功的三位神人，很可能是大禹、杜宇、鳖灵。立三石人时，李冰还举行了隆重而肃穆的盟约仪式，举酒与江神相约：水位在枯竭时不能低于石人的足部，水位在暴涨时不能淹没石人的肩部。这三个石人，分立于三水汇合口，实际上是三个水则，可观察、测定水位。据多年观测的资料，内江二王庙水位变幅为 4 米。按"水竭不至足，盛不没肩"来算，足部至肩部的距离就略大于 4 米，石像的高度估计至少应在 5.5 米以上。李冰所刻的三石人，与后来出土的东汉李冰石像不同。李冰是将这三尊石像分别立在三条江边，同时具有水则和镇水的功能。出土的东汉李冰石像，虽是模仿李冰的做法，但主要是作为水神，不具有水则的功能；且其仅高 3.05 米，小于内江水位变幅，也无法作为水则。三水，指渠首上游的岷江，鱼嘴分开的内、外江口，及外江又分水流入羊摩江的入水口[①]。

内江凤栖窝凹岸一带，每年淤积大量沙石，为岁修的大项。"深淘滩，低作

---

① 罗开玉：《论都江堰与蜀文化的关系》，《四川文物》1988 年第 3 期。

堰"六字诀，被视为治理都江堰的根本大法，"循之则治，失之则乱"。岁修淘滩时，人们经过不断的实践，探索出一个合适的深度，于是建立标记，作为淘滩的准则。相传李冰创建都江堰时，曾在凤栖窝下埋有石马做淘滩标记。明曹学佺《蜀中名胜记》卷6说"都江口旧有石马埋滩下"。道光时，强望泰淘河挖出二石兽，或以为是李冰时的石犀，或以为是李冰时埋的石马。

4. 干砌卵石埂与木桩工程

干砌卵石埂与木桩工程也是都江堰水利系统的重要技术之一。干砌卵石埂是由卵石组成的点、线、面相结合的整体。按工程需要可砌成堤埂、护岸埂、鱼嘴分水堤、溢洪坝、坦坡（大头向下，小头向上，个个靠紧）、护岸脚等。埂面卵石要求长而扁，大小匀称，填心卵石则大小均可。木桩工程是为了加固卵石埂、竹笼埂打下河底1~2米深。用于堤埂、护岸埂基脚的保护，分水鱼嘴周围栽桩，导水埂两边栽桩，溢洪坝栽纵横格子桩等。

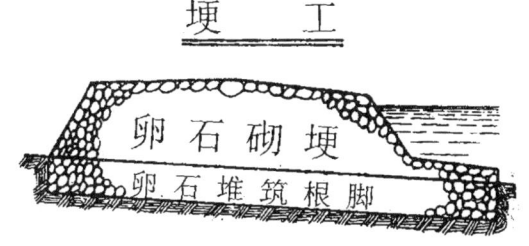
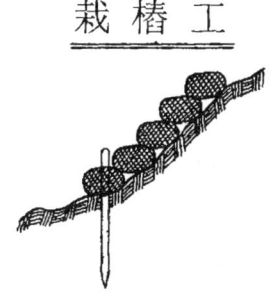

图9-21 卵石砌埂图

5. 平梁制口、筒口

平梁制口、筒口是都江堰水利系统的重要技术之一。平梁制口、筒口分水是都江堰灌区官管的重要手段之一。在分水鱼嘴两侧的支河口上，早期多用竹笼，宽窄长度，通常由都江堰的职能管理机构（如清代的水利同知衙门），按向官府交纳赋税之多寡、按每年派出岁修民工之多寡、按两支渠的灌溉面积等比例来设置。事实上，它是古代堰官管理、制约灌区的一个重要手段。

6. 分水、治沙的一些技术与方法

都江堰渠首修建在流量大、坡度陡、推移质泥沙多的峡江上，其上游年均输沙石总量约650万立方米。岷江至都江堰渠首，河道突然展开，由山谷进入平原，水缓沙停，势所必然。都江堰从渠首到灌区，每年都要对大小河渠进行

第九章 水利建设与管理

岁修淘沙。要引水就必须治沙，在分水的同时治沙。分水治沙技术为都江堰水工技术中最重要的一项技术。都江堰的治沙总是和治水结合在一起的，治沙技术与水工技术形成一体。这也是都江堰作为天、地、人相和谐，环境保护、生态建堰与可持续发展相结合的最佳典范的根本原因之一。千百年来，都江堰的治沙技术一直是水利同行们高度关注的焦点，历代许多水利专家、各种各样的学者都进行过探索与总结。总的说来，都江堰的治沙技术诀窍是因地制宜，辨证施治。

古代都江堰治沙技术与方法的最大特征是借水排沙，其基本原理是选择适当的位置，配以必要的工程，利用不同的水脉，借助水流冲沙、排沙、治沙，逼使沙石欲停则动，达到用水渠道多进水、少进沙的理想效果。鱼嘴为分水排沙的第一关。它位于岷江大河湾凹岸下游，正好能够充分发挥水流弯道环流功能。当流量至每秒1700立方米以上时，岷江上游来水经过关口挑向左岸的盐井滩，再折向右岸的马角沱，又转冲内江。内江口处于"正面取水"，外江则处于"侧面排沙"的理想位置。据测量，当外江分流比为35.8%~39.1%，分沙比为42.3%~52.8%，分沙比明显大于分流比；而内江，每年进入的卵石仅占岷江总来量的26%。鱼嘴的这种无坝分水功能，为古代川西坝普遍采用。川西坝的小鱼嘴比比皆是，不胜枚举。在整个"以万亿计"的灌溉渠中，几乎在每条干渠、斗渠、支渠的分水处，都有一个小型的分水鱼嘴，以解决分水、排沙等问题。从某种意义看，川西坝的灌溉系统，也就是一整套鱼嘴分水、治沙系统。当然，这个系统的出现，与成都平原的地形有关。成都平原西北高、东南低，平均落差4.4‰，为鱼嘴分水、治沙、自流灌溉造就了先天优越条件。飞沙堰为都江堰渠首排沙第二关。当水流进入内江后，主流沿右岸走，直冲虎头岩，形成一波三折，前面又受宝瓶口塞水的阻拦，根据弯道环流原理可知，这时表层水冲向虎头岩，而底流就转向其对岸的飞沙堰，形成螺旋形环流，底层的推移质即横向被推出飞沙堰。当内江的进水流量达到每秒1000立方米时，飞沙堰的分沙比可达80%以上，剩下少量沙石多滞留在凤栖窝一带，只有较少一部分能从宝瓶口进入下游灌区。鱼嘴、飞沙堰引水与治沙辩证一体，二者时间上统一，空间上分开，真正做到了天、地、人巧妙结合。内江的主要功能是输水灌溉，外江的主要功能是排洪。洪水季节，外江排洪比为60%，排沙比却高达70%~80%。灌区内的其他小鱼嘴，若分流双支，一支的主要功能是灌溉，另一支的主要职能是泄洪，就要精心选择鱼嘴的位置和角度，借水势让排洪水道多分沙。若两支分渠皆为灌溉渠道，分水分沙的比例就应相等，不然势必引发矛盾。

壅水治沙是都江堰的治沙诀窍。都江堰渠首，从鱼嘴分水至宝瓶口长约1200余米，宽约70米。宝瓶口宽度仅为12～20米。水泻不及，迫使回流，出现壅水现象。流量愈大，壅水愈烈，流速愈慢。水中泥沙随之沉落，集中沉积在凤栖窝一带，为每年岁修疏淘之大项。鱼嘴至宝瓶口的内江河床段，又成集中沉沙的天然沉沙池。这又方便了每年的岁修。若无此壅水沉沙效应，灌区下游岁修工程将分外艰巨。凤栖窝一段河床，表面的沉积大卵石，平均直径通常在300毫米以上。清代早期，鱼嘴、飞沙堰消失，岷江直接从人字堤顶端分水，大大缩短了这壅水沉沙池的长度，大量泥沙淤积在宝瓶口以下，且淤沙总量更多得多。

鱼嘴以下，内江右岸设有三个溢洪道，即平水槽、飞沙堰和人字堤。从整个都江堰历史时期看，飞沙堰为其中的主要溢洪道。汛期江水大溜受宝瓶口阻顶，水位壅高，通过飞沙堰侧向溢洪。这时水流产生强大的横向漩流，掀起大量重质底沙，由左下而右上带过飞沙堰。在宝瓶口之前的治沙三项技术措施是"分沙"、壅水"沉沙"和"排沙"。这三项技术措施是通过鱼嘴、宝瓶口、飞沙堰三大建筑物的整体位置、合理布局、相互配合、相互制约、密切联系，又通过每年岁修的"深淘滩，低作堰"，方得以实施。

平梁制口是都江堰灌区常见的分水治沙技术之一。若两支渠同为灌溉渠，通常采用平梁分水、分沙。在平梁制口的上下游，严禁随意淘挖。若两支渠一支主灌、一支主排洪，则将灌溉河渠布置在凹岸。有天然的凹岸当然更好，若没有则用人工挖成凹岸。传统做法，一般让靠凹岸一边水渠的平梁呈一定斜度，堰顶从凹岸向凸岸略倾，斜度约1%，便可让凹侧支流进沙较少。

束水攻沙是都江堰传统行水治沙技术之一。在干、支溪的滩、洲之处，要达到"遇弯截角、逢正抽心"的效果，若仅靠人力淘挖，事倍功半，通常是借助水力冲深浅槽，事半功倍。具体做法是：将附近挖出的大卵石，作竹笼顺坝或丁坝，束窄过水断面加大流速，以便冲深抽心槽道。许多支渠一分为二，在下游合二为一。汛期，两支河槽受水不均，泄流不畅，最易出险，冲决河堤。此时往往用竹笼锁坝，堵塞曲支、"塞支强干"，使大流经正直河段，束水冲深渠槽。束水攻沙是治沙治水的一种辅助手段，借以扩大"截角"与"抽心"工程的效果。

行水输沙是古代都江堰灌区常用的分水治沙技术与方法。灌区内的河渠，一般都灌排兼用，春季引水灌田，夏秋排洪泄水，行水又输沙。传统观念认为，干、支溪中冲淤的泥沙，应相对平衡，过多会造成河堤溃决，洪水横溢，过少则说明分配不均，势必导致相邻河渠中泥沙过多。古代堰官一般通过一定的技术和方法，在让干、支溪通过一定流量的同时，也要输送一定的泥沙，使水沙平衡、冲淤平衡。对于失去平衡的干、支渠，则通过岁修等，使其恢复平衡。行水和输沙，对河渠断面要求不同。行水以流速大的窄深式渠道为好，输沙以宽浅式渠道为好。是从行水着眼，还是从输沙着眼？历史上，各县、乡、村多首先考虑行水，堰官则多着眼输沙。表面看，行水是主要的，但输沙效果不好，又会破坏平衡，导致相邻河溪网的"冲塞"，影响行水。要使河渠稳定、持久地行水，须着眼于输沙，有时输沙还是第一位的。宽浅式河渠不仅输沙效果较好，还因河渠宽浅，长途输水导致水温增高（都江堰水来自岷山融雪，水温偏低），进入田间有利育秧。宽浅的河渠还有一大好处，其岸坡普遍较低，不易垮塌，且便于淘修。历史上，都江堰灌区内干、支、斗、农等渠系配水工程，一般都做到行水输沙比例相近，故能将悬移质泥沙均分到灌区田间。除特大洪水和其他异常情况外，灌区田间，每年平均淤积厚度约为 0.32~0.55 毫米。

第八节 水利宏效——"天府之国"基本建成

蜀在历史上有"天府之国"之美称。"天府"最早有二义：一是星座文昌宫之名，见《史记·天官书》等。二是《周礼·春官》记载的周王室内的一种职官称谓，负责王室重宝及重要文书档案等的收藏与保管。此后，"天府"便有了王室宝库、皇家宝库的意义。以后它又被引申为地域之称。战国晚期至西汉时期，关中地区被人们视为"天府"。著名纵横家苏秦在对秦惠文王分析秦国实力时指出：关中"……田肥美，民殷富，战车万乘，沃野千里，蓄积饶多，地势形便，此所谓天府也，天下之雄国也"①。汉初，高祖君臣在选都时，张良曾指出："关中左崤函、右陇蜀，沃野千里，南有巴蜀之饶，北有胡苑之利，阻三面而守，独以一面东制诸侯。诸侯安定，河渭漕挽天下，西给京师。诸侯有变，顺流而下，足以委输。此所谓金城千里，天府之国也。"师古曰："财物所聚谓之府。言关中之地物产饶多，可备赡给，故称天府也。"《史记·刘敬叔孙通列传》："且夫秦地被山带河，四塞以为固，卒然有急，百万之众可具也。因秦之故，资甚美膏腴之地，此所谓天府。"东汉早期，河北地区也曾一度被视为"天府"。《后汉书·耿弇传》："今定河北，据天府之地。"

东汉晚期，"天府"桂冠，正式移居于蜀，并从此固定在，不再外迁。《三国志·蜀书·诸葛亮传》载诸葛亮在著名的《隆中对》中曾对刘备分析道："益州险塞，沃野千里，天府之土，高祖因之以成帝业。刘璋暗弱，张鲁在北，民殷国富而不知存恤，智能之士思得明君。"《三国志·蜀书·法正传》载法正曾献策于刘备："以明将军之英才，乘刘牧之懦弱。张松，州之股肱，以响应于内。然后资益州之殷富，冯天府之险阻，以此成业，犹反掌也。"诸葛亮、法正提出益州为"天府"的主要依据有三：一是交通险塞，易守难攻；二是沃野千里，十分殷富；三是高祖曾借此成帝业。前两条是因，第三条是果。可见在"天府"桂冠正式移居于西蜀前，有一个过渡期。高祖成帝业为秦末汉初之事，益州作为"天府"这时已结硕果，应该说这时"天府"已具基本框架，或者说已初步建成。通过两汉400余年的建设，益州经济等又有了巨大发展，至迟迄东汉晚期已为世所公认的"天府之国"了。

都江堰与"天府之国"有何关系？《华阳国志·蜀志》说："冰乃壅江作堋，穿郫江、检江，别支流双过郡下，以行舟船。岷山多梓、柏、大竹，颓随水流，坐致材木，功省用饶；又溉灌三郡，开稻田。于是蜀沃野千里，号为'陆海'。旱则引水浸润，雨则杜塞水门，故记曰：水旱从人，不知饥馑，时无荒年，天下谓之'天府'也。"在这里，常璩说得明白，正是有了都江堰，才有了后来的"天府之国"。常璩描述的都江堰为"天府之国"带来的好处主要有三点：一是交通便利，坐致材木；二是自流灌溉，"旱则引水浸润，雨则杜塞水门"；三是无水旱灾害，"不知饥馑，时无荒年"。都江堰是"天府"之母，没都江堰便没

————————
① 《战国策·秦策一》。

"天府之国"。都江堰及其灌区对"天府之国"的贡献是全方位的、多方面的。

一、"天府"让百姓劳动轻松、生活休闲

从民众受益的角度看,都江堰灌区的贡献是全方位的、多方面的,其中至少在以下五个方面的效益甚为明显。

1. 交通与水运

岷江水路把成都与外界相联系。岷江干流长 793 公里。其中都江堰市至乐山,流经成都平原,支流分汊较多,纵横交错。都江堰市至成都段的金马河航线,古代水势较大时,可航行 10~30 吨木船。成都至乐山 186 公里,可四季通更大的木船。乐山至宜宾 162 公里,因有大渡河、青衣江、马边河等支流汇入,水量陡增,可四季通大木船。在历史文献中,由成都南出、东出,主要是取水路。先秦时期,水路交通长期停留在原始水平上,盛行独木舟、溜索、索桥、皮筏等。秦人主巴蜀不久,秦相张仪游说楚王时便声称:大船起于汶山,浮江已下,至楚三千余里。一日行三百余里,不至十日而距扞关①。可见随着秦人入蜀,大船也同时进入了西蜀。秦昭王二十七年(前 280),秦命司马错征发陇西兵,"因蜀"攻楚黔中,拔之②,便是由成都"二江"入岷江,入长江,再入涪水(今乌江)。

李冰守蜀期间,曾多次对这一水路进行维修。李冰创建都江堰,首先是着眼于水运交通。司马迁描写成都"二江"及其分渠说:此渠皆可行舟,有余则用溉浸,百姓飨其利③。可见"二江"首先是用于运输。唐代卢求《成都记》说:李冰凿二江,引水以行舟楫。

李冰"穿"二江、"穿"石犀溪,建"七星桥",皆有效地沟通了"二江"水陆交通,遂使成都西南成为成都交通枢纽,百货集散,物资云集,商业繁荣,人口增加,促进这一地区工商业高度发达。"二江"两岸,为秦时著名官营作坊"东工"、汉代锦官城和车官城所在,为当时成都城外的工业区。"二江"和石犀溪为农贸产品提供了交通方便。秦、西汉时期,成都城在西、南门外"二江"

---

① 《史记》卷 70《张仪列传》。
② 《史记》卷 5《秦本纪》。
③ 《史记》卷 29《河渠书》。

间的一条狭长陆地上新置一大"市",两边以河为墙,两头以桥为门(七星桥中的玑星桥因此更名市桥,位置约值今西胜街西口与西较场正门之间)。这是古代秦汉巴蜀地区最大的商业交易市场。著名学者严君平当时就卜筮于该市。当时南市与锦官城、车官城连成一片,为成都经济最发达的局部地区①。

东汉光武帝进攻公孙述的割据政权、蜀汉大军伐吴等都利用了"二江"水运。著名的万里桥,便是因诸葛亮为费祎送行,叹道"万里之路,始于此桥",因此而名。当时费祎正是在万里桥码头登船,直航东吴。

竹筏、木筏主要是用来运送自身物体,此外也可以运送少量货物。岷江上游流经川西高原和四川盆地西部的缘边山地,河流深切,水流湍急,河底又多岩块与卵石,舟船难以通行,唯可漂运木材、竹材等。《华阳国志·蜀志》说李冰建堰后,岷山多梓柏大竹,颓随水流,在成都可坐致材木,功省而用饶。可见从李冰时代起,便利用内江水系放筏漂木。

都江堰岁修、大修、抢修需用大量竹笼,其竹子便是从上游顺水漂下。宋代陆游曾在《视筑堤》中描写当时岁修情况说:"西山大竹织万笼,船舸载石来无穷。"就地取材,因地制宜,节约人力物力财力。笼用竹料乃平原盛产,价廉物美。清代及其以前曾规定,今都江堰市以西漩口一带必须按政府规定数量种植以坚韧闻名的白甲竹,每年定期由官府派工选择砍伐(一般在9月),然后编成竹筏,漂运至都江堰。

成都及成都地区,每年要使用大量木材,主要便是从岷江上游水漂而来。秦汉三国时期,岷江上游杂谷河流域,森林广布。都江堰市北面山中又大量产煤。成都的木材、燃料,大多来自都江堰市水运。紫坪铺与白沙均为木材转运地点。此二地同位于岷江出山口之下方,由上浮下的木材,顺水势恰浮于河岸。此二地傍河处,间有砾滩,突向河心,捞取木材、积存堆放木材都很方便。在紫坪铺附近,河道刚出山口,宽不过七八十米,水势凶猛,及至白沙,纳白沙河后,河床宽达300米以上,流速顿减,是以二地虽同为木材聚集之所,但集中于紫坪铺者,纯为长方松柏大木,集中于白沙者全为细长杉木。木材在此二地集中后,乘夏秋水大时,束为木筏,浮流而下。外江水道散漫,底多砾滩,不能航行。木筏必须取道内江,穿经宝瓶口。筏行至此,偶一不慎,撞击崖岸,

---

① 后来桓温平蜀,夷少城,"二江"间的大"市"才消失,该地才彻底萧条。

危不可测。故木筏经此地时，必须用经验丰富的水手领江。都江堰市以北所产之煤，以紫坪铺对岸之水西关为集中地，多载于木筏上，附带运出。

大量的木材直接漂至成都九里堤一带，致使成都的建筑成本、燃料成本等明显低于外地同等规模的城市。2300年来，仅漂运这一项，创造的经济效益便不可估量。这也是历史上成都房价和生活费用相对较低的原因之一。

2. 自流灌溉，功省用饶

在成都平原，影响粮食产量的最大因素便是水。若靠天吃饭，年降雨量在季节上分配不均，不可能满足水稻生长的需要。冬、春二季，气温较高，降雨偏少，常有旱情，不利早稻栽插；初夏，盆地西部大雨来得较晚，常出现夏旱，这样，早稻抽不出穗，中稻无水插秧，或栽插后干死。都江堰不仅从根本上解决了这一问题，还"旱则引水浸润，雨则杜塞水门"，自流灌溉，极为省力。这与成都平原的地形有关。成都平原总面积约6500平方公里，西北高，东南低，都江堰渠首以下平均坡降度4.4‰，居于理想的自流灌溉地形之首。在整个灌区"以亿计"的水渠上往往都装有轻便灵活的水门，旱引雨塞，也可根据需要控制水量大小，便于管理，又能确保丰收，为人、地、水三者协和统一的典范。仅这一项每年便能比外地农田约省去10%～20%的用工。从灌溉便利的角度看，像成都平原这种自流灌溉的地形，在全国独一无二。正因如此，南北朝以降，外地已普遍采用水车等机械提灌法，用以解决农田用水问题，但成都平原却鲜见水车，盖因灌区自流灌溉，无需水车、筒车等。

3. 防洪功能

从《蜀王本纪》等文献可看出，先秦时期，成都平原常遭洪灾。唐朝诗人岑参在《石犀》一诗中写道："江水初荡潏，蜀人几为鱼。向无尔石犀，安得有邑居？"虽掺杂了一些诗人的夸张想象成分，亦多少反映了昔日的洪灾惨景①。

都江堰的防洪功能，主要由鱼嘴分水、飞沙堰泄水和离堆宝瓶口节制水量这三大关口互相配合、共同完成。岷江上游即使发生特大洪水，宝瓶口通过的流量一般不超过700立方米/秒，在特大洪水时，最高不超过800立方米/秒。

---

① 《御定全唐诗》卷198，《四库全书》，上海古籍出版社1987年版，第1424册第738页。罗开玉：《"鳖灵决玉山"纵横论，兼析〈蜀王本纪〉的写作背景》，《四川师范学院学报》1984年第1期。

第九章　水利建设与管理

这个流量，通过"二江"和平原上纵横交错的河溪网，皆可排泄①。

都江堰从根本上控制了岷江流入成都平原的水量，使其免于洪灾或大大减小了洪灾的规模。故杜甫在诗中描绘道："君不见秦时蜀太守，刻石立作三犀牛……蜀人矜夸一千载，泛滥不近张仪楼。"②但在兴修都江堰之后，在其能正常发挥功能之时，成都仍见有洪灾记录，这是为什么？这首先与宝瓶口以下地区的雨量有关。大体说来，在宝瓶口流量达到 600~700 立方米/秒时，若宝瓶口以下成都市区以上地区再下暴雨，24 小时内降雨量达 200 毫米以上，成都市就会发生洪灾。不过，像这样的暴雨，不是年年都下，从有关历史资料看，大约 30~40 年可能发生一次。

为确保成都，西汉早、中期，又在都江堰渠首下开凿繁江，作为成都防洪、泄洪的第二道防线。繁江为郫江支流，进水口在郫县石堤堰下，在赵镇入沱。它是为成都"二江"分洪减灾，保护成都不被水淹的一条极为重要的河道。夏秋水大时，繁江为成都"二江"水系的泄水尾闾，量大水猛。汉代三国时期，成都的高度繁荣，水灾较少，与这一泄洪通道关系密切。此外，都江堰灌区还有一些主要用于防洪的工程。如汉代在文井江边修建的常氏大堤，堤长 30 里或 40 里③，其位置在文献中没记载，但以在文井江、千里、味江、泊江河四条支流汇集的元通的可能性为大。性质上，它属于护岸江堤，具有保护乡镇城市和农田的功能。都江堰灌溉系统的兴修，为洪水宣泄提供了密如蛛网的通道，使成都平原相当多的城镇在相当大的程度避免了洪水之灾，民众生活相当稳定，不像古代外地农民那样经常为水旱灾害而奔波劳累，甚至倾家荡产。

都江堰的防洪功能，对成都城的选址、布局、发展等皆产生重大影响。巴蜀地区的经济文化以成都平原为先，首府治地应选在成都平原。成都平原南北较长、东西较窄，是岷江、湔江、石亭江、绵远河、文井江等的冲积平原，海拔 750~440 米，总面积约 6500 平方公里，西北高，东南低，平均坡降度 4‰。值得注意的是，在这冲积平原上，形成了一条中脊：

北侧：都江堰市（海拔 731 米）—金堂（海拔 440 米，河道长约 100 公里，

---

① 罗开玉：《中国科学神话宗教的协合——以李冰为中心》，巴蜀书社 1989 年版，第 67 页。
② 《御定全唐诗》卷 219，《四库全书》，第 1425 册第 43 页。
③ 《华阳国志·蜀志》、《水经·江水注》。

· 419 ·

坡降21‰）；

中脊：都江堰市（海拔731米）—郫（海拔556米，河道长36公里，坡降48‰）—成都（海拔495米，河道长20公里，坡降3‰）；

南侧：都江堰市（海拔731米）—新津（海拔454米，河道长约80公里，坡降34‰）。

此中脊的形成，盖因岷江流量最大，冲下泥沙最多所致。都江堰市—郫—成都，系岷江口的正中冲积扇。郫县虽距岷江口较近，遭洪灾的可能性却小于金堂、新津，盖因其处于中脊上。成都又处于中脊末端，洪水要先淹郫县，然后才能淹成都①。古人建城，既防洪，又要紧靠河边，用水、运输才方便。从这个角度看，现成都市区位置，是当时成都平原中最理想的位置。该地不仅防洪条件最好，用水、水运又较方便。

金沙遗址的发现，说明成都早在商周时期，曾做过蜀国都城。但在李冰建堰前，成都常受洪水危害，成都的中心地位曾摇摆不定。从三星堆的考古发现和《蜀王本纪》等古文献记载看，商周至战国，广汉、新都、郫、广都（今双流）等地皆先后做过蜀都。李冰建堰后，从根本上解决了成都城的防洪难题。此后，四川的政治、经济、文化中心才一直放在成都，不再外迁。主要是受都江堰防洪和交通功能的制约，成都甚至成为全国罕见的、2000多年来城址只有大小变化、中心位置一直沿用不变的大型城市。

4. 行水输沙，田间土壤逐步更新

岷江上游年均带下沙石总量约1300万吨，折合650万立方米。都江堰渠首通过鱼嘴的"正面取水"、"侧面排沙"，通过飞沙堰与离堆宝瓶口之间形成的环流飞沙和壅水沉沙等，成功地将其80％排入外江或留在渠首凤栖窝一带（作为每年岁修的内容之一），但仍有一部分细沙从宝瓶口进入下游灌区。从李冰时代起，灌区渠系便采用了行水输沙的技术与方法。历史上，灌区内干、支、斗、农等渠系配水工程，一般都做到行水输沙比例大体相近，将悬移质泥沙大体均分到灌区田间。

据近年的测量统计，除特大洪水等灾害外，都江堰灌区田间，每年平均淤积厚度约为0.32毫米。从灌区有关考古发掘报告中也能了解古代地层堆积的大致情况。

---

① 罗开玉：《中国科学神话宗教的协合——以李冰为中心》，巴蜀书社1989年版，第17、18页。

表 9-4　都江堰灌区部分考古发掘点有关地层资料简表

考古发掘点	堆积层			地层性质	文献依据
	堆积厚度	地层时代	平均		
郫县清江村遗址	地层共分两个发掘点。第一发掘点的第二层10～15厘米，第三A层10～15厘米，第三B层17～23厘米，第四层20～25厘米。	第二层为明清文化层，第三层为宋代文化层，第四层为唐代文化层。另外，该遗址第五层为汉代文化层，细分五个亚层，层次交错，打破复杂，此不取。	从唐至清共1293年，第二层至第四层共堆积57～78厘米，平均每年为0.44～0.60毫米。	此地位于清水河边，现代为农耕地，古代以农耕为主。	《四川省郫县清江村遗址调查发掘报告收获》，成都市文物考古研究所编著《1999成都考古发现》，科学出版社2001年版，第147页。
1999年度发掘成都市黄忠村遗址	第二层厚10～20厘米，第三A层厚23～35厘米，第三B层厚33～43厘米。	第二层为宋代文化层，第三A层为唐代文化层，第三B层为汉代文化层。	从汉至宋，共1485年，共堆积66～98厘米，平均每年为0.44～0.59毫米。	此二层主要为农耕层。	《成都市黄忠村遗址1999年度发掘的主要收获》，成都市文物考古研究所编著《1999成都考古发现》，科学出版社2001年版，第165页。
成都市岷江小区遗址	第二层厚12～18厘米，第三层厚16～33厘米	第二层为唐宋时期，第三层为汉代。两层紧紧相连，应包括魏晋南北朝在内。	从汉至宋，共1485年，堆积厚度为28～51厘米，平均每年0.18～0.34毫米。	该地现代为农耕层，汉至宋代，从有关堆积看，主要为农耕层。	《岷江小区遗址1999年第一期发掘》，成都市文物考古研究所编著《1999成都考古发现》，科学出版社2001年版，第184页。

第九章 水利建设与管理

续表

考古发掘点	堆积层			地层性质	文献依据
	堆积厚度	地层时代	平均		
成都金沙遗址"置信金沙园一期"地点	第四层厚10～30厘米。	第四层为汉代层。汉以后地层人为破坏较大，不取。	汉代426年间，堆积10～30厘米，平均每年0.23～0.70毫米。	从该层有关出土物看，该层在汉代主要为农耕层。	《成都金沙遗址"置信园一期"地点发掘简报》，成都市文物考古研究所编著《2002成都考古发现》，科学出版社，2004年版，第3页。

从上表可以看出，古代"行水输沙"对农田堆积的影响，即使在同一时代，彼此并不完全一致，这说明在灌区内、甚至同一灌渠内也有较大差异。它可能、也应该因河流、水势、地理条件的不同而有所变化。综合看来，这些数据应该是有参考价值的。在堆积厚度上，平均每年最少的发掘点为0.18毫米，最多的为0.7毫米，综合四个发掘点，平均每年为0.32～0.55毫米。李冰创建都江堰的2200多年来，灌区内农田淤积厚度约为70～120厘米。成都平原在逐年增高。

尤为可喜的是，虽然岷江、黄河同源自青藏高原，虽然岷江上游每年带下的沙石总量巨大，成都平原却一直没出现"地上河"。这不能不说是都江堰排沙功能和行水输沙的一大功劳。田间新淤积的细泥沙，经大水长途搬运，沿途"去粗取精"，确保了土质更新和肥沃，灌区农田不必再从田外担土来更换土质，少施肥也能稳产、高产。仅这一项，平均每亩田便比外地农民省去约20个劳动日。灌区行水输沙的另一显著效益，是田间土质疏松，妇女也能挖田。本灌区妇女下田干农活，是极平常之事。本灌区内出土的汉代陶俑中，有背儿劳动女俑、背背筐劳动女俑等。这在外地是罕见的。在现代成都平原农村，仍可见到此俗的影响。

5．水养业效益显著

都江堰灌区，水养业高度发达，劳动轻松而收益高。《汉书·地理志》说：巴、蜀、广汉"民食鱼稻"。鱼与稻一样，是古代蜀人最基本的食品。都江堰水系建成后，成都平原鱼业随之产生巨大飞跃。由过去单纯的捕捞，发展为有了人工饲养；鱼由过去单纯的自身消费品，在很大程度上发展为一种商品。秦至三国时期，都江堰灌区内池塘堰湖数以万计，皆被用以养鱼、养殖菱藕等，水产经济效益显著；此外，还在全国首先创造了稻田养鱼，灌区农民普遍受益。都江堰灌区的池塘、水田还被广泛用以人工养鳖。在出土的陶田模型及家庭池塘中，常见龟鳖形象。当时对龟鳖的滋补及药性功能已有普遍而深刻的认识。都江堰灌区池塘还广泛用以养荷种藕。西汉王褒在《僮约》中规定新买奴僮必须"池中掘荷"。

6. 灌区田价居高不下

《尚书·禹贡》是我国最早的地理著作，一般认为是战国中期以后的作品。该书把全国划分为九州，把巴蜀地区划入华山以西和长江以北包括今甘肃、陕西南部、湖北省西部的梁州。该书认为梁州"厥土青黎，厥田惟下上，厥赋下中三错"，即说这里的土地是一片黑色，土质是下上等（第七等），应缴纳下中（共分九等，下中为第八等）三错（第七等，第九等也可以）的赋税。梁州的土质被划为第七等，较差，这种划分方法反映了战国晚期蜀郡大规模从事水利建设前的历史状况。都江堰水利工程建成后，该状况很快发生了变化。《史记·货殖列传》说：关中南则巴蜀。巴蜀亦沃野……据《华阳国志》记载，汉晋间，成都平原水稻亩产在30～50斛之间（约390～580公斤），系当时全国最高产量之一。都江堰灌区，由于能确保丰收，寸土如金。1966年4月，在郫县犀浦出土的东汉残碑记载了这里的田价，每亩在500～2000钱之间[①]。但居延汉简资料证明居延地区的田价每亩仅100钱（侯长觚得广昌里公乘礼忠有田5顷，值5万钱，亩价100钱；长居延西道里公乘徐宗有田50亩，值5000千钱，亩价亦100钱），与郫县相差5～20倍。这个差距表明都江堰灌区的土地非常值钱。

7. 灌区水利资源对手工业的促进

都江堰水利资源在蜀人生产、生活的很多领域都起了直接和间接的推动作用。如蜀锦等，详见第八章第四节有关论述。

---

① 谢雁翔：《四川郫县犀浦出土的东汉残碑》，《文物》1974年第4期第67～71页。

第九章 水利建设与管理

二、"天府"为统治者的调粮宝库

作为"天府之国"核心圈的前身，都江堰灌区为秦、汉大一统政权的建立作出了巨大贡献。秦在全国的统治只有15年（前221~前206），在巴蜀地区却有110年（前316~前206）。秦攻占巴蜀后，一方面使蜀地在不太长的时间内，在政治、经济、文化诸方面都赶上并达到了全国先进水平；另一方面，它也使秦从此有了一个地大物博、经济富饶的大后方，从实力上改变了秦、楚、齐三强并驾齐驱的局面，在经济、军事实力上都远抛齐、楚于身后，从而为秦统一天下奠定了基础。故司马迁说，蜀既属秦，秦以益强，富厚，轻诸侯①。宋人郭允蹈说：秦于是灭六国而一天下，岂偶然哉？由得蜀故也②。在整个巴蜀地区中，贡献最大的便是李冰创建都江堰后的成都平原。秦末全国各地义军并起，唯蜀独安。

秦末刘、项相争，入关中后，项羽因兵众势大，自立为西楚霸王，封刘邦为汉王，辖巴蜀汉中41县。其中，汉中郡12县，巴、蜀二郡共29县。刘邦为汉中王时，其统治区域内最为富饶的便是成都平原。为出击"三秦"，刘邦派人到巴蜀内地招兵买马，筹集粮食，其间成都平原贡献最大。刘邦出击"三秦"后，留萧何镇守汉中，其职责主要是"收巴蜀租，给军粮食"③，"发蜀汉米万船，给助军粮；收其精锐，以补伤疾"④。刘邦夺得天下后，在分封功臣时，力排众议，以萧何"功最盛"，封为鄼侯。有人不服，认为他未上前线，不宜居首功。关内侯鄂千秋却认为萧何确保了前线大军所需的粮草等，理当为"万世之功"、"当第一"。高祖又赐萧何带剑上殿，入朝不趋；封萧何父子兄弟十余人皆食邑。高祖十一年（前196）六月，高祖下令，凡是当年跟随他进入蜀、汉的士卒，皆复免终生租赋徭役；高祖十二年（前195），高祖再次下诏，入蜀汉定三秦者，皆世世代代免除租赋徭役。在萧何的功勋中，成都平原和都江堰都作出了巨大贡献。

西汉初期，在铲除异姓王的过程中，成都平原再次供粮、供人，作出了巨

---

① 《史记》卷70《张仪列传》。
② 郭允蹈：《蜀鉴》卷1，《四库全书》第352册第486页。
③ 《汉书》卷1《高帝纪上》，中华书局标点本1962年版，第30页。
④ 常璩：《华阳国志》卷3《蜀志》，第141页。

大贡献。西汉早期，成都平原又是政府经常用以赈济饥民的大粮仓。高祖二年（前205），即高祖由汉中出击"三秦"的第二年，关中大饥，一斛米竟卖到五千至一万枚半两钱。换言之，即市场上根本没有米卖，到处都能看见饿死的人。《汉书·食货志上》说："汉兴，接秦之弊，诸侯并起，民失作业，而大饥馑。凡米石五千，人相食，死者过半。高祖乃令民得卖子，就食蜀汉"。为解决粮荒，高祖一面下令从巴蜀汉中运来大量粮食，一面令大批饥民前往巴蜀逃荒。在战败项羽之初，关中、关东因长期战争，再次出现大饥荒，高祖再令从巴蜀运粮救济，再"令民就食蜀汉"。《汉书·食货志下》载武帝时：山东被河灾，及岁不登数年，人或相食，方二三千里，下巴蜀粟以赈焉。《汉书·武帝纪》：元鼎二年（前115）九月，"水潦移于江南……饥寒不活……方下巴蜀之粟致之江陵"。这些"巴蜀之粟"的绝大多数便来自都江堰灌区。

随着秦、汉对西南边地的开拓，成都平原经济对周边地区的影响，空前强烈起来，形成了以都江堰灌区为核心、巴蜀盆地为内圈，辐射整个西南地区的巴蜀经济区。迄至西汉中、晚期，全国已形成十大经济区。巴蜀地区是公认的其中一个单独的经济区。

三国鼎立，实是中原、荆楚、巴蜀三大经济区的角力。中原地区，在东汉末年的长期混战中，经济建设几近崩溃。巴蜀地区战乱较少，且由于都江堰灌区的存在，恢复特快，地盘虽小，实力却可与魏、吴鼎立。这可从蜀汉在郫县设邸阁略窥一斑。《三国志·蜀书·邓芝传》说"先主定益州，芝为郫邸阁督"。邸阁之称始见于三国，为朝廷直属的大型粮仓。蜀汉只设过两个大型邸阁，先在郫县设邸阁，后来北伐时又在斜谷设邸阁。郫邸阁是筹集基地的粮仓，而斜谷邸阁则是为保证前线用粮的大型粮仓。这表明蜀汉政府是以都江堰灌区为中心筹粮基地。正因为有了这个优质的粮食基地，蜀汉才能以一州之地，与魏、吴长期抗衡。

三、"天府"使富人更能享乐

都江堰灌区水旱灾害极少，民众生活稳定。这是汉代西蜀豪族大姓产生的前提之一。扬雄《蜀都赋》曾描写成都豪族生活说："百金之家，千金之公，干池泄澳，观鱼于江。若其吉日嘉会，期于送春之阴，迎夏之阳，侯、罗、司马、郭、范、畾、杨，置酒乎荣川之间宅，设坐乎华都之高堂。延帷扬幕，接帐连岗。众器雕琢，藻刻将星，朱绿之画，邠盼丽光。龙蛇蜿蜷错其中，禽兽奇伟髦山林。"如雒（今广汉）人折象，有奴婢800人①。即使一般地主和较富裕的农户，也有数量不等的奴婢。犀浦簿书碑载当地农户普遍拥有5～7名奴婢②。《华阳国志·蜀志》说，秦汉时期的豪族、富人，"家有盐铜之利，户专山川之材，居给人足，以富相尚。故工商致结驷连骑，豪族服王侯美衣，娶嫁设太牢厨膳，归女有百辆之从车，送葬必高坟瓦椁，祭奠而羊豕夕牲，赠襚兼加，赠赙过礼，此其所失"。

蜀汉建兴十四年（236），后主率众游都江堰，"登观阪，看汶水之流，旬日还成都"。一国之君，一玩便是十来天。有了如此榜样，下面便奢侈相竞。左思《蜀都赋》描写三国时期成都的富豪们："侈侈隆富，卓郑埒名，公擅山川，货殖私庭，藏镪巨万……三蜀之豪，时来时往，养交都邑。结俦附党。剧谈戏论，扼腕抵掌。出则连骑，归从百两。若其旧俗，终冬始春，吉日良辰，置酒高堂，以御嘉宾。金罍中坐，肴鬲四陈，觞以清醥，鲜以紫鳞。羽爵执竞，丝竹乃发。巴姬弹弦，汉女击节……乐饮今夕，一醉累月……集于江洲，试水客，舣轻舟，娉江斐，与神游。罩翡翠，钓鰋鲉。下高鹄，出潜虬。吹洞箫，发棹讴，感鳟鱼，动阳侯，腾波沸涌，珠贝氾浮。"

---

① 任乃强：《华阳国志校补图注》，上海古籍出版社1987年版，第566页。
② 《文物》1974年第4期第67页。

第十章 文化与民俗

秦汉三国时期,是巴蜀文化历经转折、发生巨变的时代。传统文化与外来文化相融合,在宗教、伦理、建筑、衣食住行、姓氏、文学艺术、神话传说、教育、史学等领域都较以前有了质的变化、划时代的飞跃。这些都从根本上改变了巴蜀人民的素养和气质。过去巴蜀地区被中原人视为蛮夷之地,现在则进步为先进的文化之邦。

第一节 传统"巴蜀文化"的转变

考古学中的"巴蜀文化",指青铜时代至铁器时代初期(迄西汉中期),以四川盆地为中心的若干土著民族所创造的物质财富和精神文化的总和。考古界一般称春秋战国之际至西汉中期,为"晚期巴蜀文化"。这一阶段的考古发现资料,以墓葬资料为多。迄1987年底,已发现晚期巴蜀文化墓葬150余座,其中属于秦入巴蜀以后的约占76%[①]。大量资料表明,在秦统治巴蜀的110年间,由于外来先进文化因素的刺激和促进,土著的"巴蜀文化"不仅没被削弱,反迅速发展,渐臻高峰。传统的宗教政治(原始巫术、阴阳五行),被秦统治者借

---

① 详见罗开玉《晚期巴蜀文化墓葬研究》,《成都文物》1991年第3期。

第十章 文化与民俗

用为统治工具,在社会各领域,如政治斗争、军事斗争、民族政策、经济建设、日常生活等领域,都发挥出重要的作用。这一时期,也是"巴蜀文化"对"西南夷"系统的其他土著文化影响最大的时期。与此同时,由于秦统治者的努力,楚文化在巴蜀的影响日趋淡薄。西汉早、中期,考古学中的"巴蜀文化"急剧衰亡。其传统墓葬、器物器形、纹饰符号都急速减少乃至消失。文献资料中,也有西汉初期蜀郡守文翁,因见"蜀地辟陋有蛮夷风",而大倡教育,致使蜀地很快转化为"好文雅"之邦的记载①。本章各节及"经济发展及其管理"全章实际上都是有关这一问题的研究,本节只从考古学资料方面讨论两个具体问题。

一、典型器物与符号

"巴蜀文化"有一整套富有地方特征的器物,俗称"巴蜀式"铜器,其中主要是容器和兵器,至秦入主巴蜀后便逐步发生了一系列变化。如:

"烟荷包式"铜钺,至秦末汉初基本消失;

"弓形耳"长骹、短骹式铜矛,至秦末已少见,至汉初绝迹;

虎纹铜戈,至秦末已基本消失,至汉初绝迹;

柳叶形青铜剑,秦入主巴蜀后,形制

图10-1 绵阳出土战国晚期青铜钺

渐变,至秦汉之际完全被中原式剑取代。尖底尖顶盒形器,战国中、晚期之际在蜀中还盛行,迄秦入蜀后便骤然消失了。

铜鍪,至秦末汉初大量减少,至西汉中期后基本不见。

过去在巴蜀地区,包括在成都、阆中、江州这样的大城市,主要流行与汉字迥异的"巴蜀文字"。秦统一巴蜀后,随着大批官吏、军队、移民、徒徒的进入,关中、中原语言及汉字在巴蜀地区迅速流行。此后相当长一段时间内,秦政府并未废止"巴蜀文字",巴蜀语言文字在各民族中仍继续流行。由于外地较

---

① 《汉书》卷89《循吏传》。

先进文化和大量新技术的传入，还一度刺激了"巴蜀文字"的发展。在已发现的考古资料中，所谓"巴蜀文字"资料可分为三大类：

一是用组合符号的形式出现在器物上，主要是铜器，少数在陶器、漆器上。

二是出现在印章上，一般是由几个符号合成。

三是成直行出现在铜兵器上。这类资料皆见于铜戈铭文，除传世品和出土时代不确定以外，现时代较清楚的（郫县战国晚期船棺先后出土2件、成都北郊和陕西紫阳西汉早期墓各出土1件）皆系秦统一以后的入葬品。这可确证在秦统一巴蜀期间，"巴蜀文字"和"巴蜀符号"不仅长期公开流行，且还一度有所发展，只是到了西汉早期才转衰落。

秦人入蜀后，巴蜀土著民族对秦人带进的汉字有一个逐渐接受的过程，有一个既使用巴蜀文字、符号，又夹杂着使用汉字的过渡阶段。如在秦统治巴蜀时期入葬的墓中，往往有汉字印章，或有汉字铭文器物与巴蜀符号"印章"、器物同出一墓的现象；甚至在同一印章上，既有传统的"巴蜀符号"内容，又有新吸收的"汉字"内容，在同一器物上，既可见到传统的"巴蜀符号"图案，又可见到具有关中、中原文化特征的外来符号图案。它反映出土著文化对外来文化所采取的一种兼收并容的态度。

关于秦至汉初流行的以上三类符号、文字的性质，目前尚有争论。第一类的表现形式较自由，其大小长短、组合符号的数量皆较灵活，内容以动物鸟虫及人头、手心等图案为多；无论川东川西、川南川北，其符号内容相似的较多，

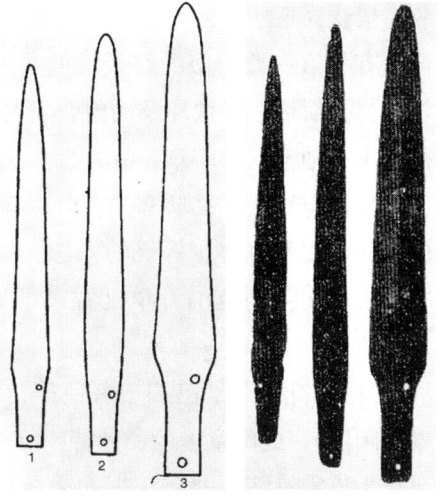

图10-2　绵阳出土柳叶形青铜剑线描图

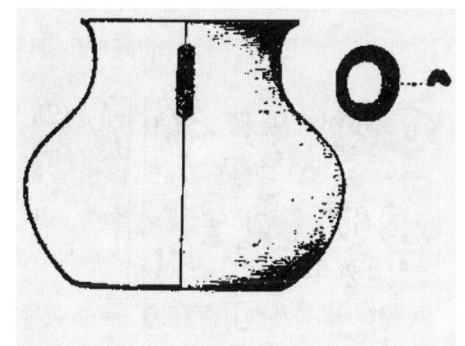

图10-3　涪陵小田溪出土
秦治巴蜀时期铜鍪

故一般认为这些符号与铜器生产作坊的徽号、族徽及祥瑞、避邪有关。第二类虽也有与第一类相似的符号,但在表现形式上较严肃,组合符号的内容较少,较规整、简洁。多数印章的组合符号在各地相似,且同一墓地、同一座墓中往往出土多种不同的印章,故其性质主要应与各地共同的宗教意识,与祖先、神灵崇拜,与祥瑞、避邪有关。但也确有少数印章的符号不见于外地、不见于其他墓葬,或系权势、等级的标志。第三类为直行的方块字,它们与汉字一样,属于表意文字的范畴,早已脱离了原始的象形文字的阶段,已发展为成熟的文字①。

"巴蜀符号"是巴蜀土著民族铸印或刻画在器物(主要是铜器,也有个别漆、陶器),或印章上的一种特殊符号,在秦汉时期它经历了一个由盛转衰、再演化为道家符箓的过程。据初步统计,目前已发现的春秋战国之际至汉初的、时代特征较为清楚的(即经科学发掘者)"巴蜀符号",共200个左右,其中战国晚期秦入巴蜀后至秦亡的符号占62%左右,西汉初期占6%。秦统治巴蜀的110年,是"巴蜀符号"的高峰时期。

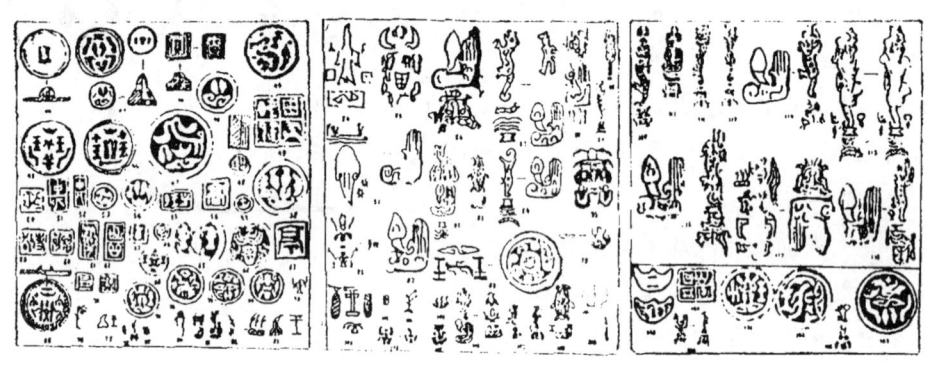

图10—4 巴蜀符号

"巴蜀符号"本身是一文化体系的表现。过去通常把它们单纯地视为族徽、图腾,皆不够全面。这两种说法皆难以解释一墓出土多种不同符号这一现象。如巴县冬笋坝M50出印章6钮,其中符号章4钮、汉字印2钮,另在随葬器物

---

① 参见童恩正《古代的巴蜀》,彭静中《巴蜀文字论稿》,《四川史学通讯》第5期,1984年;《古代巴蜀铜器文字试释》,《四川大学学报丛刊》第5辑,1980年。

上，至少还有5种不同的符号①；荥经烈太一墓出印8钮，其中符号印7钮、汉字印1钮②，印纹皆不相同。一墓出土两三钮不同符号的印章者，更为普遍，一个人，不可能同属几个不同的"族"；一个家族、一个部落，大概也不会同时把若干种不同的图腾刻印或铸刻在器物上，乃至葬入家族成员墓中。族徽或图腾，还应受到该族分布区域的限制。但一些符号，如"心纹"见于成都百花潭中学十号墓、西郊土坑墓、新都木椁船棺墓、大邑五龙墓、荥经烈太土坑墓、巴县冬笋坝船棺、昭化宝轮院船棺、涪陵小田溪土坑墓等③。"王"字纹，见于犍为、涪陵、成都、巴县、昭化、郫县、荥经等地墓葬。其它许多符号，如蚕丝纹、回形纹等，也同见于巴地和蜀地。其分布范围已越出了"巴人"或"蜀人"的界线，更别说其中的某一支系了。个别常见符号，如"王"字纹，也多见于两广地区的青铜器物上，"X"形符号，也见于湖北随县曾侯乙墓出土的皮甲胄和两广铜器上。这些都说明"巴蜀符号"中至少有相当部分不是族徽或图腾，应是某种宗教观念的产物，即表示祥瑞与避邪，属巫术文化的范畴。

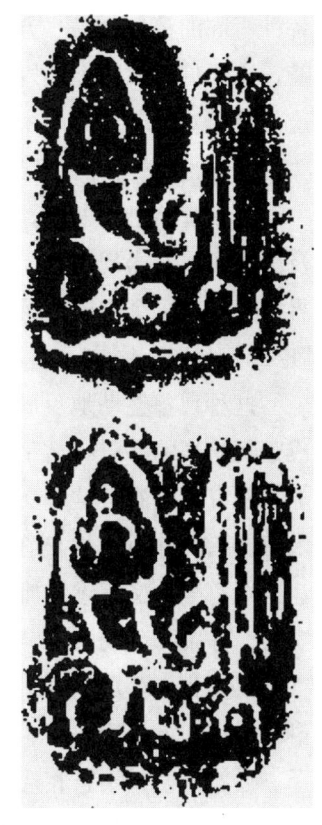

图10-5 成都出土战国青铜器上的两种"手心纹"

"巴蜀符号"中还有相当一部分是作坊的标志。一墓所出多种不同符号，较合理的解释是：所出各器可能来自不同作坊，作坊主在器物上打上自己的标志，或商品宣传、吉祥、避邪符号，因而一墓或一个墓地所出的各种器物上，便有

---

① 《四川船棺葬发掘报告》第38、42、45、53、61页。
② 《四川荥经县烈太战国土坑墓清理简报》，《考古》1984年第7期第604~605页。
③ 《成都百花潭中学十号墓发掘记》，《文物》1976年第3期；《四川新都战国木椁墓》，《文物》1981年第6期；《四川大邑五龙战国巴蜀墓葬》，《文物》1985年第5期；《四川涪陵地区小田溪战国土坑墓清理简报》，《文物》1974年第5期；《四川荥经县烈太战国土坑墓清理简报》，《考古》1984年第7期；《成都西郊战国墓》，《考古》1983年第7期；《成都市出土的一批战国铜兵器》，《文物》1982年第8期。

各种不同的符号。另一方面,"巴蜀符号"中确也有少数符号属族徽或图腾范畴,主要见于战国中期以前的器物上。在秦统治期间,该符号系统又有大发展,这与政府对土著民族采用怀柔政策,利用当地原始巫术、阴阳五行进行统治有关;同时也与这一时期巴蜀土著民族中商品经济发展、商品意识加强有关。

在秦统治巴蜀期间,"巴蜀符号"印章的主要变化特征是:新出现并很快普及圆形印,新出现半通印;在秦印风格的影响下,传统的方印出现了"田"字界格,出现了个别圆柱形陶印和琉璃印。在组合特征上,新出现"汉字"印与"巴蜀符号"印同出一墓,或两种文字合为一个(组?)符号,同在一印的现象。

这种现象生动地反映出巴蜀土著接受汉文化的过渡过程。从现有资料看,成竖行出现的"巴蜀文字",也主要见于秦入巴蜀之后,现有资料皆见于铜戈上。从其结构看,这种文字无疑是"巴蜀符号"的发展和继续。这就说明,秦入巴蜀后,并没有立刻在这里废除巴蜀文字,而是在大力推行秦文字的同时,让巴蜀符号、文字继续流行了近百年,只是到了秦统一六国后,在全国统一文字时,才废除巴蜀文字。但考古资料证明,即使在此后,它仍继续在民间流行。

巴蜀各土著民族的语言,在秦汉三国时期一般不能互通。汉《淮南子·齐俗篇》说:羌、氐、僰、翟,婴儿生时皆同声,待其长大后,甚至经过几道翻译,还难以使其语言相通。各土著民族一般以汉语(或称华夏语言)汉字为相互交流的工具。如汶山土著有"六夷七羌九氐","其王侯颇知文书"。

公元前221年,秦统一六国后在全国范围内对文字进行了统一和整理。"巴蜀文字"和"巴蜀符号"在法律上被废除,但在民间仍继续流行到汉初。

西汉初期,"巴蜀符号、文字"骤减,迄西汉中期已基本不见,但在以后陆续出现的画像石墓、画像砖墓、瓦当、崖墓雕刻等图案中,不时亦能见到一些具有"巴蜀符号"风格的内容;到东汉中晚期,在四川的崖墓题刻中,可以看到某些组合符箓[①],就其结构看,实际上是由"巴蜀符号"到道家符箓的一种过渡形式。

二、传统墓葬

秦汉时期"巴蜀文化"的墓葬,主要有狭长形、长条形土坑墓、船棺葬;

---

① 《四川长宁"七个洞"东汉纪年画像崖墓》,《考古与文物》1985年第5期第51页。

另在川东峡江地区流行崖穴葬；在成都有少数瓮棺葬。秦入巴蜀后，土坑墓演变的总趋势是长度缩短、宽度加大，长宽比例逐步缩小。战国中期，巴蜀土坑墓的长宽比例一般在5∶1至4∶1之间。秦统治巴蜀期间，土坑墓的长宽比例缩为4∶1至2.5∶1之间，如巴县冬笋坝和昭化宝轮院的20座狭长土坑墓，长在3.5~5.4米、宽在0.87~1.7米之间，而稍晚一点的13座长方坑墓，长2.1~3.7米、宽1.18~1.66米，长宽比例又缩为2∶1左右；到西汉初期，长宽比例又缩为2.2∶1~1.4∶1之间。这种变化，反映了中原墓葬习俗对巴蜀土著民族的影响。

战国秦汉时期，巴蜀部分墓葬还以独特的葬具船棺而具有特色。秦入巴蜀后，船棺也发生了重要变化（图10~6）。战国早期的船棺，形状与西南地区原始的独木舟相似，在战国中期，又演变为与木槽相似。这种变化从侧面反映出中原船型在巴蜀地区的推广，也反映出中原文化对巴蜀丧葬习俗的渐侵过程。至西汉初期，船棺已基本消失。其原因主要与民族意识的变化、铁锯的普及和平原附近地区大楠木的减少有关。

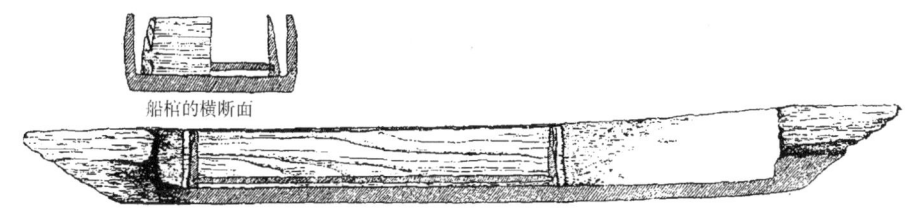

船棺的横断面

船棺的纵剖面

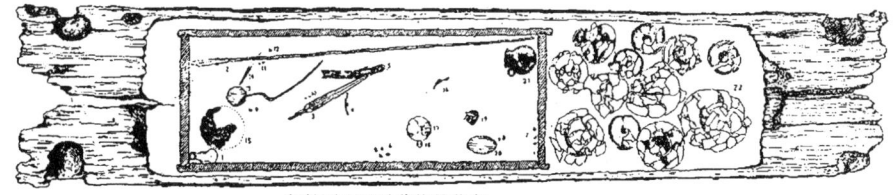

船棺平面及随葬物的分布

图10-6 秦入巴蜀后仍在使用的船棺（宝轮院14号墓）

另外，巴蜀文化中传统的城市特征是一般用土墙，至秦汉时期，大部分城镇仍继承、沿用了这一传统。"干栏"是巴蜀文化的主要传统建筑，秦汉时期在许多地区已转变为砖瓦建筑。巴蜀传统的祭祀是野祭，至秦汉时期庙祭已占有相当地位。巴蜀传统的运载工具，陆路是马驮，水路是独木舟、竹筏，秦汉时

第十章 文化与民俗

期马车、牛车、大木船、舫船开始普及。土著民族的服饰、发式等,在大部分地区也由原来的"左衽"、"椎髻"系统转变为华夏系统。

第二节 姓氏的兴起与发展

秦灭巴蜀前,巴蜀民族中有"氏"而无"姓"。秦入巴蜀后,由于外来文化的影响及家族经济、个体经济发展的需要,当地土著民族无姓的状况急速改变。秦汉时期,是巴蜀民族"氏"向"姓"发展的高潮。原有之"氏"纷纷向"姓"过渡,又新产生了一些"氏"和"姓",大量的外来移民也带进了许多"姓"。三者异流同归,推动了巴蜀"姓"的发展。

一、姓氏发展概况

迄至东汉中、晚期,成都平原的许多兄弟民族皆采用汉姓。如《繁长张禅等题名》,保留下的碑文有:

> 长蜀郡繁张君讳禅字仲闻
> 故郡掾杨甫字季山
> 郡掾杨雄字孟孝
> 议曹掾杨除字伯
> 议曹掾杨立字符宰
> 从掾位杨棠字子夷
> 郡文学师杨胡字升海
> 五大夫杨赏字伯骞
> 五大夫屈赐字进骞
> 校官掾谢就字孟直
> 民杜孔茂
> 民杨伯章
> 民(阙)伯着
> 县□例掾杜长字子阳

夷浅□例掾赵□字进德

夷侯李伯宣

夷侯杨伯宰

夷侯牟建明

夷侯杜臣伟

夷侯杜永严

夷侯屈孟辽

夷侯资伟山

夷侯芨竟舒

夷侯养达伯

邑长爰文山

邑长（阙）宰（阙）

邑长（阙）小君

邑（阙四字）

邑长兰世兴

邑君宋（阙二字）

夷民（阙三字）

夷民（阙）度山

夷民李伯仁

夷民（阙三字）

夷民爰（阙）世

夷民（阙）长生

凡世八户造

白虎夷王谢节、白虎夷王资伟、丞蜀郡司马达字伯通、左尉武都孙眞字子尼

该碑文中的"夷王"、"夷民"皆有汉姓，它反映出当时成都平原兄弟民族姓氏兴起的步伐。

牟　汉《繁长张禅等题名》碑有"夷侯牟建明"。牟系今川东大姓。

屈　上碑有"夷侯屈孟辽"。屈系今川东北、川东和川南个别地区的大姓。

第十章 文化与民俗

朴 《三国志·魏书·武帝纪》载,建安二十年(215)九月,巴七姓夷王朴胡、賨邑侯杜濩举巴夷、賨民来附。此事亦见于同书《张鲁传》和《华阳国志·汉中志》。朴是賨人七姓之一(见前)。朴胡是一完整的姓名,说明朴氏至晚在东汉开始了向姓的转变。

昝(Zǎn 攒) 賨人七姓之一,曾追随高祖定三秦,至晚在东汉时完成了从氏向姓的转变。《晋书·载记》说李寿曾追尊其母亲昝氏为皇太后,又说前将军昝坚劝李势降桓温。

李 汉《繁长张禅等题名》有夷侯李伯宣、夷民李伯仁。賨人李特曾建立成汉政权。李,当为賨人大姓。

罗 賨人七姓之一。《华阳国志》卷9载李特妻罗氏。李特子李荡妻弟罗寅。賨人罗氏东汉时亦已完成向姓的转变。汉晋时郫县大姓有罗氏。

夕、袭 賨人七姓有夕氏,后裔以氏为姓,又作"袭"。《蜀录》载:蜀有尚书夕斌,李特以其为僚属。《风俗通》佚文说:"袭氏,賨人七姓有夕氏。"《三国志·吴书·吕蒙传》说:益州将袭肃军来附,周瑜表以袭肃兵益吕蒙……徐康《晋志》载桓温伐蜀时,战于笮桥,参军袭护战殁。后来袭姓讹为龚姓。賨人本有龚姓,袭又讹为龚,二姓合一,也是有趣的现象。

龚 賨人七姓之一。汉代垫江县(今合川)人龚荣曾任荆州刺史,龚扬任巴郡太守(《华阳国志·巴志》)。垫江曾是賨人活动的主要区域之一。蜀汉有越嶲太守巴西人龚禄(《华阳国志》卷4《南中志》)。安汉(今南充)人龚调曾任荆州刺史,龚曾任镇将军(《华阳国志》卷12《序志并士女目录》)。龚氏在东汉已为姓,族人有姓有名有字,在各地为官为吏的不少,汉化极快。

青阳 《史记·五帝本纪》说:嫘祖为黄帝正妃,生二子,其后皆有天下,其一曰玄嚣,是为青阳;青阳降居江水。司马贞《索隐》:江水、若水皆在蜀。从传说资料看,青阳姓,源于青阳帝降居于江水。蜀地古有青衣江、青衣国、青衣道等,山南水北为阳,青阳氏很可能最早是居住在青衣江北岸的一个部族,是青衣人的一支,后来分迁各地。

杜 汉《繁长张禅等题名》有"夷侯杜臣伟、夷侯杜永严"等题名。三国初期投降曹操的有賨邑侯杜濩①。賨人七姓中,不见杜氏,有度氏,当是同音

---

① 《三国志》卷1《魏书·武帝纪》。

异译字。《华阳国志》说：临江县（今忠县）、垫江（今合川）、涪县（今绵阳）、成都、绵竹等地的"大姓"或"首族"中皆有杜氏①。以上除成都外，都是过去賨人活动的地区，杜氏就是度氏。成汉賨人掌权，杜氏大量涌入成都。《华阳国志》中见有不少杜氏著名人物，如"烈女"涪人杜慈、成都杜琼、杜轸、绵竹"义士"杜真、资中"义士"杜抚、梓潼杜微等，其中，杜琼、杜微都是名震巴蜀的鸿儒。可见其在汉晋间汉化极快，进入城市者已完全汉化。魏晋时部分賨人外迁。如《北史·泉企传》载上洛地区"巴俗事道，尤重老子之术"，当地的亲族便是泉、杜二姓，有自称巴州刺史的"蛮帅杜青和"。

毋　二源。《华阳国志·巴志》载江州大姓有毋氏，《通志·氏族略》：蜀蓬州多此姓。地当今林溪流域及迤东一带，可见巴人有毋氏。《华阳国志·南中志》又载鉤町国自置濮王，姓毋，汉时受封，迄今。《汉书·西南夷传》有鉤町侯亡波，《汉书·昭帝纪》又写为毋波，亡即毋。二流合一，为巴蜀毋姓起源。

母　亦为巴姓。晋有母雅，巴郡江州人。（母氏今仍为盐亭大姓。代有闻人。）

苴　蜀王开明氏封弟葭萌，称苴侯，后裔以苴为氏、为姓。

谢　《繁长张禅等题名》有"白虎夷王谢节"，《华阳国志·巴志》载江州大姓有谢氏。谢为巴人大姓。

谯　谯氏武帝时已为显族，初兴当在秦治巴蜀间。《华阳国志·巴志》载：南充县有大姓侯、谯氏。谯氏主要集中分布在现在的南充及阆中等地，原賨人分布区。《华阳国志·序志》有阆中人谯隆，曾为上林令，武帝欲扩建苑园，隆固谏，后迁成皋令。东汉阆中谯玄，善讲《易》、《春秋》，仕于州郡，后拜议郎，迁中散大夫，最后隐于家，誓死不仕公孙述②。三国著名学者谯周，《后汉书》、《三国志》、《华阳国志》等均有记载，或立传，或言及，影响颇广。《史记》、《汉书》中无姓谯者。《后汉书》只有谯庆（阆中人）、谯周等。《三国志》中姓谯者，皆谯周家人。这就确证谯姓发源于蜀中，兴于西汉，以后传到外省。从谯姓的兴起时代和分布地区看，谯氏应是古賨人的一支，且是文化发达的一支。笔者认为，谯氏的先祖，可能是賨人的巫师，故其后裔多精天文地理，以

---

①　《华阳国志》卷1《巴志》、卷2《汉中志》。
②　《后汉书》卷81《独行列传》。

第十章 文化与民俗

原始道学、谶纬学见长。古代"蜀学"自然有很多源泉，但川东北賨人的文化，特别是他们的巫学，是现有资料中最值得注意的一支，其中就以谯氏为代表。

扶　《北史·扶猛传》载上甲人扶猛，"其种落号白兽蛮"，白兽即白虎，猛被封为"宕渠县男"。朐忍有大姓扶氏[①]。

玄　《华阳国志》卷12《序志并士女目录》有"政事、大司农玄贺，字文和"，其注："宕渠人也。"《后汉书·第五伦传》载第五伦任宕渠令期间，选拔乡佐玄贺，贺后为九江、沛二郡守，终于大司农。其事迹亦见于《益部耆旧传》、《东观汉记》等。玄氏为賨人后裔。

杨　汉《繁长张禅等题名》碑有"夷侯杨伯宰"。晋张华《博物志》说，蜀山南高山上有物，如猕猴，长七尺，能人行健走，妇女有好者，辄盗之以去，有子者，辄俱送还其家，产子，皆如人，及长，与人无异，皆以杨为姓，故今蜀中西界多谓杨。《华阳国志》中《蜀志》、《汉中志》所列川西各县的"大姓"中，杨姓所占比例特大，其中多为汉化氐人。

徐　《华阳国志》卷1《巴志》记朐忍有大姓徐氏，涪陵有豪族徐氏，延熙时被迁入蜀。《晋书·刘曜载记》有"巴酋徐库彭"，当是巴姓。

句　《刘曜载记》曰："于是巴氏尽叛，推巴归善王句渠知为主。"句，又写作"勾"，《华阳国志·巴志》记汉昌县（今巴中）有大姓勾氏，《通志·氏族略》说，勾氏……今蜀川多此姓。

严　《华阳国志·巴志》载阆中大姓有严氏，《北史·蛮传》说巴州以"巴酋严始欣为刺史"，严亦为巴姓。

兰（蕳）　《华阳国志·巴志》载涪陵有大族蕳氏，延熙时被移入蜀。汉《繁长张禅等题名》碑有"邑长兰世兴"，《晋书·苻坚载记》有蜀人兰犊，《隋书·王谊传》有巴蛮兰洛州等，可见兰为賨人姓氏。

范　《华阳国志·巴志》载阆中人范目说高祖募賨民定秦，涪陵有豪族范氏，賨人范长生亦为涪陵人，可见范为賨人大姓。

另外，还有微生氏、讹氏、养氏、羊氏等也先后完成了向姓的转化。

[①]《华阳国志》卷1《巴志》。

二、姓氏发展的基本特点

秦至蜀汉,巴蜀民族姓氏的发展,主要具有以下特征:

1. 以地为氏。可分三类。一是以山为氏。涂山,秦汉时发展为姓。《后汉书·贾逵列传》说贾逵"又受古文《尚书》于涂恽",李贤注引《风俗通》曰:涂山氏之后。蜀山,以蜀山为氏。二是以河渠为氏。青阳,以居青衣江北岸而氏。驰,梓潼五妇山,驰水所出,驰氏当是以水为氏。若,蜀有若水(今雅砻江),若氏兴于水边。《汉书·朱博传》载朱博为犍为太守时,有南蛮若儿。师古曰:若儿,其豪长之名。犍为南蛮,此指僰人。《汉书·王莽传》有僰虏若豆。《蜀典》:若氏之后,宋代多已能考取进士。反映了僰人某些支系的进化程度。三是以地名为氏。㯉(zuo),李斯《苍颉篇》云:地在蜀,亦为姓,是以地为氏者。其地在今大邑境内。果,最初为地名,后为氏。落下,《史记·历书》说武帝时巴郡落下闳运算转历,然后日辰之度与夏正同。《索隐》转引姚氏案:《益部耆旧传》云:"闳,字长公,明晓天文,隐于落下,武帝征待诏太史……"落下,或写作"洛下",阆中一地名。又《风俗通》认为落氏为赤翟别种,可备一说①。

2. 以国邑为氏。资、通(详前),以封邑为氏,后发展为姓。庸,《元和姓纂》卷2:庸蜀,殷时侯国,周武王时来助伐纣,子孙以国为氏。郫,《姓苑》:郫姓,望出成都。巴,《世本》:巴氏,巴子国子孙以国为氏。《姓解》曰:汉有太常巴茂。哀、褒,《汉书·王莽传》有梓潼人哀章,袁宏《汉纪》作"褒章"。褒,古汉中国名,地名。苴,《华阳国志》卷3《蜀志》记蜀王分封其弟葭萌于汉中,号苴侯。封邑在今广元。苴,是爵称,又是邑名,后裔以为氏、姓。

3. 以爵位为氏。苴(详前)。公乘,此为秦二十等爵中的第八级,蜀人遂以此为姓。《华阳国志》卷10有"公乘会妻,广都张氏女也",《隶续》卷2有《广都公乘伯乔题名残碑》,卷14《高朕石室六题名》有广都公乘伯高。

4. 以职业为氏。弧,汉《巴郡太守张纳功德碑》碑阴题名有阆中弧有,其

---

① 见《太平寰宇记》卷16。《风俗通》佚文说:落氏。皋落氏,翟国也,此赤翟别种;以国为姓,见《左传》。汉有落下闳,巴郡人,撰《太初历》。《姓纂》十、《通志·氏族略》、《类稿》五十一引。我认为落氏并不完全等于落下氏。但目前还缺乏足够资料来考察异同。

族最初当从事弓箭制造之业，后以为氏、姓。铅，《华阳国志·巴志》载江州"冠姓"有铅氏，"世有大官"，张纳碑阴题名有文学史江州铅迁。蜀铅氏最初当以冶铅为业。帛，《水经·江水注》有真人帛仲理，名护，益州巴郡人。《宋书·刘粹传》有帛氏奴，五城（今中江县地）人。《周书·宇文贵传》有帛玉成，金堂人。帛，丝帛也，既是衣料，又是早期货币。帛氏，最初当系以职业为氏、为姓。

5. 以族名为姓。此即由氏转为姓的主要内容。上文论及的賨人七姓（罗、朴、昝、鄂、度、夕、龚）、巴人五姓（巴、樊、瞫、相、郑）皆属此类。筰，《风俗通佚文》：筰氏，楚有筰伦。蜀古有筰人，又称筰都夷，居于今川西南一带，楚之筰氏或由蜀迁去。嶲州治所在越嶲（今西昌），此为兄弟民族部落之氏。羊，养，羊氏又译成养氏。《华阳国志》卷10有郪人羊基，字仲鱼，父养甚为交州刺史①；上引《繁氏张禅题名碑》有"夷侯养达伯"。

6. 以图腾为氏。竹，《华阳国志·南中志》说：有竹王者，兴于遯水，有一女子浣于水滨，有三节大竹流入女子足间，推之不肯去，闻有儿声，取持归破之，得一男儿，长养，有才武，遂雄夷狄。氏以竹为姓，将破竹弃于野，成竹林，今竹王祠竹林是也。在西南夷的其他部族中也有类似传说。竹是该部族图腾，后裔有以此为姓者②。鹄，《元和姓纂》卷10谓其为"后汉巴郡蛮酋"，或为以图腾为姓。蚕丛、柏濩、鱼凫，《蜀王本纪》说：蜀之先称王者有蚕丛、柏濩、鱼凫、开明，是时人萌椎髻左衽，不晓文字，未有礼乐。蚕丛、柏濩、鱼凫，应为这些部落的图腾，部落以图腾为氏号③。

第三节　宗教与民俗

秦汉三国时期，巴蜀地区的经济、文化领域发生了一系列巨大变革，也深深影响了宗教。这一时期，传统的巫术仍在普遍地发挥着巨大作用，但佛教传

---

① 又见《华阳国志》卷12。
② 《蜀典》。
③ 罗开玉：《古代巴蜀土著姓氏研究》，《中华文化论坛》2001年第1期。

入、道教产生，又在巴蜀文化中激起了狂澜。

一、巫术与祭祀

秦汉三国时期，巴蜀地区的巫术在广大农村、山区、民族地区，除个别区域外，一直居于主导地位；在城市，虽然它与阴阳五行、道教等联系较多，不断受到阴阳五行、儒家学说、谶纬学说、道教、佛教等学说和宗教的挑战，但仍有很大市场。

秦入巴蜀后，公元前311年改筑成都城，几次垮塌，舆论鼎沸，政府即请土著巫师以"神龟卜址法"选择城址，实际上承认了土著巫术的合法性。

古代"巴蜀文化"的特征之一，便是以野祭即祭神于野外丛林之中、坟墓之旁、山洞之中为主，基本不庙祀。李冰任蜀守时，用氐人巫师杨磨领导族人开凿羊摩江，又在岷江江边立祀三所。秦统一全国后，其中二庙得到了秦朝廷的认可，颁布了统一的祭祀级别和祭礼。秦在巴蜀的统治者每年要定期前往祭祀，西汉时期，蜀郡地方政府仍经常派使者前往祭祀。在政府的推动下，巴蜀地区的庙祀迅速普及。

秦汉三国时期，巴蜀地区的庙祀大体可分为以下六类：

1. 远古帝王、圣人之祠。如江州县（今重庆）涂山上的禹王祠、涂后祠，蜀地的古蜀王鱼凫祠、蜀王恽祠，武阳县的王桥祠、彭祖祠，湔氐道的汉武帝祠。

2. 杰出官员、学者专家之祠。东汉应劭《风俗通》说，李冰开成都两江，"始皇得其利以并天下，立其祠"[①]。秦始皇时期，官府在都江堰渠首修建专门祭祀李冰的庙宇。这主要是出于维护都江堰水利工程的需要。《华阳国志·蜀志》说："汉兴，数使使者祭之。"西汉朝廷一接管都江堰，便派使者到都江堰渠首祭祀李冰。东汉时期，官府又在都江堰渠首刻李冰石像等祭祀。1974年3月在都江堰外江水闸附近发现李冰石像，上有官刻铭文，次年又在其相距37米的同一河底发现持锸堰工石像，2006年3月初在对都江堰安澜索桥桥墩加固时，河床中又出土两尊东汉石像和《建安四年正月中旬故监北江塴太守守史郭择、赵汜碑》，表明东汉时期，在都江堰渠首岷江岸边有官府建的、专门祭祀李

---

① 《北堂书钞》卷74引。

冰的庙宇。值得注意的是，内地庙宇一般都只是设神位，而蜀地从李冰"于玉女房下自（白）沙邮作三石人，立三水中，与江神要（约）：水竭不至足，盛不没肩"① 开始，东汉官府又在都江堰渠首李冰庙里造"三神石人，珍（镇）水万世焉"，开我国在庙里造像祭神的先河②。

东汉时期，新都著名学者杨厚死后，门人为其立庙，除学者常往祭祀外，广汉郡文学掾史每年春、秋致祭。东汉末期，官府为著名学者严遵（君平）、李弘（仲元）立祠，并正式规定祀典。临邛的铁祖庙祀，祀冶铁实业家卓氏、程郑等。

3. 官祠。东汉安帝时期，广汉人王堂为巴郡太守，拨乱致治，进贤达士，率民击败来犯羌兵，百姓为其立生祠。犍为郡武阳县在东汉时期建有朱遵祠。东汉郫人罗衡先后任万年县令、广汉县长，治地路不拾遗，二县皆为立祠。诸葛亮死后，后主刘禅命在汉中沔阳墓旁为其建武侯祠。

4. 是孝子、烈女、贞妇之祠。东汉初期，雒人姜诗，被视为大孝，曾举孝廉，任江阳县长和符县县长，所居乡皆为之立祠。

5. 动物牲畜之祠。汉代江原县有天马祠。越嶲郡会无县亦有天马祠。川西高原民族地区有崇拜牛、羊、马，并以其为神，加以祭祀的习俗。

6. 自然神祠。如梓潼的善板祠（恶子），祭雷神；成都的江水祠、江原县青城山上的江祠（渎山祠？）、江阳县的方山祠，祀山神；德阳县的青石祠，祭石神；南安的柑橘官社，祀柑橘树神；江阳县的兰祠，祀花神。史载蜀侯恽曾祭祀山川，并献馈于朝廷③。

求雨是秦汉时期巴蜀地区普遍流行的一种宗教活动。当时成都附近的人普遍认为在成都庙祀的蜀侯恽能兴云致雨，官吏百姓常往祭祀。相传东汉赵瑶担任阆中县令时，遇旱，赵瑶求雨于灵星，即时大雨。东汉时期，一年蜀地大旱，广汉太守祈祷于山川之神，仍不降雨，郡五官掾谅辅在府庭院中堆柴积薪，裸身欲自焚请雨，过一会儿就下了一场大雨④。剥开此事的神话外衣，可能是谅辅善观天文星象，算准届时下雨，才以此举钓誉。

---

① 《华阳国志·蜀志》。
② 过去，一般认为我国庙里塑像祭神是受佛教的影响，且主要是从唐代开始。
③ 以上据《华阳国志》、《蜀王本纪》、《水经注》、《后汉书》等。
④ 见《后汉书·谅辅传》、《华阳国志》。

当时还流行求子、求偶、求官、祈风调雨顺、祈庄稼丰收、祈六畜兴旺等宗教活动。

秦汉三国时期，巴蜀地区仍盛行占卜。西汉晚期的著名学者严君平，便常卜筮于市，以此为生。当时流行的占卜形式有：

龟卜。《异物志》说：涪陵多大龟，其甲可以卜，这是以龟壳占卜。当时还流行以活龟占卜，这种活龟称为"灵龟"，以朐忍县盛产。土著选择城址、寨址、房址时，常用"灵龟"卜。

占书。纸签上书写占语，通过一定仪式后抽签卜凶吉，至迟在西汉末年已流行于蜀中。公孙述的最后一战，便因抽签得"虏死城下"语而出战，结果自己死于城下。

灵叉。以一种大龟壳边缘做成的发钗，俗称"灵钗"。当时涪陵一带妇女多用此压发避邪①。

二、风水术流行

秦至蜀汉，巴蜀地区很盛行"风水术"。官府民间在兴建府宅、房屋、桥梁、道路，开挖塘堰、修坟建墓时都要请巫师看"风水"。如秦在初建成都城时，先"屡皆倾侧"、"累筑不立"，后来请蜀土著巫师用龟壳祭祀和重选城墙址才获成功，成都城因此又称龟城。风水师参与了成都城的规划设计。虽当时吸取了北方城邑规划的许多风水理论，但成都城布局的基本特征，仍是结合地理条件，顺江山之势。成都城的布局，又深刻地影响了巴蜀各县邑的设计布局。

秦汉三国时期的"风水术"往往与地理地势、风向、雨水、阳光照射、土壤地层等自然条件有关，并通过长期的，往往是若干代人的观察总结，掌握了一定的规律。与更老的"天命观"相比，风水术使人感到凭主观努力可以改变天命，这是其当时的进步意义，它宣扬父母墓地决定儿孙命运，在当时具有维系家族的纽带作用。

秦汉三国时期，巴蜀各地勘探盐井，开采铜矿、铁矿、锡矿，种植大面积的果树、桑树等，都会请巫师看"风水"。特别是勘探盐井，投资大，费用高，又会立即得到验证。如果风水师选错了地方，没勘探出盐泉，足可使一个中等

---

① 以上见左思《蜀都赋》刘逵注引谯周《异物志》。又见《华阳国志·巴志》。

之家破产，风水师也必付出沉重代价。当时巴蜀盐井甚为普及，它从侧面反映出当时巴蜀风水术的高度发达。

诸葛亮在风水学方面也卓有建树。他最先提出西蜀为"天府"的概念，为后世所公认、所沿袭。他亲自选择的惠陵位置，具有深刻的含意。惠陵于蜀汉宫城的正南。在传统的方位观念中，南方与五色（黄青白赤黑）中的赤色、五行（金木水火土）中的火为相类似的概念。早在远古蜀王开明氏时期，蜀人便有了以南方为尊、为吉利的观念。蜀人的这种观念后来又被中原接受。汉武帝独尊儒术，曾下大力统一文化、思想，其中之一便是以南方为尊①。惠陵位于蜀汉宫城正南面便含有借此风水宝地为蜀汉政权带来吉祥好运之意。

秦汉时期，生活在成都平原的土著蜀人中，还流行一种"送魂"仪式。他们认为自己的老家在川西高原，人死后应把灵魂送回那里。"送魂"途经汶山的"天彭门"，有谓"亡者悉过其中，鬼神精灵数见"②。当时土著蜀人中流行的船棺葬，与他们认为灵魂应溯

图 10-7　摇钱树

江而上至故乡的观念有关。当时其他民族，包括外来移民中一般都流行各种各样的"送魂"仪式。该仪式除反映了对死者的关怀外，还反映出生者欲摆脱死者灵魂的控制、干扰的普遍愿望。这一时期，固定的"鬼域"观念已渐趋成熟，如蜀人多以川西高原为魂归之处；巴人则以丰都为魂聚之地。这种把死者灵魂固定在一个特定的区域之中，不到一定节日不准其自由回家见后代的观念，也是生者、后代欲摆脱死者灵魂、前辈意志干扰控制的反映。

东汉晚期至三国时期，以西蜀为中心，主要是在益州的辖地内（基本上与

---

① 这也是我国传统文化普遍视南方为吉祥之方，古衙门、大型住宅、帝王墓葬等建筑坐北朝南的理论基础。

② 《华阳国志·蜀志》。

蜀汉的辖地重合），流行一种很特殊的随葬品，即摇钱树，反映了货币经济对传统风俗的改变。

三、道教

在道家思想、原始巫术和"巴蜀文化"的长期孕育下，东汉时期，在西蜀诞生了我国最重要的土著宗教——道教。当时它自称"正一盟威之道"，简称"正一道"，又称"天师道"，因该教崇拜五方星斗及入道者需交五斗米，又俗称"五斗米道"；官府则称其为"米巫"、"米道"、"米贼"、"鬼道"等。正一道是我国早期道教的一个大派，它曾为外地道教的发展树立了榜样，奠定了教义，输送了骨干。

图10-8　鹤鸣山张道陵像

道教创始人张陵（又名张道陵，或称张天师、正一真人、祖天师等），沛国丰（今江苏丰县）人，明帝时曾任巴郡江州（今重庆）县令。汉顺帝时，因厌恶当时的腐败政治，痛恨豪族经济，毅然率家人弟子等到西蜀鹤鸣山（今属大邑县）修道。他在道家学说、原始巫术和传统的"巴蜀文化"的基础上，奉我国早期道家代表老子为太上老君，以《老子》五千文为经典，又著《灵宝》、《天官章本》、《黄书》等道书24篇，创建了正一道的道书、教义、教仪和教规，通过教授教义、施法、教武等途径发展了一大批骨干，一时名震西蜀。当时在豪族经济的支配下，广大中、下层知识分子在政治上受到排挤、打击，在经济生活中遭到盘剥压榨，便纷纷赴鹤鸣山拜师学道。于是，张陵把弟子们按地区分为二十四治：

在当时蜀郡内有阳平山治（今彭州九陇，传张衡逝于此地，又称"嗣师治"）、鹿堂山治（今绵竹）、鹤鸣山治（今大邑）、漓沅山治（今彭州九陇）、葛璝山治（今彭州九陇）、玉局治（成都南门）、主簿治（今蒲江）；

在当时广汉郡内有庚除山治（今绵竹县西）、秦中治（今德阳市城区东）、真多治（今金堂地）、昌利治（今金堂地）、隶上治（今德阳市城区东）；

第十章 文化与民俗

在犍为郡内有涌泉山治（今遂宁）、稠粳治（今新津）、北平治（今彭山县）、本竹治（今新津）、平盖治（今新津）、平冈治（今新津）；

在越嶲郡内有蒙秦治；

在巴西郡内有云台山治（今苍溪）；

在汉中郡内有浕口治、后城山治、公慕治；

在京城洛阳为北邙山治。

这二十四治实际上是二十四个教区。其中以阳平、鹿堂、鹤鸣三治最重要，阳平治最大。教区与行政区域相结合：

巴郡教区，以张修为首领；

汉中郡教区，以张鲁为首领；

犍为郡教区，以张普为首领，后继者为陈瑞；

广汉郡教区、蜀郡教区，以马相、赵祗为首领。

总的看来是以成都平原为中心，以西蜀最集中，次为汉中地区。张陵自称"天师"，为最高教主，在每个教区设治头大祭酒、祭酒、奸令、鬼吏等，统帅教徒"鬼卒"、"鬼兵"。凡入教者，交五斗米，参加其活动，即可受到正一道组织的保护。

这在当时那种豪族势力横行乡里，官吏军队鱼肉百姓，匪盗随时骚扰，日常生活毫无安全保障的背景下，对一般百姓确有吸引力。当时百姓多以"户"为单位，集体参加正一道。仅在张陵时期，已"弟子户至数万"。部分地区，正一道还率领教徒打富济贫，将豪族地主的财产、田地等分给教徒耕种。如顺帝末年（公元144年前后），巴郡人服直，聚众起义，自称"天王"。从其自称"天王"的情况看，应与早期道教有关；桓帝永兴二年（154），蜀郡李伯在山区自称老子后裔，组织一批农民欲举行武装起义，被政府捕杀。从其自称老子后裔的情况看，也应与早期道教有关。四川芦山东汉《樊敏碑》说"季汉不祥，米巫凶虐，陷附者众"。"鬼卒"家人的红白喜事等都可受到宗教组织的关注和支持。

《隶续》卷3载《米巫祭酒张普题字》：

熹平二年三月一日，天表鬼兵胡九，（阙二字）仙历道成，玄施延命，道正一元，布于伯气。定召祭酒张普，萌（盟）生赵广、王盛、黄长、杨奉等，计分谕受《微经》十二卷。祭酒约施天师道，法无极耳。①

该文说：天师道的"鬼兵"胡九死了，祭酒张普亲率"萌生"赵广、王盛、黄长、杨奉等为其施法。

"鬼卒"及其家人病了，则令其思过，写出有生以来所犯的各种过错，投于水中，并与神发誓而盟，不得复犯。

正一道天师、祭酒实行世袭制。光和元年（178）前后，张陵死，其子张衡承其业，称"嗣师"。当时汉政府曾征张衡为郎中，不就。光和二年（179）正月十五，张衡死，其子张鲁承其业，称"系师"。张陵"天师"、张衡"嗣师"、张鲁"系师"，合称"三师"。

中平元年（184），黄巾起义时，巴蜀的正一道各支系、各教区也都参加了起义。其中声势较大的主要有巴郡的张修部、犍为郡的张普部及蜀郡的张鲁部。北方的黄巾军因官府的残酷镇压，在经过约九个月的浴血奋战后便告失败，但巴蜀的起义军却较好地保存了实力。

中平五年（188）三月，蜀中又爆发了以马相、赵祇为首的"黄巾"起义。义军很快攻下益州刺史部所在地雒县，捕杀州刺史郤俭，又攻下成都、江州、阆中等城。义军很快发展到10余万人。最初，张鲁部、张修部也参加了这次起义。但马相攻下成都后，便自称"天子"，违背了教义，并将自己置于其他教区首领地位，特别是置于"系师"张鲁之上。张鲁、张修即率部退出观望。马相孤军作战，在短短几个月内便败于地方豪族势力。张鲁、张修部却与豪族势力达成妥协，又一次保存了实力。

中平五年（188），刘焉入蜀为益州牧。他为了割据益州，也为了摆脱益州豪族势力的控制，对蜀中道教势力采取了拉拢利用的政策。他躬身自奉道教，将张鲁的母亲迎于府中，率妻女师事之，称五斗米教徒为义民（官府一般称其为米巫、米妖、米道、米贼和鬼道等）。张鲁、张修则欲利用官府与豪族势力相抗，也主动配合刘焉。当时，汉中太守苏固对刘焉的割据行动有所抵制。初平二年（191），刘焉正式策命张鲁为督义司马，命张修为别部司马，令二人率部

---

① 《隶续》云：字画放纵敧斜，略无典则，乃群小所书，以同时石刻杂之，如瓦砾之在圭璧中也。《墨宝》云：摩崖在洪雅县。《碑式》云：凡七行六十七字，字大小疏密不等，多者十六字，少者九字。

第十章 文化与民俗

下去攻打汉中。二张也正欲谋取一个根据地，便率领教徒，里应外合，很快袭取了汉中。此后八九年间，二张共同治理汉中。刘焉为了摆脱朝廷的控制，又命二张烧毁栈道，断绝交通，捉杀过往使者，中断朝廷与益州的联系。同时，刘焉却上书朝廷，说"米贼"断绝了交通，今后难以与朝廷联系，准备割据。兴平元年（194），刘焉死，其子刘璋接任益州牧。张鲁等因刘璋软弱无能，对其不够尊敬，"稍骄于汉"。这时，巴郡的一些少数民族部落首领如杜濩、朴胡、袁约等又率族人前往汉中投靠张鲁。张鲁势力迅速扩大。建安五年（200），张鲁袭杀张修，兼并其部众，单独控制汉中。

张鲁在汉中，以五斗米教的教义教法统治人民。当地民众也争相入教，入教者需交五斗米。张鲁吸取了马相失败的教训，仍自号"师君"，为总首领。凡入教者，最初名"鬼卒"，可为一般兵丁差人，其头目名"祭酒"，属小吏性质；其首领为"治头大祭酒"。鬼卒、祭酒，说话、办事以诚实信义为首要，为奖罚的标准。此外，不另置官吏系统。张鲁对百姓实行宽惠的统治。各祭酒在自己的辖地（约当一乡？）内设置一义舍于路边，内放米肉，旅行经过者可据自己的实际需要免费自取，教义认为，多取多占就会生病。凡犯法者，先原谅三次，然后行刑。当地百姓及附近地区的许多少数民族，都认为这种统治制度很简便，趋附者日渐增多。

张鲁单独控制汉中后，不再接受益州牧的节制，成了名副其实的割据政权。益州牧刘璋杀了张鲁的母亲和弟弟，并派遣庞羲等带兵多次前往攻打汉中，不克。此后，张鲁与刘璋间一直处于武装冲突状态。建安十六年（211），刘璋请刘备入蜀帮助攻打张鲁；不久，张鲁也将新近投奔的大将马超派往前线，欲夺取西蜀。张鲁虽割据一方，但并无称王称帝的野心。汉中百姓曾从地下挖得汉宁王玉印，部属欲尊张鲁为汉宁王，被拒。他还多次遣使到朝廷上表进贡。当时朝廷为曹操所控制，一时也分不出兵力对付汉中，便委任其为镇民中郎将，领汉宁（即汉中）太守。

张鲁割据汉中期间，曾做《老子想尔注》一书，较系统地阐述了道教教义的纲领和具体内容。建安二十年（215），曹操怕刘备夺取汉中，便亲率大军先行攻打汉中。曹操刚至阳平关，张鲁便欲降，鲁弟张卫主战，便领数万人拒关坚守，但很快被曹军攻破。张鲁再次准备出降，其功曹阎圃又劝其暂时外逃。张鲁临逃时，有人劝其烧毁宫室仓库，但他却认为："我现在出走只是避其锋锐,并无抵抗之心。宫室仓库本应属朝廷所有。"他命人将仓库封藏好后才外逃。曹操进入南郑后,对张鲁的做法甚为赞许,加之张鲁本有降意,便派人劝降。张鲁带领家人、徒众、部属等投降曹操。曹操拜鲁为镇南将军,封为阆中侯,食邑万户(此为虚封,当时阆中为刘备控制);将其带回邺城,用贵客礼节对待他;又封鲁的五个儿子及阎圃等为列侯,娶鲁女为儿子曹宇之妻。随着张鲁及其部众的北迁,五斗米教开始在北方传播。建安二十一年(216),鲁死,葬于邺城之东郊。

"正一道"和传统的"巴蜀文化"有着明显的承继关系。如早期道教认为人死后可羽化成仙,便与"巴蜀文化"的传统灵魂观念、有关远古传说相一致。正一道在道教各派中最先使用符箓,并用其作解除、厌胜、镇邪等方术;其符箓的形式、构成用法、意义,甚至方术仪式都是在"巴蜀符号"、"巴蜀符号印章"的基础上发展而成。

四、佛教

考古资料表明,巴蜀地区是我国较早传入、并较快普及佛教的地区之一。巴蜀早期佛教的来源比较复杂,可能有两条路线,一是南路,即由印度,经缅甸、滇,再传入巴蜀,二是北路,由印度经西域传入中原,再传入巴蜀。

图10-9 乐山东汉崖墓的佛像

1986年,在四川什邡一座东汉画像砖墓中,曾发现一块佛塔画像砖:画面中部及两边有三座佛塔,中间夹有两棵菩提树。这是我国已发现的最早的佛塔图案。它表明东汉晚期巴蜀土地上已建有佛塔,并已有"寺塔一体,塔踞中心"的寺庙。近年在绵阳出土的东汉摇钱树上,发现铸有佛像。在乐山麻浩崖墓和柿子湾的另一座东汉崖墓中,皆曾发现带顶光的佛像雕刻。在彭山东汉崖墓出土的一个摇钱树座上,有一佛二菩萨像,在宜宾黄山东汉墓中曾出土一尊佛像,坐于青狮上。这些表明迄至东汉晚期,佛教在巴蜀各地已相当普及。它还表明当时佛教对土著巫术及其灵魂观念等,采取了一种适应的态度。从上述墓葬规

第十章 文化与民俗

模看，当时佛教主要活跃在中、上层人士中。

五、"分家"习俗

汉代蜀中分家，往往立碑记其事，包括分家的参与者、证明人（一般为当地官吏或有身份的人）、所分家产的具体内容等。《隶释》卷15载有两通东汉晚期巴蜀地区残碑，皆为分家产所立之碑。

《郑子真宅舍残碑》：

（上阙一字）所居宅舍一区，直百万。故郑子真地中起舍一区，作钱（下阙）。故郑子真舍中起舍一区，七万。故潘盖楼舍并二区，十一（下阙）。故吕子近楼一区，五万。故像楼舍一区，二万五千。（下阙）扶母舍一区，万二千。（阙二字）凤楼一区，三万。（阙二字）车舍一区，万。（阙二字）奉楼一区，二万。（阙二字）子信舍一区，万。

熹平四年（阙）月丁酉朔（下阙），桃为后（阙）弟（阙），郎中（下阙）、贼曹（下阙）、左都字彦和、兼掾史（下阙）胡恩、真道史胡阳、（阙）文（下阙）文（阙）陈景玄雄等，实（下阙）千九百八十。其二百（下阙），舍宅、奴婢、财物，及台为（下阙）。妻无适嗣、祖传婢（阙）宜（下阙），分台祖余财物所得（下阙），未知财事。（阙）举（阙）为领（下阙）妹（阙）精魂未臧而有怨（下阙）。《春秋》之义，五让为首，兼（下阙）①。

该碑残缺字较多，详情难考。不过，仍知这是一通有关分家产的原始记录。碑文记载了灵帝熹平四年（175），郑子真死后不久，大概因其生前欲立婴孺为嗣，年幼不能服众，子女、族人间争夺遗产，闹到衙门。当地官府（有郎中、贼曹、掾史等参与）经过调停，为其立嗣，分遗产，又在当地刻石示众。从其

---

① 宋洪适《隶释》卷15说："右《郑子真宅舍残碑》，所存其上十数字，余石碎矣。首云所居宅舍一区，直百万。继云故郑子真地中起舍一区，七万。凡宅舍十有二区。其次有辞语，有岁月。云'……平四年'上存四点，必熹平也。官吏有郎中及贼曹与掾吏，又有左都字彦和及胡□、胡阳、陈景等姓名，似是官为检校之文。其中有宅舍、奴婢、财物之句，其云'妻无适嗣'，又云未知财事，其前有'为后'二字，则知旋立婴孺为嗣也，其云'精魂未臧而有怨'，上有一字从女当是其母，则知其亲物故未久也。末云'《春秋》之义，五逊为首'，所以戒其宗姓或女兄弟之类，息争窒讼也。碑今在蜀中。"

家产看,郑子真是当地一大豪族。官府支持其立幼儿为嗣、支持其分家,实质上都含有分散、瓦解豪族势力之意。

《金广延母徐氏纪产碑》:

> 光和元年五月中旬,金广延母自伤纪考妣徐氏,元初产,永寿元年出门,托躯金掾季本供(下阙)不并立朝,妹(阙)县端首子男恭(阙)字子肃,年十八(下阙),收从孙即广延,立以为后,年十八,娶妇徐氏。弱冠仕(下阙),终殁,五内催(摧)碎,又少入金氏门。承清俭之后,营业(阙四字),步池一(下阙),地耕殖陕(狭)少,(阙)修产业,夫妇勤苦,积入成家,强(阙三字),止足不(下阙)万。季本平生素以奴婢、田地,分与季子雍直,各有丘域(阙二字)。三(下阙),蓄积消灭,责负奔亡,(阙三字)立,依附宗家,得以苏(下阙),及归故主,三分屋,一才得廿一万六百,供竟(下阙)。故文进升地一亩,直五万五千,家乃隤,收责地(下阙),雍直径管,叔骏劳来以(阙)国。故(阙)子叔地一亩,直(下阙)。令能胥不(阙二字),又所将(阙)及所(阙)如后可服事勤(下阙),子孙以其不祭祀督之,不(阙)拘持,入门勤苦。五十(下阙)二万四千。其妇共衣食,去留之后,悉以归雍直。大妇(下阙)四十八万。小妇慈仁,供养周厚,奉顺(阙)暖,不离左右,自(下阙)曰(阙)恋卫夫人之,(阙二字),去妇之,孤无所归,辄为侄(下阙)之忉(下阙)不(阙)①。

---

① 宋洪适《隶释》卷15说:右《金广延母徐氏纪产碑》,今在云安(今云阳)。云:光和元年五月中旬,金广延母自伤纪考妣徐氏,元初产,永寿元年出门,托躯金掾季本,自此之后,其石半灭,所存者其下段尔。徐氏归于季本,有男曰恭,字子肃,早终,故立从孙广延为后。广延弱冠而仕,又复不禄。碑云广延年十八,娶妇徐氏。子肃,亦有年十八字,而阙其下文,当亦是载其婚聘。子肃,残碑亦有妻字可证。徐氏自言少入金氏门,夫妇勤苦,积入成家。又云季本,平生以奴婢、田地分与季子雍直,各有丘域。继云蓄积消灭,债负奔亡,依附宗家,得以苏。则雍直似是季本庶孽不肖子,分以訾产,居之于外者。徐氏老而广延死,故又析其财,有雍直径管及悉以归雍直之文。虑雍直为嫂侄之害也,故刊刻此石。其云大妇、小妇,则子肃、广延之妻也。碑称小妇慈仁,供养奉顺,不离左右,则广延夫妇俱孝。其云五内摧碎,则可见子孝而母慈也。广延虽非嫡长,而事亲久,即新妇。故徐氏舍子孙而称广延母也。此碑"字子肃"之上有两字不甚明,上一字仿佛是"恭",其下颇类"成"字,但汉人无二名,而金恭有墓阙及残碑,皆云"恭字子肃"可以证。季本之子字子肃者,即金恭也,但恭之下多一字,所不可晓。碑以"考纰"为"考妣","弱冠"为"弱冠","清□"为"清俭","催"为"摧碎","陕少"为"狭少",□即奔字,□即亩字。参张勋燎、刘磐石:《四川郫县东汉残碑的性质和年代》,《文物》1980年第4期第73页。

第十章 文化与民俗

这也是一份涉及家产的碑。立碑时间,灵帝光和元年(178)。立碑人徐氏,为金季本之妻,其家庭关系如下:

金季本(妻徐氏)——大子 金恭(字子肃,妻大妇)

——从孙 金广延(妻徐氏、少妇)

——季子 金雍直

金季本生前曾分给季子雍直一份家产,让其自立门户。雍直将其挥霍一空,依附族人度日。金恭早死,徐氏立"从孙"即侄孙金广延为嗣。金广延又早死,徐氏便把大部分家产交给季子雍直,也分给金恭和金广延妻子一部分。其中,"大妇"名下便有"四十八万","小妇"名下已残缺①。

六、丧葬

秦至蜀汉,巴蜀丧葬习俗五彩缤纷。一些传统葬俗,如盆地内的船棺葬,峡江地区的崖葬,川西高原的石棺葬、川西南地区的大石墓等,又继续流行了相当长一段时间后,才逐渐消失。许多新的丧葬制度、墓葬类型又迅速兴起。如土坑墓、木椁墓、砖墓(包括画像石墓,画像砖墓)、

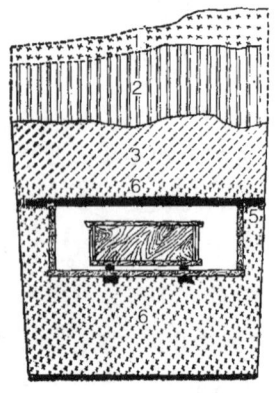

M1 纵剖面图
1.耕土 2.黄土 3.填土 4.桦树皮
5.黄沙石 6.白膏泥

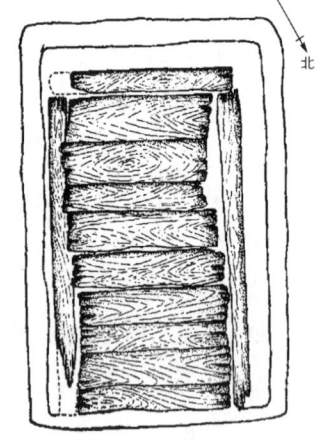

M1 椁盖平面图

图 10—10 青川秦墓 M1 纵剖、椁盖平面图

---

① 文中说徐氏"元初产"。元初为安帝年号。若徐氏生于元初最晚一年,也是元初六年(119),到永寿元年(155)出嫁时,已36岁,恐误。"元初产",疑是"本初产"。本初为质帝年号,仅一年(即公元146年)。若徐氏生于本初元年,永寿元年(155),即其9岁时"出门",进入金家,这与其"少入金氏门"是吻合的。

图 10—11　绵阳双包山西汉早期木椁墓

崖墓等①。

秦统治时期的外来移民墓地，主要有青川县郝家坪双坊梁墓地，荥经古城坪墓葬，曾家沟墓葬，古城四队砖厂墓葬②，其共同特征是使用白膏泥，在"Ⅱ"形木椁内置棺，或见"二层台"、常随葬漆器等。外来移民墓中一般不随葬兵器，表明当时政府曾禁止外来移民拥有武器。从上述墓葬看，外来移民一般有浓烈的怀祖意识，他们往往长期仿造、使用家乡的古老器皿，其葬式葬法也长期保留旧俗。这种现象在汉代巴蜀地区的移民墓葬中，在外地移民的墓葬中皆为常见。

西汉早期，全国俗尚节俭，但巴蜀地区却以厚葬为特征。这一时期发现的较重要的有成都东北郊大湾村、大安村的部分墓葬，成都北郊洪家包的第二类

---

① 罗开玉：《川西南与滇西大石墓试析》，《考古》1989 年第 12 期；罗开玉：《川滇西部及藏东石棺墓研究》，《考古学报》1992 年第 4 期。

② 《青川县出土秦更修田律木牍——四川青川县战国墓发掘简报》，《文物》1982 年第 1 期；《四川荥经古城坪秦汉墓葬》，《文物资料丛刊》4 集，文物出版社 1981 年版。

第十章 文化与民俗

墓及木椁墓,凤凰山木椁墓,巴县冬笋坝部分长方坑墓和方坑墓,绵阳双包山汉墓等。其主要特征是:随葬品比较丰富,墓葬为竖穴土坑,墓坑长与宽的比例在 2∶1 左右,或用漆棺,或不用葬具,少数大墓使用木椁,椁内用横木隔成几个小室,普遍使用白膏泥填墓。这一时期多见二人合葬。由于土坑墓中尸体很快腐烂,封墓后不宜再开墓入葬另一人。故当时的两人合葬墓中,一般说有一人属殉葬。通常是以妻妾殉夫或以奴仆殉主。当时有的木椁墓,椁室还分上下两层,上层置棺,中有隔板,下层分为四厢,置随葬品,系当时"干栏式"建筑的抽象反映。

从全国看,厚葬高潮在入东汉后开始退潮,至魏晋逐渐进入薄葬期①。这种转变,与在两汉之际战乱中,墓普遍被掘及经济遭到破坏有关。四川在两汉之交虽也遭罹了战乱,但由于水利建设基础好,经济恢复快。反映在墓葬上,厚葬趋势还在继续发展。这一时期极为普及的崖墓及为数甚多的砖室墓,便是典型。

秦汉时期,巴蜀的崖葬可分为土著系统的崖穴葬和汉系崖墓。

崖穴葬指利用自然山洞、崖壁、崖穴而葬,主要集中在峡江地区,其他地区也有。木棺一般为独木挖制,与同期盆地内的"槽式船棺"相似,但要小得多、轻得多。置于山洞、崖洞者,一般是一洞置数棺,置于断壁上者,往往一处置数十棺,可能是家族或部落的墓地。这类墓随葬品普遍较少,一般两三件,且不太贵重。这说明当地民族中,当时贫富分化尚不突出。从有关资料看,墓主系当地苗瑶系统民族。

汉系崖墓在盆地内多数地区都有分布,其中绵阳、夹江、简阳、乐山、双流、泸县、新都、荥经、宜宾、长宁、三台、雅安、遂宁等市县还开展了发掘调查工作②。当时巴蜀地区的崖葬之多,居全国之最(至今仍保存下墓穴的,至少在 10 万座以上)。《华阳国志·蜀志》中谈到的"玉女房"和"送葬必高坟

---

① 罗开玉:《中国丧葬与文化》第 9 章,海南人民出版社 1988 年版。
② 《新都马家山 22 号墓清理简报》,《四川文物》1984 年第 4 期;《乐山市中区东汉崖墓的调查收获》,《四川文物》1990 年第 6 期;《宜宾市山谷祠汉代崖墓清理简报》,《文物资料丛刊》第 9 集;《四川遂宁船山坡崖墓发掘简报》,《考古与文物》1985 年第 3 期;《四川牧马山灌溉渠古墓清理简报》,《考古》1959 年第 6 期;《四川涪陵东汉崖墓清理简报》,《考古》1984 年第 12 期;《四川彰明佛儿崖墓清理简报》,《考古通讯》1955 年第 6 期;《四川昭化宝轮院屋基坡崖墓清理记》,《考古通讯》1958 年第 7 期。

瓦棺",皆指崖墓。其主要特征是完全以人工开凿墓穴。巴蜀地区的崖墓最早出现于西汉后期,东汉中晚期臻高峰,以后渐衰。基本演变趋势是由单室到多室,由较小较短到较长较大,长度由两三米至20多米不等。大型崖墓结构复杂,有的可分墓道、墓门、前堂、侧厅、前室、中室、后室、耳室、侧室等部分,其布局结构与生前的庭院、宫室相似。大型崖墓内,一般还利用岩石雕刻有房屋模型、灶台案几,有的还有田地池塘,这些与汉代砖室墓、土坑墓中的同类明器相似。小型

图10-12 双流中和场出土汉末三国石棺

崖墓内置一二具棺。大型墓往往一个小室内分别葬二三具棺,入葬者多系夫妻关系,整个墓室内置七八具,甚至20多具棺。一家族人合葬一墓,或一个家庭的数代人合葬一墓。崖墓用棺大体可分五类:崖石棺(利用崖石雕刻,与墓室连为一体)、石棺、瓦棺、木棺、砖棺。东汉中晚期的崖墓中,往往还雕刻有各种图案、题刻、纪年、姓氏等。大、中、小型崖墓一般都有多少不等的随葬品,随葬品与当时的砖室墓相似。巴蜀汉系崖墓高速发展,原因颇多。从葬制看,川东崖穴墓是其先声。它与土著系统崖穴墓的联系是,都葬在山崖上,远高出地面,即崖葬所含有的宗教意义相同,都采用族葬,数代人同葬一洞、一墓、一片崖

图10-13 大邑出土西王母画像砖

上。此外也受到北方竖穴土坑墓、砖室墓及一度在高贵族中流行的大型崖墓的影响。从生产力发展水平看,崖墓的出现并兴起,正是以铁质雕刻工具的普及为前提。从社会环境、经济条件看,崖墓又以长期相对安定的局部环境和经济大发展为基础。开凿一座大型崖墓,往往需几年甚至十几年的时间,而葬满封

第十章 文化与民俗

墓,往往要延续数代人。

西汉晚期至蜀汉,巴蜀地区还流行砖室墓。大体可分三类。一种是素砖墓,一般为小型,仅能容一棺,边远地区较多。一种为花边砖墓,指墓砖的边缘有纹饰,如柿蒂纹、三角纹、钱币纹、几何纹等,整座墓各块砖上的内容变化不大,无人物图案。

图10—14 芦山县建安十六年王晖石棺铭文

这类墓在当时汉人活动区域差不多都有发现。另一种为画像砖墓,在当时的重要城邑附近多有发现,尤以成都近郊为多、为大型。画像砖多系长方形,长45~55厘米,宽35~45厘米,厚6~8厘米左右,通常与花边砖共同构成墓室,即在部分花边砖墓中嵌砌画像砖石。花边砖墓一般系中型墓,也有少数为大型,一般墓室系单券拱,墓门券拱或有二三层,底部基石或用石条,墓室四周多用长方砖,券拱用楔形砖,或有凹凸榫。画像砖墓规模一般较大,墓室内长可达10余米,宽3~5米,一般有通道、前室、后室等,或有并列的两个后室。有的砖墓不是一次建成,在合葬下一代人时,又拆掉旧墓门接修墓室,有的一墓接修过两次,最后才盖土冢。当时的大、中型墓地一般都修有围墙,建有祠堂,有专人看管、植树守林。

在新都县新民乡梓潼村有一东汉砖墓群,地面为七座大型土丘,其布局位置与北斗七星相似。在新都县柏水乡金花村,也曾发现有按"七星伴月"布局的古墓群。这是风水墓向观念高度发展的一种独特表现形式,也与东汉时期新都学者以天文数术闻名全国有关。

东汉巴蜀地区还流行同性朋友合葬一墓,共立一碑。如据《金石录》卷19记载,益州刺史薛君与巴郡太守刘君便同葬一墓,同立一碑[①]。这种现象不见于外地。

秦汉时期,四川葬制的另一变化是陶棺(古籍中称瓦棺)发达。从考古资料看,陶棺不仅多见于崖墓,也屡见于砖室墓、土坑墓等。陶棺的普及。首先

---

① 据《四库全书》本。

是由于川西平原木材资源日益匮乏。前已谈到，巴蜀船棺的消失，主要与川西平原大楠木资源衰竭有关，入西汉后，人们便使用一般木材制棺，到东汉后，川西平原人口继续猛增，用一般木材制棺也有了困难，陶棺便应运而生。当时烧制陶棺，费用昂贵，故此种葬具主要流行在较富裕的中上层人士之中。如曾任巴郡太守的王堂，死后便葬以陶棺①。

蜀汉时期是巴蜀葬制的一个转折点，即开始由厚葬转为薄葬。东汉末年，战乱频繁，盗墓风盛，加之财力衰竭，社会薄葬意识日渐流行。一大批有识之士如曹操、曹丕、诸葛亮等，首先带头薄葬，官僚士大夫多步其后。刘备惠陵，在成都南郊，冢高 12 米、周长 180 米，占地约 3 亩，墓前有两排翁仲，虽具有帝王墓葬的一些特点，但墓葬规模并不大。诸葛亮死，则"遗命葬汉中定军山。因山为坟，冢足容棺，殓以时服，不须器物"。身为一国丞相，墓葬规模不及一般豪姓大族。

受土地私有制发展的影响，两汉时期，巴蜀地区在建墓时还流行

图 10－15　四川汉墓中的花边砖

图 10－16　四川汉墓出土的东汉纪年砖

---

① 《后汉书》卷 31《王堂传》。

"买山"，即向阴间买建墓所需土地。如清道光年间在巴县发现一方西汉宣帝时期的石刻，上有铭文："地节二年正月，巴州民杨量买山，值钱千万，作业□，子孙永保其不替。"

佛教传入，道教兴起，巴蜀传统文化和宗教观念都发生了巨变。如过去巴蜀民族中一般认为人死后灵魂永存阴间，能永远祸福后代。故巴蜀传统巫术把人生的重心摆在死后。巫觋普遍企图通过控制死者灵魂来干预政治、操纵生者、支配社会。与此相应，当时流行厚葬、隆祭、久祀，追求随葬品的量多质精、墓室的宽大、棺椁的精美、殉葬奴妾，祭祖上溯数代乃至数十代等。佛教认为人死后，灵魂便转世投生，道教则认为人死后羽化成仙，一般都不再干预后代之事，并且，佛、道二教，都把人生的重心摆在生前，主张通过生前的修炼、修行、节操、功德等来争取"来世"，来争取"飞升"，都主张薄葬。巴蜀地区从蜀汉开始流行薄葬，自有众多原因，但与佛、道二教的影响，与灵魂观念的变化关系极大。这些也是佛、道二教在当时具有的进步意义之一。

图10-17 巴县杨量买山记石刻

第四节 政治思想与伦理道德

秦至蜀汉，是巴蜀政治思想、伦理道德巨变的时代。大体可分为两个历史阶段：秦至西汉早期为前段，以阴阳五行为主流，西汉中期至蜀汉为后段，以儒家思想为主流，其间有较大反复，谶纬学、黄老之术等，都曾一度演为主流。

一、政治思想

秦至蜀汉，巴蜀地区产生了一大批著名的政治思想家，特征是多借对先秦经典的注释或模仿，来系统阐述自己的政治理论。

司马相如，字长卿，西汉武帝时期的政治思想家。除文学成就外，其政治思想建树主要表现在两个方面。（1）为开发川西高原立有大功。建元元年（前140），武帝派唐蒙带兵入夜郎后，耗资巨大，伤亡惨重。此时活动在今川西高原一带的少数民族，因欲得朝廷赏物，愿内属。武帝咨询司马相如意见，司马相如建议其出兵。武帝拜司马相如为中郎将，回蜀主办其事。司马相如回蜀后，很快平息了蜀中不满

图10-18　司马相如塑像

图10-19　今日成都琴台故径

开发边地的风波，又深入川西高原的许多民族部落之中，说服各族拆掉了关塞，修建了道路桥梁，并在这些地区建立郡县。为开发川西高原奠定了坚实的基础。（2）讽谏武帝。司马相如曾多次讽谏武帝。如在长杨苑，见武帝射熊罴，驰逐野兽，遂上书谏猎。司马相如病逝前写有一篇《封禅文》，劝谏武帝到泰山封禅，意在要他学习始皇，完成包括西南地区在内的统一大业。利用辞赋抒发政治见解，规劝帝王、说服官吏百姓，是司马相如的首创。就效果而言，他也将其发挥到了最佳程度。

严遵，字君平，系西汉晚期蜀中杰出的哲学家和思想家。他家居成都，卖

卜于市，秉性淡泊，系一代隐士。每天只为几人占卜，得百钱可以生活则下帘闭肆，专志讲授《老子》《庄子》《大易》及著述。其哲学的基本体系是继承老子、庄子思想，代表作为10万余言的《老子指归》。严遵发展了老庄哲学，注意到事物的萌芽，主张防微杜渐，认为事物总是在矛盾运动中发展变化，强调主观能动性在矛盾变化中的作用，认为吉凶祸福的转化主要由自己掌握，不全在于天、不全在于道。严遵还在《老子指归》中提出了一整套经世治国之道、君人南面之术[①]。他主张无为而治，认为"无为"是君无为而臣有为，君主掌握原则，制定大政方针，负责立法并带头"修身正法"，要"去己任人"，选拔人才，任用贤士。在驾驭臣下时，严遵认为君主要有刑德两手、文武两手，而一般要偏重于德、偏重于文。在君民关系上，严遵认为君与民是相互依存的，"赏出于主，财出于民"，社会财富由人民创造，由君主分配，因此君主必须"重民"、"顺民"，认为"君之立也，悬命于民"，"民者君之根也，根伤则华实不生"，因此君主的言行应合于道。

扬雄，字子云，西汉末年著名的哲学家和政治思想家。他早年曾受学于严遵，受其影响，但本人哲学思想却自有体系。他42岁方离蜀入京，形成其哲学思想的环境主要在蜀。他的思想体系，总的说来是以儒家为主，旁及道家、阴阳等。他早年惋惜屈原不慕许由、老聃之行，表现出道家思想对他的深刻影响。其代表作主要有仿《易》而作的《太玄》和仿《论语》而作的《法言》。《太玄》是一部阐述天地人合一的哲学体系的著作，思想体系庞杂，但以道家、阴阳五行的成分较重。它在篇章布局上仿效《易》，理论依据多采用当时初兴的浑天说，书的结构与《太初历》相应。《太玄》的主题和观察问题的出发点不同于《易经》。《易经》以"二"为基数，阴阳五行以"五"为基数。《太玄》以"三"为基数，与《老子》相同，观察问题的基本方法属道家范畴。所谓"玄"，在扬雄看来是指整个世界的总规律，兼天道地道人道为一体，是天地

图10-20 扬雄像

人万物形成的总根源，并认为由于"玄"的运动，产生了天地和人类社会，产

---

① 参见贾顺先、戴大禄主编：《四川思想家》，钟肇鹏《严遵》，巴蜀书社1987年版。

生了阴阳二气和世间万物。它们之间是有内在、规律的联系，并按世界演变的总规律发展变化。《太玄》的主题是讲经世致用，是以积极进取的态度观察世界、分析社会，这与以后的"玄学"有根本区别。在先秦诸子中，很少有人涉及自然科学，属伦理型的哲学。《太玄》却涉及大量科学知识，如天文历法、地理矿藏、水文水利、医学气功等，且其理论一般都反映了当时的最高水平。如关于水利，《太玄》第四认为"水顺则无败，无败故可久也"，正是总结研究了当时都江堰等水利工程"顺"水势而非逆水势的基本特点。在同卷中，还认为"夫作者，贵其有循而体自然也"，提出了人们在经济建设、社会生活中必须注意遵循自然规律。书中还就怎样遵循自然规律，提出了许多宏观、微观看法。这种结合社会科学与自然科学的探索，开一代学风，以后的《论衡》《新论》等，就是这种学风的继承和发展。

扬雄认为新生事物虽弱小，却会壮大，而貌似强盛的事物却会衰落。他很强调事物变革发展与继承、与时机的关系，认为没有继承就没有变革，不具备适当的条件和时机就不会成功。扬雄在《法言》一书中，就社会政治、国家管理、道德伦理等，提出了一整套自己的学说。他认为应以礼乐治天下，以立政治国，立身为立政之本，从政者要爱护老人、孤人、病者，要葬死者，要鼓励男农女桑，强调为政者需循中庸之道。他认为人性善恶相混，有待教育倡导。他认为社会如衣裳具有顺序一样，应具有等级①。他主张对人民应以教育为先，希望通过忠孝等礼仪教育稳定社会。他反对历史是单纯由"天"决定的观点，系统地提出了天人相因相革的社会历史观，较前人有明显的进步，这些在中国古代思想史上都具有重要地位。

东汉中期，成都人王阜（章帝元和年间曾任益州太守）著《老子圣母碑》②，把老子与"道"相等同，并将其发展为创世神，即创造宇宙万物的神灵。这就拉开了奉老子为道教始祖的序幕，也为道教创世说提供了理论基础。

诸葛亮是蜀汉时期最重要的政治家之一。其政治思想主要为儒家思想与黄老之学、法家兼而有之，但指导他一生行为准则的主要是儒家思想。西汉初黄老之术大行，然历武帝，经东汉，崇尚武功，独尊儒术。诸葛亮执政后，主张

---

① 参见《四川思想家》黄开国文。
② 《全后汉文》卷32，宋《太平御览》卷1引。

"上必无为而用天下,下必有为为天下用,此不易之道也"。即君主无为,臣民勤勉。诸葛亮对后主的要求便是无为。他在《自表后主》中请求"伏愿陛下清心寡欲,约己爱民"。在《出师表》中也一再提醒后主尊重几位大臣,"宫中之事,事无大小,悉以咨之,然后施行"。他对自己则要求有为,史称"事无巨细,皆决于亮",他甚至"自校簿书,汗流竟日"。诸葛亮治国,强调以法治为手段,恩威并用为途径。故马谡服刑,临死却说"无恨于黄壤";被诸葛亮废徙汶山的廖立,闻诸葛卒便垂泣叹曰:"吾终为左衽矣";被废徙梓潼的李严,闻亮卒,知已不能"补复",竟"发病死"。由此见诸葛亮执法罚下,意在令其改过。其"服罪输情者,虽重必释,游辞巧饰者,虽轻必戮"。以犯法者的态度量刑,便是融黄、老之学与法家为一体。诸葛亮为后主所抄写诸书,主要是法家著作。诸葛亮用人,以是否谨慎为重要的选用标准,重视"良实"、"忠纯"、"淑均"。他一生"谨慎",皆与黄老无为的指导思想一致①。一般说来,在长期战乱或经济遭受重创之后,以黄老之术治国,有利于社会安定和经济复苏。但诸葛亮执政时,天下纷争,战火不熄,再倡"无为"之治,已不适时宜。故诸葛亮在指导思想上要"无为",在治国理政实践中却"有为",两者形成矛盾对立,其用人和培养接班人,皆重德轻才,到关键时刻无可用之人,以致蜀汉骤亡。

二、阴阳五行学说的广泛应用

秦汉三国时期,巴蜀地区流行阴阳五行学说,特别是秦至西汉早期,它甚至成了统治者借助的统治思想。当时,它被作为合乎世间变化规律的科学对待。在秦汉历史上,不少政治家以此理论为指导,改革社会,统治国家,也有不少科学家,以此理论指导科学实践,都江堰就是其典型例子。大量资料表明,阴阳五行与"西戎"系统民族的原始巫术有渊源关系。周人中流行的八卦、《易经》是其理论总结性的作品。秦人与"戎"系民族毗邻,蜀人属"戎"系民族,至迟在战国早、中期,就已很流行朴素的阴阳五行观念。李冰借助阴阳五行学说统治蜀人的意图,在都江堰工程中反映得尤为明显。

---

① 《三国志》卷35《蜀书·诸葛亮传》及其注引《魏氏春秋》、《蜀记》,卷45《蜀书·杨戏传》注引《襄阳记》,卷39《蜀书·马谡传》注引《襄阳记》等。

先看都江堰的总体布局和各具体工程相互依存的关系。把都江堰工程与古代中原地区的水利工程相比，很容易看出二者的差别。古代中原地区，在传说中鲧的时代，治水以"塞"为主；到禹时代又发展为以疏为主，实行"高高下下，疏川导滞，钟水丰物"①，即视地势高低，疏导川流薮泽的积水，主要目的是防洪。这在先秦时代的中原地区，一直被视为先进的治水方法，当时的一些政治家，如周厉王时的召公、春秋郑国的子产，还主张用这种疏导方法来统治百姓。都江堰工程在构思设计上却独具匠心，自树一帜，颇具地方文化特征。都江堰的主导思想是变水害为水利；都江堰工程的基本特征是"顺"水势而非逆水或阻水，主张人与自然的协和统一；主体布局特征是无坝分水、壅江排沙、因地制宜、自流灌溉；主要效能是综合利用，防洪、灌溉、水运和社会用水相结合。阴阳学的基本主张是物莫无合，而合各有阴阳，阳兼于阴，阴兼于阳②。五行说的主旨是彼此相克、相生，互相依赖，缺一不可。阴阳五行的基本思想，是在天、地、人之间，寻出彼此的和谐和统一，而不是斗争与混乱。鱼嘴、飞沙堰与离堆的依存关系，它们与"二江"的依存关系，正是彼此相生相克、缺一不可、和谐统一的绝妙体现。古代蜀人对于世界有自己的认识。他们崇拜自然，尊重自然。这种意识反映在生产实践中，反映在治水活动中，便很强调因地制宜，循其自然。扬雄《太玄》第四说"水顺则无败，无败故可久也"。都江堰各工程大体都利用了水脉、水势以分水、排沙、飞石，这也是都江堰经久不衰的原因之一。李冰所以愿意接受蜀人的做法，赞赏他们的观念，在于这些做法、观念之中本含有许多可取之处。五行说很强调循环。循环不是重复，是螺旋式的前进。都江堰工程中的"穿二江成都之中"和"穿羊摩江"，其江水皆出于江而回于江，这就是循环理论的具体应用。通过这种循环，分了岷江之洪（相克），又产生了许多新的事物，解决了灌溉、运输等一系列问题（相生）。阴阳五行说认为阳为刚，阴为柔，阴阳互生，柔能克刚，"刚柔相推而生变化"③，都江堰工程中以水排沙，壅江飞石，正是这种以柔克刚理论的具体体现。阴阳学很强调损益互变关系。都江堰鱼嘴、飞沙堰、宝瓶口所共起的"分四六"作

---

① 《国语·周语下》。
② 董仲舒：《春秋繁露·基义》。
③ 《周易·系辞上》。

用，即在汛期，内江引进四成水，既可防止灌区洪涝，又保证用水，当冬春岷江流量小时，内江则自动引进岷江的六成水，以满足春耕用水和水运之需，这种随季节而变化的分水功能，正是"损刚益柔有时，损益盈虚，与时偕行"①理论的体现。

在李冰的治水活动中，三石人水则，造五石犀镇水怪，在凤栖窝埋石马为每年"深淘滩"的标准，在成都"二江"造七桥"上应七星"等，颇值得注意。前三事都以石为原料。原因何在？原来，古代蜀人有崇拜"石"的习俗，甚至以石为神。时至今日，居于岷山的部分古蜀人后裔，仍保留着崇拜"白石"神的习俗。李冰造大量石神，说明他任用了土著民族的巫师、水利设计师（很可能也是巫师）来负责水利设计。需要特别讨论的是这些石神的数字。三石人，这是由岷江、外江、内江所需水则数量限制，可能并未反映什么特殊意义，"五石犀"、"五石牛"却反映了浓厚的阴阳五行意识②。

李冰时我国度量早已发展成熟，若直接刻标尺于岸边，简单省事，又便于观察，李冰为何去简就繁，改用石人呢？原来，古代蜀人有崇拜大石、崖石的原始宗教意识。当人们看见滔滔洪水卷走房屋，摧毁村庄，刮倒大树，荡平田野，却于巍然屹立的巨石、山崖无可奈何之时，便相信石神能战胜江神，能镇住水怪。李冰立的三石人，同时兼两种功能，一是作为大堰管理的必不可少的水则，属科学性质；二是以石神镇水神，属宗教、神话性质。二者有机结合为一体，反映了我国古代文化的一个重要特征，表现了科学、神话、宗教的高度谐和。这种做法，也为蜀中后人所承。东汉时期，蜀郡官府曾刻李冰等三尊石像，并刻铭文，明确地说这些石人可以"镇水万世"。著名的乐山大佛，虽是佛教艺术的表现，但以石神镇水神的基本精神，却与李冰一脉相承，它反映了外来宗教与当地原始宗教观念的融合。

李冰还在都江堰水利工程中刻了五只石犀，置于成都和都江堰市，这也是古代蜀中科学与神话、宗教混合的产物。2000多年来，围绕着它们产生了一系列的神话传说，促成了蜀中水利科学与宗教神话同样延续、同步发展的局面。《蜀王本纪》说：江水为害，蜀守李冰作石犀五枚，二枚在府中，一枚在市桥

---

① 《周易·损》。
② 罗开玉：《论都江堰与蜀文化的关系》，《四川文物》1988年第3期。

下，二枚在水中，以厌（压）水精。《华阳国志·蜀志》所载略异，说李冰：外作石犀五头以厌（压）水精，穿石犀溪于江南，命曰犀牛里。后转置犀牛二头：一在府市市桥门，今所谓石牛门是也；一在渊中。此事虽有"神"的成分，却实有其事。《水经·江水注》也说："李冰昔作石犀五头，以厌水精，穿石犀于南江，命之曰犀牛里。"又说："西南石牛门曰市桥，下石犀所潜渊中也。"唐岑参《石犀》一诗也说："江水初荡潏，蜀人几为鱼，向无尔石犀，安得有邑居。始知李太守，伯禹亦不如。"杜甫《石犀行》说"君不见秦时蜀太守，刻石立作三犀牛"，或与当时他只看见三石犀有关。

石犀为什么能镇水精呢？这与古代蜀人的意识有关。《风俗通》载李冰曾变作苍牛，与水神相斗。在他们相斗的地方，一直被称为"斗犀台"。揭开这个神话的外衣，可以看出，在古代蜀人的意识中，犀牛神可以战胜水神。西蜀土著民族本属"西戎"系统，牧牛业占有很重要的地位，古来有斗牛之俗，许多部落还以牛为图腾，为神物。在当时蜀人的意识中，神牛可以战胜江神，这与南方其他以渔猎为主的地区以龙为最尊水神的文化就不同。这也是蜀文化与其他文化的区别之一。李冰造石犀压水怪的做法，与他欲利用蜀神来统治蜀人，来建设水利的整体战略有关。

《华阳国志·蜀志》说：九世有开明帝，始立宗庙，以酒曰醴，乐曰荆，人尚赤，帝称王。时蜀有五丁力士，能移山，举万钧。每王薨辄立大石，长三丈，重千钧，为墓志，今石笋是也，号曰笋里。未有谥列，但以五色为主，故其庙称青、赤、黑、黄、白帝也。蜀人尚赤崇五，在这一段文字中已基本表现出来。这在考古资料中，也有反映。近年在新都发现的蜀王墓腰坑中出器物188件，各种器物的组合数字，主要是5件或其倍数（如10件、15件），少数是两件，不见其他组合数字①。这种组合显然与当时蜀中流行的阴阳五行有密切的关系。近年在阿坝汉代石棺墓出土的陶器中，发现一陶盖上有朱书"赤帝"二字，正是古蜀人"尚赤"的具体表现。

根据当时七国流行的五行学说，五色、五方、五德、度数等五行关系，可互配如次表：

---

① 《文物》1981年第6期第1~12页。

第十章 文化与民俗

表 10-1　阴阳五行学说与朝代更替

五色	黄	黑	赤（炎）	青	白
五方	中	北	南	东	西
五德	土	水	火	木	金
度数	五	六	七	八	九
时代	虞 蜀土著	秦（始皇起）	周 蜀开明氏	夏	商 秦

五行关系，相生相克，互为制约。从上表中很容易看出李冰以"五石犀"镇水怪的五行含意：石犀，从质料上分属"土"，"五"，从度数上看亦属"土"，从五行相克的关系看，土胜水，石神有镇水的作用。这也是都江堰工程中以"三石人"为水则，以"二石马"为"深淘滩"标准的五行含意所在。同时这又与蜀人以石为神的传统意识相统一。从五行相生的角度看，土生金，秦属金，这就暗含着蜀该归秦，秦惠文王在伐蜀前，刻"五石牛"送蜀王①，正包含着这一层政治含意，在李冰时期，则暗含着秦统治蜀地的合理性。不过，当时蜀中杜宇氏王朝与开明氏王朝所奉行的阴阳五行略有区别，又互相渗透。开明氏"尚赤"，本应以七为度数，但又以五为度数。究其因，其统治阶层中或保留下了不少杜宇氏时期的巫师及其学说。另一方面，开明氏统治的民族，也曾长期受杜宇氏统治，他们必会相当顽固地保留过去的意识。开明氏为了统治他们，作一些灵活的文化适应，也是势所必然。

李冰建七星桥，按北斗之布局设计，建成后又以七星名桥。战国秦汉间的五行思想流行把神秘数字与五行、方位、家人、城邑，甚至与国运相联系。如扬雄《太玄》说："一六为水，二七为火，三八为木，四九为金，五十为土，一与六共宗（居北方），二与七为朋（居南方），三与八成友（居东方），四与九同道（居西方），五与十共守（居中央）。""二江"及"七桥"，正是"二与七为朋，居南方"的具体表现。另外，李冰建七星桥，还欲利用天人合一的传统建筑观念治蜀。扬雄《太玄》第四说："善言天地者以人事，善言人事以天地"，就反映了当时的社会风气，特别反映了蜀中的风气。《太玄》第四又说："斗一北而万物虚，斗一南而万物盈。日之南也，右行而左还，斗之南也，左行而右

---

① 《蜀王本纪》。

还，或左或右，或生或死，神灵合谋，天地乃并，天神而地灵。"斗，指北斗七星。《史记·天官书》说：北斗七星，所谓"旋、玑、玉衡以齐七政"。杓携龙角，衡殷南斗，魁枕参首。用昏建者杓；杓，自华以西南。夜半建者衡，衡殷中州河、济之间。平旦建者魁，魁，海岱以东北也。斗为帝车，适于中央，临制四乡。分阴阳，建四时，均五行，移节度，定诸纪，皆系于斗。北斗七星可主天下政事，其中杓，主"自华以西南"。南朝宋裴骃《集解》注："孟康曰：《传》曰'斗第七星法太白主，杓，斗之尾也'。尾为阴，又其用昏，昏阴位，在西方，故主西南。"《三国志·蜀书》说李冰懂天文地理，确非虚语。李冰所建七星桥中，唯一与北斗七星名称相同的便是玑星桥。玑星桥正位于"杓"中。李冰正是利用了它主西南的分野。李冰建七星桥，还欲用它来"齐七政"。《索隐》案：《尚书大传》云"七政，谓春、秋、冬、夏、天文、地理、人道，所以为政也。人道政而万事顺成"。又马融注《尚书》云"七政者，北斗七星，各有所主：第一曰正日。第二曰主月法。第三曰命火，谓荧惑也。第四曰煞土，谓填星也。第五曰伐水，谓辰星也。第六曰危木，谓岁星也。第七曰剽金，谓太白也。日、月、五星各异，故曰七政也"①。

李冰建七星桥，还欲用它来分阴阳，建四时，均五行，移节度，定诸纪。李冰的意识、做法，蜀人也能接受。扬雄《太玄》第四说：天圆地方，极植中央，动以历静，时乘十二，以建七政，玄术莹之；斗振天而进，日违天而退，或振或违，以立五纪，玄术莹之。一玄都复三方，方同九州，枝载庶部，分正群家，事事其中，则阴质北斗，日月眕营，阴阳沉交，四时潜处，五行伏行，六合既混，七宿轸转，驯幽历微。在秦汉蜀人看来，七星、七政、四时、五行、六合、五纪，都是彼此相关的，这也是成都城中土著民族能和外来移民一起参加建桥的思想基础之一。

秦人也奉行阴阳五行学说。《史记·封禅书》说：秦襄公自以为秦与少暤之神相应，作西畤，祠白帝，其后秦文公作鄜畤祭白帝，宣公时期作密畤祭青帝，灵公时作上畤祭黄帝，作下畤祭炎（赤）帝，献公作畦畤再祭白帝。秦水德说兴起较晚，萌于孝公后，成于始皇时。秦人主巴蜀后，曾把其水德、尚黑、度数六的五行说推行于巴郡。秦昭王时规定巴郡板楯蛮君长每年出赋二千一十六

---

① 罗开玉：《论都江堰与蜀文化的关系》，《四川文物》1988年第3期。

第十章 文化与民俗

钱,三岁一出义赋一千八百钱,百姓户出赍布八丈二尺,鸡羽三十鍭①。2016钱,乃是6的336倍,336又是6的56倍,1800钱是6的300倍,30鍭是6的5倍。这些表明秦政府在巴郡全面推行了秦的阴阳五行学说,并用其统治各行各业。李冰,作为一个秦国的高级官吏,当然也熟谙秦的五行学说体系。但从他在蜀中奉行的五行体系看,主要是尊重蜀人自己的体系,不像巴郡那样强制推行秦人的体系。这正是他比一般地方官更高明之处。他尊重被自己统治的人民,尊重他们的传统文化,也赢得了土著民族对他的信赖和追随。李冰所以奉行蜀人的五行体系,除了他认为这套思想体系确有可取之处外,主要是为了安抚蜀人,稳定民心。

李冰作石人、石犀、石马,造七星桥等,其显示意义是以神镇水,其潜在意义却是欲借神的力量统治蜀人。杜甫《石犀行》说:"君不见秦时蜀太守,刻石立作三犀牛。自古虽有厌胜法,天生江水向东流。蜀人矜夸一千载,泛滥不近张仪楼。"在一些蜀人眼中,都江堰所以能发挥那么大、那么长久的效力,非因它有科学合理的布局和一整套系统工程,仅仅是李冰斗牛、沉犀,制服了水神的结果。宋代冯伉《移建离堆山伏龙观铭并序》便说:"李公斗牛沉犀,惠我无疆,奕世载德。"确属一种有代表性的认识。粗粗一看,造石犀、石马、石人等,在都江堰工程中只是小事,但在思想意识方面却是大问题。如果引起蜀人的抵制,就可能因小失大。李冰尊重蜀人的思想意识,不仅当时为蜀人各派力量接受,亦为后人长期"矜夸",确为高明之举。这也正是李冰上述神秘做法的整合功能所在。

李冰所以大力奉行阴阳五行学说,并在实践活动中反复表现出来,除了他认为阴阳五行可以解释世界万物、可以谐和人与自然界的关系等等之外,还有一个重要因素,就是它说明了政权转移的合理性。从五行相生的角度看,朝代变化,政权转移,乃是气运的转变。前一朝气数当尽,后一朝气数便自然上接。秦灭蜀国,蜀人自然不满。但推行五行学,就可能使蜀人认识到这只是某种气运之变,是合理的转换,且按五行循环的理论看,土生金,蜀为土,秦为金,蜀的统治本该由秦接替……这就为秦统治蜀人找到了一种易为人接受的理论依据,有利于蜀土形势的稳定和治理。综观李冰治蜀三四十年,建树特多,又基

---

① 《后汉书》卷86《南蛮西南夷列传》。

本没遇到蜀土著的反抗，这与他在蜀中大力奉行阴阳五行学说有极密切的联系。

李冰的统治方法、领导艺术，正如其治水的基本原则一样，总特征仍是因势利导。蜀人饱受水害，强烈要求治水，他便大兴水利，从根本上解决人民的困难；蜀人信奉阴阳五行，他便推行阴阳五行；蜀人相信江神的存在，他便建立江渎庙；蜀人尊崇望帝杜宇，他便建立望帝祠；蜀人视汶山为故乡，信奉汶山山神，他便设立渎（汶）山祠；蜀人信奉神牛神马，他便遍刻石马、石犀；蜀人相信石神镇水，他便屡以石料为神物；蜀人相信天文对应人事，他便把本要建造的成都桥梁，摆成北斗七星之形，并以星名命名桥名……他的所作所为并不是盲目的附和，也不是一般的文化适应。他是经过深入的调查，洞察其原理，经过精心的设计，巧妙地利用蜀人自己信奉的宗教原理，把他们朝有利于秦统治、有利于经济建设的方向引导。李冰的实践经验证明，这种统治方法，这种领导艺术，能收到事半功倍的显著成效。

西汉时全国著名阴阳家司马季主（楚人，长期在长安行卜）死后，"家人葬之于蜀升盘山之南"①，更增添了蜀地阴阳学的神秘气氛。

东汉时期，一些巫觋用巫术和阴阳五行学说组织民众，反对政府。顺帝时，巴郡人服直利用巫术聚集数百人，自称"天王"，公开竖旗起义。桓帝永兴二年（154）闰月，蜀郡李伯利用巫术宣称汉王朝"气数"已尽，自称老子后裔，又诈称宗室，当立为"太初皇帝"，被捕杀。

三、谶纬学说的广泛应用

东汉一代，巴蜀的方术在全国占有极重要的地位。《后汉书·方术列传》等多载有巴蜀方士，如：新都杨春卿、杨统、杨厚，犍为周循，广汉郑伯山，阆中任文公，成都杨由，新都段翳，雒人折象，绵竹董扶，雒人郭玉等，皆为全国著名大师，名震一时。可见汉代蜀中方术在全国的突出地位。其方术一般是融阴阳五行、谶纬、医术、气功、方术为一体。

公孙述政权，与谶纬学说关系甚密。据说，公孙述称帝之举，便是由一梦引起。相传建武元年（25），即光武帝刘秀即位河北之时，公孙述梦见神人对他说："八厶子系，十二为期"。"八厶"合为"公"字，"子系"合为"孙"字。

---

① 《蜀中广记》卷71，《正统道藏》第8册第6270页。

于是他才开始了称帝的准备。公孙述崇尚白色,自称白帝,将成都的一座山改名白帝山,一座粮仓改名为白帝仓。公孙述尚白,与当时普遍流行的阴阳五行说有关。该学说在当时的宗教、政治、学术甚至经济领域都占有支配地位。此学说认为"天子"要么"革命"(革前代天子的命),要么"受命"(受上帝的"抚有四方之命")。公孙述属于"受命"。王莽自以为属土德,尚黄;虽当时许多人都不承认这一套,但公孙述系王莽旧臣,他接受这一套理论。他自认为应替王莽而起。根据五德之运,据西方者为金德,尚白色,而且,据五行学说,土生金,在王莽之后而起的皇帝也须得金德。这样,公孙述就在当时关于帝王的思想系统中找到了自己的位置,不仅说明了自己王权神授,是理所当然的"天子",也说明了自己为什么能代汉,或者代王莽而起。为了迎合公孙述所好,当时蜀中的官吏、方士纷纷行动,或虚报祥瑞奇异,或新造符言谶记,或翻检旧典,断章取义,引为根据,或制作祥瑞之物,以讨欢心。《三国志》卷4《魏书·三少帝纪第四》载:西晋灭蜀汉后于成都县获璧玉印各一,印文似"成信"字,依周成王归禾之义,宣示百官,藏于相国府。裴松之注引孙盛曰:"昔公孙述自以起成都,号曰成。二玉之文,殆述所作也。"又如影响甚大的"白帝城"(今奉节),"殿前井有白龙出,因号白帝城"便是其一。他们真的找到了一些所谓"根据"。相传由孔子作的《春秋》,记载了鲁国十二公的历史,后来谶书《尚书考灵耀》将其附会为"孔子作《春秋》,为赤制而断十二公"。汉从武帝起改为赤制,汉高祖到平帝,加上吕后,已十二代,历数已尽。一姓不应再次受命,据此理论,刘秀不应当皇帝。公孙述又援引《孝经援神契》"西太守,乙卯金"大做文章,"西太守"指他自己,"乙"通"轧",车碾,"卯金"指刘氏(繁写作"劉",拆开为"卯金刀")①,以说明"西太守"夺刘氏江山,早有神语。公孙述又引谶书《录运法》"废昌帝,立公孙",《河图括地象》"帝轩辕受命,公孙氏握"等语,广为宣传,认为自己该当皇帝。他还把这些根据"数移书中国,冀以感动众心",发动了一场声势浩大的攻心战。

看来,这些"移书"在中原确实产生过一些影响,以致力铲群雄、不怕打仗的光武帝刘秀也为此而"患之",他甚至亲自致书公孙述,说:"图谶言公孙,即宣帝也。代汉者当涂高,君岂高之身邪?乃复以掌文为瑞,王莽何足效乎!

---

① 参见刘琳《华阳国志校注》卷5。

君非吾贼臣乱子，仓卒时人皆欲为君事耳，何足数也。君日月已逝，妻子弱小，当早为定计，可以无忧。天下神器，不可力争，宜留三思。"① 第一句话是解释"废昌帝，立公孙"，此指霍光废掉他立的昌邑王刘贺，立武帝曾孙刘询为宣帝②。第二句话说，根据谶书，代汉而起的人应叫当涂高。作为一个新主，正在开国打天下之时，刘秀敢于承认汉王朝可能被"代"，并心平气和地指出代者之名，而不像秦始皇"欲传之万世"，这除了心胸宽阔外，更主要的还是受了阴阳五行、必然改朝换代思想的影响。同一谶语，他们的解释却截然不同，这也反映出当时政治斗争、思想斗争的特色，以谶书为据，各自断章发挥。

公孙述养了一批巫士，遇事多视占书。公孙述的最后一战，便因占书云"虏死城下"而轻易出兵，结果反落得自己身亡。刘秀攻蜀，也有意无意地以阴阳五行观念指导军事部署。吴汉率军攻至成都时，光武帝却在千里之外指示他"安军宜在七星间"。"七星桥"乃李冰在成都城西边、南边"二江"上造的七座桥，其位置分布仿北斗七星。李冰这样设计七桥，盖因时人认为天文星象关联人间政事，而北斗七星有"齐七政"的作用，其中，"杓，自华以西南"，有安定西南的使命，"斗为帝车，运于中央，临制四乡，分阴阳，建四时，均五行，移节度，定诸纪，皆系于斗"③。李冰欲利用这些观念来统治蜀人。光武帝命吴汉驻军其间，亦是欲获北斗星神的支持，欲利用这种天人感应观念瓦解蜀军斗志。公孙述割据时间虽短，但却使自秦入巴蜀后一直处于民间的方士、巫术之学，一度跃登官方地位，变为国民的指导思想，在很大程度上刺激了它的发展，为后来的"蜀学"奠定了基础。

刘备称帝，也曾借助谶纬学说。如当时太傅许靖、安汉将军糜竺、军师将军诸葛亮等人的上书中说："……今上无天子，海内惶惶，靡所式仰。群下前后上书者八百余人，咸称述符瑞，图、谶明征。间黄龙见武阳赤水，九日乃去。《孝经援神契》曰'德至渊泉则黄龙见'，龙者，君之象也。《易》乾九五'飞龙在天'，大王当龙升，登帝位也。"《华阳国志·蜀志》也说：建安"二十四年，黄龙见武阳，赤水九日。蜀以刘氏瑞应"。《宋书·符瑞志中》仍说："刘备未即

---

① 《后汉书》卷13《公孙述传》。
② 《汉书》卷8《宣帝纪》。
③ 《华阳国志》卷3《蜀志》、《史记》卷27《天官书》。

· 471 ·

位前，黄龙见武阳赤水，九日乃去。"建安二十四年（219），当时属武阳县（今属双流）的赤水河（即今与府河相汇的鹿溪河、历史上又名兰溪），呈现出了所谓的"龙"形。犍为太守李严利用武阳赤水这一自然现象，广造舆论，动员蜀国各大臣签名刻碑，又建庙铸鼎，为讨好刘备，大做文章（见前）。李严由此取得了刘备的信任。擅长谶纬学的谯周，从谶纬学的角度，从《河图》《洛书》《五经谶纬》等书中查出很多刘备称帝的依据，供大臣们草拟劝进表之用。

四、儒家伦理道德观的兴起和流行

"三纲五常"是孔孟儒家的重要学说。在巴蜀地区兴起于西汉中期汉武帝独尊儒术之后。"三纲"指君为臣纲、父为子纲、夫为妻纲，"五常"指仁、义、礼、智、信。"三纲"是关于君臣、父子、夫妻间的一种尊卑秩序和服从关系的规定，它的出现和流行，在秦汉经济、文化上升时期，对稳定社会，发展经济，调整人与人之间的关系，起了一定作用。

"君为臣纲"是儒家学说的核心。最典型的表现，要数两汉之交，部分官吏学者对公孙述政权的坚决抵制。如犍为郡功曹朱遵，益州太守文齐，阆中人谯玄，犍为人费贻、李业、任永，广汉人冯信等，宁死不仕公孙述。蜀郡繁人章明，西汉末年为太中大夫，王莽篡位后叹曰："不以一身事二主！"遂自杀。江原人王皓，西汉末年任美田县令，王莽篡位后便辞职返蜀，公孙述称帝后，派使者聘之，王皓自刎而死，公孙述惭怒交加，竟诛杀其妻。繁人侯刚，在朝廷中为郎，见王莽篡位，装疯，负木斗（主？）守阙而哭，王莽派人问其因，答道："汉祚无穷，吾宁死之，不忍事非主也。"王莽派人将其追杀。这种"忠"表现了儒家学说"家天下"观念的熏陶。一些人甚至已到了常人难以理解的程度。如王莽、公孙述时期，任永伪装青盲（"睁眼瞎"），儿子掉在井里淹死，妻子当面与人通奸，皆视而不言。可见这种"忠"，竟含有类似宗教牺牲的成分在内。

"忠君"思想还派生为忠于上级长官。如东汉末年绵竹主簿韩揆、刘璋的从事王累等，皆是典型。刘璋请刘备入蜀时，益州从事、广汉人王累倒悬于州门，以劝谏刘璋。刘璋不理，王累便自刎于州门。

蜀汉王朝的儒家文化观念表现得尤为突出。"君为臣纲"最精练的表达语便是一个字——忠。在平常，这"忠"挂在每一个臣子口上，很难检验。但在王

第十章 文化与民俗

朝、皇权内外交困、遭遇严重挑战之时，便成了衡量一个人的试金石。东汉末年，宦官专政，外戚争权，官吏贪赃，军阀残暴，官场腐败，政治黑暗；大姓豪族独霸经济，垄断教育，为非作歹；广大人民深受压迫，走投无路，各种起义事件层出不穷。黄巾起义，董卓之乱，都从根本上动摇了汉王朝的统治。当此大乱之际，许多人都感到汉王朝已走向了末路，许多英雄豪杰都开始打自己的小算盘。黄巾起义时，义军首先喊出了"苍天已死，黄天当立"的口号①。建安初年，汉廷侍中、太史令王立便指出："汉祚终矣，晋、魏必有兴者。"他甚至多次对汉献帝说类似的话。曹操怕暴露了他的野心，传话给他："知公忠于朝廷，然天道深远，幸勿多言。"② 这代表了曹魏集团对当时大势的判断。建安五年（200），周瑜已认为"承运代刘氏者，必兴于东南"；鲁肃在初见孙权时，也明确指出："肃窃料之，汉室不可复兴，曹操不可猝除。"③ 周瑜、鲁肃的看法，代表了东吴集团对当时形势及其发展的判断。与此相反，蜀汉诸葛亮在《隆中对》中谈他的奋斗理想，那就是"霸业可成，汉室可兴"；在《出师表》中则表达为"兴复汉室，还于旧都"。这不仅是认识上的差异，也是三国国策的根本分歧。曹操认识到"汉祚终矣"后，便制定了两步走的国策：第一步，"挟天子以令诸侯"，利用当时普遍存在的儒家文化的广泛影响，利用汉王朝在一些人心目中仍残存的地位，扩大自己的势力，统一北方。曹操毕生只走完了这一步。第二步，正式取代汉王朝，建立魏王朝。东吴认识到"汉室不可复兴，曹操不可猝除"后，便在三国中制定了较为中立的国策，重在发展实力，保卫自己，一般不主动出击。蜀汉政府为"兴复汉室"，从诸葛亮到姜维等，前赴后继，多次北伐，为此鞠躬尽瘁，死而后已。此外，蜀汉还全面地继承了汉代旧制，少有变革。就三国而言，蜀汉的国策国制、蜀汉集团的主要代表性人物确实更符合儒家文化的"忠"。

"父为子纲"是我国古代伦理道德观念的支柱。东汉时期，巴蜀地区出现的"孝"故事特多，现略举数例：永建元年（126）十二月，符县县吏先尼和淹死于江中，儿子求尸不得，其25岁的女儿乘小船至父沉江处，哀哭后自沉，托梦

---

① 《后汉书》卷71《皇甫嵩传》。
② 《三国志》卷1《魏书·武帝纪》注引《汉纪》。
③ 《三国志》卷54《吴书·鲁肃传》。

于兄,与父尸同浮出于江面。东汉晚期,成都人禽信为县吏,出使越巂(今西昌),被夷人捉去,先后转卖11次;他临走时,其妻才怀孕6个月,生了禽坚后改嫁;禽坚成人后当苦工,积蓄购父,一至汉嘉,三出徼外,周旋万里,历时6年4个月,克服了各种难以想象的困难,最后终于赎回父亲,又迎母亲回家奉养。东汉初年,雒人姜诗事母至孝,娶庞氏为妻,儿子汲江溺死,不使母知,秘言遣诣学。其家距长江六七里之遥,庞氏常到江边取婆婆喜喝的长江水。婆婆爱吃鱼,夫妻就常做鱼给她吃,婆婆不愿意独自吃,他们又请来邻居老婆婆一起吃。一次因风大,庞氏取水晚归,姜诗怀疑她怠慢母亲,将她逐出家门。庞氏寄居在邻居家中,昼夜辛勤纺纱织布,将积蓄所得托邻居送回家中孝敬婆婆。其后,婆婆知道了庞氏被逐之事,令姜诗将其请回。又相传其长期为母捉鲤鱼,感动水神,一天,院中忽然喷涌出泉水,口味与长江水相同,每天还有两条鲤鱼跃出。从此,庞氏便用这些供奉婆婆,不必远走江边了。

"父为子纲",在三国时期有多种表现形式,有的也深深打上了战争的烙印。诸葛亮三代忠贞,关羽父子、张飞父子,可以说都是忠孝两全的典范。

秦汉之前,巴蜀民族中缺乏中原地区那种"夫为妇纲,从一而终"的妇德、妇道观念。秦汉时期,中原文化中的妇女伦理观念传入巴蜀,至东汉已形成"少则为家之孝女,长则为夫之贤妇,老则为子之慈亲"的系统理论。"贤妇"的标准之一是"从一而终"。秦汉巴郡寡妇清、广都公乘会妻张氏、犍为杨凤珪妻陈助、东汉末年蜀郡督邮朱叔贤妻张昭仪、巴郡赵万妻赵娥、广汉郡德阳人王上妻袁福、犍为南安人周善纪妻曹禁、广汉人便敬宾妻常元、郫县罗倩之女罗贡、广汉人殷氏的女儿殷纪、广汉人王辅妻彭非等,都是誓不改嫁他人的典型。新都人便敬早亡,其妻王和养一子,蜀郡郫县本族何玉(宰相之族)遣媒求婚,王和之兄亦对她说,"何玉家是三公之族,可以依靠",王和在愤怒中自割一耳以誓不再嫁。郪人冯季章早死,其妻李进娥养一子,父母欲令其改嫁,她剪发自誓不再嫁。德阳人袁稚早死,其妻相鸟,年20,无子,父母欲令改嫁,相鸟自杀身死。僰道人周度,为杨登之妻,19岁丧夫,县令吴厚托人求婚,周度断发誓志不再嫁。以后又有人求婚,乃自割鼻子。儿子婚后早夭,儿媳亦19岁,婆媳一同守寡,受到表彰。僰道人韩姜,20岁时丧夫,被骗婚,自杀身死，犍为太守将参与骗婚的二人处死①。

秦汉巴蜀地区，还表彰、宣扬自杀殉夫者。如南安人谢姬在入葬丈夫时，吞毒药自杀，遂同葬。这件事被逐级上报至朝廷，皇帝下诏书，令每次大赦时，赐该家四匹帛、二石谷。在提倡守节的同时，当时民间妇女也能自由改嫁。如东汉晚期，禽坚母亲改嫁他人10余年后又与其夫破镜重圆，并未受人指责。犍为杨凤珪死，其妻陈助生一子，杨氏兄弟哀其少年守寡，欲将其改嫁。广汉郡德阳人王上早死，其妻曹禁养一遗腹子，其父欲将其改嫁他人等例子②，都说明当时妇女再醮极普遍。当时蜀地娶已婚之妇，并不觉耻。如绵竹人司马雅死后，便有士大夫向其妻求婚。广汉人廖伯死后，向其妻家求婚的人甚多。刘备入蜀后，即娶刘璋之弟媳吴氏。

图10-21　新津出土拥吻画像石刻

贤妇的另一标准是教子有方，能将儿子抚育成才，母以子贵。任安之父早亡，母亲严格教子，送他求学于大儒杨厚。任安成名后，在家教授，任母常赈恤其弟子，慰勉其学生，使任安的学生愈加盈门，名声愈噪。抚养前妻之子，恩爱如己出，这是汉代衡量"贤妇"的标准之一。成都人张霸前妻有三子一女，后妻司马敬生一子。司马敬抚养五个子女，恩爱如一，善始善终，受到社会赞扬。媳敬父母，是"孝"的重要内容之一，也是维持小农经济家庭的重要一环。秦汉时期，官府及社会对此大力提倡、宣扬。巴蜀地区此类典型亦多。如广汉人王遵之妻纪叔，"至有贤训，事姑以礼"。不仅丈夫在世时要孝敬舅姑，亦提倡在丈夫去世后仍要孝敬舅姑终身。如蜀郡广都人公乘会，早死，其妻张氏无子，亲族欲将其改嫁，张氏断发割耳，以示不再醮，"事姑尽礼肃"。牛鞞县人程贞玦，丈夫早逝，无子，收养丈夫兄之子，供养公婆，夙夜不息，郡督邮王冲通过太守和县府，欲娶之，贞玦投水，被救③。

---

① 《华阳国志》卷10《先贤士女总赞》；陈寿：《益部耆旧传》。
② 《华阳国志》卷10《先贤士女总赞》。
③ 《华阳国志》卷10《先贤士女总赞》。

第十章 文化与民俗

为适应当时一夫多妻,并普遍存在的老夫少妻等现象的需要,还提倡孝敬、尊重丈夫的后母,以维系家庭、家族的稳定。如广汉人王堂长子王博之妻杨进,极为孝敬王博后母,被传为佳话,载入史籍。牂柯李祎媳妇与后母不和,李祎经常叹恨家教、学问不如王家。除已婚妇女外,还倡导未婚女子中的"贞女"、"烈女"。如东汉末年"九种夷"造反,广柔县县长姚超被杀,其二女姚妣、姚饶被捉,逼其牧羊并施以凌辱,二女宁死不受辱,用衣服相互拴在一起投岷江而死,郡县予以表彰,将其图像画在府庭之内。

汉代巴蜀地区流行的妇道、妇德,在当时社会条件下,对维系家庭、家族,进而社会的稳定,也曾起过一定作用。但当其走到极端,则往往忽略甚至损害了妇女本身的利益,转变成了桎梏妇女的精神枷锁。

"夫为妻纲"在三国时期的表现极为复杂,往往打上了战争的烙印。如战乱中很流行娶敌将的老婆、女儿、侄女为妻妾。在这方面,三国的首脑皆积极带头。建安五年(200),刘备被曹操打败后,张飞路遇外出打柴的夏侯渊的亲侄女,虽该女当时只有十三四岁,张飞仍将其抢回,以其为妻。刘备打下益州后,以原益州牧刘璋的弟媳吴氏为妻、为皇后。蜀北地王刘谌为避免受辱,在父亲投降时,在汉昭烈庙先杀妻子,然后自杀。先主的甘皇后、穆皇后(吴氏)合葬于惠陵,是"夫为妻纲"的最高表现。

古籍中有关秦汉时期巴蜀地区"五常"的资料较少,但也给我们留下一些线索。

汉代巴蜀地区曾出现许多"义"举,从一侧面反映了当时的社会风尚。如广都(今双流地)人朱普,任郡功曹,太守与刺史有矛盾,被冤枉见劾。朱普不平,主动到新都监狱,证太守无罪,被掠笞连月,伤口溃烂发臭,如同死人,便命其子道,"我若死了,你要载尸诣阙,使天子知我心。"此事因此得到朝廷调查处理,朱普也以义烈闻名。

严道人李磬,任县主簿。当地牦牛夷造反,攻入县城,县长章表慌忙逃跑,被造反兵围住欲杀。李磬忙上前说道:"请你们杀我,放了我的主公。"造反者果然杀了李磬,放了章表。后来太守将李磬图像画在太守府内,以表示嘉奖。

绵竹人杜真与雒人翟酺为友。翟酺官至京兆尹、光禄大夫、将作大匠,因较忠正,遭权贵诬陷入狱,后经查证释放,免职。不久,又再次遭陷害入狱。杜真上书朝廷,证其无罪,亦被捕入狱,受笞六百,在狱中仍坚持证明翟酺无罪，两人终获释放。

广汉人宁叔，与友人张昌曾在太学同学，张昌后来被河南大豪吕条杀死，宁叔为友复仇，伺机杀了吕条，然后自首。此事报到朝廷，顺帝嘉其义勇，赦其无罪。

什邡人贾栩，以豪爽闻名。雒县孟伯元为父报仇，犯了法，往投贾栩。雒县令追踪而至，贾栩叹道，"伯元以义气投奔我，我不能背叛他，若杀了雒县吏，雒县必发文至什邡，有负县令！"便自杀身死。

武阳人赵敦，曾任新都县令，颇有治绩，三司及大将军梁冀多次征聘，终不赴任，梁冀的聘书仍不绝而来。后来梁冀因罪自杀，朝廷派使者监守，严禁人前去吊丧，赵敦感其知遇，独自前往吊祭，然后自首，皇帝将其赦免①。

尊师。汉代极讲尊师。如益州牧刘焉，以前在朝中任中郎时，曾因师死辞官奔丧获得清名，官运亨通。巴蜀地区此风亦浓。东汉晚期汶江县尉季后给在成都的学生仲呈带信叫他赴汶，仲呈回信说十月前往。这时正遇当地民族造反，阻断道路。仲呈按约前往，失败而归；此后又冒险尝试六七次，耗时好几年才最终到达汶江，为季后献策，双双免难。蜀郡繁人任末，游学京师 10 余年，因其师死奔丧，死于途中。临死前要其儿务必将己尸送至师门，以表心意，儿子果真照办。广汉人张钳曾受教于犍为人谢哀。谢哀死，张钳将其掩埋；3 年后，谢哀之子被人杀害；张钳杀死凶手，为师复仇，然后自首，遇大赦才获释出狱。

当时诸如此类的义烈之举甚多，被官府广加宣传，载入史册，奉为楷模，在民间影响很大。他们对儒家思想的宣传、推广起了促进作用。

三国时期流行的财产观，是儒家文化与兵家文化的典型结合。诸葛亮在出山之前，一边务农，一边学习研究。这一形象成为以后历代儒家倡导的耕读典范，成为许多中下层儒生学习的楷模。后来，诸葛亮成为蜀国丞相，其家产仅有桑树 800 株、薄田 15 顷，勉强能供给子弟衣食，家无余帛，外无盈财。其夫人竟无一套与丞相夫人相匹配的服装。诸葛亮理所当然地成为历代贤相楷模。姜维据上将之重，处群臣之右，宅舍弊薄，资产无余，侧室无妾媵之衾，后庭无声乐之娱，衣服供给，车马配备，饮食节制，不奢不约，官给费用，随手消尽，察其所以然者，非以激贪厉浊，抑情自割也，直谓如是为足，不在多求。

---

① 以上见《华阳国志》卷 10《先贤士女总赞》。

第十章 文化与民俗

费祎执掌蜀政时,家不积财;儿子布衣素食,出入不从车骑,无异凡人。邓芝为大将军20余年,身之衣食,资仰于官,不苟素俭,然终不治私产,妻子不免饥寒,死之日家无余财。这种财产观的出现,主要与长期战乱的社会背景有关。许多人鉴于战乱中财富致祸,许多富豪被杀的惨痛教训,不再积累财产。这种观念反映在丧葬习俗上,就流行薄葬。如诸葛亮临死,遗命葬汉中定军山,因山为坟,冢足容棺,殓以时服,不须器物①。刘备惠陵也是在汉陵中较小的。

在三国时期,儒家文化与兵家文化的融合,具体表现为品质和能力的两个方面:倡导既要有坚定不移的忠君报国的政治思想,符合"仁、义、礼、智、信"的道德品质修养,又要有能应对残酷竞争、应对战争的良好的专业本事。就历史上的诸葛亮的智能而言,比曹操、司马懿也强不了多少。明代学者胡居仁就曾指出:"诸葛孔明、司马懿智勇相等。"② 但为什么诸葛亮会成为"智慧"的化身?根本原因是他的智慧是建立在"兴复汉室"和"忠君"的基础上,是建立在各种优秀品质基础上。因此,他成了古今中外同崇敬,朝野上下共赞颂的典型。纪念关羽、张飞、赵云的祠庙遍布全国各地,就其武功而言,关羽、张飞、赵云都不及吕布,但关羽"义薄云天",被公认是我国古代"义"最典型的楷模;张飞"诚贯金石",诚者,忠诚也,信也,系儒学家倡导的学习楷模,赵云一生忠于汉室,集各种优良品质于一身。从儒家文化与兵家文化相结合的角度看,三国统治集团及其主要代表人物有着明显的差异。曹操"挟天子以令诸侯",有诸多威逼皇上至尊的大逆行为;曹丕则干脆篡汉,直接取代汉室江山;司马氏又以阴谋取代曹氏江山。这些在儒家看来,都是不能容许的。曹氏、司马氏被儒家视为"奸贼",盖因于此。孙吴集团对汉室、汉制的态度一直模棱两可,在儒家看来也是不可取的。蜀汉集团始终以"兴复汉室"为己任,又全盘继承汉制,在儒家看来,根本点上是站稳了脚跟的;刘关张三结义,被视为"义"的楷模;诸葛亮忠于汉室,鞠躬尽瘁,是智慧的化身,更是贤相的楷模。可以说,三国中,以刘备、诸葛亮、关羽为代表的蜀汉英雄才是儒家文化与兵家文化结合得最好的典范,也最受后世好评。这也是从唐代开始,历代朝廷皆视蜀汉为三国正统的根本原因。

---

① 《三国志》卷35《蜀书·诸葛亮传》。
② 《文渊阁四库全书》本《居业录》卷4。

五、人物品题之风盛行

东汉后期至三国时期，蜀中人物品题盛行。这有多种原因，从历史看，此俗首先与汉代长期实行的"察举"用人制有关。品题之风在一定程度上影响着政府的察举用人。察举制的执行情况，又为品题导向。

辞官最为品题所重。在品题之风中，最引人注目的是那些敢于拒绝官府的征召、任命，或拒绝接受官府给予的荣誉。凡此种种，都会引起周围人们尤其是在社会上担任品评主角的名士的高度注意。这也从侧面反映出品评之风、名士与官府之间的矛盾。为适应此风，一些人着眼远处，坐作身价，多次拒绝官府衙门的征召任命。如：

秦宓，少有才学，州郡辟命，辄称疾不往，刘焉、刘璋父子治蜀时，多次请他出仕，他仍不出。刘备入蜀后，又再次请他出山，他才出来担任了从事祭酒①。

刘巴，少知名，荆州牧刘表举茂才，不就②。

杨戏，少有德行，为江南冠冕，州郡礼召，诸公辟请，皆不能屈③。

杜微，少年时代受学于蜀地著名学者任安，刘璋时辟为从事，以病为由辞官。刘备定蜀之初，杜装聋不出门。诸葛亮执政后，任他为主簿，他又再三推辞。官府亲自派车接他，诸葛亮亲自上门与他说了好半天，他才同意做个谏议大夫④。

周舒，少学于广汉杨厚，名亚董扶、任安，数被征，终不诣⑤。

当时似乎有这种规律：每辞官一次，在社会上的名气就升一节。故许多人以辞官为手段，来捞取更大的名气。也确有人终生不仕，名气就超过一般了。品题之风何以如此重视辞官呢？这主要与东汉晚期宦官专政，外戚争权，政治腐败，一般官员在百姓心目中的形象极坏这一特殊背景有关。另外也与当时各地政府、各种集团急于招纳名士、人才的政策有关。

---

① 《三国志》卷38《蜀书·秦宓传》。
② 《三国志》卷39《蜀书·刘巴传》。
③ 《三国志》卷40《蜀书·杨仪传》注引《楚国先贤传》。
④ 《三国志》卷42《蜀书·杜微传》。
⑤ 《三国志》卷42《蜀书·周群传》。

第十章 文化与民俗

学行为品题所尊。与东汉中期相比,三国的人物品题将学行,即其学业和行为道德明显作为了重点。这也是战乱时期名士及其人物品题受到特别重视的主要原因所在。现举数例:

王商,以才学称,声闻著于州里,刘璋辟为治中从事[1]。

张裔,治《公羊春秋》,博涉《史》、《汉》,为蜀中著名学者,刘璋时作为鱼复县长,刘备时用为巴郡太守等[2]。

五梁,以儒学节操称[3]。

杜琼,少受学于任安,精究安术,刘璋辟为从事,刘备用为议曹从事、太常等[4]。

尹默,从司马德操、宋仲子等受古学,皆通诸经史,又精于《左传》,刘备执蜀后用为劝学从事[5]。

谯周,青少年时期便耽古笃学,诵读典籍,欣然独笑,忘寝废食。研精六经,尤善书札,颇晓天文,而不以留意。诸葛亮召为劝学从事[6]。

姜维,少孤,与母居,好郑氏学,仕郡为上计掾,州辟为从事[7]。

何宗,从广汉任安学,名气超过杜琼,刘璋时为犍为太守,刘备时为从事祭酒、大鸿胪等[8]。

孝为品题所敬。"孝"一直为历代品题所重。在东汉末至三国的大战乱中,人物品题中"孝"的分量较西汉、东汉早中期有明显的削弱,但仍是重要内容。兹略举数例:

杨洪:事继母至孝[9]。

李密:事祖母以孝闻[10]。

蜀汉一直推行削弱、限制当地世家大族的政策,大力倡忠,当然也不反

---

[1] 《三国志》卷38《蜀书·许靖传》注引《益州耆旧传》。
[2] 《三国志》卷41《蜀书·张裔传》。
[3] 《三国志》卷42《蜀书·杜微传》。
[4] 《三国志》卷42《蜀书·杜琼传》。
[5] 《三国志》卷42《蜀书·尹默传》。
[6] 《三国志》卷42《蜀书·谯周传》。
[7] 《三国志》卷44《蜀书·姜维传》。
[8] 《三国志》卷45《蜀书·杨戏传》。
[9] 《三国志》卷41《蜀书·杨洪传》。
[10] 《三国志》卷45《蜀书·杨戏传》注。

对孝。

陈寿是一个真正的学者，有些细节方面，却做得不够好。《晋书·陈寿传》说：陈寿……遭父丧，有疾，使婢制丸药，客往见之，乡党以为贬议。及蜀平，坐是沉滞者累年。司空张华爱其才，以寿虽不远嫌，原情不至贬废，举为孝廉，除佐著作郎，出补阳平令。守孝期间，用婢女制药丸，被视为一个很大的污点。

侠、义为品题所崇。义是传统儒家观念倡导，同时又是民间百姓普遍赞颂的一种美德。义发展到极端便是侠。侠义一直是历代人物品题的重要内容之一。三国战乱时期，传统的忠君观念受到了严重挑战，侠义却有所发扬光大。此略举数例：

关羽，于中平元年（184）投到刘备旗下，与刘备、张飞建立起了亲若兄弟的关系。建安五年（200），刘备攻占徐州，曹操率大军来攻，刘备大败，只身逃出，关羽为保护刘备妻子被俘。曹操待关羽"礼之甚厚"，极为亲近，想尽各种办法拉拢他。关羽仍不忘旧主，为曹立功后即回到了正处困境的刘备身边。曹操一生以权谋欺诈著称，也被关羽的义行感动。关羽成为我国历史上"义"的典范。

综合评价。如：

诸葛亮，卧龙、伏龙①。

庞统，凤雏②。

五常：马良兄弟五人，并有才名，乡谚说"马氏五常，白眉最良"③。

四英：蜀汉时蜀人称诸葛亮、蒋琬、费祎、董允为四相，一号四英④。

这种将几个人合在一起品评的方法，对后世影响很大，为历代所承。

品题的其他内容。三国时期，相学已相当发达。那些符合相学标准的大官相、大福相，尤其是那些被相学大家或大名士看中的最有前途的青少年，成名最快。如刘备垂手下膝，顾自见其耳，被视为大贵相。这个长相，被周瑜称为枭雄之姿，并认定是"必非久屈为人用者"，建议孙权一定要加以防范⑤。

---

① 《三国志》卷35《蜀书·诸葛亮传》。
② 《三国志》卷35《蜀书·诸葛亮传》注引《襄阳记》。
③ 《三国志》卷39《蜀书·马良传》。
④ 《华阳国志·刘后主志》。
⑤ 《三国志》卷54《吴书·周瑜传》。

当时的评议主要有三种形式：一是由"天下名士"充当人物品题的权威，由其一人说了算。如东汉时成都人柳宗（字伯骞）为州郡右职，务在进贤，州里为谚曰，"得黄金一笥，不如为伯骞所识"。许劭是东汉末年至三国初期的大名士，以善于品题、发现人才闻名于世。许靖与许劭是族兄弟，也以善于品题人物著名。在董卓秉政期间，当时担任吏部尚书的周毖便经常与许靖一同商议，当时他对人的品题，甚至能"进退天下之士"[1]。二是"公议"，由若干士大夫达成相近的看法，或据其品行形成某种共识，这在乡党、县城、郡国、京城等都有，在各级学校，特别是太学中更为流行。就其作用言，前者甚至于超过后者。三是由周围人，包括自己的属下、邻居、朋友或敌人等，逐渐形成的看法评价。

王连，刘璋时入蜀，为梓潼县令，刘备时为什邡、广都县令和司盐校尉、蜀郡太守等，在蜀汉政权中也以善于品评、选用人才闻名。他选拔的许多下属皆至大官。

在蜀汉，最有影响的一批名士主要是外地人，且以荆楚人士为主；巴蜀本地人所占的比例较小，且其与当地豪族的联系也少。

名士不仅品题已有一定知名度或有一定身份的人物，更重要的是要在尚不知名的小人物中发现人才，这才能显出独具慧眼。一些大名士还为年轻有为的被品题者指路。有的名士则直接向各级官府或割据首脑推荐人才。官府、首脑对名士推荐的人才，一般都另眼相看，尽量录用。如徐庶、司马德操先后向刘备推荐诸葛亮。刘备在徐州时，大名士郑玄向他推荐孙乾，刘备即用乾为从事[2]。庞统初投刘备时，刘备先不了解他的情况，只让他代理一个县令，不久即因其"不治"，即未能处理好日常事务将其免官。后来，鲁肃、诸葛亮等皆出面推荐庞统，刘备即"大器之，以为治中从事"，不久便让他与诸葛亮并为军师中郎将。许靖是董卓之乱后在全国很有影响的名士之一。刘备取蜀围成都时，许靖当时是刘璋属下的蜀郡太守，却准备翻墙出城投降。刘备取蜀后，有些看不起他。法正劝道：天下有获虚誉而无其实者，许靖是也。然今主公始创大业，天下之人不可户说，靖之浮称，播流四海，若其不礼，天下之人以是谓主公为

---

[1]《三国志》卷38《蜀书·许靖传》。
[2]《三国志》卷38《蜀书·孙乾传》注引《郑玄传》。

贱贤也。宜加敬重，让远近的人都知道您敬才。刘备这才"厚待靖"，用他为太傅、司徒①。刘备这是惧于天下名士的品题，才违心地用了许靖。

刘备执蜀后，虽也大量使用名士，但并没把文人当一回事，从心里瞧不起士大夫。这从他处理许、胡间矛盾的方法便可看出。当时学士许慈、胡潜矜己妒彼，形于声色，各自有的书籍，都不互借，并经常在各种场合互相攻击，闹得不可开交。刘备便让宫中戏班子扮演成此二人，将其相互攻击的情景再加工、激烈化，排练成戏剧，在宫中演出，以图哈哈一笑②。与其他集团一样，蜀汉统治者也容不下敢于直言的名士。孟光，是蜀汉政权中老资格的学者、名士，刘备执蜀后即拜为议郎，但因其爱品题权势者，爱揭其痛痒之处，无所顾忌，一贯"直言无所回避"，不仅老升不上去，最后还因他多言被免官③。来敏，也是蜀汉政权中老资格的学者、名士，亦因其平常言语、品题人物不慎，多次被免官，三起三落④。刘备也杀过一些名士。蜀郡名士张裕同时又是著名的占候家，刘璋时被用为从事。刘备初入蜀时一次与刘璋相见，张裕作陪。会见时，刘备首先嘲笑张裕的胡须太"绕"，张裕当即回击，嘲笑刘备不长须。刘备执蜀后，在准备进取汉中时，张裕曾劝谏"不可争汉中，军必不利"，结果刘备夺得了汉中。不久，张裕又私下对人讲，"岁在庚子，天下当易代，刘氏祚尽矣。主公得益州，九年之后寅卯之间当失之"。虽然这些说法后来被证明大体是对的，但刘备却将其抓来杀了。当时诸葛亮曾试图阻止此事，未能成功⑤。土著名士彭羕，一直深感怀才不遇。在刘璋时仅当了一名书佐，又因受谤被钳为徒隶。刘备用他为治中从事。他得势后，仍任意品题人物等，显得过于得意，引起一些人的不满。不久，他被调外任江阳太守。他有些生气，一时冲动，竟去与马超说：卿为其外，我为其内，天下不足定也。马超即把他告了。彭羕被收付有司，诛死⑥。

刘禅接位、诸葛亮执政后，于建兴二年（224）"选迎皆妙简旧德"，征辟蜀

---

① 《三国志》卷37《蜀书·法正传》、卷38《蜀书·许靖传》。
② 《三国志》卷42《蜀书·许慈传》。
③ 《三国志》卷42《蜀书·孟光传》。
④ 《三国志》卷42《蜀书·来敏传》。
⑤ 《三国志》卷42《蜀书·周群传》。
⑥ 《三国志》卷40《蜀书·彭羕传》。

中有名的几位老年学者、同时也是颇有影响的名士出山。如任董扶为别驾、任五梁为功曹、任杜微为主簿。当时杜微已确实耳聋,并再三推辞,诸葛亮便作笔谈,请他一定要出山①。诸葛亮这举动,显然主要是着眼于影响。

从当时人物品题所推崇的标准看,它是传统儒家文化与民间文化相结合的产物。它与三国集团上层所奉行的那种权诈、计谋颇有不同,它从另一侧面,即"传统性"与"群众性"方面,展现了三国文化的又一特色。从当时品题的主要内容看,它实际上在一定程度上具有舆论监督、社会导向、下情上达、整合社会的功能。

与东汉早、中期相比,三国时期的人物品题,有一些明显的变化。第一,特别重视辞官行为,这与当时政治腐败,官员在老百姓特别是在士大夫心目中的地位很低、形象很坏有关。第二,更重视学行,这与战乱之际更重视真才实学有关。第三,传统的儒家观点,如忠、孝、侠、义等,仍是人物品评的重要标准。这反映出传统文化、传统道德观即使在战乱中也能延续②。

第五节　文学与音乐

秦至蜀汉间,是巴蜀文学发生转折和飞跃的时期。过去主要是土著民族的口头文学,现在发展为汉文化系统的文学,并主要依靠文字记录来传播;迄至西汉,还培育出司马相如、扬雄这样的一代文豪;西汉中期以降,儒家思想对巴蜀文学领域产生了深刻影响。在音乐方面,巴蜀地区主要以地方民族乐舞闻名于世,另从出土文物的特征看,秦统治期间主要是军乐,入汉以后主要是民乐。东汉豪族经济刺激了民乐的发展。

一、辞赋

辞赋为汉代文学的典型代表。汉赋家最杰出的代表当推司马相如和扬雄。

---

① 《三国志》卷42《蜀书·杜微传》。
② 罗开玉:《人物品题与名士》,《诸葛亮与三国文化》(一),四川大学出版社2001年版;罗开玉:《〈三国演义〉中的人物品题与〈三国志〉的比较研究之一》,《〈三国演义〉与罗贯中》,中州古籍出版社2000年版。

此外，蜀人王褒、李尤、李胜等亦以辞赋扬名天下。如果汉赋的发展演变分为从形成到全盛、从模拟到转变两大阶段，司马相如为全盛期的代表，而扬雄则为模拟期的大家。

汉赋承楚辞、先秦诗歌及"巴蜀文化"发展而成。巴蜀邻楚，巴蜀文化与楚文化早有交往。巴蜀文化"言语多好喻类"，亦为汉赋所发扬。自战国晚期开始，巴蜀又是秦、汉移民之地，受关中、中原等北方文化的广泛影响。故西汉中晚期，巴蜀地区实为中原、楚、巴蜀诸派文化汇集、过渡地区，有利于集众家之长。其次，巴蜀地区自秦人入蜀，至西汉二三百年间，经济稳步发展至全国先进行列，加之蜀地官僚士大夫豪奢骄纵，为发展辞赋提供了优越的条件和丰富的素材。早在司马相如之前，巴蜀的诗词歌赋已有相当基础，司马相如等是这特定环境培育的产物。在巴蜀地区产生汉赋家一代又一代的杰出代表，与这种特殊的地理位置、历史文化背景有密切关系。

司马相如，字长卿，于文帝初年即公元前179年前后出生于成都的一中等家庭。景帝前元七年（前150）以赀为郎，入朝为武骑常侍，同年或稍后以患病为借口辞官，游于梁国。撰有《子虚赋》《美人赋》等。景帝中元六年（前144）梁孝王薨，司马相如返蜀。家境转贫，无业，往依临邛县令王吉。景帝后元二年（前142）前后，与卓文君成婚同返成都。武帝建元元年（前140）前后，在临邛开酒舍，接着从卓王孙处分得僮百人、钱百万，返成都买田宅。建元四年（前137）作《上林赋》（即《天子游猎赋》）。据《史记》本传，《上林赋》为司马相如在长安见武帝时挥笔而成。次年（前136）入京为郎。元光四年（前131）出使巴蜀，作《喻巴蜀檄》。元光五年（前130）返京还报。元光六年（前129）官拜中郎将，再次出使巴蜀，作《难蜀父老》。元狩五年（前118），卒于茂陵，约61岁。

司马相如之赋首重劝谏。所谓"靡丽之赋，劝百讽一"。我国古代以纯文人身份、又以文学作品为朝廷所重用，为世人、官宦所重视，是从司马相如开始。这与武帝的胸怀宽大、赫赫帝业分不开。

《汉书·艺文志》载司马相如有赋29篇，现存者有《子虚赋》《上林赋》《大人赋》《哀二世赋》《长门赋》《美人赋》《封禅文》等8篇，另能考出篇名者有《犁赋》《鱼菹赋》《梓桐山赋》3篇。

司马相如赋虚构人物，相互辩论，以阐明观点，以后发展为汉赋的特征之

第十章 文化与民俗

一。所谓"设辞托讽,恢廓声势,则赋也"。司马相如赋政治色彩极浓,字里行间闪烁着作者的政治理想,是其又一特色。司马相如辞赋小学功夫底子极厚,很少使用重复字,喜好用排比,多用复音句,内容朴实,文句华丽,繁类成艳,文理气势活泼自然,能适应不同水准的读者。据说,司马相如自己曾概括作赋的方法为:"合纂组以成文,列锦绣而为质,一经一纬,一宫一商,此赋之迹也。赋家之心,包括宇宙,总揽人物,斯乃得之于内,不可得其传也!"① 在文法上,多用兴体;在想象夸饰方面才华横溢,也有人认为有过多、过大、过壮之嫌,在借用古典方面,多排列人名,少用事件,在用韵上较为自由活泼。所以,鲁迅先生说他"不师故辙,自摅妙才,广博闳丽,卓绝汉代"②。

王褒,字子渊,蜀郡资中(今资阳县)人,约生于汉武帝末年,死于汉宣帝神爵年间,仅活了30余岁。但他在汉赋发展史上有承先启后之贡献。宣帝时欲倡文学音乐,征用人才,丞相公卿争相推荐。益州刺史王襄召见王褒,褒作《中和》《乐职》《宣布》三诗,郡府选数十人"依鹿鸣之声,习而歌之",并派他们赴京演出,受到宣帝赏赐。王褒又为王襄作颂、作传。于是王襄向宣帝推荐王褒。宣帝征褒为谏议大夫。王褒常随帝游猎,待诏金马,所到宫馆,多有赋颂。王褒在文学上的成就,主要在赋,《汉书·艺文志》载其有赋16篇。《隋书·经籍志》载有《王褒集》5卷,已散佚。有《王谏议集》传世。另外,《文选》《古文苑》上有选文。代表作为《洞箫赋》。王褒赋着重修辞造句,描写细微扣理,精巧如画,多骈偶语言,对魏晋文风影响极大。王褒赋主要是御用文学,虽偶有"仁义讽喻",也只是摆设罢了。

扬雄,成都人,出生于甘露元年(前53),43岁进京仕于汉廷,先后任待诏、黄门侍郎,天凤五年(18)卒,71岁。扬雄入朝前,著有《蜀都赋》《逐贫赋》《反离骚》《广骚》《畔牢愁》等。扬雄入朝时,正值外戚王氏控制朝纲,他恬于权势,先后著有《羽猎赋》《甘泉赋》《河东赋》《校猎赋》《长杨赋》《赵充国颂》《解嘲》《解难》等。扬雄入朝后的几篇大赋,虽文采绝艳,却皆以讽谏立意,设主、客对论,谕以微词。扬雄赋,擅长仿效,屈原、司马相如之作多为其立意、设题、谋篇布局、章法遣句所参考,但能在内容上出新,文字喜

---

① 《太平御览》587引《西京杂记》卷2。
② 《鲁迅全集》(九)人民文学出版社1981年版,第418页。

用古字、僻字，文法上多用比体，而少用兴体，在想象夸张方面，不及司马相如，而以深透的思索见长；在借用古典上既用人名，又用事件；在内容上，多写实之作，哲理性强，读来颇受教益；在用韵上较有律则，常见整饰痕迹。

李尤，《后汉书·文苑列传》有传，广汉雒人。少年时代便以文章扬名。和帝时，侍中贾逵向朝廷推荐李尤。和帝召尤作赋，拜其为兰台令史，安帝时迁谏议大夫，顺帝时迁乐安相。平生所著诗、赋、铭、诔、颂、七叹、哀典凡28篇。人称其有司马相如、扬雄之才。

李胜，广汉人，东汉时为东观郎，著赋、诔、颂、论数十篇。

二、散文、歌、诗、刺、谚、谥

巴蜀地区，目前还没发现先秦时的散文，迄至汉代三国，出现许多名篇，对后世影响极深。司马相如的《报卓文君文》《喻巴蜀檄》《难蜀父老》等，扬雄的《酒箴》《州箴》《官箴》，皆系不朽之作。

西汉王褒《僮约》，是一篇盟约性的散文。该文详尽地规定了所购奴僮一年四季、一日早晚的各种差役，为了解汉代四川社会、经济、民俗提供了极宝贵的资料。该文文笔朴素，平易近人，层次分明，结构严谨，是我国第一篇白话文散文，对后世影响极为深远。

诸葛亮的《出师表》，是一篇奏疏性的散文。建兴五年（227），诸葛亮率军离成都，准备北伐。临出师前上疏后主，希望后主能继承大业。该文文字简练、朴素，情真意切，苦口婆心，发人深省。

汉晋时期，巴蜀民间多用"歌"来赞美一些人事。如巴郡人陈禅，东汉安帝时为司隶校尉，严明正直，当时西域掸国来朝廷表演吐火、自肢解、易牛马头等魔术，独陈禅不视，京师称誉，于是巴人歌曰："筑室载直梁，国人以贞直。邪娱不扬目，枉行不动身；奸轨避乎远，理义协乎民。"顺帝时泰山人吴资为巴郡守，屡获丰年，民歌之曰："习习晨风动，澍雨润乎苗，我后恤时务，我民以优饶。"吴资外调，民众思慕，又歌曰："望远忽不见，惆怅尝徘徊，恩泽实难忘，悠悠心永怀。"东汉蜀郡太守廉范，特垂惠爱，百姓歌之曰："廉叔度，来何暮，来时我单衣，去时重五绔。"南安（今乐山）人费贻，公孙述时漆身装疯避世，破灭公孙述后，出任合浦太守，蜀中歌之曰："节义至仁费奉君，不仕乱世避恶君。"

第十章 文化与民俗

秦汉时巴蜀人民好以诗表达心怀。如：赞美巴地者："川崖堆平，其稼多黍。旨酒嘉谷，可以养父。野惟阜丘，彼稷多有。嘉谷旨酒，可以养母。"祭祀之诗："惟月孟春，獭祭彼崖，永言孝思，享祀孔嘉，彼黍既洁，彼牺惟泽，蒸命良辱，祖考来格。"人民思治之诗：东汉末年，牧守自擅，人心思治，作诗曰："混混浊沼鱼，习习激清流，温温乱国民，业业仰前修。"赞美地方俊秀之词：巴郡人严王思东汉时为扬州刺史，惠爱在民，巴郡太守应季先作诗赞曰："乘彼西汉，潭潭其渊，君子恺悌，作民二亲，没式遗爱，式镜后人。"

四川汉镜资料极富，许多有铭，往往是诗句，现择录几件。连弧纹镜："青羊作竟（镜）大毋份，巧工刑之成文章，左龙右虎辟不羊（祥），朱鸟玄武顺阴阳，长保二亲乐富昌，寿蔽金石如侯王，贵未央。"昭明镜："内清以昭明，光乎日月"或"内清以昭明，光象乎日月"。连弧纹镜："冻冶铜华清而明，以之为镜宜文章，延年益寿辟不羊（祥），与天无亟日月光，长乐未央。"神兽镜："青羊作竟（镜）四夷服，多贺国家人民息，胡虏殄灭天下复，风雨时节五谷熟，长保二亲得天力。"

图 10-22 成都出土汉代铭文铜镜

汉代巴蜀民间流行以诗歌形式讽谏当权执政者。东汉安帝时，几任巴郡太守多失道，不得人心，于是人们讽之曰："明明上天，下土是观，帝选元后，求定民安；孰可不念？祸福由人；愿君奉诏，惟德日亲。"

汉代巴蜀民间流行以诗歌形式"刺"贪官污吏。如果"诗"还带有规劝之意的话，"刺"就明显用于鞭笞。孝桓帝时，河南人李盛为巴郡郡守，贪财重赋，民众"刺"之曰："狗吠何喧喧，有吏来在门；披衣出门应，府记欲得钱；语穷乞请期，吏怒反见尤；旋步顾家中，家中无可与；思往从邻贷，邻人已言匮；钱钱何难得，令我独憔悴。"

中郎将尹就伐羌，扰动益部，百姓谚云："虏来尚可，尹将杀我。"东汉时成都人柳宗（字伯骞）为州郡右职，务在进贤，州里为谚曰："得黄金一笥，不如为伯骞所识。"

秦汉谥法一般只能官谥，巴蜀地区是我国最先出现私谥之地。广汉郡新都人杨厚，为东汉著名学者，晚年在家教学，门生多达 3000 余人，83 岁时卒于家，乡人谥曰"文父"。东汉郪人王稚，长期在家教学，官府多次征辟其出仕皆不赴任，81岁卒，门人录其本行，谥曰"宪父"①。

汉代巴蜀民间歌、诗、刺、谚、谥之风适应了当时的地方察举和朝廷征辟制度。其次，它在一定程度上表达了百姓的心声。它歌美德、颂廉洁、贬奸谗、挞贪污，对遏制邪恶、维护百姓利益、维护社会秩序，有一定积极意义，实际上也是人物品评习俗中的一部分。

三、音乐

秦至蜀汉，巴蜀主要以一些地方舞曲而闻名。川东北地区的賨人，勇健好歌舞，在助高祖打天下时，且战且舞，高祖得天下后命乐官学习排演其舞曲，并命名为《巴渝舞》，重大节日或宴请各国使节时，在宫廷中演出。该舞曲系一种集体舞曲，有专人领唱，大部队合唱，合唱者手持"牟弩"、"干戚"，且唱且舞，"千人倡，万人和，山陵为之震动，川谷为之震波"。该舞曲还以皮鼓、木鼓和铜鼓伴奏。《汉书·礼乐志》规定"《巴渝》鼓员，三十六人"，是朝廷中的正规演出情况，民间演奏，鼓员或多或少，当视实际需要而定。《巴渝舞》的曲名，东汉应劭《风俗通》说有"曲四篇，一曰《矛渝》、二曰《安弩》、三曰《安台》、四曰《行辞》"。其歌词未能保留，应劭当时就说"其辞最古，莫晓句读"，当系用賨人土语演唱。曹魏建国后，曹丕曾命文学家王粲改制《巴渝舞》，以歌颂魏德。迄至唐代，宫廷中仍保留着《巴渝舞》曲名，可见其影响。

秦汉三国间，巴蜀地区的音乐人才不见专门记载，一些懂音乐或与音乐舞蹈有关的人，散见于史籍之中。司马相如以文学著名，并非专操音乐，但却能以弹琴表述爱情。卓文君亦非专攻音乐，但却能隔窗听懂琴音。可见他们于音乐皆有高深造诣。王褒系著名文学家，却能"作《中和》《乐职》《宣布》诗"，供他人"依《鹿鸣》之声，习而歌之"。这些反映出当时蜀中音乐的普及程度及普及对象。

当时流行的乐器有：

錞于：此器一般认为是巴人的乐器，多发现于川鄂湘黔交界地区，上限可达春秋，下限一般迄于汉代。出土时多为单件，表明它是一种单独演奏的乐器。

---

① 歌、诗、刺、谚、谥资料，除铜镜外，据《华阳国志》。

涪陵小田溪土坑墓出有錞于一件。另据金石资料记载，万县、涪陵在清代都曾有出土。秦汉时期，四川各地仍普遍使用錞于。楚地錞于，主要用以伴鼓，多作为军乐，在战争中指挥进退。《周礼·地官·鼓人》有"以金錞和鼓"的说法。但从云南晋宁石寨山贮贝器上敲击錞于的场面看，西南地区此器也多用于宗教仪式等活动。此器音响效果洪亮幽远，声震数里。

编钟　涪陵小田溪秦墓一号墓出土有编钟一套14件，重量从2700克递减至475克，高度从27.5厘米递减至14.6厘米。各钟的舞、鼓、篆等部分都有精美的花纹，其中8钟有错金纹饰；二号墓出土1件。一同出土的还有编钟插销，编钟架上的兽头饰件。

图10-23　涪陵小田溪M1出土秦治巴蜀时期铜编钟一套

钲　涪陵小田溪秦墓出土铜钲两件。

箫　四川汉墓中发现的吹箫俑甚多。在合川沙坪东汉画像石墓中，曾发现伸出壁外13厘米的浮雕吹箫俑（高46厘米）[1]。汉墓中常见吹箫俑的箫下置一陶钵或一羽觞等，表明当时演奏箫时，常用一容器盛水置于箫下以加强共鸣。

鼓　各地东汉崖墓中多出土击鼓俑。

铜鼓　巴蜀南部"南夷"系统民族多用此器。诸葛亮"南征"后，有人又称其为"诸葛鼓"。

---

[1]《合川东汉画像石墓》，《文物》1977年第2期。

拍乐俑　忠县蜀汉崖墓中曾出土拍乐女俑，左手执圆形乐器于膝上，右手欲拍。

笛　成都天回镇崖墓中曾发现吹笛俑残片。

竽　成都天回镇东汉崖墓中曾发现吹竽俑。

笙　彰明佛儿崖东汉崖墓中曾出土抱笙俑①。

琴　此乐器不见于四川土著文化系统，或系由中原、关中传入。至迟在西汉中期，在风雅之士中已普及琴。四川汉墓中出土抚琴俑、听琴俑甚多。成都天回镇崖墓中曾出土明器陶琴一件，长42厘米，左端有一圆弦柱，中有六小钮②。

在四川长宁"七个洞"东汉石棺上刻有一副"乐舞图"，有弹琴者，有击鼓者，有弄乐者及身着长裙跳舞者，旁还有三武士侍立拱卫③，生动地表现了当时官吏豪族赏乐观舞的场面。

四川各地出土东汉中、晚期说唱俑甚多，其形态并不完全一致，皆作滑稽的说唱态。系一人单独表演，边击小鼓边说唱。毫无疑问，他们是后世评书艺人的前身。这一大批艺人的出现，与当时豪族经济在西蜀特别发达有关。

盘舞起源于何时何地，目前尚不清楚。在云南晋宁石寨山西汉早期墓中，曾出土双人盘舞铜扣饰④，系我国盘舞最早资料。这种舞蹈，约在西汉中、晚期便传入四川。彭州出土的一方东汉画像砖上有盘舞表演形象：地上倒置六盘，一女伎在盘间两小鼓上起舞表演。

图10—24　叠案鼓舞画像砖

博是现代象棋的前身，春秋战国在中原等地区已开始流行。秦入巴蜀后博

---

① 《四川彰明佛儿崖墓清理简报》，《考古通讯》1955年第6期。
② 《成都天回山崖墓清理记》，《考古学报》1958年第1期。
③ 《四川长宁"七个洞"东汉纪年画像崖墓》，《考古与文物》1985年第5期。
④ 《云南晋宁石寨山古墓群发掘报告》图版陆捌、1，文物出版社1959年版。

戏传入，以后渐为巴蜀常见的娱乐方式之一。如有关博的画像石，在四川新津保子山、成都、郫县、宜宾都有发现，有关博的画像砖，在新津、彭州、大邑、新都、成都等地也大量发现。从其分布范围和出土墓葬的级别、规模看，当时巴蜀地区的博戏似主要流行于汉族之中，以经济文化最发达的川西平原为常见，在中、上层人士中尤为流行。一般认为它是一种较高雅的娱乐。故在时人的想象中，仙人也多喜爱并参加这种活动。从上述有关资料看，当时的博由局、棋、箸组成。局即棋盘，用一块长方形木板制成，或有矮底足，局上有十二条曲道。棋子一般为十二颗，或六黑六白，或六红六黑；一方六颗中或一大五小。箸，形似细长的竹筷。当时巴蜀地区的博戏，主要是投六箸的博，简称六博，投箸行棋。

汉代巴蜀音乐舞蹈，还大量吸收外地少数民族的音乐舞蹈的成分，显得绚丽多彩。如在新都发现的"骆驼建鼓"汉代画像砖是从西北或西域地区引进的一种民乐。在许多画像砖、画像石上常见案上倒立等杂技节目，亦是从西北地区引进。

第六节 教育、史学、医学、天文学等

秦至蜀汉间，巴蜀地区的教育、史学突飞猛进，有质的飞跃，传统的医学与天文学被发扬光大，并对全国产生一定影响。

一、教育

秦统治期间，巴蜀地区的教育仍是传统的民间教育。民间巫术巫觋的自我传承，是其重要内容之一。汉移民当中，也有私学讲授先秦经典及文字等。官府有专门机构讲授法律，即所谓"吏师"制度，培养有关官吏。官私手工业生产作坊，普遍以父子或师徒关系传承技艺。

这一时期，对教育贡献最大者是文翁。文翁自幼好学，精通《春秋》，曾任郡县一般官吏，景帝末年任蜀郡守。他见蜀郡地处偏僻，犹存"蛮夷风"，便决定兴教育以改革民风。他从郡县小吏中选取聪明有能力的张叔等10余人，送到京师，或从博士学习经典，或向吏师学习律令。他还节省郡府费用，买蜀刀、

蜀布、蜀锦等土特产，每年由上计吏带到京师赠送博士。几年后，学生学成归来，文翁委任他们在郡中任高职，并借朝廷察举之机，依次将他们推荐给朝廷，由朝廷任命职务，有的很快就担任了郡守、刺史。又率先在全国创新：在成都修建一所郡学，招收所属各县子弟学习；学习期间，免除其家庭的徭役；成绩优良者，即委任为郡县官吏，稍差一点的授予孝悌、力田之称。他在郡府处理政务时，常选一些学生旁坐学习、观摩或代他处理。他下县检查，常带学生同行。官吏百姓逐渐以读书为荣，争相送孩子到郡学学习。一些有钱人还花钱求学。蜀地风气由此大变，很快达到学比齐鲁的水平。武帝时，诏令各郡国皆仿蜀郡办郡国学校。东汉时期，蜀地除郡学外，还办有州学、县校等。两汉地方官学的学习内容与太学相似，以儒家经典为主。当时郡办学校称"学"，属专科或大学性质，县、道、邑、侯国办的学校称"校"，属中学性质，乡办学校称"庠"，属小学性质。

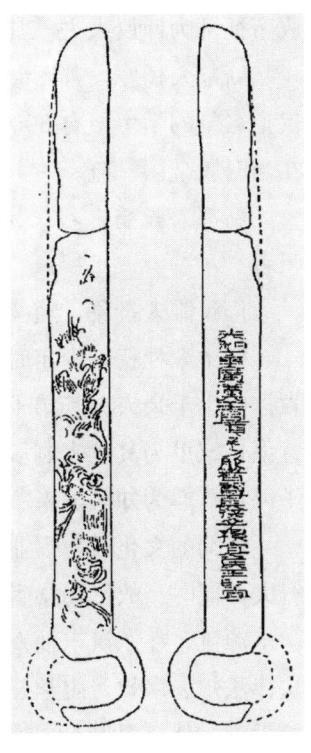

图 10—25 成都天回山崖墓出土光和七年铭文金错铁刀

两汉时期巴蜀的私学也极发达，也可分成大、中、小学程度。当时小学程度的"书馆"，主教"字书"，学习识字、写字，教材主要有司马相如的《凡将篇》、史游的《急就篇》、李长的《元尚篇》、扬雄的《训纂篇》等；另外，《孝经》在当时也是必读书。此后若要深造，即可转入相当于中学程度的私学学习，

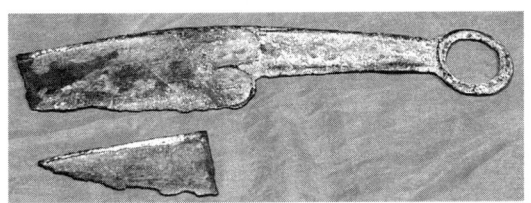

图 10—26 成都出土的汉代铜书刀

一般学《论语》《尚书》。若继续深造，就可拜师专攻一经。东汉时期，西蜀地区是全国私学教育最发达的地区之一，涌现出一大批著名的教育家。

什邡人杨宣（字君纬），少年时代受学于楚人王子张，又向河内郡郑小侯学天文、图纬，向广汉人杨翁仲学听鸟兽之言。《论衡·实知篇》云：广汉杨翁仲能听鸟兽之音，即杨宣之师。杨宣长于灾异应对，在家教授弟子以百数，后被

成帝征拜为谏议大夫。其弟子中较著名的有河南人李吉、广汉人严象、赵翘等。

新都人杨厚,善图谶学、天文推步之术等,曾在朝廷为官,晚年回家教学,仅上名录的学生便有3000余人,其中许多成为知名学者。其教学规模、质量,在当时属全国一流。

新都人段翳,习《易经》,明风角,擅长方术之学,门生中有远道来于冀州者。

广汉雒人折象,通《京氏易》,好黄、老之言,以道教教授门人。

资中人杜抚,少年时代曾外出求学于淮阳人薛汉,专攻五经,学成后回家教授门生千余人。其弟子会稽人赵晔,从学20年,穷究其术,与家里一直不通音讯,家里为其发丧制服,迄杜抚死后才回家,著有《吴越春秋》等传世。弟子冯良,亦为知名学者[①]。

巴蜀的文化教育事业大发展于西汉中晚期,与"今文经学"在全国逐步盛行大体同时。故巴蜀学者主要以"今文经学"见长。它在西汉晚期已形成一股学术源流,在东汉末期发展到高潮。这期间,它深深地影响着巴蜀地区的政治、法律法规、宗教、史学、艺术甚至民俗、传说等各方面。"今文经学"系统的谶纬学说,从西汉晚期开始在巴蜀迅速蔓衍。它宣扬的"受命于天"的天命论,"五德始终"的循环论等,皆被公孙述、刘备等作为建立政权、稳固统治的思想武器。今文经学教育,是当时巴蜀教育的又一重要特征。

东汉时期,学者入仕从政之风在巴蜀盛行。东汉初,广汉人杨统善图谶学及天文推步之术,长于阴阳消伏、求雨之术,位至光禄大夫、国三老。其前妻之子杨博,位至光禄大夫,后妻之子杨厚,承继文学,为东汉著名学者,先后任中郎、议郎、侍中等。雒人郭贺,长于灾异之学,先后为郡户曹、主簿、侍中、尚书仆射、司隶校尉、荆州刺史。雒人翟酺,善天文,为侍中、尚书。冯颢,知名学者,著有《易章句》《刺奢说》等,先后担任谒者、成都令、越巂太守。董扶,杨厚学生,最初在家开办私学,后任侍中、属国都尉等。绵竹人刘宠,因明《公羊春秋》,被任为成都令、牂柯太守等。雒人段恭从青少年时代开始,用30年时间,游学70余郡,明晓天文,后任上计掾。资阳人董钧,少年外出求学,学成后历任城门校尉、五官中郎将,参与制定东汉朝廷礼制,被称

---

① 以上见《后汉书》卷30《杨厚传》、卷79《杜抚传》;《华阳国志》卷10中。

为"继叔孙通"。教育家杜抚,后亦出仕。辟骠骑将军东平王苍府,辟太尉府,任公车令。武阳人赵松,少年时代曾学于费贻,平公孙述后,被举茂才,出任上党太守。也有学者不愿出仕。如东汉广汉郡郪县人王祐,年青盛名,州、郡征辟其出仕,皆不应;当时以善知人出名的陈纪山,称其为"天下高士"。郪人王稚,在家教学,多次拒绝举孝廉,公府15次征辟,并授以二千石,任命为太常,皆不赴任。郪人冯信,郡府三次察举为孝廉,州府举为茂才,皆不赴任。绵竹人任安,察孝廉,举茂才,官府征辟,皆不赴任,卒于布衣。绵竹人杜真,习《易》《春秋》,诵书百万言,不应公府征辟之命,公府来征辟时,长吏候迎,杜真与其断发相绝,以示绝不出仕。什邡人朱仓,受学于蜀郡人张宁,著有《河洛解》,家贫,每次察孝廉,羞于赴公府应试,皆不去[1]。

刘备入蜀并夺得政权之际,战乱迭起,教育衰退,官学(州郡学校)基本关闭,民间私学也因战乱而普遍停辍。刘禅时期,调动全国一切力量为战争服务,仍无暇于教育。但当时成都仍设一所太学,招收少量学生。谯周为太学教师之一,曾将较多的精力用于培养学生。他的学生中,较著名的至少有四人:

著名史学家、写作《三国志》的作者陈寿。《晋书》卷82《陈寿传》说:"陈寿字承祚,巴西安汉人也。少好学,师事同郡谯周,仕蜀为观阁令史。"

写作《陈情表》的李密,也是他的学生。《晋书·孝友传·李密传》说:"李密字令伯,犍为武阳人也,一名虔。父早亡,母何氏改醮……有暇则讲学忘疲,而师事谯周,周门人方之游夏。"

罗宪字令则,父蒙,襄阳人,避乱于蜀,罗宪为太学学生,官至巴东领军、广汉太守[2]。

文立,字广休,巴郡临江人也。蜀时游太学,专《毛诗》《三礼》,师事谯周,门人以立为颜回,陈寿、李虔为游夏,罗宪为子贡。文立在蜀汉时官至尚书。蜀平后,举秀才,除郎中。泰始初,拜济阴太守,入为太子中庶子。曾上表晋朝廷以诸葛亮、蒋琬、费祎等子孙流徙中畿,宜见叙用,一以慰巴蜀之心,其次倾吴人之望,后被晋帝采纳,官至太子中庶子、散骑常侍[3]。

---

[1] 《华阳国志》卷10中。
[2] 《三国志》卷41《蜀书·霍峻传附子弋传》注引《襄阳记》。
[3] 《晋书·儒林传·文立传》。

当时在朝廷置有博士,在各州也设有典学从事。经学稍活跃,代表作有谯周的《五经然否论》《论语注》等。

二、史学

蜀人好治史,特别好治地方史,是汉代三国蜀地文化的一大特征。

西汉中期,成都人张宽著《春秋章句》15万言,司马相如著《蜀本纪》,开其先河。

西汉晚期,严君平著《蜀本纪》,临邛人林闾、成都人扬雄、蜀人阳城子张皆著有《蜀王本纪》,阳成子玄有《蜀本纪》,李尤有《蜀记》等,皆较为系统地记载了蜀地的历史和传说,是我们今天了解蜀地先秦史的主要文献资料①。

东汉早期,成都人杨终删《太史公书》(即《史记》)为10余万言,使其简明扼要,又著《春秋外传》12卷、《春秋章句》15万言,另著有《哀牢传》;郫人何英著《汉德春秋》15卷,蜀人郑伯邑(廑)亦著有《蜀王本纪》,雒人李尤与南阳人刘珍共撰《东观汉纪》。

蜀汉时期,蜀地史学转盛,杰出代表当推谯周。谯周从22岁至63岁,先后担任蜀汉的益州劝学从事、典学从事、太子仆、太子家令等,主要为政府中管理学政、学者的官员,娴习典礼,谙熟经史,博闻多见,一直利用其有利的地位和条件著书立说,成果甚丰。其作品主要有《法训》《五经论》《后汉记》《古史考》《蜀本纪》《异物志》《益州志》《三巴志》等100多种。

谯周《后汉记》是全面记述东汉历史、典章的一部大型史书。规模相当大,以人物传记为主,包括帝纪和一些大臣传纪在内;其次,对典章制度记述较细。绝大多数篇目已经佚失,现可考订的篇目至少有《礼仪志》《祭祀志》《天文志》《五行志》《舆服志》等。该书为晋人司马彪撰《续汉书》等,提供了重要的参考资料和研究基础。蜀汉朝廷以兴复汉室为己任,学者才有可能较真实地撰写后汉史,而这在曹魏、东吴便容易犯讳。

《古史考》,是谯周学术研究的主要代表作。《古史考》在南北朝至唐时期仍保留25卷,时人视其为正史,也有人视其为杂史。其主要内容是依据先秦经典

---

① 罗开玉:《"鳖灵决玉山"纵横论,兼析〈蜀王本纪〉的写作背景》,《四川师范学院学报》1984年第1期。

诸子，考证《史记》有关记述，纠正其误，间及东京之事，增补有关资料，系我国第一部考据性史学著作，也是第一部系统研究《史记》的专著，南北朝至唐，常将其附在《史记》后，作为阅读《史记》的参考书，宋元之际散失。

在地方史方面，谯周的《蜀本纪》、《巴蜀异物志》、《益州志》、《三巴记》，从不同角度记述了西南地区的历史传说、风土人情、区划、物产等，是研究西南地方史的重要著作①。

上述诸书多不存，唯有少数集佚本，或为他书所引。

三、语言文字

秦汉三国时期，是巴蜀地区语言文字发生巨变的时代，也是该地区语言文字学初兴的时代。

两汉时期，巴蜀地区文字学，即"小学"初步发展，在全国具有一定影响。

西汉犍为郡一位文学卒史，名叫舍人的②，首先为我国最早的词典《尔雅》作注，古人称为《〈尔雅〉犍为舍人注》，三卷。整部注文已佚，清人有辑本。从辑文看，舍人对《尔雅》作了广泛而深刻的研究，特别是对其早期较为古朴的词义，作了简明的注释，对汉初以来诸学人所作解释、增补、附会、穿凿之词，也作了必要的考辨，是研究《尔雅》和我国文字学的重要著作。

司马相如也是颇有影响的文字学家，其《凡将篇》影响甚大。《汉书·艺文志》说："武帝时，司马相如作《凡将篇》，无复字。"其用字，有出于《三仓》五十五章三千三百字之外者。其书至唐仍存。汉代文字学家史游甚赞此书，他在撰写《急就篇》原序时曾谈道："逮至炎汉，司马相如作《凡将篇》，俾效书写，多所载述，务适时要，史游景慕，拟而广之。元成之间，列于秘府，虽复文非清靡，义阙经纶，至于包括品类，错综古今，详其意趣，实有可观者焉。然而时代迁革，亟经丧乱，传写湮讹，避讳改易，渐就芜舛，莫能厘正，少者阙而不备，多者妄有增益……"《四库全书总目》卷41说："陆羽《茶经》所引司马相如《凡将篇》，亦以韵语成句，知古小学之书，其体如是。"卷115又说："多引古书，如司马相如《凡将篇》一条，三十八字，为他书所无。"

---

① 以上见《华阳国志》、《论衡》、《史通》等。
② 杨树达：《注〈尔雅〉臣舍人说》，《积微居小学述林》，中华书局1983年版，第237～238页。

第十章 文化与民俗

西汉晚期扬雄早年曾师从当时著名的语言学大师林间,于小学极有造诣,先后完成《训纂篇》。该书在《苍颉》基础上,并易《苍颉》中重复字,共89章,系当时全国影响最大的小学著作。特别是所著《輶轩使者绝代语释别国方言》(简称《方言》),更为小学名著。《方言》,15卷(今本13卷),为其入京后利用各种途径,广泛收集各地方言资料,经过长达27年的积累、草拟、修改,才最终完成。该书体例构架近似《尔雅》,汇集各地同义词语文字,统一诠释,注明流行地区,是研究汉代语言文字、音韵词义的重要著作。

四、医学

秦汉三国时期,巴蜀地区医学,特别是针灸术极为发达,达到了全国领先水平。

1993年春,在四川省绵阳市永兴镇双包山发掘的2号西汉文帝、景帝(前179~前141)时期的木椁大墓(编号YSM2)中,出土随葬器物有近千件之多,

图10-27 绵阳双包山汉墓出土西汉漆人正面

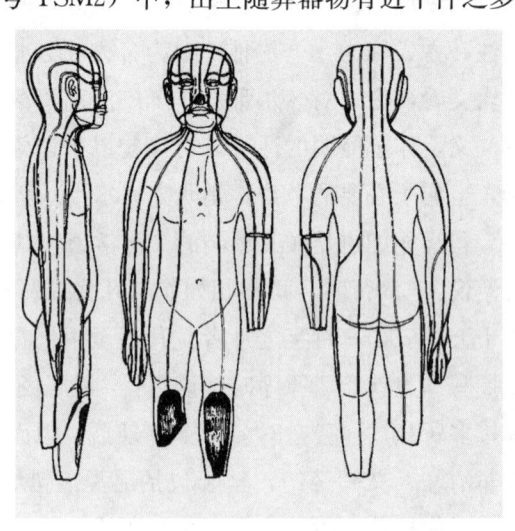
图10-28 绵阳双包山汉墓出土人体经脉漆俑

表明墓主生前应是有相当地位的贵族。后室西北近底部,出土了一件髹黑漆小型木质人形(M2:743),身着数层红色纺织品,胎髹黑漆,裸体直立,左手和右脚残,人体造型比例协调,高28.1厘米。身子上有红漆线的针灸经脉循行径路,遍布全身。这是我国及世界上所发现的最早的标有经脉流注的木质人体模

型。针灸木人制作工艺精致光洁，头、颈、躯干、四肢比例合理。人体体表特征，骨、腱、皮皱、隆起、凹陷、五官、乳、脐等皆表现甚佳。它是当时传授医术的教具。此文物的出土，表明在西蜀，木人经脉系统的文字、木人经脉学说的形成，当早在先秦时期。该针灸木人经脉路径与中国古医籍中记述的经脉系统除有某些相同、近似之处外，也颇有迥异之处，而自成经脉系统。针灸木人全身标有很多经脉路线，未标明经脉名称。但据《黄帝内经》及《难经》等，可确定木人的经脉系统[①]。木人全身共有19条纵向上下循行的主脉，其中位于身体正中线的有1条。其循行路线与《难经》《黄帝明堂经》《针灸甲乙经》等书所记的督脉基本相同，可称为督脉。木人其他18条纵向循行的主脉，均在身体两侧左右对称分布，每侧各9条。其循行路线与《灵枢·经脉》所记的12经脉中的9条经脉即手三阴脉、手三阳脉及足三阳脉的分布原则上一致，可分别称之为手太阴脉、手少阴脉、手厥阴脉（全称手三阴脉），手太阳脉、手少阳脉、手阳明脉（合称手三阳脉），足太阳脉、足少阳脉、足阳明脉（合称足三阳脉）。以上九脉再加督脉可以总称为针灸木人的十脉系统。针灸木人的十脉系统中，在针灸木人的全部10条本脉中除手太阴脉有支脉2条外，手阳明、手少阳及足太阳三脉各有支脉1条，共计5条支脉。这与先秦古医籍中记载有关十二经（或十一脉）的主脉与支脉来比较，各书所记的主脉与支脉数目分别是：（1）在《足臂十一脉灸经》的全部11条本脉（所谓"其直者"）中只有足太阳及足少阳两支脉（所谓"支"），共计4条支脉，而其他9条本脉均无支脉。（2）在《阴阳十一脉灸经》的全部11条本脉中均无支脉。（3）在《灵枢·经脉》的全部12条本脉中每条经脉各有1～4条支脉不等，共有22条支脉。与针灸木人时代较近的先秦医书中对于十二经脉（或十一脉）流注的记述并不一致。对于同一名称的经脉，不仅其起始部位与终止部位各书有异，而且在向心性流注与远心性流注的方向问题上，甚至有完全相反的主张。针灸木人的九脉，虽无流注方向的标记，但从木人外形上可辨识出的各脉首尾两端部位（即靠近躯体中心部的近心端和位于四肢末梢部的远心端），可以作为进一步考订其流注方向的基础。除了针灸木人的手足阴阳九脉流注方向有各种异说外，木人的督脉流注方

[①] 四川省文物考古研究院、绵阳博物馆：《绵阳双包山汉墓》，文物出版社2006年版，第125页。

向是远心性的①。

东汉，西蜀地区的针灸术更有长足发展，名扬全国。在上述经脉漆人出土的涪水边，东汉时期曾产生过三代师传的著名针灸大家，即涪翁—程高—郭玉。

当时有一老父，常垂钓涪水（今涪江）边，真实姓名失传，号涪翁，乞食于民间，遇病人总会出手相救，最拿手的便是针灸和砭石，常常是一针见效。涪翁还著有《针经》《诊脉法》二书传世。

程高，寻找涪翁多年，拜其为师。涪翁将医术传与程高。程高隐迹不仕。

广汉郡雒人郭玉，少年时便拜程高为师，学得方诊、六微之技，阴阳隐侧之术，即辨别三阴三阳的脉象，研究用阴阳变化来诊断治疗的方法。和帝时期（89~105），郭玉被征入朝廷，任太医丞，以针灸见长。郭玉还擅诊脉。一次，皇上想试试郭玉，让他给宫女诊脉，又在宫中找了一个手像女人的男子，让他混在宫女中。他们都在幕后伸出手让郭玉来诊。郭玉依次把脉后，抓住那个男子的手说，脉有阴阳之分，此人的脉象异常，不像女人。据说，他的病人若是贫贱者，则很快见效，若是贵人则见效缓或者不见效②。一次，皇帝让生病的贵人换上普通百姓的服装，叫郭玉到一个简陋的住处去给他治疗，结果，郭玉手到病除。为何有如此差异呢？郭玉总结出"四难"。他说：给尊贵的人看病，由于他们地位高贵，我经常会怀着惴惴不安的心情，为他们治疗的时候，他们经常会自作主张而不信任医生，这是一难；他们经常忽视对身体的悉心保养，这是二难；他们身体羸弱，不能承受药力，这是三难；他们又贪图安逸，不思劳作，这是四难。因为这四难，我在给他们治病的时候缩手缩脚，不敢大胆治疗，且怕治疗不好引致自身的灾祸，所以治疗的时候比较保守，也影响了疗效。

至迟在东汉时期，巴蜀地区已普遍使用膏药。《后汉书·方术列传》载广汉新都人段翳所制膏药，有打斗创伤，一贴即愈。

五、天文学

汉晋间，巴蜀地区的天文学极发达，涌现了一大批天文学家。其中以巴郡阆中人落下闳贡献最大。汉武帝时，欲修改《颛顼历》，但当时在长安天象台工

---

① 参马继兴：《双包山汉墓出土的针灸经脉漆木人形》，《文物》1996年第4期。
② 《后汉书》卷82下《方术列传》。

作的人都不能运算，阆中人谯隆便向朝廷推荐落下闳。朝廷召其进京，负责新历《太初历》的运算工作。落下闳制造出浑天仪考历度，验七曜。又造浑天象，即天球仪，标上星象位置。通过长期的观察、实测后，落下闳将一日分作81份计算，认为一月的时间为29天又43/81天，即29.53086天；一年时间为365天又385/1539天，即365.250162天。以1539年为一统，共562120日，4617年为一元。在135个朔望月中，有23个日食周期。该历法首次采用连分数推算历法，所求近似值极确。落下闳首创的连分数，较西欧早1600余年，反映出当时巴蜀的数学水平极高。《太初历》包括一统母、二纪母、三五步、四统术、五纪术、六岁术、七世经等内容，成为我国历法史上第一部较系统、成体系的历法。

扬雄也是一位天文学家、历法家。他早期赞同盖天说，并著有一书，后来与桓谭辩论后，改而赞同浑天说。在他的学术著作中，多次提到有关理论。

谯周是蜀汉时期拔尖的天文学家之一，已能用天星讲经纬度。他的贡献是重视天象实录，曾记录下有关哈雷彗星和日中黑子的情况[①]，并撰有《天文志》《灾异志》《谶记》等，皆系当时较有影响的天文术数著作。

东汉时期，巴蜀地区流行天人感应观，天文星象学往往与时事政治相结合。一般学者都要掌握一些天文星象知识。如蜀郡文学掾杨由，少习《易》并七政（天文）、元气（气功）、风云占候，著有《其平》一书。阆中人任文公，"明晓天官风角秘要"，先后任州从事、治中从事，除善观气象变化外，还善于根据各种迹象预测政治形势及人情世故的变化，并将其与星象相附会。折象有"赀财二亿，家僮八百人"，能通《京氏易》，好黄老之言，预感到子孙不能守财，便提前将财产散给亲戚乡邻。董扶，东汉末年在朝廷中任侍中，以"益州分野有天子气"说服刘焉出任益州牧。为避世乱，他自己也离京回蜀，并拒绝在成都任职，主动要求去边地就任蜀郡西部属国都尉，接着又辞职归家。

---

① 以上见《史记·历书》《汉书·律历志》《汉书·扬雄传》《新论》、《三国志》卷42《蜀书·谯周传》、《续汉书·天文志》、《晋书·天文志》。参见吕子方《中国科学技术史论文集》，四川人民出版社1983年版。

第七节 艺 术

秦至蜀汉间巴蜀地区的艺术作品极丰富。主要有铜、铁、陶、漆、玉、木、石等质料的器物（艺术造型与纹饰）、漆画、瓦当、画像石、画像砖、花边砖、陶俑、石俑、铜俑、木俑及各类模型、各种雕刻等，仅保存至今的便数以万计。

一、器物纹饰与造型

器物纹饰与造型，系秦至蜀汉间艺术装饰的重要内容之一。

秦统治期间，铜器制造十分发达，常见的铜器纹饰有：云纹、云气纹、金银错云气纹、卷云纹、雷纹、三角雷纹、勾连雷纹、饕餮纹、蟠螭纹、叶纹、卷叶纹、花蒂纹、花纹、虎纹、漩涡纹、辫索纹、弦纹、粟纹、几何形曲折纹等。各种容器常以铺首衔环。铜镜纹饰有：

图10-29 涪陵小田溪秦墓出土兽头饰件

弦纹、环纹、羽毛纹、鳞纹、云雷纹、蜗纹、三角形雷纹等。一镜往往用多种纹饰共同构成图案。在涪陵小田溪土坑墓中，曾出土镂空（透雕式）双龙纹铜镜。这一时期的铜器上，还有许多"巴蜀符号"。陶器纹饰较简单，常见的有凹弦纹、凸弦纹、绳纹、网纹、瓦纹。

西汉时期的铜器以生活用具为主，常见纹饰有：铺首衔环、凸弦纹、凹弦纹、四叶纹等。其中，铜镜纹饰有蟠螭纹、羽状纹、横方格纹、弦纹、草叶纹、螭纹、乳纹、联弦纹、三螭纹、连弧纹。陶器有附加绳索纹、凹弦纹、带纹、铺首、栏纹、粗绳纹、细绳纹等。

东汉铜器纹饰较简单，见有连珠纹、云纹、蝙蝠纹、双鱼纹、弦纹等。这一时期还在部分铜器上铸造立体鸟禽动植物，以装饰器物。1975年在阿坝理县曾发现二铜盘，盘上各伫立一铜水鸟，鸟长喙衔鱼，尾部驮一圆钱，鸟长11.5厘米、高6.4厘米①。各地出土甚多的摇钱树，也主要是用分别铸造的树干、树枝、树叶、鸟禽、神话人物、神话动物、钱币等立体图案铸接而成。这种随葬品只见于西南地区，是汇冶铜技术、艺术、神话、宗教为一体的艺术精品。东汉铜镜纹饰较复杂，有蟠螭纹、蝙蝠纹、乳钉纹、垂角纹、四叶纹等。这一时期的铜镜上，还常见各种铭文，是重要的书法艺术作品。东汉时期陶器多为素面，少数或有锯齿纹、弦纹、窝形纹、斜方格纹。陶俑类已见有施彩者，有白、米、黄、绿四色。一些陶俑，先施白粉，再用朱色勾出线条，与俑型相互配合，增加了立体感和色彩感。东汉晚期出现陶花。

图10-30　会理出土东汉铜鼓花纹细部

　　蜀汉铜器纹饰见有凸弦纹、斜方格纹、辫索纹、双鱼夹钱纹、花瓣纹、蝉文、蝌蚪纹。蜀汉铜器上往往还有"大吉"、"吉祥"一类祝福之语，也同样给人以美的享受。铁器多为素面，少数也有细斜方格纹、弦纹等。陶器多有纹饰，素面的较少。主要有凹弦纹，多刻画于罐、壶、甑、钵、碗、碟等器的口沿和肩腹部；一般饰一周，有的饰两三周，或在弦纹中填水波纹、方格纹等。绳纹，常饰于釜、甑、罐的底和腹部，以细绳纹为多。斜方格纹，多饰于陶罐、甑的肩腹部。有的在大方格中套小方格，有的在方格中点饰纹。另还有横人字纹、划纹、鱼纹、水波纹、锥刺纹、凸点纹等。时尚用陶花，即把陶坯捏制成花形，

---

①　《四川阿坝州发现汉墓》，《文物》1976年第11期。

第十章 文化与民俗

装饰陶俑的头、肩部、陶屋；另在一些陶俑额上眉际出现类似佛教的"白毫相。"①

在今川西北地区（阿坝州、甘孜州），秦至蜀汉间陶器以素面为主，少数器表经打磨加工，乌黑发亮。常见纹饰有指甲、方格、锥刺、刻画、按抹、划、斜、绳、弦等纹饰。个别陶器上见有彩绘。在大渡河—青衣江流域，这一时期的陶罐上，或饰有羊头纹、牛头纹。在金沙江—雅砻江流域这一时期的陶罐上，往往嵌有成排的铜泡。在新龙、雅江、甘孜吉里龙等地的石棺葬中皆有出土。如新龙谷日出土的一件双耳罐上，双耳上各嵌有三排颗粒铜泡，每排39颗②。

器物的造型方面，把器物的某一部分动物化，是当时的一种时尚。如成都羊子山172号墓出土铜鼎为兽足形，足上部再饰以饕餮纹；铜蚕鸟首形流，三蹄足，肩上有龙形提梁；铜炉，蹄足；带钩，两端均作兽头形，钩身较大的一端为一浮雕兔。青川秦墓出土的铜带钩为蛇头形和鹅头形，漆壶则有鸱鸮形。东汉陶器中有鸟形器盖、蟾蜍形灯座，铜器中有马头形、羊头形、蛇头形带钩等。蜀汉时有蛙式瓷水盂，足为兽蹄形的铁鼎，另还有骨雕小狮等。龙是我国传统文化中崇拜的神物之一。巴蜀地区在秦至蜀汉的文物资料中，多见龙的图案。在秦至西汉期间，龙的形象曾被绘在漆器上，被简化在铜器纹饰中，或被铸为铜蚕的提梁，其基本特征是无翅、无足、无爪。还见有龙形玉佩，龙首回卷，有角，尾上卷。东汉时期出现以盘龙为饰的神山；摇钱树座塑为羊站在狮子上，羊背上骑一人，手握摇钱树的插口部位之形，其下两面各刻有一条龙。东汉晚期及蜀汉时期的一些陶摇钱树座，制为盘龙形，龙张口、露牙、伸舌、口中含珠、头侧立圆孔方柱。

图10-31 青川出土秦漆鸱鸮壶

---

① 《四川忠县㴉井蜀汉崖墓》，《文物》1985年第7期。
② 《四川宝兴县汉代石棺葬》，《考古》1982年第4期；《四川雅江呷拉石棺葬清理简报》，《考古与文物》1983年第4期；《新龙谷日的石棺葬及其族属问题》，《四川文物》1987年第3期。

二、雕塑

秦至蜀汉间，巴蜀地区的雕塑艺术相当发达，保留至今的雕塑品也特别多。以铸塑而言，有陶器造型、陶质模型（如仓、灶、井、房等）、画像、花边砖、瓦当纹饰、陶俑、铜器造型、铜器纹饰、铜俑等；以雕刻而言，有木雕、玉雕、铜雕、骨雕、石雕等。秦至蜀汉时期，巴蜀地区常以俑代替人、牲口家禽等殉葬于墓中。这些俑从质地上可分为木、陶、石、铜等，从一定角度反映了当时的政治、经济状况，同时也是这一时期的艺术珍品。

秦及西汉早期，流行木俑。在青川秦墓中曾发现保存至今的木俑11件，其中男俑6件、女俑5件，皆以小枝削成，刀法简练，墨绘眉目，多彩绘衣袍，高者18.2厘米，坐俑高9.5厘米。另还发现木马俑1件，圆雕，长11厘米，残高9.5厘米。在成都凤凰山西汉早期木椁墓中，多次发现木俑。如20世纪50年代在一墓中便出土木俑39件、木猪8件、木马1件[1]，皆以刀削制，造型讲究整体形象，不太追求细部。

东汉陶俑极多，在墓葬中往往占随葬品总数的一半左右。其制作技术，高20余厘米以上者一般为模制。模制品一般为空心，当时蜀中流行整体双合模及分部合模两大类。整体双合模即先分别模压成形俑的两半边，在其坯胎未干时施行黏压或粘结。分部双合模即将俑的各部位的两半边分别模压黏合后，再将各部套合、安装、粘结。一般来说，后者适合较大型陶俑，在东汉晚期至蜀汉时期最流行。一般用手捏小俑。水田模型、陶屋中的小俑（俑高一般不足10厘米），皆捏制而成。陶色以红、灰为多。红陶火候较低，灰陶火候较高。或在俑上施彩，有的先施白粉，然后用朱色勾线条，以表现衣纹。

东汉早期只有男女立俑等少数类型，俑造型呆板，表情僵滞，矮小（一般20厘米左右），制作粗糙，陶质疏松，火候较低。东汉中期陶俑大增，新出现射箭、执刀、执棒、舞、抚琴、抱笙、击鼓、戏雀、执箕帚等俑，造型普遍增高（20～40厘米），姿态生动，表情丰富。东汉晚期至蜀汉，新出现西王母俑、镇墓俑、说唱俑、持镜女俑、鸽俑等；造型又大幅度增高，一般为50～80厘

---

[1] 《青川县出土秦更修田律木牍》，《文物》1982年第1期；《成都凤凰山西汉木椁墓》，《考古》1959年第8期。

第十章 文化与民俗

米，较高的如在新都马家山崖墓中发现的执箕锄俑，高106厘米。另外，东汉中晚期还常见鸡、鸭、鹅、猪、犬等家禽畜俑。有些俑造型极为生动，如陶母子鸡，母鸡背、脚边、两足间皆有小鸡①。

根据文献资料，早在秦统治期间，巴蜀境内已产生石雕作品。《华阳国志》等文献载李冰曾作三石人、五石犀，都很高大。其《蜀志》说李冰"于玉女房下白沙邮作三石人，立三水中。与江神要（约）：水竭不至足，盛不没肩"。据多年观测的资料，内江二王庙水位变幅为4米。按"水竭不至足，盛不没肩"来算，足部至肩部的距离就必须大于4米，石像的高度估计至少应在5.5米以上。那么，这应是三个比较高大的石像。从其作为水则的作用看，这三尊石像应是利用临江崖石凿雕而成。但这三尊石像为什么在以后的文献中都不见记载，当是毁于岷江上游的特大洪水之中了。这三个石人，分立于三水汇合口，实际上是三个水则，可观察、测定水位。但鉴于当时铁器刚传入巴蜀，民间仍使用的铜凿等硬度不够，石雕艺术在民间未能推广。

从考古资料看，巴蜀境内的石刻圆雕主要推广于东汉。这一时期，百炼钢日益普及，铁凿、铁钴硬度加强，为大量产生石雕作品创造了条件。1974年发现的李冰石像，高290厘米，肩宽96厘米，厚46厘米，由都水府（水利管理机构）刻。根据铭文，当时同刻的有"三石人"。1975年又在都江堰发现持锸堰工石像，缺头残肩，残高185厘米，肩宽70厘米。一般殉葬的石俑，高40～120厘米不等。当时还在崖墓中利用崖石就地雕俑。如绵阳河边乡柏树山1号墓中，利用崖石凿有龛、灶，灶房刻一圆雕女人，高72厘米；该地的2号墓中灶旁也刻有一女，高40厘米。这一时期砖墓中的石雕殉葬品还有石马、石猪、石羊、石猴以及石雕水田模型等，崖墓中更多见石雕房屋、楼阙、仓、灶、井、案以及其他家用什器模型。

我国的汉代画像石北至北京，南到云南，东至胶东半岛，西至川西高原，都有发现，以山东、四川、河南、陕西较集中，各地在形式、内容上自有一些特征。从时代上看，全国画像石主要盛行于西汉末年至东汉中期，四川画像石主要流行于东汉，以东汉晚期为高峰。

四川画像石大体可分两大类。一系崖墓雕刻，即雕刻在崖墓外壁、门楣、

---

① 《新都县马家山崖墓发掘简报》，《文物资料丛刊》第9集；《遂宁笔架山崖墓清理简报》，同前。

内壁、崖石棺等处，在已发现的资料中此类最多。

另一类是雕刻在石阙、石函、石棺和砖墓中的画像石上。除砖墓中的画像石外，其他形式在外地均鲜见。从石质上分，前者主要雕刻在红沙崖石上，后者主要雕刻在青石块上，前者粗犷，后者精细。

东汉石棺系整石雕成。其棺盖或雕成屋顶式，棺壁上雕凿各种纹饰图案。如成都天回山3号墓石棺，棺盖雕作五脊屋廓式，棺墙四周雕有人物的浅浮雕画像，内容较丰富，涉及墓主生前生活及死后灵魂居处的幻想。1972年在彭县竹瓦铺出土的石棺（现藏四川省博物馆）上，刻有伏羲、女娲、双阙、侍者持版迎客、宴客、舞乐杂技、曼衍角抵、水嬉等图案。1950年在彭山双江出土的一具石棺（现藏乐山麻浩博物馆）上，刻西王母坐龙虎座上，旁有三足鸟、九尾狐、蟾蜍、侍者、双阙、马、捧楯亭长等。画像石墓门、石墓楣等，各地亦多有发现。此外，当时还流行崖棺，其特征是利用崖墓中的崖石就地雕凿，不能移动，其棺盖、棺墙上也雕凿有大量图案，在巴蜀各地皆有发现。

图10—32　乐山麻浩崖墓

崖墓雕刻较著名的有乐山麻浩崖墓中的《荆轲刺秦王》，画长380厘米，宽58厘米，雕刻了荆轲怒发飘飘追刺秦王，秦王披头散发，断弃左袖，一边举剑抵挡，一边退却，众多侍者或惊惶后退，或倒毙于地的紧张场面。作品采用高

图 10-33 乐山麻浩崖墓《荆轲刺秦王》图

浮雕技法，刀法简洁，线条流畅，人物生动，个性突出，呼之欲出。又如在长宁县飞泉乡"七个洞"的七座崖墓上，共雕刻有各种崖壁画像 115 图，包括平房、楼房、阙、禽畜、人物、伎戏、射杀、渔猎等，另有八处纪年题刻，内容丰富而又集中，是一处难得的东汉雕刻绘画、书法艺术宝库①。

在碑石上画刻人像，是东汉的一种时尚。如《后汉书·西南夷列传》载益州刺史张乔为有功部将"刻石勒铭，图画其像"。1966 年在郫县发现的东汉簿书碑上，便阴刻有一老翁，栩栩如生，或系墓主。

东汉时期常在一些建筑石座、器物石座上雕刻纹饰图案，常见的有：蟾蜍形石座、玄武形石座、圆雕辟邪石座②。

四川画像石的艺术手法以浮雕为主，注意剔平凸出图案的底部，又辅以阴刻，在浮出图案的轮廓上用较粗阴线表现细部。这些明显不同于武梁祠、沂南汉画像石的浅地阴线刻。四川画像石在构图上，很少采用远近透视，一般不留或很少留空白，画面甚挤，内容甚多，写实性较强。这表明当时的石匠们还不太讲究遵循计白当黑、以虚为实的艺术规律。它给人以丰满朴实的感觉，这或许与画像石作品主要出于广大石匠之手有关。这也是它与当时西蜀画像砖艺术的差别之一。在雕刻技法上，圆雕、浮雕、线刻三者同步发展，同时并用，相互取长补短。由于四川石料普遍是石质较疏松的红沙石，个体较小的图案细部，往往刻画不够。

骨雕，在忠县东汉崖墓中，曾出土骨雕小狮一件，长 2.7 厘米，精美而细腻，应是我国微雕的最早作品之一。

---

① 笔者曾参加该墓地的调查、资料整理工作，报告见《考古与文物》1985 年第 5 期。
② 《合川东汉画像石墓》，《文物》1977 年第 2 期。

三、漆画

漆画是秦至蜀汉间巴蜀文化艺术的瑰宝之一,资料丰富,时代上无大的缺环。当时的漆画作者有一般漆匠和专业画师之分;工官作坊的漆画,一般由专业画师承担,达到了较高的艺术水平。加之该艺术一次成画,不像画像石、画像砖还要经过雕刻,或翻模烧造,能较准确地保留画师手笔的原貌。

秦统治期间,流行在漆器上描绘动、植物图案。如成都羊子山172号墓出土的圆漆盒上,在黑漆底上朱绘龙图案等。在青川秦墓中,出土漆器177件,少数保存较好,色泽如新,绘图技法有彩绘、雕绘、镶嵌和针刻等,纹饰有龙、凤、鸟、兽、鱼、云纹、花草及各种几何图案。西汉常见朱雀、云纹、波浪纹、双禽纹、卷带纹、变形兽纹、变形虺龙纹、菱形纹、云气纹、兽纹、连珠纹、星云纹、云气蟠虺纹。王莽时期常见云气纹、熊纹、双禽纹、卷纹等。东汉时纹饰趋于简单,并以素器为主,图案纹饰见有神仙、神树、西王母、龙、虎、麒麟、鹿,以及宣扬儒家道德伦理观念的人物画、表现统治者生活等题材。其人物形象已较生动,并具有一定故事情节,但这种内容的漆画在当时还极少见。

蜀汉时期,西蜀漆画艺术发展到高峰。其漆器上的绘图内容开始故事化、系统化,开始突出主要人物,人物刻画也更传神。如在安徽马鞍山东吴朱然墓中出土的蜀汉漆器,有宫闱宴乐图案、季札挂剑图盘、百里奚会故妻图盘、伯鱼悲亲图盘、贵族生活图盘等。

图10—34 安徽马鞍山朱然墓出土蜀郡造"季札挂剑漆盘"

图10—35 安徽马鞍山朱然墓出土宫闱宴乐图漆案

第十章 文化与民俗

宫闱宴乐图上，用描漆法（设色画漆）描画了55人，人旁有榜题，如"皇后"、"子本也"、"长沙侯"、"虎贲"、"弄剑"、"鼓吹也"、"大官门"、"女直使"等。上排左边画皇帝、嫔妃坐于帷帐中，宫女旁侍，右边画皇后、平乐侯及夫人、都亭侯及夫人、长沙侯及夫人等，分别跽坐于席上，席前置盘，内盛食品。左下方绘虎贲4人持钺，黄门侍郎长跪举案，另有侍者、值门人、女值使、羽林郎各在其位，还有弄丸、弄剑、武女、鼓吹、转车轮等若干表演。

巴蜀漆器绘法，最常见的是用生漆制液，加不同颜料配成不同颜色的漆，以软毛笔描于已上漆的器物上。有的待描漆干后，再上一层透明漆液。在秦至东汉的漆器上，已见有黑漆、褐漆、朱漆，彩绘常见黑地朱绘和朱地黑绘。以纯色画，即一种色漆的画较为常见。蜀汉漆画用色见有朱红、黑红、金、浅灰、深灰、赭、黑等。蜀汉漆画多用黑中偏红漆髹于器表作地色，然后用黑漆勾画轮廓，再平涂金、红等色漆，最后用黑漆或红漆勾画发式、五官、衣纹等，层次分明，立体感强①。

西汉时期还流行一种"锥画"，以针尖、刀尖在漆器上刺刻花纹，然后在刺痕内填色。此类画东汉时已少见，但蜀汉时期又增多。另一种称为"平脱"，以金、银、铜箔剪制成纹饰图案，粘贴在漆器上。从漆画艺术风格看，秦至蜀汉是西蜀地方风格居主导地位。若与楚国漆画相比较，构图严谨，线条工整，结构对称，是这一时期尤其是秦至东汉时期漆画的基本特征。蜀汉漆画主要继承了西蜀地区东汉漆画的风格。如宫闱宴乐图，与东汉时期巴蜀地区的同类题材画像砖、画像石多有相似之处。其"榜题"的处理方法，也多见于画像砖石之中。这与蜀汉政治文化多承袭东汉是一致的。蜀汉漆画在画技上也有明显进步。如季札挂剑图漆盘，上绘鲤鱼、鳜鱼、白鹭啄鱼、童子戏鱼等，在鱼的颜色上，已使用了几种间色，用金色、浅灰、深灰等逐渐过渡，富有立体感。蜀汉漆画的另一进步，是注意到并已能准确地表现出各种人物的神态。如宫闱宴乐图中的统治者们，或嬉戏，或交谈，或争吵，其自鸣得意之形，旁若无人之态，溢于画面。而画面中的10余名侍者，或恭立，或仁立，或捧盘，或抬具，皆表现出谦恭卑怯之态。又如百里奚会故妻图，百里奚跽坐正中，双手举于胸前，惊喜之态，表现得淋漓尽致。又如童子对棍图中的童子，加大了两童的头部比例，

---

① 《安徽马鞍山东吴朱然墓发掘简报》，《文物》1986年第3期。

加粗了其四肢，这都突出了儿童的身体特征，更加符合对儿童的特定的审美观念。

四、绘画

汉代巴蜀地区，绘画是一种时尚，官吏士大夫多习之。晋张华《博物志》卷10说，桓帝时蜀郡太守刘褒，画鸟鹊酷似，所绘《云汉图》，人见之觉热，所绘《北风图》，人见之觉凉，其绘画水平达到了传情入神的境界。有这样的画家郡守，其属下部吏、士大夫绘画必蔚然成风。

东汉时期，很流行在建筑物壁上绘画。《后汉书·南蛮西南夷列传》说东汉初期巴蜀地区"郡尉府舍皆有雕饰，画山神、海灵，奇禽、异兽，以炫耀之，夷人亦畏惮焉"。东汉晚期，益州刺史张牧在成都石室画盘古、三皇、五帝、三代君臣与仲尼七十二弟子于壁间。正因当时巴蜀人喜爱在建筑上绘画表意，才"事死如生"，在墓葬中，普遍采用石雕崖刻、画像石、画像砖等艺术形式，来反映墓主的生平事迹、理想追求。

当时绘画艺术，有时甚至是民族斗争的需要。东汉初期官府雕塑绘画是如此，蜀汉诸葛亮时亦如此。《华阳国志·南中志》载诸葛亮南征后，"乃为夷作图谱，先画天地、日月、君长、城府，次画神龙、龙生夷及牛马羊，后画部主吏，乘马幡盖，巡行安恤，又画牵牛负酒，赍金宝诣之之象，以赐夷。夷甚重之，许致生口直（值）"。绘画成为现实斗争的武器之一。一些有志于从政的青年也努力学习绘画。如诸葛亮之子诸葛瞻，便以"工书画，强识念"而闻名。

五、画像砖

画像砖是四川东汉三国墓中常见的一种装饰品，有方形、长方形、条形等形状，一般嵌在墓室的壁上，皆模制。常见浅浮雕和线条两种表现方法。现存资料都与墓葬有关，其艺术主题主要是表现当时人们头脑中的"阴间"、"天国"生活，描绘墓主死后的去处，在另一个世界的衣食住行，但也曲折地反映了现实，反映了汉代社会。其神话传说人物、神兽瑞禽等，多见"巴蜀文化"或"西南夷"文化系统的传说、宗教因素。其劳动场面多见煮盐、弋射、收获、酿酒等表现当地生产的内容。劳动者形象中，常见"椎髻"，是当地民族发饰特征的反映，女主人、侍女等女性形象，个高腰粗，缺乏南阳画像石中那种"楚女

第十章 文化与民俗

细腰"形象,反映出当时巴蜀崇尚朴实美的观念。

画像砖作品通常较注意人物活动的中心位置,注意周围空间及其他内容的陪衬、大小。值得一提的是,近年在宝兴县老场村的石棺葬墓地,即当地"青衣"人的东汉墓葬中,也发现了两方画像砖,一为"放牧图",一为"狩猎图",其风格、内容皆不见于内地,当是土著民族仿汉族的画像砖自己烧制。

六、书法

秦入巴蜀之前,巴蜀地区主要流行巴蜀符号,尚无现代意义的书法可言。秦入巴蜀后,汉字在巴蜀普遍推行,逐渐产生了书法艺术。通过考古资料,对秦汉三国时期巴蜀地区的书法艺术可得出一基本认识。这500余年间,书法艺术大体可分为四个有明显区别,又有一定联系的发展阶段。

图10-36 綦江扶欢索恩崖墓题记

第一阶段为秦统治期间至西汉早期,作品主要有:"成亭"、"成"印文,在青川秦墓、荥经秦墓、成都古遗址中都有发现,主要见于陶、漆器之上;秦戈铭文,在郫县、万县、青川的秦墓中有出土;印章,墓葬中多有出土。总特征是篆隶相兼。铜戈铭文以秦篆为主。如涪陵秦戈铭文,文字结构以秦篆为主,略带隶形。

图10-37 新繁出土汉代文字砖

第二阶段为西汉中晚期。这一时期的作品类型主要有:各种印章,墓葬中屡有出土;铜器铭文,如蜀郡西工酒铜铭①。大量漆器铭文,如蜀郡西工、广汉郡工官漆器铭文等;砖文等。本时期隶书已较普遍,但仍能看到许多篆书作

---

① 《汉金文录》卷4。

品和篆书余韵。器物铭文多用刀刻，笔画细而有力。

第三阶段为东汉前期。作品类型主要有漆器铭文、铜器和铁器铭文、印章、砖文等。这一时期普遍是隶书，偶尔能发现篆书余韵。

第四阶段为东汉中晚期及蜀汉。这一时期的作品类型主要有碑文、崖墓题刻、各种石题刻、漆器铭文、铜器铭文、印章、砖文、瓦当文等。这一时期完全是隶书，书法艺术成熟。

图10-38 成都汉阙刻石

图10-39 樊敏碑

总的说来，四川省保存至今的秦至蜀汉的艺术作品，具有以下特征：

工官漆画外，作者一般是不知名的画师和匠人。现存艺术品的艺术水准参差不齐。一般说来，西汉及蜀汉工官作坊生产的漆画，直接出于专业画师之手，东汉及蜀汉画像砖的底稿一般亦是出于专业画师之手，其艺术水平较高。一般木雕、陶塑、石刻等，主要是出于专业匠人之手，反映了当时的一般艺术水平。

在艺术技巧方面，巴蜀艺术作品不追求细节的精致。不像古罗马、古希腊的雕塑作品那样注重人体的局部艺术形象，强调人体的解剖，或着重通过人体肌肉的变化来展现精神风貌，揭示时代主题。凡涉及人物者，无论是陶俑还是画像砖，无论是绘图还是圆雕，描绘的无论是凡人还是神仙，都较注重人体的完整，且各部位的比例恰当；在人物性格、精神风貌的刻画方面，较注重关键

第十章 文化与民俗

部位——面部的表情，较注重四肢动作的协调，而对肌肉、衣纹等重视不够。

在由几个形象共同组合的图案中，相互的比例一般不够协调，尤以涉及建筑和交通工具者为甚。

在画像石、画像砖、漆画中单纯描绘动物、植物的作品极少，且较粗劣，常见把不同动物的局部集中为一体的作品，或系神话传说的影响所致。

已开始应用色彩，如在漆器绘画和陶俑上，曾见有朱、黄、黑等色，除蜀汉时期的少数作品外，绝大多数作品都以单色为主，少数使用两色、三色者，色彩调配略嫌单调，线条普遍较粗犷、流畅，往往能抓住要点着笔。

雕刻作品往往注意圆雕、浮雕、线雕相结合，陶塑作品则注意塑、堆、捏、贴、刻、画等画工六法相结合。

涉及人的艺术作品主要表现人的活动，而不仅表现人的形象。在研究这些作品时，必须充分注意到其原生位置、原生环境，注意整个俑群的组合，注意俑群与墓室内外其他雕刻、绘画、随葬器物，甚至与相邻墓葬、墓地，与附近山水、城邑的内在关系——巴蜀艺术作品正是通过这整个"艺术系统"来表达主题，揭示时代风貌。当充分注意到上述"艺术系统"的相互关系后，更能体会其构想雄伟、粗犷的气魄。这与六朝以降艺术品的精雕细琢风格，形成了明显的反差。

礼教重于艺术。现留存下来的该时期艺术品，几乎都不是纯粹为艺术欣赏而作。其主题思想都明白无误地表现在作品的组合关系和作品上，主要有三个方面：宣扬儒家伦理道德的忠孝；表现灵魂不死，成仙升天的境遇；祥瑞与避邪。画像石、画像砖上的场面和形象有：宣扬官吏出巡，前呼后拥，气派森严；反映伦理观念的养老、义士、孝子、贞妇、烈女等，是说教性强、公式化、类型化的题材。它们较多地反映了正统观念的意志，也反映了四川古代文化在汉代的巨大变化。画像石、画像砖中还有大量宴乐舞杂伎、曼衍、嬉、琵琶乐伎、庖厨、六博、戏猿、出行、女乐、秘戏等，较集中地表现了东汉豪族大姓纵情享乐、声色犬马、穷奢极侈的生活。其中还有大量西王母、凤凰、朱雀、玄武、青龙、应龙、白虎、镇墓兽、翼马（天马）、龙生十子、麒麟、羊（通祥）、伏羲女娲、仙人六博、仙鹿、导引升天、玉兔等图案，则反映了东汉蜀中的宗教意识，表现了豪族大姓的日常生活和理想追求。

大事年表

公元前316年　秦惠文王更元九年
秦攻占蜀国故地,置蜀郡,以司马错为郡守。
公元前314年　秦惠文王更元十一年
秦置巴郡。
秦封蜀王公子通为蜀侯,以陈壮为相。
移秦民万家入蜀。
蜀王子率部分蜀人南迁。
公元前312年　秦惠文王更元十三年
秦置蜀郡严道,创立在民族地区设立县级政府"道"的制度。
公元前311年　秦惠文王更元十四年
秦在蜀郡改筑成都、郫、临邛三城。
公元前309年　秦武王二年
陈壮杀蜀侯通,起兵反秦。秦王命丞相甘茂率兵入蜀平叛。
针对蜀地新移民,制《为国律》。
公元前308年　秦武王三年
秦封蜀王子恽为蜀侯。
公元前301年　秦昭王六年
蜀侯恽自杀身死。

公元前 300 年　秦昭王七年

秦封蜀王子绾为蜀侯。

公元前 285 年　秦昭王二十二年

秦王疑蜀侯绾反，派兵入蜀，诛蜀侯。任张若为蜀郡守。此后只置蜀郡守，不再封蜀侯。

公元前 280 年　秦昭王二十七年

秦将司马错率兵从蜀地攻打"楚黔中"，攻取了大部分被楚国占领的巴地。

公元前 277 年　秦昭王三十年

蜀郡守张若率兵攻打"楚黔中、巫郡"之地，收回部分被楚国占领的巴地，巴郡治所由阆中迁江州，筑江州城。

李冰任秦国蜀郡守，不久开始了创建都江堰工程，准备工作包括设置湔氐道，修建湅山祠、江水祠、望帝祠（？）等，主要工程包括创建都江堰渠首，"穿二江"、"穿石犀溪"，建成都"七星桥"，"导文井江"与"分穿羊摩江"，以及当时在都江堰灌区之外，但后来进入灌区的"导洛通山洛水"工程等。

公元前 238 年　始皇帝九年

"金"任蜀郡守。

公元前 229 年　始皇帝十八年

秦军攻赵，赵王被迁于房陵，作《山木之讴》。大批官宦子弟如蔺相如子孙，手工业者如卓氏，亦被迁入蜀。

公元前 222 年　始皇帝二十五年

秦灭楚，楚宗室被迁蜀地严道。

公元前 221 年　始皇帝二十六年

秦始皇下令在都江堰渠首为李冰立祠。

秦朝廷将李冰时修建的"三祠"中的湅山祠、江湅祠列为官祠。

"武"任蜀郡守

公元前 210 年前　始皇帝三十七年前

秦开西南"五尺道"。

迁大批上郡百姓到蜀郡临邛。

公元前 206 年　汉高祖元年

四月，刘邦率兵 3 万入汉中，任汉中王，统治汉中、巴、蜀三郡。

五月，刘邦出兵攻打项羽所封"三秦"。巴蜀各族百姓大量从军。

公元前 205 年　高祖二年

关中等地饥荒，从巴蜀抽调大量粮食衣物前往救灾，并令大量难民入蜀"就食"。

公元前 201 年　高祖六年

割巴、蜀各一部分地区，新设广汉郡。

公元前 196 年　高帝十一年

淮南王英布反叛，朝廷抽调巴蜀步兵材官保护首都及到前线平叛。

公元前 179 年　文帝元年

吕氏后裔两支被徙蜀地汶山。

公元前 179 年前后　文帝元年前后

司马相如出生于成都，后来成为西汉最伟大的辞赋家，开创了我国古代以文人身份、又以文学作品为朝廷所重用、为世人及官宦所重视的先河。代表作有《子虚赋》《上林赋》《大人赋》等29篇。元狩五年（前118），卒于茂陵，约61岁。

公元前 141 年前　文、景间

蜀中已采用全身画有经脉路径的漆人为针灸等方面的教学仪器。

约公元前 156 至公元前 135 年　景、武之间

蜀郡守文翁首创郡学，又"穿湔江口灌溉繁田千七百顷"。

秦、西汉早期

开凿成都北郊始昌堰。

公元前 135 年　武帝建元六年

汉武帝在今川南地区新设犍为郡。

公元前 121 年　元狩二年

武帝命王然于等10余人分成数路，从蜀郡、犍为郡出发，探寻通往身毒国的道路，皆被当地民族阻杀。于是遣军攻打，大胜。

公元前 119 年　元狩上年

武帝开始实行盐铁官营政策，禁私人铸钱，蜀中卓氏、程郑为重点打击对象。

公元前 112 年　元鼎五年

且兰、邛、筰诸部造反。武帝令征发巴蜀罪人等前往攻打，于次年设立牂柯郡、越巂郡、沈黎郡、汶山郡、武都郡。

公元前111年前后　元鼎六年前后

司马迁入蜀，西瞻蜀之岷山及离堆，将李冰建堰事载入《史记》。

公元前109年　元封二年

武帝征调巴蜀军队攻打劳深、靡莫、滇国，设立益州郡。

公元前97年　天汉四年

撤沈黎郡，改置为两部都尉：一治旄牛负责民族事务，一治青衣处理汉移民事务。

公元前88年前后　汉武帝末年

王褒出生于蜀郡资中，为著名辞赋家，在汉赋发展史上承先启后，死于汉宣帝神爵年间（前61～57）。

公元前86年　始元元年

西南各地约24个民族部落造反，朝廷调蜀郡材官等前往讨伐。

公元前67年　地节三年

撤汶山郡，将其辖地并为蜀郡北部都尉。

公元前53年　甘露元年

扬雄出生于成都，为汉代最著名的辞赋家和学者之一。天凤五年（18）卒，71岁。

公元前18年　鸿嘉三年

冬十一月，广汉工官刑徒郑躬率兵众万人起义，波及四县，持续一年。

公元23年　更始元年

绿林、赤眉起义，波及巴蜀。导江卒正公孙述攻占了成都、广汉、巴郡等。

公元24年　更始二年

秋，公孙述称蜀王，都成都。

公元25年前　建武元年前

创建新津蒲江大堰（六水门）。

公元25年　建武元年

四月，公孙述称帝，都成都，国号"成家"。

公元26年　建武二年

成家夺得汉中。该年底，公孙述亲率10万大军赴汉中，欲北取三辅。

公元 27 年　建武三年

公孙述多次出兵北攻三辅，未果。

公元 30 年　建武六年

成家军东出江关，攻打荆州诸郡，未果。

公元 33 年　建武九年

成家军东出江关，攻占夷道等地，在荆门江上架起浮桥、斗楼。

公元 34 年　建武十年

冬，刘秀在洛阳布置水陆两路同时攻蜀。

公元 36 年　建武十二年

十一月，公孙述战死，成家灭亡。吴汉率军入成都后，屠城。

东汉政府开始统治巴蜀。

公元 36 年后　光武帝平蜀后

将陇西从益州划出，归入凉州刺史部。

公元 37 年、38 年　建武十三年、十四年

光武帝多次下诏释放益州奴婢及被强迫为妻欲去者，买者无还值。

公元 39 年秋　建武十五年秋

官府"度田"，蜀地豪族纷纷起兵反抗。

公元 42 年　建武十八年

二月，蜀地守将史歆起兵叛乱，至七月，被诛杀。

公元 57 年　建武中元二年

蜀郡太守何某派掾吏舒鲔，带刑徒修治雅州荥经邛笮之路，勒石记其事。

公元 60 年前　永平三年前

成都平原东北部绵竹、广汉一带穿引地下水溉田。

公元 61 年　永平四年

凿通石门隧道。

公元 63 年　永平六年

大修褒斜道。

公元 94 年　永元六年

蜀西北徼外大羌豪造头等率种人 50 余万口内属。

公元 96 年　永元八年

犍为郡派郡掾何章治南安云平乡明亭大道，事后摩崖400余字纪其事。

公元100年　永元十二年

夏，闰四月，秭归山崩，崩填溪谷，死百余人。

公元107年　永初元年

蜀地夷人三襄部与徼外污衍部合伙造反，攻下蚕陵城。

公元108年　永初二年

青衣道邑长令田与徼外三种夷31万举土内属，安帝增令田爵号为奉郎邑君。

公元112年　永初六年

诏越嶲置长利、高望、始昌三苑，犍为置汉平苑。

青衣道县尉赵孟鳞主持改修羊窦道。

公元115年　元初二年

青衣道邑奉献内属。

公元123年　延光二年春

旄牛夷起兵反叛，攻下灵关道，杀长吏。益州刺史张乔与蜀郡西部都尉带兵前往将其镇压。

公元124年　延光三年

六月庚午，阆中山崩。

公元125年　延光四年

十月丙午，越嶲山崩，死400余人。

公元126～144年　顺帝时期

张陵率家人弟子等到蜀地大邑鹤鸣山创建了正一道，把弟子按地区分为二十四治。

公元134年　阳嘉三年

益州义军攻县城，捕令长，杀列侯，声势浩大。

公元137年　永和二年

蜀西北白马羌人起兵造反，广汉属国都尉调动大军将其击败。

公元144年前后　顺帝末年

巴郡人服直，利用宗教聚众起义，自称"天王"，攻占巴郡数县，持续约一年。

公元146年　本初元年

蜀西北羌龙桥等六部17280余人内属。

公元147年　建和元年

蜀西北羌薄中等八部36900人内属。

公元148年　建和二年

白马羌兵攻下广汉属国城，杀长吏，同时西羌湟中胡部发生叛乱，益州刺史率板楯军将其击败。

公元150年　和平元年

七月，广汉梓潼山崩。

公元154年　桓帝永兴二年

蜀郡李伯自称老子后裔，欲组织武装起义，被捕杀。

公元155年　永寿元年

夏六月，巴郡、益州郡山崩。

公元159年　延熹二年

蜀三襄夷再次攻克蚕陵县城。

公元160年　延熹三年

武陵蛮进攻江陵，冯绲借用板楯军队将其镇压。

公元168年　建宁元年

蜀郡都水掾尹龙、都水长陈壹在都江堰渠首造立李冰像等三神石人，铭刻以记。

公元173年　熹平二年

三月一日，正一道祭酒张普为部属胡九作法治丧，刻石记其事。

公元174年　熹平三年

成都平原东北绵竹县兴修农田水利。

公元175年　熹平四年

蜀郑子真家因遗产争讼，官府调解立嗣、分家，刻石示众。

公元176　熹平五年

广汉太守沈子琚、绵竹县令樊某领导当地人民建成绵竹江堰，立碑记其事。

益州郡（今云南东北部）土著民族造反，益州太守李颙借巴蜀北部板楯人将其镇压。

公元178年　光和元年

金季本之妻徐氏为家人分家产，立碑为记。

公元 179 年　光和二年

巴蜀北部板楯人起兵造反，转战于广汉、蜀、犍为、汉中诸郡，震动朝廷。

公元 181 年　光和四年

越巂苏示有秩冯佑转为安斯有秩，官府复除上诸、安斯二乡，立石为记。

公元 184 年　中平元年

巴蜀正一道各支系、各教区暴发了规模不等的"黄巾"起义。声势较大的有巴郡张修部、犍为张普部、蜀郡张鲁部。

公元 187 年　中平四年

三月，益州黄巾马相攻杀刺史郤俭，自称天子，又攻巴郡，杀郡守赵部。六月，益州从事、犍为豪族贾龙将其镇压。

公元 188 年　中平五年

刘焉入蜀，任益州牧。

公元 191 年　初平二年

刘焉命张鲁为督义司马、张修为别部司马，令其率部下攻占汉中；刘焉又命二张毁栈道，断交通，捉杀过往使者，中断朝廷与益州联系。

犍为郡太守任岐、校尉贾龙起兵反刘焉，被镇压。

公元 194 年　兴平元年

刘焉死，其子刘璋接任益州牧。

公元 199 年　建安四年

大修北江堋（都江堰），立碑记其事。

公元 200 年　建安五年

征东中郎将赵韪起兵反叛刘璋，久攻成都不下，被杀。

公元 211 年　建安十六年

刘备留关羽等守荆州，自率大军，逆江入蜀。

公元 214 年　建安十九年

刘备兵围成都，刘璋出降。刘备自领益州牧。

公元 218 年　建安二十三年

春，刘备出兵攻汉中。

公元 219 年　建安二十四年

五月，刘备军攻占汉中。

秋，刘备自立为汉中王。

十月，蜀汉大将关羽被杀，荆州被东吴夺去。

公元前206至公元220年　汉代

开凿成都龙爪堰、浣花溪。

文井江边建常氏堤。

公元25~220年　东汉

在外江水系开凿望川原，在广都（今双流）"穿山崖过水二十里"，东南流至中和场汇入府河。

公元196年至220年　建安年间

成都平原稻田养鱼，著于曹操《四时食制》。

公元221年　章武元年

四月丙午，刘备称帝，都成都，国号汉，改年号章武，大赦天下，任诸葛亮为丞相。

六月，蜀汉大将张飞被部将杀。

七月，刘备亲率大军4万攻吴。

公元222年　章武二年

六月，吴蜀猇亭决战，蜀军大败。

诸葛亮在都江堰设带武装堰官。

诸葛亮奉旨营建成都南、北郊，包括修建宫城、惠陵、原庙，筑九里堤等。

公元221~223年　章武年间

新都县令卫常开凿卫湖。

公元214~222年　建安十九年至章武二年

蜀汉犍为太守李严大规模整修通济堰。

公元223年　章武三年

三月，刘备在永安病危，召诸葛亮、李严委托后事。

四月，刘备死于永安宫，享年63岁。

五月，刘禅继位，史称"后主"，改元建兴。

公元225年　建兴三年

三月，诸葛亮率大军分三路南伐南中。

十月，平定南中叛乱。

十二月，诸葛亮回到成都。

公元 227 年　建兴五年

诸葛亮开始北伐。

三月，诸葛亮率军到汉中，年底一出祁山，败归。

公元 228 年　建兴六年

冬，诸葛亮第二次北伐，出散关，围陈仓，粮尽而退。

公元 229 年　建兴七年

第三次北伐，取魏武都、阴平二郡。

公元 230 年　建兴八年

魏军数路攻蜀汉，半途而归。

公元 231 年　建兴九年

诸葛亮第五次北伐出军，不克而返。

公元 234 年　建兴十二年

二月，诸葛亮第六次北伐出兵。

八月，诸葛亮病卒于前线，全军撤退。

公元 235 年　建兴十三年

春，蜀汉拜蒋琬为大将军，兼领益州刺史。

公元 236 年　建兴十四年

后主至湔，登观阪，看汶水之流，旬日还成都。

公元 246 年　延熙九年

冬，蒋琬去世，费祎执政。

公元 253 年　延熙十六年

春，费祎被魏刺客杀死。姜维执政。

公元 263 年　景耀六年

八月，魏于洛阳发军攻蜀汉。

年底，后主出降，蜀汉灭亡。

后　记

作为原作者，有幸承担《四川通史》卷二（秦汉三国）的重修工作，虽任务重、时间紧，仍不失为人生一大快事。

自1983年接受撰写此书任务，竟25年过去了；从上次交稿出版，转眼15年过去了。25年前，笔者刚结婚，现小孩已成人；25年来，工作单位换了4个，略历坎坷，切身感受到了做学问，特别是做真学问之难；25年来，本人所沉迷的、所寄托精神的科研方向的重点，主要在秦汉三国，特别是四川地区的秦汉三国，其中都江堰和三国历史文化着力尤多。前者，笔者曾撰写《中国科学宗教与神话的协合——以李冰为中心》，系我国第一部从人文科学角度研究李冰和都江堰的专著。2006年初又完成了《重修都江堰志》的历史文化部分约40万字的初稿。后者，笔者自1996年撰写并在中华书局出版新编《二十五史·三国志》后，对三国文化产生了兴趣，1998年调到成都武侯祠、分管业务工作后，更把主要精力集中在三国文化的研究上，撰写出版了有关专著、论文约百万字。

此次修改，扬长避短，主要根据笔者这些年来的研究成果，着重补充了以都江堰为代表的蜀地水利工程与水文化、三国蜀汉历史文化等内容。这倒不完全是本人在这两个问题上有所心得，更重要的是，这也正好是秦汉三国时期，巴蜀历史文化中最精彩、最引人注目的两大热点。把这两个热点写好了，本书也就多少有点看头了。其他部分，也根据近年的考古、科研新发现，做了若干

后 记

必要的修改与补充，如绵阳西汉文景时期的木经脉漆人、昭觉发现的东汉石表、都江堰发现的《建安四年正月中旬故监北江堋太守守史郭择、赵氾碑》及近年有关诸葛连弩的复原研究等。

当重修稿结束时，猛然发现，此书竟然凝结了笔者这25年的主要心血，把本人平常一点一滴的研究成果大体串了起来，基本形成了巴蜀秦汉三国历史文化的系统体系。支撑这个体系的有三足：一是史学前辈的积累和研究，二是考古界前辈、同仁的大量的发掘成果，三是笔者这些年持续的研究积累。整体大于个别之和，虽在下曾撰写近百篇论文，但搭建体系框架的唯有本书。纵贯文史考古，是本分卷的最大特征。这主要与我自幼接触过社会方方面面，本科、博士阶段学考古，以后又较多从事历史学、民族学、人类学、民俗学等"杂家"研究有关。四川秦汉三国史，在史料上本有大量文献、考古资料，又涉及社会各方面，唯有将其紧密结合，综合研究，才可能还其本来面目。本书只是一个初步尝试。既是初步尝试，必有许多不足。许多地方，自感尚嫌粗糙。还是那句话，敬请指正，以便日后改正。

罗 开 玉
2007年2月于成都武侯祠